U0923196

◎四川省社会科学高水平研究团队（2018—2020）“四川藏羌彝走廊文化创意产业发展研究团队”科研成果
◎阿坝师范学院校级专项科研项目“阿坝州旧志集成”科研成果

阿坝州旧志集成

九寨沟卷 理县卷

董常保 编

四川大学出版社

目　录

新纂南坪乡土志

保县志

直隶理番厅志

理番县概况资料辑要

理番县视察述要

（清）马秉忠 编

新纂南坪乡土志

民国四年 抄本

提　要

南坪，古称羊峒，古属扶州。清雍正时设南坪营，隶松潘厅。民国因之。1953年设南坪县，1997年更名为九寨沟县。

（民国）《新纂南坪乡土志》，马秉忠编辑。（民国）《新纂南坪乡土志·选举志》载："马秉忠，增生，字贞吉。天性温良，心气和平。与人不较是非，处世不尚奢华。地方公益慈善，靡不尽力为之。宣统二年，松潘厅宪谢宝山赠有'热心公益'匾额。并著有《退省堂诗文集》行世，声颇著。"

是志为抄本，分上下卷，卷上有"舆地志""食货志""学校志"，卷下有"武备志""选举制""人物志""艺文志""杂志"。全志体例，卷首为马秉忠序、徐步蟾序、凡例、条目，条目共八目五十七门，但正文分八目五十二门，缺"表""题名""孝友""行谊""仙释"等五门，志书内小目与卷首"条目"相异者有"纪事""纪闻""外纪"和"祥异"四门。全志约五万余字，体例谨严，纪事详赡。成书于民国四年（1915），有民国抄本。

（民国）《新纂南坪乡土志》是九寨沟县现存唯一一部乡土志。

目　录

卷　首[①]

新纂[②]南坪乡土志序

地之有志，犹国之有史也。史以记历代之兴亡，国事之盛衰，凡君相之贤否、臣工之优劣、政治之得失，靡不秉笔直书，寓褒贬于纲目之中。志以记地方之沿革、疆域之广狭，及山川风水之形胜、学校典礼之原始、土俗人物之实迹，莫不缕晰备载，隐劝惩于文字之间。志岂可少乎哉？松州古属氐羌，南坪地即羊峒，上中下羊峒，昔皆羌人所居。自前明扶州失守而后，志无可稽。至清雍正三年，始开复南坪，筑城于南坪坝为南坪城，名因旧也。境内四面皆番。汉民无几。先朝仁政广被，声教四讫，招徕始广，落业渐多，籍尽陕甘，土著即番民焉。前巡检为理番分司，非重番也。盖番治而民乃安，得以耕田而食，凿井而饮，习于礼义，娴于文教，以遂其生，而复其性也。自雍正以至咸丰庚申，二百年来，地方屡变，疆域日非，习俗几更，文献无征。且偏僻小邑，既未载之职方，亦未见之通志，非凭虚拟议之所可得也。原志者，志也。志其实，乃足以信今而传后，证古而知今，志岂可易言哉？忠自揣谫陋，笔不能文，孤处边域，闻见无多。幸赖徐君芷升、张君德馨、赵君冠英等，旁搜远采，忠随闻随记，深恐画虎类犬，贻笑方家。今值大宪饬令各县，遵将所有舆图县志，及近年新编之乡土志，克期送省，以备参考。意在周知全省之山川、土地之美恶、学校之兴替、人物之盛衰，法至良而意至深也。然志之体例颇严，种类甚多，非有前事之师，且恐茫无所据。谨将先君戴九公昔年所纂采之大纲子目，有者因之，缺者补之，间参以鄙意而论说之、增修之。终惧缺略甚多，宽严失当。如“食货”类之盐、茶等法及鬻政、榷政，一切无从记述者，宜归县志中，兹编暂作阙文焉。南坪为松之属地，自应附县志之末。犹望大雅，痛加斧削。修饰润色焉，则幸甚。此仅草创而已，敢志云乎哉?!

中华民国四年岁在旃蒙单阏辜月念[③]一日
马秉忠序于古扶州退省书舍

① 原无，今按全书体例补。
② 纂：原作“修”，据底本封面书名改。
③ 念：同“廿”。

新纂南坪乡土志序

《禹贡》纪要荒之域，《周官》志职方之文。良以地理一志，固为政之纲领，编史之实录。然欲知亚洲之山川人物，必先征之各省；欲求一省之形势风土，必先访诸郡县；欲悉郡县之沿革习尚，不外采于乡土。是乡土一志，实县志之基础，亦编纂之规模也。南坪古名羊峒，秦属氐羌，自汉武开置州郡以来，历晋、魏、唐、宋，代有变迁。明末，扶州番陷。清初克之，始隶松州。其间人民习尚、学校典礼，不无因革。念地本弹丸，职方未载；纂修伊始，文献无征。然一隅之山川、形势、人物、风俗、边防、兵制，又非管窥蠡测者所能臆度，是则编辑之难乎其人也。幸昔外祖戴九马公，采有沿革始末，家藏未失。今值松中诸巨公编修县志，蟾不敏，欲步后尘，有志未逮，特求贞吉夫子，增修缺略。其间广询博访，亦几神瘁笔秃，阅数月编成。嘱蟾校阅，披读再次，囊括无遗。且义精词简，条分缕析，举合邑之山川、形势、城池、古迹、物产、风俗、学校、典礼、边防、政绩、人物、里居，莫不了如指掌，疆域在目。真渊渊之才，卓卓之识，无愧善继善述者也。其有裨于吏治，岂浅鲜哉？因而为之序。

中华民国四年乙卯岁仲冬月之念五日徐步蟾
敬序于国民学校

凡　例[①]

一、舆地志，多列沿革表，以备参考。南坪筑城在雍正三年，至今民国四年，二百数十年间，江山一统，治无沿革。古扶州城，自汉迄今三千余载，朝代几更，沿革不一。考之《文县志》，文、扶二州，并建秦时。仅将扶州沿革，备载于内，聊备参观，故未列表。

二、食货志中，仅列户口、田赋及物产，一切不厌求详。其盐、茶等法及榷政，一切详县志中。敝邑偏僻一隅，无盐、茶等法，固不及载。

三、圣贤为学校之本，祀典乃国家所重。南坪非县治可比，未建孔圣先师大成殿，仅有武圣、文昌诸庙。然祀典不可不重，典礼不可不隆。故将孔圣、文昌历代封典，备载于内。俾学者知所尊崇，庶望人文蔚起。缘地处边隅，书籍罕觏，文卷缺如，用敢详悉胪陈，庶留心掌故者，不无小补焉。虽云伤繁，未敢辞咎。

四、边邑外域，四境皆番，历代屡遭兵燹，不无武功足录。惟惜代远年湮，文献无征，故多阙如。仅将咸丰庚申之变，殁于王事，及忠节足录者，略记大概。今武营虽已裁汰，而营制不可不录，望留心边防之贤有司，知所郑重焉。

五、宦迹久著，及循良足录者，详注于本名之下。人物、选举亦然。盖不没人善，为世劝者深也。

六、忠节乃国家所重，孝友本圣人所称，往者无可稽矣。至庚申之变，死士甚多。既杀身以成仁，自流芳于百世。故考《四川通省忠义录》，凡忠节可表，并今昔妇女之节烈可风者，备载之，以维风教。

七、艺文多载天文星野。南坪地本弹丸，自在秦蜀分野之间。然言蜀分者，隋以前属觜参，隋以后主井鬼，非以变动靡常欤？尝考《文县志·分野》，谓在井鬼之间、鹑首之次，或其然欤？兹编不另志分野，以待识微之君子考证焉。

八、纲目之下，或各冠一小叙，或直纪其巅末，随时随事，不拘体也。原编志者，识见浅陋，规模卑狭，非县志之有通才可比也，阅者谅之。

九、咸丰庚申之变，松南均受蹂躏之苦，毒炭之灾，实边邑治乱攸关，不得不详志于纪事之末。俾后世有牧民之责者，预知边患宜防，边城宜重，不得以其小也而忽之。

十、民国改革，在于宣统辛亥，亦国家兴替所关。南坪虽安然无恙，而始末、保全情形不可不纪，以示将来。则知理乱之由，半由乎人，半由乎天，未可尽诿之于数，遂置筹画于不讲也。

十一、是编起于乙卯仲冬，成于丙辰孟夏。所有戴九夫子存稿，阙者补之，采者增之。虽非完璧，较前略备一斑。稿既脱，而缺略甚多，深恐贻笑大方。望当时君子，痛加斧削焉，是则志之幸也。

十二、志虽略成，未敢自信。然传写之余，字句之间，不无鲁鱼之讹，恐多亥豕难分。诸务纷繁，未暇细校，犹望阅者，时为校正，庶免错讹之失。

---

① 凡例：原作“《新纂松潘县南坪乡土志》凡例十二条”，今省为“凡例”。

条　目[①]

舆地志

疆域　图考　沿革　形势　山川　城池　公署　关隘　津梁　祠庙　陵墓　寺观　古迹　金石　风俗　气候

食货志

户口　田赋　仓储　蠲政　榷政　盐法　茶法　物产

学校志

典礼　祀典　学校　卧碑

武备志

武功　兵制　边防　土司　职官　表　题名　政绩

选举志

进士　举人　贡生　武科　封荫

人物志

人物　仕宦　忠节　孝友　行谊　烈女　仙释　隐逸

艺文志

记　诗　碑　歌

杂志

纪事　纪闻　外纪　祥异

① 条目：原写作“《新纂松潘县南坪乡土志》条目”，今省为“条目”。

舆地志

舆地志总

乾坤既奠，历代之兴替难必；疆域日辟，累朝之变迁莫定。尚古固无论矣。自汉、晋、周、隋，以至唐、宋、元、明、大清，改革不一。有一治而屡易其名，一县而屡迁其地者，更有废为丘虚，别建城池，以圉吾民者。往古来今，不啻沧海桑田之变；改弦易辙，尝深物换星移之思。南坪僻居边隅，筑城在雍正三年，今昔如一。扶州，蜀川古郡。历代愈远，沿革颇多。故“舆地志”宜登“沿革表”，以备参观。今不列表者，非删繁以就简，实所重不在此也。谨将扶州沿革始末，登志于后，以待有心世道者讨论焉。

疆　域里居附

南坪在松之东北隅，万山环峙，谷深林密，多崇山峻岭，无平原旷野。道路崎岖，仅容车马。往来官道，多在河边。汉民沿河而居，番民多居山头。大清雍正三年，筑城西山之麓，即古扶州之南坪坝。盖州城在北，南坪城在南也。东门外百余步，即近大河；西城后不足一里，即近山脚。地形东西狭而南北阔。东至野猪关十五里，越山毗连文县界，至斜坡乡八十里；西出永靖关，至分汛塘一百二十里，上至大石头二百四十里；南至柴门关七十里，出关毗连文县马尾墩，至关外草地沟一百二十里；北至玉瓦关一百六十里，上通八邓、包坐，右通羊布。距松三百六十里，距省一千零四十里，距京师北上四千八百里。与文县均为《禹贡》梁州地，秦以前属氐羌，皆番人所居。今地图名羊峒，盖中羊峒地。至今四面山头，多番人村落；四境之内，别无乡场市镇。亦无百余家村落，庄多散疏，不相接连，土瘠民贫，地属下下。水田惟城外河坝与下较场、下永丰河坝、下安乐河坝有之，灌田多山沟之水，河水多难灌溉田畴。全境所收之谷，每年不过二三百石。广出杂粮，农民以包谷为大宗。夏不甚热，冬不甚寒，气候较松州稍暖。稼穑早收，四境皆农民，而无商贾。商人多居城外大街，一丝一缕，乡民必至城市取焉。自设官分理以来，统辖上下三十六寨，汉民大小七十余乡。

里居附[①]

东至台子坝五里，下永丰乡八里，中上永丰乡十里，野猪关乡十五里，斜坡大驿城八十里。

南至新塘乡十五里，渭子坝二十里，汤珠河三十里，抹地塘四十里，郭元塘五十里，会龙汛六十里，柴门关七十里，草地沟一百廿里。

南至月连塘十五里，曲连沟三十里，葛条坝四十里，罗尾坝六十里，郭家礳碟子坪四十里，桦木桥干沟五十里，下甘咋六十里，下句各林地沟九十里，大勿各过山与白马路交界一百五十里。

西至芝麻沟三十里，黑河塘六十里，宁靖塘七十五里，沙坝塘九十里，永靖关一百里，隆康汛一百一十里，分汛塘一百廿里，永和塘一百卅五里，踏藏汛一百五十里，石南阁一百六十里，仁惰塘一百八十里，奠安塘一百九十五里，踏麻塘二百廿里，大石头二百四十里，弓杠岭二百六十里。

北至水扶州三里，下安乐五里，上安乐八里，甲勿沟二十里，中田塘十五里，芝麻塘三十里，燕子塘四十五里，水沟坝五十里，喇嘛石七十五里，七舍坝九十里，穹坝一百里，水沟坝一百一十里，头道城一百廿里，绕蜡口一百卅里，二道城一百卅五里，三道城一百五十里，四道城一百六十里，杏子坝一百七十里，玉瓦关一百八十里。

北至芝麻塘沟四十里，羌活沟九十里，岩利沟九十里，七舍沟九十五里，大叶子沟一百廿里，达舍沟一百卅里，大东沟一百四十里，绕蜡沟一百五十里，石门沟一百六十里，八浪沟一百八十里。

南至抹地沟五十里，郭元塘沟六十里，青龙七十里。

中田四寨：

半山寨十五里，大寨子二十里，阳坡寨二十里，潘西寨廿五里，甲勿寨十五里，上下安乐寨十里。

芝麻五寨：

南岸寨六十五里，角那寨六十里，芝麻寨五十里，黑雾寨四十里，霞卧寨四十五里。

隆康七寨：

隆康寨一百一十里，札内寨一百卅里，峨峒寨一百里，牙札寨一百里，崇亚寨一百〇五里，业柯寨一百一十里，丹布寨一百一十五里。

边山七寨：

小月连寨十二里，大月连寨十五里，曲连沟寨卅里，葛条坝寨四十里，冷水山寨五十里，能干里寨四十五里，罗家村寨六十里，罗尾坝寨六十里，下甘咋寨五十里，碟子坪寨四十里。

---

① 里居附：原志无，今据小目补入。

勿各八寨：

下勿各寨八十里，大勿各寨九十里，阳山寨九十五里，卜力贯一百里，札昨寨一百里，南岸寨一百廿里，苗州寨一百里，马家礶九十里。

关外五寨：

马尾山寨七十里，盐土山寨七十里，上下草地沟寨一百里，斜坡寨八十里，大小水天寨六十里。

沿 革

南坪，古名羊峒。秦属氐羌，自汉始置陇右三郡：一潘州，在北细地方，城址尚存；一松州；一扶州，即今南坪河北之水扶州也，州城今尚存。又置两水县，或曰即今汤珠河地，距古州城三十里。扶州至汉末改为宁州。三国时，邓艾入川过阴平，改为邓州。隋朝复为扶州。唐改为同昌郡。五代归于梁。宋改为扶州镇。元因之。后裁州设置守备营，隶保宁郡。清初因武弁恣肆，剥索土番，各寨番民纠众造叛。有地那寨土首刚让笑，率番众据其地，三年粮绝城陷。时守备柳公与战不克，遂奔文县属之哈西墩乡，惧丧地失律，遂自缢。逃出兵民经禀制宪年，遂入奏。至雍正三年，令松潘左营指挥佥士刘屏翰领兵攻克之，始建城于扶州之南坪坝为南坪城，隶松州。乾隆十九年，因地方辽阔，兵民讼烦，武营不能剖断，将桃关巡检裁归南坪，以资弹压而理番民。前佥士刘屏翰攻克州郡之后，尚题有“圣德浩荡，军威振扬；西羌畏服，永靖边疆”十六字勒于关庙沟口大石之上，以垂功于不朽焉。

形 势

南坪城，背山带河。南北地形均高，城在平原，形势稍低。四境之外，山多地少。道路崎岖，绝少平畴。南有柴门关，下临大江，上依峭壁，中通一路，为西蜀之保障，亦全川之咽喉。其路辟至雍正初年，设有关门楼阁，石壁上镌有“秦蜀锁钥”四字，真可谓一夫当关，万夫莫敌。后于关内建有营房三间，驻兵数名，晨启晚闭，讥[①]察非常。咸丰庚申之变，被番焚毁。后光绪八年，松潘镇宪夏公与陕甘镇会哨，经过其地，喟然叹曰：南坪之安危，在此一关，使久废不修，何以固边圉而保地方？旋同府宪蔡公会商，在南设经费局，札委绅首赵鼎、杜正安、徐必超、蔡嘉献等经理其事，以其所入，补修岩路，并建关卡。镇宪夏亲题“秦蜀锁钥”匾额悬于其上，以壮观瞻。工竣后，与绅首各赠“急公好义”匾额。不意年湮日久，时有倒塌，关门坯而路亦险恶，往来商旅，行甚苦之。于民国二年，有绅董葛占云、葛秀春父子等，不忍跋涉之艰，好善乐施，会商邑绅徐子英同客商诸善士等，出首倡捐巨资，先将青龙沟一带岩路凿开，宽约七八尺，以便往来。至次年，又将柴门关凿开岩路一道，亦宽七八尺。至今履险若夷，可以并驾齐驱而无虞矣。东有野猪关，距城一十五里，中隔大山，越山四十里，交

① 讥：疑当“稽”。

文县属之哈西墩。顺流而上，又为南坪属之大驿城、斜坡、桥头三乡。当关处设有关门一座，塘房二间。但山路羊肠，难通骑乘，单人尚可往来，亦属南邑要隘。北有玉瓦关，在黑河四道城上，距城一百六十里。右通羊布番地，上通包坐草地。自克复后，包坐番贼当秋收之后，年冬聚众入沟，掳掠居民，出没无常，不堪其扰。同治十一年。南坪都司范永福在四道城地方筑土围一座。安设外委一员，兵十名，以资弹压。光绪四年，南坪巡检谢庆恩，又于玉瓦关险要处，建修关卡一座，以资防守。至今，武营裁汰，每冬若有风潮，团民防守。民国元年，因松、漳番变，失陷两城。深恐包座八邓贼番趁机起事，扰我地方。绅首商议，又于黑河塘上之大岩坊修一关卡，以障贼番。虽有土番来攻，数十人可敌百千，亦南邑之保障也。

山川

天地灵秀之气，多钟于山川；良以地灵则人杰，风清则俗美也。南邑弹丸之地，万山丛集，城垣逼近，四面皆山。江边线路，多断岩绝壁，间有凿山插木以成路者。虽众山蜂拥，无名山大川足供游览。然在山言山，就水言水。仅将目前所有之山川，略记之以备参观。

聚宝山：在城南二里许。山势远望如钟，高约二百余丈。中开七曲之路，纡徐而上，其顶平坦。建有玉皇楼并祖师殿三间，中有三霄殿、观音堂，后有三皇殿，形甚幽雅。登高一眺，四境村落皆在目前。每逢上九，四乡上山朝拜者络绎不绝，灯火达旦。凡有所求，如意而获，颇著灵验。实为南坪屏障。

城背后山：顶有清泉，山人饮之。前后多坡地，能产包谷、小麦、杂粮。偏南曰朱家岭，坡地层叠，农民赖以耕种。岭后多出杂药，又为牧场，利赖无穷焉。

东山：在河东，上多山地。广出大小麦子，地尚平坦。山麓又产岩盐。由山后之沟直下，三十余里交文县界。现成老林，不通往来。

地那山：在西四里许，沟口有水田十余亩，前明，垄那皇帝寨落住居于此，故名。

杨家山：在扶州城后一里许，昔年山地多属杨姓，故名。

马家山：在扶州城后三里许，山沟多坡地，能出杂粮。地多马姓，故名。

南岸山：在下安乐坝寨后。上有坡地，因多起山水，故废耕。

中田山：在城北，距城十五里。山多番人寨落。地土层叠，甚宽广，多种荞麦，岁有收成。半山寨、大寨子、阳坡、潘西寨，皆在此山头中。

中山：在甲勿沟上两河口之中。左入潘家沟，右入姚家沟。二沟之水，合流于中山之下。其山林木茂盛，形甚幽雅，上建有山神庙、洋汤庙。地方干旱，土人常祷雨于此，辄[①]有灵应。

达盖山：在河东下永丰后，山顶多地。上有古树如盖，故名。

月连山：在城南十五里。至半山寨十里，大月连十五里。其山土地宽广，多出粦麦杂粮。上有居民数十家，土门乡居民二十余家，在大月连之下平原。

---

① 辄：原作“辙”，径改。

蓝家山：在台子坝寨后。上多山地，广产麦子。昔多蓝姓人业，故名。

白水：即今白河，从弓杠岭之斗棋台后与二道林等处发源，距城二百四十余里。经踏藏至分汛塘下与和约沟之水合，至黑河塘与黑河合，离城南卅里与汤珠河合，出关至文县哈南寨与茅枸河合，下与安昌河合，即文县属之小河，再下与岷堡沟水合。北与马连河合，东与维水合，又东经废曲水县与白马裕水合，又东至阴平桥经城南与麻关谷水合，至玉垒关与阶州白龙江合，至昭化入嘉陵江，重庆入长江，出巫山峡，入湖北境。

黑河：从东北达路并五花池发源，又从喇嘛岭发源，距城三百余里。过绕蜡沟口与香水河合，至头道城下与达舍沟水合，至黑河塘与白水合，至太平沟口与芝麻沟水合，至下安乐与甲勿沟水合，即南坪之大河。

黑水河：距城二十五里，从曲连沟内之山顶发源。其水色甚黑，注之缸中则清，原沿沟土石皆青黑色。河口广出青泥，与石灰合而饰墙甚固。

汤珠河：距城三十里，从大勿各沟老之山顶发源。前山之水流入南坪，后山之水流入白马路与龙安之水合，入平武境。

城池

雍正三年，四川制宪年，委巴州知州吴赫，建筑南坪土城一座，周围一里七分有奇，城形远望如桃。脚厚九尺，顶厚六尺，城身高一丈五尺，城垛四尺，共高一丈九尺，垛口三百六十。开东南北三门，而无西门，原城后即近山麓也。东曰升平门，南曰星晖门，北曰靖远门。城内三街，商贾尽居城外，城内皆居民焉。咸丰庚申之变，被逆番掘挖，城垛殆尽，东南面城身多坯。光绪二年，上宪发款，委松潘厅宪刘廷恕来南，培修城池，并委八[①]总陈选、绅首马振甲、左凤鸣、赵晋璧、徐庆祥等督工监修。至五年五月初十、十二等日，地大震，月余不息，遂将城垛全行摇倒，留者无几，靠东城身亦崩数十丈，因禀请上宪。至七年，又发库银二千两，委后[②]补县孙绍龙来南补修。因地震未息，不便兴工，仅赈灾民而去。至八年，委直隶州熊自勋到南培修，并修理桥路。熊公派遣民伙，每日仅发口食钱五六十文，草草补葺。桥路各工，令百姓自为修理。不数年阴雨浸淫，东南二隅，城多倒塌，东门一带尤甚。至今尚未补修，甚有出入以为便路者。边防重要，不可不禀请上宪，设法培补，以圉吾民也。

公署

县佐衙署：在城内之东南隅。庚申之变，旧署无存，克复后暂借城内东街民房，居住办公。至同治十年，南坪巡检朱公任内，始建修二堂、三堂各数间，以听民讼。光绪二年，又建修大堂、东西花庭。四年，谢庆恩任内，又建修头门、仪门各三间。八年，彭兆铨任内，始建修头门内衙神祠。

---

① 八：当为“把”。(民国)《松潘县志》载“陈选，蓝翎把总，官小河营把总”，可证。

② 后：原文将该字画圈，有删掉之意。或当为“候”。

都司衙署：在城内之西。初建有大堂、二堂、三堂各三间，及纛神祠、火药局。在同治七年都司马登富任内，至光绪十年都司范永福任内，建仓房三间，立东西辕门、吹鼓楼、大照墙，靠南有射圃。于光绪二十一年，都司张辅舜任内，又建萧曹祠三间。后任刘树三，常润色之，而题匾额焉。

千总衙署：在城内东街。同治十年。千总杨继昌任内，建修大堂、三堂各三间。西花庭二间，东厨房二间，自武营裁汰。署已败坏。

黑河塘：旧有外委署衙一院，正房三间，大门一间。尚存。

汤珠河之南，旧有外委署衙一院，正房三间，大门一间。尚存。

回龙汛：旧有把总衙署一院，前把总王嘉福建修，有三堂、大堂各三间，大门一间，甚宽阔。前被地震摇塌，无人培修，败坏无存。

隆康汛：旧有把总衙署一座，仅正堂三间，大门一间。今已败坏无存。

关隘

野猪关：在城东十五里。越山四十里与文县属之哈西墩连界，距关外斜坡三乡约八十里。上通波鱼河，下即文县小河地方。

柴门关：在城南顺河七十里地。出关与文县属之马尾墩连界，即前清川甘两镇会哨处，昔镇宪夏题有“秦蜀锁钥”匾额。今无存。

永靖关：在城西一百里，至分汛塘一百二十里。上可拒羊峒诸番，下保白河居民，均称要隘。

玉瓦关：在北路黑河四道城之上，距城一百八十里。出关上通包座[①]，右通羊布。巡检谢庆恩任内，建有关门一座。上拒八顿包座诸贼番，下保黑河居民。关隘险要，十可当百。闻昔年建关时，土中掘得玉瓦一片，故名。此瓦后落河中。

津梁

城东二里许有永顺桥，即今下桥。靠东天然码头，高架石岩之上，水不能至，西岸码头不甚坚固。光绪三十年六月初二、三等日，大雨倾盆，洪水陡发。初四日辰刻，冲去上下两桥，不通往来者月余。因堤岸崩塌，一时不能建修，水势渐低，仅修浮桥一道，以通往来。于次年，前任德公子明，会商邑绅徐君子英，倡首修建。徐君不辞劳瘁，另筑河西码头，年余工竣。形同天然，虽有暴水，不能动摇，邑人感之。德公因撰碑于桥旁，以志不朽焉。

城北二里许有安定桥，即今上桥。东岸码头靠山，西岸平地，不甚坚固。自古系番民修建，克复之后，番民尚未建修。至同治十年，督工绅首左凤鸣，念边山番民与四寨番民，来城远窎，露宿野眠，修理不便。因与各该寨土目商议，各捐赀若干，请工人建修，以为一劳永逸。孰知桥工告竣，未几突涨洪水，将桥冲去。以后番民藉口，遂将桥

① 包座：亦作“包坐”。

工倒于汉民，永不修理。嗣后，屡修屡冲，两河居民，不堪其苦。至民国三年六月内，洪水大发，浪高七八尺。将桥冲去，两岸码头无有存者。因无巨款，暂搭浮桥一座。南坪县佐关，见工程浩大，募化维艰。于民国五年冬，先捐廉二百千文，暂作开工之费，现在地方募化修建中。

永安桥：即黑河塘桥，距城七十里。西面码头靠岩，东岸靠石，尚称坚固。上通白河、松潘，下通南坪，右通黑河，实往来之要道也。

马厂桥：距城二十五里。过桥入太平沟，俗名芝麻沟。

凤凰桥：在燕子塘，距城四十五里。过桥入燕子垭沟，不通大道。

宁靖桥：在宁靖塘，距城七十五里。上通松潘。

沙坝桥：在上沙坝，距城九十里。上通隆康诸番寨。

隆康桥：距城一百一十里。上通八寨、九寨。

羊峒桥：距城一百二十里。过桥入和约九寨。

永清桥：在永和塘，距城一百三十五里。上通羊峒八寨。

镇番桥：在踏藏汛，距城一百五十里。上通松漳。

渭子坝桥：距城二十五里。西岸靠岩，东有巨石。下通文县，右通勿各。

汤珠河桥：昔被水冲，岸不甚固。上通南坪，下通文县。

抹地口桥：距城四十里。上通南坪，下通文县。两岸码头，均甚坚固。

遇仙桥：在关庙沟口。天生巨石，南北各一。上架桥梁，以通往来，虽山洪暴发无伤也。相传建城之初，有二老围棋于巨石之上，道貌伟然，非所素识。好事者闻而访之，倏已不见。或以为仙人云。民国五年，本城孀妇米徐氏捐赀，独力建修。

二道桥：在上干胙与勿各两河口之间，距城七十里。两岸码头，天然巨石，桥基坚固。为通勿各、札昨各番寨及平武之要道焉。

祠庙、寺观

文昌宫：在城内东南隅。正殿三间，抱厦三间，左厢房三间，右仓房三间，中建奎星楼一座，外山门三间。因无文庙，孔圣先师圣位供奉其中，春秋祭祀皆在宫内。

武圣宫：在城外西南隅。正殿抱厦各三间，左客堂三间，右朝房三间，中建戏楼一座，左右钟鼓楼各三间，山门内土地堂一座，右碑亭一座。南坪都司范永福布置建修，颇称壮丽。

城隍庙：在东城门内。山门带戏楼三间，两旁苏楼各三间，大堂三间，左右六曹各三间。正殿抱厦各三间，后宫寝室三间。前首事马瑞图布置建修。

龙王庙：在东门外。正殿三间，左右厢房各二间，山间铺面三间。前分司娄世淦任内建修。

鼓楼：在城内中心。高六丈。系宣统元年重建。

武圣大楼：在城外上街。高六丈。系光绪二十年建。

文昌楼：在上街北关。光绪十二年建。

灵觉寺：在城北里许。大雄佛殿三间，两厢禅房各三间。光绪初重建。民国初年，又建天王楼一座，地母殿三间，又山门及土祇堂等。

镇江楼：在上水巷中。前临大江，后近居民。光绪初由善信王居之建修。

药王庙：在南城外，西山之前。正殿三间，同治年建。光绪二十年，由客帮建抱厦三间，左右厢房各三间。

清真寺：在药王庙后。正殿三间，左右厢房各二间。民国三年建。

昭忠祠：在武圣宫左。正房三间。光绪初建。

夏公祠：在上桥之西，距城里许。正房、大门各三间，左右厢房各三间。光绪二十三年都司张臣五建。

萧曹祠：在都司衙署左侧。正房三间。光绪二十年建。

玉皇楼、玄天宫、灵祖殿、三霄殿、三皇殿：均在聚宝山上。光绪二十八年，善信赵铸九、住持僧张昌兴募化建修。

南坛：在昭忠祠。后废，未建修，故址尚存。

北坛：在灵觉寺。后废，未建修，故址尚存。

遗爱亭：在下桥西。为分司娄世淦建。

观音阁：在上桥东，水扶州出口处，同治九年建。一在下桥东岸，今已改建。

观音楼：在下安乐坝。光绪十年建。

忠和堂：在中永丰乡，民初建修。

观音楼：在台子坝，清光绪时建。

武圣楼：在上永丰乡，光绪时建。

陵　墓

人生宇宙，天年有定，世数无移。或仕宦而埋没异域，或将士而蒿葬他乡。春露秋霜，谁化纸钱？墓木虽拱，谁奠酒浆？惟有一二杰出之材，著有峻节伟业。虽至水流云谢，陵变谷迁，后人览其遗垄，犹将留连凭吊而不忍去。所以故人有只鸡之奠，敌国传禁樵之文，非死则重于泰山，其高风遗行，有足重者乎？南坪久罹兵燹，古墓蹂躏无存。其晚近之乡贤、宦族垄墓，有足系人心而可考者，今备载之。庶名贤鸿雪，往哲英灵，昭垂不朽焉。

巡检张公建业之墓：在地那沟口，乾隆二十九年葬。

巡检胡公榛字子美之墓：在武圣宫后，咸丰庚申年葬。

都司马公懋勋之墓：在武圣庙后，咸丰庚申年葬。

千总张公文寿之墓：在武圣宫后，咸丰庚申年葬。

把总季公长源之墓；

云骑尉吴公世奎之墓；

都司王公飞龙之墓；

都司马公家驹之墓；

巡检王铠夫人之墓；

以上均在武圣宫后。

巡检郭公维城之墓：在罗尾坝。

古 迹

朝阳洞：在黑水河乡之半岩间，距城二十五里。洞阔二丈余，深三丈许。内有天生石佛数尊，居民又塑四大菩萨、送子娘娘各神像，前建禅院一座。地雅静，断绝尘缘。每逢正月或四月八日，远近朝拜者络绎不绝，灯火达旦。人杰地灵，其信然欤?

喇嘛石：在黑河塘上十余里。相传前明某年，有西藏喇嘛将回青海过此，适值大雨，恐湿衣钵，遂仰身于巨石中，深二尺许，雨不能至，石在大路旁。

马踏石：在城南顺河十二里。河内有大石一片，前高后低。有马蹄十余，痕深二寸许，大如盘。相传前明时，有龙马由大海子出，过此迹焉。《文县志》：洪武二十七年，获龙马于东郊，祸张氏。或即此马与?

金枪崖：在三道城河对岸。岩高十余丈，人不能至。崖台之上有杆三枝，是金是木，人不能辨。远望势如枪然，不知何代所遗。

打儿崖：在隆康汛地大路旁。岩高二丈余，上有石穴，不知深浅。土人之求子者，戏以石掷之。入穴不出，即云后必得子。不能入穴，即云不得。上有“石丈凌云”四字，把总岳华增又镌有“天理良心”四字。

箭穿崖：在牌坊坝大路边。岩高二三十丈，岩巅有石穴，大不盈尺，能窥天日。言昔年有神人，一箭射出崖巅，其箭长四尺许，昔年尚有人见之。

石墩坝：在黑河对厂里。有石蜡一对，高三丈许，头大根小，巍然屹立。顶上有树一株，恍如烛焰，土人常见夜放光霞。清初，西藏喇嘛过此，将宝盗去。一枝遂倒，今有一枝存焉。

燕子垭：在城北四十五里。其山峰远望如燕，两羽高展，恍似飞来，形甚肖之，故名。

天池：在小马厂山顶有平掌焉。广阔四五亩，池水澄清，风平浪静，叶落水中，鸟即衔出。天旱祷雨，以长绳十余丈缚水瓶于端，遥掷池中以取水焉。瓶入水中，须臾自出。仰则水满，俯则空瓶浮出，内无点水，以其不诚敬也。乡人复跪祷于地，许以羊只、红袍、香烛等，再掷池中，水乃满焉，雨随水至，泽润无边。有山海龙王小庙一座。

海池：在聚宝山后山顶上。形如半月，广阔十余亩。池水甚清，游鱼可数，人莫敢取。水鸭常浮水面，池边江草丛生，天旱祷雨辄应。

红池：在太平沟内右山顶上。方广五六十丈，池水微有红色，故名红池，盖为红岩所照也。天旱，土人常祷雨于池焉。

青崖里：在地那沟山顶中。内有石穴，长数丈，寒气逼人，即六月甚暑，坚冰不化。每逢天旱，常祷雨焉。

甲勿梁子青崖：在甲勿沟梁子峻岭中，由沟内刀背梁行三四十里始至其地，路甚险恶。峭壁之中，有石穴焉，深不可测。但闻水声潺潺，莫知底止。六月积冰不化。天旱取雨，使人侧身入穴，敲冰而出，溶化注于瓶中，随行雨即兴焉。山间瘴气逼人。至该处不敢高声，苟大声一呼，则山谷响应，冰雹立至，雷电交加，人甚畏之。

大海子：在踏藏上二十里。广阔四五十亩，四面皆山，对岸林木茂盛，波光荡漾，莫测水之深浅。传闻海内有兕牛，每三年必出游一次。地方旱甚，至该处焚香取水，水到之水，大雨时行。

青池：在太平沟左山顶上。方广十五六亩，形如半月，波平浪静，常有云雾笼罩。由青岩而上行三十余里，始至池边，路甚险恶。天旱甚，土人常祷雨于池中，辄应。池旁有青岩龙王位，灵应有感。取水一次，必具羔羊祭祀，以酬神焉。

大勿各海池：方广五十余亩，距城百余里。池水深黑，莫知底止。池之四围多松，木叶落水，鸟即衔出，内无一物。水光荡漾，远望惊人。天旱祷雨辄应。

石笋：在大月连山之顶。突出一峰，高出山头五六十丈，四面齐如刀切。攀藤而上，其顶略平，林木丛生。光绪十年，天旱甚，祈雨无灵。曾邀善士数人登峰，诵经二日，天降滂沱，泽润无穷，枯禾更生。

瀑布：在中田山下，对岸小岩背后。水由悬崖而下，长千尺，恍如所垂白练。

金石

指挥刘屏翰克复扶州后，题“圣德浩荡，军威震扬；西羌畏服，永靖边疆”十六字，刊于关庙沟口大石之上。其石方广丈余，雍正三年五月十三日镌。

都司吴瑛《德政碑》，在武圣宫内，乾隆五十七年立。

钦命镇守四川松潘提督军门琅溪夏公毓秀《德政碑》，在黑河塘，光绪十四年孟冬月立。

松潘总镇夏公毓秀《威震西陲德政碑》，立夏公祠内。光绪廿三年镌。

都戎张公辅舜《军民爱戴遗爱碑》，光绪十四年立于黑河塘。

巡检娄公世淦《民之父母遗爱碑》，光绪十四年立于黑河塘。

巡检谢公庆恩《威克厥爱纪念碑》，同上。

巡检德公盛《德济斯民纪念碑》，立下桥，光绪卅四年镌。

守备杨公官成《功存桑梓、辛亥靖难碑》，立水扶州，民国二年镌。

巡检德公盛《重修下桥碑记》，在下桥西岸，光绪三十四年立。

风俗

南坪毗连文县，路达陕甘。居民浑朴，衣食节约。陕西籍居其二三，文县籍居其六七。风俗与文县略同。男勤耕而女不务织，地不产棉也。商贾绝少远贸。近年居山之民多务药材，以党彡①、大黄、当归发基者颇多，习工艺者甚少，农业居中下，商业居下下。

定婚多无庚帖，男家与女家对亲，许字合亲之后，请媒证具盒酒到门，名曰插香。

① 彡：当为“参”。

未娶之前，先备布帛、手[①]饰一切进女家门，名曰送节。完娶之际，先期备币采，过酒礼，必具猪一只、酒一缸，始接亲焉。多不行亲迎礼，乡间间有行之者。无子，多以女招婿，以承宗祧。

亲死多殡于外，或一二年内择吉安葬，或百期内安葬，看年月山煞利否耶。然停丧不葬者尚少。丧礼行三献，内亲用猪羊祭礼，必用大馍四个或八个，名曰盘馍。展奠之夕，行唐祭礼。缙绅之家，或设高台数座，歌《蓼莪》诗，讲《问孝》章，孝子跪听之。夜向晨，则发靷安葬焉。葬毕回家，则行虞祭礼，谢宾客焉。

乡民多供喇嘛神，三年内备羊一只，必请师人跳神。执单面羊皮鼓，跳跃堂中，作商羊舞，口唱番语，传断祸福，多有灵验。文县籍多有之，即所谓地盘业主，古老前人者也。陕西籍无有此神。以南坪、阴平，古多番人业也。

乡人有病多不服药，多祷鬼神，或打羊皮鼓祈福解病。人惊恐成疾，则请师人叫魂。以其魂遗他处，魂不入窍，则梦魂颠倒，睡卧不安，日久难愈也。

女子多不读书，故妇人多不识字，风气未开也。

农民饮食，以包谷、荞子为大宗。农人每夕，多吃杂面，以黄豆、荞麦合而礳之为常。谷米次之，所出甚少也。

乡间多饮咂酒，以高粮[②]、青稞、大麦酿而成之，味甚酣美。客至，煨小坛中，灌以热水，插一竹筒，轮流转吸，味淡乃止。白香山诗曰"闷取藤枝吸酒尝"，盖咏此也。番人尤好咂酒，味淡将糟入曲，发之两夜，微热，又烤之以成酒。客至则饮之。然味不甚佳，不如城市所烤之美也。又有饮咂酒神童诗曰："万石杂粮一瓮收，王侯到此也低头。五龙抱住撑天柱，咂尽黄河水倒流。"真曲尽其妙。

气　候

冬无大寒，夏无酷暑。华氏表升不过九五度，降不过一五度。平畴一岁再熟。高山宜麦，平地宜包谷、荞子。惟土性甚燥，夏宜多雨，冬宜积雪，土乃润泽，粪麦杂粮乃有收成。夏时十日不雨则大旱，至二十日则禾稼枯槁，民不聊生矣。然较之文县，冬则稍寒；较之松潘，冬则尚暖；故寒暖尚为适中。

① 手：或当为"首"。

② 粮：当为"粱"。

食货志

食货志总

窃国以民为本，民以食为天。民之所在，食必聚焉。盖非民无以为国，非食无以养民，是食也货也。国民立身之本，亦国家保存之资。历古以来，朝廷设官以教民，民纳国课以养兵。兵强而国乃固，民乃安，非可苟焉于其间。此国家所以以理财为要，以尚武为先也。有若对哀公曰：百姓足，君孰与不足；百姓不足，君孰与足？民之所以富，即国之所以强。是以明王之世，轻徭薄赋，民乐熙皞之天；叔季之秋，横征暴敛，民有倒悬之苦。非君不爱民也，实今昔不同。方今中外交通，强敌虎视。非兵无以保国，非民无以纳税。国固而家乃固，君安而民乃安也。南坪偏僻小邑，既非烟火万家之乡，亦非田连阡陌之区，物产则于今有几，盐茶则自古无闻。所产者杂粮，所食者粗粮而已，敢以食货相夸哉。作食货志，仅以户口、田赋为先，物产则次之焉。

户　口

宣统元年至民国初年，南坪分知事李泽，委同调查员绅，调查南坪户口。将东、西、南、北四乡分为四区。本城为中区。其户数丁口，虽每年生死无定，迁徙靡常，要以比年调查为准。所计户数丁口，仍以分划区域为界，俾阅者一目了然。

中区，三百户，男八百一十七，女六百六十四；

东区，三百九十五户，男九百七十五，女七百六十六；

南区，三百九十二户，男一千二百另①卅八，女一千三百九十一；

西区，三百另七户，男六百九十四，女五百另五；

北区，四百二十八户，男一千一百五十，女九百一十一；

共计一千八百二十二户，男五千六百四十五丁，女五千一百三十二口；

共男女丁口一万零七百七十六人。

各番寨户数、丁口，尚未调查列入。

---

① 另：即“零”。

田　赋

安设南坪之初，地方多属番民。濒河之地，汉民始得耕种。仅丈地丁粮银三十二两零。乾隆二十二年，黑河荒地暂次开垦，摊丈地丁粮银三十六两零，归南坪巡检征收，在廉俸内扣除。同治八年，下塘柴门关等处一十六团番民改土归流，应丈地丁，完纳赋税。上宪因委松潘厅刘廷植来南，亲丈改土归流各地丁银共六十两正。汉民所垦之地，另行新丈。每塥征地丁银五分五厘。（别县曰亩，南坪曰塥。）复丈粮银二百七十余两，共丈地丁银四百两零七钱九分二厘。俟后，每年松潘委人来南征收。但地瘠收欠，地属雪花。禀恳上宪遇闰不加，每年仅以成数上纳。所征之银，局内自行雇夫运松，南坪官不申解。民国四年，因川省收回军票为数甚巨，每两加收银一元八角，正银一两折银元一元六角，外加解费一角六仙。每两共征收银元三元五角六仙，贫民苦之。

附：南坪所属各番寨粮数

勿各八寨每年共纳七石六斗正：

下勿各一石一斗，大勿各一石一斗，阳山寨一石四斗，卜力贯一石三斗，札昨寨六斗，南岸加八斗，苗州加五斗，马家礴八斗。

中田四寨每年共纳三石五斗正。

芝麻五寨每年共纳八石四斗正。

隆康七寨每年共纳八石二斗正。

边山七寨每年共纳十一石二斗正：

小月连一石五斗，冷干里六斗，罗家村一石二斗，大月连一石八斗，冷水山九斗，罗尾坝一石，曲连寨一石一斗，下甘昨八斗，碟子坪七斗，葛条坝一石六斗。

仓　储

南坪昔无仓储。清光绪二十七年，都司张辅舜任内，拨交巡检娄世淦任内前后三百两正，武营存粮银三百两正。由官买存仓粮麦子、包谷共七十七石五斗一升，委绅经理，每年出陈易新，借放民间，以二分息归仓。至宣统元年，除历年禀请提拨动用外，实存粮三十九石余。宣统三年，因松潘番变，南坪危在旦夕。特募定平军百人，以资防守，保卫地方。所存之粮，全数拨作定平军口食，故仓无存储。

盐法、茶法

南坪古无盐商，亦无茶商。乡民所食者川盐，所饮者野茶，销场不旺。中田山、芝麻塘、东山等处，向产土盐，其味甚淡，且工贵价低，无人熬煮。土人农隙煮之，所出无多，每年不过三五千斤，仅供自食。城市食者甚少，均需川盐焉。

物 产

谷 属

白谷子，冷水谷，粟谷，穈谷，包谷（即玉麦），千穗谷，大麦，小麦，燕麦，甜荞，苦荞，高粱，麻子，荏子，春麦（出黑河），青稞，芝麻，棉花，菜子，红麻，荨麻。

豆 属

黄豆，黑豆，绿豆，大豌豆，白豌豆，麻豌豆，小豆子，巴山豆，四季豆，线姜豆，洋姜豆，刀豆，苦豆子，偏豆。

蔬 属

白菜，青菜，菠菜，韭菜，葱子，白萝葡，红萝葡，洋萝葡，擘蓝，大蒜，小蒜，萵苣菜，萵笋，苋菜，白洋芋，乌洋芋，洋洋芋，小洋芋，牛洋芋，马洋芋，苦根菜，灰挑菜，羊脚菜，羊肚菌，木龙头，鸡冠菌，茄子，莲花白，磨芋，花椒，海椒，春芽。

瓜 属

东瓜，西瓜，南瓜，北瓜，金瓜，福寿瓜，丝瓜，黄瓜，苦瓜，木瓜。

花卉属

白牡丹，紫牡丹（大有盈尺），白芍药，红芍药，丹桂花，黄桂花，六月菊，红菊，蓝菊，千层菊，九月白菊，黄菊，紫菊，红白桃花，碧桃花，红梅，黄梅，金银花，鸡冠花，水仙花，浮云花，兰草花，木梨花，月月红，自美花，兰草，蕙草，玫瑰花，奎花，千枝梅，金丝莲，旗盘花，迎春花，水仙花，合包花。

果品属

苹果，红石榴，白石榴，白桃，黄甘桃，甜仁杏，苦仁果，花红，樱桃，胡桃，秋子，柿子，拐枣，枣子，白葡萄，红葡萄，桑葚，輀枣，无花果，藜。

木 属

柏，香柏，松，杉松，油松，马尾松，黄杨，白杨，青杨，麻柳，楷松，椿，槐，椵，桦，灯笼木，皂角树，榆钱，大叶子，小叶子，黑叶子，花叶子，核桃树，梨木，柿树。

竹　属

大白竹，白金竹，黑金竹，小慈竹。

药材属

党参，大黄，当归，羌活，独活，麝香，麻黄，柴胡，前胡，蓁艽，黄芪，茯苓，猪苓，土芪，赤芍，五味，枸杞，细辛，蒿本，泽兰，黄精，玉珠，五加皮，丹皮，远志，菖蒲，牛夕，杜仲，贝母，升麻，厚朴，葛根，紫苏，黄苓，荆芥，卜合，藿香，小茴，虫草，益母草，夏枯草，射甘，香茹，桑寄生，骨碎补，何首乌，台乌，旋覆花，冬花，桑皮，金银花，菊花，红花，杏仁，桃仁，车前子，龙胆草，自然铜，山查[①]。

禽　属

马鸡，锦鸡，野鸡，乌鸡，鸭，水鸭，鹅，鸽，麻雀，斑鸠，老鹭，洋莺，鹞子，喜鹊。

兽　属

黄牛，石羊，绵羊，岩羊，金钱豹，狼，豺狗，马熊，野猪，山驴，牛熊，狗熊，马，骡，驴，金线猴，狐，鸡豹子，川猪，刺猬，松鼠。

鱼　属

细鳞，重口，牙鱼（极佳，与松江鲈鱼同），水獭。

矿　属

铁，硫磺，硝，盐，玉石。

南坪三宝[②]

一、玉石桥

在城南二里许，聚宝山下，城背山发源巨溪经此，灌溉郊外田亩，普利民生。两岸天生巨石各一，为天然码头，自古建有桥楼，为城内至下塘边山要道。咸丰庚申之变被毁，后仅修便桥。于民国七年，有节妇米徐氏，独资捐修，恢复旧观，至民廿四年，因蒋匪军修堡折毁被废，后由众乐捐建，修便桥，暂利往来。

二、倒流水

在城外南郊，因城背西山发源之水，由关庙入，向东而下，入于大河。在同治四

① 山查：即山楂。

② 南坪三宝：原书在“人物志·忠节”条中“陈嘉福”后，“王四喜”前，独立成页。“南坪三宝”之“玉石桥”下有“民国七年”“民廿四年”之纪事，可断定此部分内容为后补。因“南坪三宝”与“忠节”内容毫无关联，既然名为“三宝”，或当与“物产”有关，故补于“物产”末。

年，南坪克复后，先辈倡办开一沟渠，引水北向倒流城中，以便饮水，并利灌田。

三、水过桥

在城北河边。因光绪初年，有邑绅左曰贤，在上河坝倡开田亩，但因田高水低，始用灌车输水。又因水流太缓，水冲无力。又将河岸逼仄，下铺厚板，形稍陡，则水流板上，如过桥然，急而有力，车行速而水量亦多矣。

学校志

学校志总

学校之隆，首推三代。自唐宋至清，历朝以诗文取士。凡天下之文人学子，莫不欲博通三传，贯彻六经；以求观光上国，展其骥足。盖坐言起行，家修献廷，一旦学成有用，上以展致君泽民之略，亦以收修齐治平之效。道愈明而德愈著，为天地间不可少之人，创宇宙内无穷之事业，此古人以立功、立德、立言为重也。故前清以来，曾、左、张、李诸公，宏材丕显，伟业昭彰，昌明学校，振作文风。凡我蜀中，人文蔚起，贤哲挺生。斯斯济济，直追文翁之贤；炳炳灵灵，远溯相如之彦。今虽科举暂停，括帖尽弃，士生其间，枕经葄史。犹当以草茅坐论之心，作经天纬地之想。盖学术昌而宫墙望其美富，功业著而诗书播其馨香。郅治之隆，风化之本，其得力于庠序为多。岂以穷乡僻壤，遂置学校于不讲哉？然学校以典礼为重，典礼尤当以圣贤为尊。作学校志，谨以圣贤居首，其祀典、典礼并重之焉。

祀　典

祀典之设，所以报本反始也。久已奉行，著为公令。故历代首重祀典。凡各直省、府厅、州县地方，先以大成至圣孔子先师圣庙为尊，次则武圣、文昌、先农坛、社稷坛、龙王、火官、城隍等庙，莫不先定典礼，遣地方官春秋致祭，以享圣神而昭感格，礼至隆而典至重也。南坪自前明扶州失守而后，止安设巡检，非县治可比。故仅建文昌宫、武圣宫等庙，而无孔圣大成殿，故典礼阙如。先师圣位安设文昌宫中，春秋致祭，仅备豕一羊一，行三献礼文，而无大礼，各庙只行三跪九叩礼。自光绪以来，各庙祭祀猪羊由屠行支用，至今肉厘报上，别无祭款，祀典已无形停止矣。

附历代孔圣封典于后

世祖章皇帝顺治二年，定谥大成至圣文宣王先师孔子。十四年，改谥至圣先师孔子。通行直省各学。圣祖仁皇帝康熙二十三年，御题“万世师表”匾额，悬挂大成殿。三十五年又御题孔子赞，颜、曾、思、孟赞，发各直省立碑。世宗宪皇帝雍正三年，诏郡县春秋致祭增加太牢，御书“生民未有”匾额，立文庙。高宗纯皇帝乾隆三年，升有若于十哲，移朱子于西哲。御书“与天地参”匾额，颁立文庙。仁宗睿皇帝嘉庆七年，御书“圣集大成”匾额，挂文庙。道光中，宣宗成皇帝又书“圣协时中”匾额。咸丰中，文宗显皇帝又立“德齐载帱”匾额。穆宗毅皇帝同治二年，御书“圣神大纵”匾额，均颁立文庙，以尊圣教而倡学风。德愈隆而道愈显，凡天覆地载之处，日月照临之区，莫不尊亲而戴德焉。德宗景皇帝光绪三十二年，御书“中和位育”匾额，挂文庙，颁发各直省。升大成至圣为上祀，殿盖黄瓦，圣位牌用金面，直与天地参焉。并颁行孔圣祝文，俾各直省学官，知所尊崇。

附清代关圣封典于后

清雍正三年，诏加关圣帝君为忠义神武关圣大帝，追封三代公爵。乾隆五年，颁定关圣帝君祭品仪注。九年，颁发祭文。十年，诏加尊号曰灵佑。嘉庆九年，诏加尊号曰仁勇，每岁春秋仲月上辛致祭。咸丰三年，关圣帝君升入中祀，乐用六成，舞用八佾，以昭崇奉，又颁春秋祭文。

附文昌祀典

咸丰六年十一月十一日，内阁奉上谕。嘉庆六年，钦奉谕旨。文昌帝君主持文运，福国佑民，崇正教，辟邪说，灵显最著，海内崇奉，与关圣大帝相同，允宜列入祀典，用光文治。当经礼部太常寺奏准，一切礼节祭品，均与关帝庙同。现在关圣已升中祀，文昌帝君应一体升入中祀，以昭诚敬，一切典礼，均照关帝行事。

典　礼

至圣先师庙。春秋仲月上丁释奠。

大成殿正位：帛一（色白，长二丈八尺，实于篚）；牛一；羊一；豕一（俎三）；登一（太羹）；铏二（左右和羹）；簠二（黍稷）；簋二（稻粱）；笾八（形盐、薧鱼、鹿脯、枣、栗、榛、菱、芡）；豆八（韭菹、醯醢、菁菹、鹿醢、芹菹、兔醢、笋菹、鱼醢）；尊一（醴）；爵三（初、亚、终三献）；炉一（炷香、瓣香）；镫二（大烛）；祝版一；疏布幕；勺具（后俱仿此）。

四配每位：帛一；羊一；豕一（俎二）；铏二；簠二；簋二；笾六；豆六（菁）；爵三；炉一；镫二；尊二（东西分设）。

十二哲位：东西各帛一；铏一；簋一（稷）；簋一（黍）；笾四；豆六；爵三；东西各羊一、豕一、尊一、炉一、灯一。

两庑：二位共一案，每位爵一，每案簠簋各一、笾豆各四，东西各羊三、豕三、尊三，统设香案二，每案帛一、爵三、炉一、灯一。

乐器：麾旛一首；金钟十六口（即古偏①钟）；玉磬十六口（即古偏磬）；大鼓一面（即古应鼓）；搏拊鼓二座（即古鼗鼓）；柷一座；敔一座；琴六张；瑟四张；排箫二架（即古凤箫）；笙六攒；笛六枝；埙二个；篪二管。

舞器：旌节二首，羽籥三十六副。（以上佾舞生卅六人，乐工五十二人。）

① 偏：当为“编”，下同。

文庙乐谱：春夹钟（清商）立宫，倍应钟清（变宫），主调迎神昭平。秋南宫（清徵）立宫，仲吕清角，主调迎神昭平。

萧谱（壎、篪、排箫同）

大 哉 孔 子， 先 觉 先 知。
清角伩 清徵亿 清羽仕 清变宫伿 清角伩 清商仉 清宫伿 清羽仕
与 天 地 参， 万 世 之 师。
清徵亿 清羽仕 清商仉 清变宫伿 清角伩 清商伩 清宫伿 清宫伿
祥 征 麟 绂， 韵 答 金 丝。
清宫伿 清商仉 清商亿 清羽仕 清徵亿 清商仉 清角伩 清商仉
日 月 既 揭， 乾 坤 清 夷。
清徵亿 清羽仕 清角伩 清宫伿 清徵亿 清羽仕 清徵仕 清角伩

奠帛 初献 宣平

予 怀 明 德， 玉 振 金 声。
清角伩 清羽仕 清徵亿 清变宫伿 清商仉 清徵亿 清角伩 清商仉
生 民 未 有， 展 也 大 成。
清羽仕 清商仉 清徵亿 清变宫伿 清徵亿 清羽仕 清宫伿 清羽仕
俎 豆 千 古， 春 秋 上 丁。
清宫伿 清角伩 清商仉 清变宫伿 清羽仕 清羽仕 清宫伿 清羽仕
清 酒 既 载， 其 香 始 升。
清角伩 清商仉 清徵亿 清角伩 清徵亿 清羽仕 清徵亿 清角伩

亚献 秩平

式 礼 莫 愆， 升 堂 再 献。
清角伩 清徵亿 清羽仕 清变宫伿 清商仉 清宫伿 清徵亿 清角伩
响 协 蕤 镛， 诚 孚 垒 甗。
清商仉 清宫伿 清徵亿 清羽仕 清宫伿 清商仉 清宫伿 清角伩
肃 肃 雍 雍， 誉 髦 斯 彦。
清宫伿 清宫伿 清羽仕 清羽仕 清徵亿 清角伩 清商仉 清角伩
礼 陶 乐 淑， 相 观 而 善。
清商仉 清宫伿 清徵亿 清羽仕 清宫伿 清羽仕 清徵亿 清角伩

终献 叙平

自 古 在 昔， 先 民 有 作。
清角伩 清徵亿 清宫伿 清羽仕 清商仉 清宫伿 清徵伿 清羽仕
皮 升 祭 莱， 于 论 思 乐。
清宫伿 清商仉 清徵亿 清角伩 清商仉 清宫伿 清羽仕 清徵亿

惟	天	佑	民，	惟	圣	时	若。
清宫伬	清商仉	清角伩	清宫伬	清徵亿	清商仉	清徵亿	清羽仩
彝	伦	攸	叙，	至	今	木	铎。
清宫伬	清宫伬	清商仉	清角伩	清商仉	清宫伬	清徵亿	清角伩

彻馔　懿平

先	师	有	言，	祭	则	受	福。
清角伩	清徵亿	清羽仩	清宫伬	清角伩	清商仉	清角伩	清变宫伬
四	海	黉	宫，	畴	敢	不	肃。
清徵亿	清角伩	清宫伬	清商仉	清徵亿	清羽仩	清徵亿	清角伩
礼	成	告	彻，	毋	疏	毋	渎。
清宫伬	清商仉	清变宫伬	清角伩	清徵亿	清羽仩	清徵亿	清角伩
乐	所	自	生，	中	原	有	菽。
清宫伬	清商仉	清徵亿	清角伩	清宫伬	清羽仩	清徵亿	清角伩

送神 德平

凫	绎	峨	峨，	洙	泗	洋	洋。
清角伩	清徵亿	清羽仩	清变宫伬	清商仉	清角伩	清徵亿	清羽仩
景	行	行	止，	流	泽	无	疆。
清商仉	清宫伬	清宫伬	清商仉	清徵亿	清羽仩	清商伬	清羽仩
聿	昭	祀	事，	祀	事	孔	明。
清宫伬	清徵亿	清商仉	清角伩	清角伩	清商仉	清徵亿	清羽仩
化	我	蒸	民，	育	我	胶	庠。
清角伩	清角伩	清宫伬	清商仉	清徵亿	清羽仩	清徵亿	清角伩

笛　谱

笛谱与前调同，不备载。

舞　谱

初献 作宁平舞

觉	我	生	民，	陶	铸	前	圣。
一舞	二舞	一别脚	一扯圈	一台	二台	一揖	对面
巍	巍	泰	山，	实	予	景	行。
二舞	对面	一落耳	一摆脚	一别脚	二别脚	一揖	一摆手
礼	备	乐	和，	豆	笾	惟	静。
二舞	二舞	一摆手	二摆脚	对面一摆足	对面二摆足	一揖	朝上

既	述	六	经，	爰	斠	三	正。
一别脚	二别脚	一提脚	一扯圈	一摆手	二摆手	三摆手	一叩头

亚献 作安平舞

至	哉	圣	师，	天	授	明	德。
一舞	二舞	一别脚	一扯圈	一台	二台	一揖	一对面
木	铎	万	世，	式	是	群	辟。
两舞	对面	一摆脚	一落耳	一别脚	二别脚	一揖	一拱手
清	酒	维	醑，	言	观	秉	翟。
一舞	二舞	一摆脚	二摆脚	对面一摆足	对面二摆足	一揖	朝上
太	和	常	流，	英	材	斯	植。
一别脚	二别脚	一提脚	一扯圈	一摆手	二摆手	三摆手	一叩头

终献 作景平舞

猗	欤	素	王，	示	予	物	轨。
一舞	二舞	一别脚	一扯圈	一看尖	二看尖	三看尖	一蹲身
瞻	之	在	前，	神	其	宁	止。
背一台	背二台	一别脚	一扯圈	对面一舞	对面二舞	一揖	一拱手
酌	彼	金	罍，	惟	清	且	旨。
一看尖	二看尖	一揖	一扯圈	一台	二台	一蹲身	二蹲身
登	献	既	终，	弗	遐	有	喜。
一摆手	二摆手	三摆手	朝上	一舒手	二舒手	三舒手	一叩头

钦颁文昌帝君典礼

一、乐章

查关帝庙乐章六奏，用平字迎神一成，初献一成，亚献一成，终献一成，彻馔一成，送神一成，凡六成。如遇皇帝亲祭，和声署照例奏导迎乐。今文昌庙乐章，应请悉照办理。

一、佾舞

查例载先师孔子庙文舞八佾。今文昌庙佾舞，应请用文舞六佾。文昌正殿位前，陈设笾豆案一、爵垫一、爵三、登三、铏二、簠二、簋二、笾十、豆十，俎共一，内陈牛一、羊一、豕一。前设香案一、炉一、镫二。正殿中设案一，少西北向，供祝版。文武官于致祭之前，斋戒三日，然后行三献三跪九叩礼。

迎神 丕平之章

秉气兮灵躔，翊文运兮赫中天。焥旌兮戾止，雕俎兮告虔。迓神庥兮，于万斯年。

奠帛初献 俶平之章

神之来兮笾簋式陈，神之格兮九筵式亲。极昭彰兮灵贶，致蠲洁兮明禋。升香兮伊始，居歆兮佑我人民。

亚献 焕平之章

再酌兮瑶觞，灿烂兮庭燎之光。申虔祷兮神座，俨陟降兮帝旁。粢醴洁兮斋遨将，绥景运兮灵长。

终献 煜平之章

礼成三献兮乐奏三终，覃敷元化兮緊神功。馨香达兮肸蠁通，歆明德兮昭察寅衷。

彻馔 懿平之章

备物兮惟时，告彻兮终礼仪。神悦怿兮鉴在兹，垂鸿佑兮洽重熙。

送神 尉平之章

云骈驾兮凤旗招，神之归兮天路遥。瞻翠葆兮企丹霄，愿回灵眷兮福我朝。

望燎奏

烟煴降兮元气和，神光烛兮梓潼之阿。化成耆定兮櫜弓戢干，文治光兮受福其那。

执　事

俱于本学生员中派任，预期示知，先令演习其数量焉。用乐生（五十二人），舞生（四十八人），歌童（四名，俱在本地童生中选择，选教习，岁给优免）。

仪注礼节

前期二日，各署设斋戒牌，承祭官、分献官致斋二日，不饮酒，不食葱韭蒜薤，不吊丧问疾，不听乐理刑，不判署刑杀文字，不预秽恶事。前二日，执事官补服至牺牲所省牲。前一日，执事者举祝案送致斋所，承祭官视毕，送至前后殿安设，一跪三叩头，退。前一日，执事官补服，上香，监视宰牲，并供毛血。

正祭日，主祭、陪祀、分献、各官朝服入两旁门，序立后。（通赞唱）签祝版。（引赞唱）升堂（引各官从东阶上），序爵序事，请祝（请祝版至），签名（各官书名），下堂（从西阶下）。（通赞唱）启户（各门大开），乐舞生就位，执事者各司其事，主祭官就位，分献官就位，陪祭官就位（文东武西）。瘗毛血（司毛血生将毛血捧从中门出，埋于西北隅坎内）。启牲馔盖，举迎神乐，奏昭平之章，乐作。（引赞唱）诣西北隅迎神（引众官至），神降，复位。（通赞唱）参神。（鸣赞唱）跪，叩首（行三跪九叩礼），兴，平身（众官俱立），乐止。（通赞唱）行初献礼，举初献乐，奏宣平之章，乐作。诣盥洗所浴手净巾，诣酒尊所，司爵者举幂酌酒，升坛（导承祭官由东阶上，入殿左门）。诣至圣先师孔子神位前，跪（行一跪一叩礼），兴，奠帛（捧帛生以帛拱举，立献案上），献爵（执爵生以爵跪进，承祭官接爵，拱举，立献正中）。跪，叩首，兴。诣读祝位，跪。（鸣赞唱）众官皆跪。（引赞唱）读祝文（读祝生至祝案前，一跪三叩，捧祝版立于案左）。跪，读祝文（读毕，安帛匣内，三叩首退）。乐作，（引赞唱）叩首（承祭官及各官行三叩首礼），兴。行分献礼。诣复圣颜子神位前，跪，叩首（行一跪一叩礼），兴。奠帛（捧帛跪进于案左，承祭官接帛，拱举，立献案上），献爵（执爵跪献正中），跪，叩首（行一跪一叩礼），兴。诣宗圣曾子神位前，奠帛献爵（如前仪）。诣述圣子思子神位前（如前仪）。诣亚圣孟子神位前（如前仪）。（其十二哲、两庑，分献官升坛奠帛献爵，均照前承祭官行礼）。（引赞唱）复位（承祭官从西门出西阶下，分献官各复位立），乐止。（通赞唱）行亚献礼，举亚献乐，奏秩平之章，乐作。升坛，复位，乐止（俱如前）。行终献礼，举终献乐，奏叙平之章，升坛，复位，乐作。（通赞唱）饮福受胙。（引赞唱）诣饮福受胙位，跪，饮福酒，受福胙，叩首，兴，复位，谢神。跪，兴（三跪九叩礼）。（通赞唱）彻馔，举彻馔乐，奏懿平之章。乐作（牲馔俱为移动），乐止。辞神，举送神乐，奏德平之章，乐作。（鸣赞唱）跪，叩首（各官俱行三跪九叩礼），兴，乐止。（通赞唱）送神。（引赞唱）诣送神所（众官俱至戟门），众官打躬。（通赞唱）捧祝、帛各恭诣燎所（捧祝帛至各位前，一跪三叩，送至燎所焚之）。望燎。举望燎乐（与送神同），乐作。（引赞唱）诣望燎位，举柴焚祝帛，复位，乐止。（通赞唱）合户。（鸣赞唱）礼毕，彻班。

至圣孔子庆祝文

恭维至圣，圣集大成；德参天地，道贯古今。为生民所未有，与日月以并明。祖述尧舜未坠，宪章文武犹新。弟子等俯愧文教，仰沾余曛。文圃休休，虽未摘夫春华秋实；芸窗矻矻，亦久习夫黄卷青灯。既读圣贤之书，敢忘报答之忱。恭逢圣筵，敬谒芳辰。集长幼于堂前，咸薰沐而庆祝；陈牲醴于几上，共致敬以荐馨。冀我夫子，惠然鉴临。享此不腆，宏开文明。尚飨。

至圣孔子正祝文八月二十七日

恭维至圣，道德兼优。木铎传声，仪型已昭于百代；水精献瑞，俎豆尤著夫千秋。属文教昌明之会，正礼节乐和之时。辟雍钟鼓，咸恪荐以馨香；泮水胶庠，益致严于笾豆。兹逢仲秋八月，正值夫子万寿。爰竭诚而致敬，同俯伏而拜祝。肃展微忱，伏乞灵爽在上；聿昭祀典，佑启斯文在兹。尚飨。

文昌帝君祝文二月初三日

伏以时当二月，瑶池已熟夫蟠桃；瑞现五云，寿域宏开于桂苑。恭维帝君，功著西垣。枢环北极，六匡丽曜。聿升景运，历代昭灵。永作文章主宰，亿千万年绵延之；万寿刦刦长存，九十余化显现之。兹者恭逢宝诞，敬竭微忱。远望梓潼，齐列鹤班而下拜；俯临尘世，惟乞鹤驾之来歆。尚飨。

文昌帝君升入中祀告祭祝文

惟神教严彰，敷经天纬地之文；典重揄扬，显福国佑民之化。俎豆聿隆于往昔，声灵并著于环区。爰命祑宗，时崇祀享。惟神天资孝友，灏气仁慈。统四德而称光，赞三才而立极。阐化启天人之奥，正教宏开；黜邪昭日月之晖，人文蔚起。溯尊崇之告备，礼以明虔；惟神圣之垂休，道皆同拔。敬启茂典，载陟明禋。彰文治于重光，肃升馨于中祀。练日奏六戒之乐，声协锵鸾；调风陈万舞之仪，诚通肸蚃。洁苾芬而式荐，申向往以维虔。於戏！功荡荡乎无名，声教久孚于六幂。神洋洋其如在，馨香用报以千秋。敬举上仪，尚祈昭格。尚飨。

武圣祝文

伏以正气著两间，精忠贯乎日月；人极立万世，大义充于乾坤。先武穆而王，志春秋而伏魔荡寇；后文宣而圣，兴教化而觉世牖民。协运皇图，历代之明训昭昭；兵阻巴山，寰海之灵威濯濯。兹值菏叶迎风摇动，冲霄浩气。正当榴花映日，照出凌云丹心。弟子等思圣德之昭彰，益致严于笾豆；睹神功之赫奕，宜恪荐以馨香。伏乞不爽，鉴此微衷。尚飨。

关帝升入中祀祝文

维神星曰英灵，乾坤正气。允文允武，昭圣学于千秋；至大至刚，显神威于六合。仰声灵于赫濯，崇祀典馨香。兹当仲月，用昭时飨。惟祈昭格，克鉴精诚。尚飨。

龙王祝文六月十二日

惟神德洋寰海，泽润苍生。允褒水土之平，经流顺轨；广济源泉之用，膏雨及时。绩奏安澜，占大川之利涉；功资化育，欣庶类之蕃昌。仰荷神庥，宜隆报赛①。时值荷花荐爽，正逢神寿无疆。肃陈牲醴，敬洁豆笾。惟祈来享而来格，庶几俾嘉而俾藏。伏愿五风十雨，四海永荷其生成；尤冀九穗双歧，普天咸歌夫大有。不甚顶祝之至。尚飨。

火官大帝祝文六月二十三日

恭维尊神，德著离宫，光昭午位。时广阳亨之运，象启文明；日彰变理之能，功参化育。土以生而水以济，丙丁之大运常昭；府既修而事既和，虞夏之九功惟叙。丽兹万物，实赖化成。义我生民，咸资炊爨。素沐神贶于无穷，幸酬鸿休而有自。刚逢六月念三，正值千秋万寿。虽炎炎其可畏，宜默默以荐馨。伏冀辉辉朗耀，炳炳照临。神钦有象，寿颂无疆。灵爽不昧，伏惟尚飨。

学 校②

朝廷设科取士，原为造就人才。故汉唐以来，郡县各置博士；宋元设训导；元明，州设学正，县设教谕并训导；清仍明制，教授以本省进士、举人及学正、教谕之俸满者

① 赛：乾隆《茂州志》作“享”。

② 学校：原作“学校志”，据目录改。

推升，教谕则以恩贡、拔贡、副贡铨用，训导则以岁贡铨用。松潘县府制，设训导一，教授一。乾隆六十年，裁训导，拨归秀山。因松地处边隅，文风亚于通都。清初学额八名，廪增各二十名，二年一贡。乾隆二十八年，裁学二名，廪增各五名，归资州。三十六年，裁学二名，廪增各三名，归秀山。额进四名，廪增十二名，三年一贡。光绪二年，以南坪柴门关改土归流，增学一名，额进五名，廪增名额仍旧。光绪二十九年，朝议改设学堂，科举停止，废教授而设视学，以掌学务。同知黄汝楫，就岷山书院旧址并入张公祠，改建学堂，规模阔大，教室完备，拟设中学。后经省视学查勘，松屎过僻，中学不宜，改为高初两等小学校，附设师范传习所。民国改革，仍如其旧。南坪距松三百六十里，学制变更，后于光绪三十一年，南坪巡检德盛，以旧义学两堂，改为初等蒙学两所，期满送松毕业。莘莘学子，一困于财力，再困于路荒。十余年间，南坪学子，无一人升入松学者。民国九年，学绅赵仕魁、徐步蟾，痛念南坪欲出人才，非改办高小学校不可。遂同邑绅马登洲、左培芝、左培荣、左奉璋会商，呈请县佐胡国清，转呈上峰，批准立案。十年，开办高等，校舍就都司署旁之萧曹馆培修，经费有斗款、称捐、肉厘。十二年，校长徐步蟾以学款支绌，呈请松潘县在南坪税收项下，每年拨洋四百元，补助本城高小经费。惟各乡国民学校，因无款尚未推广。独永丰乡以旧有义学田地，现在开办焉。

南坪高小学校碑记

松潘县教育局长沙剑平

从来国家之盛衰，视乎人才，人才之消长，视乎学校。学校者，固强国之基础，育才之根本也。南坪远隶松城，界连甘文，古称文化之区，素尚诗书之教。在前科举未停时代，文人学士，较松最盛。清末廷议改设学校，以求全才而图富强。政令颁发，各省府厅州县，城镇乡村，靡不雷励[①]风行，筹款办学。南坪以旧设义学二堂，改初等蒙学。学期满时，升送松县高小，方能毕业。彼时学绅徐君芷升，品学兼优，为主任教员，深忧松南相距三百余里，若到松毕业，一般学子，苦于路险，困于资斧，南坪人材，势必从此消乏矣。故偕马、左诸公，屡次上书，陈说利害，请改设高等，以冀人材辈出。民国十年，始行请准。创办之初，校长赵君不禄。上峰以徐君热心学务，继任校长。任事以来，劳怨不辞。经费不足者提倡筹之，校址窄小者呈请拨之，学舍简陋者设法建之。又为之备书籍、制桌凳，争拨学款，整顿校规，尽心竭力，不避怨尤。民国十二年，学制改组，各县劝学所改为教育局。平受邓公委任，由渝返松，接办教育局职任。视事后，适南坪徐校长陈请毕业。平稽查前案，南坪高小成立，虽历有年所，惜前任视学，未能报省立案。今请毕业，不无障碍。细阅前后文函，共有数十起，条陈筹款兴学，因地制宜，不下十万言。说理明晰，识见超卓。平佩服之余，特将南坪高小成立缘起，徐君热心办学情形，历历陈[②]报教育厅，旋蒙厅长邓批准，嘉奖在案。噫！如徐君者，可无愧鹿洞鹅湖。其有功学校，不惟吾松少有，即大地亦难多得也。从可知南坪

① 励：当为“厉”。
② 陈：或当为“呈”。

学校，非徐君则发起无人；教育发达，非剑平则人才难得。平与徐君，可谓此唱彼和也。平今查学来南，则见莘莘学子，程度颇佳。讲堂自习，规模粗具。他日人文蔚起，造成通才。强国强种，其在斯乎？特志其崖略如此，以作学校纪念也可。

卧　碑[1]

顺治九年，题准刊立卧碑，置于明伦堂之左，晓示生员。

朝廷设立学校，选取生员，免其丁粮，厚以廪膳。设学院、学道、学官以教之，各衙门官以礼相待，全要养成贤才，以供朝廷之用。诸生皆当上报国恩，下立人品。所有教条，开列于后：

一、生员之家，父母贤智者，当受教父母。愚鲁或有为非者，子既读书明理，再三恳告，使父母不陷于危亡。

一、生员立志，当学为忠臣、清官。书史所载忠清事迹，务须互相讲究。凡利国爱民之事，更宜留心。

一、生员居心忠厚正直，读书方有实用，出仕必作良吏。若心术邪刻，读书必无成就，为官必取祸患。行害人之事者，往往自杀其身，常宜思省。

一、生员不可干求官长，交结权要，希图进身。若果心善德全，上天知之，必加以福。

一、生员当爱身忍性，凡有司官衙门不可轻入，即有切己之事，只许家人代告，不许干与他人词讼，他人亦不许牵连生员作证。

一、为学当尊敬先生，讲说皆须诚心听受。如有未明，从容再问，毋妄行辩难。为师亦当尽心教训，勿致怠惰。

一、军民一切利病，不许生员上书陈言。如有一言建白，以违制论，黜革治罪。

一、生员不许纠党多人，主盟结社，把持官府，武断乡曲。所作文字，不许妄行刊刻。违者，听提调官治罪。

---

① 卧碑：原作“卧碑照录”，据目录改。

武备志

武备志总

尝谓有文事者必有武备，有武备者必有文事。是文事既不可废，而武备尤不可忽也。虽圣王之世，偃武修文。晚近之秋，须四时讲武。故古之武士，或称桓桓，或称赳赳。其兵威之盛，则如飞如翰，如江如汉；战士之勇，则如虎如貔，如熊如罴。莫非公侯之干城，公侯之腹心焉。是以先王无不教之兵，实不尽人而用之兵，所以振尚武之精神也，今之兵式体操也亦然。迩者强邻压境，四郊多垒，非讲武无以强国，非治兵无以御敌，存有备无患之心。当因田猎以试武，立折冲禁侮之志，宜深敌忾以同仇，所以禁暴而靖乱，保大而定功者。不贵有武备之名，尤贵有武备之实也。方今边庭多故，蛮夷鸱张。必人人无忘武备，以枕戈待旦为怀，秣马厉兵为志焉。庶几边圉可保，边城可居乎。有司之责者，其善图之。

武　功

松潘指挥佥士刘屏翰，果敢有为，知兵善战。于清雍正三年四月内，率兵由平武过阴平，进柴门关，先攻克边山勿各一带，逆番俱各俯首投诚。惟地那寨逆酋伪称坔那皇帝刚让孝，聚众负隅不服，势甚猖獗。该指挥刘，怒率裨将，奋勇先登，破其余寨，势稍减。于五月十三日，攻破伪坔那皇帝之正寨，歼厥渠魁，斩首示众。军威大振，西羌畏服。其余逆番，因聚众围阶州城，三年不解，毒杀百姓，困毙州官，均属罪不容诛。悉歼灭之，扶州平。

前清同治三年，岁在甲子。发逆攻陷阶州，经文县县令常毓坤，禀川督骆公秉璋，请兵援救，恢复国土。因札委建昌镇周达武，统领武字全军，入甘进剿，扫锄妖氛。原公才兼文武，深习韬略。斩将搴旗，所向有功。该发逆等，坚守城池，燕饮酣乐。兵临阶州，久攻不下。因密放地雷数处，城陷数丈，大军蜂拥而入，血流尸积。时值五月十三，擒获渠首蔡王，就地正法，以示军威。复擒获琪王并贼妇蔡花妖，解省献捷，当即斩首示众，阶州平。时当炎暑，劳军川边，养兵数月。至秋八月初旬，大军南向。军帅周达武、营务处周振藻、副统帅李辉武等，共统率武字土营临南。先至哈南寨。十一日，攻破柴门关，连日收复草地沟，复攻破勿各沟等处番寨。十五日，恢复南坪营城。派队进攻黑河塘番卡，不允。计出奇兵，由羌活沟越山直捣羊筒番寨，出其不意，搜山捕杀。意由隆康下攻黑河塘关卡，而黑河塘守卡逆番，闻风丧胆，夤夜奔逃，大军入羊峒。时松潘镇宪联，星夜来文止战，不许多戮番夷，遂罢战。于五月二十五日，军帅周，调齐各番寨头目，在薛家坝大营，大示军威，晓以国法，加以恩义，究抚首从。因正法番首王存之、白带等数人，厚赐汉绅文生赵晋奎、马振甲、武生葛荣山等，随军有功，劳以奖赐，随寄《吟怀》一首（诗录后）。次日，统率中三营，复绕白河，越贡杠岭，由松回川讫。余营周振藻、李辉武留办善后事宜，安辑难民，复拿获怙恶不悛之欧利哇，正法南坛，以安民而除后患。原该番首欧利哇，伪称欧利皇帝，肆威行凶，无恶不作。号召诸番，围陷城池。大军临境，畏罪投诚，免死。不意回寨之后，恶胆复炽，私设公案，滥刑汉番，被众告发，罪不容赦，斩首示众，余焰始息。时值九月中旬，息军数日，统军回川。临行留诗一首。以志不朽焉。

寒风戍旅苦难堪，牧马悲鸣黄草涧。
朔雪普布平原地，鸟湿毛衣伴我眠。
虎帐同奏太平曲，五鼓三军齐凯旋。
几句俚言留胜迹，江山不改千秋传。

军帅周达武《平南寄怀》：

步过秦岭看蜀山，雪垒柴门马不前。
绝壁更比摩天危，今古人称蜀道难。
征夫未解鞍马力，羽檄直指望松潘。
夜听羌笛声也悲，顷熄烽火谢天颜。

光绪二十二年，南平都司张辅舜、巡检娄世淦，因包座一带贼番，每岁临冬，出没无常，抢掠黑河各乡居民牛、羊、骡、马、粮石①、财物，所到之处，一扫而空，黑河人民，不堪其扰。因会禀松潘镇宪夏，复蒙镇宪会同松潘厅宪，会详四川总督鹿蒙恩批准。就地筹款，带兵进剿，以除刁悍而靖地方。都司张辅舜为管带，同哨长徐茂春、王瑞生等，统带本营制兵百名。副管带戴镜光，统带寿字营军百名。调遣四寨土守备杨官成、五寨土守备杨生荣、七寨土守备尤仲盖，各带屯兵百名。黑河团首王凤鸣、白河团首屈鸿发，各带民团百余名。同日由黑河进兵，出玉瓦关，过八邓寨。该寨土首等望风迎降，犒我军以牛酒。于五月十二日，兵扎喇嘛岭下。其山形势险恶，岩崖对峙，道路曲折，林木丛杂，阴林蔽日，仰不见天。时包座贼番千有余人，扼守山巅，刀枪林立，旌旗密布。时闻炮声，隐见贼迹，突首参差，往来窥视。该管带张辅舜、戴镜光等，伏地蛇行，统带汉番官兵数百人，鸣鼓进攻，炮鸣则屈膝潜伏，声息则昂首独进。六品军功马兵唐世宽、朱永昌等数人，力举劈山大炮轰击。山谷响应，贼番披靡，不能坚立。我军勇往直前，争先恐后，一可当百。于十三日酉刻，攻破喇嘛岭。贼番畏威，如鸟兽散。登岭瞭望，渺无人烟。我军直抵巢穴，火标并及，连焚沙利、伊素、核桃三寨。复焚烧则后、潘州葛耳坝等处，势如破竹，迎刃而解。拿获首匪拔害、香坝等九名，立即

① 石：或当为“食”。

斩首，以示军威。时松潘镇宪夏、统领韩，已由黄胜关进兵，驻扎大建寺，焚烧伪称之王寨数处，拿获番首多名。军威大震，西羌畏服。该番众惊心丧胆，乱窜沟壑，所存寨落，十室九空，莫敢归屋。我军乘胜剿抚并施，该番首等畏威投诚，纳款谢罪，跪订和约，限三十年，永不入关扰我地方。从此黑河居民，得以耕种而食，安枕无忧者十年。所恨番牲羊犬，反复靡定，只知畏威而不怀德。一旦大军临境，似乎倾心帖服。即至时移势易，事过情迁，贼心复萌。宵小贼番，三五成群，勾结贼匪，潜入乡村，偷骡盗马，每冬不免。甚至执枪带刀，夤夜劫抢。所过乡村，莫敢盘诘。稍挫其锋，倒戈相向。因而黑河上下团民，各保乡区，各守门户。邻封被劫，不敢过问，遂失守望相助之义也。

兵 制

雍正三年五月十三日，克复南坪地方，设立守备营制，安设守备一员、千总一员、把总二员、外委三员、额外一员，马步兵三百名。除汛防兵丁一百名外，实存城马步兵丁二百名。守备营管辖中下羊峒三十六寨，统计牌番、散番六百三十八名，每户认纳罪粮一石，共收罪粮六十三石八斗，共折仓斗米二十七石三斗六升。每斗折合银二钱四分，共折银五十五两八钱零。其银每年散给兵丁，由司在于各兵米折内坐扣。乾隆十六年，裁守备营，改设都司营制，拨来绥宁营马步兵丁一百名，共马步兵丁四百名。道光十九年，裁南坪营，拨归峨边镇远营。将松潘右营都司移驻南坪，新颁松潘右营移驻南坪都司关防一颗。自安设都司营后，陆续裁拨马步兵丁九十九名，实存马兵四十名，战兵一百名，守兵一百六十名，共计马步兵丁三百零一员名。至光绪十一年止，前后裁汰马战守兵一百二十九名，实存马战守兵二百七十一名。

光绪二十一年，奉文裁汰马战守兵二十七名。

光绪二十三年，奉文裁汰马战守兵六十六名。

光绪三十年七月，奉文裁汰马战守兵十五名。

光绪卅一年冬月，奉文裁汰马战守兵十五名。

以上陆续裁汰马战守兵一百四十七名。实存马兵十七名，战兵四十一名，守兵六十六名，骑操马一十七匹。于光绪三十一年二月内，奉文停补。实存马战守兵一百二十四名。

宣统三年八月，奉文全将武营官兵裁汰，安设巡防兵四十名，饬委哨长一人管带。未数月，因松漳之变，巡防赴松星散，营制全无矣。

同治十二年内，奉文安设中下羊峒各寨土守备四名、土把总六名、土外委五名、土寨长三十一名，共计五十名。守备每年领口食银二十四两，千总每年领口食银十五两，把总领口食银九两，外委领口食银八两，寨长领口食银四两。至宣统三年，将松属武营全行裁汰，另设巡防军四十名。是年冬，因松潘番变，两城失守，南坪都司帅登沄带印脱逃。巡防管带游兆卿赴松，巡兵星散。民国成立，营制无存。南坪城改设县佐一员，以理民事焉。

边 防

窃兵以卫民，民以养兵。兵可百年不用，不可一日不备。是有国者，必先有民。有民者不可无兵，则边防之宜重也明矣。亢仓子曰：人虽无疾，不可以废医。故天下虽安，忘战则危。南坪僻处川边，毗连甘文，四境之内，无处非番。自明至清，屡归屡叛，诛不胜诛，抚不胜抚。致使万民流离，百姓失所。前车之鉴，曷可稍忽。说者谓向化已久，归流渐多。然庚申之乱，莫非向化之夷；松潘之失，谁非归顺之番？况天道莫测，边民多难，苟当肇乱之秋，即朝夕与游之夷，一旦而改头换面，杀气临身，遂至皂白不分，玉石俱碎。言念及此，可畏可惊。昔年安设营制，官兵四百员民。军威整肃，士饱马腾。稍有边衅，立即整队前行，歼兹丑类。嗣后虽屡裁汰，犹有余威。今营制已废，军威无存。如野处而无墙垣，如孤儿而失父母。尝谓六十年一大变，三十年一小变。一旦患生仓卒，其何以御？松城虽有汉军，可以调遣，恐两难兼顾，终有鞭长莫及之忧。为民父母者，于边地平民，宜未雨而绸缪，思患而预防，则民之幸也，亦朝廷之仁也。有牧民之责者，当不河汉斯言。

一、扶、文二州，自隶陇右道。开元后，并属剑南道。然二州并置在南白江下流，文州即今文县，扶州即今水扶州。至方维[①]与北合，据山川形势，合属山南道。以前七州合于武州，置一连帅以总之，捍御西戎，于边事甚便。顷者，开元天宝中，西戎陆梁数乘，由剑南出师援救，罕闻有功。地当两师强弩之末，故虏骑得以宽纵于弥水阔水之中。如武州置兵，于剑南、陇右为犄角之势，自然破胆，边境得以安宁无事。有心世道者，诚所愿焉。

一、六朝时，扶州归梁。天和四年，上、中、下羊峒番人相聚为乱，困州城。宇文庆由文州道进兵攻破之，即由柴门关入也，大兵驻于南坪坝，先锋驻州城东之沟口，即今俗名宣峰沟口也。

同治八年，郭元坝土目杨承恩，率柴门关十五团番众改土归流。松潘镇宪赓良，并松潘厅主刘廷植，联名报上，赏给杨承恩四品顶戴花翎，此后汉番相安，可称无事。原郭元坝下二十里即柴门关，路甚险要，在南坪之南，大江阻于东。由城南下，过汤珠河桥至柴门关，为出入孔道。一有警变，此路阻塞，南坪即束手受困矣。当克复之后，有绅首葛荣山、马振甲、左凤鸣、汪凤诏、叶振家等再三开导杨承恩及各寨番长，令其改土归流，齐齿平民，尊君知礼，各安耕凿，劝谕数次，该番等始皆欢悦改归，南路从此疏通。虽有事故，可不虑其道路硬塞，出入维艰矣。然下塘一带番民，至今衰败已甚。马尾山、盐土山已无番民，其地皆归汉民，耕种纳粮矣。

宣统三年末，因川省铁路收归国有，同志会起事，波及郫灌等处。松潘番众亦因新政烦苛，与夷不便，意在革除苛政，另请章程。时松潘厅蹇公念恒，驾驭无方，疏于防范。至本年十月内，番酋纠众作乱，以致松、漳两城失守，万姓流离，闻者伤心，见者惨目。彼时南坪风潮日甚，一日三惊，城乡居民，寝食不安，手足无措。斯时防兵调

① 维：或当为“位”。

松，固守无人，官绅惊恐，再四熟商，因邀回四寨土守备杨官成，入城会议。以为事在燃眉，欲攘其外，宜安其内。顷闻三寨番首，已暗传木刻于羊峒八寨、和兹九寨并隆康七寨。而八、九、七寨土首，又暗传木刻于芝麻五寨、中田四寨，势将依次递传边山关外。意在勾结番匪，刻日举事，据我城池，残我人民。最可忧者，在羊峒和约众寨番民，素性刁悍，恐怀二心。赖杨官成深明大义，保存桑梓，不辞苦口，化道番民。先将七寨土守备尤仲盖调南，晓以大义，告以军威，令其先往彼寨，化道番民，休怀二意。并先开道八寨、九寨土首，使其先知利害，各安生业。城内绅首马秉忠、李登沄、徐步蟾、左培槐、张庆芳、赵怀琇等，复会商三老马甫臣、赵铸九、徐子英等，一面筹款，特募定平军百名，以张军威。乃推马绅秉忠、左绅培槐同土守备杨官成、杨生荣并土千、把数人，亲赴隆康汛地，调齐八寨土千总尕让沓、外委喇嘛苏，并如介朗、判桑测、盖崇在，九寨土守备尤仲盖、千总蒋介纳苏、肉尕亚及牌头六十余人，席地而坐，反复商议。而杨官成与马秉忠等，善言开道，陈说利害，千有余言，舌敝唇焦，心瘁神疲，议和三日，和约乃成，始与该土首等对空要誓，歃血定盟，订立和约八条，缮写数纸，汉番各执一张，以为永远凭据。因犒以羊酒，待以恩义，在于该处刊碑立石，以志永久。从此羊峒已定，城乡之百姓稍安矣。然白河虽安，而黑河尤可虑也。缘黑河八邓及包座番民，每岁临冬，出巢抢劫，所到之乡，牛羊财物，一扫而空。值此变乱之秋，难免不乘势出巢，扰害地方。况目前现有影响，苟一出巢，势必顺流而下，其祸莫测矣。斯时分知事李泽，惊恐成疾，卧病不起。众绅等复与杨官成商议，欲要地方保全，非将黑河包座土番化顺不可。于是绅首马秉忠、赵怀琇、马沄州、张庆芳等多人邀同杨官成，于冬月初间，亲赴黑河四道城，与阿细大土官派遣之小土关三人、并土目二人，在该处再四演说，晓以大义，告以国法，化道久之，番乃悦服。黑河下团一带居民，乃与阿细大土官名下，说拴头银一百二十两，三小土官牙银二十四两，牛羊各一，美酒百斤，复订和约一纸。若下团人民，有贼番扰民一鸡一犬一草一木者，有阿细土官承当，永远保护。缘黑河上团居民，已拴头于草地各寺院中，有活佛管家保护，贼番不敢出巢偷盗抢劫。从此两路俱安，而一城方保，国家之福，地方之幸，天之定与人之力欤。不折一矢，不用一兵。较之松漳流离之惨，实天心厌乱，转凶为福，同沾再造之恩矣。今欲边防巩固，永庆安润，非结连吐蕃，声气相通不可。况今五族共和，畛域不分，欲其设劲卒以防守，不如通往来以相结。虽云番姓[①]犬羊，苟以恩相待，推诚相与，未有不化强暴为良善者。有志边防者，其再筹之。

土　司

南坪向无土司。自南坪克复之后，经上宪禀准，因该番首投诚出力，共设土守备四名、土千总四名，与别处土司权利稍亚、品级差等，故只名之曰土官而已。

① 姓：当为“性”。

职官

巡检

赵孝基：江南人。时值南坪始克，民未复业。该员兴利除弊，推诚布公，以广招徕，流民序业者大半。善后事宜，有不便于民者，无不禀呈上宪，竭力挽回，民甚德之。

郭维成：榆林人。同治六年任，前后两任。卸任后，流落南坪，故于罗尾坝，乡人遂葬此焉。

松　简：浙江人。同治八年任。

朱炳辉：江西人。同治十年任。

舒静安：陕西人。同治十三年任。

李绐赓：成都人。光绪四年任。

谢庆恩：丹墀，山阴人。光绪六年，前后两任。

王　铠：铁堂，陕西人。光绪七年任。

彭兆铨：成都人。光绪九年任。

李树荣：茂春，重庆人。光绪十年任。

方　静：雅巷，陕西人。光绪十二年任。

茅颐承：小轩，浙江人。光绪十三年任。

杜　廉：任之，川省人。光绪十五年任。

黄荣基：少杰，湖南人。光绪十六年任。

娄世淦：月洲，浙江人。在南两任，十七年任。

李　瑛：少衡，大梁人。光绪二十年任。

德　盛：子明，宛平人。在南两任，光绪三十年。

李　泽：芷青，遵义人。宣统元年任。

马文彬：茂堂，成都人。民国三年任。

关法盛：子明，京兆人。民国四年任。

都司

高联升：级三，成都人。同治三年及六年两任。

张文朝：星垣，成都人。同治四年任。

马登富：云亭，松潘人。同治六年任。

范永福：绥之，苍溪人。同治九年至十三年，光绪三年至十年，两任。

钟明远：峻山，重庆人。光绪元年任。

曾茂轩：春山，华阳人。光绪二年任。

李良辅：栋材，云南人。光绪十年任。

封文和：河清，湖南人。光绪十五年任。

奎　光：达卿，长白人。光绪十六年任，病故任内。
吴以忠：佐臣，乐至人。光绪十七年任。
杨得喜：象乾，双流人。光绪十九年任。
张辅舜：臣五，建昌人。光绪廿一年及廿三年任。
黄　麟：趾呈，华阳人。光绪二十二年任。
车致道：界平，成都人。光绪二十四年任。
刘应槐：树三，成都人。光绪二十六年任。
聂登山：东高，崇庆人。光绪二十八年任。
王飞龙：子瑞，湖南人。光绪二十九年任。
赵花凤：五楼，陕西人。光绪卅年任。
曾国栋：竹贤，灌县人。光绪卅三年任。
马家驹：骥才，浙江人。光绪卅四年任。
帅登云：仙州，青城人。宣统三年任。

从此裁汰武营，改设巡防军四十名，委游兆卿管带。未几，松漳番变，巡兵赴松，如鸟兽散。民国成立，遂无营制。

千　总

王嘉福：四品蓝翎，侭先守备，南充县人。
杨维昌：三品顶戴，侭先游击，朗[①]中县人。
董世昌：世袭恩骑尉，侭先千总，松潘县人。
王万清：由武生入伍，补侭先把总，南坪人。
徐发祥：五品蓝翎，侭先千总，南坪人。
简玉堂：五品蓝翎，侭先千总，维州人。
沙应太：世袭云骑尉，松潘人。
杜天恩：世袭恩骑尉，松潘人。
张文昭：五品蓝翎，行伍，合州人。
张永寿：五品蓝翎，行伍，松潘人。
周法元：五品蓝翎，侭先千总，成都人。
王廷镛：五品蓝翎，行伍，建昌人。
李殿臣：五品蓝翎，行伍，万县人。
杨金镛：武进士出身，侭先守备，四川人。
马　慧：五品蓝翎，成都人。
冉登武：五品蓝翎，成都人。

① 朗：或当为“阆”。

政 绩

巡检张建业：字泉庵，山西人。乾隆十九年任，任南坪安官之始。在任二十余年，终于任内，葬城北地纳沟口，子孙世居黑河。该巡检到任以后，勤求保赤，视民如伤，甚有政声。士民爱之，建立生祠，刊碑立石，以志德政。至咸丰庚申，番变祠毁。祠在上街，地址犹存。今子孙尚居黑河绕腊沟。

巡检雇其柽[①]：浙江人。乾隆四十八年任。因择地于署旁，建立文昌宫并奎星阁一座，书舍三间。工未竣而卸任，士民为之流涕。立德政碑于署内，以志不忘。

巡检赵廷栋：字玉材，直隶磁州人。乾隆五十一年任。精堪舆之学，尝谓所建文昌宫不宜于此，须别择吉地，方可发科。因宫已建，柱料甚大，拆之不易，遂寝其工。士民惜其废弛，地方难望发科，后果验其言。所著有《地理五诀》《阳宅三要》等书，行世已久。

巡检卢思澄：广东人。嘉庆三年任。五年，值白莲教匪欲由柴门关入南，卢公因同千总崽、绅士马玉兴、军功吃富增等，带领防守兵丁百名，并民团百余名，至柴门关。修筑隘口，昼夜巡查。教匪因防堵甚严，遂由哈南寨走平武。至五月初三，教匪千余，又由勿各沟窜至南坪。尚未扎营，城中炮发，轰倒贼营大纛，贼遂不敢过桥，遂退扎永丰寨。至初六日黎明，由东山梁顶，驰走黑河，山陡路险，人马滚伤甚多。进达舍沟，越山走羊布，至西固地方。南坪城中百姓，鸡犬无伤，绅民感其御贼有方。立碑当道，以志不忘。（碑已废失久矣。）

巡检程先甲：字春农，江苏武进人。道光六年任。居官十八年，惠爱士民，兴利除弊，尚有政声，士民因立去思碑焉。（碑废无存。）

巡检莫夔畴：字莲峰，广东番隅人。道光二十六年任。博通典籍，精于岐黄。不论富贵贫贱，但有求者，无不立起沉疴。教民兴立市场，以通有无。倡首捐资，购买药王庙前院地址，培修正殿两廊。以其精济世之学，医国活人之术。故竭诚于药王宫，至今犹有感者。

巡检胡榛：字子美，江西建昌府人。咸丰七年任。慈惠及人，民多爱戴。庚申，番夷起衅，因松潘路塞，难通公文，亲赴邻封文县告急，请团防堵，抚谕军民，昼夜登城防守。至十一年三月廿三日，率同营弁文武各绅，并团勇一百三十余名，与番议和，否则决战。先期告众曰：今孤守空城，已逾数月，内无粮草，外无援兵。与其枵腹饿毙，不若背城一战，已决存亡。克则地方之福，不克则尽忠报国，可以无恨。遂率众出城，至下教场地方。逆番埋伏突击，四围赶杀，惨遭毒害，无一人得生还者，呜呼惨矣。克复后，将忠魂牌位迁于昭忠祠内。

巡检王铠：字铁堂，陕西鄠县人。光绪四年任。清慎廉明，士民爱戴。月课子弟，奖励笔资，振兴学校。欲建云龙书院，蔚起人文，工未兴而地震成灾，遂寝其事。惊患成疾，告病归家。临别脱靴留念，今犹口碑载道焉。

---

① 巡检雇其柽：原作“雇其柽巡检”，今按上下文体例改。

巡检谢庆恩：字丹墀。山阴人。在南两任。除暴安良，不避险阻，作事果敢，秉性坚刚。桥梁道路宜修培者，靡不克期举办。团约乡民，人多惮之，莫敢犯颜。

都司马懋勋：成都华阳人。咸丰九年任。时值庚申番变，亲赴勿各边山一带，抚慰番民，晓以大义。至两河口地方，被逆番围困，饮食皆绝。汤珠河外委马保国，奋勇直前，救出重围。至汤珠河地，因忠愤未泄，吐血身亡，士民哀之。

都司范永福：字绥之，协镇衔，苍溪县人，世袭恩骑尉。同治九年，授南坪都司。至光绪四年，又任都司。前后两任，十有余年。有猷有为，无党无偏。改革营制，训练兵丁，安设塘汛，慎守冬防。建修武圣宫全院，庙貌辉煌，布置得宜。有功营制，军民爱之。

都司奎光：字达卿，长白镶黄旗人，由文庠改武。于光绪十六年，升南坪营都司。长于文艺，晓于兵防，惠待士民，振饬营制，武营为之起色。因是年松潘镇宪夏，会哨文邑，积劳成疾，病故任内，迁柩回京。

都司马家驹：字骥才，浙江人。于光绪三十四年，补南坪都司。为人言笑不苟，慎守官常，不取非议，清廉名扬，兵民爱戴。因病告终任内，葬于武圣宫后。

四寨土守备杨官成：字尹卿。天资聪敏，秉性刚直；幼读诗书，略明大义。其待人以恭，其接人以礼。凡汉番有事，无不竭力周全，人多爱之。前幼时，常在松潘王沄洲门下游，往来熏陶，时蒙训诲，深沾教益，王公亦器重之。其父名青桀，值庚申之变，因黑河塘关卡难破，炮伤甚众。成父倾心投诚，愿为向导，引官兵数百，由羌活沟越山，大兵突击，以破八寨九寨，时人德之。父早死，且孝其母，承欢养志，颇得母心。其母死而继母犹存，虽与母另居，而寒暖常关心焉。值辛亥之变，出入黑白两河，往返驰驱，调和时事。积劳成疾，年四十有八而亡。乡人因其保全地方，化道顽夷，民不能忘。特立“功存桑梓”石碑，叙其功绩。以志不朽焉。（碑在水扶州场口观音阁下。）

五寨土守备杨生荣：秉性温柔，不争强弱。幼读儒书，略解字义。汉番文字，均能书写。辛亥，松漳番变，即力化导该管番民，调和时事，保全地方。

七寨土守备尤仲盖：于辛亥松漳番变，恐被三寨所惑，经杨官成多方善言开导，说以利害，令无妄为。又将八寨九寨诸番，劝化归心，歃血为盟，相安无事，乡人均称其爱护地方焉。

选举志

选举志总

从来地方之盛衰，视乎人才之兴替。人才之兴替，尤视乎水土之厚薄。南坪僻处边域，蕞尔微区，读书者未发科，操武者未开府。良田水土浅薄，培植无方。自学额设而隶乎松州，入泮者接踵有人，登科者目不一睹。实因地瘠民贫，户鲜殷实。读书之子大都半途而废，畏难辄止。非诗书之误我，实学问之无成。欲使文人学士，得以扬眉吐气，激昂青云，犹赖贤有司培植文风，鼓励人才。庶几人文蔚起，贤哲挺生，开文运于边陲焉。

文　学

汪孝贵：庠生。

汪仕达：庠生。

汪永有：庠生。

宛象贤：庠生。

唐玉玺：岁贡生。好学不倦，博通经史，善草书。有司赠以“品学兼优”匾额。

马君霖：邑庠生。见义勇为，有学有守。有司赠以“急公好义”匾额。

袁绳祖：邑庠生。正直端方，取予不苟，乡人敬畏，人皆称之。

马玉兴：邑庠生。提倡义学，培植文风，官绅敬仰，松潘厅宪西纏王公，赠以“守正存诚维俗尚；急公好义振人文”对联。

汪富有：邑庠生。兴利除弊，表率一方。后二子七孙，俱列胶庠。

唐象贤：邑庠生。培养寺庙，重义轻财。生八子，列胶庠者二人。

汪凤池：庠生。

汪凤仪：庠生。

汪凤飞：庠生。

汪凤霖：庠生。

汪凤翥：庠生。

汪凤诏：庠生。

汪凤集：庠生。同治庚申番变，尽节身亡，禀诸上宪，准袭世袭云骑尉，入忠节。

黄得奎：庠生。

黄应奎：庠生。

赵嗣普：庠生。

宛象贤：庠生，入忠节。

唐廷皋：增生。

李荣贵：庠生，入忠节。

杨天桂：庠生，入忠节。

张应元：庠生，入忠节。

朱九峻：庠生，入忠节。

黄调元：庠生。

吕南荦：岁贡生，文县籍。博学能文，贯通经史。教训子弟，循循善诱，如座春风，出其门者甚多。

朱光绚：廪生。

黄履祥：庠生。

马振甲：庠生，字戴九。博通典籍，品学兼优。财不苟取，义必勇为。精于岐黄，药到病除。诊脉不分贫富，病愈不讨谢金。济世活人，城乡德之。同治八年，都司张文朝赠以“儒术仁心”匾额。光绪十年，松潘厅蔡懋康赠以“儒医济世”匾额，城乡赠以“志同良相”匾额。南坪向不产稻，该绅于咸丰四年，在地纳沟口开田数畦，提倡栽稻，彼年即得好稻。嗣后，濒河之地，居民始开垦田亩，至今利赖无穷焉。

叶振家：庠生，字柳塘，文县籍。家贫好学，蕴藉风流。书法浑圆，秉性温恭。时人仰之。

赵晋魁：庠生。

徐必超：庠生，字海峰。教读学子，善诱循循。凡遇公益，秉公顾众。性情刚直，时人多钦仰之。

马秉忠：增生，字贞吉。天性温良，心气和平。与人不较是非，处世不尚奢华。地方公益慈善，靡不尽力为之。宣统二年，松潘厅宪谢宝山赠有“热心公益”匾额。并著有《退省堂诗文集》行世。

张树芳：庠生，字德馨。平生缄默自安，不尚浮华。教诲儿童，循循善诱。

徐步蟾：庠生，字芷升。秉性纯良，不尚虚浮。公益之事，尝赞成之。并著有《明静轩诗文集》行世。

李登沄：秀贡生。质直好义，见善勇为。

马鸣洲：庠生，字沄伯。缄默自守，纯朴自安。

赵仕魁：庠生，字冠英。天资俊秀，识见超群。精于岐黄，着手生春。

左奉璋：庠生，字瑞藩。

余耀法：庠生。

赵仕杰：庠生，字俊卿。

赵建业：庠生。

王朝佐：庠生。

武　生

黄占魁：武庠。

唐尚贤：武庠。

葛云山：武庠。

汪映云：武庠，入忠节。

左保国：武庠。

齐　玉：武庠，入忠节。

王万清：武庠。

葛常山：武庠，入忠节。

黄履恭：武庠。

刘全忠：武庠，入忠节。

汪仲元：武庠。

王世雄：武庠，入忠节。

陶九如：武庠。

王万升：武庠，入忠节。

葛占云：武庠。

杜芳华：武庠，入忠节。

封　荫

把总徐德音，其子徐明，于乾隆十一年十一月二十五日，敕封四川松潘镇标中营左哨头司把总。(谨将敕书录后。)

奉天承运，皇帝制曰：宠绥国爵，式嘉伐阅之劳；蔚起门风，用表庭帏之训。尔徐德音，乃四川松潘镇标中营左哨头司把总徐明之父，义方启后，谷似光前。积善在躬，树良型于弓冶；克家有子，拓令绪于韬钤。兹以覃恩，封尔为奋力校尉。锡之敕命，於戏！锡策府之徽章，洊承恩泽；荷天家之休命，永耀门闾。

制曰：怙恃同恩，人子勤思于将母；赳桓著续，王朝锡类以荣亲。尔四川松潘镇标中营左哨头司把总徐明之母肖氏，七戒娴明，三迁勤笃。令仪不忒，早流珩瑀之声；慈教有成，果见干城之器。兹以覃恩，封尔为孺人。於戏！就龙纶而焕采，用答劬劳；被象服以承休，永膺光宠。钦哉。

董世昌：恩骑尉。历署千把各汛。

吴世魁：云骑尉。庚申番变，带团勇数十人与逆番战于下较场，阵亡。后禀请大宪，其子准袭云骑尉世职。

吴应陞：云骑尉。

汪连陞：云骑尉。袭祖父文生汪凤集阵亡世职。

汪　源：云骑尉。历署四汛把总、外委。

董廷芳：云骑尉。历署四汛把总、外委。

汪仲元：云骑尉。

王应昌：五品蓝翎，署理千总。

李永昌：蓝翎马兵，署黑河塘汛。

人物志

人物志总

缺略。

人　物

张　焕：字光朗，监生。博通文理，急公好义，果敢有为。当咸丰庚申之变，筹画边防，招募团勇。在逆番围城吃紧之际，赴文县请救兵，困守孤城。克复后，驰省请领兵饷，主办文案，禀请殉难文武生员子孙世袭。时人德之，赠有“秉公顾众”匾额。

左凤鸣：字昆山，援例加捐，指项巡检。为人光明磊落，作事正大，取予不苟，汉番悦服。同治十三年，城外街房失慎，延烧百余家。该绅不忍其惨，次日每户给粮一斗，铜钱二百，暂谋生活。时人德之，赠有“好善乐施”匾额，番人赠以“忠信笃敬”匾额。

徐庆祥：监生。深于文理，达于兴情。

赵晋璧：监生。禀质温柔，天性敦厚。接人以礼，待人以恭。

赵国翰：监生。通于文理，不与公事，不问是非，不出门户，饮酒自适。每当春深花放，对酒观花，晏如也。

唐聘贤：吏员。精地理，善草书。

马瑞图：吏员。精于岐黄，通于经史。诊脉不论贫富，病愈不计谢金。昔年创建隍庙，竭力经费，人皆称能。

赵　鼎：字铸九，由吏员加捐县左堂。初欲筮任展其才，因见宦海茫茫，从政不易，苟忝厥职，负咎良多。遂以浮云富贵之心，作出超尘之想。不茹荤酒，不慕荣利。以当道之身，作面壁之人马。寿登古稀，犹称矍铄。

徐永财：字子英，监生。行止谨慎，处兴端方。好义急公，不辞劳怨。

仕　宦

李维栋：由武生入伍，补隆康汛把总。嘉庆三、四年内，护南坪都司印务，前后三次。

左　德：由行伍补松潘左营把总，历署汛地。

徐发祥：由行伍补松潘中营外委，历署南坪四汛。

王万清：由武生入伍，补南坪外委。咸丰庚申之变，文武官阵亡。众推万清权摄文武官印信，保守孤城。至八月城陷，万清护印逃出。后又带兵随军克复南坪，功存桑梓。

王万陞：万清弟。由武生入伍，署汤珠河外委，庚申番变，阵亡。

刘绣章：衔千总，历署南坪汛地，且通文理。

忠　节

恩恤祀典，历代特隆。查咸丰六年十二月十二日，山西道监察御史宗稷辰奏请，阵亡、伤亡、出力乡勇，宜优给恤典一案。本日奉旨依议，钦此。“查向来阵亡、伤亡兵丁，恤典较优。惟乡勇出力者多，而格外加恤者少，殊不足励尽忠义之心，自应格外施恩。由领兵大员及各督抚，核实报部”等语。礼部“查例载兵丁阵亡者无祭葬，伤亡者照阵亡例议恤，并立传入祠。又载乡勇自卫村堡，力屈阵亡者，与阵亡兵丁一体立待入祠”等语。至咸丰庚申之变，南坪孤处川边。粮尽援绝，城池失陷。所有出力阵亡官兵，并团勇绅民甚多。自应一体入祠，以昭忠荩。乃于同治十三年十二月初四日，均奉旨允准旌恤在案。

忠　节

巡检胡榛：字子美，江西建昌府人。咸丰庚申之变，率同官兵百十余人，在下较场与番议和，事败阵亡。事见政绩。

都司马懋勋：华阳人。庚申之变，亲赴番寨，抚慰番民。乃败，积愤成疾，吐血身亡。事见政绩。

千总张文寿：庚申之变，奋勇出城，与番决战，阵亡下较场。

把总李长源：云骑尉。庚申之变，奋勇争先，战亡下较场。

外委马保国：庚申之变，带兵出城，奋不顾身，阵亡下较场。

云骑尉吴世奎：庚申之变，出城与贼接战，阵亡下较场。

宛象贤：文生，年卅二岁。于咸丰十年十一月十八日，在黑河二道城设卡防堵，被逆番破卡，阵亡。

张应元：文生，年五十一岁。于咸丰十年十二月初八日，带团防堵，在大石头地方，与逆番打仗，阵亡。

汪凤集：文生，年五十二岁。于咸丰十一年三月廿二日，随同官军前往番寨，招抚不从，当被割舌身亡。

季荣贵：文生，年五十四岁，于咸丰十一年三月廿二日。（同上。）

朱九俊：文生，年四十岁。（时事同上。）力战阵亡。

杨天桂：文生，年五十六岁。于咸丰十一年八月廿一日，南坪城陷，被逆擒获，割舌身死。

李如皋：监生，年三十二岁。于咸丰十一年三月十八日，在城外东山，与逆番力战阵亡。

汪应云：武生，年二十八岁。于咸丰十一年正月二十八日，在城外下桥地方，带团防堵，与逆番打仗，阵亡。

葛常山：武生，年三十岁。于咸丰十一年二月十六日，逆番窜扰，常山带团防剿，手刃数贼，力竭阵亡。

王万升：武生，年二十八岁。于咸丰十一年三月二十二日，在城外大石头地方，与逆番打仗，力尽阵亡。

王世雄：武生，年五十岁。（时地同上。）

齐　玉：武生，年四十岁。（时地同上。）

刘全忠：武生，年二十八岁。（时地同上。）

徐维新：团丁。于咸丰十年十月十五日，在黑河塘汛，防堵关卡，被逆番攻破，在薛家坝打仗，阵亡。

陈嘉福、王有才、许得魁、徐有年等四名（时地同上）。

王四喜：于咸丰十年十一月十七日，在北门外与逆番打仗，阵亡。

杜应超：于咸丰十年十一月二十日，在东门外与逆番打仗，阵亡。

金　美：于咸丰十年十一月二十日，南门外与逆番打仗，阵亡。

高俊德：于咸丰十年十一月廿二日，在北门外与逆番打仗，阵亡。

赵永丰：于咸丰十一年正月廿八日，在大石头与逆番打仗，阵亡。

朱焕章、朱金祥二人，于咸丰十一年正月廿八日，在城外下桥，与逆番打仗，阵亡。

张鹏祥：于咸丰十一年二月十八日，在北门外与逆番打仗，阵亡。

张英、吴承业、郭廷奎三人，于咸丰十一年二月廿四日，均在城上防守，力摧逆番，同日皆中弹身亡。

汪凤冠、唐廷明、谢德荣、余五桂、黄焜明、张煜等六名，均于咸丰十一年二月廿八日，在下较场与逆番打仗，阵亡。

张辉团首、姜永兴、马明刚、徐有年、余德富、唐廷华、朱暐等共二十九名，于咸丰十一年三月廿二日，在大石头与逆番打仗，同时阵亡。

唐廷模、曹昭挥二人，于同年三月廿四日，均在城外打仗，阵亡。

马明训、汪凤鸣、谢德宽、罗天元、杨得花等五人，于咸丰十一年三月廿八九等日，均在东城守垛，中枪身亡。

许富、朱自得、王永成、朱有成、王银祥、张耀武等六人，于咸丰十一年四月初二、初八等日，均在北城守垛，中弹身亡。

唐廷魁：于同年五月廿日，在城下桥与逆番打仗，阵亡。

唐廷揖、朱丙成、朱九峰、白玉锡、马明东、谢登明、张训等三十一名，于咸丰十一年八月廿四，在野猪关与逆番打仗，阵亡。

朱光绚：廪生，年三十岁。于同年二月廿八日，逆番突至。该生计穷，自将房屋焚烧身死。

杜芳华：武生，年六十岁。于咸丰十年十二月廿八日，逆番窜至黑河沟。奔走不及，焚屋身死。

咸丰庚申之变，南坪共阵亡官兵团勇一百一十八名，平民死于沟壑者无数。于同治十三年十二月初四，奉旨允准旌恤在案。

余学义、姚举成、方云京三人，寿字营军。于光绪廿一年冬月，南坪都司黄麟带往黑河，在石门沟口，突遇贼番十余，二人中枪身亡，一人刀伤致命。

贾登昌：团首。亦于同日在石门沟口，与贼番力斗身亡。

节 烈

周马氏：周文郁之母。年二十五岁，夫早丧。遗子文郁，方三岁。遂立志抚孤，以苦节自励。道光二年，请旨旌表建坊，学宪聂具题“节凛冰霜”。坊昔在灵觉寺下大官道中，庚申之变被毁。地址犹存。

朱张氏：典吏朱焕章之妻，年三十八岁。庚申，城陷逃出，闻夫被害，遂骂不绝口，番怒欲杀，先自投河而死。

朱张氏：职员张凤诏之女，朱丙哇之妻，年二十八岁。城陷逃出，番欲掳归寨中，该氏骂不绝口，贼欲加刃，遂扑崖而死。

欧米氏：欧阳辉之妻。城陷逃出，番欲掳去，不从。遂断其足，剥其衣。在野号哭，不食而死。

唐余氏：典吏唐聘贤之妻。城陷逃出，番欲污之，不从。断其手足而死。

张赵氏：张儆之妻，年六十四岁。城陷逃出，率其女至城外。遇贼杀人，恐污其女，持石击之。番怒，欲加其刃，投岩而亡。

朱高氏：朱大久之妻，年四十八岁。城陷逃出，至下桥遇贼，被逼不屈，投河自尽。

李方氏：李元魁之妻，年六十五岁。城陷，与媳逃至城外遇贼，因持石击毙一番，众贼愤怒，持刃追及，俱遇害。

张么么：张宗兴胞妹，年十八岁。于庚申九月十八日逃出，被逆番追及，恐被污，自缢而死。

谢张氏：谢登升之妻，年廿二岁。城陷恐难逃出，闭户自焚而死。

朱唐氏：朱林之妻，年廿六岁。城陷逃出，恐番追及被污，遂投水而死。

朱张氏：朱丙成之妻，年四十五岁。城陷逃出，被逆番追获，不屈，割舌身死。

以上咸丰庚申番变，殉难尽节烈妇女十一人，于同治十三年十二月初四日，奉旨允准旌恤在案。

葛马氏：武生葛常山之妻。年二十九岁，其夫因庚申番变，带团防堵阵亡。该氏矢志守节，抚养遗孤。勤俭持家，井井有条。教养孙男，青年入泮，以光前业。真巾帼之贤良，女中之丈夫。惜未请旨旌表，城乡送有“傲霜植兰”匾额。

李谢氏：监生李梵秀之妻，秀贡李登沄之母。年二十八岁，其夫早死。该氏矢志守节，冰心似铁。上事翁姑，克尽孝养。下操家务，不惮勤劳。闾里交称，贤声远播。勉力抚孤，二子成立。于光绪二十三年十二月初九日，经四川总督部堂鹿奉题，于十一日奉旨依议。准请旌表建坊，以昭苦节。邑人送有“松坚桂秀”匾额。

葛徐氏：监生葛仲元之妻，武生葛占云之母。年廿八岁，其夫早死。该氏节凛冰霜，矢志靡它。且闺门有则，妇道无愧。奉堂上双亲，承欢尽礼。教膝前一子，立业成名。咸谓节比青松，皎如白雪。有妇如此，宜为表扬。惜未请旨旌表，以昭苦节。时人称之。

米徐氏（清洁）：米如珍继室。年二十八岁，夫亡。前遗子女二人，后育子三女一。清洁立志守节，待前子女如己出。如珍性直，生多结怨。故后外侮频来，妇多以恩惠解释之。皈依佛门，不茹荤酒。常行小惠，救济贫穷。且捐义冢，挖埋尸骨。捐资建修遇仙桥。南坪县佐李景澄报请松潘知事张典，赠以“守义行仁”匾额，以表扬之。

张唐氏：文生张桂芳妻，家贫以教读生活。年三十岁，夫亡。遗子儿二女一。自甘淡泊，守节抚孤。依针指度日，毫无退志。后入佛门悟性。年七十三岁，无疾坐终。

董马氏（培连）：武弁董廷芳妻。年三十二，夫故，无子。立志守节，抚舅氏子名万选为子。入佛门，悟道后，选成立，与娶妻室，生一子步高。万选病故，复抚孙成立。年七十八岁，精神强健，苦节一生焉。

葛徐氏（守洁）：葛秀春妻。年四十，夫故。立志进道，坐功未懈，二子均教成人。长习岐黄，次已毕业，且广济贫穷，人称慈母。寿七十有余，精神健旺。

隐逸

朱应珍：家贫，务农生活。时年三十六岁，妻王氏故，无子，未续弦。抚义子完配，将载余，子故。遂入佛门，长斋修性。复与媳招赘，看空尘世。离家至文县朱元坝寺中念佛修行，足不履市。现已古稀，面如童颜，可谓乐天知命矣。

艺文志

艺文志总

孔子曰：游于艺。朱子言：艺者，玩物适情之谓。则诗书礼乐之文，射御书数之法，皆至理所寓，而日用之不可缺者也[①]。是艺文之不可轻也，明矣。然他县艺文志，多列天文星野，以占一方之度数、星宿之照临。南坪地处极边，与甘文交界，其星野莫可指定，当与文县所属之井鬼星同。然不可确考，作阙文焉可也。尝考《四川通省志》，其“艺文志”一门，出于前明杨升庵太史之手。宏篇巨制，炳耀堂皇，美不胜收，最为艺文之大观，岂县志艺文可比哉！又岂穷乡僻壤之艺文可比哉！然志有艺文，凡先贤名咏，前哲记述，有关于治道，有系于风化，有益于名教者，无不备载，以觇文运而寓劝惩。如周、召《南》后妃之吟咏，郑、卫《风》男女之歌谣，莫不传之后世，俾有所观感而兴起焉。南邑自清初设官以来，文教未昌，科第未发。虽有文学之士，类皆乡区小儒，未能博通文艺，贯史营经。前人著作，未之前闻，仅将昔人碑记、目前著述、题咏，有关于地方，有合于风景者，聊登一二，略备一斑。无关紧要者，概置弗登。岂敢艺文云乎哉！

记

钦命四川提督军门前松潘总镇夏公毓秀德政碑记

昔者马援铜柱，纪殊绩于海隅；羊叔岘山，留去思于湘楚。诸葛公功在西蜀，而庙立南邦；李文绕泽沛两川，而祠成六诏。古名将树威宣声之地，民不能忘，龛以祀之，石以记[②]，志不朽也。而况绳行沙渡，千里蒙乐利之庥；韦母贯儿，廿载被生成之泽。有不祝以馨香，崇以膜拜者哉！

夏公军门者，滇人也。于光绪七年五月内，蒙川督丁奏署松潘总镇。时值南坪黑河八邓番酋，勾结包座夷匪滋事，势甚汹汹，行旅戒严。公为分别曲直，泐石立案，事旋靖。先是松属各营无着，款项多寡不等。惟中左两营尤甚，不下六七千之谱，以致各兵

① “朱子言”这段文字，据朱熹《四书集注》所载，为“游者，玩物适情之谓。艺则礼乐之文，射御书数之法，皆至理所寓，而日用之不可阙者也”。

② “记”后或脱一“之”字。

连年负欠，届关饷所得无几。公深悯之，叠请大府批准，设法筹填。并请委员金、李履验，积锢一苏。至今各营钱粮丰裕，各兵得以安住室家，皆公力也。向者台丁驻台者，被历任钱粮官私挪。公为沥陈大冤，设法筹填，立柜登档，台丁回营，始有着落，并通饬八十二营照办。仁人之言，其利溥哉！自庚申城陷后，公筹商南坪广济仓，每年出陈易新，从此充裕。当青黄不接之际，各兵称贷，饷到扣收。逋负者重息，公立仓后，源源接济。草地拉布朗寺，道咸间侵夺松部，蚕食过半，心腹之患也。公叠请上峰，佥惧开成边衅，不准。公请益力，制府刘委员会同甘委员互办，画清疆界。幸于去岁，公西征包座，拟移得胜之师，声罪致讨。该番首望风胆落，弃所占地，悉遁。数十年已失疆土，一但珠还，微公之力不及此，而非制府知公之深，成功亦不能如此之远，然此犹统全松而言也。南坪为西北通商要道，自黑河之匪猖獗，民不聊生，百货梗滞，林林者欲作乐郊之适。公初晓以大义，不忍不教而诛。及该匪等负隅益肆，于是公亲率健卒，并咨调滇之宿将韩公廷臣，会同各路将弁，约期进剿，戮力鼓行。五旬未洽，一战成功。岳威信之破罗卜藏，明将之攻凯口屯，无此神速。擒渠扫穴，各部落罗拜而吐款者数千人，而雪山岭、弓杠岭一路，从此道不拾遗矣。今我南坪官绅兵民，思我公之威德。虽肝脑涂地，无可答报。只合为祠，以祝长生，亦绣佛铸金意也。若夫葺城垣，修庙宇，兴文教，筹膏火，松理茂汶，各绅另有祠，兹不赘。

乾隆四十五年署南坪都司吴公瑛德政碑记

粤览豪杰崛起，嵩岳效灵，元戎定筹，剑镮呈异。伊古以来，有非常之才者，必有非常之德。才法并著，斯是以咏干城，歌腹心焉。历阅旅土，百不一得。独我南营吴公讳瑛，实有克副其选者。念公族居通都，初以行伍荐拔，名列将士。频觉虎帐增辉，一身奋勇，群羡桢干。时形数载功成，兟使运筹丕播。经侯门而课录，巧分猿背之奇；履边衅而献捷，光参鹰扬之选。流芳武库，才擅文华，艰辛备尝。鼎钟履锡，勿替勋猷。创建车服，久宠升庸。拾级而上，连步以登。数十载之旂旄，名言莫罄；亿万人之钦歌，爱戴何极。况乃收众望于边陲，某[①]群策而毕举。匪拟六韬，利实通诸八蛮；不必三略，政自协乎伍军。据鞍之健，不减矍铄生辉；加饭之餐，还睹老成英勇。因此荷蒙额外加锡，广沐圣泽。准给晋任，兼理总职。于以袭金羌之绣，提右涪之戎。弹丸小试，悉征全功。来商通惠，恤民爱民。壶浆兟载，莫倾士女之忱；保障仍资，益庆西南之福。遐迩拜德以咏麻，兵民歌仁而颂功。惟愿绩垂燕石，名茂龙骧。渐应封侯之相，争看日月之光。用作舟楫，用作霖雨。孰不愿簪缨以终老也哉！

松潘镇琅溪夏公德政碑记光绪二十二年丙申小阳月立

盖闻青钱祖道，刘宠佥号神君；黄发攀辕，孟尝居然众母。绘召公之像，长荐馨香；刻童令之碑，永怀夙爱。为民作爹，杨公去而辇粟者频年；似佛留靴，崔戍归而持袜者合郡。是皆感之深而思之永，惜其去而望其来也。而能如愿以偿者，卒不慨见。我军门夏公则异矣，公以滇南望族，幼习韬略，从事戎行，所向有功，名动朝野。洎当代

① 某：当为“谋”。

之福将，熙朝之名臣也。旋于庚辰年奉天子命，镇守松潘。下车之后，布爱用威，兴利除弊。八营戴其德，万姓被其恩。即梗顽如草地生番，亦无不畏威而怀德焉。洎乎壬辰年，太翁弃养，公回滇守制。是时也，攀辕徒殷，挽车无术。军民稽首而称生佛，妇孺焚香而称福星。而琅溪公归矣，松属人民何能一刻忘也。乙未，服阕。奉诏陛前，仍复守松州。虽真西山泉州再到，严郑公剑外重临，何多让也。公莅任未久，包座一带贼番出巢，民不堪命。公领大军，深入不毛，日拔数寨，逆首等各愿迎降。公不涂炭生灵，许其投诚纳款，献出贼首，业经枭首示众，以正国法。迄于今民咸安堵无忧，幸哉，此皆琅溪公之赐也。今又迁升提封，是一人有庆，全川有福，社会国家实攸赖之也，岂特松属之幸哉？爰定碑碣，铭恩于不朽云。

重修聚宝山记

徐步蟾

邑南郊越遇仙桥，有一山，名聚宝。其形耸翠，其径曲折。山巅平阔，建有庙宇。神圣威灵，感应靡方。每岁正月初九，城乡善男信女，焚香朝拜者络绎不绝，洵足为一邑之屏障、合境之壮观也。不意于咸丰庚申，突遭番变，栋折榱崩，化为乌有。克复后，仅修三霄殿、灵祖殿各一座。其他玉皇楼、祖师殿、观音、韦驮等堂，均尚阙如。然好善乐施，吾邑虽不乏人；而经营创造，难得倡首之侣。幸有赵公铸九先生与僧人昌兴，均早岁皈依。因思聚宝山为南邑风景所关，楼阁宫殿，讵可久废？于光绪丁未岁，提倡募资，督工修造，越数寒日者而功竣。忽一日与友登览之，则见夫栋宇森然，高出云汉之上。神像严威，普照世界之中。凭栏遥瞩，两溪萦洄，潺潺之声盈耳。群峰对峙，巉巉之势满目。幽人骚客游此，莫不心旷神逸，恍然此中别有天地焉。噫，睹斯象也，不禁中怀乍畅，流留低徊，而不忍去云。因记其崖略为此。

重修下桥碑记

德子明

若谓物知事始，道则近夫修齐；善与人同，为亦尚夫乐取。如我南坪城者，首松背杨，上下无乡场市镇；襟蜀带陇，兴殖多宝藏货财。固地不大而繁，埠且冲而要也。只以群山周围，形如中字。其间一河以贯通，独路遥对，治隶左厢，最要两桥而活达。予前任初临，正逢相建，爰续募化，而方落成。乃血汗未干，喘息未定，不幸于卯年未月，遽戾夫癸涨壬冲，似扼其吭，顿绝其气。以嵩喘怒浪，一苇之功用不成；虽踏水横江，万人之急需暂济。奈临深履薄，于战兢岂独戒心；将复旧成新，若上下何从着手？每集绅庶，与同筹商。因念下桥，既有天生半岸之基，得夫地利；靡用百姓人同之力，宽以平成。斯定策而协谋，乃探囊而倡首。广登印簿，分同募捐。便遇案情，权衡充罚。既资助夫功果，又苦劳夫地方。所幸士庶商民，宜力宜财，共见裘成集腋。更苦徐绅首事，则寸则尺，斯成篑覆为山。砌码头则欲高而巩，驾鼍梁则欲大而坚。修两栏以卫往来，盖双板以耐风雨。两关为锁，保固重城。四路如珠，串通各道。四年董事，劳怨弗辞。一旦功成，军民乐济。未雨何龙兮，见在田；长虹卧波兮，利涉大川。五金带河兮，玉柱擎天。锦屏风水兮，磐石奠安。竹苞松茂兮，巩固愈坚。功法大成兮，济物大观。资劳懋著兮，姓氏流传。永垂不朽兮，益寿延年。从吾所好兮，有开必先。是以为序兮，不尽欲宣。

重修鼓楼序

张树芳

从来人才之消长，必在风水之培修。如农夫之治田，操作尽善而嘉禾始生焉，其明证也。夫我南坪，古昔城郭巩固，庙貌巍峨。桥梁无断阻之忧，道途有康庄之善。其间人文蔚起，贤哲丛生，烟火万家，人民繁富。虽不若通都大邑之名盛，亦可为十室小邑之首冠焉。自庚申之变，城池失陷，人民流离；楼阁庙宇，化为灰烬；市井居民，尽遭蹂躏。至同治乙丑岁，克复营城，民始旋梓里。城池已成旷野，市廛遂为荒丘。荆棘满道，蓬蒿塞途。此数年间，民方创业之不暇，何暇计及于风水也？近年以来，元气稍复。热心公益之士，于境内庙宇楼阁，俱皆将次告竣。惟有城内鼓楼，为中心之保障，合城之枢纽，尚未经营创建。乃于光绪戊申岁，有绅首徐、赵、陈、米诸公，好善施乐，倡首捐廉；竭力募化，鸠工庀材。经始于宣统己酉之孟冬，落成于民国癸丑之仲夏，阅五寒暑而工竣，其创造之难可知也。予于甲寅之冬，登高四顾，则见层楼耸翠，上出云霄；飞阁流丹，下临无地。既吐烟霞之气，复昭日月之光。梁栋似鸟革之翚飞，巍峨列冈峦之体势。清流萦洄，群峰对峙。不禁兴然有感，而咏曰：

长江浪涌抱村流，翠柏苍松景最幽。
聚宝凌云高百丈，层峦积雪几千秋。

边城遥望似仙桃，中踞层楼赏碧霄。
绿柳横斜垂两岸，清流环绕锁双桥。

土守备杨官成并马绅秉忠等靖难碑记

赵仕魁

岁在辛亥，彗星西流。松州番夷变乱，波及南坪；风声鹤唳，一日三惊。吾邑地属弹丸，人无固志。当时全城鼎沸，各自为谋。此送老弱于他乡，彼寄货财于异地。纷纷逃避，谁顾孤城？明明讹言，各相骇惧。迄今回首，犹有畏心。幸天不降丧，官绅同心。联络乡团，堵截隘口。明知掩耳之计，聊顾燃眉之急。时尹卿、杨公奋袂而起，曰：诸君筹画，非不有益于事，可镇人心。但安危关系，全在黑白两河。如能联合两河，则南坪可望保全。若徒虚张声势，吾邑之忧，不在远而在肘腋之间矣。于是选出使才，非公不可，公亦欣然，约同马公贞吉先生。盖先生温温恭人，可孚众望也。更约左公晋堂，同往至其地。传集各酋百数十人，始知三寨相约，事出有因，公不禁以手加额曰：吾邑之福也，使再迟数日，其不为松漳之后者，几希矣。于是，先推马公登台演说，娓娓千言，时逾六十刻。反复开导，往反陈说。或怵之以利害，或责之以大义。当时群首皆大欢喜，稽首刑牲，誓不相害。呜呼！以国威不能震慑之枭悍，而以仁义收服之；以干戈不能御敌之大祸，而以片语消灭之。古所谓杯酒可释杀伐恨者，不是过耶？白河甫定，鞍马未息。又复回赴黑河，于冰天雪窖之中，饮露吸风，真所谓唇敝舌焦，呕尽心血矣。所幸先声夺人，望风款附。民始得保乎故庐，免赋哀鸿。然使非公平日恩威并用，亦未至如是之易。吾既叹公处常而能接人以礼，处变而能定乱有方；吾更叹马公，素日本无长言，遇事则言之必中。是非马公，不足以成公之志，非公不足以见马公之才也。今者桑梓奠安，全邑无恙。乡人士谋所以泐石纪功，而问序于予。予不文，仅志其大略如此。后世达人，遇事而欲流芳于百世者，请鉴斯人。

岷山记略

马贞吉

西南山水，惟川蜀最奇亦最多，而要以岷山、岷江为最著。蜀省之西，由灌口以至威、汶、茂州等处，统名之曰岷山。陆游《入蜀记》曰：尝登岷山，欲穷江源而不可得。盖自灌口以上，大山广谷，莫可指数。西南走蛮箐，其中皆岷山，岷江所从来远矣。《禹贡》曰：岷山导江，东别为沱。又曰：岷嶓既艺，沱潜既道。曰岷嶓，该众山言也；曰沱潜，皆众水言也。大抵北水莫大于河，南水莫大于江。江河之源，南北各分。江水发源之处，即岷山发脉之处也。汶川县书院为岷山书院，盖蜀山之居左者皆曰岷，居右者皆曰嶓，非定指某山为岷山也。《汉书·地理志》谓：岷山在湔氐道西徼外，江水所出。言甚含浑，莫可指名。所谓徼外，此即今科尔坤山之东南也，抑即黄胜关外之地也。大抵江水发源，不止一处，聚小水以成大江，故名之曰岷江。岷山发脉，亦非一地。由弓杠岭、黄胜关起，莫非岷山之脉也。绵亘千里，蜿蜒不绝，如以青城山为岷山者类是。岷山，番名曰列鹅村，又名铁豹岭，称谓不同，山实一也。如甘肃之岷州，文县属之岷堡沟，皆有岷山遗意。南坪居松东北三百余里，关山丛集，峭壁插空。既未能别分山脉，亦从无岷山之名。地域不同，山川形势不同也。

李节母谢太宜人墓志

赵冠英

盖闻摩笄贞妇，千里播其馨香；投井名媛，百世钦其俎豆。由来巾帼之贤，于今为香闺之则也。而究之一死塞责，无裨家事；九原抱恨，空负前鉴。谁若我姻母谢太宜人之节孝兼全，而生死得所也？宜人系演东山，生此南国。以谢家之宝树，接李氏之绦萝。结缡甫十八岁，执中馈二十年。备晨[①]下之晨餐，治家幸有贤妇。卸闺中之晚妆，助子赖此淑人。夫何天不惠吊，镜中之鸾影分飞；人之云亡，家运之鸿兴顿改。宜人则内操井臼，外事耕耘。《柏舟》矢志，欲教黄泉瞑目；篝灯课读，只望青年吐气。乃天佑一德，仲子果列黉宫之选；而君门望里，伯母偏邀丹陛之旌。噫嘻，和丸画荻，培桂植兰。幸得家室和平，后先成立。而回忆昔年以至今日，不知呕几许心血，饮几许苦泪矣。且宜人节昭白昼，悟觉红尘。诵莲花之偈，而一灵不昧；省菩提之果，而百苦备尝。卒能于昨冬望日，竟脱苦海而诞登道岸也。今者岁在己酉，月建戊辰，将举鹤驾，永安马鬣。在昔清风岭上，每传烈妇之祠；湘水石边，曾立贞姬之碣。如宜人之芳征足式，奚可不泐石以铭哉？侄夙仰松节，愧难剡藻以扬休；谊属葭莩，愿切握管以表志。

① 晨：此字疑被圈画，或当为衍文。

谨献芜词，藉以石泐。谨志。

诗

同治乙丑克复南坪五字营营务处川西道周振藻留别邑绅马戴九先生七律二首

无端鼙鼓震阴平，怕向街亭侧耳听。
乞师有申驰露布，渠检当午息风腥。
飞刍挽粟心堪白，倾盖班荆眼独青。
君赋莺迁予唱凯，榴花池畔澄飘萍。

转瞬持书又屡征，轻车熟路望南坪。
此来北斗心空忆，且幸西番胆尽惊。
辙返双轮欣借寇，堂开二次正还营。
悲欢离合何须问，努力匡时仰盛名。

又即事诗

秋雨连绵两袖烟，江油拔队到摩天。
崎岖七百无人境，看我今朝猛着鞭。

南坪八景

马贞吉

虹桥上下锁边城，日照层峦晚复明。
瀑布千绦垂峭壁，笋峰百丈滴清泫。
宝山翠拥云犹湿，琼岭积雪雨欲晴。
天池鸾鹤飞舞后，隔江遥听卖鱼声。

江干垂钓

前　人

扶州白水绕城头，无事溪边任去留。
两岸桃花迎画艇，一竿竹影动沙鸥。
斜风细雨神犹爽，短笛孤蓬景最幽。
沽酒烹鱼江畔饮，人间那羡户封侯。

正月上九邀同人登聚宝山

前　人

家近名山路不遥，石堆流水自迢迢。
芒鞋带露苔犹湿，石磴留阴雨未消。

宝殿危楼翻贝叶，瑶阶斜径种芭蕉。
相期采药方台去，鸢啸天空万虑销。

题葛门双节妇马氏徐氏

前　人

妇姑心事共冰壶，先后从容似合符。
家世一门传苦节，堂香三代付遗孤。
避纑相继空房火，课读长啼晓树乌。
若是当年同誓死，于今何以慰亡夫。

题李门节妇谢氏

前　人

青年节烈凛冰霜，鞠抚遗孤苦备尝。
自古柏舟留美誉，于今彤管播芬芳。
人间露冷精神爽，江上风清姓字香。
浩荡皇恩表劲节，巾帼百代庆光昌。

南坪八景

马戴九

东山朝旭

山势逶迤四望同，依稀秀列锦屏风。
晴光朗照千家碧，翠色晖迎一涧红。
宛肖函关来紫气，恰如巫峡阙神功。
披襟睡起星初落，海曙遥升俯仰中。

西屏晚霁

西屏环绕势轩昂，极目山城又夕阳。
雾丽千崖挑地轴，云飞五色列天章。
纡回曲径驱归犊，远近疏林唤牧羊。
闲眺浑忘日已暮，奇峰返照有余光。

双桥纳彩

白水东流笼碧烟，双桥利涉已年年。
金波彩落千重翠，玉镜融消万壑泉。
共羡凌云浮水面，漫夸摇曳步天边。
兜来胜境难穷究，百尺云飞断复连。

宝水长流

带水环山日夜流，溪声嘈嘈不回头。
彩虹长架千年渡，庙貌高悬万古秋。
涧草风翻惊宿鹭，石潭鱼戏引金鸥。

移来洞府神仙景，聚宝芳名此地留。

衲泉倒泻

自古流泉去不还，谁知水性竟湾湾。
萦洄涧曲穿禅室，绕抱溪横漾佛颜。
雪线长悬青嶂下，金波倒泻白云间。
清虚淡泊千年迹，此日仍呼拔那山。

岗岭分源

平分岭上发源头，激湍奔涛往北流。
径劈荒崖云照黯，山堆积雪水悠悠。
气吞青海连关锁，地接昆仑透斗牛。
绝顶疏通绵亘下，升沉屈曲几时休。

柴门关锁

柴门开凿自何年，锁钥中流势最巅。
虎峙湾环云易雨，龙蹲矻结石浮烟。
扶州远接如长线，锦里遥通别有天。
归到会城时已暮，饮杯烧酒写诗篇。

黑壁云飞

奔驰四顾客悽悽，直到斜崖路作梯。
峭壁云飞山影动，层滩水吼夕阳低。
马头掩映青兼黛，江面朦胧东复西。
名利相迁人易老，朝来暮往黑河溪。

镇江楼远眺

马贞吉

江楼一望景靡赊，雁影飞来日已斜。
关内春风关外柳，数声羌笛落清笳。

春日登镇江楼

同　前

楼外青山楼下江，楼中无主自开窗。
春风欲壮南城色，吹遍桃花满钓矼。

南坪八景

马贞吉

东山朝旭

小星三五昴星藏，捧出图灵一大光。
紫气红霞挥宇宙，群阴照尽显当阳。

西屏晚霁

为屏作翰耸西边，景到斜阳味趣鲜。
岂是山颜开霁色，霞光晚照更无偏。

双桥纳彩

不见褰裳与济劳，浑忘利涉有浮桥。
长虹上下虚空架，恰是雌雄对面朝。

宝水长流

恒珠不爱地长留，偏泄源头活泼流。
识破如斯长逝者，宝山那得去空游。

衲泉倒泻

渊源养气清高[①]，雪线长流百尺条。
岗隼岂能留得住，终归巨壑作波涛。

岗岭分源

岗岭分源太极呈，两仪化出纵气横。
巡流泉水为环带，大海朝宗作巨鲸。

柴门关锁

内是川江外是秦，一夫据险万夫驯。
边关启闭增雄壮，锁住风光不漏春。

黑壁云飞

两岸巉岩黑色新，波涛声势撼西岷。
山灵屡喷萦纡气，欲舞飞云傍水滨。

南坪风土竹枝词

贞吉、芷升合唱

边疆开辟是何年，雍正三春洗妆烟。
永靖西羌刘帅力，至今人称指挥贤。

拨那皇帝本刁番，帅领群酋有数千，
困守扶州频数载，岁亡城陷罪滔天。

筑城边境围吾民，地号雪花甚苦贫。
山色四围残照里，江声一片落秋萍。

番人自古居高山，俯首投诚恕冥顽。
散饷狩庸施惠普，先朝岁岁把恩颁。

① 原句当缺一字。

边境风高雁影单，暮春乍雨犹添寒。
瞻蒲望杏农家事，凿井耕田把业安。

关壑千峰锁边城，春残始见百花生。
沙堤柳线条条绿，映到青山照眼明。

岭下荒山雾内耕，重重叠叠拥方城。
牧童叱犊登高去，每日觇云课雨晴。

绿杨堤外板桥横，春水如船隔岸平。
雪满钓缸云满树，江边犹听野鸦鸣。

边关谁不畏春寒，早起山梅带雪尽。
石径横斜孤鹭宿，一层云松一层峦。

内街幽静似仙家，坐转兰阴月已斜。
野鹤一双都睡去，儿童犹自种梅花。

酒旗高挂舞西东，欲饮隔田问牧童。
窗外乱翻芭蕉雨，罇前时透稻花香。

村舍零星似野花，茫茫烟草带朝霞。
败垣几处门空掩，房院依稀是旧家。

南关厢外牡丹开，少妇寻芳日几回。
富贵丛中花第一，寒门尤幸带香来。

霏霏细雨养花天，习习谷风过稻田。
借问谁家春梦好，半窗红日我犹眠。

室山百丈白云封，夜静时闻古寺钟。
料得老僧翻贝叶，尘缘隔断效三丰。

桥头未系打鱼船，水内游鱼任往还。
话到春深日已暮，渔人犹拥钓台眠。

牧童每晚半山归，叱犊时闻声指挥。
一手鞭随云影乱，满头帽带雪花飞。

上下中乡号永丰，春耕夏耨重农功。
茅檐部屋相衔接，讲让行仁有古风。

黑白二河同道流，岗岭曲水绕扶州。
出关一涌归秦地，入海滔滔不计秋。

白水滩前白鹭飞，岸头杨柳野烟围。
渔人不舍江边乐，钓得鲈鱼肉正肥。

歌

普劝世人戒洋烟歌

宣统二年撰　马贞吉

人生在天地间事都可干，惟有这鸦片烟实不可沾。
间无事提羊毫作歌一篇，普劝我众国民大齐参观。
自神农尝百草此物就现，药堂上名莺粟就是此端。
彼时节但治病为害尚浅，谁知道到如今普遍山川。
念一省出烟地曷可胜算，那一省那一县不产洋烟。
又况那印度地出烟无限，英吉利他就是魁首为先。
每年间入中国千箱万担，南北洋那一处不是洋烟。
我国家抽厘税四五百万，故所以海关上无有阻搁。
宋元明并未闻洋烟为患，至本轮道光年始出洋烟。
富贵人乍吸烟真是稀罕，一传十十传百百传万千。
久而久便不论富贵贫贱，你也吃我也吃大家都贪。
到如今才知道洋烟为患，我皇上出禁令不准吃烟。
中与外立合同为此重件，限十年烟禁绝中外同欢。
年限内烟禁绝贺喜纳献，禁不绝外国君便有话言。
我皇上为洋烟担此重担，故所以每年间上谕高悬。
满朝中文共武心惊胆战，不戒烟便革职庶民一般。
不论你卿与相同朝共殿，岂论他王与侯大官小官。
无非是望臣僚早些戒断，官不戒怎能够禁戒愚顽。
元年间八月内有一案件，鹿传麟参道员便为洋烟。
江西省背粮道甚是体面，名锡恩他就是好吃洋烟。
瘾未断考验时巧为饰掩，被参革做一个永不叙焉。
后补道江忠赓亦在内面，议处分险些儿不得为官。
为洋烟丢的官不止数县，上不谨则下漫禁令森严。

各州县出告示禁吃禁点，每一年减一成不得再添。
背部堂使委员到处查看，一见烟便铲除永不生产。
将好地种杂粮衣食不断，烟不种务农人岂无银钱。
子而孙孙而子将害除灭，后辈人无嗜好何等清闲。
何必要定种烟以为方便，有烟支有烟卖便不作难。
地方官不禁烟考成甚显，众百姓不禁烟王法难宽。
我今日劝世人早回意念，重五谷轻洋烟早把根安。
遵禁令遵告示不得大胆，莫说是我点烟与官何干。
再莫说无洋烟银钱不便，古年间不出烟岂无吃穿。
好百姓早回头普把人劝，你劝我我劝你永远不贪。
莫说是今年点明年不点，到明年又说是账未还完。
不教年期限满烟未禁断，我皇上那时节又有何言。
被外国来问住失我体面，要赔款要加税我国作难。
众黎民何不体圣恩一点，不遵令为不忠更不孝官。
我今日把洋烟与你细谈，看结果恐将来悔滥心肝。
试看那吃烟的精神耗散，不吃烟容颜好体气可观。
试看那吃烟的脚垄手软，不吃烟何等的雄壮心宽。
试看那吃烟的落薄下贱，有良田与美地典当卖完。
到后来衣不足食不下咽，走东家往西家饿殍难堪。
不吃烟有田地耕种勤俭，总不能缺衣食去受单寒。
为男子好吃烟事都看淡，地懒耕书懒读诸事不全。
为妇人好吃烟是真可叹，不顾廉不顾耻油客一般。
不做茶不做饭尚还是淡，明里来暗里去德尽丧完。
若有烟那还论四更三点，昼作夜夜作昼倒倒颠颠。
既不顾娘[①]家的有门有面，更何顾婆家的叔侄子男。
久而久将精血烧干烧断，更何望为夫家育女育男。
妇女们听我言早些戒断，为后辈做榜样免受谗言。
男劝女女劝男大齐结伴，活一个洁白人不受熬煎。
我再将农工商劝说一遍，看吃烟好不好仔细详参。
先言士为民首不可轻看，作一个好样儿的民仰瞻。
读诗书要读尽三坟五典，立志向要学那古圣先贤。
惟今日坐寒窗功名不显，也求个俯不怍仰不愧天。
若吃烟卧床上功名看淡，懒读书懒写字袖手旁观。
早不起夜眠床功夫间断，更何能往上进想做高官。
如今的禁令严首在仕宦，次一等在学堂不许吃烟。
为教员若吃烟难逃电鉴，不辞职便逼退体面难全。
为学生若吃烟难以入馆，无人保无人送处处皆然。

---

① 娘：底本作“粮”，径改。

故而今论禁烟责在州县，禁教员禁学生不许吃烟。
有嗜好便算是去了一半，更何望有出身入学作官。
为农夫若吃烟稼穑不管，田不耕地不种荒芜田园。
既无吃又无穿有甚体面，每日里昏沉沉梦昧昧间。
虽说是有田地先祖遗产，不数年典当完搞个光圈。
务农者早戒烟克勤克俭，有菽粟如水火何等便安。
为工匠若吃烟手艺看淡，有活路他不做只想烧烟。
他说是不吃烟浑身悉软，怎能够做手艺去挣银钱。
常言说有手艺不得饿饭，又怕甚今年的天下天干。
若吃烟无论你手艺深浅，你懒做人懒请怕你缠绵。
无人请那时节就落下贱，无饮食无钱用便要为难。
试看那好手艺穿绸挂缎，你然何不学他去把师参。
手艺人早戒烟精神出现，你也迎我也请何等值钱。
为商人若吃烟生意看淡，不起早不迟眠货怎卖完。
人长钱他贴本越做越滥，好生意到他手难把身翻。
有东家要清账急的瞌眼，既无本又无利哑心难言。
好东家恩爱宽到也还淡，若遇那狠子手怎样完全。
如今的买卖人利息甚浅，贵贩贱贱贩贵尚难长钱。
何况你每日间不勤不俭，又好吃又好赌几处葬钱。
出门人做生意为的那件，有老父有老母又有妻男。
无非是望出门把家盘算，若做滥无银钱怎回家园。
世间的买卖人非州府县，多半是出门人去找银钱。
开号口开杂货药材都办，千万本拿在手不可轻玩。
要端庄要稳重细盘细算，有生意到门口细语低言。
总不可太骄傲欺哄愚汉，货要真价要实童叟一班。
做生意要和气方把钱赚，客到门既倒茶又递烟杆。
生意人早戒烟速回心念，不吃烟多挣钱方算儿男。
今日里农工商也都劝遍，无非是望世人早戒洋烟。
既不种又不吃各保地面，纵日后委员来也不为难。
若不然硬要点不听人劝，不怕官不怕长只怕上天。
天要绝那时节你也无怨，何不如早禁绝忠孝两全。
何不看为烟犯倾家破产，罚数十罚数百实在可怜。
犯别法犹可以巧说理辩，若为烟犯禁令王法难宽。
况如今烟禁严比前更显，一家点若隐瞒九家坐连。
将田地充了公业不能管，那时节悔后迟难对祖先。
戒烟会戒烟所设于各县，费银钱费药材又费周旋。
也无非望国民早把烟断，除后患省银钱乐守田园。
话甚长看的人也嫌烦厌，一笔钩早戒烟跳出圈圈。
永不受洋烟害自由自便，体国恩遵禁令到处传宣。

杂　志

杂志总

士子金箴

张子曰：为天地立心，为生命[1]立命，为往圣继绝学，为万世开太平。试看此语，是何等气魄！朱子曰：吾侪讲学，欲上不得罪于圣贤，中不误一己，下不为害于将来。试看此语，是何等心肠！

读书先要打扫心地，心地打扫得洁净，则举动言语，自然头头是道，如清泉从石罅中流出，总无浊派流来也。

每日间，闭户时多，出门时少；默坐时多，闲论时少；澄思时多，发虑时少；独居时多，群居时少；庶几所学有自得处。朱子曰：为学如撑上水船，一篙都缓不得。

性命书静参，道理书细读。善行书勉为，时务书多看。莫作无益害有益，莫因无为害有为。

吾辈读有字的书，却要识无字的理，理岂在语言文字哉？只就此日此时此事，求个此心过得去的，便是理也。

高不可欺者天也，尊不可欺者君也，内不可欺者亲也，外不可欺者人也。四者既不可欺，心其可欺乎？自心不欺，人其欺我乎？

泰山乔岳之身，海阔天空之腹，和风甘雨之色，日月照临之目，旋乾转坤之手，磐石砥柱之足，玉洁冰清之骨，临深履薄之心，全此八者则君子矣。

闭户读书，所以祛除外惑也；清心寡欲，所以调和中宫也；一步一趋，必师圣贤，参芪补益之剂也；一言一动，必祛匪僻，乌附攻克之方也；兼是行之，乃能保身，乃能保心。

读书见一件好事，便思量我必定要行；见一件不好的事，便思量我必定要戒；见一个好人，便思量我必定要学他一般；见一个不好的人，便思量我切莫学他；便为天下第一等人。有志植品者，当书座隅。

司马牛问仁，子曰：其言也讱。学者处世，当不妄语，不多语。不道人隐事，不摘人微过。不言己无干涉事，不言人有关系事。论人无吐短而弃长，论己无登枝而忘本。

---

① 命：当为“民”。

交浅者，勿与深言；调别者，勿与强语；阴刻者，毋与言衷情；轻疏者，毋与言密事。语财不及非分，语色不及邪缘。勿弹射官箴，勿月旦人品。不偏爱憎，不信风闻。谈经济外，宁谈艺术，可以给用；谈日用外，宁谈山水，可以息机；谈心性外，宁谈因果，可以劝善。

吾辈常须爱养精力，精力稍不足，则倦。所临事皆勉强，而无诚意。即对宾客言语尚可见，况临大事乎？

怒甚偏伤气，思多太损神，神疲心易移，气弱病相萦，勿使悲欢极。常令饮食匀，再三防夜醉。第一戒晨嗔，差养生之道。必寡思虑以养神，寡嗜欲以养精，寡言语以养气。

乡先生能以化俗造士为念，则为善于乡，成就不少。夫出则为伊周，处则为孔孟者，惟乡绅为然耳。若乃黑白其眼，而雌其口，则非所以为士乎？学者慎之。

仕宦金箴

学者平日读书，惟有为官展布时，将穷居所闻见，及生平所欲为者，一一试尝之。须是所理之政事，各得其宜；所治之人物，各得其所；才是满了本然的分量。

以林泉安乐懒散心为官，未有不荒怠者；以在家治生营业为心，未有不贪鄙者。

居官有五要：休错问一件事，休屈打一个人，休妄费一分财，休轻劳一分力，休苟取一字钱。

今日居官受禄，当思昔日秀才时，又思后日解官时。思前则知足，思后则知俭。须是留得赤子的心肠，方可为圣为贤；须是留得书生的滋味，方可为卿为相。

执法如山，守身如玉，爱民如子，去蠹如仇，全此四者则百姓受福矣。

眼前皆赤子，头上是青天。忧民如有病，对客似无官。今之士丈夫，当之者希矣。

人于仕宦中，昧礼乱法，取不义之财，欲为子孙计。殊不知子孙诚有富贵之命，虽无立锥之地以遗之，他日富贵将自至。使其无富贵之命，虽积重如山，亦将荡然不能保矣。况不义而入者，又有悖出之患。

刑罚当宽处即宽，草木亦上天生命；财用可省处便省，丝毫皆下民脂膏。高牙大纛，不足为荣；桓圭衮裳，不足为贵。惟法被生民，功施社稷，乃为贵为荣耳。忠君忧国，守之以慎；济物泽民，守之以谦。

士君子束发受书，以古廉能自命。一行作吏，或迫于上司供亿，或苦于酬应繁多。夙昔清操，消归何有？亲朋相规，动云见谅。虽有小善，宁足赎也？士大夫当自励之。

当官之法，惟有三事：曰清、曰慎、曰勤。知此三者，则知所以处身矣。然世之仕者，临财当事，不能自克。尝以为不必败，持不必败之意，则无不为矣。然事常至于败，而不能自已。故涉心处世，戒之在初，不可不察。借使役用权智，百端补治，幸而得免，所损已多，不若初不为之为愈也。司马子微《坐忘论》曰：与其巧持于末，孰若拙戒于初。此当官处事之大法，用力寡而见功多。无如此言者，人能思之，岂复有悔吝耶？

事君如事亲，事官长如事兄；与群僚如家人，待群吏如手足；爱百姓如妻子，处公事如家事；然后为能尽吾之心。如有毫末不至，皆吾心有所未尽也。故事亲孝，则忠可称于君；事兄弟，故顺可称于长；居家治，故事可称于官；岂有二理哉？

吕新吾先生《明职》一则

士君子无济人利物之心，则希清华、慕通显，总之无益于苍生，听其求富贵可也。苟平生恒救民利物之心，欲朝兴一利，而朝即泽被闾阎；夕除一害，而夕即仁流市井。随事推恩，听我自便；因心出治，惟我施行；则莫妙于知县、知州矣。夫朝廷设官，自公卿以至驿递，中外职衔不啻百矣。而为牧令，人称之曰父母。父母云者，生我养我者也。故土地不均，我为均之；差粮不明，我为明之；树木不植，我为植之；荒芜不垦，我为垦之；逃亡不复，我为复之；山林川泽，果否有利，我为典之；讼狱不平，我为平之；凶豪肆逞，良善含冤，我为除之；狡诈百端，愚朴受害，我为翦之；嫖风赌博，扛帮痴幼，我为刑之；寡妇孤儿，族属侮夺，我为镇之；盗贼劫窃，民平不安，我为弭之；老幼残疾，鳏寡孤独，我为收之；教化不行，风俗不美，我为正之；远里无师，贫而失学，我为教之；仓廪不实，民命所关，我为积之；狱中囚犯，果否得所，我为恤之；斤斗称入，市镇为奸，我为一之；贫民交易，税课滥征，我为省之；衙门积蠹，狼虎嚼民，我为逐之；书吏刁勒，需索吾民，我为禁之；征收无法，起解困民，我为处之；游手闲民，荡产废业，我为惩之；异端邪教，乱俗惑民，我为驱之；庸医乱行，民命枉死，我为训之；士风学政，颓败废弛，我为兴之；市豪集霸，专利虐民，我为治之；捏空造虚，起祸诬人，我为杜之；聚众党恶，主谋唆讼，我为殄之；火甲负累，乡夫骚扰，我为安之；某事当举，我为举之；某事当修，我为修之；民情所好，如己之欲，我为聚之；民情所恶，如己之仇，我为去之。使四境之内，无一事不得其宜，无一民不得其所。深山穷谷之中，无隐弗达；妇人孺子之情，无微不照。是谓知此州，是谓知此县。俾一郡民，爱戴吾身。如坐慈母之怀，如舍慈母之乳。一时不能离，一日不可少。是洞其弊原，酌其治法。日积月累，责效观成。自初仕以至去任，光景改观几何，民愁苏醒几何，政事修举几何。或享利于目前，或垂恩于久远，俾庶民得数其事而称之。吾于临去，亦自检点之日。吾于地方，兴得某利，除得某害。如此治民，即是良医治病，何快如之。倘到任时，地方是这般景象，离任时，地方依然是这般景象，如此等官，虚享数年俸薪，无益百姓毫厘。试一省察，称职废职，两院之奖荐，有愧无愧，戒劾有屈无屈。自有一点之真心在，又何暇计较考语优劣，归咎他人诬陷哉？贤者必不谓吾言过激云。

爱民而民不亲者，皆爱之未至也。《书》曰：如保赤子。诚能以保赤子之心爱民，则民岂有不亲者哉？

正以处心，廉以律己，忠以事君，恭以事长，信以接物，宽以待下，敬以处事，此居官之七要也。

去弊当治其本。本未治而徒治其末，虽众人之所暂快，而贤知之所深虑。不可假公法以报私仇，不可假公法以报私法。

一命之士，苟存心于爱物，必有所济。盖天下士[①]，莫非分所当为。凡事苟可用力

① 士：当为“事”。

者，无不尽心其间，则民之受惠者多矣。

人者，天地之心也；民者，对己之称也。曰民焉，则三才之道举矣。是故亲吾之父以及人之父，而天下之父子莫不亲矣；亲吾之兄以及人之兄，而天下之兄弟莫不亲矣。君臣也，夫妇也，朋友也，推而至于鸟兽草木也。而皆有以亲之，无非求尽人心，自明其明法焉。是之谓明明德于天下，是之谓家齐国治而天下平。

祥　瑞

嘉庆十一年冬，犀牛由黑河出走白河，河中坚冰分飞两岸。地方次年岁大稔。

光绪五年冬，犀牛由黑河出走白河，冰飞两岸。六年，岁大稔。

异

邑属椿树坝有魏姓者，其妻李氏，年四十余。孝道有亏，视母如婢，甚至打骂。民国二年，妇有孕。于冬月二十日产一肉团，破团视之，乃一异物。有手有足，无头无面；眼生乳下，口生脐中。知为异物，活埋郊外。其妇胎衣不下，欲生不能，欲死不得。七日乃下，始得苟延残喘。次年，又复孕。至三年，仍于冬月二十日分腕[①]，胎衣不下，遂产毙。远近闻之，咸以为不孝之报。

① 腕：当为“娩”。

保县志

（清）陈克绳　纂修

乾隆十三年抄本

提　要

保县，古县名。明太祖洪武六年（1373）置保县，治所在今理县薛城镇。清雍正五年（1727）徙治今汶川县威州镇，嘉庆六年（1801）废，入理番厅。

该志为陈克绳纂辑，施义爵、李心正校订。陈克绳，浙江归安人，是国学大师陈寅恪的高祖。乾隆二年（1737）进士，乾隆三年先掣得福建大田县知县，同年特调任保县知县，后升任茂州知州。施义爵，铜梁人，乾隆九年任保县教谕。李心正，会稽人。《保县志》始修于克绳任保县知县后不久，积之数岁，纂辑初稿。乾隆九年施义爵任保县教谕后，与李心正二人校订初稿，于乾隆十三年编订完成，未及刊刻，仅留抄本。《保县志·职官》中知县载“陈文鸿，广东东莞县，举人，（乾隆）五十八年署”。志中版心页码次序连贯，无补录的痕迹，故现存抄本或为陈文鸿重新誊录补充之版。志前有陈克绳序及施义爵序，正文分“建置”“民事”“官师”“学校”“祠祀”“武备”“艺文”“边防”八卷，每卷下有若干小目，共四十九目，含卷首计二百七十七版。八卷均有小序和本卷目录，小目分载其后，记载详细，体例协调，具有很高的史料价值。其后同治年间纂《理番厅志》时，多取材于是志。该志是理县纂修的第一部县志，亦是理县现存最早的地方旧志。

目　录

保县志序

唐初武德七年，白狗生羌内附，于姜维故城置维州治之。中叶以后，吐蕃据维侵凌上国，全蜀骚然，中朝旰食。于是以剑南节度改设西川，而韦皋、李德裕、杜悰诸公经略维州，后先相继，盖防边首重维矣。保邑，维州旧地也。绳筮仕，先得闽之大田令，奉简命特调兹邑。闽于浙相近，称乐土；而保乃极边烟瘴，襆被行万里乃克至。人或难之，而绳顾夙夜战兢，谓天子念切筹边，以绳膂力方刚，可备任使，故遣之，寄托实重，乃敢以蛮疆厌薄乎？顾自愧抚绥乏术，绸缪未能，则以保自古号重地，名将之所设措，廉能之所附循，度必有记载成书，藏之旧府，传之故家者。年代虽逾，劈画如昨，可长智虑而资楷模。采搜不获，惆怅于怀。继而思之，人之好古，谁不如我？后之冀今，亦如今之冀古，今而不述，千载筹边之事自我间之矣。爰谋荟萃，撰著非才，何其难也。夫邑之必志，犹国之有史，大指要于备经济、示法戒为上。保自遭兵燹，典籍荡如，百年以来，故老殆尽，此考古之难也。资给靡因，制作寖失，学校尚尔，何况其余？此述今之难也。余自是因陋就疏，黾勉修举，存羊系朔，因缀典文。断碑蠹简获只字，如石鼓也；故戍荒台得寸址，如灵光也。而雕题鸟语，借译致询；马脊舆肩，所在搦管。积之数岁，裒然成帙矣。琼江施君义爵、会稽李君心正，好古能文，乃以余所辑者，就而正之，各出所见，参互考订，研虑殚精，期于至当。倘涉迷离者，虽奇文而亦弃；有关政教者，即断简而亦书。厘为八卷，悉为小序，而于夷部源委本末，稽古准今，三致意焉。要以保还保，寓吾恻恻于边之人之意，斯已矣。嗟呼哉！藩篱朽而门庭破，口唇亡而齿牙寒。物之成败，未有不自边始。余不敏，虽无筹边善策，可补昔贤未备，而合涣固圉之意，窃申于此编。庶几传往事，备因革，以无负当宁任使也。其不精不详，则以俟后之君子。

乾隆丙寅孟冬朔日

赐进士出身，知保县事，归安陈克绳衡北氏书于雪堂东偏

保县志序

保治，岩邑也。自汉武事西南夷，始入版图，有建置。历唐、宋、元、明以迄于今，代有沿革。然其地多高山峻岭，万峰插天，中通一线。而两江交汇砰湃，施笮为梁。锦官在其西，岷精峙其东；南望全炉之险，北扼诸番之吭。地土硗确，闾阎疾苦，而毡裘卉服，盘错于欹倾崖壑间。与汉杂处，鸷骜犷野，号称难治。历代以来，抚字涵濡，渐归矩度。而国朝更东渐西被，德洋恩溥，重译遐荒，莫不效顺，而保邑亦蒸蒸然在声教内矣。夫山川日益奠宁，户口日益广辟，礼乐政令日益相渐摩，苟缺焉不书，后将何考？但地处边隅，文献绝少，更加以兵燹之余，片纸只字皆漫漶灭没于粪土灰烬中，无可蒐罗。则邑志较他邑之志为最要；而邑志之辑，较他志之辑为尤难也。戊午岁，归安陈公以名进士来守是邦，莅任未久，百废俱兴，毅然以修辑为己任。乃悉心考究，探故碣、访遗老、质绅士，参酌考订，萃荟成书，而志出焉。于是览地舆，则犬牙之错处如指掌也；览营建，则创造之规模宛列眉也；览典礼，则春祈秋报而神人和悦，于以致康阜之休也；览边境，则文修武备而椎髻享王，于以见羁縻之远也。他如物土庶政，莫不备具，而于人文风化尤致意焉。则斟酌损益于典章，制作者莫非鼓舞振兴之意，岂徒事纪载、广见闻、夸班马之才已哉？夫公，当代循良也。莅邑九载，以治行异等，特简本州牧。行见黼黻皇猷，举一世而润色之，不独以区区邑乘称作手矣。至公之爱养群黎，甄陶士类，循循焉，休休焉。使保民日进于富教而不自知者，则口碑载之，輶轩采之，无所事于揄扬也，故略而不书。

乾隆十三年如月朔日，保县儒学教谕，琼江施义爵撰

第一卷[①] 建置志

建置不外因革，因革得宜，即建置尽善也。保以冲为边塞之咽喉，以险为腹里之屏障。唐宋而降，置郡县，建麾旄，沿革多端，斤斤争此硗瘠，扼寸土如寸金然，夫亦洞于唇齿之喻矣。圣朝修养百年，劳民安集，裁州入县，版筑焕如，增兵储粟，凡以为民也，凡以攘外安内也。不按古今罗制作，后之君子何考哉？志建置。

凡十帙：邑治；城池；疆域；形势；关隘；桥梁；公署；仓储；邮政；古迹

邑 治

保县，古冉駹国地。唐虞为氐羌，夏为要服、荒服，商仍氐羌，周为蜀羌，秦分四十郡，梁曰蜀郡，别冉駹为湔氐道。汉武帝平西南夷，开之，立益州，以其地为广柔县，属汶山郡。季汉姜维讨汶州版[②]羌，即其地也。隋开皇四年，置薛城戍（今旧州界），属会州。唐武德七年，白狗羌内附，于姜维故城置维州，并置金川县为治（今通化）。贞观元年，羌叛州废，县亦省。二年，生羌董屈古等请吏复置，并改薛城戍为县，移治姜维城东。天宝九年，改维州郡。乾元元年，复曰维州，属剑南道。至德元年，没吐蕃，号曰无忧城。太和五年，节度使李德裕收复，寻又弃之。大中三年，杜悰节度西州，复内附。领县三：薛城、通化、归化。孟蜀永平二年，改薛城县为保宁，徙维州治中州城。宋仁宗景祐二年，以与潍州声相乱，改曰威州。神宗时为威州通化军，寻复，并保宁为威州治，领县二：保宁、通化。元以州治保宁县省入，立威州总管府及军民安抚司。明，玉珍复置县。明洪武三年，省通化县。十八年分保宁地为保县，属威州，即为州治。二十四年，徙威州治于霸州（今东门外番寨）。宣德七年，因羌患逾江，徙治汶川县，更徙汶川县治于寒水驿。国朝因之，州县俱隶成都府。雍正五年，省州，移县来治，威更名曰旧保，隶茂州。

编里九，番寨八十一，辖土司六。

按：薛城戍县故址，史称即在维州，孟蜀改称保宁。《通考》：宋威州领县二，治保宁，保则附于威。当如今附府、州、县之制。《明史》：洪武初年，治威州于保宁，省县。后又分保宁地为保县。是保宁本与威州同地，而保县则系分设。其威州州治，宋时先建在河西霸州境内。明时徙于霸州，又徙于凤坪里，又徙于汶川旧治。至保县治，则

---

① 原作“卷之一”，今改为“第一卷”。

② 版：当为“叛”。

今旧保也。旧保为宋时所建春祈城故地。今水球立有石碑，上至春祈城二十五里，下至维州二十五里。邑民云：昔时称旧保为春祈城。皆可考证。然则薛城、保宁寔威州故址，今或指为保县者，非也。

裁并威州号疏

户部为请设直隶州，以专责成，以收实效事。雍正五年二月，案呈，吏科抄出前事，奉旨：该部议奏，钦此。钦遵。于本月二十八日，吏部将原抄咨送到户部，该臣等会议得：四川巡抚宪德疏，称成都一府为省会，烦[①]剧要区。所属二十五州县，地方辽阔，寔有顾此失彼之虞，则分设直隶[②]管辖，最为因地制宜。除成都县附郭不议外，其余附近之简州、崇庆州、汉州、温江、郫县、新都、灌县、新繁、新津、什邡等州县距省仅五六十里至百余里，易于统率稽查，应仍归成都府管辖。仁寿、井研、资阳、资县、内江、德阳、绵州、安县、绵竹等州县，距省俱二三百里及四百里不等，地既辽远，势难遥制。应将东路适中之资县改设直隶资州，即以仁寿、资阳、井研、内江四县属之管辖；其北路应将绵州改为直隶州，而以德阳、安县、绵竹三县并保宁府所属梓潼县属其管辖。至迤西之汶川、威州、茂州、保县等四州县，兼有杂谷等土司，番汉杂处，路径又甚险远。茂州尤为咽喉要地，应改茂州为直隶州，威州、汶川、保县属之管辖。但保县独居桥南，止征丁粮一十八两一钱一分七厘零，似不可必特设一县。其地与威州联属，应将事简之，威州裁汰，归并保县，以保县知县移驻威城。以汶、保两县属之茂州，并兼管各土司，始能周摄无遗。其保县地方，现有驻防千总一员，带兵一百名在彼防守，与州县声势相援，足以詟服蛮寨，不必更资文员控制。现在教谕杨九畴、训导罗经国，均应仍旧。惟资县改直隶资州，威州裁归保县，茂州改为直隶茂州。其现在威州知州黄铎似可即为资州知州，现任茂州知州朱廷梁似即可升直隶茂州知州。但臣到任未久，朱廷梁、黄铎之才具操守尚未深悉，容俟试看确实，再为题请。如不胜任，或于别州县拣选题补；倘无其人，恭请补放。再将所请威州吏目余士琰改为直隶资州吏目，威州学正朱公裳改为资州学正，现任资县训导王琦仍为资州训导，文武童生均照州县额数考取。再查马湖一府所属止屏山县，在当日特设郡守者，原以控驭雷波各土司。今土司等已归附版图，纳粮贡马，土司甚驯从，无多事之虞，其马湖府似属多设，应裁去，并裁经历一员。该府属之屏山县，应归并叙州府就近管辖。叙州府通判一员，旧系驻扎建武营，今改驻马湖府，即以府署为通判衙门，管束雷波各土司，足资弹压。现任知府宋带金业经送部引见，奉旨着回原任。今既议裁，或归部候补，或留川题补，统候部议。抑臣更有请者。成都首郡，向设成、华两县，自昔凋残，诸事简陋，故将华阳归成都兼管。近今生齿日众，事务殷繁，请照陕西咸、长二县之例，复设华阳一县，于地方寔有裨益。所有文庙、衙署、仓库，监狱等项，俟臣查估明确，咨部拨项建造，工完之日，核定题销。复设知县一员，可否即以现任资县知县汪天章改补；应设教谕，即以现任资县教谕向翼鹏改补；应设训导，即以奉裁马湖府训导唐际盛改补。其保县岁科文

① 烦：同治《直隶理番厅志》作“繁”。

② 直隶：同治《直隶理番厅志》作“直隶州”。

武生童，即将所裁威州额数考取。从前威州，现在文武生员统归保县管辖起送。凡有补廪出贡，将威保生员等第相间补廪出贡。又华阳县应设典史一员，查成都府税课大使，原管落地诸税，今税务已归知府，则税课司实属冗员，即以现任税课司大使张作楫改为华阳县典史，令其专司捕务，监管监狱，于事有益。所裁马湖府教授崔鳌、威州训导张学义，例应遇缺尽先补用。所裁马湖府经历阎应麟及资县典史钱启正，应否留川咨补之处，统听部议。所有华阳印捕各书役等项，即将所裁马湖府及经历司并威州等衙门吏役名数，令华阳县印捕二官召募充当，则役食亦无添补之费。臣谨会同陕西总督臣岳钟琪合词具题等因，具题前来。查该抚宪德疏称：各府州县改设复设、裁汰归并，亦因地制宜，其于钱粮、刑名诸务均有裨益等因。应如所请，将资县改设直隶资州，管辖仁寿、资阳、井研、内江四县；绵州改为直隶绵州，管辖德阳、安县、绵竹三县，并辖保宁府所属之梓潼县；威州既归并保县，而以茂州改为直隶州，管辖汶川、保县二县，兼管各土司。并将马湖一府及经历一员，均行裁汰。马湖府所属之屏山县归于叙州府管辖。将叙州府之通判移驻马湖府，即以府署为通判衙门，管束雷波等各土司。其复设华阳县，城乡地界，应令该抚遴选贤员，查明旧制，饬令分管钱粮事宜、疆界并役食、需用等项，逐一查明，造册报明户部查核。至于文庙、衙署、仓库、监狱等项，亦令该抚宪德据实确估，造册题报工部。动项建造，俟工完之日，核实题销。其直隶知州原缺，应于本省内拣选调补。今威州裁归保县，现任知州黄铎，准其调补直隶资州知州；茂州改为直隶茂州，知州朱廷梁准其调补直隶茂州知州。二员才具操守，该抚既称到任未久，尚未深悉，应令该抚不时试看，如不胜直隶州之任，另行拣选调补。所裁威州吏目余士淡[①]准其改为资州吏目；威州学正朱公常准其改为资州学正。其题请改补资州训导之资县训导工琦已经病故，应将裁缺之威州训导张学义改补资州训导。至复设华阳县知县，即以现任资县知县汪天章改补；华阳县教谕、训导，即以现任资县教谕向鹏翼、裁汰马湖府训导唐际盛改补；成都府税课大使准其裁汰，现在税课大使张作楫准其改为华阳县典史。再查马湖府宋带金于程如鲧案内得过赃银，现议革职。今马湖府既经裁汰，应将该抚所请该员留川补用之处，毋庸议其裁缺。马湖府经历阎应麟、资县典史钱启正，亦准其留于川省，俟有缺出咨补。裁缺之马湖府教授崔鳌遇有缺出，令该抚即行题补。至绵州改为直隶州，或将现任知州于惟锈补授，或另行拣选，调补之处，令该抚酌量定议具题。俟命下之日，行文各该衙门、陕西总督、四川巡抚可也等因。于雍正五年十一月十四日题，本月十六日奉旨依议，钦此。

唐时，四川节度统兵马于八州。而维、恭、悉三州，皆今之邑治也。其以县称者又十数，以城、以军称者又数十数，亦皆今之邑治也。保不可为小矣！而人顾小之，岂非以民贫赋薄耶？则当日筹边者，何以增城筑堡焉？

城　池

新保城：威州旧址也。明时先为汶川县治，洪武初，千户焦宽始筑。南包玉垒古城

① 谈：本疏亦作“琰”，此处当为笔误。

二山，北抵江，高二丈五尺，周二里，门四：东曰玉垒、南曰涌泉、西曰安远、北曰平夷。成化间，江溢城坏，学校、军营被淹，州所官奏请修完，复坏。弘治间，副使王思、佥事金冕、参将马隆、知州赵符节、千户彭芳改修，复坏。正德间，知州崔哲再修。嘉靖十五年，副使朱纨委指挥曾昂于城东龙头寺起，置石碕一里许，以捍水势，而城始坚。国朝康熙四十七年，孟董积水横流，汛涨，城复坏。乾隆三年，抚军硕奉旨查修川省城垣，以县城为第一最要之工，咨部估修。知县陈克绳承修，包山砌石，周围六百丈，高一丈四尺，宽八尺，东、西、南、北四门名仍旧。水洞二，分峙南北，通茨玉沟水。

旧保城：古无。明御史大夫丁玉城以石，周围二百一十二丈，门二：东曰流化，西曰宣威。宣德间，知县柳芳重筑。正统间，泸州守备指挥申泰，正德间，知县邓浩、典史成锐，屡增修之。兵备副使余珊，因嘉靖初年番夷之变，檄千户袁经、典史尚凤设墩台四于城南，其城在孟董水之前。国朝康熙四十七年，熊耳山崩于孟董沟内，水积逆流，高数丈，逾年溃溢。先是沱水绕城北流，至是孟董水并沱水向城南冲击，城垣、官署、民舍俱漂没。水平，旧城基隔在江北，荡为平沙。官民皆傍南岸平头、马鞍两山以居。乾隆二年，总督查以边防宜重，奏请建城、增兵。署知县沈绳祖承修，包山砌石城，周四百十丈，高丈有二尺，广六尺，门二：东曰宁江、西曰伏羌。水洞二，分峙南北，通南沟水。

蜀自明季兵燹后，郡邑城郭迄今尚未有修举者。保以一邑而建两城，当事为防边计者深且远矣。“已收滴博云间戍，更夺蓬婆雪外城。”为罿然高望而远志焉。

关 隘

保子关：在隔江保子冈上。至江西九窠番寨者，渡大江而上，于冈进旧保者，更渡沱江。其过二江处，皆作索桥。明时，诸番窥伺，谋毁桥道。洪武十八年千户焦宽修关，成化十二年威州知州李宽修碉，官兵守之。国朝乾隆二年，设兵三十名，关口立卡房，县设巡役，汉民入番寨贸易者，具结领票，限以日时，兵役验放，无票者禁。此诚汉番咽喉，西路命脉也。

镇夷关：内有镇夷墩一所。明正统间，巡抚寇深、总兵陈怀建，设兵防御孟董、梁黄等六寨生番。嘉靖三十六年被前番攻克，提督蒋启、兵备万文彬、知县舒文壁重修。

碉房塘：在旧保西五里。为各土司出入要路，有兵防守。

坡底堡：在沱江北，与保子冈相望。明成化十四年番乱，焚毁民居，知州李宽奏立，设官兵防御。界内有扫水岩、干沟子，俱龙山大寺诸番经行要隘。

木渣墩：坡底西北。龙山、三寨、大寺寨番出没隘口，明成化十五年设兵防御。

靖夷墩：明弘治间，因黑虎番患，巡抚邢公表设。

石灰墩：近木上寨水隘口。明正德三年，三姐诸番为患，兵备副使王恩设。

永宁墩：明弘治四年，设于临河水浅可涉之处，路通木上、竹打等番寨隘口。

慕义墩：在龙溪沟后，与鹿耳等寨相邻。系黑虎、三姐等番出没要隘。

霸州堡：在河北，去威州三十里，旧威州遗址。州既东迁，乃改为堡。明弘治间，龙溪等寨倡乱，增修保子等十三墩。嘉靖二十七年，水溢，冲塌西南城垣，兵备马九德、总兵何乡重修城岸，改建挑桥，设官兵防戍。

后山小碉二墩：明时设兵戍守。

社稷墩：明弘治十五年设，系龙溪、大门等寨口。

黑茨霸墩：明弘治十五年设，系牛上、罗上诸番隘口。

万宁墩：明成化十三年，知州李宽设。系加上等番出没要口。

蒲草墩：明成化年间设。

威夷墩：明隆庆三年，掌堡百户杨松议设。附在堡后，以远番蛮矢石之患。

乾溪堡：去霸州堡二十里。明正统十年巡抚寇公深建，界内有窄哨嘴，系赤溪、则溜、星上三寨生番要隘。

岩窝墩：在乾溪村后半山。系孟董、水田等寨生番要隘。

新安堡：去乾溪十五里。明正德二年孟董诸番倡乱，知州崔哲建。明嘉靖十六年，兵备朱纨委指挥蒋启修。四十二年，兵备郭应聘委百户江东开通汲道。界内有黄茨坝、漫水湾、观音阁，俱系月上、九子寨出没要隘。设官兵防戍。

制夷墩：明弘治间建，系官道水口。

乾溪墩：明嘉靖四十二年，保县知县白采议请，兵备郭应聘建设。系南沟水口要隘。

靖远墩：明嘉靖四年，梁黄诸番攻围保县，兵备余珊议设。系月上、九子诸番要路。

保县堡：明时设官兵戍守。

无敌墩：在保县后山。瞭望最紧要隘。

后山中墩：在保县后。明嘉靖四年，梁黄诸番攻县，兵备余珊建。系本县紧要隘口。

高沟墩：在县后。明弘治间巡抚刘洪建。系孟董生番隘口。

护城墩：在县西门。明嘉靖四十一年，兵备郭应聘重修。

西顾墩：在城西。系镇夷关要隘。

蛇浴岭隘：在旧保治西北。宋乾道间，保宁令张大礼闭蛇浴岭风流部番寇，从岭后开生路入境。即此。

重门击柝，以待暴客，关之所由昉也。保之为关，亦重矣。镇夷一墩，通诸部之门户；保子两渡，达各寨之咽喉。其他依崖傍水，凡系羌番出入要路，昔皆设兵戍守。曰堡曰墩，名制不一，而皆谓之隘云。

疆　域

保县，在四川省城西北三百五十里，在茂州南八十里。东距西一百一十五里，南距北三百里。东至茨玉沟五里，交汶川县界；西至浦溪沟一百一十里，交县属杂谷土司界；南至沙窝子五里，交汶川县界；又西南至木兰里三十里，交汶川县属瓦寺土司界，地至姜舍坝二里，交汶川县界；又北至扣山寨三十里，交茂州界。北至京师七千三百五十里。

自灌而汶、而茂、而叠、而松，都邑人民皆聚于岷江之东。保以一城，借居江东地，而数百里人民孤悬江西，其三面皆羌戎也，保亦逼矣哉。曰柔曰抚，盖将思所以来远者，悦近而未可以疆自域也。

形势

《省志》：花岩西峙，沱水东流。树灌口之屏藩，扼羌番之要道。旧《府志》：大雪高峰，临江三面。为灌口之障蔽，扼松潘之要冲。又旧《府志》：花岩赤水之高深，番境边隅之控扼。《威茂志》：金缠奥壤，玉垒名区；三面据厄，控夷天堑。旧《保志》：熊耳峙于东，沱水经其下。蔽茂捍威，实为要冲。

八景

玉垒浮云。《威茂志》：即玉垒山，常有云浮其上，流动可挹。杜子美诗“玉垒浮云变古今”是也。

洞口瀑泉。《威茂志》：在州治内玉垒山下。其泉有龙，故名。

凤坪烟雨。《威茂志》：在河西，即凤坪里。其山有云烟，上蒸即雨。

龙山晚照。《威茂志》：其山与县治对，山顶到晚，日光返射可爱。

玉峰晓钟。《威茂志》：即玉峰观。观有钟，僧扣之，州人知其兴作。

西岷圣灯。《威茂志》：即西岷寺。俗传遇晚有七灯，自龙山保子关飞入寺中，光明满殿，如佛灯然。住持僧候灯来，闭门以杖迎之，坠地，视之，乃红银杏叶也。灯遂绝。

雁门晴雪。《威茂志》：即雁山堡前山。其山层峦叠岫，高插云表，峰有积雪，经暑不化。

六月寒冰。《威茂志》：在河西新桥沟中。六月有冰不消，病者食之即愈。

旧保八景

狮头夜月。《威茂志》：狮头山在县北。四时夜霁，月照若洗。

熊耳秋风。《威茂志》：山形如熊耳，秋风戛然而来，殊有爽思。

陇山古雪。《威茂志》：山名望陇，四时积雪不消，人谓之太古雪也。

沱水东流。《威茂志》：水至威州保子关，悠然东逝，入春如绿腻然。

石门遗响。《威茂志》：在县北五里。陡崖如削，有白石方数十丈，如门户形，时闻启闭之声。

笔架献奇。《威茂志》：山形如笔架，屹立治前。

箭山夜烧。《威茂志》：即唐时箭上守捉城，地多草木，居民入夜烧之，如晚霞。

夷关暮笳。《威茂志》：镇夷关北通杂谷，其风气大与中国殊。入暮，羌人吹笳，殊凄凉也。

潇湘八景，昔贤盖流连光景，触目会心，述其可以入画图，登编什者尔，未尝拘于数也。湖山风月，随地易形，乃后之作志者，必亦附会其数，不敢稍有损益，泥矣。威、保旧志，各定八景，流传既久。余亦姑存之，以备参考云。

桥 梁

卷洞桥：在城内。唐时建。茨玉村水流其下。

保子关索桥：即古绳桥也。《元和郡国志》：在茂州汶川县西北三里（在今县城北）。架大江篾笮四条，以葛藤纬络，布板，虽从风摇动，而牢固有余，人驱牛马，去来无惧。今按：其桥两岸卷石为门洞，南北列二十四柱，柱上各系大竹绳一，横架水面，以二十绳为底，上施木板，联络以藤，左右各以二绳为栏，栏每丈贯以短木柱。长三十丈，阔五尺，人马经行，遇风至掀掉动摇，不能暂立。盖江石震撞迅激，不能桥，不可舟，不得已而设此耳。明洪武初，保宁知县戴从礼、千户焦宽因筑城移于关，加长十五丈，阔如旧，改名永镇桥。其绳每岁七月间一更。中后三寨，共交索银一十五两，于前三寨各番伐竹修理。

按：杜子美诗云“却背五绳桥”，又曰“运粮绳桥壮士喜”，皆是地也。又《桔柏渡》诗：“青冥寒水渡，架竹为绳桥。竿湿烟漠漠，江永风潇潇。连笮动袅娜，征衣飒飘摇。”范成大《吴船录》：将至青城，当再渡绳桥。长百二十丈，分为五架，桥之广，十二绳连排之，上布竹笆，攒立大木数十于江沙中，辇石固其根，每数十木作一架，挂桥于半空，大风遇之幡幡然，大略如渔晒网、染家晾彩帛之状。又须舍舆急步，从容则震掉不可立，同行者失色。二公所言地虽不同，制亦小异，然皆妙于形容也。

桑坪索桥：自保子以达桑坪，沱水经其下，桥外即沱江会合处。旧由保子关底沿河以达霸州，后因番出没，改经桑坪里而行。明知州何福金建。长二十丈，阔五尺，制如箭①。

坡底堡桥：在桑坪里之北。土官昌宗建，今废。

古霸州桥：旧在赤水上，以索为渡。明知州范士英移于此，改作绳桥，为番所毁。知州黄彬、指挥鲁谅易以挑桥，寻水坏。知州赵符节、指挥萧宽、千户朱琏重修之，今改溜索。

利济桥：在古城溪口。旧时乱流而渡，雍正十二年县丞郭凤翔建木桥。乾隆五年，水发，桥岸悉坏，知县陈克绳砌岸重修，上有桥亭。

乾溪桥：在乾溪口。每夏月溪水屡涨屡冲，不时修葺。

镇夷桥：在旧保。明正德间知县洪恩建于镇夷关北，寻为水坏。国朝乾隆七年，保民移建于东门城外，孟董、沱江会合流其下，通县属后番及孟董各寨。

蒲溪桥：在蒲溪口。

观音崖偏桥：在案坪壁陡水深之处。无路可通，缘山崖凿孔，横插木向外斜，撑以柱，作桥形，幔以木栈，覆以土，傍作栏杆，或短，视其路之险平。

---

① 箭：或当为“前”之形误。

按：《水经注》：栈道，俗谓千梁无柱。诸葛亮与兄瑾书曰：其阁梁一头入山腹，一头立柱于水中。今水大而急，不得安柱。后亮殁五丈原，魏延先后而焚之，即是道也。自后案修旧路者，悉无复水中柱，径涉者浮梁震动，无不摇心眩目。偏桥之形，亦栈道遗制也。

黑漩窝偏桥：在铁邑里，最险。

按：威保大路，皆上傍危峰，下临恶浪，无步平夷。然他路虽险，或在山坡，微有依倚，叠水为架，实以土石，犹为坦途；惟偏桥设处，石壁陡立，虚凿石窍，而架木其上，号称极险，黑漩涡尤其最也。杜子美《龙门阁》诗云：

清江下龙门，绝壁无尺土。
长风架高浪，浩浩自太古。
危途中萦盘，仰望垂线缕。
滑石欹谁凿，梁梁袅相拄。
目眩陨杂花，头风吹过雨。
百年不敢料，一坠那得取。
饱闻经瞿塘，足见登大庾。
终身历艰险，恐惧从此数。

曲尽形容矣。

鹦哥嘴偏桥：在旧州里。悬崖横截山半，其外陡立，不能架木，凿石通窦，仅容佝偻而行。其石下垂，状如鹦鹉嘴，故名。

欢喜坡偏桥：在旧保东门外。

铁野溜索：通化克枯各寨。

旧州溜索：通东门外龙溪各寨。

古城溜索：通木上各寨。

通化溜索：通星上、水田诸寨。

杨慎《丹铅录》云：西国传有渡索寻橦之国。予按威茂之地，河水险恶，不可舟楫，乃施两柱于两岸，以绳亘其中，绳上有木筒，所谓橦也。欲度者则以绳缚于筒上，以手录索而进，行达彼岸。复有人解之，所谓寻橦也。王士祯诗“悬橦度索上骑危”，即此。今土人多用大竹筒，虽襁负孩稚及渡牛马亦然。又有用两索互相低昂，手攀筒顺势溜下者。吁！木石不能为功而以索作桥，索桥所费不赀而以筒溜索，吾民信亦劳苦哉！

公署

县署：即威州州署，向北。明宣德间，总兵官蒋贵、知州陈冕、沈时远迁建。成化间，知州李宽重建。正德间，知州范渊修之，为鼓楼、为公堂，司吏户列于左右，囚狱傍房俱因之。国朝，知州李天植迁玉垒山阳。康熙四十七年，没于暴水，寓于仁寿寺。前州县俱因之。乾隆四年，知县陈克绳详请重修，大门三间，仪门三间，书吏房东西六间，大堂三间，小房东西四间，二堂三间，右书房南北六间，左三堂、前小房东西四间，三堂三间，后房三间，厨房二间，马房二间。

旧保县署：在旧保城东。明宣德间，知县柳芳徙建今治。成化间，知县王懋；正德间，知县洪恩：重修。嘉靖间，知县邓浩增修，二幕、二厅、鼓楼、库、吏房、囚狱俱备。国朝康熙四十七年没于水，知县王侨寓会城。康熙五十年间，知县王眉年建堂三间、楼六间，傍舍门壁略备。乾隆八年，知县陈克绳更恢旧制，重修大门、仪门、大堂各三间。

通化里县丞署：雍正十二年间，县丞郭凤翔领帑重修。乾隆年裁归汶川，安设桃关。

典史署：雍正十二年间，典史郭省心领帑置买土，盖民户以作衙署。大门、大堂、二堂各三间，三堂二间，本属狭小糟旧。至乾隆三十年以后，大堂、二堂歪扭，渐至倾圮，数任以来，俱赁居民房。乾隆五十一年，典史陈礼更恢旧制，捐廉置买民房数间、旧署后民地数丈，将旧署上房并拆，重修大门、二门、大堂、二堂、三堂、楼房各三间，厨房、茶房各一间，衙神庙、书役房、马房各一间，较之旧署，加三倍宽深。二堂内书“藏拙”匾额一面，其跋曰：

乾隆五十年，予抵署时，见堂庑倾颓，地势湫隘。询所由，皆云邑属瘠土，向之履斯任者多僦居民房，不数月即别去。予素性迂疏，不耐烦剧，因禀请预借养廉为鼎新计，复节廉俸购民地十余丈，使其宽深。鸠工庀材，凡梓匠陶冶所需，皆非昔时旧物。于时治事，于时燕寝，人所视为逆旅者，予则俨同安宅矣。爰额为“藏拙”，而以数言弁其端。广阳陈礼题。

儒学署：各三间，新建明伦堂三间。（乾隆二十五年，县令葛曙建。五十八年，教谕王特先劝通学重建。）

都司署一，大门、二门、大堂各三间，书吏房六间，二堂、住房各三间，厢房、厨房、马房各三间，箭厅三间，演武厅三间。

千总、把总署各一，每署大门一间，大堂三间，书役房二间，住房三间，厨房、马房各一间。

通化汛把总署一。

原威州汛千总署一，演武厅三间。

旧保汛营房四百二十间，通化汛营房九十间。

威州汛营房六十六间，保子关桑坪营房三十间。欢喜坡、乾溪、古城、铁邑、旧州五塘，每塘房三间。（例：每兵二名给塘房三间。）

县治东、西、南、北四门，卡房十二间。

旧保东、西二城门，卡房各三间。保子关卡房一间。

以上皆乾隆二年佑修。

邑署向没于水，余抵任，寓古寺。判牒毕，吏人散心，与弥陀共一龛也。既而请于院司，与城垣、营署同时修举，前堂庑、后寝室，焕然新矣。虽然，安得广厦万间，为下民牖户计乎？

仓储

一、常平仓。仓共一十五间。（本城九间，旧保六间。）存贮仓斗谷、麦、荞、粟共二千五百一十七石六升八合。又于乾隆九年分起奉之，每岁量损共二十七石。又于乾隆八年分采买松潘青稞五百石，分贮威保。

一、社仓。仓一间，存贮仓斗谷二十一石三斗。

一、监仓。仓二十五间，存贮仓斗谷、荞共六千六百八十石八斗九升八合。

保地不毛，民火种刀耕于硗确中，仰事俯畜，乐岁皆苦。麦秋未报时，咸借粜常平粟资接济。司出纳者，忍稍稽迟侵蚀乎？至于稻谷宜碾粜者，非保所产，官应代之买补也。麦荞宜出借者，保所产，民能自为易新也。

兵与食并重，必不得已而去，食为更重。故带甲十万，辄言藏粟十年焉。保仓所储，抵敷里民借粜需，倘边陲有事，则糗粮刍茭，转输灌口，千里羊肠，悬车束马，何以旦晚应乎？窃谓稻谷既非保产，而麦荞久则易变，惟大米无红腐之虞。若依松潘故事，贮万石以备缓急，亦足食要务也。

邮政

铺递：桑坪、坡底、通化、旧保，以上四铺，俱以僻路，每铺安设司兵二名。

川东南北皆设驿，而西路未设，地僻也。乾隆十年，前抚院纪请于朝，旋格部议。金川之役，县城、通化旧置三驿，驿定马额二十，事竣后撤。虽然，保驿不可不设也。番部环集西境，一有缓急，则征兵转粟，仅通声息于一线羊肠中。于是铺司力不能支，而议拨营马，马又立不能支，而议增驿递，展转经营，而边报稽迟矣。余故表而论之。然今亦戎羌慑服矣，何汲汲焉！

古迹

威州故城：古冉駹国。汉为广柔县地。季汉属汶川郡，姜维讨叛羌，于高碉山筑城。隋开皇四年，以其地置薛城戍，属会州。唐武德七年内附，置维州，因姜维故城而名。至贞观元年，羌叛州废；明年复置，并置薛城县为治。天宝元年，改维州郡。乾元元年，复曰维州，属剑南道。广德元年，吐蕃窃据，号曰无忧城。太和元年，收复，寻又弃之。大中三年，复内附。五代蜀永平二年，改县曰保宁。宋景德三年，改曰威州。元明因之。国朝雍正五年，省州，移县来治。

保县故城：在县西北七十里。本唐薛城县、宋保宁县地。明洪武六年始置保县，属威州。国朝因之，雍正五年移县于威州。

薛城废县：在县北高碉山上，亦曰姜维城。古冉駹地。汉武开之，为广柔县地。季汉属汶川郡。隋置薛城戍。唐武德七年，白狗羌首邓贤佐内附，置维州，并置金川县为治。贞观元年羌叛，州县俱罢；二年，生羌董屈古等请吏复置维州及薛城县，移治姜维城东，城即维州故垒也。《元和志》：姜维故城在高碉山上，维州故城在姜维城东十里，垒石为之。又有子城，在高碉山下，唐大中三年刺史高宰筑，然已非李德裕所复之维州矣。《旧志》：宋时，州城先建在河西霸州境内，后迁至凤坪坡底。明宣德中又迁河东，即汶川县为州治。其故州城曰旧州里，在金川西北二十五里。

按：杂谷日驻寨旧有"无忧城"，系姜维城遗址。城后山顶平敞，可容万余人，相传古演武地。番民曾掘土，得断镞、折戟、古砖瓦，则维州故城在姜维城东十里者即此地，疑皆姜维筑也。

废霸州：在县治北二十五里。《唐志》：天宝元年，招附生羌，置静戎郡。乾元元年，改霸州，治安信县，与州同置。广德后废为行州。又有归化县，在县西北百里，与州同置。

通化废县：在县西五十里。《元和志》：本汉广柔县地，后汉武帝置石门镇。隋开皇六年，以近白狗生羌，于金川镇置金川县，十八年改曰通化。大中三年，改属威州。宋天圣元年改曰金川，景祐四年复故。元因之。明初废。（即今通化里。）

小封废县：在县南六十里。唐初置金川县，属维州，寻废。咸亨二年，置小封县。垂拱二年，改置威戎军西。

定廉废县：在县西北。隋开皇四年置定廉戍，属会州。唐武德七年，置定廉县，属维州。开元二十八年改曰奉州。天宝初改云山郡，八年徙治天保军，后改保州，而定廉仍属之。贞元二年韦皋破吐蕃，焚定廉城。（今欢喜坡是。）

废保州（今古城）：在县西北。《唐志》：保州，云山郡，初置于定廉县。天宝八年徙治天保军，领归顺、云山等县。乾元中更名古州，其后复名保州。《元和志》：天保军在定廉县西一百三十五里。《宋志》：茂州领春祺城，本羁縻保州。政和四年建为祺州，县曰春祺。宣和二年废，属茂州。

盐溪废县：在县西北。唐贞观二年析定廉县置，以有盐溪村，故名。后省。

定廉废县：在县南。唐置，属维州。贞元元年，韦皋分兵出西山，破定廉地，即此。

乾溪城：在县西北。《唐志》：威州有乾溪、白望、暗桶、赤溪、石梯、达节、甄口、质台、骆驼九守捉城，西山南路又有通耳、瓜平、乾溪、侏儒、箭上、谷口六守捉城，又有苻坚城，俱在今县西界。

柔远城：在县内。唐太和中李德裕筑，以抗西山吐蕃，寻废。

当狗城：在县西，以当白狗羌之路，故名。唐初置，广德二年剑南节度使严武破吐蕃拔当狗城，即此。

宋恭城：在县西。唐贞元十年，韦皋破吐蕃于此。

望汉城：在县西。《唐志》：吐蕃筑此以望汉。大历十三年，西川节度使崔宁破吐蕃于望汉城，是也。

龙溪城：在县西北八十里。唐贞元初韦皋城龙溪，筑西山堡以待降羌。七年，皋使威戎军使崔尧臣出龙溪、石门西路伐吐蕃，是也。

龙山城：在县北。唐置戍于此。今为龙山寨。

安远城：在县南，宋置。

通鹤城：在县西北，即唐之通鹤军也。贞元九年，韦皋攻吐蕃，破通鹤城，即此。

古白狗羌国。

汉湔氐道。

高碉城：姜维筑，在高碉山上，今废。

隋左封县。

金川县。

唐维州：今属杂谷土司界内。

维州郡。

威戎城。

通化城。

松常城。

伏羌城。

御侮城。

七盘城。

栖维城。

萃溪城。

黄崖城。

老翁城。

静戎郡。

通化军。

威戎军。

石门镇。

平戎城：《高适传》云：自邛关、黎、雅以抵南蛮，由茂而西，经羌中、平戎等城，界吐蕃。濒边诸城，皆仰给剑南。

悉州：《旧唐书》云：剑南西川节度使统松、维、恭、蓬、雅、黎、姚、悉八州兵马。杜甫《东西两川说》：八州素归心，于其世袭刺史。唐置悉州于叠溪对河。志载：孟董水出废悉州。则克州即废悉州。呼悉为克，音讹耳。克州，今在杂谷界内。

三城：《唐书》彭州有羊灌、田朋、笮绳桥三守捉城，又有七盘、安远、龙溪三城，皆界茂州、汶山。按：杜少陵《西山诗》有“绳桥战胜迟”之句。三城即三守捉城也。蔡注：指姚、维、松三州，非。

银扁担：在旧保南沟。

蛇浴村：在旧保南沟。

筹边楼：在县治西北。唐节度使李德裕建，未详何地，后保人建于旧保地。康熙四十七年没于水。国朝乾隆七年知县陈克绳重建。

玉垒行窝：在治东，明副使孙元为王元正建，今废。

飞翠亭：在玉垒山巅，明正德间知州崔哲建，今废。

半云亭：在玉垒山半，明正德间知州崔哲建，今废。

八棱碉房：在谷龙口山顶，废。

玉垒观：在玉垒山。

玉垒亭：在玉垒山麓，废。

蟠龙深处：庭三间，在龙王庙，废。

忘陋轩：在旧保县内，废。

镇远楼：在旧保县治西，明成化年间建，废。

我今日所行之部，昔之人有捍而卫之者矣；我今日所临之民，昔之人有抚而字之者矣。增城筑堡，废址犹存；建学明伦，残碑尚在。九原如可作也，吾谁与归？

第二卷　民事志

浩浩坤舆，蓑育万物。保独逼于蛮夷，瘠于硗确，疲于险阻，将何道之从，俾斯民久安长治，荷天地之休和乎？人亦有言：善养人者，因地利；修人事者，合天时。故志民事，而以星野、灾祥始终焉。

凡九帙：星野；山川；民居；户口；水利；食货；赋额；风俗；灾祥

星　野

《禹贡》：梁州之域，天文井参分野，入参一度，当鹑首之次。庶民，星也；卿士，月也。月之从星，则以风雨；民之父母，好恶与同。孰谓此被发衣皮者，而可秦越肥瘠视乎？吾将以星象示儆焉。

山　川

岷山：县之镇山也，在治南。山自西徼绵亘过县治，达于灌县。《禹贡》：岷山导江。《史记》作汶山。又《封禅书》：名山有渎山，蜀之汶山也。《汉・地理志》：岷山在湔氐道西徼外，江水所出。《蜀志》秦宓曰：蜀有汶阜之山，江出其腹。《蜀都赋》：岷山之精，上为井络。郭璞曰：岷山在广阳县。《华阳国志》：岷山一名沃焦山，其附曰羊膊，江水所出。《隋志》：汶山在汶山郡左封县。又：岷山在临洮郡临洮县。《括地志》：岷山在溢乐县，连绵至蜀几二千里，皆名岷山。《寰宇记》：羊膊山在平康县。《舆地广记》：岷山在汶山县西北，俗名铁豹岭。张敬夫《西岳碑记》：在茂州列鹅村，其附曰羊膊。《方舆胜览》：《禹贡》梁州之山四，岷、嶓、蔡、蒙，西山皆岷，北山皆嶓，南山皆蒙也。《舆程记》：有大分水岭，在卫西北二百二十里。有二派：一东南流为大江，一西南流为大渡河。或曰即古羊膊岭也。《一统志》：在茂州列鹅村，去州四十里，实威、茂、彭、灌之中。其高六十里，山有九峰，四时积雪，经暑不消，每晨光射之，烂若红玉。去成都五百里，人西望之，若在户牖。居人呼为九顶山，杜子美诗所咏西山即此也。《元和郡国志》：岷山即汶山，南去青城山百里，天色晴明，望见成都。山顶积雪尝深百尺，夏月融泮，江为之溢，即陇之南首也。史注云：在陇西郡岷州溢洛南一里，连绵至蜀二千里，皆为岷山。连峰叠岫，重接险阻，不详远近，青城、天彭诸山之所环绕，其为羊膊山、为铁豹岭、为瀆山、为鸿蒙山、为汶岭，皆是也。

按：岷山原委，《隋志》《括地志》、史注为是。其山起自洮州，峰连冈接，由松至茂，更为巍峨。所谓列鹅村九峰者，即在今州南石鼓里，绵亘至保、汶，以达于灌口之青城，皆岷山也。

玉垒山：在治南，县境之主山也。奇石千尺，云浮其上，翠色可挹，屹立城表。上有“玉垒山”三大字甚奇古，宋淳熙时书也。《华阳国志》：独[①]山氏主蜀，以褒、斜为前门，以熊耳、灵关为后户，以岷[②]眉、玉垒为池泽。杜少陵诗：玉垒浮云变古今。李太白诗：天回玉垒作长安。李商隐诗：天上山惟玉垒深。左思《蜀都赋》：包玉垒以为宇。郭璞赋曰：玉垒作西北之天标[③]。岑嘉州有《酬崔十三侍御登玉垒山思家见寄》诗。山顶有玉峰观，有玉垒亭，皆美其名也。

按，《汉志》：绵虒县有玉垒山，湔水所出。汶川为古绵虒地，即今县治也。《旧志》谓在灌县，误。

雪山：《图经》：雪山在维州保宁县西南，连乳川白狗岭。《一统志》：在威州西南一百里，山有九峰。今按汶、保、威、茂诸山高大者，皆经年积雪不消，难以定指一二，其在风坪新桥村内者，疑是《一统志》所指。《图经》所指，疑为旧保里陇山也。其在各土司界内雪山，详见《夷疆志》。

唐帽山：在治南。形若唐时进士巾。

无衣山：在治北。地不毛。

雁门山：《旧志》在治东。上多积雪，经暑不消。

羽丙山：在治西三里。

羊乳山：在治西。

峨眉山：在治西风坪里。其形秀，仿佛眉之三峨。

木兰山：在治西二十里木兰里。民居其下。

古城山：《旧志》在治北三十里。古州旧治于此，今古城里。

蜀山：在治北五十里。《元和志》在通化县。即今通化里东北六里。

定廉山：在治西。《元和志》：在盐溪县东十里。《寰宇记》：定廉水、盐溪皆出其阳。《九域志》：保宁有定廉山。按：今欢喜坡，即废定廉地。

鹿危山：在治西。唐节度使韦皋尝破吐蕃于此。

龙山：在治北。番民寨落棋布其上，山势绵亘十里，起伏如龙。其麓为保子关，为岷、沱二江会合处。

石纽山：在通化里文山番寨。山形幽峭，峰顶建禹庙。三面绝壁，俯视千仞。庙后石壁接天，刻“石纽山”三大字，不知何代人书。按：禹生之石纽山，在今石泉县，谓之禹穴。盖汶、保、石泉皆为汉广柔县地，山势连绵，因以名之。实非此山也。

黑虎山：在治东北一百六十里。黑虎寨番所居。上有池，广里许。

平头山：在旧保治南。东麓入城中，官署民居皆在焉。

马鞍山：在旧保治南。层峦耸翠，上出云表，山后有兰坡，芳香数里。其西麓入城

---

① 独：嘉庆《汶志记略》、同治《直隶理番厅志》均作“蜀”。

② 岷：嘉庆《汶志记略》作“峨”。

③ 玉垒作西北之天标：郭璞《江赋》作“玉垒作东别之标”。

中。营署兵舍皆在焉。

白岩山：在旧保治南。其山下地为南堡。

望陇山：在旧保治南十里。叠嶂层峰，其高无际。山半有岭如壁，称七寸山。土人梯木而登，行六七里，两崖峭绝，不可俯视。有左飘岭，有右飘岭。更上，有懒进坡，人不能升。山顶矗如钟形，积雪亘古不化，凝若玻璃，日下仰望，若近若远，烂熳四射，目精为损，土人称为“太古雪”云。

挂榜山：在旧保治南。形若榜，上有石台，高二三丈，土人名“望山台”，谓可望望[①]陇雪山也。

金银山：在旧保治南。崖壁峭拔，草木幽蓊。旧传樵者于此得金银，故名。

笔架山：在旧保治北。下瞰沱江，形如笔架。一名九子山，又谓之玉山。每当夜静时，恒有霞光照耀，至旦方息。

狮子山：在笔架山右。巨石横崖，形如卧狮，肘吻俱备。

姜维山：在旧保治西北。《元和志》：在县西。昔姜维、马忠讨叛羌，屯兵于此。

高碉山：在旧保西北三十里。三面悬崖，状若番俗碉房，上有姜维故城，赤水经其南。唐维州治在山麓，所谓三面临江，一面据高峰者也。今入杂谷土司界内。古维州后山顶有石碉一，基址尚存。

花岩山：在旧保治西五十里。《旧志》：山之石有黑白，沱水经其下。《方舆胜览》：花崖山在保宁县，水入大江。今入杂谷土司界内，为杂谷脑隘口。

的博岭：在旧保治西北。唐韦皋分兵出西山，逾的博岭，围维州，即此。一作滴博。按杜子美诗云“已收滴博云间戍”，当即是。今入杂谷土司界内。

蓬婆岭：在叠溪之西，积雪不消，亦名雪山。杜子美诗“更夺蓬婆雪外城”。今入杂谷土司界内。

按《通考》：唐开元二十四年，萧炅以剑南兵入攻安戎城，次蓬婆岭，吐蕃悉锐来攻，炅败，吐蕃攻维州，不得志。即此。

箭岭：在旧保治西一里，有冈陡直如箭，曰箭上里。《唐志》：维州西南路有箭上定[②]捉城。盖置于此。今为箭上番寨。

风流岭：《省志》：在旧保治西北，旧有风流部番居其下。《元一统志》：州北至后番对如界大风流五十里，西北至后番界小风流一百里。按：县属旧有大风流寨，称恶番，即此。

蛇浴岭：在旧保治西北。宋乾道四年，风流部蛮猖獗，保宁县令张大礼闭绝蛇浴岭，番从岭后开生路入境，即此。

勾腰神石：在旧保城西。一石略似人形，未详所自，羌民敬畏，以为神。凡有争办未决，不诉官司，就此立誓，终身不敢更异。

按蜀山之大者曰岷山，其川曰岷江。岷字《说文》作“愍”，省作“岷”。汉人隶书作“汶”，与汶上之“汶”相混。《列子》：貉不逾汶。谓川江也，非汶上也。毅敬顺已

① 望望：二字中当有一字为衍文，当删。

② 定：当为“守”。

辩之。《史记》：冉駹为汶山郡。司马温公[①]《类篇》曰：汶音岷。据《史记》引《禹贡》“岷嶓既艺”，及“岷山之阳”、及“岷山导江”，皆作“汶”。盖古字通用也。《三国志》：蜀后主至湔，登观坂，睹汶水之流。王右军与周益州抚书曰：要欲一游目汶岭。《五代史》：蜀主王建贬卫尉少卿李纲为汶川尉。徐无党注：汶读作岷。

大江：在县城北，自湔氐道西徼外流入松潘卫北，又东南经叠溪、茂州，由治北过保子关索桥外，东合沱水入若[②]川县。《禹贡》：岷山导江。荀卿曰：江出岷山，其源可以滥觞。《汉志》：湔氐道。《禹贡》：岷山在西徼外，江水所出，东南至江都入海，过郡七，行七千六百六十里。《益州记》：大江泉流始发羊膊岭下，缘崖散漫，小大百数，殆未滥觞。东南下百余里至白马岭，回行二千余里至龙涸，又八十里至蚕陵县，又南六十里至石镜，又六十余里而至北部。《水经注》：江水亦曰渎水，自羊膊岭下，至白马岭而历天彭阙，江水自此以上至微弱，所谓发源滥觞者也。江水自阙东至汶关，而历氐道县北，又经龙涸至蚕陵白[③]部。《元和志》有江源镇，在汶川县西北三十里。《通典》：甘松岭有江水所发之源。《寰宇记》：羊膊山下有二神湫，乃大江始发之所。范成大曰：江源自西戎中来，由岷山涧壑出，而合于都江，今世所云只自中国言耳。《水利志》：江源出岷山羊膊岭，分二流：一西流为大渡河，一南流为大江。《明一统志》有潘州河，在司城西北六十里。《卫志》：松潘河源出西夷哈吗鼻浪架岭。《旧志》：潘州河源出西夷鼻浪架岭，分二派：一派西南流，合出灶沟；一派东南流，历东寨至尖橐，合滴漏水，水出滴漏山。山岭亦分二派：一派西南流，出灶沟，入西番界；一派东流，经恶落村，至尖橐与浪架水合，流入黄胜关下。又四十里至虹桥关北，合漳腊河，其河源出生番弓横岭。其山岭水亦分二派：一派东流，入上羊峒生番界；一派西南流，至漳腊境，又南流四十里至漳腊城西南合玻璃泉，又十里至虹桥关北与潘州河合流，又南流二十八里至松潘城东入城，出城西南而南折，又东南流一百八十里合众山溪水，过平番营入叠溪营界。又《江源记》：江发源于陕西临洮之木塔山，水自山顶分东西流：东流者即岷江也，由草地甘松岭八百里至松之漳腊，其水渐大，漳腊由磨刀弯达于松潘，以至于下水关，入红花屯，达于叠溪，至穆肃堡，黑水从南合之，入深沟，经茂州南，至于威西，至汶川转银岭（即娘子岭也），合草坡河，至蚕崖东，至灌口分道而下，由威玉垒山为玉轮江，至汶川为皂江（按：“汶”即古“岷”字），岷江至此而大，故名。至灌口过新繁入成都为外江，由灌过郫入成都为内江。蜀人以此水濯锦鲜明，为锦江，由温江东流入府界为皂江，自落口分经汉州及新都，又东流入简州资阳为中江。《省志》：一名湔水，湔水每斤较沱水轻二两。按：湔水即汶玉水也。

按：旧志所称江水源委，最为确切。又外记江出岷山，其源自蜀西戎万山来，至嘉定而沫水，自雟州合大渡河，穿夷界十山以会之，至叙州而马湖江会之，南十五里广江会之，至泸州而内江又自资、简会之，至重庆而嘉陵江自利、阆、果、合等州会之，至涪州而黔江合南夷之水会之，至万县，而开江水自开、达等州会之，总而入峡，是江自

① 公：原作“恭”，径改。
② 若：当为“汶”。
③ 白：当为“北”。乾隆《茂州志》正作“北”。

峡而西受大水凡八。及出峡而下，岳阳则会之者洞庭湖，所受湖南北诸水也。自是而下鄂都，则会之者汉江，所受郧、襄诸水也。又自是而下黄州东四十五里，则巴和[1]会之。又自是而下九江，则彭蠡会之，今名鄱阳湖，所受之东西诸郡水也。又自是而下，则会之者皖水，所受淮西诸水也。夫然后总而入海。是江自峡而东受大水凡五，略记天下之水会于江者居天下之半，其名称之大而可考者凡十有三，故曰江源。又圣祖上谕：岷江之源出于黄河之西巴颜哈拉岭七七勒哈纳，番名岷捏撮。《汉书》所谓岷山在西徼外，江水所出，是也。而《禹贡》导江之处在今四川黄胜关外，名楮山。古人谓江源与河源相近，《禹贡》“岷山导江”乃引其流，非源，斯言确有可据。

沱水：在旧保西北，源出梭磨土司直固雪山。由花岩山会赤水，至旧保城北会孟董水，东过保子关索桥合岷江，入汶川县。《九域志》：保宁县有沱江。《元一统志》：沱水自废悉州流经威州界，至汶川，会大江。

按，《元和志》：悉州，东至翼州二百二十里。翼州即今叠溪。《旧唐志》：广德后复陷吐蕃。为今梭磨克州地。

赤水：在旧保西北四十里，源出杂谷土司花岩山，其傍沙石皆赤，故名。东流至旧保与沱水同入于江。又一出治北赤溪寨，东流与沱水合入于江。《通考》曰：成都千余里，大戎有四，其一曰赤水蛮，即此。

定廉水：在旧保西北。

盐溪：在旧保西北。

桃溪：一名龙溪，在治西。源自龙溪寨，流入至旧川里合赤水，至沱入江。

乾溪：在旧保南二十里。源出望陇雪山，流入通化里，入沱江。

灌田溪：在治西南五里。一名洞口瀑泉。悬崖直下，喷流千尺，乱沫散飞，宛若飞雪，居民资以灌溉。

平浪河：在治西。宋元丰二年，知维州杨采开白浪引江水灌田。

玉轮江：旧治。源出玉垒山，下注于江。按：此即龙洞泉也，又名湔水。

次玉沟：在县治南。源出玉垒山后，入县城，北达于江。

孟董水：在旧保北。源出今梭磨土司克州雪山。水南北分，南流为孟董水，经一百三十里至旧保城外入于沱江。北流者为黑水，至叠溪入岷江。按：水傍旧有孟、董两姓氏居之，故名。克州即废悉州。

通化溪：在治西通化里。源出木兰深山，北流自通化，入于沱。

板子沟：在治南木兰里。与通化溪源同，自南流入于江。

日月星辰，民之所瞻仰也；山林、川泽、丘陵，民所取财用也。故序星野于民事之首，而山川次之。

---

① 和：当为“河”。乾隆《茂州志》正作“河”。

民 居

汉（以里名者九）

本城里。
桑坪里。
　龙口村：县西隔江一里，旧以坪多桑，故名。
凤坪里：县西南十里，俗谓古有凤鸣，故名。
　羽丙村：里西三里，在山上。
　郭主簿：里东二里，以昔有主簿郭姓者名。
　新桥村：里西南五里。
木兰里：县西南二十五里，以昔里中有木兰树，故名。
　板子沟：里西五里，有水从通化山后出。
　竹桑村：里南五里。
铁野里：县里[①]十里，在大路。
旧州里：县西二十里，在沱江北，即古霸州也。
　下庄沟：里对岸东三里，向以旧州里民躬耕纳稼于此，故名。
古城里：县西三十里，即古州旧地。
通化里：县西四十里，即通化县旧地。
　乾溪村：里西十里，在大路。
旧保里：县西八十里，保县旧治。
　欢喜坡：在旧保东门外五里。
　南沟：在旧保南门外一里。

《王制》：司空执度，度地、居民、山川、沮泽，时四时，量地远近，兴事任力。《周官》：司空掌邦土，居四民，时地利。盖必民安其居，然后可以兴学，所谓养而后教也。保之民，群居杂处于荒山野水之滨，地非沃土，人鲜恒业，然则何以使之乐事劝功、尊君亲上耶？牧民者当深思而长计矣。

各里番民

麻邑村。
乌龙窠：在桑坪后山。以上属桑坪。

毛岭。
坝刀寨。
羊岭。

① 里：或当为“西”。

羊乳山。俱在羽丙山上。以上属凤坪。

大毛坪。
小毛坪。
蜂烟沟。
招店。
岭冈。
野狗坪。
雪花坪。以上属木兰。

曾头寨。
羊头寨。俱在铁野里山后。以上属铁野。

茶园寨。
哈倒寨。
化坪寨。三寨俱在下庄沟内。
高山寨：在东山上。
东门外：即旧霸州之东门外也。以上属旧州。

西山寨。
加山寨。
赤溪寨。
沙坝寨。
侏儒寨：在乾溪山后，唐时有守捉城。以上属古城。

舛底寨。
文山寨。俱在通化山后。以上属通化。

按：茂属氐羌，地方数千里，始在万山。汉武西开冉駹，始置汶山郡，驱羌蛮而西之，以大江为界。唐时，设西川节度以御吐蕃，始逾岷、沱两江，而西北设立城郭，建置官司。大中以后，更为行州，各以其酋长为司马刺史。然皆旋复旋失。唐末，吐蕃种类分散，入类[①]属者谓之熟户，余谓之生户。宋时，州县沿革相半。明时，江北生羌纷然为患，岷江东岸筑边墙一万三千五百三十丈，自汶达松，以为捍御，威保之民，恒惴惴焉，警风鹤也。国朝威惠远播，蛮民慑服，江北生羌取次投诚为编氓，听讼狱、输粮赋，无生熟分矣。其渡江而居者，向为里民，佃耕于群山攒岫中，种族渐繁，攻诗书，游庠序，无异里民云。

番以寨名者一百有八：
太子坟。
龙山。

① 类：当为“内”。

蒲凹：于顺治十二年雕剿投诚。
大寺。
小寺。
劳底。
帕邑。
竹打。
竹实打。
热布。
挖替。
克枯。
以上各寨为前三窠。在桑坪、铁野江北山岭。

木上。
布南村。
罗卜底。
龙溪：唐时龙溪城故地。
罗布。
地里。
马岛。
八家岛。
鹿耳。
慈鸦。
立壁。
昔丢。
挖八。
木杂。
只台。
哭布。
马房。
昔格。
大门。
勒利。
巴岛：自龙溪以下十八寨，于康熙年间投诚。
以上各寨为中三窠。在铁野、旧州江北山岭。

牛上。
罗上。
曾头上、中、下三寨。
星上。

水田。
赤溪：唐时有守捉城。
以上各寨于康熙二年间雕剿归诚。

木工。
三岔。
纳黑。
茄立。
麻布。
挖布。
纳凹。
立挖。
杂午。
雨助。
达马。
捉口。
立木。
以上各寨为后三窠，在古城、通化江北山岭。

蒲溪。
咻鸡。
岐山。
勒格。
半坡。
达汉。
色□[①]。
葵寨。
马山。
箭上：在旧保东五里，唐时有守捉城。
以上各寨为前番，在旧保城外东西山岭。

瓦布。
黑珠。
适色修哈。
勒噶。
纳耳。
对如。
叟裔。

① □：同治《直隶里番厅志》作“如”。

聘布。

旧鼓。

色坝地。

卧利。

逞珠。

梭实多。

细外。

娃杂。

蜡鸡。

瓦撒坝。

达叟。

任投瓦。

汉色节。

概知。

牙拔。

苛佑。

英纳格。

蜡格。

直秋。

色备色多。按，《旧志》有大小风流寨、颗被寿寨，悉骂寨，俱系恶番，今无其名，当在该番界内。

以上各寨为后番，总名曰梁黄捉城，番名曰不勒耳什，在旧保江北一百五十里，与黑虎及梭磨克州交界，于雍正六年投诚。

独猪坝。

稍基。

黑麻儿布。

克磊。

纳虎。

纳耳。

勒易。

保子格。

刁花。

猫儿布。

克比。

纳哈。

李都。

谷耳。

清油沱。

新鸡镇。

哭日鸡。

则木立。

作耳布。

以上各寨总名曰黑虎，在九窝之北，去县城二百余里，与茂州三齐寨交界，于康熙五十年间投诚。

朴头。

党坝。

木瓦。

石夕。

日驻。

铜门山。

豆若。

以上七寨《旧志》先系保县管辖，宣德七年入杂谷。

九子：俗谓九子，分为九寨，故名。

龙窝：中有龙池，故名。

孟董九寨。

以上各寨原系野番，于康熙九年、二十三年先后入杂谷。

按《旧志》：番人性耐饥寒，每粮夫经行，或据险装塘，或临高擂石，或隔河放流矢，截军索货。又贪而喜酒，日就关堡索饮，欲满始归。见堡爨烟起，即蚁聚而蚕食之。军士每忍饥而死，谓之和番，官亦不能禁。且常假借负年例、人命走失来保等项索财物，不得则执军士为质，往往有不能归者。有新班钱、架梁钱、放狗钱、蹑草钱、下马酒、上马酒、解渴酒、过堡酒名色。余询里中父老，诚然，然皆前明遗习也。国朝初年，间出劫掠里民，隔江行者必结侣持弓矢以御侮，稍不戒，辄为番掳，幽于碉房，索财货而后赎。堡兵防守者，于春末辄被缚去，令耕地，工竣，释回。盖番性桀悍，加以地土硗确，日食不给，相沿成习。嗣后，恩威遐布，龙蒲、星上后先受剿，诸番帖服，更输麦粮供兵饷。而龙溪、黑虎、梁黄数百里生番，向时负山箐之险，挟羽翼之众，狼贪无厌，出没不常，数百年苦其荼毒者。今则不烦一兵，不费一矢，相率薙发投诚，收入版籍，如驯畜之犬豕，呼嗾惟命，盖德化之涵濡久矣。

剿处星上、水田、曾头等寨疏

巡抚四川都察院右副都御史佟凤彩题为恭报：生番畏威归诚，率土输赋，并陈分管控制之法，仰祈睿鉴事。据松茂道参政陈子达呈报，据西路保县乾通一带士民焦薄、袁明保等诉，为逆番造叛愈炽，杀戮残民等事。该本道看得，自威至保古通一带，乃国家内地。而星水诸番，虽从来上不成赋，然不过隆通水洄抢夺，非敢称兵横肆，对垒抗衡也。今为叛逆阿朋煽动结党，猖狂袭古通，断我咽喉，致首尾不接。今据村民呼吁望救，情迫词哀，相应转详，伏乞本部院俯鉴舆情，立赐裁夺。由详奉批曾头、星上、水田等寨，逆番比附阿朋，聚众称兵，谋袭内地，法不容贷，据详已咨移提督矣。仰一面严加守御，若官兵到时，该道会同领兵营将相机剿抚，务出万全，仍严饬瓦寺曲翊伸谨守边界，不许逆番逃匿彼地。至于粮米，更须竭力措备，务俾记饱腾也。本年十二月三十日，又奉总督部院都御史李国英批：据逆番猖狂，阻道截杀，法无可宥，但前准提督咨报水田、星上各寨比附阿朋作叛情形，业经咨覆，只俟招阿朋，不服即进兵，一同诛剿矣。奉批该本道，随于十一月二十四日会同松潘副将何德成俱到古城察各寨之险易，并逆番为恶之首从，分布进剿。其进剿情形，阵上斩贼级，得获器械节，经塘报在案。本道见此番寨如鳞，逆番如猬，虽一时官兵剿洗而逃奔者，实繁有徒。我兵来而兽散，我兵去而蜂屯，祸根未绝，终非长策。遂定议招抚，即传唤牛骡二寨番目朋之太、路必等，给以白旗，令往招抚。曾头寨仍唤活擒番目郭之太，本道亲解其缚，谕以国法，示以兵威。亦给予白旗，令往招抚星上、水田各败番，并赤鸡寨败逃于星上寨各番。遂于二十六七等日，曾头、星上、水田、赤鸡等寨番头，俱赴本道，仰体本院恩威并施，责其拒敌官兵之罪，仍许其改过自新，遂各认纳官粮一百一十五石，为我熟番。又查曾头、星上、水田各番，原无统率，各自雄长，乃就中查番头之最桀黠者，给以札付，提调诸番，催纳麦粮。本年正月初四日，本道齐集随征将领、千总、领旗等官并各寨归顺番目，大张鼓乐，犒赏已毕，即颁铁刻粮牌，内书粮石数目并各官衔寨分，一给番寨为凭，一发威州存案，而各寨番目俱俯首悦服回寨。讫此，皆仰荷本部院威略，远振遐迩所致也。乃将本道买茂州官店一所，每岁收店租银十五两捐作各番赏需，以示羁縻等因，呈报到院。据此，该臣看得星上、水田等寨乃界连威州之生番也。当明季时，倚险为势，黠捍异常，从来未归王化。及至杂谷土官番目阿朋驱逐本官桑吉朋，聚众称兵，而渠等辄敢附比作祟，屡犯内地。臣随移商提督二臣行令该道，将遵奉明旨，先行招抚各逆番，仍怙恶不悛后，我兵捣巢破穴，畏威归诚，率土输赋。除进剿斩获情形，得获器械，已经督臣详细题报在案。惟是番地处深山穷谷之中，皆刀耕火种，素称穷苦。免其输赋，恐番性犬羊，叵测不常，而向背无可稽考，故今认纳杂粮一百一十五石。虽为数无几，然不过明归诚之据而已。令行，据道查议，所认杂粮皆系乡斗，每一石折京斗七斗三升四合七勺，计数杂粮乡斗一百一十五石，共折京斗八十五石，即支威茂营原拨古城、通化汛兵月粮。至于各番种类繁多，因将番头朋之太量加提调名色，威茂给以印札，约束番寨，而总辖则分隶之于瓦寺、打喇二土司。至各番既已归诚输赋，而赏需又系抚边之要道。据威茂道陈子达详议，自买官店一所，每岁约租银一十五两捐作每年赏需，俾新附野番，既畏其威，复怀其德，应如所议，谨题。奉旨依议。

雕剿龙蒲等寨疏

巡抚四川都察院右副都御使李国英题为塘报，雕剿逆寨大捷，仰祈睿鉴事。顺治十二年九月内，牌行监军道官吏仰查：龙番自前砍狗盟誓，悔罪俯服之后，于某月日复于某处某所为某事不法应剿，要见侵犯者何地，受害者何人，作祟者系何等情形。纠合黑虎生番，谁人眼见，有何凭据，今应当作何剿除，逐一开明详报，以凭裁度。如系风影之言，或小人挟仇谎从希利，一面传谕各番守法守分，一面据实回报，严行查处。毋得再以模棱之语，徒烦议论等因。到道，该道将番通贼叛乱实迹逐一列款，呈详批行。松潘副将王明德调集官兵，会同监军道进剿。去后，随据监军道佥事程翔凤具由呈报。十二月十一日，本道会同副将王明德奉令雕剿，六路进兵，捣其巢穴，焚斩贼番不计其数，划平八十七硐，凶孽既除，余党奔溃，曲山大寺等寨诸番望风投顺，各给白旗招安，许其自新。该臣看得龙浦太三寨逆番偪处威州城外，相隔一衣带水耳。自献逆据蜀，恶番报逆受印之后，即大肆桀骜，恃其硐寨险峻，党羽繁多，阻截行商，烧焚关堡，威城外累累千家，掘发无遗。人鬼含冤，欲食其肉而寝处之，非一日矣。阴与灌县逆贼常勾连，屡谋为内应，以我提备之严，不得骤发。该道将屡请于臣，谓是腹心之患，宜先剪也。臣行查明确，密授方略，出其不意，乃馘其凶渠，焚其硐寨，逆番几无遗种。举百十年盘踞之窟穴，一旦荡为灰烬，踏为平陆，泄神人久愤之冤，除内地肘腋之患。余威所震，且使拗山大寺、小寺等寨，素称顽梗作祟者，莫不畏威乞降，稽颡恐后，亦可谓快心之举矣。除漏网恶番，檄行道将严行缉捕外，其投顺各寨，给旗安插，夺获伪印关防二颗，转齐平西王。固山查验鸟枪盔甲等项，收营存贮。所获牛羊，分给有功员役，并优恤阵亡官兵外，至监军佥事程翔凤秘谋制胜，松潘副总兵官王明德勇略超群，文武和同，以至克捷，并在事有功员役，所当一例纪录者也。谨会同督臣金汝砺、按臣高民瞻合词具题，奉旨据奏，逆寨剪除，见调度有方，任事有功官丁，着察叙具奏该部。知道。

户　口

原威州自顺治十八年奉文清查，册载花户郭登第等，共一百八十四户。雍正七年奉文丈量，册编花户荀方星等，共二百四十四户。现编民户册内吴珍受等，二百六十八户。

旧保自顺治十八年奉文清查，册载花户袁兆麟等，共八十八户。雍正七年奉文丈量、册编花户赵长寿等，共一百三十二户。现编民数册内赵玺等，一百六十四户。

威属河北番，共二千三百余户。

旧保前番蒲溪十寨番民，共五百六十余户；后番梁黄二十七寨番民，共五百三十余户。

《周礼》：司寇属司民，掌登万民之数。自生齿以上，皆书于版。辨其国中，与其都鄙，及其郊野，异其男女，岁登下其死生。及三年大比，以万民之数诏司寇。司寇及孟冬祀司民之日，献其数于王，王拜受之，登于天府。内府司会，冢宰贰之，以赞王治。夫司民掌民数，宜入司徒，而隶司寇者，见王者以民为天，以好生为德，不欲其入于死也者。皇上念切民生，爰命部臣岁取直省民数上之，察其盈虚，问其贫富，其制比三年大比为更详。其保养太和，以冀民物，狄陶复陶穴，地实寒苦焉，而民之渐摩于圣人之化者如是。然则保之民无以介于番夷自陋也。

灾　祥

国朝康熙四十七年，旧保之南熊耳山崩，孟董水塞。逾年，水冲石决，淹没旧保城郭衙舍，水顺流下，复淹通化、古城、桑坪各里近水田庐，遂壅保子关下，逆江流而上，威州城郭衙舍亦被淹没。

乾隆五年，夏大雨，旧保南沟水发，决保北城垣数十丈，古城、风坪、木兰各桥道俱倒塌，田庐亦有淹没者。

乾隆七年，古城里产瑞麦，一茎两穗、三穗。

乾隆九年冬，太白星有芒，长丈余。十年正月二十三日彗星见。

保民附山以居，六七月间，雨集山上，万壑飞流，自天而下，田庐墟墓，咸虑飘荡。故防灾惟水为重，徙高原以避之，筑长堤以护之，所谓未雨绸缪也。若夫侧身修行，遇灾而惧，则上之人之责焉。

水　利

新桥水磨、水碾。

板子沟水磨。

古城水磨。

南沟水磨。

池中有水，地险也；水能运磨，地利也。天地不弃威茂民，其仁如此。

福民井。《旧志》：在旧保。深二丈，方尺余。城旧无井，汲江以饮。明正统间，知县李钦虑有警无备，乃引南沟水入城，甃石潴之，民以为便。城徙井废。

新井。《旧志》：在旧保。嘉庆三年番围城，知县邓浩复凿井于东北隅。城徙井废。

龙洞：在玉垒山下石峡中，涌泉浸汪，澄莹甘冽。上有古水，蟠根苍翠蔚然，虽溽暑如秋。按，《旧志》：水深四五尺，甚寒而甘，中有鱼四五尾，各长三四尺，人莫敢犯，谓为龙也。波流绕城中而达于江。旱祷即雨。有石刻，王元正书“龙洞深处”四大字于洞之额。绳按志求之，淤于沙石矣。募民浚之，沙石尽，泉重出，更引于外，筑方池蓄之，州人咸取汲焉。池中掘石刻“龙洞”二字，宋淳熙时书。

五行之用，惟水称利，江之灵也。凿离堆，堰都江，灌溉千里，称蜀为天府焉。在威保而大声转地，高浪蹴天，石走沙飞，莫资灌溉，岂江之不灵于斯土？即要以因其势而导之，则凿井疏泉，亦利用矣，又奚必沃野千里欤！

食　货

谷　属

大麦、小麦、甜荞、苦荞、青稞（形如大麦，磨面谓之糌粑[①]，亦作酒。）

花果属

兰花、牡丹、芍药、石榴（原威州出者佳）、核桃、延寿果。

① 磨面谓之糌粑：同治《直隶理番厅志》作“磨面作食，谓之糌粑”。

药　属

羌活、贝母、五加皮、石菖蒲。

禽兽属

鹦鹉（惟蒲溪产者，聪慧能言，他处不及）、犏牛、山羊、酥油（牛羊乳熬成）、麝香、狐皮、羊皮、牛皮、牛绒、猪膘。

蔬菜属

蘑菇（竹克箕出）、羊肚菌、苦菜、韭、葱、芹、蕨。

珍宝杂物属

金（金川出）、白土、黑土、自然铜、土盐（各土司出）。

盖天地之爱民，甚矣！虽山险水恶之乡，而雨润日暄，且令百果草木出其精华，以供民生之食用。老耆寿终，幼孤遂长，皆是物也。夫物，皆天所赐也。其或不知撙节之，爱养之，是暴殄天物而自戕其生也，可乎哉！

赋　额盐茶碾课附

一、地丁银两

原威州归并保县，自顺治十八年奉文清查，至雍正七年征输止，册定：下地估种一百四十七石四斗五升六合。每种一石，载荞麦粮五斗，荞、麦各半，荞每石征银二钱，麦每石征银四钱，每荞、麦粮三斗二升七合六勺八抄。载丁一，每丁征银一钱二分。共载粮九十五石二斗三升三合，原载人丁二百九十丁六分二厘八毫五忽，共征丁粮银六十三两四钱四分五厘二毫六丝六忽。雍正七年奉文丈量，丁粮合并积算，按种征银，清查地种，至雍正十二年除耤田四亩九分不征外，新旧承粮花户苟方星等垦输下地估种二百一十二石二斗八升六合。每种一石，应征丁粮银三钱三分三厘六毫五忽四微六尘八纤，共现征丁粮银七十两七钱一分三厘六毫二丝七忽三微八尘。于康熙九年奉文加征闰银照旧时全书核算，每两该征闰银五分八厘一毫九丝六忽四尘四纤一沙七渺，其火耗银照例加一五征。

旧保自顺治十八年奉文清查，至雍正七年征输止，册定：山地估种二十三石九斗七升六合。每种一斗征粮银一分，每粮一斗八升二勺七抄六圭七粒六粟六末。载丁一，每丁征银一钱二分，原载人丁一百三十三丁，共征丁粮银一十八两三钱五分七厘六毫。自雍正七年奉文丈量，合并积算，按种征银，清查地种，至雍正十二年征输止，新旧承粮花户赵长寿一百三十二户垦输山地估种二十五石六斗七合六勺六抄。每种一斗征粮银七分六厘五毫六丝六忽五微六纤，共现征丁粮银一十九两六钱六厘八毫九丝五微三尘。于康西[1]九年奉文加征闰银，照旧时全书核算，每两该征闰银三钱八分七厘九毫二丝一忽八微七尘六纤九沙九渺三末一埃，其火耗照例加一五征。

以上地丁正项支给本县祭祀、廪饩，火耗支给本县养廉。

一、杂粮

威属星上、水田、龙溪、黑虎、沙坝等寨生番认纳麦粮，折净仓斗米一百五十八石四斗一升九合三勺四抄五撮。保属梁黄、捉城（名不勒耳竹）及蒲溪、岐山等寨认纳麦粮，折净仓斗米二十一石八斗七升五合。

一、盐税

原征税银三十六两七钱七分四厘。雍正八年间奉文为钦奉上谕事案内，因计口授盐，认销简州陆引一百三十五张，每张征税银二钱七分二厘四毫，共征税银三十六两七钱七分四厘，羡截银四十两。

以上正税起运驿传盐茶道库收贮，听候拨支。羡截备支本县养廉银内。

一、茶税

灌县原额腹引六十二张，每张榷课银一钱二分五厘，税银二钱五分，共征税银一十五两五钱。每张运茶一百斤，随带附茶一十四斤，共榷课银七两七钱五分。于灌县买茶至保县发卖，税银俱于产茶之灌县征解。

彭县原额腹引六十一张，每张榷课银一钱二分五厘，征税银二钱三分，共征税银一十五两二钱五分。每张运茶一百斤，随带附茶一十四斤，共榷课银七两六钱二分五厘。于彭县买茶至本县发卖。

绵竹县原额腹引三十张，每张榷课银一钱二分五厘，征税银二钱五分，共征税银七两五钱。每张运茶一百斤，随带附茶一十四斤，共榷课银三两七钱五分。于绵竹县买茶至本县发卖。

碾课银二十四两一钱二分。于雍正十二年，为再行饬查事案内，劝民自首，据属九窠各寨番民认纳，解藩库，听候拨支。

郡邑之会计于司农者，多则万计，少亦千计，保一邑，并一州而赋税金不满百焉，此沧海一粟耳，何贵乎？夫亦曰其赋薄，其民贫，民贫不可不急图也。

风　俗

汉羌杂处，汉服诗书，羌遵王化。（《通志》）

冉駹，汉时自筰以北，君长数十，冉駹最大。其俗，土著或随畜迁徙，在蜀西。武帝元鼎六年，以为汶山郡。至宣帝地节三年，夷人以立郡赋重，帝乃省，并蜀，为北部

[1] 西：当为“熙”。

都尉。其山有六夷、七羌、九氐，各有部落，其王侯颇知文书。土气多寒，虽在盛夏，冰犹不解。皆依山居止，垒石为室，高者至十余丈，为邛笼，今被土人呼为碉。又地刚卤，不生谷、粟、麻、菽，惟以麦为资，而宜畜牧。有牦牛，无角，一名撞牛，肉重千斤，毛可为毦。出名马。有羚羊，可疗毒。又有食药鹿，鹿、麑有[①]胎者，其肠中粪亦疗毒。又有五角羊。其西又有三河盘于肤。北有黄石地，北卢水胡，其表乃为徼外。后汉灵帝时，复分蜀北郡为汶川郡。蜀后主建兴十年，汶山夷康夷叛，姜维讨平之。（《通考》）

按：冉駹即今汶、保县。

婚嫁之礼概从俭素，丧礼用鼓乐，多修佛事。

人多信巫，疾病不延医，求媚鬼神。

祭祀之礼，元旦、伏腊与他郡无异。除夕有先祷祀至神寺上香者，虽数十里必往也。

宫室多作平房，以泥封其顶，上可曝晒衣粮，雨亦不漏，墙垣垒石为之。

邑中地瘠民贫，讼事稀。惟羌民好争，邑之莠民从而唆之。有鼠牙细故，破产以相讼者，在廉明有司整秩之而已。

地无稻谷，食米皆运自灌县。

邑人往来市廛，醵金饮，曰平伙。

邑无可耕之田，皆于山上缦土侧耕，危[②]获。

明初，御史大夫丁玉平[③]威茂夷，夷归顺者，给大银锭一。黑虎后番诸寨以珍器视之，世传子孙，称曰“丁大夫”。有交易立期约，先以丁大夫质。有讼，呈于官。形方而狭，径三寸，广一寸，厚半寸，重三十两。土人云：丁御史先到时，遍犒降夷，后不给以银，包铜铁与之。

番民以年节为度。岁凡入内地为佣，节前必回，男女聚饮为乐。

番民伯叔兄弟多残贼而最敬其舅，母死，延舅至，赠以衣财，满舅愿，则允葬，否则不许，名曰母舅钱。所谓知有母不知有父也。

无棺椁，人死盛衣饰卧于地，诹吉以葬。葬时邻人大聚，饮酒歌舞。男女未婚者即自相订约。

十五国之风始于二《南》，而终于《豳》。《豳风》者，王业所由基也，然亦勤而不厌而已矣。故曰：民生在勤也。夫邠介戎蕃，昌者至矣。保邑地瘠民贫，中更水患，民之迁徙于他邑者，且去其半。而羌民以日食不敷，岁率妻子入内地[④]为佣者数月。秋冬之间，一望苍凉，爨烟稀少。盖贫与寡相因，而日虞民数之诎矣。夫民各有父母妻子，苟有以为生，岂肯轻弃其乡？其或山巅水涯，尚有可耕之土欤？抑园林有材可取，市廛有货可居欤？生聚之，教训之，安见寡不可庶，而贫不可富乎？氓之蚩蚩，亦赖上之人劳来安集也。

① 有：原衍一“有”字，今删。
② 危：或当为“微”。
③ 平：原作“丁平玉”，今乙正。
④ 内地：原作“地内”，今乙正。

第三卷　官师志

他志作“秩官”，或曰“职官”，今更之曰“官师”，盖教养兼重也。如以边地瘠，其人鲁，从而鄙夷之，讵朝廷设官治民之意？况边人不教，何以尊君亲上？边人不养，何以众志成城？赤子何赖焉？余故取名宦之祀于学宫者，列于是编。夫“职官”一秩，大都仅记名姓，其人垒垒然也。名宦则政绩彪炳，指不多屈矣。於戏！同为官制中人，而或俎豆宫墙，或仅存名姓，何欤？是用书以自省，且贻后来法戒焉。

凡四秩：官制；职官；俸工；名宦

官　制

保县，古冉駹国，各自为长。汉武帝立汶山郡，置刺史，县置令长。成帝改为州牧，令长如旧。昭烈立将军府，置将军、州牧，令长如旧。晋魏置汶山郡，刺史、三县令长。梁改绳州北部刺史。隋置蜀郡，州县各置刺史、令长，置总管，隶西南行省。唐太宗置茂州都督，统茂、维、翼三州；置松州都督，统霸、保二州；俱隶剑南道节度使。元宗通化郡、临翼郡、维州郡、交州郡，皆置都督；开剑南处置兵马经略为剑南节度使，统六军屯茂、维、翼，增领松、霸、乾、古四州，西抗吐蕃，南抚蛮獠，内治益州，州县如太宗时。肃宗至德二载，分剑南设西川节度使，统松、维、恭、蓬、雅、黎、姚、悉八州兵马。僖宗改为威戎军节度使，领茂、龙等五州。宋太宗分为剑南西路，置知州、县令。元置茂州、威州知州，汶山、汶川、通化县尹，威、茂各立军民安抚使司及总管府，隶四川道廉访司。明初，以威、茂为全蜀屏蔽，设平羌将军御史大夫一员，征蛮通道，后裁；设都督总兵官一员，镇守威、茂、松潘；都指挥二员，一驻叠溪，巡视威、茂；一驻龙州，巡视松、龙，年终彼此交易巡视。洪武十二年，改威州守御千户所为茂州卫，设威州左所。十四年以左所改守御所，置吏目厅一，百户所十，镇抚司一，隶四川都指挥，属威茂道。宣德间，设布政司布政一员，略守地方，后裁。正统间，设都御史一员经略，后裁。成化间，设兵部侍郎一员，提督松潘，后裁；设布政司参议一员，管粮，驻扎茂州，带管松潘。按察司副使一员，备兵，驻扎松潘，带管茂州。弘治间裁参议，专设整饬威茂等处地方兵备兼总理粮储按察司副使一员，曰威茂道，驻茂州。辖州二：威、茂；县三：汶、保、灌；卫一：茂州卫；所四：左、右、前、后；守御千户所三：威、灌、叠；协守参将一员，驻威州；协赞游击将军一员，驻扎叠溪所；设监收通判一员，驻威州；辖提督指挥三，千户一，镇抚一；验粮通判一员、驻灌口。威州知州一员、同知一员、判官一员（景泰间裁）、吏目一员、儒学学正一员（景泰间裁）、训导二员（裁员）。坝州巡检司一员，安远仓大使一员、副使一员，阴阳学训术、医学训科、僧正、道正各一名。保县知县一员、主簿一员、典史一员、儒学训导一员。俱属成都府。

国朝顺治初，设威茂兵备道（驻茂州）。康熙初年，改设松茂道，分巡成、龙、谷、松、茂等处地方（仍驻茂州）。威、保各设州县牧令、儒学，如旧制。康熙四十二年，增设保县教谕一员。雍正五年裁威州移保来治，改茂州为直隶茂州，辖县增典史一员。雍正八年，增设分驻通化县承①一员。

原设威茂营参将一员、守备一员、本城把总一员、旧保汛把总一员（俱隶松潘镇。乾隆二年改威茂营为协。）设威茂协一员，左营都司一员（俱驻茂州）。

右营都司一员（驻旧保）。

千总二员（分驻新保、旧保）。

把总四员（分驻旧保、通化、汶川、茶关）。

保之官，一令一专汛尔。由前溯之，曰刺史，曰节度，曰将军，曰总管府，曰安抚司，皆于保建牙树纛焉。而今日氐②羌之来享来王，国家之赫声濯灵俱见矣。

职 官

旧设威州知州

宋

赵　瞻：入名宦。

赵全时：神宗时任，入名宦。

明

陈　冕：宣德间任。

沈　时：宣德间任，入名宦。

崔　哲：正德间任，入名宦。

范　渊：正德间任，入名宦。

范士英：正德间任。

何福全：正德间任，入名宦。

贺　新：嘉靖间任，尝谒创姜、李二公祠，有碑记。

黄　琳。

李　宽：成化间任。

赵符节：弘治间任。

---

① 承：当为“丞”。

② 氐：原作“低”，径改。

王　懋：成化间任，尝迁旧保县署。
汪守廉：湖广冈[1]人，万历中任，入名宦。
刘　瑄：崇祯间任。

国　朝

崔元恺：直隶恩贡，顺治十八年任。
任周鼎：陕西拔贡，康熙八年任。
张素智：正白旗荫生，康熙十九年任。
左　岘：浙江进士，康熙二十四年任，入名宦。
李天植：正红旗监生，康熙二十九年任。
陈于琏：湖广岁贡，康熙三十八年任。
史玉节：浙江监生，康熙四十七年任。
张自谦：山西监生，康熙五十一年任。
王　珏：镶白旗监生，康熙五十一年任。
王国正：江南监生，康熙五十四年任。
黄　铎：直隶监生，雍正二年任。

保县知县

宋

张大礼：乾道间任保宁县。见“山水志”。

明

戴从礼：洪武中任。
洪　恩：宣德中任。
柳　芳：宣德中任，尝筑旧保城。见“城池志”。
屠安民：隆庆中任。
李　钦：正统中任。
邓　浩：正德中任。
白　采：嘉靖中任。
舒文壁。
麻　康：万历。
朱蕴鉌：明宗室，崇祯间任，政绩见训导钱养民所著《开南堡碑记》。

训　导

钱养民：崇祯间任，著有《南堡碑记》，入“艺文志”。

---

① 冈：同治《直隶理番厅志》作“黄冈”，疑是。

典　史

成　锐：正德间任。
尚　凤：嘉靖间任。

国朝知州县

袁洪勋：浙江拔贡，顺治十八年任。
沈芙渠：福建举人，康熙六年任。
沈　鱄：陕西拔贡，康熙八年任。
何纯子：福建举人，康熙二十八年任。
高崇岩：奉天监生，康熙二十八年任。
谢　铨：康熙四十一年任。
陈一捷：浙江吏员，康熙五十年任。
王眉年：河南人，康熙五十七年任。
张国泰：镶白旗人，雍正三年任。
曹大文：浙江生员，雍正十一年任。
陈克绳：浙江进士，乾隆三年任，升茂州知州，入名宦。
曹　鉴：河南举人，乾隆十一年任。
仲尚錡：山东监生，乾隆十五年任。
崔　钥：直隶进士，乾隆十九年任。
葛　曙：浙江进士，乾隆二十一年任。
徐　镇：贵州举人，乾隆二十四年任。
张龄度：河南进士，乾隆三十年任。
张依仁：云南举人，乾隆三十六年任。
张起洙：直隶正白旗汉军拔贡，乾隆三十六年任，后升成都府分府。
饶　况：江西举人，乾隆四十二年任。
范宏玫：江苏吴县人，乾隆四十年任。
王会锟：广东乐惠县举人，乾隆四十八年任。
张　昱：河南，乾隆四十年任。
黄世仪：江西举人，乾隆五十一年署。
宁　錡：浙江举人，乾隆五十四年署。
任　绂：江苏宜兴县举人，乾隆五十四年署。
裘允绪：江西举人，五十四年任。
陈文鸿：广东东莞县举人，五十八年署。

县　丞

郭凤翔：镶蓝旗人，雍正八年任。
周际昌：浙江人，乾隆五年任。

程泾英：陕西人，乾隆十五年任。
王世显：浙江人，乾隆二十五年任。
刘尉克：广东人，乾隆三十六年任。

教　谕

杨九畴：雅州贡，雍正十年任。
范希大：忠州举人，乾隆二年任。
刘汝楫：屏山举人，乾隆六年任。
施义爵：铜梁举人，乾隆九年任。
范西达。
杨篈麟：纳溪举人，乾隆三十四年任。
吴　晖：汉州举人，乾隆三十八年任。
邱甸禹：仁寿举人，乾隆四十二年任。
陈于阶：芦山岁贡，乾隆四十年推升。
潘元音：华阳举人，乾隆四十九年署。
王元坤：成都举人，乾隆五十年任。
王特先：眉州举人，乾隆五十四年任。

训　导

罗国经①。
张应昌：仁寿县贡，乾隆十一年任。
张学义。
王者治：泸州贡，乾隆二十五年任。
李亨元：广安州贡，乾隆三十年任。
王廷相：长寿县贡，乾隆三十五年任。
王国安：重庆府贡，乾隆三十八年任。
周之采：崇庆州贡，乾隆四十年任。
胡居乾：乾隆五十年任。
郑仕修：乾隆五十四年。俱任永宁人。

典　史

郭省心：山西人，雍正五年任。
沈桂芳：浙江人，乾隆元年任。
王学山：直隶人，乾隆八年任。
丁朝庆：浙江人，乾隆十一年任。
朱永年：浙江人，乾隆十五年任。

① 罗国经：同治《直隶理番厅志》作“罗国经：雍正元年任”。

姚逢奇：浙江人，乾隆二十年任。
王希文：浙江人，乾隆二十五年任。
董　琳：浙江人，乾隆三十年任。
徐家纬：江西监，乾隆三十六年任。
黄自新：湖南人，乾隆三十八年任。
陈清源：浙江人，乾隆四十年任。
方献衷：浙江人，乾隆四十一年任。
张天常：浙江人，乾隆四十二年任。
耿素政：河南人，乾隆四十年任。
刘光漱：乾隆四十年任。
刘寄晨：乾隆四十八年任。
陈　礼：安徽石棣人，乾隆五十年任。
陈　鉴：湖北黄冈人，乾隆五十八年任。

有官则有职焉，无职是无官也。为之序姓名、著里居，孰则为人思而爱乎，孰则为人忽而忘乎，孰则为人太息而痛憾乎！

俸工

知县一员，岁支俸银四十五两，养廉银七百五十两。额设衙役三十三名，每名岁支工食银六两。民壮二十名，每名岁支工食银八两。禁卒八名、更夫五名、捕役二名、斗级一名、仓夫一名，每名岁支工食银六两。又铺司八名，每名岁支工食银六两。遇闰加银五钱。

县丞一员，岁支俸银四十两，养廉银一百二十两。额设衙役十名，每名岁支工食银六两。民壮六名，每名岁支工食银八两。

教谕、训导二员，每员岁支俸银各四十两。门斗二名、膳夫二名，每名岁支工食银六两。

典史一员，岁支俸银三十一两五钱二分，养廉银八十两。额设衙役六名，每名岁支工食银六两。

以上官俸岁支银一百九十六两五钱二分。衙役、民壮、禁卒、更夫、捕役、斗级、仓夫、铺司、门斗、膳夫，岁共支银六百七十六两。分季赴藩库贮地丁银两内请领支给。

养廉岁共支银九百五十两。于本县地丁火耗银、盐羡截银内扣支外，不敷，分季赴藩库贮耗羡银内请支给。

尽保一邑之赋不能供保一官之俸。而朝廷数什百倍之养其官吏、兵役，茧丝乎？保障乎？可以知设官之意矣。

名 宦

汉

姜维：字伯约，天水冀人。丞相亮军出祈山[①]，维诣之，辟为掾，加奉议将军。亮与蒋琬书曰：伯约中[②]勤时事，永南、季常诸人不如也。迁中监军、征西将军。亮殁后，维自负才武，每欲兴兵大举，费祎常抑制不从。祎殁后，维于延熙十六年出师围狄道，与魏将王经战，大破之。景曜元年出洮阳与邓艾战，败绩。时宦官黄皓弄权，维屯田沓中，表后主亟宜治兵关中，以图进取，皓寝其议。炎兴元年与钟会战，力不支，遂诈降，尚图兴复汉室，为魏将所杀。维尝与马忠讨汶山叛羌，于高碉山筑城屯兵，土人思慕，庙祀之。

唐

严　武：字季鹰，华阴人。中书侍郎挺之之子也。弱冠，以门荫，策名陇左节度使哥舒翰奏充判官兼侍御史，屡迁至剑南节度使、东西川节度使。广德二年，破吐蕃七万余众，拔当狗城，又取虏川城，自是番虏不敢犯境。

韦　皋：字武臣，京兆人。贞元节度西川，拊循将卒，惠养士民。治蜀二十一年，前后破吐蕃四十八，斩首五万余级，蛮夷畏服。

李德裕：字文饶，吉甫子也。文宗太和四年为西川节度使。蜀自南诏入寇，一方凋弊。德裕至镇，作筹边楼，日与悉边事者访以山川、道路、城邑之险易远近，未逾月皆若身历。乃葺城堡，积粮运粟以赈饥民，禁鬻女以蕃生齿，南诏归所掠百姓四千余人，募少壮士卒与土兵日益精练。吐蕃首领悉怛谋率众以维州来降，德裕以闻，且请遣生羌捣西戎腹心。群臣请如其议，牛僧孺与德裕有隙，固特[③]不可。诏以其城归吐蕃，执悉怛谋与之，一时皆措[④]其失计。

杜　悰：京兆人。为西川节度使。大中三年，吐蕃复以维州内附，悰恐复有中阻，遂先纳之，然后以闻。自是吐蕃不复入寇。

宋

赵　瞻：入名宦，知威州。以威茂杂群獠，险而难守，不若合之而建郡于汶川，条著甚详。后熙宁中经理西南，取其书考焉。

赵全时：入名宦，简县人。神宗时知威州，治行异事。

明

屠安民：隆庆中任保县，捐俸筑南城，保人德之。

崔　哲：入名宦，辽东人。正德二年调知威州，修举边防，诸蕃相继纳款，民以安

① 祈山：当为“祁山”。
② 中：或当为“忠”。
③ 特：或当为“持”。
④ 措：或当为“惜”。

堵。相地于城西，移建学宫，以伦理化导士民。见《威州学记》及《报功祠记》。

范　渊：入名宦，桂阳人。正德中以郎中谪威州，选番民子弟入学宫，教以诗书，番民慕义归顺，士民德之。

何福全：入名宦，凤翔人。由吏员判威州，政尚诚实，不事苛刻，秩满以保辑功保升本州守，莅任九年，致仕归。

汪守廉：入名宦，黄冈人。万历中知威州，视民疾苦如身受，士民爱慕，番夷倾服，升曲靖府同知。

麻　康：万历中任保县。增寨御夷，在边十四年无边衅，民爱之父母。

国　朝

左　岘：入名宦，浙江进士。康熙二十四年仕威州，惠爱子民，振兴文教，至今人称颂之。

旌旄舆棣，辟人于涂，荣矣。然人之阅是官者多矣，容貌姓氏或久而忘之，何寂寞也。若夫德被生民，声施后世，社而稷之，尸而祝之，虽荒服亦畏垒也。奈何以小邑忽诸?

第四卷　学　校

学校者，明君臣父子之伦，别华夷人兽之限。故学校修明，而人知尊君亲上，人知尊君亲上而边陲固，全蜀安矣。保诚小学，庙庭礼器，师儒廪饩，罔不具焉。有如志士翘然，作兴黎庶，地以人灵，山川岂能累之？克绳谨编是志，以“科目”后“人物”者何也，以“列女”殿“人物”者又何也。於戏，可以兴矣。

凡十一帙：圣贤；经籍；碑版；生徒；乡贤；人物；流寓；忠义；节孝；科目；成均

圣　贤

正殿

安设至圣先师孔子神位。

东配西向

复圣颜子：名回，字子渊。鲁人，邾国之后。
述圣子思子：名伋，字子思。夫子孙，伯鱼子。

西配东向

宗圣曾子：名参，字子舆。鲁武城人，鄫国之后。
亚圣孟子：名轲，字子舆。邹人，鲁公族孟孙氏之后。
按：四子俱配，自宋元丰、淳熙始也，坐庙堂中两楹间。

东哲西向六位

先贤闵子：名损，字子骞，鲁人。
先贤冉子：名雍，字仲弓。鲁人，伯牛之族。
先贤端木子：名赐，字子贡。卫人，初为信阳宰，后尝相鲁卫。
先贤仲子：名由，字子路。鲁之卞人。仕鲁，后为蒲邑大夫。
先贤卜子：名商，字子夏。卫人，仕鲁，为莒父宰。
先贤有子：名若，字有，鲁人。

西哲东向六位

先贤冉子：名耕，字伯牛。鲁人，为中都宰。

先贤宰子：名予，字子我。鲁人，仕齐，为临淄大夫。

先贤冉子：名求，字有。仲弓之族，为季氏宰。

先贤言子：名偃，字子游。吴人。仕鲁，为武城宰。

先贤颛孙子：名师，字子张。陈人。

先贤朱子：名熹，字元晦，号晦庵。婺源人，谥文公。

按：十哲升配，自唐开元间始也，位次庙堂两壁。国朝康熙五十一年，升朱子列东哲第六位，乾隆三年，从尚书徐元庆请，升有子于十哲，列东哲第六位，改移朱子于西哲第六位，并增祀先儒吴澄。

东庑先贤三十九位

先贤遽瑗：字伯玉，明以孔子友，改祀。今复孔子大圣，祀堂。瑗大贤，坐两庑受祀。

先贤澹台灭明：字子羽，鲁武城人。

先贤原宪：字子思，鲁人。为夫子宰。

先贤南宫适：字子容，鲁孟懿子之兄。居南宫，因姓，谥敬叔。

先贤商瞿：字子木，鲁人。

先贤漆雕开：字子若，蔡人。

先贤司马耕：字伯牛，宋人。

先贤梁鳣：字子鱼，齐人。

先贤冉孺：字子鲁，鲁人。

先贤伯虔：字楷，鲁人。

先贤冉季：字子产，鲁人。

先贤漆雕徒父：字子有，《家语》作漆雕徒，字子文，一作子期。鲁人。

先贤漆雕哆：字子钦，鲁人。

先贤公西赤：字子华，鲁人。

先贤任不齐：字子选，鲁人。

先贤公良儒：字子正，陈人。

先贤公肩定：字子仲，鲁人。

先贤邬单：《史记》有邬单，字子家，无县亶。《家语》有县亶，字子象，无邬单。即一人。

先贤罕父黑：《史记》字子索。《家语》作宰父黑，字子黑。鲁人。

先贤荣旗：《史记》字子旗。《家语》作祈，字子祺。鲁人。

先贤左人郢：《史记》字行。《家语》作左郢，字子行。鲁人。

先贤郑国：《家语》作薛邦，字子从。《史记》薛为郑，又避汉高祖讳，以邦为国。字子从。鲁人。

先贤原亢：字子抗，鲁人。

先贤廉洁：字子庸，鲁人。

先贤叔仲会：字子期，鲁人。

先贤公西舆：字子上，鲁人。

先贤邽巽：《家语》作邦巽，字子钦。《史记》讹邦为邽，字子钦。鲁人。

先贤陈亢：字子亢，一字子禽，鲁人。

先贤琴张：一名牢，字子开，魏人。

先贤步叔乘：字子车，齐人。

先贤秦非：字子之，鲁人。

先贤颜哙：字子声，鲁人。

先贤颜何：字冉，鲁人。

先贤县亶：明以《史记》不载，又疑与邬单是一人，罢祀。今以当时原无确据，仍为分祀。

先贤乐正克：孟子弟子，增祀。

先贤万章：孟子弟子，增祀。

先贤周敦颐：字茂叔，世居道州营道县濂溪之上，学者称濂溪先生，谥元公。

先贤程颢：字伯淳，宋河南洛阳人，文彦博题其墓曰明道先生，谥纯公。

先贤邵雍：字尧夫，宋范阳人，谥康节。

西庑先贤三十八位

先贤林放：鲁人。

先贤宓不齐：字子贱，鲁人。为单父宰。

先贤公冶长：字子长，鲁人。

先贤公皙哀：字季沉，鲁人。

先贤高柴：字子羔，齐人。仕卫，为士师。

先贤樊须：字子迟，鲁人。仕季氏。

先贤商泽：字子秀，鲁人。

先贤巫马师：字子期，陈人。为单父宰。

先贤颜辛：字子柳，鲁人。

先贤曹卹：字子循，蔡人。

先贤公皙哀[①]：字季沉，鲁人。

先贤高柴：字子羔，齐人。仕卫，为士师。

先贤樊须：字子迟，鲁人。仕季氏。

先贤商泽：字子秀，鲁人。

先贤石作蜀：字子明，秦人。

先贤公夏首：字子乘，鲁人。

---

① 先贤公皙哀、高柴、樊须，原志重复，今删。

先贤后处：《史记》字子野。《家语》作石处，字子里。齐人。

先贤奚容箴：字子哲，《家语》作奚藏，字子偕。卫人。

先贤颜祖：字襄，《家语》名相，字子。

先贤句井疆：字子疆，鲁人。

先贤秦祖：字子南，鲁人。

先贤县成：字子祺，鲁人。

先贤公祖句兹：《家语》作公祖兹，字子之。鲁人。

先贤燕级：字子思。《史记》作伋。秦人。

先贤乐欬：字子声，《家语》名欣。秦人。

先贤狄黑：字哲之，卫人。

先贤孔忠：字子蔑。《家语》作孔弗。《史记》作孔子兄孟皮之子。

先贤公西藏：字子尚，鲁人。

先贤颜之仆：字子叔，鲁人。

先贤施之常：字子常。

先贤申枨：《家语》作申绩，字子周。

先贤左丘明：中都人。左史倚相之后。

先贤秦冉：字开，蔡人。

先贤牧皮：《孟子》赵岐注：牧皮与琴张、曾皙皆事孔子，学者也。是牧皮为圣门高第。增祀。

先贤公都子：孟子弟子，增祀。

先贤公孙丑：孟子弟子，增祀。

先贤张载：字子厚。居郿县之横渠，世号横渠先生，谥明公。

先贤程颐：字正叔。世称伊川先生，谥正公。

东庑先儒二十三位

先儒谷梁赤：字元始，鲁人。生周末。

先儒伏胜：字子贱，邹平人。生秦汉间。

先儒后苍：字近君，东汉东海郯人。

先儒董仲舒：广川人，武帝时以贤良对策。

先儒杜子春：河南缑氏人，生汉哀平间。

先儒范宁：字武子，晋鄢陵人，南昌太守。

先儒韩愈：字退之，唐修武人，谥文公。

先儒范仲淹：字希文，宋吴县人。封汝南公，谥文正。

先儒胡瑗：字翼之，宋海陵人。为湖州教授，又为国学直讲，学者称安定先生，谥文昭。

先儒杨时：字中立，宋将乐人，学者称龟山先生。

先儒罗从彦：字仲素，南宋剑州人。学者称豫章先生，谥文质。

先儒李侗：字愿中，宋延平人。世称延平先生，谥文靖。

先儒张栻：字敬夫，宋绵竹人。世号南宣先生，谥宣公。

先儒黄幹：字直卿，号勉斋。宋闽人。

先儒真德秀：字景元，一字希元，宋浦城人。世号西山先生，谥文忠。

先儒何基：宋金华人，黄幹弟子。

先儒赵复：元初名儒，德安人。

先儒吴澄：字幼清，号草庐，抚州崇仁人。仕元为国子监丞。

先儒许谦：号白云先生，金履祥弟子。增祀。

先儒王守仁：字伯安，明余姚人。封新建伯。世称阳明先生，谥文成。

先儒薛瑄：字德温，明河津人。学者称敬轩先生，谥文清。

先儒罗钦顺：字元鼎，明太和人。增祀。

先儒陆陇其：号稼书，本朝平湖人。增祀。

西庑先儒二十三位

先儒公羊高：齐人，生周末。

先儒孔安国：字子国，孔子十一世孙。生汉武帝间。

先儒毛苌：赵人，生汉武帝时。

先儒高堂生：字伯，鲁人。生秦汉间。

先儒郑康成：东汉高密人。

先儒诸葛亮：蜀汉，琅玡人。增祀。

先儒王通：字仲淹，隋龙门人。学者谥曰文中子。

先儒司马光：字君实，宋夏县人。封温国公。谥文正。

先儒欧阳修：字永叔，宋庐陵人。谥文忠。

先儒胡安国：字康侯，宋崇安人。谥文定。

先儒尹焞：字彦明，宋洛阳人。伊川弟子，赐号靖处士。增祀。

先儒吕祖谦：字伯恭，金华人。谥成，改忠亮。墓题曰东莱先生。

先儒蔡沈：字仲默，建阳人。世号九峰先生。谥文正。

先儒陆九渊：字子静，金溪人。学者称象山先生。谥文安。

先儒陈淳：字安卿，号北溪。宋龙溪人。增祀。

先儒魏了翁：字华甫，南宋邛州人。增祀。

先儒王柏：号鲁斋，宋金华人，何基弟子。增祀。

先儒许衡：字仲平，元河南人。学者称鲁斋先生。谥文定。

先儒金履祥：字吉夫，号仁山。元兰溪人。何基弟子。增祀。

先儒陈澔：字可大，元南康人，世称云注先生。

先儒陈献章：字公甫，明新会人。隐白沙，学者称白沙先生。

先儒胡居仁：字叔心，明余干人，世称敬斋先生。

先儒蔡清：字介夫，号虚斋，明晋江人。增祀。

国朝雍正二年，复祀林放、蘧瑗、秦冉、颜何、县亶、郑康成、范宁，增祀牧皮、乐正克、公都子、万章、公孙丑、诸葛亮、尹焞、魏了翁、黄幹、陈淳、何基、王柏、赵复、金履祥、许谦、陈澔、罗钦顺、蔡清、陆陇其。

按：诸儒从祀，典礼綦隆，安设神牌、位次，相沿日久，率多讹错。乾隆六年九月，奉部颁定，谨遵东西先后次序，开列于右，以昭画一，以垂永久。

崇圣祠

肇圣王木金父公：自宋迁鲁，始姓孔。

裕圣王祈父公：孔子高祖。

诒圣王防叔公：孔子曾祖。

昌圣王伯夏公：孔子祖。

启圣王叔梁公：孔子父。仕鲁，为陬邑大夫。晚娶颜氏，圣母祷尼丘山，诞生至圣。

按：叔梁纥进公而王，自宋大中、祥符始也。称启圣公，自元始也。宋时颜、曾、子思，配享堂上，颜路、曾皙、伯鱼从祀两庑。洪迈、姚燧以为崇子抑父，熊禾谓宜别设一室祀叔梁纥而以三子配，程政主其说，明嘉靖九年遂专祠遍天下。国朝雍正二年诏封五代，俱用圣讳。

东西配享四位

先贤颜氏：名无繇，字路。回之父。

先贤曾氏：名点，字晳。参之父。

先贤孔氏：名鲤，字伯鱼。子思子伋之父。

先贤孟氏：名激，字公宜。鲁公族轲之父。

东西从祀五位

先儒周氏：名辅成，字子。敦颐之父。

先儒程氏：名珦，字伯温。赠永年伯，二程子颢、颐之父。

先儒蔡氏：名元鼎，字季通。隐居西山，谥文节，世称西山先生，蔡子沈之父。

先儒张氏。

先儒朱氏。

按：儒学在县南门内，即原威州学也。宋、元皆无可考。明正德以前，在安远门外。正德二年，州守崔哲迁于城西，建大成殿、东西二庑、大成门、神库、泮池、灵星门（灵星，星名。从木、从品，误）。左明伦堂，分博文、约礼二斋，省牲、神厨、坊、牌、亭各附焉。有碑记，见“艺文志”。国朝康熙四十七年，没于水。五十九年，知州王国正迁于今所，先建大成殿。六十一年，建启圣祠。雍正十年，知县曹大文建东西二庑。乾隆六年，知县陈克绳重修续建戟门，因地势逼狭，屡议迁徙。

天之高也，日星照焉；地之厚也，河岳列焉；人之庶也，圣贤立焉。瞻望宫墙，有严钟鼓。有为若是，圣人之徒。保虽蛮邦，而用夏变夷，乃称豪杰。闻风兴起，其在人乎！其在人乎！

《御制日知荟说》；
《钦颁明文》；
《大清会典》；
《禹贡锥指》，本朝胡渭；
《毛诗集解》，宋李枢、黄櫄；
《诗辑》，宋严粲；
《诗经疑问》，元朱倬；
《诗经解颐》，明季本；
《春秋尊王发微》，宋孙复；
《春秋经筌》，宋赵鹏飞；
《春秋诸传会通》，元李廉；
《春秋辨义》，明卓尔康；
《三礼图》，宋聂崇义；
《仪礼图》，宋杨复；
《周礼订义》，宋王与之；
《仪礼集说》，元敖继公；
《三礼类编》，明李经纶；
《周礼全解》，明张采；
《礼记陈氏集说补正》，本朝成德；
《六经图考》，明陈仁锡；
《孝经集解》，明曹瑞；
《孝经本义大全或问》，明吕维祺；
《大学衍义》，宋真德秀；
《二十一史》；
杜氏《通典》；
郑氏《通志》；
马氏《通考》；
《班马异同》，宋刘辰翁；
《新旧唐书折衷》，明袁祥；
《历代通鉴纂要》，明李东阳等；
《诸史会编》，明金廉；
《资治通鉴补》，明严衍；
《十九史节定》，明安都；
《史类》，明吴琉；
《函史》，明邓元锡；
《学史会同》，明邵经邦；
《荆川八编》，明唐顺之；
《经济类编》，明冯琦；

《续文献通考》，明王圻；
《汉魏丛书》，明屠龙；
《图书编》，明章潢；
《日知录》，本朝顾炎武；
《律吕新书直解》，明韩邦奇；
《律吕正声》，明王邦直；
《乐律全书》，明朱戴培；
《钦定四书文》；
《唐文粹》；
《宋文鉴》，宋吕祖谦；
《元文类》；
《古文关键》，宋吕祖谦；
《崇古文诀》，宋楼昉编；
《文章正宗》，宋真德秀；
《文章轨范》，宋谢枋得；
《唐宋八大家文钞》，明茅坤；
《文选》；
《续文选》，明朝震亨；
《文苑英华》，本朝宫梦仁选本；
《论衡》《表衡》《策衡》，明茅维；
《策海正传》，明唐顺之；
《策学会元》，明戴鬻；
《十科策略》，明刘定之；
《类字判章》；
《御选四朝诗》；
《御定全唐诗》；
《御定广群芳谱》；
《御定佩文韵府》；
《诗源辨体》，明许学夷；
《乐府源》，明徐献忠；
《校汉魏诗》，明何景明；
《唐诗品汇》《唐诗正声》，明高棅；
《风雅逸编》《选诗外编》《五言律祖》《近体始音》《诗林振秀》，明杨慎；
《古经诗删》《唐诗选》，明李于麟；
《唐诗正体》《宗[①]诗正体》《明诗正体》，明符观。

① 宗：当为“宋”。

保处万山荒僻中，学无斋舍，士少藏书，余故取吾浙敷文书院书目开载于右，盖待有志者知所购求云。书目，元程畏斋先生所定，本朝陆清献公补之，今书院鲁山长又补之。

碑版

国朝康熙二十三年钦颁御书“万世师表”匾额，四十二年钦颁《御制训饬士子文》，四十五年敕建《平定翔汉碑》于殿左。雍正四年钦颁御书“生民未有”匾额，八年敕建《平定青海碑》于殿右。乾隆三年钦颁御书“与天地参”匾。

朱子白鹿洞学规石刻

父子有亲，君臣有义，夫妇有别，长幼有序，朋友有信。博学之，审问之，慎思之，明辨之，笃行之。言忠信，行笃敬。惩忿窒欲，迁善改过。正其义不谋其利，明其道不计其功。己所不欲，勿施于人。行有不得，反求诸己。

学校者，人材所由出也。谓小邑无人乎！造物生材，不以地域，振而兴之，必有道矣。故略录训士遗规，以待今之为胡安定者。

生徒

廪膳生员二十名，三年一贡。

增广生员二十名。

附学生，岁科两试，俱额取十二名，今取八名。

武生，岁试额取十二名，今取八名。

本县廪生原额二十名，每名岁支饩粮银三两二钱，共支银六十四两。遇闰每名加银二钱六分六厘六毫六丝六忽六微六尘四纤，于威、保地丁银通融扣支。如不敷，赴藩库请领，年终册销；支剩两，解贮司库厅，俟拨支。威州廪生原额三十名，饩粮支领应同保县。于雍正五年内奉裁州治，廪缺不补。

附录：苗童宜准应试疏

礼部题为敬陈末议，仰祈睿鉴事。该臣等会议，四川学政隋人鹏奏称：川省苗童宜准应试，以示鼓励。臣按，宁雅州据清溪县安抚司土童盛登士子等，因考试为汉童阻挠，呈请与汉一体应试，不但清溪一处请，嗣后川省各属一切土司苗童有志向上，报名应试者，应准其与汉民文武生童一并凭文去取等语。查雍正八年二月内臣部议覆四川抚，抚宪德《为文教覃敷请弘作育事》一疏，川属茂州羌民，久列版图，载粮入册，与齐民无异。应照湖南、贵州之例，准其与汉民一体应试，卷面不必分别汉羌，取额不必加增，一体凭文去取等因。奉旨：依议。钦遵在案。今该学正既称川省各属一切土司苗童各知就学、有志向上报明[1]应试者，准其汉民生童一体应试等语，应如所请，嗣后川省各属一切土司苗童有志上进报明应试者，俱准其与汉民文武童一体考试。卷面不必分别汉苗，取额不必加增，其进学名数即入于各该学定额内，一体凭文去取。如此则圣朝文教，覃敷于遐方，而汉土童生均沫皇恩于无既矣。臣等谨遵旨，分条详议具题，俟命下之日，分别通行各省督、抚、学政并行，该学政一体钦照可也。奉旨：依议。

国家之养士至矣。董以师儒，资以廪饩，贡以成均，选以科目，而羌民之有志者，亦许之列庠序，观礼乐，鼓舞如是，而士有不兴起者乎！如谓迫于贫不能力学也，范希文日食饘粥，而以天下为己任，又何心焉？

乡　贤

明

林承恩：威州人，为诸生。父七旬，病笃，承恩情迫，啮指缮表，吁天求代。数日，承恩病卒，而父疾果起。《通志》又入孝友。

王　达：旧保人，幼业儒。遇番寇，士民畏不敢斗，达卧城门待旦，力战死之。《通志》又入忠义。

王允德：旧保人，多智略。时番夷屡破关堡，允德出资募乡勇，前后战，却之。又每谕和番众，使不争杀，民获安堵。县令为奏闻，命未下而德卒。《通志》又入忠义。

袁洪道：旧保人。家素贫，继母孀居，奉养不缺，学使以孝行褒之。后由选贡历青州州判，升神木道佥事。《通志》又入孝友。

按：明洪武五年，令天下学校皆建祠，左祀名宦，右祀乡贤。嘉靖时，诏有司学官备查名宦乡贤，果有遗爱在人、乡评可据者入祠。国朝因之。雍正二年，诏直省、府、州、县、卫，于学侧建忠义节孝祠。保邑宫墙左右，固大有其人矣。他志于四者姓名事实，或分门作志，或归于祠祀。绳不揣谫陋，窃传乡贤、忠义、节孝之行谊以实学校，明为学校所自出也。若名宦、政绩，则缀“官师志”，俾稽职官者仰止云。

人　物

宋

谢方叔：威州人，嘉定中进士。历监察御史，多所建明，累迁给事中兼侍讲，淳祐中参知政事，封永康郡，拜右丞相兼枢密使，进封惠国公。商辂《纲目》：以谢方叔、吴潜为左右丞相，徐清叟参知政事，董槐签书枢密院事。陈桱《鉴》：时二揆虚席，嵩之货游士上书荐己，喧传麻制已下，众心汹汹，及听宣制，则方叔、潜也。始帝欲相嵩，中夜忽悟，召学士改相二人。

[1] 明：当为“名”。

明

吴　洸：威州人，由选贡历武定府同知，有治剧才。腾永之役，以筑城功，受上赏。初为临潼令，考最，拟授御史，会台以资格挠之，遂迁州守云。

吴　玙：威州人，岁贡，历河东运副，醝政肃清。归里时，止图书数簏，时人重之。

袁懋中：旧保人，由选贡举孝廉方正，廷试上第，授涞水令。以清正闻于上，擢襄阳守，亲老，乞终养归里。

有其人则其地，亦因而传矣。顾地以人灵，而人不可以地画也。余过谢相里，求其墟墓所在，坊而表之，庶几邑之士，知所感动奋发云。

流　寓

王元正：字舜卿，号三溪，陕西盩厔人。正德辛未进士，官翰林检讨。嘉靖间以廷诤大礼忤旨，系狱。梦玉垒，遂号玉垒山人。及谪戍茂州卫，过玉垒山，笑曰：命也。徘徊不去。兵备孙元筑室居之，题曰“玉垒行窝”。寄兴文笔，寓止宴如，尝著《威茂统[①]志》。大中丞东皋刘公聘同杨慎分纂《蜀志》。未几，卒于戍所。《升庵集》有《祭玉垒王舜卿文》。保处极边，名流托足者绝少，故流寓无闻焉。王舜卿虽遣戍茂州，而实寄迹玉垒，因列之。

忠　义

明

王　达：旧保人。详见“乡贤”。

王允德：旧保人。详见“乡贤”。

袁文贵：旧保人，有勇谋。万历初，番众寇保，告急。文贵挺身出，开谕之，番盟而退，西陲帖然。邑令牒授抚夷守堡弁也。后殁，令祭于庭，文略曰：邑人失其蓍蔡，县令失其指臂。

焦　英：旧保人。明末献逆据成都，分贼寇掠威州，英以樵夫谋御之，众哂勿许。英慷慨陈大义，集众百余人，下至汶川县之子平堡，忽见山半石坠，视之，镌有“焦英大战”四字，奋然前往，贼众为退。先是献逆梦为大鹰劈脑吸髓，遂患头风。闻英兵至，心疑惧，抱其头大呼曰：焦英其劈老子之脑而吸其髓者乎！盖嫌于名也。英善设伏破贼，后集众渐多。至嘉定州，宿于庙中，贼遣人刺之，英死，嘉人立庙以祀。

明季流贼蹂躏中原，人无固志。京西豪杰，相率投兵；江左衣寇，靡焉解体。乃寒边下卒，奋臂一呼；伐鼓鸣金，贼人疾首；凛然生气，迄今犹存。故知天下非无忠义

① 统：当为“通”。

士也！

节　孝

明

薛氏：木兰里人，马昱妻。夫客死，薛奔丧茔葬。后有谋娶者，薛闭户自缢。

徐氏：旧保人，张玉妻。夫早殁，守节抚孤，邑里敬之。

王氏：旧保人，张仁妻，即徐氏媳也。夫早死，坚节自守，有司旌其门曰“一门双节”。

王氏：旧保人。幼许字徐思，未归而思故。姑遣媒令别适，氏泣曰：夫虽不幸，妾当事姑，志不可夺。遂归徐养姑，三十年卒。

童氏：旧保人，省祭董浮妻。随夫于留都，夫卒，遗二子皆幼，氏年甫二十，携子扶榇归，孀操严肃。历年九十终。

国　朝

焦氏：旧保人，庠生王四琏妻。夫亡，年甫二十。奉舅姑致敬，丧尽哀，妇道无亏，遗孤二人，竭力抚养。历节四十三年卒。

郭氏：铁邑里人。夫早殁。族侄维智有夷仆格斗保，佣工氏家，暮不能归，宿于楼下，夜起欲强污氏，氏詈骂峻拒，为斗保赶殴，坠楼而死。

袁氏：旧保人，赵能妻。夫殁，氏年少，家贫无子女。舅姑怜之，劝改志，氏以死自誓。生养死葬，备尝艰苦者五十二年而殁。有司旌之。

张氏：旧保人，诸生袁玙妻。幼端庄，事父母以顺。甫归，而袁玙得狂疾，氏守待五年无怨言。夫殁，无子女，姑老且病，织纴以养，晨昏无亏。

赵氏：旧保民袁道妻。夫殁，事舅姑以孝闻。子继夭，茕茕独处，历十一年而卒。

徐氏：本城贡生蒲友松妾，母家旧保。明季江北番夷肆劫，氏幼被掠通化里，民以布赎。时松年五十，无子，娶之，举子女各一。后松与大妇郭氏相继殁。氏年二十七，丧葬尽礼。子幼，教之成立，勤苦持家，婚嫁以时。二孙失恃，复抚之成立。年八十四而终，前州牧王国正旌其门。

牟氏：本城罗成章妻。夫早殁，苦节自守，孝事舅姑。无子，立继子，教养之。乾隆五年，氏年七十余矣。县令陈克绳请旌。

唐氏：本城巫文灿妻。夫早殁，氏苦节自守，孝事舅姑，存殁尽礼。抚三子，先后成名。乾隆十一年县令陈克绳请旌。

冯氏：凤坪里民郭世荣妻。夫早殁，家贫，氏荼苦自甘，教子耕读成立。年七十余，勤俭不少懈。乾隆五年县令陈克绳请旌。

王氏：旧保诸生袁纶妻。夫亡，事姑以孝闻，姑病侍汤药，衣不解带者数年。无子，以侄焕裳为嗣，训戒有体。氏持身严正，每用黄黑豆以纪善恶云。

王氏：旧保民焦秋寔妻。夫亡，家贫。事舅姑，尽孝养。

张氏：旧保民袁建候妻，袁睿之母。夫早殁，氏苦节自守，教子成名。县令陈克绳请旌。

列　女

明

王氏：旧保人，王元女。既聘，其夫家旋悔婚事，氏曰：婚既定矣，悔之不义。遂投江死。

国　朝

袁氏：旧保民袁姓女，许字楚泉。未嫁，泉入伍，西征阵亡。袁誓不欲生，已赴泉家，拜姑、成服如礼。是时盛夏，天为雨雪如豆。

饿死小，失节大，先贤之训固然。然迫于饥寒而失身者多矣。保下邑耳，非有女史之箴，大家之教也。乃白发青裙，楼藏孝妇；黄泉碧澥，墓葬贞娘。盖自余令保数年，为坊而表节者已十数人，又有余不及表而表之。已在前者，未易悉数。吁，可敬哉！

科　目

进　士

宋

谢方叔：嘉定中进士，历任右丞相，封惠国公。又入“人物志”。

明

申　恒。

国　朝

李先达：壬申联捷，任灵石县知县。

举　人

明

邱　松：任江西布政使司。

毛丹凤：任陕西澄城县知县。

国　朝

李朱绶：中康熙庚午科。

张　昵：中康熙癸酉科，任刑部主事。

余曰珩：中康熙丙子科第四名，历任雅州府教授。

鲁　旭：中康熙戊子科，任巴州学正。

任　逊：中乾隆庚午科。

李先达：中乾隆壬申恩科。

副　榜

蒲复初：中癸酉副元，任通江教谕。
范国章：庚子科举人。

武进士

国　朝

陈以深：中雍正庚戌科。

武　举

金　灿：中康熙丁卯科。
姜于汉：中康熙癸酉科。
叶之秀：中康熙癸酉科。
郭　璞：中康熙丙子科。
陶邵虞：中康熙丙午科。
张　纲：中康熙己卯科。
赵汝重：中康熙壬午科。
高洪祚：中康熙乙酉科。
戴奕熊：中康熙戊子科。
郭　瑾：中康熙戊子科。
包士安：中康熙辛卯科。
陈　思：中康熙癸巳万寿科。
刘　芳：中康熙甲午科。
徐玉树：中康熙丁酉科。
黄泽浩：中康熙庚子科。
洪元达：中康熙庚子科。
许　慎：中康熙庚子科。
雷玉辂：中雍正癸卯恩科。
徐　景：中雍正己酉科。
陈以深：中雍正己酉科。
董纯学：中乾隆辛酉科。
贾德寅：中乾隆戊子科。
贾廷选：中乾隆辛卯科。
贾德功：中乾隆甲午科。
杨廷彪：中乾隆庚子科。

旧　保

现任江南寿春镇袁敏，行伍出身。

现任四川重庆镇袁国璜，行伍出身。
原任嘉定府峨边营都司袁国琏。

余在保，暇辄与其士子讲求艺文，士之有志者，亦乐从余游学为科举，然求一腾骧者未能得，岂其尚有待耶！抑教而育之者未善耶！呦呦鹿鸣，食野之苹，余盖深为恨云。

成 均

贡 生

明

袁洪道：选贡，任山东青州州判，历任升陕西神木道佥事。又入“乡贤志”。
袁懋中：选贡，廷试上第，授漆水令。又入“人物志”。
吴　洸：选贡，历任武定府同知。又入“人物志”。
吴　玙：岁贡，历任河东盐运副使。又入“人物志”。
蒲朝钦：岁贡，任江西九江府通判。
余在朝。

国　朝

余在藻；赵忬；张旭南；金玉振；张铭；蒲钟秀；徐昇。徐宗杰：任叙州府隆昌县教谕。杨调梅；蒲友松。范九经：任直隶忠州垫江县训导；董如萁：任潼川府射洪县训导。张巘：任顺庆府大竹县训导；余曰珍：任直隶达州太平县教谕；刘永誉：任成都府训导；余曰琦；董如兰；李皇东；董钟灵：任夔州府万县训导；董羽皇；蒲钟岷：任龙安府石泉县训导；王维翰：任雅州府清溪县训导；杨筠楫：任江南芜湖县县丞，拨贡；范祁；张晙；王煜；董绳壁；王梦翼；王于宣；余汝恂；林士昂；蒲延馥：恩贡，任顺庆府营山县教谕；郭又汾；余汝恪；王鲲；郭玉柱：岁贡，任永宁县训导；李宗智：任雅州泸山县训导；李明东；郭长柏：任重庆府綦江县训导；王瑞；贾良谟；黄国桥；张元声；蒲复初：拨贡，乾隆酉酉①科副元，任保宁府通江县教谕；张国梓：任华阳县训导；袁天位：任合州训导；李先立：任通江县训导；徐联元：任彭县训导；董治策：选广元县训导；余楚：任叙州府筠连县训导；董潜：选大邑县训导；牟名寿：拨贡，任忠江县教谕；蒲澍生：选巴县训导；余士然：恩贡；余楫：恩贡；舒学：恩贡；余汝怿；余岑：岁贡；王轼：岁贡；罗云章：捐贡；余校：乾隆丙午恩贡；郭九锡：捐贡；袁维泰：岁贡；唐林儒：乾隆庚戌；蒲锦：岁贡。

成均者，由乡学升于太学，其制最为近古，曰副、曰拔、曰恩、曰岁。保之学尚彬彬焉，或以德进，或以事举，或以言扬，其庶几以古之人自勖哉！

---

① 酉酉：按字形，或为“丙酉”。

第五卷　祠祀志

法施于民则祀，捍灾御患则祀，非此族者，不入祀典。祀之义大矣。保虽褊小，而五祀八蜡，黍稷牲牢，皆有祈年介福思焉。《诗》有之："有飶其香，邦家之光；有椒其馨，胡考之宁。"孰谓理幽，非所以治明而顾可忽乎哉！志"祠祀"。

凡三帙：典礼；祭需；庙宇

典　礼

汉高帝十二年，诏祀孔子以太牢。诸侯王卿相至郡，先谒庙，而后从政。

魏文帝初祀孔子于辟雍，改谥文圣尼父，以颜子回配享。

北魏献文帝诏郡县立学，祀孔子与周公并享。太和中，乃诏宣尼庙，别敕有司享荐。

隋文帝诏国子寺每岁四仲月上丁释奠，州县仲春、仲秋释奠。

唐高祖诏立孔子专庙。太宗又诏州县皆立专庙，塑像出以庭，衣衮冕，正南，南面之位。

宋太宗诏文庙立戟十六，徽宗又增门戟二十四。

明洪武元年，令郡邑访求应祀神祇、名山、大川、圣帝、明王、忠臣、烈士，凡有功于国、惠爱及民者，奏著祀典。二年，令有司祠祀典神祇，其不祀典而有功德于民者，即不祭，存其祠宇。十四年首建太学。十七年敕每月朔望，祭酒以下行释菜礼，郡县以下诣学行香。嘉靖九年，厘正祀典，始为木主，称至圣先师孔子。后又定制，府州县近郊三坛，每岁仲春秋祀云雨风雷之神、境内山川之神、城隍之神，各用少牢。在省城者，布政司官祭，府不别祭，县附府者亦如之。西社稷坛，每岁仲春秋上戊祀司灶之神、社稷之神，各用少牢。北厉坛，每岁上元、清明、孟冬朔日，祭无祀鬼神，羊三、豕三、饭米三石。名宦、乡二祠，附先师庙，或别祀。每岁仲春秋祀，用少牢。岳镇海渎在境内者，每岁仲春秋别祭之，用少牢。右帝王陵寝、忠臣、烈士及官吏有功德于民者，各以时祭。提镇、都司、卫所，凡守御官，每岁霜降，有旗纛之祭，用少牢。牧马者祀马神，市乡百姓又有乡社、乡厉之祭。若诸祠有灵异者，百姓各以其乡俗祭之，官不禁也。

国朝顺治二年，定文庙谥号，称大成至圣文宣先师孔子。每岁仲春秋上丁日致祭，直省各府、州、县一体遵行。雍正元年，追封先师孔子五代为王，春秋致祭，改启圣祠为崇圣祠，王号世次详见"学校"。雍正三年诏追封关帝三代，以曾祖为光昭公、祖为裕昌公、父为成忠公，每岁仲春秋致祭。雍正四年，诏直省各府、州、县、卫设立先农坛，行耕耤礼。

文庙祭品数

宋徽宗定礼品一副，内十笾十豆。明初，国子监用笾豆各十，天下府、州、县各八。成化十八年，以礼部尚书周弘谟奏，加笾豆为各十二，外府、州、县各十。嘉靖九年，遵照初制，国子监用十笾十豆，天下府、州、县各八。国朝因之。

文庙祭品

香、烛、酒、牛（用纯黑）、羊、豕、鹿、兔、帛（正位用绫，余用练，白色长一丈二尺）。太羹实于登，和羹实于硎，黍稷实于簠，稻粱实于簋。形盐、藁鱼、枣、栗、榛、麦、芡、韭菹、菁菹、芹菹、笋菹、醓醢、鹿醢、兔醢、鹿脯，以上实于笾；鱼醢，以上实于豆。

乐器数

麾旛、应鼓、鼗鼓、笛、笙、箫、琴、瑟、埙、篪、搏拊、编钟、编磬、排箫、柷、敔。

佾舞数

唐乐用宫悬，舞用六佾。明初，用六佾。成化十三年，增为八佾。嘉靖九年，仍为六佾。国朝因之。

关帝庙祭品

帛一、白磁爵三、牛一、羊一、豕一、果品五（核桃、荔枝、圆眼、枣、栗），酒一樽。

先农坛祭品

香、烛、酒、羊一、豕一、硎一、笾豆四、簠簋二。

各坛祭品

香、烛、酒、羊一、豕一、硎一、笾豆四、簠簋二。

文庙礼仪

按：会典前一日，正祭官公服率僚属至牲所省牲、上香，监视宰牲。

正祭日，主祭、分献、陪祭各官入两旁门序列。（通赞唱）签祝板。（引赞引承祭官至更衣所，唱）更衣升堂，序爵、序事、请祝、签名、下堂。（升堂时引各官从东阶上，下自西阶。）（通赞唱）启户（各开大门）。乐舞生就位，执事官各司其事，主祭官就位（文东武西），瘗毛血（司毛血生将毛血捧从中门出，埋西北隅坎内）。启牲馔，举盖，迎神奏乐（奏咸平之章），乐作，（引赞唱）诣西北隅迎神（引众官至，打恭）。神降复位。（通赞唱）参神（众官行三跪九叩礼）。乐上，（通赞唱）奠帛，行初献礼，奏宁平之章。（引赞引承祭官，唱）诣盥洗所浴手，净巾，诣酒尊所，司尊者举幕，酌酒，升堂，诣至圣先师孔子神前，跪，进帛奠帛，进爵奠爵，俯伏，兴，平身，诣读祝位，跪。（通赞唱）众官皆跪。（引赞唱）读祝文。俯伏，兴，平身。（通赞唱）众官皆兴，平身，复位。（通赞唱）行分献礼（引赞引分献官诣四配位前），跪，进帛，奠帛；进爵，奠爵；俯伏，兴，平身。（十哲两庑并同四配。）（亚献、终献与初献同，但亚献乐奏安平之章，终献奏景平之章。）（通赞唱）饮福受胙。（引赞引祭官诣饮福位，跪）饮福酒，受福胙，谢神（祭官行一跪三叩首礼），兴，复位。（通赞唱）彻馔，乐作（奏咸平之章），乐止，辞神（众官俱行三跪九叩礼）。送神（奏咸平之章，引赞引众官诣送神所）。（赞）神去，揖（众官打恭）。（通赞唱）望瘗。读祝者捧祝，执帛者捧帛（各诣瘗所）。（引赞引众官至诣所，唱）焚祝帛，揖，复位。（通赞唱）合户。礼毕退班。

崇圣祠仪注

悉同先师，其分献官或先祭，或同时祭。至名宦、乡贤，亦随丁祭时分祭。

关帝庙仪注

雍正五年，奉部文颁定。

前殿仪注

斋戒、省牲与文庙同。

（祭日，引赞、引承祭官进左旁门，至盥洗所，唱）盥洗（洗毕，引至庙内行礼处立）。（典仪唱）执事者各司其事，（引赞唱）就位（引承祭官就位立），（典仪唱）迎神（司香生捧香盒就香炉左边立，引赞引承祭官就香炉前立，司香跪）。（引赞唱）上香（承祭官立，将炉香举插神炉，又将块香上炉三次，毕）。（引赞唱）复位（引赞引承祭官复位站立）。（引赞唱）跪、叩、兴（承祭官行九跪三叩礼，毕）。（典仪唱）奠帛、爵，行初献礼（捧爵帛生将爵、帛捧举，各就位前，奠爵生跪献，毕，行三叩礼，退。献帛生亦然，退。读祝生至安祝文案前行一跪三叩礼，将祝文捧，立）。（引赞唱）跪（承祭官、读祝生俱跪）。（引赞唱）俯伏读祝，读毕。（引唱）叩、兴（承祭官行三叩礼）。（典仪唱）行亚献礼（执爵帛生自案左边照初献礼，礼毕，仍退）。（典仪唱）行终献礼（执爵生自案左边照亚献礼毕，仍退）。（典仪唱）彻馔，送神。（引赞唱）跪、叩、兴（承祭官行三跪九叩礼，毕，立）。（典仪唱）捧祝、帛、馔各恭诣燎位。（捧祝、帛、馔生各至位前，俱跪。祝、帛各生俱行一叩礼。馔生跪，不叩。将祝、帛、馔捧起，依序捧送。引赞引承祭官退至两边，候祝、帛、馔各生过，毕，复位立）。（引赞唱）诣望燎位，揖（引承祭官至燎炉前焚祝、帛，将半时，打一恭，立）。（典仪唱）礼毕退班。俱退。

后殿仪注

上香、奠帛、奠爵照三公次序行，惟承祭官进中门。复位、送神二节，俱行二跪六叩礼，其余与前殿同。

耕藉[①]礼仪

耤田坛位之规制，按《礼记·祭统》云：天子亲耕于南郊，诸侯耕于东郊。今直省宜择东郊之洁净丰腴者，立为耤田。如无官地，照九卿原议，动支正项钱粮置民田，以四亩九分为耤田，即于田后建立先农坛。又接[②]《春秋文义》云：天子之社广五丈，诸侯半之。今京师先农坛高四尺五寸、宽五丈，其各省坛制应高二尺一寸、宽二丈五尺。京师先农神牌高二尺四寸、宽六寸，座高五寸、宽九寸五分，红牌金字填写先农之神，其各省神牌应照京师式样恭造。其堂建正房三间，配房各一间。正房中间供奉先农神牌，东间存贮祭器、农具，西间收贮耤田米谷。东间置办祭品，西间着看守农民居住。坛庙耤田之外周，围筑土为墙，开门南向。祭祀陈设之品，雍正三年二月内礼部奏定，直隶各省、府、州、县每岁祭社稷坛祭品：羊一、豕一、笾四、豆四、簠二、簋二，刊图通行在案。今先农坛祭品亦应照此例致祭。前期致斋二日。祭日，主祭官及各官俱穿朝服，齐集先农坛行礼。其一切礼仪悉照社稷坛之例。举行耕耤礼仪之次第，查九卿耕耤，俱穿蟒袍、补服，各用耆老一人牵牛，农夫二名扶犁。顺天府厅官及大宛两县俱穿蟒袍、补服，捧箱播种。今各省耕耤，祭先农坛，礼毕，各官俱穿蟒袍、补服，省城督抚秉耒，知县执青箱，知府播种。府城知府秉耒，佐贰执青箱，知县播种。州县则正印官秉耒，佐贰执青箱播种。专城卫所亦用正印官执耒，如无所属之员，则选择耆老执青箱播种。行耕耤时，用耆老一人牵牛、农夫二人扶犁，俱照九推九返之例。农夫终亩耕毕，各官率农夫、耆老望阙，行三跪九叩礼，仍将耕种日期奏闻。农具、籽种、牛只、灌溉之成规，查九卿农具赤色，牛黑色，箱用青箱，其籽种俱照各处土宜，选择勤谨农夫二名，免其差役，酌给口粮，令看守坛宇，灌溉耤田。地方官不时看视，查其力作、收获，每岁所收米谷数目，用过粢盛数目，造册报布政司，送户部查核。至各省耕耤日期，十月初一日颁宪书后，交与钦天监选择日期，钦定颁行。各省同日举行。

各坛礼仪

凡遇祭期，随处俱长官一员，行三献礼，余俱止陪祭，其斋戒、省牲、更衣、签祝、瘗毛血、降神、迎神、盥洗、奠帛、初献、读祝、亚献、终献、饮福、受胙、谢神、彻馔、辞神、望瘗、送神等礼，与文庙丁祭同。惟厉坛行一跪三叩礼，视文庙少差。

春秋祭祀

至圣祝文（凡祭祝文，俱系乾隆九年奉部颁发）

惟先师德隆千圣，道冠百王。揭日月以常行，自生民所未有。属文教昌明之会，正礼和乐节之时。辟雍钟鼓，咸格荐于馨香；泮水胶庠，益致严于笾豆。兹当仲春（秋），

① 藉：按前文所载，当为“耤”。同治《直隶理番厅志》正作“耤”。

② 接：或当为“按”。

祇率彝章，肃展微忱，聿彰祀典。以复圣颜子、宗圣曾子、述圣子思子、亚圣孟子配。尚飨。

乐　章

迎神　咸平　新颂

大哉孔子，先觉先知。与天地参，万世之师。
祥征麟绂，韵答金丝。日月既揭，乾坤清夷。

大哉至圣，峻德洪功。敷文衍化，百王是崇。
典则有常，精纯并隆。有虔簠簋，有严钟鼓。(旧乐章)

初献　宁平　新颂

予怀明德，玉振金声。生民未有，展也大成。
俎豆千古，春秋上丁。清酒既载，其香始升。

觉我生民，陶铸前圣。巍巍泰山，予是景行。
礼备乐和，豆笾惟静。既述六经，爰斟三正。(旧乐章)

亚献　安平　新颂

式礼莫愆，升堂再献。响协鼗镛，诚孚罍瓶。
肃肃雍雍，誉髦斯彦。礼陶乐淑，相观而善。

至哉圣师，天授明德。木铎万世，式有百辟。
清酒惟醑，言观秉翟。太和常流，英才斯植。(旧乐章)

终献　景平　新颂

自古在昔，先民有作。皮弁祭菜，于论思乐。
惟天牖民，惟圣时若。彝伦攸序，至今木铎。

猗欤素王，示予物轨。瞻之在前，神其宁正。
酌彼金罍，惟清且旨。登献既终，不遐有喜。(旧乐章)

彻馔　咸平　新颂

先师有言，祭则受福。四海黉宫，畴敢不肃。
礼成告彻，毋疏毋渎。乐所由生，中原有菽。

碧水渊渊，崇牙業業。既歆宣圣，亦仪十哲。
声金振玉，告兹将彻。奏格有成，羹墙靡惕。(旧乐章)

送神　咸平　新颂

凫峄峨峨，洙泗洋洋。景行行止，流泽无疆。
聿昭祀事，祀事孔明。化我蒸民，育我胶庠。

煌煌学宫，四方来宗。甄予胄予，暨予微躬。
思皇多士，肤奏阙功。佐予清永，三五是隆。（旧乐章）

崇圣殿祝文

惟王奕叶钟祥，光开圣绪。盛德之后，积久弥昌。凡声教所覃敷，皆寻源而溯本。宜肃明禋之典，用申守土之忱。届兹仲春（秋），聿将祀典，以先贤颜氏、先贤曾氏、先贤孔氏、先贤孟孙氏配，尚享。

名宦祠祝文

惟灵文武宪邦，公忠体国。当皇朝之肇造，心膂攸同；值列圣之丕承，股肱作辅。明良合德，奋庸而庶绩咸宁；中外宣猷，敷泽而兆民永赖。洵属庙廊之硕望，允宜俎豆以明禋。考绩纪勋，崇报昭垂于令典；陈牲奠币，馨香祗荐于岁时。尚享。

关帝庙祝文

惟帝浩气凌霄，丹心贯日。扶正统而彰信义，威震九州；完大节以笃忠贞，名高三国。神明如在，遍祠宇于寰区；灵应丕昭，荐馨香于历代。屡征异迹，显佑群生。恭值佳辰，遵行祀典。筵陈笾豆，几奠牲醪。尚享。

三公祝文

惟公世泽贻庥，灵源积庆。德能昌后，笃生神武之英；善则归亲，宜享尊崇之报。合三世以肇禋，典章明备；列上公之封爵，锡命攸隆。恭逢诹吉，祗事荐馨。尚享。

社稷坛祝文

惟神奠安九土，粒食万邦。分五色以表封祈[①]，育三农而蕃稼穑。恭承守土，肃展明禋；时届仲春秋，敬修祀典。庶凡凡[②]松柏，巩磐石于无疆；翼翼黍苗[③]，佐神食于不匮。尚享。

风云雷雨山川坛祝文

惟神赞襄天泽，福佑苍黎。佐灵化以流形，生成永赖；秉气机而鼓荡，温肃攸宜。磅礴高深，长保安贞之吉；凭依巩固，寔资捍御之功。幸民俗之殷盈，仰神明之庇护。

① 祈：同治《直隶理番厅志》、乾隆《茂州志》、嘉庆《汶志纪略》作“圻”。
② 凡凡：乾隆《茂州志》、嘉庆《汶志纪略》作“芃芃”。
③ 翼翼黍苗：同治《直隶理番厅志》作“芃芃黍稷”。

恭修岁祀，正值良辰。敬洁笾豆，祗陈币牲。尚享！

先农坛祝文

惟神肇兴稼穑，粒我蒸民。颂思文之什①，克配彼天；念率育之功，陈常时夏。兹当东作，咸报先畴。钦惟九五之尊，岁举三推之典。恭膺守土，敢忘劳民；谨奉彝章，聿修祀事。惟愿五风十雨，嘉祥恒沐于神庥；九穗两歧②，上瑞频书于大有。尚享。

乐　章

迎神　永丰

勾芒秉令，土牛是驱。天下一人，苍龙驾车。
念彼田畴，民命所需。生成有德，尚式临诸。

初献　时丰

先农神哉，耒耜教民。田畴灵哉，稼穑是亲。
功德深厚，天地同仁。肃将币帛，肇举明禋。
厥初生民，万汇莫辨。神锡之庥，嘉种乃诞。
执兹醴③斋，农功益见。玉瓒醪④酺，肃雍举奠。

亚献　咸丰

上原下隰，百谷盈止。粒我生民，莠良兴起。
乐舞具备，吹豳称兕。再跻以献，肴馨酒旨。

终献　大丰

穈芑秬秠，为神所贻。以神享神，曰予将之。
秉耒三推，东作永宜。五风十雨，率土何私。

徹馔　屡丰

於皇农事，自古为烈。莫敢不承，今兹欣说⑤。
笾豆既丰，簠簋云洁。神视井疆，执事告徹。

送神　报丰

麻麦芃芃，秔稻连阡。纵横万里，皆神所瞻。

---

① 什：同治《直隶理番厅志》、乾隆《茂州志》、嘉庆《汶志纪略》作“德”。
② 九穗两歧：同治《直隶理番厅志》作“庶几九穗双歧”。
③ 醴：同治《直隶理番厅志》作“体”。
④ 醪：同治《直隶理番厅志》作“椒”。
⑤ 说：同治《直隶理番厅志》、乾隆《茂州志》、嘉庆《汶志纪略》作“悦”。

人歌鼓腹，史载有年。岁有常典，茀禄绵延。

望瘗　庆丰

玉版苍币[①]，来监来歆。敬之重之，藏于更[②]深。
典礼由古，予行自今。乐乐利利[③]，国以永宁。

《祀典》载在《会典》者，礼明乐备，直省州县遵行，保无以异也，何以详书？曰：届在边夷，见闻寡耿，恐仪文器数缺焉未详，非所以昭敬谨也。

祭需

文庙春秋祭祀银一十六两，于本县地丁银内扣留备祭。雍正十三年奉文酌增文庙祭祀银一十二两，及山川、社稷二坛春秋祭祀银八两，于藩库请领。关帝庙春秋祭祀银一十六两，于威保地丁银内通融扣留备祭。又于乾隆八年间，奉文于原编各祠坛祭祀银内酌拨银二两为厉坛祭品之需。

涧溪沼沚之毛，蘋蘩蕴藻之菜，筐筥锜釜之器，潢汙行潦之水，苟有忠信，可荐鬼神，况于备官备物乎！牺牲成，粢盛洁，祭祀时而又斋，斋乎其敬也。愉愉乎其忠也，勿勿诸其欲其飨之也。虽僻陋在夷，神其吐之乎！

庙宇

文庙：在县城南玉垒山阳，详见“学校”。

崇圣祠：在文庙南。

关帝庙：元至正间建于治东。明正德二年，威州知州崔哲建。国朝雍正五年，移建西门外。正殿三楹、后殿三楹，祀关帝三代。

忠义、节孝二祠：在文庙东。雍正九年，知县曹大文领帑建。

社稷坛：在县城北门外桑坪。雍正十年，知县曹大文奉文领帑承修。

风云雷雨山川坛：在县城北门外桑坪。雍正十年，县官曹大文领帑承修。

先农坛：在县城东。雍正五年，署县事汶川县知县郄邝奉文领帑承建。正祠一所三楹，坛一座，配房各一楹，耤田一区计四亩九分。祭器：铏一、笾四、豆四、簠二、簋二、耕牛一，犁一、耙一、锄一、青箱一，坛在县城东。乾隆十一年，知县事陈克绳修建保城，移设东门外。

城隍庙：在县治玉垒山下。明崇祯九年，知州刘琯建。国朝乾隆五年，知县陈克绳重建门楼墙垣，有碑记。

---

① 币：同治《直隶理番厅志》、嘉庆《汶志纪略》作“帛”。
② 更：同治《直隶理番厅志》、嘉庆《汶志纪略》作“厚”。
③ 乐乐利利：同治《直隶理番厅志》、嘉庆《汶志纪略》作“乐之利之”。

报功祠：在县治城西。明嘉靖三十五年，威州知州贺新为姜维、李德裕建，有碑记。

灵佑祠：在旧保。邑民建，祀秦李冰、汉姜维、唐李德裕。

庞公庙：在旧保。祀汉庞统，今废。

范公祠：在玉垒山下。州人为威州知州范渊建，今废。

土主庙：在治城西隅。

龙王庙：在县治西，今废。

文昌宫：在玉垒山右。乾隆四十年，知县张起洙新建。

西岳庙：在县治西南。元至正建，今废。

东岳庙：在玉垒山半玉垒观之右。明万历二年建，后毁于献逆；一在桑坪山，明隆庆年间建。国朝乾隆七年，知县陈克绳倡捐重修。

禹庙：一在通化里，一在古城里。

后稷庙：在桑坪里。明景泰间建，今废。

白马庙：在龙溪寨。唐时建。明正德二年，知州崔哲重修。

飞龙庙：在霸州堡城外，今废。

晏公庙：在县治东门外，今废。

真武庙：在县治东门外。明洪武间建，今废。

金刹琉璃五色，琳宫兰楯七重。或给园于祇树，或拾宅于名山。楼阁凌空，盖照耀江南北焉。然而徒供游眺，适益奢侈，物耗财縻，忧在人心世道。若夫风俗俭朴，淫祠不暇，桐乡畏垒之荐藻，则所在多有野庙松杉。岁时伏腊，可谓瘠土之民思义矣。

第六卷　武备志

养兵者，宜知民力之艰；而牧民者，宜通兵事之要。通兵事之要，则虽废城故垒皆足绸缪，以作屏藩；墨士市人亦堪摩厉，以资御侮。斯“武备”所由志也。夫小武用伎力，大武用识断。姜伯约城高碉山，李赞皇图复维州，千载一智，制蛮死命，识也。杜公纳维州，然后奏闻，断也。於戏！善断解纷，好谋必成，诸葛公所由尽力于攻心也夫！

凡二帙：兵制；武功

兵　制

周武王孟津之师，庸、蜀、羌、髳、微、庐、彭、濮来会。

汉武帝平西南夷，朝冉从駹，以益州刺史领之。宣帝时羌叛，赵充国奏至金城，图上方略，度临羌至浩亹，留步兵万三百八十一人分屯要害，浚沟渠，人二十亩。明年羌降，奏罢屯田。

晋武帝置益州，并设护南蛮校尉，以太尉、司徒、大将军、大都督遥领之。

唐肃宗至德二载，分设西川节度使于西山三城列戍。按：“三城”，蔡梦弼注：桃、维、松三州。又《唐书》：七盘、安远、龙溪三城，皆界茂州、汶山。

德宗元年，以韦皋为西川节度使。十八年，吐番攻维州，皋遣兵千人前行，自将数万人踵其后。

文宗时，以李德裕为西川节度使，至镇（今旧保）作筹边楼，图蜀地形，训练士卒，葺保障以备边。

宋神宗九年，诏四川经略使统番戍诸路，有事即以证讨。哲宗元符二年，诏四川修沿边州县城池楼橹，不治者罪之。徽宗宣和四年诏茂州石泉军旧管子弟、番土守把，不谙射艺，选施黔兵善射者各五十人分任教习。

元文宗至顺二年七月，以隆兴西京军士代上都，戍卒还西川。先是上都屯戍士卒皆在西川，而戍西川者多隆兴西京军士，每岁转输，不胜劳费，至是更之。成宗大德元年六月，碉门、鱼通及黎、雅诸处民户不奉国法，议以兵戍其地，发新附军五百人、蒙古军一百人、汉军四百人往戍。七月，以西川蒙古军七千人、新附军三千人，付皇子安西王。八月，调夔府招讨张万之新附军，俾四川西道宣慰使也罕的斤将之戍干端。

明太祖洪武初年，立大都督府节制中外诸军事。其在外镇守地方武臣，置都指挥使司以领卫所，置总兵、参将、游击、守备，以司攻守。诸军在外者谓之翼，已[1]改翼曰卫，有指挥使等官。各卫所官军分番教阅，大率以五千六百人为一卫，一千二百人为一千户所，一百一十二人为一百户所，每一百户设总旗二人，小旗十人管领。四川都司所属二十一卫所，原额十六万三千六百三十六名，内隶在京右军都督府。有大征伐，或量调各土司兵，听官兵总领节制指挥。于茂州设卫，于威州设守御千户所一，隶四川都指挥使，计一所兵共一千二百一十六人，合主戍军民番义兵，共二千四百四十四人。官堡七，提督官一。堡领军官八，把桥官一。

保子关：界西桥之间。桥官一员，主军二十七名，熟番十名。认守各村墩民土义番兵共一百五十二名。

坡底堡：在沱江北。成化间设戍官一员，戍军九十三名，贴守地方并各墩民义土番兵共九十六名。

按：各墩民土兵即下开各墩也。

木渣墩；

靖夷墩；

石灰墩；

永宁墩；

慕义墩。

霸州堡：在河北。弘治间建，嘉靖间重修。内设提督管堡官一员，戍官一员，提督队民兵四十八名，主军六十一名，戍军一百九十一名。

后山小碉二墩：主军二十一名，本堡民义土番兵一百九十七名，各村墩认守地方民土番兵一百七十三名。

社稷墩；

黑茨坝墩；

万宁墩；

威夷墩；

蒲草墩；

乾溪堡；

崖窝墩。

新安堡：去乾溪十五里。明正德二年建，嘉靖十六年修内堡。官一员，主军八十八名，各村墩认守地方民义土番兵一百五十名。

制夷墩；

乾溪墩；

靖夷墩。

保县堡：内领军重庆镇指挥一员，新增茂州卫千户一员。主军一百五十名，戍军二百名，本县并各墩民土番兵三百一十一名。

---

[1] 已：同治《直隶理番厅志》作“洪武中”。

无敌墩；

后山中墩；

高沟墩；

护城墩；

西顾墩。

镇夷关：内有镇夷墩，设管队军人一名，主军四十一名。

西坪堡：未详。

按：明宣宗宣德元年，以四川伍藉虚，借民兵编保甲，有土丁民社之名，鞍马器械悉从官给，免本户粮五石、丁二丁。事故不许勾补。各关堡所设民番兵，当即宣宗时制。

国朝设松潘镇总兵官。镇属十营。威茂营设参将一员，守备一员，马步战守兵共六百名，马一百一十匹。分防旧保县汛把总一员，带领马步战守兵五十名。分防保县西路汛把总一员，带领马步战守兵五十名。雍正元年，川陕总督岳奏请拨威茂千总一员，带兵一百名，移驻保县。乾隆二年以川陕总督查议奏，诏改威茂营为协，添兵六百名，合旧额共一千二百名。分左右二营。都司左营为本协中军，随驻茂城，照汛分防；右营官兵，移驻茂州二百名、保县四百名。仍于威保一带添置汛守，计额设马步战守官兵六百零七员名。

一、驻防旧保县马步战守官兵二百九十一员名。内：都司一员、右哨千总一员、马兵七十五名（外委千总马兵二名，外委把总马兵四名，功加署副将马兵三名，效力武举马兵二名，马兵六十四名），战兵七十三名（火器外委战兵一名、弓箭战兵十八名、鸟枪战兵三十八名、炮守战兵九名、刷刀战兵九名），守兵一百四十一名（弓箭守兵二十八名、鸟枪守兵九十名、炮手守兵十一名、刷刀战兵十名）。

一、分防旧保东、西二塘堡官兵一十一员名。内：专汛右哨头司把总一员（驻旧保县城），欢喜坡塘兵五名（鸟枪战兵二名，弓箭守兵一名、鸟枪守兵二名），碉房塘兵五名（鸟枪战兵二名、鸟枪守兵二名、刷刀守兵一名）。

一、分防东汛通化五塘堡。战守官兵四十六员名。内：专汛左哨二司把总一员（驻通化）。

一、通化汛战守步兵二十五名。内：战兵四名（弓箭战兵一名、鸟枪战兵三名），守兵二十一名（弓箭守兵四名、刷刀守兵一名、鸟枪守兵十六名）。乾溪塘守兵五名（鸟枪手），古城塘守兵五名（鸟枪手），下压塘守兵五名（鸟枪手），铁邑塘兵五名（弓箭战兵一名、鸟枪守兵四名）。

一、分防南路威汛三关塘马步官兵七十员名。内：专汛左哨千总一员（驻新保县），威汛马步战守兵四十四名：马兵二名、战兵十七名（弓箭九、鸟枪五、炮手一、刷刀一），守兵二十五名（弓箭九、鸟枪九、炮手四、刷刀三），保子关兵二十名（鸟枪战兵五、鸟枪守兵十五），板桥塘兵五名（属汶川县，鸟枪战兵一、鸟枪守兵三、刷刀守兵一）。

一、分防南路汶川汛七关塘堡马步官兵六十八员名。内：专汛左哨头司把总一员，汶川县马步战守兵四十四名、马兵二名、战兵十一名、守兵三十三名（弓箭九，鸟枪二十、炮手二），大邑坪塘兵五名（鸟枪手），彻底关塘兵五名（鸟枪手），彻底关兵丁四名

（鸟枪、战守兵各二名），兴文坪塘兵五名（鸟枪手），清水驿塘马兵二名，桃关塘马兵二名。

一、分防茶关汛四塘官兵五十二员名。内：专汛右哨二司把总一员驻茶关，豆耳坪塘兵五（鸟枪守兵），乾溪塘兵五名（鸟枪守兵），尤溪塘兵七名（马兵二、鸟枪战兵二、鸟枪守兵三），茶关马步战守三十四名，战兵一名（鸟枪），守兵二十七名（弓箭六、鸟枪十九、剷刀二），新场塘马兵二名，成都底塘马兵二名，陕西河南街塘马兵二名。

一、亲丁、公费。

副将：马步亲丁一十五名（马兵八名、战兵四名、守兵三名）。

都司：马步亲丁十名（马兵五名、战兵三名、守兵二名）。

左哨千总：马步亲丁五名（马兵一。战兵二、守兵二）。

右哨千总：马步亲丁五名（马兵一、战兵二，守兵二）。

左哨头司、二司把总亲丁各四名（马兵一，战兵二，守兵一）。

右哨头司、二司把总亲丁各四名（马兵一、战兵二、守兵一）。

公费战守兵十八名（战兵九、守兵九）。

一、俸薪。

都司（每岁俸银二十七两三钱九分四厘，薪银七十二两）。

千总（每岁俸薪四十八两）。

把总（每岁俸薪三十六两）。

一、饷银。

马兵每季；

步战兵每季；

步守兵每季。

一、草干。

马兵每季

川陕总督臣岳为奏请川省应行事宜，仰祈睿鉴事。疏称打箭炉之外中渡河口，系通西藏要隘，不可无兵弹压，应将化林协守备移驻中渡，建立土城，拨把总一员、兵二百名随往分防，其建城与官兵房屋，容臣咨商抚、提两臣酌量建造等语。应如所请，准其将化林协守备带领把总一员、兵二百名驻中渡。其建立土城官兵房屋之处，该督会商四川抚、提酌量建造。又奏称保县在大河之南，为土番出入隘口，防汛[①]不可不增，请拨威茂营千总一员，带兵一百名，移驻保县，以资防御，其应支月粮，即以威州所征夷粮，就近支给等语。应如所请，将威茂营千总一员，带兵一百名，移驻保县。又奏称建昌越嶲卫地方甚为辽阔，每多蛮猓出入擒[②]夺，今仅设守备一员、兵一百五十名，实难分拨防御，请改设游击一员，现在守备即为中军，再添千总一员、把总一员、兵二百五十名分防弹压等语。应如所请，准其改设。雍正元年三月初三日具题。奉旨依议。

兵部咨为边防宜重等事，会议得大学士仍管川陕总督。印务查郎阿奏请四川松潘一

① 防汛：同治《直隶理番厅志》作“汛防”。

② 擒：同治《直隶理番厅志》作“抢”。

镇设在成都之西北，巩全川之门户，为要紧之冲。内而苗猓杂居，种类各别；外而夷番环牧，野性难驯。自松以达成都，左依层岭嵯峨，右俯江涛汹涌，中通一线，鸟道崎岖，几及千里。虽设有平番、叠溪、威茂等营，而将弁之大者不过参、游，兵之多者不过六百，未足以壮声援而联脉络，成都即难策应，则松潘未免孤悬。今查茂州在松潘之中，而接壤之汶川、保县皆众番必由之要隘。如众番之中，如杂谷即吐蕃之苗裔，相去保县不过五十余里，其所属地方最大，健丁不下十万，富饶甲于诸番，然性本无常，心怀叵测，且近在肘腋，防范宜严。蒙世宗宪皇帝远照，保县在大河之南，为吐蕃出入隘口，特拨威茂弁兵移驻保县，以资防御。但查威茂一营，分防六路，四面皆夷番环绕，管辖内外十三土司，大小六百余寨，弹压抚绥，责任綮重。该营额兵仅止六百名，除分各汛及安塘亲丁公费而外，所余实属单微。请将威茂营改为一协，再添兵六百名，合之旧额共足一千二百名之数，西北可以备松潘之犄角，东南可以联成都之声势，西南可以控杂谷之咽喉。再茂州在威州西北八十余里，威州距保县九十余里，中隔索桥二道，若添兵止驻茂州，犹恐威保跬步皆山，猝难呼应。应将添设及旧额兵一千二百名分为左右两营，左营为该协中军，随驻本城，照汛分防；右营官兵移驻威州二百名。仍于威保一带添置汛守，控制策应。其所需添设兵丁六百名，查有松潘镇所属之小河营，设镇城之东、龙安营之西，既不管辖番夷，又无汛防分守，该营游击一员、守备一员、千总一员，把总二员、名[①]四百五十名，甚属闲旷，应将该游击裁去，止留守备一员、把总二员、带兵二百名，足资防守。其余兵二百五十名，抽拨威茂。又有议裁之四川督标兵五百，除陆续裁汰并抽拨补兵缺外，尚存兵丁二百余名，俱系操练纯熟，以此添拨威茂标营，则边防即得精劲之资，而兵丁亦无裁革之苦；此外所少无几，招募亦易。再将威茂中军守备改为左营都司，裁汰小河营之游击改为威茂右营都司，带兵移驻保县，其千把弁员即于新兵千把外委内拨补，毋庸另议。惟是保县向因山水陡发，城垣被冲塌损，应行酌量修葺。其威茂营所需副将，查有四川督标裁缺副将张圣学，人甚明白，办事勤敏，历任四川护理松潘总兵印务，边情最为熟悉，现今进京引见，俱在圣明洞察之中，若即以之补授威茂营副将，则驾轻就熟，实为人地相宜。至新补威茂营参将岳钟璜，查有成都城守营参将员缺，应归部选，可否即以岳钟璜补授。至于保县应补修城垣衙署，并应添兵房等项，应令川抚臣委员查勘，估计动支公项，修葺完日报销等因，具奏前来。查四川威茂一营，系控番边地，最关要紧。原宜大员弹压，酌添兵丁，使声势联络，控制得宜，方于岩疆有益。该督既称威茂一营六路，四面夷番环绕，管辖内外十三土司大小六百余寨，弹压抚绥，责任綦重，该营兵仅止六百名，实属单微。请将威茂营改为一协，再添兵六百名，合之旧额共足一千二百名之数，分为左右二营：左营为该协中军，随驻本城照汛分防，右营官兵移驻威州二百名、保县四百名，仍于威保一带添置汛守。其所需添设兵丁六百名，查有小河营，既不管辖番夷，又无汛防分守，该营设有游击一员、守备一员、千总一员、把总二员、兵四百五十名，甚属闲旷，应将该营游击一员裁去，并裁兵二百五十名，及督标兵二百余名，均添拨威茂；此外所少无几，招募亦易。再将威茂中军守备改为左营都司，小河营游击改为威茂右营都司，带兵移驻保

① 名：当为“兵”。

县，其千把外委拨补移是。保县向因山水陡发，城垣被冲塌损，应行酌量修葺等语，应如该督所请。四川威茂营参将准其改为副将，添兵六百名，合之旧额共一千二百名之数，分为左右二营，每营各兵六百名。将参将中军守备改为该协左营都司，随驻本城，照汛分汛；右营官兵移驻威州二百名、保县四百名，将该协右营添设都司移驻保县。仍于威保一带，令该督酌量地势，添置汛守，其千把弁员即于新兵千把外委内拨补。至小河营，准其裁去游击一员，止留守备一员、千总一员、把总二员，兵二百名，所余二百五十名及督标应裁兵丁二百余名，均准其抽拨威茂协。尚有未足兵丁，令另行招募抽拨。召募抽拨兵丁年貌并防汛地方，造册报明兵部查核。其威茂协添设右营都司员缺，令该督拣选题补，至小河营游击例应另补。但该营游击孔文彬，先因出兵黔省，已据经略苗疆贵州总督张广泗题贵州丹江营参将，毋庸赴部另补。其保县应修衙署，并应添补兵房，令该抚委员确估动项修葺等因。乾隆二年三月二十八日奉旨依议。

制有在于有兵之后者，伍两卒旅，备乃弓矢，锻乃戈矛是也。制有在于无兵之先者，孝弟忠信，入事父兄，出事长上是也。夫人有尊君亲上之心，虽妇人女子，犹能冒锋刃捐躯命，况于节制之师乎！筹边者，可以知所先务矣。

武　功

唐肃宗永泰元年乙未，吐蕃引羌寇西山、拓、静等州，剑南节度使严武破吐蕃于当狗城，奏崔旰为汉州刺史，将兵击吐蕃，连拔其城，攘地数百里，吐蕃不敢犯。

代宗广德十四年，即己未冬十月，吐蕃入寇，诏神策都尉李晟讨之，斩首二千，恢复维、茂二州。

德宗贞元四年戊辰，吐蕃为患，将寇西川，约兵十余万屯泸州。西川节度使韦皋遣兵击破于清溪关外。辛巳十七年，韦皋大战吐蕃于雅州，历破四十八万。壬午十八年春正月，韦皋复破吐蕃于维州，斩首五万级，擒其大将论莽热，自是西边宁靖。

穆宗时，吐蕃寇边，西北震动，又略雅州，东川节度使王涯将兵拒之，吐蕃不能入。

文宗太和四年庚戌，以李德裕为西川节度使。先是南诏入寇，劫掠蜀民，一方残弊。裕至镇，作筹边楼，图蜀地形，南入南诏，西达吐蕃，日召习边事者，访其险要，皆若身历，乃练士卒、葺保障、积粮储以备边，蜀人宁息。吐蕃将悉怛谋率众举维州归降，为宰相牛僧孺所挠，诏还吐蕃。后裕上书赠悉怛谋右卫将军，官其子孙。及杜悰继裕镇蜀，维州复悉众内附，悰恐廷臣中阻，遂先纳之，然后以闻，吐蕃不复入寇。

明洪武时，松潘未下，御史大夫丁玉率师平之，开通关堡，立酋长，诸蛮震服。

永乐间，保县民黑大肆行不法，四川成都指挥李敬帅兵追剿，直捣贼窟，悉歼其众，生擒黑大，斩之。羌民畏服。

景泰间，威茂州寨帅王永煽动上下五族，欲据南路。时罗绮抚治松潘，一举殄之。

天顺末，夔、茂、威、嘉盗起，连劫州郡。佥事汪浩密设方略，多张疑兵，深入擒斩贼众，寻讨平巨贼赵铎。

国朝康熙二年，杂谷土目阿朋纠党逐其土官桑吉朋，攻据要害，大肆猖獗。提督郑蛟麟、松潘副将何德成率兵剿之，斩阿朋，剿抚军寨一百三十有奇，仍安置桑吉朋于维州。

乾隆十二年，大金川土司色勒奔细谋攻西南各土司，以金川寺土舍良儿吉、土妇阿扣、土目阿该为羽翼，汉奸王秋为耳目，废金川寺土司泽旺。会金川寺绰斯甲、巴旺诸酋部，先夺南邻土司革什咱属之正地，攻明正土司属之鲁密土舍，又西攻沃日、热笼、达怀官寨，遂由热笼分兵冲奔拉山侵瓦寺，又北攻杂谷司属之党坝儿那达土舍，复西攻章谷土司，肆出擒掠，诸部仓卒无备，势甚猖獗，将犯内地。巡抚纪请于朝，命贵督张总制四川，率松潘镇总兵宋宗璋、夔协副将马良桂等进剿，复命大学士讷经略之，事未竣。十三年冬，上命大学士忠勇公傅经略，调两江总督果毅公策总督四川，与提督威信公岳益兵进讨，计擒首恶良儿吉、阿扣、阿该诛之，磔王秋于军营，纪律严明，军威大振。色勒奔细穷蹙乞降，献逆目，服上刑，反诸土司侵地。十四年二月班师，升赏有差。上命儒臣纂修《平定金川方略全书》，兹不详载。

节录《抚剿阿朋报捷疏》

四川总督李国英题为番目谋吞内地、提臣督兵剿平恭报大捷事。康熙二年正月内，据威茂兵备道参政陈子达呈报：逆番阿朋结党逐主，土官桑吉朋避之别思蛮地方，及接吉朋至省，阿朋仍攻据要隘，阻其归路等因。到院随咨移提督郑蛟麟相机剿抚，去后，随准提督咨移亲统官兵，于二月十一日深入贼巢，攻破老硐，擒阿朋、阿姜济，当阵斩之，剿抚番寨一百三十有奇。桑吉朋仍安置维州等因，咨移到院。该臣看得逆番阿朋、阿姜济等擅逐土官，协谋不轨，纠连生番窥犯内地，势甚猖狂。咨移抚提转行道，将屡为招谕，怙不知改。及臣具疏入告，奉旨酌发官兵再行抚谕，如仍抗拒不服，即行剿灭之。旨臣准部咨后，即奉有会剿巨寇之命，随将抚剿[①]阿朋。咨移抚提两臣转行道，将再加招[②]谕开导，以昭朝廷浩荡之恩。无奈阿朋、阿姜济等冥顽抗背，全无悛[③]悔之心，尤且唆党肆劫，流毒滋蔓，骎骎莫遏。臣咨移抚臣筹措粮糈将进剿机宜密咨提臣，于十一月十四日檄令松潘副将何德成统领官兵，会同抚提两标及威茂各将，相机进发沿边各寨。抚者抚，剿者剿，而阿朋等犹据险丹这猛寨，阻扼要隘，抗衡愈力。该提臣于正月二十六日亲统士马前往剿抚并用。至二月十一日，阿朋拥众拒敌，三路官兵出奇追杀，虽奔入老硐，尚未大摧凶锋。及十二、十三等日攻破头硐，二硐犹有逆番，救援尽为击败，至攻破三硐、四硐，阿朋等力穷势急，突围冲出，各将士奋力合击，阿朋、阿姜济等当阵斩馘，各番兵追杀无遗，共计剿抚番寨一百三十有奇。元凶授首，诸番效顺，其杂谷土官桑吉仍归维州。一时声灵丕播，十数万番蛮俯首纳款，数千余里岩疆，奠如盘石。是役也，皆仰赖我皇上威德远震，致张大捷。而将帅武臣其功良有足多者，如：提臣郑蛟麟，运筹决胜，躬履行阵，督将士以歼渠魁，相应加叙擢旌殊功；抚臣佟凤彩，

---

① 抚剿：乾隆《茂州志》作“剿抚”。

② 招：乾隆《茂州志》作“诏”。

③ 悛：乾隆《茂州志》作“后”。

殚心督备粮糗，竭力克济军需；威茂道陈子达，身历险阻，赞运勤劬，招抚颇多。寔迹均当优叙，以酬厥劳。如副总兵何德成督剿各寨，疏通要路，且招抚多番，定额纳赋，劳绩累累。如经年战守之游击张国柱，备历艰险，同参游都司梁桂芳、张三耀、胡应祥，提标千总署中军守备事郭存礼，并随征游击贾汝良等，或夺官[①]而奋勇先登，或临阵而冲锋直入，各奋膂力，共奏肤功，应从优议叙，以示鼓励。至郭存礼与随征千总马应秀，俱能当阵力斩逆渠，尤宜破格超升。又如土官舍曲博朋，鼓率番兵，共襄堵剿。其用命各弁及伤亡并轻重伤官兵，功有足录，均应照例纪叙赐恤者也。除原册送部查核外，今准提臣咨移前来，臣复核明确，伏惟敕部议叙施行。奉旨：郑蛟麟着加左都督，何德成着加署都督佥事。余依议。

将之攻敌，犹医之攻病也。夫医无不可用之药也，惟能察人之虚实、邪正而治病之根，则病退而药胜矣；将无不可用之兵也，惟知敌之强弱、险易而破敌之心，则敌退而兵胜矣。如其不然，则药皆可以自杀，而兵皆可以自败也。保，古战场也。元老壮猷，出奇制胜，自汉迄今，赫赫在人耳目。要其成功，必先知敌而后能克敌焉。后之思立边功者，可不知所法乎！

节录《全志·边防总论》

松潘、威、茂皆氐羌地，自汉以来叛服靡定。明洪武十一年，御史大夫、平羌将军丁玉克服其地，设松州、潘州、茂州三卫，叠溪、茂州二千户所。洪武二十年，并松、潘二卫为松潘卫军民指挥使司。宣德四年，调成都前卫后所为小河营千户所，增置城堡，添调成都利、保等卫所官军更番戍守。先年，兵备提督皆侍郎、都御史，成化初改设按察司副史[②]总理松茂兵粮。后因南路梗塞，松茂不通，龙州相去遥远，分设松潘、威茂、安绵道兵备，又设镇守总兵官，以侯伯都统充之，挂平蛮将军印。成化初，改分守副总兵，协守左、右将军，南路、东路游击俱以都指挥充之。正德五年，添设石泉、坝底守备，以都指挥体统行事。又松潘、彰[③]腊地方，相隔六十余里，皆有隘口可通北虏。嘉靖十一年，虏人为害，巡抚宋沧议于彰腊后山岭建靖鲁[④]墩，西小高岭建靖鲁墩，设戍守之。嘉靖二十年，巡抚刘大谟、巡按王珩奏设守备指挥，亦指挥体行事，增官军二千员名，展修彰腊城堡，建置官厅、营房，修筑边墙一万三千五百三十丈，深挖坎井二千五百六十四口。又于大坝建造一堡，修筑城垣，内建官厅、营房。西山平坦更修一墩，以防侵扰之患。万历六年，副使杨一桂以彰腊所属绝塞、谭那等十七屯堡，去松遥远，支粮不便，议于彰腊旧基修建新仓，改运关支，卒伍便之。天启、崇祯年间，边防犹故，然侵扰狎侮，至无宁日。皇清荡平宇内，百制维新。顺治初，奉裁茂州卫、

① 官：或为“关”。
② 史：同治《直隶理番厅志》作“使”。
③ 彰：同治《直隶理番厅志》作“漳”。
④ 鲁：当为“虏”之音讹。

叠溪、威州[①]、小河等千户所。十年，地方荒残，将安绵道暂停推补，寻奉裁。改潘道为松龙道，提调龙安。十八年，仍改为松潘道，威茂道，兼摄巡西道。康熙六年，二道俱奉裁。于康熙八年，题请复设松威道，松潘仍设分守副总兵，添设城守守备，龙安、威茂仍设参将，叠溪、小河、彰腊仍设游击，平番、石泉各设守备，要害分兵汛守。松潘旧有四州，三近彰腊。今阿失寨即上潘州，班班簇则下潘州，二州之间则中潘州，潘州去松不二三日，故城遗址尚存。维松州后为卫城，屯堡与彰腊诸番犬牙相参。自松达茂三百余里路，循河岸，夷碉棋布山崖，视之如蜂房。保县有堡，过汉索桥则古维州故城，三面临江，殊陡险，盖董卜、韩明宣慰司与杂谷安抚司交界处，城上有李德裕筹边楼。明景泰年间，为叛羌王永所毁，遗址尚存。州址今为杂谷碉寨，迤北则无忧城，皆名存实亡，不复为我有也。大抵松、叠皆夷，威、茂汉夷相半。然置重兵备守者，盖松、茂所以扼塞吐蕃，叠则松茂脉络。昔人谓吐蕃入寇，必自沈黎；吐蕃、南诏合入寇，必于灌口。灌口失守，则长驱于蜀。然则三城为边之藩篱，灌口为叠茂喉襟，威茂为灌口障蔽，岷山又为全蜀之巨屏者也。

---

① 州：同治《直隶理番厅志》作“茂”。

第七卷　艺文志

微词不可以喻化外，赋诗不可以退贼奴。吾于保邑，良不薄其不文，正憾其不武耳。然则何以志“艺文”？曰：塞上风高，词多雄劲；边人伉直，宜作夏声。何于兹土求若《菟苴》野人之声情，秦国《小戎》之奉上，概少闻焉。吾思有以感发之而靡从也。夫文武本无二道，其人受君忧国，不循寻常。虽用武而文以其甲胄礼义也，虽称文而武以其志气雄烈也。则李卫公维州奏议，杜少陵雪岭诗篇，心晶汉日，声遏胡云，鼓之舞之，良有取焉。他如古今碑版、歌吟，涉建置、关风土者，例得采诸。

凡四帙：奏疏；序记；诗；赋

奏　疏

论维州事状

右臣顷蒙先朝授剑南西川节度使，其悉怛谋虽是吐蕃酋长，久乐皇风，将彼坚城，降臣当道。臣差行维州刺史虞藏俭便领兵马入据其城，飞章以闻，先帝惊喜。其时与臣仇者，望风疾臣，据兴疑言，上罔宸听，以为与吐蕃盟约不可背之，必恐将此为词，侵犯郊境，遂诏臣却还此城，兼执送悉怛谋等，令彼自戮。复降中旨，迫促送还。昔白起杀降，终于杜邮致祸；陈汤见按[1]，是为郅支报仇。感叹前事，愧心终日。今者幸逢英主，大备台司，辄敢追论，伏希审察。且维州据高山绝顶，三面临江，在戎虏平川之冲，是汉地入边之路。初，河、陇尽没，惟此州独存。吐蕃潜将妇人嫁与此州门子。二十年后，两男长成，窃开垒门，引兵而入，遂为所灭，号“无忧城”。从此，得并力于两边，更无虞于南路，凭陵近甸，旰食累朝。贞元中，韦皋以经略河湟，此城为始，尽锐万旅，急攻数年。吐蕃爱惜既甚，遣其舅论莽热来救。雉堞高峻，临冲难及于层霄；鸟径曲磻[2]，猛士多縻于垒石。莫展公输之巧，空擒论莽热而还。及南蛮负恩，扫地驱劫。臣初到西蜀，众心未安，外扬国威，中缉边备。其维州执臣信令，乃送款与臣，臣告之须俟奏报，实探情伪。其悉怛谋等寻帅城兵并州印甲仗，塞途相继，空垒来降，臣即大出牙兵，受其降礼。南蛮在列，莫敢仰视。况西山八国，隔在此州，比带使名，都成虚语。诸羌久苦番中征役，愿作王人。自维州降后，皆云但得臣信牒帖子，便相率内

---

① 按：当为“徙”。

② 磻：同治《直隶理番厅志》作“蟠”。

属。其番界合水、栖鸡等城，既失险阻，自须抽归，可减八处镇兵，坐收千余里旧地。臣见此有莫大之利，为恢复之机，所以面许奏闻，各加酬赏。臣自与锦袍金带，颙视朝旨。且吐蕃维州未降以前一年，犹围逼鲁州，以此言之，岂守盟约？况臣未常用兵攻取，彼自感化来降。又沮议之人，岂思事实？犬戎迟钝，土旷人稀，每欲乘秋犯边，皆须数载聚食。臣得维州逾月，未有一使入疆，自此之后，方应破胆，岂有虑其复怨，鼓此游词？臣受降之初，指天为誓，宁忍将三百余人性命骈诛，累表陈论，乞垂矜舍？答语严切，竟令执还，加以体被三木、舆于竹畚。及将即路，冤叫号呼，将吏对臣，无不陨涕。其部送者，更遭番帅讥诮，云：既以降彼，何须送来？乃即将此降人戮于汉界之上。恣行残忍，周固携离，至乃掷其婴孩，承以枪槊。臣闻楚灵诱杀蛮子，《春秋》明讥；周文收送郑叔，简册致贬。况乎大国，负此异族，塞申款之路，快凶雪[①]之情，从古以来，未有此事。伏惟仁圣文武至诚大孝皇帝陛下，振睿圣之宏图，得怀来之上策，故南蛮申请朝之愿，北虏效款塞之诚。臣实痛惜悉怛谋等，举诚向化，解辫归义，而未加昆邦之爵，不赏庶其之功，翻以忠爱，徒为仇雠所快，身遭此酷，名又不彰，职由愚臣陷此非罪。虽事更一纪，而运属千年。臣所以具陈根本，不惮繁细，冀蒙睿鉴，追奖忠魂。伏乞宣付中书，各加褒增，冀华夷感德，幽显伸冤。警既往之幸心，激将来之峻节。臣德裕无任恳愿之至，谨录奏闻，伏候敕旨。

序 记

筹边楼记

宋 陆游

淳熙三年八月既望，成都子城之西南新作筹边楼。四川制置使知府事范公举酒属其客山阴陆游曰：君为我记。按史及他志，唐李卫公节度剑南，实始作筹边楼。楼废久，无能识其处者。今此楼望犍为、僰道、黔中、越嶲诸郡，山川方域，皆略可指。意者卫公故址，其果在是乎！楼既成，公复按卫公之旧图，边城地势险要与蛮夷相入者，皆可者[②]信不疑。虽然，公于边境岂其[③]待图而后知哉！方公在中朝，以洽闻难[④]擅名一时，天子有所顾问，近臣皆拥公对，莫敢先者。其使北而归也，尽能道国[⑤]礼仪、刑法、职官、宫室、城邑、制度。自幽蓟以北，出居庸、松亭关，并定襄、五原，以抵灵武、朔方，古今战守、离合、得失、是非，一皆窥见本末，口讲手画，委曲周详，如言其国内事。虽彼耆老大夫，知之不如是详也。而况区区西南夷，矩[⑥]成都或不过数百里，一登是楼，尽在目中矣。则所谓图者，直按故事而已。请以是为公记。公慨然曰：君之言过

---

① 雪：当为“虐”。

② 者：同治《直隶理番厅志》作“考”。

③ 其：同治《直隶理番厅志》作“真”。

④ 难：同治《直隶理番厅志》作“强”。

⑤ 道国：同治《直隶理番厅志》作“道其国”。

⑥ 矩：同治《直隶理番厅志》作“距”。

矣，予何敢望卫公，然窃有幸焉！卫公守蜀，牛奇章方居中，每排沮之，维州之功，既成而败。今予适遭清明宽大之朝，论事荐吏，奏朝入而夕报可，使卫公在蜀，适得此时，其功烈状[①]伟讵止取一维州而已哉！游曰："请并书公言以诏后世，可乎?"公曰："唯唯。"九月一日记。

山川形胜记

明 彭韶

蜀之地，南抚蛮獠，西抗吐蕃。上络东井[②]。岷嶓镇其域，汶江出其徼。以褒斜为前门，灵关为后户，峨眉为城郭，南中为苑囿。缘以剑阁，阻以石门，面越负秦，地大且要，诚天府之国也。杨[③]子云《益州箴》曰：岩岩岷山，古曰梁州。华阳西极，黑水南流。奏[④]作无道，三方溃叛。义兵征暴，遂国于汉。拓开疆宇，放梁之野。列为十二，比美虞夏。牧臣司梁，是戕是图。经营盛衰，敢告士夫。《集记》云：禹别九州，八曰"华阳、黑水维[⑤]梁州"，"岷嶓既艺，沱潜既道，蔡蒙旅平"。又曰："岷山导江，东别为沱。"《汉·地里[⑥]志》言："蜀郡湔氐道，《禹贡》岷山在西徼外，江水所出，东南至江都入海，过郡，凡行七千七百六十里[⑦]。"按：岷山在山[⑧]茂州直西北最后番，曰列鹅村，其村有岷山。山之右有岭，曰铁豹，则分水之上源也。水二派：其一西南，入尖囊大渡河；其一正南，入溢村[⑨]，至石纽，过汶川，则禹之所导江也。铁豹一名羊膊，盖夷语不同耳。任豫《益州记》言：江出羊膊岭，经甘松至灌千余里，是也。大抵蜀之山近江源者，通谓之岷山。峰连冈属，千里不绝，今俗谓青城为岷山者，以此。《续记》云：凡曰岷嶓，该众山言也；凡曰沱潜，该众水言也。盖蜀山之居左者皆曰岷，居右者皆曰嶓。水出于岷者皆谓之江，出于嶓者皆谓之汉。或谓之漾，或谓之沔。出于江而别流，别而复合，概谓之沱；出于汉而别流，别而复合，概谓之潜。古今论岷嶓沱潜者众矣。然参差不齐，莫不[⑩]其真者。盖由不知蜀山之居左者，皆得为岷；蜀山之居右者，皆得为嶓；而独指茂州之汶山为岷山，金牛之嶓蒙为嶓，隘矣。

威州学记

明 崔哲 威州知州

皇明文学，与天覆，冒海宇[⑪]。无采卫要荒裔夷，率建学立师。语言所不通，刑戮

---

① 状：同治《直隶理番厅志》作"壮"。

② 上络东井：民国《松潘县志》作"上络东井，下锁巫山"。

③ 杨：当为"扬"。

④ 奏：乾隆《茂州志》作"秦"。

⑤ 维：乾隆《茂州志》作"为"。

⑥ 里：当为"理"。

⑦ 过郡凡，行七千七百六十里：《汉书·地理志》作"过郡七，行二千六百六十里"。

⑧ 山：或为衍文。

⑨ 溢村：乾隆《茂州志》作"溢洛村"。

⑩ 不：乾隆《茂州志》作"得"。

⑪ 与天覆，冒海宇：同治《直隶理番厅志》作"与天同覆，丕冒海宇"。

所不惧，威法所不逮，皆知有孔子。知有孔子，则文教随之矣。孔子之道，人伦而已。人伦不明，其畴知有君父，类皆相率以人于禽兽之族。虽有小富，庶亦皆不足睹也已。威州在成都西北可三百里，古氐羌地，属《禹贡》梁州。以梁合雍，秦汉而还，郡隶不一。蜀姜维曾城其地，遂号维州。至宋乾德，始更名威州，迄今如故。唐李德裕亲镇其地，于时学尚未立，则前此可知矣。宋元皆羁縻之，何学校云乎哉！洪武十年，御史大夫丁玉克服威茂。十五年，千户焦宽始请建学，威人知有孔子自此始。州屡迁，而学因之。正德二年春，威州守崔哲以进士调官来威，废坠渐次备举，诸番相继纳款。惟学在安远门外，荒僻卑陋，水涨辄震荡如剽掠，师儒病焉。乃相地于城西，得所谓观音寺者，地势高敞，前据龙山，后依玉垒，凤坪、牛腊出其左右，水环以流，俨如泮宫之制。初改公馆，后遂以请于巡按盐茶御史陈公，再改为学基。乃富以畜材，勤以鸠工，檄百户马政、屈昂以董役，撤庙学旧材而新之。中建大成殿，左右二庑；前大成门，左右神库、致斋所，中凿泮池、桥基，外启灵星门；左建明伦堂，分博文、约礼斋。号房若干间，省牲、神厨及一切房、牌、碑、亭各附焉。于是祭瞻有主，讲受有所，退息有居。缭以垣墙，植以松柏，广十有八丈。经始于戊辰二月，庙成于秋八月，学成于十有一月，规制宏深，杰然与诸州郡庙学争雄观矣。用是州人相与遣充弟子员，岁增二十余人。番亦闻风归化，大小二姓亦遣子弟入学，与诸生相率唯谨揖逊，从事俎豆，彬彬然有齐鲁之风。崔守既快其学之有成，乃勖诸生而告之曰：夫人之所以异于夷狄禽兽者，以其有人伦也。人伦之大，君亲而已。非忠无君，非孝无亲。诸生道法孔子，修己致用，舍是何以学为哉！威自开辟，迨我皇明而学始建，民乃率教，在《易》则类于蒙也，其养正自兹始矣。自国初迄今，而学再建，民用丕变，在《易》则时于恒也，盖久于其道而天下化成矣。昔者鲁侯作泮宫而淮夷攸服，文翁视学而俊乂兴举，史侈言之。况今文教四敷，荡荡乎如天之难名，当有昂然出于其类，与天争先，诸生其可以威自限哉！

《裁并威州疏》，入“建置”	国朝	宪　德（四川巡抚）
《剿处星上水田曾头等寨疏》，入“民事”	国朝	佟凤彩（四川巡抚）
《雕剿龙蒲等寨疏》，入“民事”	国朝	李国英（四川巡抚）
《请准苗童应试疏》，入“学校”	国朝	随人鹏（四川学政）
《请增保县防汛疏》，入“武备”	国朝	岳钟琪（川陕总督）
《威茂改协添兵疏》，入“武备”	国朝	查郎阿（川陕总督）
《雕剿阿鹏报捷疏》，入“武备”	国朝	李国英（四川总督）

报功祠碑记

明 贺新

夫祭之为言也，报本也。报本何道也？功德所被，人心不忘，祀之所以敦厚也。夫天地者，百物之始也，故有郊社之礼；父母者，生人之始也，故有宗庙之祭；此祀之大端也。日月星辰，所瞻仰也；风雨露雷，所资生也；山林、川泽、土谷所产，财用也。则各以其类祭之，此由天地而推者也，广物道也。古哲、帝王、先圣、先师、功臣、烈士、名宦、乡贤，安国家，庇生民，垂大法，捍大患，则各以其族祭之，此由父母而推者也，广人道也。《记》曰：乐，乐其所自生；礼，反其所自始，祭之义也。非此族也，不在祀典。按：威，古氐羌之地，自武王时始入中国。秦郡县之，尽夷类也。汉大将军姜维讨叛羌至此，筑城以界之，间有汉民。后世顾其城，思其人，因名之曰维城。唐乃改置维州。宋因为威州，其源自姜氏始也。至吐蕃作乱，戎马交驰，牛僧孺欲弃之，时李德裕为节度使，屹然为保障之计，民赖以全。迄于今，不沦于腥羶童首者，李公之赐也。夫姜公者，威州所由始；李公者，威州所由生。无姜、李，则无威矣。祀而报之，不亦宜乎！然李公里人处处犹祀之，姜公则不知祀，岂非以其远而遂迷其本始欤！嘉靖戊申，前兵宪小东马公，兴废阐幽，追崇往迹，乃命有司春秋斋祭焉。姜、李之列祀典，自兹始。惜其祠因诸旧楼倾颓，简陋莫可周旋。甲寅之秋，予莅任。未几，诣祠展礼，慨然欲创造之，难其地。越明年乙卯，诸生或告予曰：祠旁有千户彭氏故宅，居之弗利，鬻诸谢氏；谢氏亦罔或利，将鬻诸人，弗得也，盍图诸？予遂往观焉，规模轩豁，栋宇宏壮，乃卜诸心，曰：何以弗利于人，或者神将有意乎？立召谢氏子庠生朝升、朝阶语其事，二生忻然愿鬻为公祠。乃众议定价二百金有奇，因割大悲寺之废址易之，抵价金四十。其余则命僧人祖祥偕民周良田以义谕众，共襄厥成，诸所请，无不人人翕然愿助者。予以其故告之今兵宪云峰来公，公曰：予职在安边，志在崇功，此义举也。捐米四十石，予亦捐米金若干为众倡。既而保县知县舒子文璧、儒学训导刘子万荣从而和之。于是提督西路指挥蒋君启署、威所千户蒋君承恩、指挥鲁君缉乡、大夫吴君钦、谢君天爵、王君鹮、董君刚、庠生杜俨辈、义民王永和等，各捐有差，合之计谢氏之植[①]，改作之需，绰然有余裕矣。乃命吏目魏几稽、出纳仓副使李汝翼、典史冯世远敦匠事。凡增修大门三门[②]，两旁各为小室，以居守祠。次为二门，为左右厢房，前堂后寝，悉仍其旧，稍加饰焉，气象亦焕然改观矣。将以明年丙辰仲春，迁神致祭。诸生若里民会呈于州，曰：姜、李之功尚矣！后有作者，若前太守崔公哲招徕逆番，境土周靖；范公渊以文饰治，以礼化俗，至今有遗惠焉，请以从祀。夫惟天下名贤所寓，宦绩流芳，必祀诸学宫，以昭不泯，威独阙焉，不可以为训。祀崔、范于姜、李之后，礼以义起也，从之。祭之日，俎豆馨香，礼仪具备，肃然无哗，众情以为和，神之格思其可度矣。呜呼！是举也，有二道焉：祀姜、李者，所以表为下报功之义也；祀崔、范者，所以劝为上施德之仁也。仁至斯，义尽矣！牧斯土者，可无仁乎哉！爰记其事，以告来者，并刊其助金者姓名于碑阴云。

朱公开设南堡德政碑

明　钱养民 保县[③]训导

古之豪侠欲树功名于天壤，随所藉资皆足以发抒胸臆，非其扶持有素，焉能胜任而愉快乎？今夫保，小邑也。僻在万山丛阿中，土瘠民贫，一切所需，悉仰给于土官，且

① 植：同治《直隶理番厅志》作“值”。
② 门：同治《直隶理番厅志》作“间”。
③ 保县：原作“保导”，今据同治《直隶理番厅志》改。

负载百里外，谋朝夕命。蛮獠围绕，山岭插天，以为巢穴，仅隔一衣带水，与官道相望。每河涸草枯之际，劫人于途，铤而走险，往来者莫能遂也。堂道恒廑西顾之忧，而苦于鞭长莫及，非腹心之患而何？幸邑侯朱公，奉天子简命，来莅兹土，倘亦保之泰运将开，厚邀天幸，而荷此一路福星者耶！公讳蕴钚，字玉藻，号鹿洞，楚昭王元孙也，夙[1]负异材，有天下已任之志。顷以牛刀小试，甫下车，即锐意政事，暇则作新士类，诹咨民瘼。一日，召诸父老抚循之，曰：咨！一邑风景何萧然乃尔乎！余从东来过威郡，涉桥以西，羊肠一线[2]，蚕丛路也。及入邑，流览山川，则又皆石田无用。万一此道梗塞，县不几为釜中鱼乎！闻西有地名曰南沟，曷为不耕不桑而榛莽委之也，抑何治之拙欤？诸父老跽曰：然。乃请得陈荒芜之故，可乎？以县孤悬一隅，诸夷实逼处此，而岐酋跳梁为最，往往伏戎掳[3]我人畜，阻我刍荛。议抚而屡以叛，议剿而难[4]于饷。数十年间，目为畏途，安望菑之而畬之。侯忿然曰：吾目此辈特几肉耳！遂令传译[5]诸番头目本卜太等，告以朝廷威德，归则抚之，不则有灭此朝食已耳。乃下令邑[6]中，简精悍军兵，除戎器，勤训练，为功守备，以百夫长、千夫长领之，日夕游兵侦蛮要路，以捕不时窃发。未几，而岐山叛酋夏至等果潜图来攻县城。赖公早见先谋，伏兵以待，一时就擒者六七人，遂枭首以示诸寨。番众股栗，皆率所部来降。若蒲溪、若木兑、若印上等路，无不闻风内附。各以牛酒抚谕归寨。自是豺狼肃清，制产可得而言矣。乃率官军躧[7]看南沟一带山原，而博士及弟子员随之，则见膏腴入望，无非可耕艺之区。侯喜曰：民之甦生在是矣。于是为未有之事，经画一新。或问：南堡之伐较唐无忧城、柔远城孰多？予曰：非无所及也。虽然，唐会昌年间，天下粗安，李文饶以平章节度西川，易为力耳。今天下多事，西南不堪再兵，以不得已之时，具不得已之役，其任已难乎！往昔凡天下所不得已而为之者，必曰权宜。以不得已为之，亦将以不得已终之，必如是而后可以已也，公之苦心其殆未已乎哉！《易》之行权，莫若巽木之乘坎水，曰：豚鱼吉，利涉大川。木，游也；水，虚也。以虚而游，权之义也。然有险焉，匪信豚鱼之于风也。至信及豚鱼，何险不夷也。南堡之建，公其善权乎哉？予以为不离乎信。公以博雅名天下，世但知其文章政事，兹乃一试其武，奇伟卓越乃尔。《诗》云：彻彼桑土，绸缪牖户。姬公之诗也。公以帝室之胄，熙帝载之隆，公其姬公乎！尚论千古，实获我心。今割鲜方始，行将调燮台省，乌得而拟诸绅衿？王子佳胤，袁子懋中、用中等征言于予，爰集所闻书之，尚其勒之危崖峭壁以为记。是役也，赞襄则儒学训导钱养民、代捕吏目陈命保、守备居其所，例得备书。朱公讳蕴钚，字玉藻，号鹿洞，楚通山端穆王孙奉国将军后也。

---

① 夙：底本作“风”，今据同治《直隶理番厅志》改。
② 线：底本作“绵”，今据同治《直隶理番厅志》改。
③ 掳：同治《直隶理番厅志》作“掠”。
④ 难：同治《直隶理番厅志》作“艰”。
⑤ 译：同治《直隶理番厅志》作“谕”。
⑥ 令邑：底本作“今已”，今据同治《直隶理番厅志》改。
⑦ 躧：同治《直隶理番厅志》作“踏”。

朱公鼎建南堡记

隋开皇间，于西极建薛城戍，即今保县。唐相李文饶并维州，经略重地也。我太祖高皇帝平蜀而后，历十八年乃定。累朝以次封殖之，称锁钥焉。尔因虏寇肆虐，无食无兵，几无守吏。莅兹土者不暖席，士民莫必其命。主上愁焉西顾，特简帝系朱公临之。公奉命兼程驰至保，惫不能兵。咸谓吐蕃部落以千数计，外者虽多，犹以为远我，内者曰岐上，又曰蒲溪五寨，皆逼邻近甸，噬保人者也。兵之则罹祸，俟之则难支，佥谋不能决。公喟然曰：鸡肋犬牙，何足烦朝廷而呶呶聚讼焉，不曰囊漏贮中乎！伏斩积渠，夏至而蒲溪崩厥角矣，计毙叛凶卜太而九子诸寨输诚矣。戎既静，士民无议，爰步各险，得南蒲地，古称浴蛇村，扼戎虏出入。有聚庐而处之者，既报乎，乃仿赵充国屯田故事，筑城以守。遂尽诸子遗户而谷之。地饶火种，保人薪租赖于兹，始有生人趣。由是赈饥复稍，造士练兵，设学义田，捐俸买犊，一切因之。建堡一，建墩十，又于山左辟一坦道，以防岐蛮出没不测。其制墩、卫、堡，堡、墩仍交相卫，烟火相联，首动尾应，延袤二十里许，鸡犬相闻，城中从来无人涧壑，殆已另开一世界矣。则又仿古计口授地之法，区画于其中，孰者为民恒产，孰者为学义田，轻重布之，井井有条，可谓辟一时，千古永赖，猗欤都哉！故名其堡曰南堡，名其墩曰受降墩。夫南者，明也，明为阳，为中国。明夫子在上，深山穷谷思耀光明，而公代天理物，向明劝化，于以褫毡裘之胆而固吾围，驯诸夷之鹜而服其心。王威远播，绝域怀宁，岂偶然哉！于是士沐其化，民怀其惠，与诸父老讴吟，踊跃相率，谋记于予，以记盛事。予南楚竖儒，固陋不文，何能扬公之德万一。谨揭其大者，附众刻石，以志不朽云。

祭玉垒王舜卿文元正

明　杨慎 新都人

古语有之：同病相怜，同忧相救。嗟君我之行踪，何斯言之相副。忆嘉靖之甲申，当金商之卒候。昧一鸣以斥伏，同三进而及霤。嗤蒙梏之未脱，冒瞽言之难奏。纷巧簧之易如，惭面甲之益厚。违天颜于咫尺，褫龙章于阙右。落孤影于清浔，下承明于紫宙。予孑孑以无依，子茕茕而在疚。联艬艘于落水，竭嗡呓而相叩；赴严督以难征，怅非狂而东走；交呻吟于蓬席，忘饘粥于昏昼；苦吊影于罔两，甘生涯于鼪鼬。君违秦而巴潺，我去蜀而滇僽。哽题绅以分袂，各扶伤而携幼。限天隅之一柱，望月弦而几彀。捧戎檄以予归，喜少城之君逅。讶垂白之如新，命重碧以话旧。歌嘐喻以无解，语聊浪而失读。听南音于西林，主北道于草阜；发孤笑于群忧，伸眉颦于面皱。吟江鸿之夜度，赋鬼车之晨雊。杂欢悲于须臾，类栩梦之一宿。洎甲鼍以吾行，牉兹会之难又。望北风而开襟，怪嗣音之不复。竟庚子之日斜，忽辰巳之相凑。丧资斧于旅巢，慨河清于人寿。感徒系于匏瓜，恻不食于井甃。涕却留而已零，杯欲奠而先覆。呜呼！盈万物于两间，恒接构而心斗。何淑贶之罕临，而良辰之希遘。巾柴车以碧纷，懞驽骀以朱就。既贫厄而富虒，且芝焚而蒺茂。岂黔嬴之混施，兼造物之垢瞀。屈《天问》其焉陈，柳《天对》兮焉咎。惟珵美之莫藏，树令名其不仆。匑芳馨于皎日，等尘劫于刻漏。慰夫君兮九原，庶斯语之不谬。声已吞兮何言，魂归来兮兹侑！

玉垒山题

国朝　程凤翔 松茂副使

昔刘梦得尝爱终南、太华，谓此外无奇；爱女几、荆山，谓此外无秀。及登九华，悔前言之失。盖山水非躬造其胜，心习其情，或耳到而手足心眼未到，未许轻加品题，不独梦得为然也。老人与玉垒作缘，寝息其下者三年，每忆杜少陵"锦江春色来天地，玉垒浮云变古今"之什，窃谓锦江春色，刻画天然，无可易矣。玉垒浮云，似于此山真面目，未有理会。因记往岁游青城时，灌以青城之玉垒为玉垒，岂少陵当日上下锦官、白帝间，游迹所至，盖止于灌，未及威耶？夫古人一物命名，无不相肖，况巍然都郡之表出者乎？昔人谓玉垒之在青城者，幽秀深渺，白衣苍狗，变幻无端。今观玉垒之在威者，峭壁嶙峋，截然玉立，如垒如城。左太冲所谓"包玉垒而为宇"，盖名与实无不称焉相肖。山既出其真面目以向我，则何敢以少陵足迹未到之玉垒，而使青城窃其似，以冒其名，且使后人谓如子美，容有不相肖之句，诬玉垒以并诬少陵也。至山半，有大书"玉垒"二字，传为汉昭烈手书，此不足据。老人所据，据夫三年寝卧其下，领略其体貌性情，不作生客草草评论，以贻他日之悔、山灵之笑而已。若乃穴沸清泉，源本石潭，依稀无异慧山；清冷香柔，功德备焉，向来未遇知己。旧名龙洞，后人复题为"玉液池"，亦觉草草。岂玉垒山下，果有珠如方诸见月则津而为水者此乎？抑真有鳞瀺灂其洞中耶？昔昙隐大师寓东梁，潭中涓涓沸出，相传每旱祷雨辄应者，缺字[①]。不足分八功德水之一也。（八功德水注：一清、二冷、三香、四柔、五甘、六净、七不饐、八不蠲疴。）且此泉污塞多年，今春来老人为疏涤而领略之，以渐得其清冷香柔之故。未几，而详请督抚减征之檄适下，边氓困苦稍苏，又龙、蒲诸逆番相继戡定，郡人去卧榻之大患，士庶讴歌，如出潦泉而饮清凉焉。则以谓功德之一也，固亦无不宜也。

迁复威州厅事记

国朝　李天植 威州知州

志载，宋乾德四年迁威州于玉垒山下，是其地原迁所也。明正德五年，前守范公缘厅事低浅，近迁龙洞之阳，勒石记其事，阅百八十年于兹。夫以威之为州，地仅六十里，城可弹丸，前临大江，后逼山麓，即欲大展规模，已碍于地势之无可如何。矧兹边鄙，民不聊生，任司牧者，抚绥无术，宁遑安处？且其堂依然枕上流，衙宇仍旧排连，石陨不测，栋摧梁折，水溃治前，涛声聒耳。前守襄南左公题联：云足响衙鼓；江声走治门。已刻画殆尽矣。又何爱于少展数武，以低浅辞？《诗》曰：惟义正之；又曰：卜云其吉。古人慎重于地理也。庚午春，予以菲才，授[②]任兹守事。黉宫考登贤书者，止于正统。然人文蔚盛，古今不殊，非山川之不效灵，由迁置之失安妥。旧启圣祠并大成殿，术士廖姓告以接风脉，故揆诸父子，一脉之理，宜改之便。迨竣其事，癸酉科文场举一人，武场举一人。越丙子，文又举一，武连举二。由是观之，风水信有然也。时术

① 缺字：当为对誊录碑文的阐释。

② 授：同治《直隶理番厅志》无此字。

士亦以厅事仍玉垒告，予悼其劳民兼苦俸薄，迁延七载，山石数坠，堂室不蔽风雨，迁复势不能已。遍观玉垒奇峰耸翠，玉液飞珠，树木森阴，岚光掩映，诚为发祥蔚起之地。昔人迁此，岂属无谓。遂下议士民，报可。予因申闻当事，择期鸠工，量地置宜。一切堂室，惟发旧料转移，夫匠工食，捐竭己囊供用。新建大门、二门，悉仍其旧，大堂匾题“上帝临汝”四字。堂后转折步许，开道延进二堂，直接龙洞檐前，临池绿水，架桥通渡，悬其额曰“洁矩堂”。面壁实[1]嵌玉垒旧题“洞龙深处”四字。壁后为厩牧所。东绕山曲径至乾龙洞前，构营书室，少假公余憩息。西进内宅，门垒台层。次住房三进各三门，两厢小房六间。宅后连山阔地数十丈，用资蔬圃。垣墙外，竖吏目厅署，规模差可改观。甬道东出大门，左建土地祠及牌坊一道，右设监狱。治门外旁留余地四丈二尺，设乡约[2]所。二丈为户首公处。二门两旁，修盖科房。甬道东栽槐四株。大堂侧置仓一所，接连小房二间，以备衙役住宿。治前周围隙地，除拨补民居外，共新安插民一十九家。又治西空地，新创斋院一所，凡门、堂、内室、厢房、厨厩，无一不备。两丹墀亦种花木各色六本。院后菜园以土墙界之。诸有不逮[3]，仍俟后来君子。予非志图辉煌，不过信志乘以绍前业，鉴学宫以利将来。抑且远避山石，冀垂永久。乃未几一月，人争趋事。厅事聿新，民居凑集。于落成之明日，瑞雪盈空，状五花六花，顷异鸟和鸣，翱翔上下，盈[4]日不散。州人士庶诧为未有之奇，予亦莫测其故。第揣神人协应，禽鸟来仪。或亦地运将兴，康阜吾民之兆也。爰镌诸石，以志岁云。

西征记

国朝 刘绍邠

乾隆九年三月十日[5]，制府庆上公偕余赴松潘。出成都西门三十里，过犀浦，一望平畴，沟洫夹道，流水潺潺，澄澈可鉴。或砌堰灌溉，或竹竿接引，或漫淫横界。道岸上杨柳排列无际，垂绿千条，依依拂人。树下月季吐红，丁香布素，与草绿相映。盈渠野卉，圆茎长叶，似蘐而花白，土人不能名。去犀浦二十里曰郫县，少陵诗“酒忆郫筒不用沽”者是。逾县经崇宁境上，水木清华，风光如昨。时维暮春，菜甲豆肥，荞鬟麦穗，烂如云锦。人居浓阴中，微露屋角[6]。茅茨旁沟塍，薜荔延其上，周篱，种木槿、巴焦[7]为蔽。馌妇饷童，迟回陇畔，因诵《邠诗·七月》，怡然乐之。将近灌县，忽青城耸翠，灌口流声，不觉耳目一异。县城半倚山，不五里二郎庙[8]，庙祀秦守李冰、子二郎，史称“凿离堆，避沫水之害”。今为都江堰，蜀人德之，岁时歆享。离堆在其南，从公不获往。渡[9]江行崖壁间，自是无平壤矣。三十里为尤溪沟，树林茂密，多佳茗，

① 实：同治《直隶理番厅志》无此字。
② 约：底本作“纳”，今据同治《直隶理番厅志》改。
③ 逮：底本作“远”，今据同治《直隶理番厅志》改。
④ 盈：底本作“盛”，今据同治《直隶理番厅志》改。
⑤ 十日：同治《直隶理番厅志》作“十三日”。
⑥ 底本衍一“角”字，今据同治《直隶理番厅志》删。
⑦ 巴焦：同治《直隶理番厅志》作“芭蕉”。
⑧ 不五里二郎庙：同治《直隶理番厅志》作“不五里有二郎庙”。
⑨ 渡：同治《直隶理番厅志》作“沿”。

细如枪，味清新[①]。过松萝沟，上杨子岭，曲折陡峻，四人肩舆，八人执索牵之。望硬头湾，山愈高，水愈壮，径愈仄，阴森不日，居者迫山趾水次，不能一亩。历兴文坪，抵飞沙关，黄尘迷目，大风几挟人去。到汶川，蛮酋列阵来迎。酋长衣冠如中国。其卒皮铠[②]，绘虎文帽，以毡装绵数寸，庞然大也，云可避刃，插羽其上，以多寡有无别贵贱。其器执矛[③]则操弓，小如弩，镞旁有钩，入肉[④]不可出。执膝牌则操刀，锋尖而直，能刺不能击。其人瘦小黎黑，轻建[⑤]似猿猱，善走而少力。其民往来各州邑，负竹兜，衣黼，童稚纳焉。男垢面，女袒裼，赤足，耳垂铜环，大于掌，或系之腕。每以十月出佣，三月归巢。汶茂皆有之，而保县独多。县城旧在江南，有李德裕筹边楼，圮于水。里籍不满三百，一都司，守令寄治威州佛寺。以事过江，从藤桥渡。藤桥者，缚藤索十数，绵亘江上。覆以版，甫履即动，风来益荡漾。又有溜索，攒竹成巨索横江，首高尾低，作斜坡形。渡者手竹版，摩极滑，双手按索上亦极熟，藉高下势滑而迅走，要须腕力，否则坠。诸土司来谒，皆袭于明，一袭自唐，考谱牒，良然。孔子言："夷狄有君。"论者第谓一时慨叹，讵知万世后事不爽。唐至今千余年，中夏几易主而土官如故，因与上公感叹者久之。须臾过雁门关，左倚山，右傍大江，一夫扼险，可敌百人。晚宿汶[⑥]镇，次日至茂州。一副将与牧并治，人稍密，然地寒不植物，惟梨、频婆、牡丹甲于蜀。人家垒小石为墙，泥封其顶，不能蔽雨，雨后挥木槌四五次，乃坚。前经叠溪，游击居焉。中间当路，不十里一堡，堡以石。明季献贼不到，故完好。官道两旁，犹有颓垣，便见古人防边之严[⑦]。过镇江关，山势忽开豁，为松潘，即唐松州。或曰产松，或曰赤松子游，今有赤松观。潘州在郭罗克，明失其地，退而并名，一总兵镇之。俗贵牛羊，牛性不驯，见人辄触，常以索系之，揗可食，不可使。毛尺余，作缨，名曰旄牛。羊经冬乃肥，春夏疾瘯。蠡无他蔬，惟苦荬可茹。自兴文坪至此，风气略同，山高而童，状不一，或土或石，或石载[⑧]土，或积沙，望若朽腐，多穴罅，凛凛惧仆。江心乱石槎枒，水不能竟过，涌而立，抟而沸，盘洄而破碎，激而鸣如万鼓，如惊雷，人行岸上，对面语不闻。无五[⑨]谷，独青稞。青稞，麰麦也，未熟而寒，故不黄。米自灌县运入，味多变。沿江为路，于山腰凿孔，横受木架板，旁立木以支，空其下，古云栈阁，俗呼偏桥。夏秋水涨，飘没不可寻，攀崖谷趑趄而已。过午风起，居者阖户，犹有飞沙击牖；行者瞑目，率早徙避之。其地惟沿江一道通行旅者，属中国。两旁山上，虽声教所及，而隶于蛮。松潘亦一城，城外四围皆蛮，真所谓"一线望中原"者。上公曰：是孤镇，宜益兵。

---

① 味清新：原脱"味"字，今据同治《直隶理番厅志》补。

② 其卒皮铠：同治《直隶理番厅志》作"其卒衣皮铠"。

③ 矛：底本讹为"予"，今据同治《直隶理番厅志》改。

④ 肉：底本讹为"内"，今据同治《直隶理番厅志》改。

⑤ 健：底本讹为"建"，今据同治《直隶理番厅志》改。

⑥ 汶：同治《直隶理番厅志》作"文"。

⑦ "犹有颓垣，便见古人防边之严"句：同治《直隶理番厅志》作"犹有颓垣，云筑边墙护诸往来，堵御窃发，当时称便，见古人防边之严"。

⑧ 载：同治《直隶理番厅志》作"戴"。

⑨ 五：底本讹为"吾"，今据同治《直隶理番厅志》改。

送陈子衡北之官序

国朝　吴华孙

归安陈君衡北登乾隆二年进士，御试保和殿，取高等，以县令记名。其明年，恩授四川茂州之保县。前此成进士五六年者尚在需次，君释褐一岁，筮仕为令，不为不遇矣。虽然，保之邑在山谷中，地仅数里，赋税金不盈百两，无城郭署舍。闱囊者令皆假馆会城，岁间涉其地，民传食以供。邑诚蕞尔，或以是未足展君才，余以为不然。夫地广常侈，侈则有愆；地狭易啬，啬则寡过。士君子年壮气锐，一任民社而颠蹶比比者，非浩大为之累耶？今陈君所治，一琴一鹤可以之任，有抚字而无催科，不待簿书而事集，其民可家喻而户晓也，是足以优游而无累矣。卧而治之，不亦善乎！且有才，邑无小。朱邑为桐乡啬夫，陈寔为太邱长，地非广也，皆以贤名。然则因其土俗为设政教，即其人可以兴教化，即其地可以成丰阜，又何才之不能展也。夫保，土官杂处，为松潘之冲，西藏番汉之所往来，经由吏部注选，为冲难二者相兼之缺。天子重其地，特用陈君，夫固谓君年力方壮，其才可使而优异之，非谓地狭小而无需于才也。以为未足展君之才，过矣。陈君勉乎哉！事上官以恭，接僚属以和，抚民夷以恩，约吏役以法，谨身节用，勤力任事，三年报最为循良吏，以无负圣天子擢用新进书生，俾父母远方民而优宠之之意。陈君，余分校所得士，故于其行也，序以赠之。

跋同年陈衡北先生初任保县之官诗册后

国朝　周景柱

国朝定鼎百年来，德化渐摩，声教四讫，幅员之广，从无比伦。猺猓黎僮番域族类，率皆喁喁向化，附隶版图。先是雍正八年，世宗宪皇帝命翰林文学之臣充宣慰化导，使分往滇黔川蜀沿边要地，招徕而抚循之。事峻还朝，使臣优叙，凡官兹土而父母斯民者，定例边俸，擢用以优异之，朝廷盖重其选也。上御极之三年，陈君衡北尹蜀之保县，士夫赠以诗成册。太史吴冠山先生序之，谓：天子重其地而使其才。谅哉！松潘新设崖镇，而保邑当镇之冲，猺獞番族逼处，所谓招徕抚循者，即今之实政而报最，以无负上意者也，与向遗词臣充宣慰使正等。陈君与予同举于乡，成进士后，留都门共邸舍，家季暨儿侄执维师之，计予同谱来十余年，兄事君，比共风雨者，又历有年。今君琴鹤双清，远挈以往，他日奏绩期，共话文翁，以续期册后矣。

浮云亭记

国朝　郑方城

玉垒，保邑治北。奇石千尺，云浮氤氲，鲜翠欲滴，故少陵称“玉垒浮云变古今”，盖有感而云。或谓山在灌口西二十五里，非是。山上观与亭咸以玉垒名，虽废而故址犹存。昔姜维、韦皋、李德裕、严武与吐蕃争战堡之地，今皆不可考，奈何并此山而疑之哉？下有峡如斧劈，深三丈，广四尺，泉水溢出，甘洌异常，名“龙洞”，旱祷即致雨。明王元正题“洞龙深处”四大字于石。岁久泉淤。顺治间，观察使新安程公凤翔滤之，为作记，所谓清冷香柔，此于功德者也。迄今八十余载，沙积石颓，不可复观矣。乾隆三年，归安陈君衡北宰兹土，未数年，政和民乐，簿书之暇，每蹑履扶笻，搜古名胜于玉垒山龙洞，爬梳而更出之，引其流别凿池畜焉。洞旁皆蟉枝攫挐，惨栗阴森。东列雁门诸峰，积雪若琼瑶；西临大江，沱水来会。两道绳桥，随风飘扬。今春构亭于其间，以为游眺之处，取工部语，颜曰[①]“浮云”。余思陈君博学有文章，以名进士随落鞅掌[②]，疑有不自释然者，而处之泰如，日与山水为缘。君骨秀而神闲，练于吏治，清泠香柔之北，正足移赠。而察其兴趣勃勃，固若玉垒之云上薄也。韩昌黎氏曰：龙嘘气成云。龙洞之蛰，将不物而在人。陈君历此，与云气相吞吐，俄顷之间，为霖为雨。其于姜、韦、李、严诸公，讵一切浮云视之乎？夫古咏浮云不一：浮云蔽日，思君者也；西北浮云，思乡者也。兹陈君之以名亭，殆亦有少陵古今之感也夫！然读李义山“浮云一片是我身”之句，回首平生我劳如何，陈君念我，亦有不忘情者矣。

筹边楼记

国朝　刘绍邠[③]

保县去成都不五百里，而所治皆蛮。陈君衡北令之三年，复建筹边楼于此。按陆放翁记谓：废久，无能识其处。淳熙三年，制置使范公石湖作于成都子城之西。南望犍为、僰道、黔中、越巂诸郡，山川方域皆略可指。卫公故址，意者在是。而蜀人士皆云在保，且以史称：文宗太和四年十月，公节度西川，作斯楼，图蜀地形[④]，访南诏、吐蕃险要，与习边事者商议于中。次年九月，吐蕃将悉怛谋即以维州（即威州，今保县在此）。来降。公所谋者吐蕃，则其所以作楼者必于保也。余窃惟维州自贞观以后，叛附无常，卫公招徕，复为牛相所沮，终公在镇之世，未归版图，楼之下不在保，信矣。第尝论蜀疆多蛮，西隅尤甚。自尤溪沟至维，自维至松潘，民居道左，江边两旁皆山，均隶于蛮，形[⑤]似一线。保县由维南渡，势如犄角，从中横击以掣诸羌之肘，盖边防要害也。是以卫公筹边，首事在兹，则移斯楼于斯邑，不益见控制之有方哉？况今县地不能百里，户不满三百，杂谷、金川、三齐寨环绕四面，旧治地废，令寄于维，居民畏逼，数请令归，令亦以故不往。而郭罗克初肆劫夺，三齐寨与瓦司仇杀，构讼连年不结。陈君之作斯楼也，意有在乎？使当大任得以广为延揽，日与士大夫讲画其中，功业成就，又岂在卫公下哉？余盖拭目俟之。

重建旧保县城记

陈克绳

今[⑥]上即位之二年，德威遐播，百度维新。于是太子太保、文华殿大学士、前总督川陕、兵部尚书查公，巡抚四川、兵部侍郎兼都察院右副都御史硕公，以直隶茂州所属

① 曰：底本作“回”，今据同治《直隶理番厅志》改。
② 随落鞅掌：同治《直隶理番厅志》作“堕落尘鞅”。
③ 原志无作者，今据同治《直隶理番厅志》补。
④ 形：底本作“刑”，今据同治《直隶理番厅志》改。
⑤ 形：底本作“刑”，今据同治《直隶理番厅志》改。
⑥ 今：同治《直隶理番厅志》作“皇”。

之保县建城增兵之议请于朝，防边也。天子报可。命官所司出帑金，兴工役。署守[①]沈公承檄董其事，率僚吏，募民夫，运木凿石于寒空鸟道中。逾年工成，令知保县事陈克绳为之记。绳按：史所载，汉定冉駹，县其地，有广柔，后县废。隋时讨叛羌，以废地置薛城戍。唐贞观二年，更为薛城县。明因之，名曰保。世宗宪皇帝雍正五年，前抚臣以羌夷慑服，毋劳吏民，议裁保南之威州，即州治为县，称其地为旧保，不数年而复议增兵建城焉。盖蜀为西南最险之区，而旧保又蜀西南最险之邑也。自保以外，山高水激，诸羌部分类巢居者绵延数千余里。昔吐蕃盛时，据维州以为无忧城，拥兵数十余万，率所附党项、白兰、白狗诸羌部，时来往河、湟、兰、洮间，与中国争胜负。而保以一孤城，当维州冲，司西蜀之门户，威汶以下，视其动静以为安危者数十州邑，保亦险矣哉！然自唐中叶以后，韦皋、严武、李德裕先后节度西川，修武备，严战守，如所纪龙溪、通化、古州、定廉诸城戍，环保邑百里内，十有余处，其防御吐蕃者，且不独保也。今我朝神圣威武，柔远能迩，自彼氐羌，莫不来享来王。而吐蕃余种，若杂谷、梭磨、沃日、大小金川诸土酋，隶于县者，率皆受职司，听约束，通贡赋，兢兢凛凛，为我版图赤子。向之增城、筑堡、风鹤震惊者，其颓垣故址，已为我民。宅尔宅，畋尔田，无所事增修矣。然则虽并旧保城守而亦置之可也，然而犹汲汲兴是役者，岂非所谓安不忘危，而设险以守其国欤？周丈四百有十，高丈有二尺，广半之，将弁厅守大小十余，戍兵居室远近百有余，依山络水，屹如金汤。一二父老咸扶杖太息，谓邑废而复兴矣。绳故乐观其成，为之详记其本末。欲使官是土者，爰知天子、大臣防边之意，未雨绸缪，思共保治于无穷也。是为记。

雪堂记

国朝　刘绍邠

雪堂，陈君衡北退息之所也。古者循吏，泽比甘霖，雪亦润物，令行严肃，舍彼取此，义将安归。陈君曰：是堂三楹，面对高峰，上有四时不释之冰，虽当盛暑，北风一起，六花飘飖，昕夕见之，故有取焉。公笑，应曰：若以景，则一水一花皆足见志。莺粟烂于隅，流泉鸣其除。胡舍诸君之聪明冰雪，净君之清操皓雪。似之遇物而会心，即境而言情，则其命斯名也固宜。

玉液池记

粤东东莞　钟骥 直庵

自鸿濛剖判，动静辟阖，互为其根，上际下蟠，罔非至教。其最著者，则静为山岳，动为江河。故观天下之动，莫动于水；诸水之动，无逾川河；川河之动，又以岷江为最。自夔巫三峡沂[②]白帝城而上，惊涛喷薄，湍激犇迅，转腾潎洌，莫可形状。漂疾极处，百夫挽舟，傍崖而进。自龙溪历汶保而上，则大禹岷山导江故地，湁集鼎沸，舟楫无所施功。渡江者编竹索为软桥，上覆板片，名曰索桥；或悬溜索一线，凌空横渡，

① 原衍一“守”字，今删。

② 沂：当为“溯”。

如飞仙焉。凶险之势，有若风云卷舒、倏忽万象者，有如阵马风樯、箭离劲弩者，鲸嘘鳌吸、龙骧虎跑者。一派银涛，雪山层叠，瀑布悬流，长如素练者。袤延屈曲，迳数百里，但闻泙湃訇磕，轰轰烈烈，声若行雷，使人神魂惝恍，毛发洒淅。此皆停毒动机，磅礴鼓荡，以成宇宙奇观。然动而不静，不见天一不测而芭符不灵。保县诸山，来自岷嶓一带，联冈覆岭，迤逦陂陀，入至署后为玉垒山。石色皑皑，莹然似玉。山麓有岩，两壁嵌崎，划然陡削，仿佛巨灵手劈，高可数丈，广三四尺。前令陈子琏筑得月台于岩颠，以增胜概，故址尚存。一名“八卦亭”，相传岩底有三足蟾蜍，大数尺余，不知年代久远，人罕得见，盖灵物云。岩之邃处，清泉一泓，游鱼历历，右壁勒云“源头活水”，味甘芬而清冽，止而不流，汲而不竭，义取乎玉垒之津液也。又以岁旱，雩祷辄应，或有黄蟮鱼出入，即有风雨，岩内亦先数日有声，名曰“龙洞”。外碑镌云“蟠龙深处”，亦曰“灵泉”。称名各别，俱可纪胜标奇。至泉之性，未有发其覆者。余以为水有源者必流，斯泉以静为体，独安于止。《水经注》云：岷江至益州潜行地下数里。潜，静机也。玉液之泉，其潜行别脉欤！江自岷而下，变动不居，独玉液一勺，静而有常，亦可名静泉。盖水以动为用，以静为体。天地于至动之中藏至静，以为万物始；即以至静储至动之精，以为万物母。动静借资，还相挹注，静之为义大矣哉。至所称“八卦亭”，则又与玉液池相得有合焉。夫山，艮也，水，坎也。将风雨而岩有声，动也。动也者，震卦之象也。雨，泽也。泽也者，兑卦象也。风，巽也，岩体中虚离之卦也。源涓涓而不穷，健也。健，乾德也。静而有常，坤之性也。八卦一阴阳也，阴阳一动静也。岩泉具有静体，吾故表而出之。

诗

寄董乡嘉荣十韵

唐 杜甫

闻道君牙帐，防秋近赤霄。
下临千仞雪，却背五绳桥。
海内久戎服，京师今晏朝。
犬羊曾爂烂，宫阙尚萧条。
猛将宜尝胆，龙泉必在腰。
黄图遭污辱，月窟可焚烧。
会取干戈利，无令斥堠骄。
居然双捕虏，自是一嫖姚。
落日思轻骑，高天忆射雕。
云台画形象，皆为扫氛妖。

岁暮

前　人

岁暮远为客，边隅还用兵。
烟尘犯雪岭，鼓角动江城。
天地日流血，朝廷谁请缨。
济时敢爱死，极目壮心惊。

西山三首

前　人

夷界荒山顶，蕃州积雪边。
筑城依白帝，转粟上青天。
蜀将分旗鼓，羌兵助井泉。
西南背和好，杀气日相缠。

辛苦三城戍，长防万里秋。
烟尘侵火井，雨雪闭松州。
风动将军幕，天寒使者裘。
漫山赋营垒，回首得无忧。

子弟将深入，关城未解围。
蚕崖铁马瘦，灌口米船稀。
辩士安边策，元戎决胜威。
今朝乌鹊喜，欲报凯歌归。

野　望

前　人

西山白雪三城戍，南浦清江万里桥。
海内风尘诸弟隔，天涯涕泪一身遥。
惟将迟暮供多病，未有涓埃答圣朝。
跨马出郊时极目，不堪人事日萧条。

奉和严郑公军城早秋

前　人

秋风嫋嫋动高旌，玉帐分弓射虏营。
已收滴博云间戍，更夺蓬婆雪外城。

军城早秋

唐 严武

昨夜秋风入汉关，朔云边雪满西山。
更催飞将追骄虏，莫遣沙场匹马还。

酬崔十三侍御登玉垒山思故园见寄

唐 岑参

玉垒天晴望，诸峰尽觉低。
故园江树北，斜日岭云西。
旷野看人小，长空共鸟齐。
高山徒仰止，不得日攀跻。

寓　意

唐 李商隐

燕雁迢迢隔上林，高秋望断正长吟。
人间路有潼江险，天外山惟玉垒深。
日向花间留返照，云从城上结层阴。
三年已制乡思泪，更入新年恐不禁。

送邛宗卿帅蜀

宋 杨万里

人似隆中汉卧龙，韵如江左晋诸公。
四川全国牙旗底，万里长江羽扇中。
玉垒顿清开宿雾，雪山增重起秋风。
近来廊庙多西帅，出相谁言只在东。

谕蜀宣威百万兵，不须号令自精明。
酒挥勃律天西椀，鼓卧蓬婆雪外城。
二月海棠倾国色，五更杜宇说乡情。
少陵山谷千年恨，不遇邛迟眼为青。

闻赴玉垒之约未及前，知谬，作以赠

明　郭凤翔 兵备

金马风流玉垒仙，紫鸾黄鹤驾青天。
浮云变态舍今古，美酒忘怀见圣贤。
旧雨仍同新雨好，他生已结此生缘。
登临一任恣多兴，收拾奚囊入古编。

嘉靖戊子夏五月予游汶川偿宿约也游溪兵宪郭公寄诗相赠因写其韵奉吟

明　王元正

鹭巾凫舄学飞仙，五月寒潭玉垒天。
蚁绿醉忘身是客，鹿鸣歌愧我非贤。
台端藻句遥能寄，云里山灵结旧缘。
千古草堂传盛事，登临那得少陵编。

挽焦英

国朝　谢铨 邑全[①]

保宁义士古焦英，敌忾胸罗百万兵。
劈脑巨魁时梦悸，截腰郡酬夜魂惊。
指挥大勇屯岷峡，击刺奇谋复锦城。
鼎定可怜身已殁，兴朝竹帛未知名。

匹夫忧愤义勤王，峡倒江流转战场。
五步独前双短剑，万人齐此一长枪。
但除草寇妖氛秽，岂慕兰台姓字香。
如此男儿宜不朽，吊凭银管纪诗章。

双节诗

康清湖 邑令

二女何曾读《柏舟》，独钟正气迈群流。
姑真为子延残喘，媳效从姑继苦修。
白璧两函天地老，乌台几字古今留。
观风遂我崇嘉表，鼓舞人间好念头。

由威州至古城投宿

万　岱

晓渡飞桥万顷陂，布衣单受塞风吹。
惊魂路逼鹦哥嘴，回首烟迷杜宇祠。
村叟为谁投竹杖，蛮姬也自插花枝。
古城夜宿多情主，鸡黍殷勤酒满卮。

① 全：当为“令”。

过乾溪

前　人

微微朝雨过乾溪，几个人家屋盖泥。
云雾不分山左右，汉羌只隔水东西。
何年竹迳无惊犬，是处桑阴有斗鸡。
一望保宁城咫尺，李公楼外素[①]雕题。

题熊耳山仙韭

前　人

谁知南国仙人韭，亦种西川熊耳山。
秀色暗浮香雾里，灵根高托彩云间。
野畦有品堪称绝，御苑无踪不受删。
醉欲攀跻寻一束，尚书休怪采芝班。

赠汤、刘二君往金川平番

前　人

西城并马去金川，笑释戈矛事管弦。
日皎逐波征木刻，风清美诺漾皮船。
怨平此后言同好，名正由来策万全。
须待羌蛮诚服返，侯赢陆贾又书贤。

赠陈明府衡非之保县任

张映斗

冉駹风俗古，汉使护巴蛮。
捧檄先辞阙，携琴便出关。
红椒山市阔，翠竹讼庭间。
蜀道今真易，看君报最还。

前　题

潘汝诚

万里鱼凫国，一官駹笮间。
图经真绝域，厅事列烟鬟。
水抱花岩曲，云浮玉垒闲。
筹边不无意，暇日一跻攀。

① 素：原缺，今据同治《直隶理番厅志》补。

又

剑外官人去，长安落日凉。
晓衙明雪岭，峒俗压碉房。
叱御菁林雨，防秋碛草霜。
三年重劳汝，辛苦抚氐羌。

前　题

宋　楠

藉甚陈无已，才名日下传。
掇科同乙榜，登第是丁年。
策对彤廷蚤，名居典选前。
众方荣释褐，君已与新铨。
乍捧除书下，俄问诏旨宣。
拟官原越峤，改调得西川。
莫为途遥甚，因之意惘然。
请君停画毂，听我赋新篇。
此土开中国，经涂亘五千。
抚蛮天府壮，控陕地维悬。
统系鱼凫衍，星文井鬼缠。
冉駹虽僻国，西极共回旋。
水险三巴接，荒城百僰连。
岷江通货贝，剑阁入风烟。
户尽疏盐井，家多种麦田。
橦花成布密，荔子浥浆鲜。
俗被文翁化，人知季业贤。
政清刑自省，讼少吏无儇。
百两编氓赋，三间掾史椽。
最宜勤木铎，并可废蒲鞭。
好叱王尊驭，言挥宓子弦。
圣恩无远迩，茂宰有超迁。
此去还乡路，明年下峡船。
倘乘归雁便，为寄薛涛笺。

前　题

胡天游

仙令初垂绶，严程听曙鸡。
路穿秦地直，山尽蜀天西。
栈树迎人面，河冰上马蹄。

到时春欲动，应见榿林齐。

又

为政风流在，遥知单父贤。
賨人多税布，羌女杂烧田。
花覆高城雪，桑深万井烟。
时时一怀古，楼上忆筹边。

前　题

程穆衡

北风吹鹰天雨霜，送行愧乏绕朝赠。
呵开冻石写离悰，讵有青云动高兴。
君家旧宅柳恽汀，振振毓厚麟之定。
飞翰绝迹离埃𡎺，风雅成编顽可订。
脱身早入金闺籍，作赋摩空动天听。
甘泉召试值螭蚴，独美琳琅富史乘。
将俾蜀地化文翁，故简仙才字凋胜。
我闻此县古威州，地界吐蕃当要径。
松潘孔道出汶山，巉岩绝险腰须絙。
朋笮绳桥三守捉，西山古戍城犹豆。
国初文盗窃冉駹，遗黎龀骨枯嵛罄。
林中野狗悉锯牙，发屋咀人无昼瞑。
迩来淳化溢僰僮，作贡输賨土官定。
慄慄周余德煦摩，幸得神君比郭邓。
君今纡道返前溪，画室行江谢鞍镫。
峨眉山色映玻璃，鳞鳞水族来游泳。
蟆颐山险叙江深，百丈牵舟如起矴。
般然龙爪出林花，长啼山子如清磬。
边氓曳发沐华风，仁泽熙熙至胎孕。
我亦无阶随牒去，浑河流水寒方凝。
贳酒高歌一语君，悃愊芬华宜战胜。
蜀道虽难井络通，精会一[①]见苍穹膺。

前　题

侯嘉繙

西来峡水通夔巫，井络绵亘开成都。
筹边楼映蜀江白，雪山黛染粉模糊。

① 一：原缺，据同治《直隶理番厅志》补。

望帝清秋山月叫，壮怀激烈施矛弧。
猎地应图攫猛犬，渝歌跳踔惊万夫。
茂州领郡当孔道，汶山薛城翼其跗。
邑启八窗齐寥豁，威州折入恢皇图。
亩户四里城如斗，珠镫煜煜铺绵氍。
山膏善詈麝香溢，触乎松醑衣沾襦。
鲁公部人语惊座，文翁德化深潭敷。
下床动足有万里，勾稽金谷厌追呼。
薄书裁决好整暇，剸犀斩蛟收众俘。
初从瀛洲喜释褐，慈煦孕谷弥精肤。
勇洸洸分义耿耿，一同之地颁神符。
兜罗绵起布清宇，会誉四角悬星珠。
逼之檀横说剑其，报切之心[1]取径腴。
三交古戍文明洽，蛮僮僰女赕布输。循良首最矜不辜[2]。
我昔披寻土官志，为君布画离荒芜。
蛮司善偎畏官长，贴首覆额花绣觚。
臂痣镂芳性易驯，升堂打鼓避狗屠。
倒骑狮象出关隘，鸦青窄袖伸瓜罛。
自治青酒介公寿，弹琴座啸听鹈鸪。
莹刀如雪乱棼解，此地犹为人挟诬。
先生到县先保聚，如金在治镕眉砮。
顾名义在法《康诰》，也者几家成规模。
本俗化民本《周礼》，域以仁寿民其苏。
疮痍新复戈鋋息，太平怀远回春无。
帝所赈恤念如抱，黄羊青草连征途。
西风汾酒不用漉，酪浆马乳不须沽。
酒以清香灌其顶，佛光圆照倾醍醐。
夔龙满堂识意旨，改调越吏真通儒。
试以边郇范塞主，仁心能育孤人孤。
青天转输不满百，匪藉尺土增天庾。
要使弹丸沐元化，万井乐业飡雕胡。
织罽之贡亦所后，橐鞑尽韬金仆姑。
奋笔大书曰保县，汝其保障怜裙襦。
抚摩在掌置在膝，婴孩念母消呱呱。
参错布之于州县，三年奏绩例岂徒。

① 心：原缺，据同治《直隶理番厅志》补。
② 按照本诗的韵脚及上下诗意，本句前原志或抄漏一句。

郭细侯与黄丞相，肇造不遇由莒邾。
地大物博控三辅，以才浮位吏点污。
温温俞旨出朵殿，辞陛直向西南趋。
乃撰良辰戒徒御，从容不忧人马瘏。
水陆图经手勘校，依然放意游江湖。
始从卢沟策神马，绕朝一指鞭珊瑚。
黄河跨越泰山脱，飞棹直落过东吴。
意中重理蛛丝卷，拟决社鼠驱城狐。
强宗悍族非所计，相时度地各有殊。
归发藏书验封识，应用不屑金币帑。
金家安稳导水递，邮程夜报无崔符。
直由京口达楚泽，临淮老树皆山樟。
窠彼璅屑取大用，马当风近飘轻艉。
大姑小姑粲然笑，迎面柱颊花容忸。
汉阳芳草鹦啄木，旁人高唱鸣云篴。
荆州三界尤阔达，俯视众草犹莹瓻。
巴东一带应乡语，高梁匆倚编木泭。
间以烟波洞庭似，黄头划过三棱柧。
夷陵峭绝三游洞，芙蓉秋水明清胪。
苏黄兄弟号食奇，谈天哆口言词誧。
试将蜡屐一登睇，印证漫以玉程恗。
其下可似青罗带，其上可似碧玉罏。
过此便为蜀道易，请告水母备牲裯。
烹羊宰牛未为侈，一盂明水舒烦悇。
为忠为民矢忠孝，马头人面争蹬�。
十二巫峰好神女，拱揖鹢首眉低怃。
召父杜母比肩翼，寔为怀县添华树。
孔明庙前有梁栋，星斗炯炯悬高栌。
白盐红甲撇眼过，白帝城头张黑旅。
昆明池水汉宫帜，云旂翻翻盘丈飈。
回压千牛耸青翠，夔门落日撑车軱。
中黄太白别位置，心摄八阵堆军投。
高下香秔咏每每，禾麻菽麦聚香穃。
仰视天南若木迥，何人稀发搏桑荂。
人影眼稍乱清磬，酒香鼻观嗅红茱。
算程欲到三峡险，锦江明秀玉垒珸。
浮云青色互相凝，今古一瞬日未晡。
灌口盘涡暂信宿，山豢水葅供饭卢。

郫筒暖炙下清注，菜甲修撰成佳餔。
导江之亭从此始，碧油水泻滑于酥。
禹功到处元圭覆，山川信美良由朊。
便有负弩作乡啬，惊叹江左来夷吾。
问讯朝廷显神策，何人纲纪敷庙谟。
元气深入远人服，仁义沦浃肉与膜。
泽旺归诚部落顺，四十八家铜鼓桴。
木栅为城瀚海石，收拾甲士完粮刍。
渠魁既歼小丑遁，贼人系颈畏划刳。
累累白骨沟中者，理凿痊骼全凋枯。
恶者惩创首刑戮，我人造福完城郭。
□田开处边界辟，至今土膏繁禾稃。
黄口儿骑竹马至，白头老倩青鸠扶。
人销疵厉君臣乐，利收桑柘子母蚨。
征西大将赏，几晋高爵几赐酺。
君侯系缆上流去，侧耳剑袂声发恶。
汝不闻青神之山拜杜宇，李唐末造苦如荼。
吐蕃入寇回鹘舞，奇舒翰长肆穷诛。
尔曹祖父昔困乏，群盗充斥口莫糊。
拾橡长镵倚为命，同谷万户亡茭菰。
藩镇蠢动尾不掉，腹蛇螯毒鸣鹧鸪。
下界虮臣离宝岱，几能梯陟登蓬壶。
□石青水黑蔽箭，深山隩穴荮於菟。
田干大费李郭手，冉駹四塞多月弩。
云中策策杼臂指，蛇盘丈八回龙殳。
府兵大定神武戢，碑蹲赑屃文龟趺。
何似我朝重神器，薄伐猃狁明信□。
东西荡涤腥秽尽，何物猰貐联葭莩。
雷威既震万蛊灭，昔何倔强今何懦。
要知神武在不杀，炼汝丹炁镕红炉。
是时賨船兜离接，浣布火蒸包鋧鋘。
栈车新脱天梯险，云衣四起飞双凫。
学校首议置经籍，腹笥出手行秘厨。
口谈指画服三古，衣冠都雅毋嬉雏。
李白读书有书库，文君贳酒空酒墟。
玉环岭上深秋草，不为[1]美施宁为嫫。

① 此处原衍一"为"字，今删。

农人服畴宽井税，量力早晚田田税。
我为张灯先壁记，秋至莫漫思莼鲈。
浣花老叟昔吟望，谕蜀园令今西徂。
霜天惊白开署鸟，寒月夜照双掖梧。
掖岷江发源注小，訙黄牛下如辘轳。
咫尺天彭通析木，熙宁回合归中枢。

前　题

陈兆仑

鹿界多逢白玉蟾，天教仙吏得相兼。
原知京国重来舄，好趁成都未下帘。
两岸猿啼昏树直，千盘马战晓风严。
吟怀此际应愁绝，烂熳蛮笺试一拈。

前　题

张若霭

巴舡三板一琴携，路入沅江更向西。
到日山城如斗大，望中雪栈与云齐。
讼庭吏散看花坐，官阁诗成刻竹题。
政简不妨先报最，柏台梧掖待攀跻。

前　题

朱　荃

洞庭木落渺风烟，百丈争牵上峡船。
万里又来题柱客，一官偏结看山缘。
报衙有吏输芦税，卧阁无人讼芋田。
正是射洪春酎美，海棠开到县门前。

前　题

齐召南

彩笔多时辇下传，铜章新绾向西川。
地当白马青羌塞，星悬天彭井络缠。
山色卷帘开画障，江声环郭答琴弦。
遥知报最趋朝日，饷我郫筒及蜀笺。

前　题

任端书

剑门西上万峰悬，才子临官耀玉鞭。

佩印新看王吉去，饮泉行见褚瑶传。
火山远对松州雪，陇月低随蜀国弦。
待得春花满城绮，好携琴鹤早朝天。

前 题

乔光烈

膺符万里值高秋，祖道扬舲向益州。
作赋有声摩合殿，筹边无事上飞楼。
三城古戍依山出，十月蛮云洗嶂收。
此日送君期好作，沈黎西山是凫侯。

龙洞泉废久矣工浚之沙石尽泉出记以诗

陈克绳

大川必含珠，高山必韫玉。
玉垒高如此，龙洞当其麓。
为泉必神灵，图经有名目。
龙洞今訇然，灵泉亦何缩。
我忝守土官，百废求其复。
功德矧兹泉，可为民请福。
命工不遗力，沟浚千锄逐。
要使源委通，毋令沙石蹙。
佳人久幽居，如垢施膏沐。
爬搔着其痒，梳剔快所欲。
初闻响丁东，渐见流洄洑。
山月照不及，虚白生空谷。
泉在山则清，出山每苦浊。
汝泉岂有心，浪洩毋宁蓄。
今朝为我出，敬恭敢少渎。
方池复旧观，拜手亲挹掬。
试煮小龙团，品与中冷续。
忽念西畴间，春膏艰霡霂。
灵泉肯再来，龙神岂终伏。
何当乘风云，霖雨千山足。
复泉须有诗，祈泽还相祝。
龙德不可量，肯仅满吾腹。

宿杂谷

溪静柳风流，云行山窈窕。

微雨三更歇，明月半楼照。
身闲觉酒清，心定闻香妙。
破梦鼓钟声，林际凭僧庙。

色兰达

硖束水愈狂，江奔山更变。
远闻风雨声，飞流接天转。
惨惨入太阴，闪闪惊飞电。
轰轰撼天柱，昏昏扬海扇。
黯黮鼋鼍奔，碑訇蛟龙战。
掀岸崖将崩，排水树欲刬。
危石出中央，横流水复漩。
水石相搏击，半空飞霜霰。
三日山中行，马烦仆亦倦。
瞥然睹灵奇，如垢得洗面。
安得驾方舟，轻帆去如箭。
千里趁惊涛，临风展书卷。

加波又道中

日照隔江山，徘徊下山腹。
明灭渡塞江，忽在此山麓。
雾散万松青，烟收半溪绿。
微风鸟一鸣，深崖花交馥。
山半两三家，土屋倚林伏。
时见炊烟生，上与断云续。
嗟余赋远游，万里来岷蜀。
更兹出塞行，披奇纵心目。
板桥驶清流，临流濯我足。
更上最高峰，大荒供遐瞩。

抵松冈

我爱谢临川，披云卧石恣游赏。
我爱阮嗣宗，临水登山独来往。
一口岂容匙捭双，此身能着屐几两？
何为束缚红尘中，鸟在樊笼鱼入网。
我马瘏矣出遐荒，我目豁然喜开朗。
长江势卷碧天浮，远山气与新秋爽。
雾散风来披当襟，雨霁岚开揽盈掌。

花点幽篁碧一色，藤老阴崖翠千丈。
树影森森日当午，人声寂寂鸟余响。
若有人兮在此中，手携绿玉七尺杖。
啸声划然鸾凤音，青山亦为久俯仰。
我欲从之何路寻，踏破冷云披鹤氅。

晓发梭磨

红叱拨嘶朱丝鞚，高鼻胡奴手牵控。
锦带吴钩短后衣，羌管胡琴道旁送。
朝日欲升犹未升，白云不动还疑动。
野花如漆或如硃，蒙笼盖尽半山空。
忽听晓鸟第一声，盘纡百折驱徒众。
鸟道绝塞空飞阁，袅长风下临绝壑。
水汹汹我心忠涉，从容更度烟外两三峰。

赋得绳桥

江岫远嶙嶒，飞桥出五绳。
青山关曲曲，白浪锁层层。
向背鼋鼍驾，参差螮蝀升。
铜铃悬翠竹，铁索缆苍藤。
不藉公输巧，无烦匠石能。
萦纡当险设，飘渺向空凭。
侵水柔偏稳，临风弱不胜。
阑扶云叆叇，影落月鬅鬙。
时过青羌笛，还来白众僧。
云梯疑有路，直欲望天登。

薛城杂咏

何处薛城道，边云出塞黄。
一官来绝域，万里置家乡。
山接岷峨远，江流巴蜀长。
孤城闻铁笛，落日奏青羌。

走马西来远，天将到尽头。
大风吹赤水，凉月照维城。
行部蚕丛暮，放衙鸡塞秋。
筹边岂有意，暇日试高楼。

唐代吐蕃种，只今战不劳。
夷王还峒远，羌部占巢高。
朱汗朝归马，白题夜偃刀。
辕门春昼静，碧草映青袍。

依然天地别，风景异人间。
溜索蛇浮水，碉楼压压山。
雾深元豹隐，月上野狐还。
忽有芋田讼，鸟言到数蛮。

借得阿兰若，放衙佛寺春。
花逢天女散，法现宰官身。
雪化溪声近，草浓山色新。
素琴闲抚处，明月上松筠。
（旧无署，寄居寺中。）

畬田何处好，沙石乱纷纷。
水引遥峰雨，人耕半岭云。
麦苗大小别，荞味苦甜分。
春事今朝近，青泥饭煮芹。

最怜羌氐俗，终古限华夷。
毡帐牛羊乳，穹庐虎豹皮。
瘴深归峒处，花落赛神时。
下坝还同雁，千家逐水移。

朔风连地动，岌嶪两三家。
土屋依云曲，绳桥背水斜。
出山春负米，过县夏分茶。
采药何乡客，乱峰去路赊。

人烟已愁绝，行路尚歌难。
一线千峰乱，三边五月寒。
夜深冲雪宿，朝冷对风餐。
绝壁从何去，偏桥云际看。

广庭长独坐，山色足吾庐。
白芨当风后，红蕉受雨初。

短墙时过蝶，新水欲生鱼。
却得寻诗路，今朝少薄书。

关心花与鸟，殊异哪能忘。
黎影云迷牵，榴枝火照廊。
春调鹦鹉语，林隐麝囊香。
好对兰亭帖，闲窗榻数行。

但是山中住，从知逸兴饶。
卷帘云入户，渡涧月当桥。
汲水兼苹叶，移兰带药苗。
尚嫌无纸写，新种绿芭蕉。

我爱浮云色，依崖小筑台。
日迟春态出，山静夕阳开。
流水当阶引，名花远道来。
更移危砌石，依杖拨苍苔。

为爱花扶屐，不辞雨塾巾。
凤坪寻寺古，龙洞凿泉新。
酒醉从无梦，诗成要有神。
何如茗水上，落日采汀苹。

正月三日同登玉垒山

谢公有高兴，蜡屐远登山。
绝磴千盘上，危峰一线攀。
鸟声深涧里，人影乱云间。
不觉东风至，野花色服殷。

昔贤称玉垒，此日试登临。
人世几兴废，浮云自古今。
远泉春树曲，残雪暮山深。
亦有筹边意，高楼无处寻。

禹　庙

禹庙崚嶒天半垂，依然千仞俯厓屭。
秋风老木荒庭冷，绝壁寒云古屋危。
尚见斜阳来赤水，曾闻当代锡元圭。

何人留得千年字，重洗苍苔认断碑。

危峰三面下临江，神禹何年奠此邦。
陇雪洮云同指顾，青衣白狗久心降。
无穷远籁风吹万，绝顶高秋鸟去双。
我有新诗题石壁，潇潇寒雨洒僧窗。

玉垒山下有王玉垒题诗　依韵和之

双凫依然飞到仙，桃花流水雨余天。
寻山屐共生徒好，问俗车从父老贤。
陇雪洮云愁外景，吴峰越峤梦中缘。
何时采药远游去，更把名山次第编。

七星关

岷山自天走益门，千峰万峰向东奔。
势如天马西北来，腾空万匹入中原。
江流忽折峰势曲，金羁鞚住相踞蹲。
中有严关据绝壁，依崖傍列戍屯关。
三[①]边流泉分股出，七星回旋抱天根。
飞泉直下峡江去，雷砰电击撼鲸鲲。
城郭岌岌空中[②]矗，旌旗猎猎云头翻。
洵哉天险非人力，剑阁峥嵘何足论。
我驱瘦马日将暮，萧萧书剑向孤村。
时清久罢三城卒，蚕崖新月破黄昏。
忆昔前军列河北，夜半思擒吐谷浑。
战垒秋风吹白骨，天阴月黑哭征魂。
人世几回伤兴废，此关自古壮乾坤。
君不见，隗嚣当日据陇西，函谷东风一丸泥。

秋日山行

数行红树插山坡，树里秋声叶落多。
江静鱼龙贪夜卧，天高鹰隼趁空摩。
七星关冷秋初近，九子峰寒雨乍过。
此日鲈鱼真欲上，一竿奈负五湖波。

---

① 三：原志缺，据同治《直隶理番厅志》补。
② 中：原志缺，据同治《直隶理番厅志》补。

宋参军席上口占

虞翻万里欲何之，酒醉良宵不自知。
流水声中花放处，寒山影里月明时。
头风好倩陈琳愈，秋气休教宋玉悲。
问我为官无个事，猿啼宇怨数篇诗。

松　州

六月飞霜五月裘，黑云恶浪古松州。
不辞走马来天外，为要看山到尽头。
雪拥蓬婆城外垒，云开滴博戍间楼。
中山遗像还留在，为滴香醪酬素秋。
（明徐中山子有袭松潘指挥使者，遗像尚存。）

长宁道中

望望大云烧益州，云边斜控紫骅骝。
高秋雪拥岷山出，斜日风兮黑水流。
废垒红花荞过雨，荒原黄穗粟经秋。
汉唐战伐今何有，日暮笳声起戍楼。

维州怀古

冉駹国外碛云黄，揽辔悠悠出大荒。
天外高峰寒白雪，江边远水发青羌。
巴童引节开邛筰，僰马随车回夜郎。
箧有相如当日檄，挑灯聊读两三行。

数家瓯脱傍江湾，十二金城战马闲。
充国荒屯寒树外，姜维古堞夕阳间。
风吹铜鼓秋清塞，月暗碉楼夜闭关。
久矣平安报烟火，蓬婆雪拥几层山。

独客登临感易生，唐家节度太纵横。
城当白狗羌无路[①]，溪绕青龙戍有兵。
严武战场春草出，韦皋故垒断崖倾。
前人心力西川尽，终古寒潮怒未平。

① 当白狗羌无路：原缺，据同治《直隶理番厅志》补。

筹边也复倚飞楼，太尉雄风野草秋。
党树中朝先有隙，城开异域竟无忧。
蛮江落日潮还上，瘴峤云生两未休。
把酒临风三太息，云间依约认维州。

春风昼坐读书堂，吊古重吟旧战场。
江转金川通绝域，山回玉垒阻崖疆。
洮云陇雪诗千首，羌管胡琴客两行。
酿得葡萄春酒熟，凭谁[1]为我换西凉。

登直固雪山顶

前驱虎豹后熊罴，上尽巉崖万仞危。
欲同置身高几许，离离珠斗带边垂。

六出濛濛一片昏，只如浪涌与云屯。
曲江忆得观潮处，千叠银山入海门。

上巳偕诸君登玉垒山憩浮雪亭下

施义爵 学博

边方景物殊不侔，疾风三月犹飕飕。
右军盛事难再见，玉垒足当兰亭游。
扪箩攀薜不知险，鼪鼯却走哀猿愁。
直上山巅傍危壁，登临一切消凡忧。
宋家功业已黄土，千年彩笔犹钩留。
（山顶石间有“玉垒山”三字，宋淳熙时书。）
龙山当面插天表，鬅鬙怪石纷魌头。
大江东来何浩浩，鲸鱼跋浪翻金蚪。
桑坪漾漭出沱水，五绳横渡临飞流。

江上建索桥

崖畔红亭谁所作，数椽窈窕山之幽。
邑侯莅此已九载，惠政往往闻民讴。
（浮云亭在山下，邑侯陈公所建，取玉垒浮云义也。）
洞口凿泉疏地脉，苍龙怒吼惊夔牛。
（亭下有龙泉甚灵异，岁久沙淤，邑侯募工濬之，有大声自洞中出，为文以祭之，乃已。）
渊泉已通防旱魃，和风甘雨无时休。

① 谁：原缺，据同治《直隶理番厅志》补。

左顾姜维城，残堞销戈矛。
遥望筹边楼，故垒生松楸。
从来王霸尽如此，乾隆笑我凝双眸。
古今兴废胡可测，惟有浮云变幻飘缈空悠悠。
我来屈指已云久，小窗壅牖成疑谋。
春光倏过六十日，何堪坐使风花羞。
共君欲醉不尽醉，夕阳冉冉西林陬。

维州怀古次韵五首

塞下萧萧落木黄，独骑羸马走龙荒。
千年蜀国都归汉，何处将军号破羌。
村笛吹来听柳陌，酒帘摇动问桑郎。
关河迢递音书阻，缥缈云天雁几行。

岷峡奔流水一湾，姜维城废暮云间。
金刀数尽朱旗冷，铁骑群空碧草闲。
鸟道千重回地脉，龙沙万里隔天关。
羽书一息传军檄，风雨秋笳夜度山。

玉垒峰前百感生，冉駹城郭远天横。
犬牙何止三朝略，虎帐曾交十万兵。
古戍寒云春不改，碉楼阴雨夜无倾。
羁縻漫视天威远，寄语番儿颂太平。

定廉遥摇锦官楼，斜日寒烟草树秋。
此日西陲皆秉朔，当年南诏亦同忧。
城归绝域恩偏狭，党结中台怨未休。
千古遗踪同逝水，版图依旧付刀川。

经济原期答庙堂，书生凭吊入词场。
武皇壁垒齐边域，韦氏旌旗望故疆。
雪拥翠峦多片片，鸦归远浦一行行。
无忧城外如钩月，照向尊前衣袂凉。

保县竹枝词十首

钟骥

相国牌坊县署西，咿唔历历绕云梯。

鸡声唤醒江郎梦，读到城头月影低。
（学官外门，旧有榜曰“云梯”。）

一湾春水响江干，嵩畔垂纶着意看。
钓得鲜鱼归去后，围炉咂酒不知寒。

寒飔六月尚飕飕，雨过山城夏亦裘。
不事平头摇大扇，居然爽气赛清秋。

碉楼远近间平房，春后秋前活路忙。
但得今年歌大有，不愁无麦上官仓。

林木潇疏远近村，山前山后鸟声喧。
儿童雀跃相追逐，去捕莺歌教语言。

苦菜腌来胜旱芹，蛮村野味最堪珍。
休云薄物难持赠，常见官家馈远人。

逐兽从禽兴倍饶，鸟枪斜抱过山腰。
野鸡猎得人争买，胜似江边产玉珧。

何须玉液出仙厨，乳酪由来味绝殊。
制就酥油供食品，分明滑腻过醍醐。

隆冬落木冷萧萧，蛮妇爬山竟采樵。
渡过索桥城畔去，蜡梅斜插暗香飘。

山花几朵鬓云新，一曲嫣然落寨尘。
跳罢歌妆眉暗蹙，年华二八正青春。

赋

江　赋

郭　璞

咨五才之并用，实水德之灵长。惟岷山之导江，初发源乎滥觞。聿经始于洛沫，拢万川于巴梁。冲巫峡以迅激，跻江津而起涨。极泓量而海运，壮滔天以森茫。总括汉泗，兼包淮湘，并吞沅澧，汲引沮漳。源二分于岷崍，流九派乎浔阳。鼓洪涛于赤岸，沦余波乎柴桑。网络群流，商榷涓浍。表神委于江都，混流宗而东会。注五湖以漫漭，灌三江而漰沛。滈汗六州之域，经营炎景之外。所以作限于华夷，状天地之险界。呼吸万里，吐纳灵潮。自然往复，或夕或朝。激逸势以前驱，乃鼓怒而作涛。峨眉为泉阳之揭，玉垒作东别之标。衡霍磊落以连镇，巫庐嵬崛而比峤。协灵通气，喷薄相陶。流风蒸雷，腾虹扬霄。出信阳而长迈，淙大壑与沃焦。若乃巴东之峡，夏后疏凿。绝岸万丈，壁立霞驳。虎牙桀竖以屹崒，荆阙竦跱而盘礴。圆渊九回以悬腾，湓流雷呴而电激。骇浪暴洒，惊波飞薄。迅澓增浇，涌湍叠跃，砯岩鼓作，漰湱泶㵮。㶚瀼瀎泧，溃濩泡澄。潏湟淴泱，潝濈濈沦。漩澴荥潆，㴾漏濆瀑。溭淢浕涢，龙鳞结络。碧沙遗瀩而往来，巨石硉矹以前却。潜演之所汨淈，奔溜之所磢错。厓隒为之泐嵃，碕岭为之岩崿。幽涧积阻，岩硌营确。若乃曾潭之府，灵湖之渊；澄淡汪洸，沆滉渊洸；泓汯洞潒，涒邻圆混；瀚灏涣，流映扬焆；溟漭渺沔，汗汗沺沺；察之无象，寻之无边。气滃渤以雾杳，时郁律其如烟。类胚浑之未凝，象太极之构天。长波浃渫，峻湍崔嵬。盘涡谷转，凌涛山颓。阳侯砐硪以岸起，洪澜涴演而云回。峾沦溛瀤，乍浥乍堆。𣽏如地裂，豁若天开。触曲崖以萦绕，骇崩浪而相礧。鼓唅窟以崩渤，乃溢涌而驾隈。鱼则江豚海狶，叔鲔王鳣；鲟鰊鲼鲉，鲮鳐鲶鲢。或鹿觡象鼻，或虎状龙颜。鳞甲锥错，焕烂锦班。扬鳍掉尾，喷浪飞唌。排流呼哈，随波游延。或爆采以晃渊，或赫思乎崖间。介鲸乘涛以出入，鳗鲀顺时而往还。尔其水物怪错，则有潜鹄鱼牛，虎蛟钩蛇。蜦蜅螫蜎，鲼鼋鼍鼊。王珧海月，土肉石华。三蝬虾江，鹦螺蜁蜗。巢蛣腹蟹，水母目虾。紫蚢如渠，洪蚶专车。琼蚌晞曜以莹珠，石砝应节而扬葩。蜛蝫森衰以垂翘，元蛎魏磥而隈砐。或泛潋于潮波，或混沦于泥沙。若乃龙鲤一角，奇鸧九头。有鳖三足，有龟六眸。頳鳖胏跃而吐玑，文鮆磬鸣以孕璆。蜂蛹拂翼而掣耀，神蜧蝹蜦以沉游。䮂马腾波以嘘蝶，水兕雷咆乎阳侯。渊客筑室于崖穴，鲛人构馆于悬流。雹布余粮，星离沙镜。青纶竞纠，缛组争映。紫菜荧晖以丛被，绿苔鬖髿乎研上。石帆蒙笼以盖屿，萍实时出而漂泳。其下则金矿丹砾，云精烛银；珕珋璇瑰，水碧潜瑉。鸣石列于阳渚，浮磬肆乎阴滨。或颎彩轻涟，或涓耀崖邻。林无不溽，岸无不津。其羽族也，则晨鹄天鸡，鴢鹙鸥䴔；阳鸟爰翔，于以元月；千类万声，自相喧聒；濯翮疏风，鼓翅㺎㺎；挥弄洒珠，拊拂瀑沫；集若霞布，散若云豁；产毻积羽，往来勃碣。橉杞稹薄于浔埃，楟梿森岭而罗峰。桃枝篔筜，实繁有丛；葭蒲云蔓，樱以兰红；扬皜毦擢，紫茸荫潭；溴被长江，繁蔚芳篱；隐蔼水松，崖灌芋莱；潜荟葱茏。鲮鲑踦踞于垠隒，獱獭睒瞲乎厥空。迅蜼临灵以逞巧，孤玃登危而雍容。夔䲃翘踛于夕阳，鸳雏弄翮乎山东。因岐成渚，触涧开渠；漱壑生蒲，区别休湖。蹬之以瀿，瀷渫之以尾闾；标之以翠，翳泛之以游菰。播非艺之芒种，挺自然之嘉蔬。鳞被菱荷，攒布水蓏；翘茎瀵蕊，濯颖散裹；随风猗萎，与波潭淹；流光潜映，景炎霞火。其旁则有云梦雷池，彭蠡青草；具区洮滆，朱浐丹漅；极望数百，沆漾皛溔。爰有包山洞庭，巴陵地道；潜达旁通，幽岫窈窕。金精玉英填其里，瑶珠怪石琗其表。骊虬缪其趾，梢云冠其嵥。海童之所巡游，琴高之所灵矫。冰夷倚浪以傲睨，江妃含颦而绵眇。抚灵波而凫跃，吸翠霞而夭矫。若乃宇宙澄寂，八风不翔。舟子于是搦棹，涉人于是檥榜。漂飞云，连艅艎。舳舻相属，万里连樯。泝洄沿流，或渔或商。赴交益，投幽浪；竭南极，穷东荒。尔其䗖祲于清旭，觇五两之动静。长风飂以增扇，广莫飚而气整。徐而不飚，疾而不猛。鼓帆迅越，趋涨截洄。凌波纵柂，电往杳溟。霩晨霞孤征，眇若云翼绝岭。倏忽数百，千里俄顷。飞廉无以晞其踪，渠黄不能企其景。于是芦人渔子，摈落江山。衣则羽褐，食性惟蔬蠡。㳽淀为岑，夹潨罗荃。筩洒连峰，罾罶比船。或挥轮于悬碕，或中濑而横旋。忽忘夕而宵归，咏采菱以叩舷。傲自足于一躯，寻风波以穷年。尔乃域之以盘岩，豁之以洞壑。疏之以沲汜，鼓之以潮汐。川流之所归凑，云雾之所蒸液。珍怪之所化产，瑰奇之所窟宅。纳隐沦之列真，挺异人乎精魄。播灵润于千里，越岱宗之触石。及其谲变倏怳，符祥非一；动应无方，感事而出。经纪天地，错综人物，妙不可尽之于言，事不可穷之于笔。若乃岷精垂曜于东井，阳候遯形于大波。奇相得道而宅神，乃协灵爽于湘娥。骇黄龙之负□，识伯禹之仰嗟。壮荆飞之擒蛟，终成气乎太阿。悍要离之图庆，在中流而推戈。悲灵均之任石，叹渔父之櫂歌。想周穆之济师，驱八骏于鼋鼍。感交甫之丧佩，悯神使之婴罗。焕大块之流形，混万尽于一科。保不亏而永固，禀元气于灵和。考川渎之妙观，实莫著于江河。

筹边楼赋

威州贡生 郭玉柱

锦官之西，地号冉駹。域分井络，开自汉皇。犬牙交其冲，龙溪汇其江。岷山巀嶭，沱水汪洋。层峦叠巘，绝塞遐方。异沃野于千里，殊文物兮帝乡。爰夫地既边隅，厥类匪一。相彼氐羌，狡焉勿质；回鹘称强，吐蕃肆逆。骆浆其餐，穹庐其室；怒发盈巅，佩皮蔽膝。洪荒之盘古非遥，汉代之乌孙堪匹。胡不安其享王，竟屡骚夫边邑。藐唐家之节钺，抗天朝之法律。冲锋则豕突狼奔，啸聚则毳笳角栗。倚南诏之腹心，启西陲之仇敌。韦皋之转饷空烦，充国之屯田难必。乃有伟人，秉钺西川；白旄刁斗，紫塞烽烟。剑术轻白猿之技，兵符精黄石之传。震军声于壁垒，横杀气于戈鋋。郭汾阳之风流未坠，裴晋公之方略依然。月惨长城，塌关山而跃马；风清细柳，坐帷幄以筹边。于焉建以高楼，资其谋略。揆良辰，定方岳；授梓材，鸠匠作。绝非草草之营，咸听薨薨之度。廊腰任其缦回，檐牙观其高啄。鸟拂琼帘兮翚斯飞，霞连绣拱兮光难遏。积白雪而常凝，拄青天而不落。牙旗卷兮七星高，金柝传兮万人愕。扫百蛮于指掌，运六韬于杯酌。青霜紫电满山川，碧瓦朱甍照城郭。盖其重楹互接，巨槛交承，嵯嵯峨峨，瞻其壮也；朱阙崔嵬，红阑曲折，垂天崩石，眺其势也；绣柱流丹，璇题垩粉，采章灿烂，文饰雕镂，挹其光华，与色泽也。则见夫依回林麓，镇抚峨岷。其固靡敌，其高靡垠。排银汉以吸瀣露，拥金貂以肃霓旌。雾角峥嵘，映玉垒浮云之色；风檐璀灿，收锦江天地之春。阳和发其欣畅兮，喜百鸟之飞鸣；秋阴生其凛冽兮，靖万里之胡尘。听征鸿于帘幕兮，帛书伤思妇之情；窥疏星于户牖兮，铁衣寒戍卒之缗。白狗心降，阶下夷王虬髯列；青龙阵剑，阑边羌女柳眉颦；莫不千旗尽掩，万马俱驯。他如名著海棠，秀盈香草；燕子情深，仲宣春晓。击瓯听绮坐之音，飞翼象天门之表。类皆藻井纱窗，琼卮火枣。非供仙客之留连，即贮青娥之窈窕。岂若兹之威行阃外，卧鞞鼓于蓬婆；功记寰中，唱铙歌于松堡。吁嗟乎！名传往代，事渺千秋；苔生废址，雨渍荒畴。诸葛之阵图已没，姜维之古堞空留。禹穴波寒，望祗台而不见；稷陵草茂，观先啬之无由。缅怀古绩者，又何眷恋于斯楼也哉。然而世代虽今，风徽自替。浣花遗杜甫之堂，载酒记扬雄之宅。况保障之无忧，亦勋猷之有赫。当日之羁縻拱卫，堪壮金城；目前之奠乂蕃宣，登诸衽席。人曰勤边而习事，畴则等于太尉之雄；吾曰敷政宁人，实有资乎上公之策。

岷山积雪赋

——以日熳如银其高无际为韵

威州贡生 余汝恪

岁序清和，尘氛宁谧。文[①]品汇昌，生机充实。长啸而仰光天，高眺以舒化日。青缠万厦，佳气葱翠；翠拥四围，晴云蔼蔼。则见夫岷山西峙，俯瞰无匹。皎然若金锡腾辉，莹兮似圭璋成质。不知雪散于何时，乃至今而犹积。具此奇观，能无纪笔？原夫阴气坚凝，同云覆掩。片片纵横，纷纷烂熳；树满琼瑶，田盈琰琬；高岸疑平，深谷殊浅；莫测厚薄，谁知近远。只见飞花六出，曾无青山一点。然而时光顿易，霜露不居。瓦屋渐消于春后，峨眉翠扫夫雨余；空中之盐未撒，蓝田之玉何如。程门三尺之深，宜被春风化矣；岩叟半纶之迹，未随烟火消欤。盖其炎情独绝，冷性长伸。重阴冱寒，既传天妃之粉；骄阳盛暑，犹容火帝之银。映三城兮如披白练，瞻九顶兮恍列玉屏。累岁长留，洵无瑕之可指；经年任在，果不琢而自新。况复丈三日近，尺五天低，走商飚，纳虹霓，日将出，夜何其。羲轮昼御兮，朗若玉山；蟾蜍耀兮，皎若玻璃。青城兮分形，玉垒兮连支。千峰兮拱秀，四国兮羽仪。则有仙来三岛，声传九皋；具瞻岩石，寓目蓬蒿。皓皓呈形，照彻冰壶之鉴；璘璘在望，遥兮霜露之操。聪明净兮，擅梁园词赋之思；红炉点兮，慰寒窗映读之劳。其和弥寡，其曲弥高。别有南州韵士，北塞征夫，闺中思妇，锦里侏儒。或咏絮兮怀谢，或餐毡兮同苏；或窥光惊珠玉之异，或望色仰文章之殊；或守贞抱洁于幽阁，或怀芳握素于穷途。业感于景之所有，岂萦夫情之或无。吁嗟乎！头白可期，汗青何系。怀高士于山中，思美人于天际。叹驴背之难驰，念樵踪之罕莅。此蜀道之难极于天，风土之殊憾乎势。安得蹑积雪之层巅，附飘飘之白云，向瑶京而叩帝。又何必求肖乎换黄庭之鹅群、华表之鹤翅。

岷山积雪赋

——以日熳如银其高无际为韵

陈克绳

夫何岷山之巃嵸兮，当西城[②]而崒嵂。列九峰而若屏兮，插万仞其如壁。寒惨惨而终古兮，阴森森其一色。霰淅沥其长凝兮，雪粉糅而愈密。凌碧落兮晶莹，映素云兮髣髴。问先[③]集兮何年，尚未消乎今日。盖其峡势高寒，蛮光历乱，阴积太初，高浮天半。雪遇寒而始凝，寒侵雪而不散。风岌嶪于山阿，雾氤氲于霄汉。雨回峰而成冻，冰凝结而未泮。是以露为霜而层层萦积，流光则万岭嵌空。加之云酿雪而奕奕联翩，泻影

---

① 文：原缺，据同治《直隶理番厅志》补。

② 城：乾隆《茂州志》作“域”。

③ 先：乾隆《茂州志》作“仙”。

则千岩熳烂。于是缤纷繁雾，飞洒纡徐；瀌瀌蔼蔼，密密疏疏。始缘溪而藏谷，终度岫而盈渠。塞羊肠之险隘，填鸟道之空虚。迷群[①]峦之向背，失危栈[②]之崎岖。若海波之回兮，拔潮于地轴；若江涛之上兮，鼓浪于天昊；若缟带之翻兮，素娥奔月以灿尔；若银杯之散兮，白叟赴酺而皤如；心神为之滉漾，尘氛于焉消除。尔其东南日晓，西北云屯。碧留蟾[③]而有晕，昭似汉而无垠。气霁而山山颓玉，光浮而岭岭流银。近藏李白之山，书帷欲破；遥映文君之市，酒斾方新。笛奏青羌兮，芳梅并落；鞍调白马兮，金勒俱驯。此其为徘徊之多态，而绰约之动人者也。若夫积朔连晦，晨光夕曦；烟霞婉娩，风雨凄其[④]。历四时而不变，亘千古而无移。春烟暖而良玉之苗尽出，秋月清而鲛人之泪齐垂。奇峰蹙兮，夏云掩映；苍松秀兮，冬岭参差。朝望兮若吴王之争会，素甲万人而昧明其方定；宵观兮若周室之将朝，庭燎千树而问[⑤]夜于何其。洓兮漫兮，高而盼焉。若仙府之凌虚[⑥]，而珠网晶帘之缥缈；璀兮璨兮，晴而望焉，若[⑦]上林之迎日。而琼琳琪[⑧]树之迷离，莫不随时赋象，任地呈奇。则有军临棨戟，士拥旌旄。守韦皋之戍垒，立严武之勋劳。对三城兮雪积，仰七星兮斗高。一曲琵琶，弹来[⑨]古堞；万林两骑，渡去空濠。追骄虏于五更，六花散甲；擒生羌于千里，三白满刀。盘挥勒律之坚，今朝痛饮；鼓卧蓬婆之域，昨夜萧骚。复有寻诗幽客，抱隐酒徒；宁封丈人，杜甫腐儒。不唾青城之地，长携绿蚁之壶。望冰雪以为容，绿云拟住；缅江山之远近，浣笔为图。冻彻玉楼，粟生多寡；光摇银海，花眩有无。青笠萧萧兮峰何限，红衫隐隐兮仆将痡。亦复躭幽玩，寂搜冥诣。他若黄竹歌成，幽兰曲俪；灞桥策驴，剡溪鼓枻。谢庭之絮将飞，袁巷之门长闭。梁园之客已空，惠连之词独丽。是皆申娱玩之无穷，惜阳春之易替；孰若兹山之鲜耀，自鸿蒙而已离。元阴凝而洁长留，太阳耀而光不逝。千春不夜，万峰高霁。焉得借缘玉杖于飞仙，筑黄鹤楼而独倚；寻高士于山中，见美人于天际。排阊阖而开关，叩通明而谒帝。凭云升降，随风逝憩。心与雪而同清，身并山而不敝。歌白雪兮年年，视红云于世世。

玉垒山赋

钟　骥

维州胜地，保县名邦。远巘拖蓝，递绚锦江春色；群峰簇绣，环分玉垒辉煌。瑞匹瑶池，陋彼连城之壁；光腾碧落，笑他韫匮而藏。映一带之银涛，俨飞吴练；叠千层之琬琰，宜号昆冈。倘逢力士开山，琢就珊珊琼玖；若遇儿童抵鹊，掷来片片琳琅。则见夭气晃白虹，云垂擘絮。缥缈于崇墉之上，直疑瑶圃重城；璀璨夫东岳之宫，奚啻琼楼

① 群：乾隆《茂州志》作“郡”。
② 栈：乾隆《茂州志》作“机”。
③ 蟾：乾隆《茂州志》作“蝉”。
④ 其：或当为“凄”。
⑤ 问：乾隆《茂州志》作“闷”。
⑥ 虚：乾隆《茂州志》作“灵”。
⑦ 焉若：底本作“若焉”，今据乾隆《茂州志》乙正。
⑧ 琪：乾隆《茂州志》作“琦”。
⑨ 来：乾隆《茂州志》作“未”。

玉宇。萋萋芳草，不数瑶葩；郁郁丛林，堪夸琪树。山僧散步，我疑活佛；临凡樵子，行吟人道。神仙归去，于然策筇杖以陟峋嶙，步云梯（山之西麓，榜曰“云梯”，登山于田之路，甲寅年五月折去。）而观寥泬。浮云亭畔（浮云亭见施义爵《登玉垒山诗》及《浮云亭记》），胜绩无穷。得月台前（得月台见《玉液池记》内），□□不绝。敲六月之寒冰，眺雁门之晴雪。西岷圣迹，眼底依稀；古寺钟声，林间出没。风坪阴雨兮叆叇迷离，龙山晚照兮瑰奇诡绝。伽陵梵呗，何来仙音悠扬；刻羽引商，遂尔唾壶碎缺。尔乃彳亍上下，踯躅峰峦，盱衡往古，景仰前贤。汉昭烈之雄风，镌题未改（山半有“玉垒山”三字，《程朔凤碑》云，相传为汉昭烈手书）；姜将军之盛业，城号依然。筹边楼前，鸺鹠啸月；报功祠侧，蔓草笼烟。学士词人谈谢相，循吏名臣纪范渊（见《报功祠记》）。代往年湮人已渺，文采风流今尚传。胜碣遗碑，将与玉山而永镇；馨香俎豆，岂随陵谷而贸迁。方今圣人御宇，山岳效灵。泮水储材，圭璧播光炳蔚；芹茆育士，珩璜琚瑀韵鏦铮。贤大吏之陶熔，既磨光而刮垢；良有司之追琢，亦玉振而金声。愿兹卷石瑞发，为华国英。商瑚夏琏光威茂，瑜握瑾耀彤廷。爰为之歌曰：维玉垒之浮云兮，卓绝纤尘；壮保县之名匹兮，纯粹无伦。扶舆清淑兮，威凤祥麟；山灵降瑞兮，钟为入人。

第八卷　边防志

志一邑而边防居四之一，非繁也，重其防也，重故详也。保在蜀西极边，内则民夷错处，外则诸部环聚，镇抚得失，腹地安危系之，可不慎乎！尝考《唐书》，西川节度使李德裕至蜀作筹边楼，日与悉边事者筹策其中，访以山川道里之险易远近，图绘地形，南入南诏，西达吐蕃，皆若亲历。乃葺城堡，积糗粮，募少壮士卒与土兵，益加精练。未几，悉怛谋举维州来归，虽见挠之牛相，而杜继镇，卒纳维州。自是吐蕃不复入寇。由是观之，卫公筹边，亦惟防之而已。我未显搴旗斩将之能，而彼即效稽颡角崩之悃。夫亦知其虚实，制其死命，运筹于中而决胜于外也。然则固圉之道在是矣。今之司边陲者，曰办夷情，夷实狡诈，其情在恒情之外，变幻无常。不得其情，则德不足以怀，适以长奸；威不足以畏，适以生衅。难矣难矣。绳承乏兹土，缁绎往事，周历番部，于边防窃鳃鳃焉。著为六类，首"夷族"，次"夷疆"，次"夷里"，次"夷习"，次"夷兵"，终以"夷事"，于边事不无小补。绳盖犹憾文献缺然，见闻寡陋，语焉不详也已！

凡六帙：夷族；夷疆；夷里；夷习；夷兵；夷事

夷　族

蜀西南徼外诸夷，皆吐蕃种也。吐蕃之强盛，侵凌在唐为甚。唐末部落分散，各自为长，大者数千家，小者数百家，齿结牙交，统属世及而雄悍者，又能以其力吞噬寡弱，呼啸郡族，俨若周末列国时，晋楚齐秦之主会盟者。然则代皆以夷治夷，实行羁縻，未尝建设州司，隶之内郡。明初，踵元旧制，为设官吏，布籍属，稽其土官土兵及赋税、差役、驻防、守御之制，定诠选、立征调，给以印信号纸，于是土司之名兴焉。土司之名，以府州县正贰经历、巡检、驿传称者，隶吏部验封；以宣慰、宣抚、招讨、安抚长和[①]称者，隶兵部武选。隶验封者，布政司领之；隶武选者，都指挥使司领之。每袭替，由管辖各官以次转请朝命，易号纸。其无子弟者，即妻女皆得袭替。虽数年之远，万里之遥，亦必请命授职。国朝定鼎，得[②]威远播，郡司奉命惟谨，乃仍明制。凡来归者，悉授原官，归文武统辖。其隶茂州属之汶川县，并威协右营者曰瓦寺。隶茂州

① 和：当为"官"。
② 得：当为"德"。

属之保县，并威茂右营者曰杂谷、曰金川寺、曰沃日。由杂谷族方[①]授者曰梭磨，由金川寺族分授者曰大金川。其未授职于朝，而土司兄弟分地世守名为土舍者，于杂谷曰竹克箕、曰儿那达，于金川寺曰必色蒲、加渴。

瓦寺安抚司，其先系乌斯藏裔，明时有番僧因董卜韩胡司僦居于汶川县之白鱼落，已而渡江卜居县西涂禹山，结茅聚徒众，娶妻传子姓，山故界于威汶两州县，威州者今归并之保县也。土民施瓦为立寺，因名以瓦寺。寺旁山数十里，亦听其耕种，岁赋租布，继而按科，则令自赴县代民纳税，于汶岁输银一十三两八钱，于保岁输银九两六钱。会土巡检高氏不法，调瓦寺番众剿灭之，即以其地予瓦寺，授安抚司。草坡生番有寨十八，列县西南，素劫掠为患，瓦寺取之，而其地始至灌之獠猓关。本朝顺治九年，土司曲翊伸归诚，仍授原职，给印信。传至桑朗温恺，以调征功加游击衔。温恺殁，子荣忠袭，先以调征功加宣慰司衔，乾隆十年间，加指挥使衔。

杂谷安抚司土同知，其先吐蕃悉怛谋之裔也。怛谋于唐时以维州内附，西川节度使李德裕闻于朝，下廷议，宰相牛僧孺谓中国不可失信夷狄，命还之，吐蕃复据维州，戮怛谋，后李德裕入相，白其冤，赠怛谋为右卫将军，官其子孙。大中三年维州复内附，节度使杜悰纳之，世授职为土官。前明授安抚司土同知。本朝康熙十九年，桑吉朋归诚，仍授原职，颁印信。吉朋殁，次子良儿吉袭。良儿吉殁，子板地儿吉袭。板地儿吉殁，子色丹增袭。色丹增殁，子仓旺袭。乾隆六年，请领号纸，未纳税银粮马。乾隆十四年，以从征金川功，加宣慰使。按：杂谷地，其初东至郎吉司、南至金川、西至竹克箕、北至克州，不过五百里。明宣德时，始据有郎吉司、以东、日驻、穷山、党者、等者等七寨，界接保县之蒲溪沟，而维州亦入其境矣，已复取达司蛮长官司地。国朝初年，保县河西生羌劫掠为患，时良儿吉狡黠有谋，于康熙十九年袭取九子、龙窝等寨，康熙二十二年袭取孟董等寨。又有打喇土司居于水田等寨，八稜碉土司居于丹者孟沟，皆为所并。又竹克箕以西至松冈，别有司格立土舍，为良儿吉外父。良儿吉与妻谋，毒杀其弟兄，取其地。松岗之外为党坝，土舍畏良儿吉吞并，亦以其众附杂谷。于是东至保县之通化里，西至党坝，绵亘一千余里，地广人众，号称大酋长云。

梭磨副长官司，杂谷土司桑吉朋之后。吉朋生三子，长阿吉分驻竹克箕，次即良儿吉，次囊索沙加布，分驻梭磨，为一舍。其地北界郭罗克。雍正元年，从征郭罗克有功，授郭罗克长官司。雍正七年，以不能约束郭罗克，降梭磨副长官司，另颁印信号纸，未纳税银粮马。囊索沙加布殁，子勒儿悟袭。乾隆十四年，以从征金川功，加安抚使。

竹克箕土司，杂谷土司桑吉朋长子阿吉之后。阿吉例得袭土司，吉朋妻谓次子良儿吉能，令袭替。度阿吉为僧，分地与之，娶妻生子，为土舍。乾隆十四年，以从征金川功，授长官司，结印信。

儿那达土舍，朗松所居也。杂谷各酋长号其兄弟为番僧者曰朗松，居茶堡山之儿那达寨，有大寺，领民僧千余为弟子，以附近寨落隶之。

党坝土舍，亦杂谷部落。

---

① 方：按下文文意及体例，当为“分”。

沃日灌顶净慈妙智国师，其先吐蕃部落。前明世袭土职。本朝顺治七年，土司黑儿加归诚，仍授原职，颁给印信。黑儿加殁，子巴必太袭。巴必太殁，子泥麻乾参袭。乾参殁，子朋族温吉袭。温吉殁，弟哈儿吉袭。哈儿吉殁，侄纳儿吉袭。纳儿吉殁，土女泽儿吉护事，未领号纸，亦不纳税银粮马。

金川寺演化禅师，其先吐蕃部落。明时分董卜韩胡之地于金川，设演化禅师。国朝顺治九年，浪朋归诚，仍授原职，给印信。浪朋殁，子坚藏利卜袭。利卜殁，吉儿卜细袭。卜细殁，浪各王折袭。王折殁，弟汤朋袭。朋殁，子泽旺袭，未领号纸，亦未纳税银粮马。

大金川安抚司，本金川寺族舍。先是，金川寺土司坚藏利卜生二子，长曰吉儿卜细，袭土司职，住占固，次曰汉王入拆，分居刮耳崖，为土舍。入拆生三子，长色勒奔，次色勒奔细，次丢日吉。入拆殁，色勒奔嗣，性桀黠。刮耳岩之旁有小部落七，即今勒外河南北诸地。色勒奔构令争衅，乘其敝而袭取之，渐致众庶。雍正八年间，以调征羊硐功，题授安抚司，给印信号纸，隶保县。乾隆七年，色勒奔殁，无子，色勒奔细袭，仍给号纸，未纳税粮银马。

必色满土舍，亦金川寺族类也。有寨六，曰大板、力木思甲、汉瓦、达扎、白箕、磨笼，方可百里，在商角山下之北。康熙三十一年间，其土舍兄弟七人争地相残杀。一以汉瓦、达扎二寨归金川，一以白箕、磨笼归杂谷。杂谷良儿吉妻以土舍女革什章，即令住牧白箕、磨笼等寨。会沃日欲攻瓦寺，乞兵于杂谷。及必色满先发兵，寨中虚无人，杂谷兵过其地，即不往沃日，袭据之。必色满不得已请岁输赋杂谷，而金川土司汤鹏争必色满，尽夺其地。是时革什章之夫已殁，革什章并其子纳尔吉被囚杂谷，控于制府，提至会城质审，留纳尔吉化诲，三年后复还故土，杂、金两无与。未及期，纳尔吉死，汤鹏遂请安插革什章及纳尔吉二子德仁鹏、安冲朋于旧地。然鹏阳为奉命，阴实蹙迫之，使不得自有也。乾隆四年七月，杂、梭修旧怨于汤鹏，合兵攻之。委官弁经理解散，议令照原断，请制府先给德仁鹏土千户委牌，俟年至十五授职。德仁鹏懦弱，不能自振，卒为金川寺所据，故未给印信。

羌氐鲜卑，各以类从，有时相亲相睦，类集而气盛焉，唐至德以后之吐蕃是也；有时相戮相虐，类散而气衰焉，唐大中以后之吐蕃是也。然则众建诸侯而少其力，固不独中夏为然哉！

夷疆

诸番地险阻异常。山则壁立千寻，水则怒涛万顷。溜坡陡磴，恶菁阴森。如瓦寺之天赦、纳凹两山，高三十余里，皆一线羊肠盘纡而上，两[①]多则涂泥深陷，雪原则寒冰凝滑。奔拉山高四十余里，瘴气薰人，积雪终年不消，虽盛夏披裘，犹寒气沁人肌骨。

梭磨之直固雪山，杂谷之陡柔、腊角两雪山，高四五十里。危石拥天，飞鸟绝迹，

---

① 两：当为“雨”。

横空瘴雾，眩人心目。过者即蛮人亦必凌晨遄发，至日午则满山风起，劲若排墙，利如刀剑，务袖掩口鼻，俯身迅趋，否则风入鼻窍，闭气立毙。自八月积雪[①]至五六月，尚未消尽，深一二丈。番夫转粟途间，终日扫除，而风卷雪飞，须臾如故。加以冰霜凝结，望若琉璃，融成一片。土人先于未雪时，沿途预插高竿，以防迷误，临行带斧凿冰，略成梯级，人拄短梃，彳亍而上，稍失足即陷入雪坑，为飞雪埋罩，不见踪影。又有茶堡、扣叟诸山，人迹不到矣。沃日之苹蓬雪山，金川寺之商角雪山，俱与杂谷东南为界，高三十余里，怪石横空，四时积雪，过者足不能舒，择可立者趟越以行。又金川有丹噶、空卡、合而千诸山，亦极险峻。

自灌口而上，山皆层级以高，其西北则自松潘出黄胜关外数百余里，高至羊膊岭，江水发源之地，其西则高至各土司诸雪山而止。

直固各雪山，水皆南北分流，北流者由保县保子关入于岷江，南流者由泸定桥入于大渡河，至叙州流复合。五六月雪消，江水增波。许浑诗：巴蜀雪消春水来。

克州雪山，水分两路。自东流者为孟董水，由旧保入沱江。自西流者为黑水，由茂州三齐寨出叠溪，入于大江。克州，即唐时悉州。

杂谷土司住牧之地曰松岗，在县西七百里。又曰杂谷脑，在县西一百六十里。其地东距西八百余里，北距南一千五百里。东界叠溪、茂州，及保县；南界大小金川、沃日、瓦寺；西界绰斯甲；北界松潘属阿坝、阿树、郭罗克各土司。

竹克箕土舍分驻之地曰竹克箕，在县西六百余里。东界梭磨官寨，西界松岗官寨，南界小金川土司，北界松潘属阿坝、郭罗克土司。

党坝土舍分驻之地曰党坝，在县南八百里。东界竹克箕，南界大金川，西界绰斯甲，北界杂谷陡柔寨。

梭磨土司住牧之地曰梭磨，在县西五百余里。又曰吗诺，在县西四百余里。其地在杂谷境内，东距西四百里，南距北六百里。东界杂谷及茂州叠溪，南界小金川，西界竹克箕，北界松潘属阿坝、郭罗克。

沃日土司住牧之地曰沃日，在县西南六百五十里。东距西一百余里，南距北一百余里。东界杂谷，南界金川寺，西界董卜，北界瓦寺。

金川寺土司住牧之地曰占固，在县西南六百余里。又曰美诺，在县南七百里。东界董卜，南界沃日，西界大金川，北界竹克箕。

大金川土司住牧之地曰勒外，在县南九百余里。东距西二百余里，南距北四百余里。东界金川寺，西界绰斯甲，西南界革什咱，南界巴底，北界杂谷、党坝。

土司住牧皆在其境内扼要之地，傍山为城郭，倚碉为门户，名曰官寨。有官寨数处者，岁命卜吉而后迁。

方城为城，汉水为池，虽众无所用也。然中原山水人力所通，平夷耳。高不可攀，深不可测，则边外形势，蔑以加矣。余在保时，奉檄出塞，戎服策马，蹴踘乎冥崖绝壁中，手挽足移，十步九折，俯视江流汹涌，巨石剑攒，头风目眩，时虞陨身。吁！高险

① 雪：原无，据同治《直隶理番厅志》补。

至此，岂天所以限华夷耶！国家声灵赫濯，诸酋部崩角稽首，输诚恐后，彼之险阻皆为我有，初何疆界可分？然而犬羊之性，终与人殊，设或不戒，则束马悬车，劳师旅，糜财用，民力竭于转输，官吏疲于奔走，而措画为难者，所履非所习也。考其山川，记其疆里，俾有心者默而识之，亦圣朝安不忘危之意云尔。

夷　里

一、自保县保子关西至旧保县八十里。旧保至硐房塘十五里。硐房塘至木埭板桥十里，出杂谷脑口。保子关、硐房塘，俱各土司出入必由之路。

一、自保子关南至凤坪十里。凤坪至木兰十里。木兰至大小毛坪二十里，交瓦寺住牧。

一、自保子关北由九枯番寨至黑虎十八寨二百五十里，接茂州三齐寨，又北至杂谷纳屋四十里。

一、自旧保县西至木埭二十五里，木埭至杂谷维州二十里，维州至杂谷脑十里（以上二处，俱杂谷隘口）。杂谷脑西至坡头关四十里，坡头关至葛哆秋六十里，葛哆秋至秋介五十里（以上皆杂谷地）。秋介至梭磨佳不由六十里，佳不由至吗诺三十里（以上三处，皆梭磨隘口）。吗诺至直固大雪山下七十里，上雪山至直路一百里，直路至梭磨七十里（梭磨土司住牧，以上皆梭磨地）。梭磨至竹克箕八十里（土舍住牧处），竹克箕至杂谷、松岗七十里（杂谷土司住牧处），松岗南至陡柔山九十里，陡柔山南至党坝九十里（土舍住牧处，以上俱杂谷地）。党坝南至梧儿溪五十里，梧儿溪南至勒外三十里（以上俱大金川地）。

一、自杂谷脑至帕头四十里，帕头南至梭罗一百里，梭罗至商角雪山下七十里（以上俱杂谷地）。过山至小金川金刚思六十里，金刚思至汉瓦六十里（系小金川隘口，以下俱小金川地）。汉瓦至达札六里，达札至占固八十里，占固东至美固九十里，美固东至美诺五里（小金川土司住牧处）。美诺东至孙[①]克宗五十里。孙克宗至丹噶山一百里，丹噶至大金川刮耳崖五十里，又自小金川汉瓦南至必色满十里（土舍住牧处），必色满至沃日三十里沃日土司住牧处，沃日至小金川美固二十五里（以下俱小金川地），又自小金川占固至马儿当六十里，马儿当至大板札六十里，大板札至如意坝五十里（系小金川隘口），如意坝至梦笔山五十里（以下俱杂谷地）。梦笔山至竹克箕八十里，又自小金川占固南进美户沟至勒达雪山一百二十里（系大金川隘口，以下俱大金川地）。雪山至勒外八十里（大金川土司住牧处），又自小金川美诺西至备儿六十里，备儿南至厥札九十里（以下俱大金川地）。厥札过山至刮耳崖四十里大金川隘口（土舍住牧处），又自小金川美诺南至空卡雪山一百五十里，空卡至大金川刮耳崖一百里（大金川土舍住牧）。

一、自杂谷脑至帕头关四十里，帕头南至色兰达河口五十里，河口至荜蓬雪山下一百里，过山至沃日若龙寨一百六十里（山顶分杂、沃界处），若龙至达怀六十里，达怀至沃日官寨五十里。又自若龙东至瓦寺奔拉山界四十里。

一、自旧保县过板桥至杂谷水滩寨五十里。水滩寨至董柯十五里（以上地杂谷地）。

---

① 孙：亦作“逊”。

董柯至县属奢拉雪山八十里，奢拉至后番不勒耳什等寨六十里（以上俱保县属），不勒耳什等寨至杂谷巴果十里。又自杂谷董柯至孟董沟三十里，孟董沟至县属后番汉色地寨八十里，又自县属后番不勒耳什寨过前山，俱梭磨克州界。

一、自灌县三江口至汶川县瓦寺草坡，自草坡过天赦山、纳凹山、奔拉山以至沃日土司若龙寨，计程总六百余里。三江口俱威保上游，自瓦寺以抵沃日，自沃日以通各土司路，更捷于保县。

重译而朝，航海以至，非可以道里计也。然《禹贡》一书，铚秸栗粟，侯甸要荒，皆稽之。以彼既输其悃忱，我亦经其疆里，为之计短长量近[①]，亦犹指南之意耳。

夷习

白兰，羌之别种。东北接吐谷浑，西至叱利摸徒，南界郡鄂。风俗物产与宕昌同。周武帝保定元年，朝献使至，有胜兵万人，勇于战斗。唐武德二年，使者入朝，以其地为恭、维二州。（《通考》）

按：白兰即今旧保东北也。

吐蕃在吐谷浑西南，不知有国之所由。其国出都城五百里，过乌海入吐谷浑。部落弥多，弥苏毗及白兰等国，至吐蕃界。其国风雨雷雹，每隔日有之，盛夏节气如中国暮春之月。山有积雪，地冷瘴，令人气急，不甚为害。其俗重汉缯而贵瑟瑟，男女用为首饰。其君长或在跋布川，或居逻娑川。有小城而不居，坐大毡帐，张大拂庐，其下可容数百人。兵卫极严，而衙府甚狭。养牛羊，取乳酪共食，并取毛为褐而衣，不食驴马肉，以麦为面。人死杀牛马以殉，取牛马积累于墓上。其墓正方，累石为之。其臣与君自为友。没官，父死子代，绝嗣即亲近袭焉。非其种类，辄不相伏。法令极严。兵器有弓、刀、盾、稍、甲、胄。每战，前队皆死，后队方进。人马俱被锁子甲，其制甚精，其战必下马列行而阵，死则递收之，终不肯退。枪细而长于中国者，弓矢弱而甲坚。人皆用剑，不战亦负剑而行。有草，名为速古芒，叶长二寸，状若斜蒿。有鼠，尾长于常鼠。置大论以统里[②]国事。无文字，刻木结绳为约。征兵用金箭，寇至举燧。与其臣一年一小盟，用羊狗猕猴；三年一大盟，用牛驴人马。以麦熟为岁首。议事则自下而起，因人所利而行之，此其所以能长且久也。

按：吐蕃即今杂谷、金川、梭磨、沃日诸土司。

各番衣服之制，男子首毡帽或皮帽，或以布缠头。毪子短衣（毪子以牛羊毛织成，似褐而粗），亦用布。外披大毯，如僧人偏其上者，亦服织组。左衽，辫发，不栉沐。左右佩刀。以盐渍豕肉，经年储之，曰猪膘。多畜犏牛、山羊，取其乳成酥酪以食。酒用热水泡稞麦于小瓮，以细竹筒吸饮。妇女以布裹头，纽发细辫，末总辫之，更结牛毛于尾，盘于头。额缀以珊瑚、珠宝。短衣长裙。耳垂大铜环。病延僧祈禳，不服药。占事扯索卦，灼羊膊以代卜筮。有大筵会，酋长中坐，土目、土舍以次旁坐。俗重根子，其

① 量近：同治《直隶理番厅志》作“量远近”。

② 里：同治《直隶理番厅志》作“理”。

祖父未为土目者，不能列，坐末也。婚姻自土司、土目、土舍，各以相匹者为偶。酋长承袭，即妻其所承之人之妻。纳后母、娶嫠嫂不以为非，而贵贱不可紊。人死无棺椁，以其生时衣甲、服物、兵器、马匹置尸旁焚之为墓。亲族各以采缯布帛，悬竿高插，名曰插旗。

称天曰“得蒙”，地曰“萨”，帝曰“更满吉儿布”，君曰“吉儿布”，汉官曰“更助”，长曰“靼老”，奴曰“中使”，婢曰“黑斯浪”，民曰“得所”，寨首曰“秋坐”，男曰“得咱”，女曰“得名”，父曰“娃伯”，母曰“阿母”，土妇曰“阿思”。名土司子曰“得什咱”，官僧曰“郎送”、曰“色勒奔”，民僧曰“格尔杀思”，大土司曰“儿甲宗”，小土司曰“儿甲长”。译番经瘗于石塔，云“镇水灾”。

无汉文，各译番字如蒙古状，民间不习者，有交易，削木竹数寸，刻其数于上，各执一藏之。

酋长娶妇，部民男女皆酌酒相贺。妇未生子女，饮食男女皆取给于母家，虽千里之外必至。有所出，然后衣食于夫。如废妻，亦其父母兄弟为馈饮食。婚无媒妁，男女相悦，则父母为之娶。亲朋置酒食以定婚。婚时，婿至女家。俟有子女，始偕妻以归。

各土司自以大小强弱分先后序。相等者称兄弟，相悬者称父子。虽伯叔甥舅皆没其称，而别以父子兄弟相呼。祖父子孙皆单传。有二三子，只以一承祧，娶妻生子，名曰血人，余则悉度为僧，官给衣粮。生不识年月，以鼠马记子午。

地无城郭，有亦卑小不居。皆依山冈为宫室，叠石架木，层级而上，形如箱柜。最后则修高碉，藏其珍宝、兵甲，高至二十丈，有八棱者，坚牢深密，石不能破①。

粮役重于中土，按地科粮以大小计，虽凶年不减，有鬻子女以偿者。官有工食②，自备器具，载木石而往。争讼各就决于所辖土目，未服方决于土司。罪轻则为官负薪担水，重则籍田产，最重并其子女卖之，或加以投河、坠崖、剔目诸刑。

俗严盗贼而不重人命。或杀人，令出牛羊、布匹于死者之家为埋葬费。并以生人易之而不抵命。鬻田产，其价一定，即更易数十主，不增减于初。民无子者，死后妻女皆没于官。

喇嘛之教本自西藏。土酋尊敬如父母。善咀咒，能摄人魂魄。时延梵僧祈禳，咒其仇敌，又解其仇敌之咒己者。

杂、梭、党诸司舍与绰斯甲有隙，其部夷相猜疑，巴凹杂谷地与绰地隔河，渡用皮船，彼此贸易必以所亲子女为质，曰放当头。

地寒冷，人不生痘，染者易死。酋长忌见生人，云恐带痘疮进也。大金川旷野更多忌，遇人至，群上碉遥放鸟枪，持刀呼跃，状如内地逐疫者，云恐带鬼至。

好修庙宇，高至三重。东西秘殿二，塑男女交媾状，曰阴阳佛。

杂谷梭磨，春迟霜早，豆麦至八月始获，其花果略似松州，近雪山地形高也。大金川则隆冬和暖如阳春，可种秫菽，产瓜、梨，不异中原，远雪山地形卑也。

土俗以三冬月望日为岁朝。先一月集男女以白土涂门壁，曰帖门神，饮酒歌舞，谓

① 石不能破：同治《直隶理番厅志》作“炮石不能破毁”。

② 食：同治《直隶理番厅志》作“役”。

之小过年。至期则曰大过年。广延番僧为七日道场，击鼓钹、诵经，声闻数十里。第五日，僧各顶大笠，被绣衣，自庙盘旋庭中，至于门外。甲夜抟面为人，实牛羊肠肺，为厌胜仇家之戏，门内外俱聚兵，每僧诵一咒，则内外哗声相应，枪炮齐发。丙夜于门外缚草作浮屠，饰以金碧，置面人其下。第六日僧尽集门外，筑坛如厂，设帏幄，老僧上坐，余蒙牛羊皮，戴面具，象虎豹形，环走诵咒，大集番兵，土司甲胄操弓矢跳跃而出，目兵分队随行；弓箭者，手弯弓，腰皮盾，身漆甲，首大盔，上悬一小旗、鹅翎七，背挂彩帛。枪刀者，手放枪或背枪舞，腰左右悬刀，衣棉甲，顶棉盔，状如圆盖。每十数人为队，队有长，执小旗领之。厌队有大土目，别令二人执大旗，又三人司金鼓为号，皆作登顿盘踊飘忽出没之势，上下于飞栈危磵之间，望若蜃楼，光怪动人，为打镇，若华言摆阵也。阵毕，僧举面人掷地，环绕咀咒，一僧抽刀断其头，一僧断手足，又一僧刳其心，又一僧取其肠肺，嗾群犬食之。已乃大陈先代所藏金玉珠宝器物，人各奉盘，盛麦置宝于上，旌旗幡幢，迎导簇拥。两人蒙狮皮作老鬼，一执毬作小鬼，引狮搏毬，环幄三匝，僧乃焚其草缚浮屠，众兵枪箭分队前驱，势若破敌。众妇首戴大帽，用布全幅盘绕，嵌以宝石，长裙短衣，被大毯，若僧人偏衫。执草一束，夹道立，掷地焚之，各兵跃火过，男女执手，复环行三匝，歌声四起，如凯旋者，庭列大酒瓮无数，男女复分队更唱迭和，执手跳跃，自夜达旦，名曰跳锅装。又明日，番僧露坐于庭诵经，设高坐，大喇嘛说法，土司侍坐，头目跪听，乃分宴其族类而散。

杂、梭诸番男妇，于三冬进口赴蜀西各郡县佣工，谓之“下坝做活路”，不独威茂熟番然也，凡掘堰、淘井、造屋、筑墙诸色，皆善。力作即寓雇者之家，驯伏不啻臧获。又熟悉其小户之瘠饶，以赀放债，春尽则贩买绯布、锅、刀、牲畜以归所。亲死必携其骸，不弃内地。债未收者，不即索，凭主家以利作本，更书券。年久利厚，则嗾群类迫取，或噪于官，如约乃去。

在上播者谓之风，在下化者谓之俗。夷地无风，非无风也，风所不及化者。盖山水险恶，秉其气者狼虎为心，犬羊成质，其谬戾悖理，有中华所不忍言者，而彼安之，成为令申，故不言风俗而曰夷习。知其习而驾驭之道在矣。

夷 兵

土司兵出于民，随所用多寡，按户派之。奉中国调遣，则自备战具而支粮饷于官。如土司相争杀，则糗粮戈矛，皆民自备。

杂谷地包有梭磨，竹克箕。民最众，其在竹克箕以西为松冈官寨，所辖者称上寨，兵甚弱。在梭磨以东、保县以西为杂谷寨，所辖者称下寨，兵稍强。又有界连松潘、茂州者曰后番，形膘腥，不能为兵。杂夷虽素号众庶，民不为用。有征战，男子执戈，妇女负粮。一女所运，斗不过三四，沿途食至战所，以其夫男共食数日，耗费将尽，又至家复运，兵常饥馁。或阵亡，则藉其田产、子女入官，是以人退缩无战志。

梭磨之兵，在官寨东西者较强，在黑水、克州者最弱，不能为兵。然土司善抚番众，贤于杂谷。

竹克箕土舍之兵，强于杂谷上寨。

杂谷、梭磨、竹克箕土司舍兄弟为番僧者曰“郎松”，皆居于儿那达，有僧千余人，附近寨落番民即令郎松主之，赋其租税以养所领民僧。有兵役，则梭磨、竹克箕土司舍及郎松皆听杂谷调遣。四分其众，杂谷应其二，梭磨应其一，竹克箕与郎松共应其一。

党坝土舍番众二百余，最少而强，故能守御金川，为杂谷藩篱。

沃日之兵不过五百余人，最勇。每战必先登陷阵，泽儿吉亦知赏罚，善抚恤，民皆用命。

金川寺之兵强于杂谷，又善劫营，故杂谷兵虽众，每战辄诎。

大金川之兵最强狠，妇女皆骁捷如男子，色勒奔细善抚绥，甘苦与民共。出兵，酋长为助粮，死者厚给其家，伤者养于官所，无事射猎较勇，得禽兽分畀于众。故上下同心，战辄胜。

杂谷民一万余户，得兵六七千人。梭磨民五千余户，得兵三千人。竹克箕、儿那达两土舍各三千余户，得兵各二千人。金川寺民六千余户，得兵四千人。大金川四千余户，得兵三千人。沃日民七百余户，得兵五百人。瓦寺民一千余户，得兵六百人。

兵器皆竹弓、竹箭、长矛、短刀、鸟枪。护身有支牌，棉帽皆套铁筒，间用铁盔甲，皆各番自行制造。无事则演习跳跃，有事则听土司调遣。对垒打仗，无阵伍纪律，以呐喊劫掠为主。所重在于抢夺人畜，以重价以要赎，不轻杀也。其领兵皆属于大土司。其传信以木核[①]，有急务则以土司红靶皮鞭为信。大约夷性贪而残狠，受得易忘，念怨不以。土司多安坐寨中，辄思积年仇隐，以相争劫，倏而千百成群，如羊如犬，倏而议和，则两家土目顶经立誓，纷纷奔散如婴儿戏，任其兴之所至而已。

按：武王伐纣，以羌、髳、彭、濮同会牧野。此征调蛮兵所自昉也。顾犷野之性不能驯扰，控御方利害各半。故王大成议剿贼不用狼土诸兵。虽然，以蛮治蛮，即以蛮攻蛮，彼此就近征调，为力颇易，亦顾其用之者何如耳。毛氏奇龄曰：蛮实难驭，犷悍桀骜，其性猜忌仇杀，其习烙蹠善走，枵腹善斗，其力耽恋窟穴，不忍远离，假重爵命，威制服属其势，知其性与习，则不宜喜功生事，而知其势与力，则势可以为我用，而力不可使之自用。吁！尽之矣。

夷　事

八棱碉长官司，其先居于丹者孟沟地，为杂谷所并。后有登革者率一妻三女窜伏旧保民徐秉恒家，倚为谋主，控抚军，檄县令高崇岩，调杂酋良儿吉质讯。儿吉惧，还所夺印，而诡言八棱碉地不在杂境。县以讯登革，革亦无指证，谬指旧保江北之九子、龙窝等寨为八棱碉故地。抚军檄威茂参将及茂州牧、汶保令赴寨清理。然九子、龙窝实非故八棱碉地也。崇岩知杂谷不能从，又患登革诉，乃言俟霜降水落，渡河查勘。至期，又令登革造册、编桴以难之。而登革死，革长女热地妈替职，秉恒令妈遣人赴陕控。制府谓有印无地，地实杂谷，据[②]县令私受杂酋金千两、银万两、奴婢各十人、舍利珠一

① 核：据上文所载，当为“刻”。

② 据：同治《直隶理番厅志》作“据控”。

颗，故为徇庇不令还。而杂亦辩，令廉非肯受赂者，且舍利故僧枯骨，不祥之物，非可宝玩赂遗，指为明珠，诬可知。制府两下其事，檄县安插。或有言于崇岩，威州之沙坝寨，先为八棱碉土司所售，岁约[①]租。崇岩乃曰："上官安插热地妈于沙坝。"热地妈姊妹既得地，又偕秉恒讼于会城。松茂巡道恶之，令威州于保子关设禁，不令过。而秉恒、热地妈潜派人怀血书奔陕，复控制府，谓巡道受重贿。制府下两司会查，事无证，遂寝。已而热地妈又死，妹板地替职。板地弱，不如其姊之黠。沙坝番民亦厌其诛求，杂谷乃重赂沙坝民，夜纵火焚其寨，板地与妹俱死。事闻，威州知州王国正，从灰烬中得八棱碉长官司印，上抚军。收纵火番民，斩之。归沙坝民于威州，八棱碉遂绝。

杂谷良尔吉能以智谋驭众，诸部皆拱手听命。而金川、沃日、绰斯甲更以子婿尽小事大之理。传至板第儿吉，以逐金川寺汤鹏姊，绝世好。然畏杂谷，不敢与抗。苍旺袭，三易其妻，绰斯甲、瓦寺之好俱绝。大金川色勒奔细，乘间与结盟，誓定婚姻，杂谷于是孤立。

金川寺泽旺之父汤鹏，袭其兄浪各王折职，即妻其嫂阿思妈，杂谷土司良尔吉女也。生子一泽旺，即今土司。女一，喇章，今明正土司。阿思妈殁，鹏续娶沃日土司呢嘛乾参女阿妈桑，生子二：良儿吉、小郎索。先是汤鹏为杂谷婿，奉事惟谨。继杂谷土司板地儿吉与鹏有隙，乃与大金川色勒奔盟，愿结婚。色勒奔以其弟丢日吉之女阿扣嫁泽旺。鹏自居美诺，而令泽旺夫妇及良儿吉居占固。土目儿格补思觇知阿扣与良耳吉私通，言于旺。旺怒，持刀杀良儿吉，伤其背，避免。复以火铳击阿扣，坠其耳圈，未死。已，阿扣与良耳吉谋，诱儿格补思谮于鹏，谓旺得疯疾，动辄杀人，恐不能统众，请以儿吉为后日袭职之了。鹏心动，遣土目阿该往察之，该还白其事，且称旺无疾。鹏乃令阿该迎泽旺、阿扣并良吉儿回美诺，囚儿格补思于占固，籍其家。鹏以大金川强悍，弃阿扣，失欢好，劝旺与阿扣睦，键其夫妇一室，使共饮食卧起。旺誓不与阿扣交一语。年余，鹏不得已，畜[②]旺居美诺，令阿扣携所生子女回占固，厚给之，专主占固事。鹏殁，泽旺袭。时色勒奔细已袭大金川职，劝旺迎扣同居，旺不听。逾年，奔细又两遣土目以迎扣语旺，旺坚拒如故，奔细怨旺：当鹏在时，与杂谷结衅，求援于我，我以婚姻故助之，而杂谷不敢犯，今旺不念旧德，必绝离婚媾，又反为其二子求婚于杂谷耶？而先是金川寺有土目雍南多叛鹏，尝邀大金川攻之，多顺于大金川矣。至是泽旺与多和亲，还其质子，多遂背大金川。于是奔细猜怒愈甚。阿扣独居久，既怒旺，乘奔细愤恚，遣所亲之美诺谋于良儿吉，邀奔细以兵来，各以其地内应，于是奔细遣侄良卡袭占固，目阿纳袭美诺，以同攻雍南多为名，胁旺至占固，杖杀旺所信任目四人，令阿扣卧于床，迫旺同寝，旺终不应，弟[③]云：听阿扣为良儿吉妇。时阿该已改事阿扣，同倾泽旺矣。狼卡乃与阿扣、良儿吉、阿该及汉奸王秋谋，使阿扣、良儿吉盟誓为夫妇，许

---

① 约：同治《直隶理番厅志》作"纳"。
② 畜：同治《直隶理番厅志》作"留"。
③ 弟：同治《直隶理番厅志》作"第"。

以金川等界，良儿吉绝杂谷往来，诸皆仗[①]诸以王秋为恶首，磔之，事遂定。

孙克宗木藏，金川寺所辖土目也。地方三百余里，界于大金川、金川寺。“木藏”犹华言“土舍”。康熙年间，有木藏达年度老叛[②]其主，时与沃日侵扰金川寺寨落。汤鹏患之。传至雅南纳，投顺入官寨，左右事鹏。其弟雅南多留孙克宗寨。纳素驯，无子，言于汤鹏，愿以地土之半上鹏，请别选土目经理，留其半与多。鹏喜，令纳偕土目往交地。纳之妹曰更格安聪，姣而诈，纳[③]献于鹏为妾，有宠。鹏之遣纳往孙克宗也，商于安聪，安聪赞之，而阴遣人告于雅南多，谓纳已尽献其地矣。纳乘马行，马倒地，口出血不止，从者谓其不祥，阻之。纳曰：吾弟也，何害？既而至，擂石滚木从山而下，纳受伤，多据孙克宗以叛。鹏所居之美诺，距孙克宗不三里，有桥，倚山为险。多于山上竖碉，设兵据险，鹏不能攻，遣人说之，多乃议岁纳粮于鹏，而遣其子为质。已而鹏建番庙于美镀山，制甚巨[④]，求木于孙克宗寨，无厌，役者苦之，多复因民怨以叛。杂谷、沃日素与鹏有隙，乃言于多，令其内攻，而杂、梭、沃日与革什咱之兵为外援，事成，公举多为土司，多诺。各部共攻鹏，鹏困甚，求援两院，遣官驾驭，围解。已复委西南道协往质成之，议将定，而安聪又复为间[⑤]，多不出。乃为鹏与多约，多先上粮而鹏还其质子。子还，多乃亲赴鹏谢罪，皆许诺，道协遂回。而多实未上粮也。鹏时与大金川约，共[⑥]攻多，而多乘间投于大金川，岁输盐为部落。大金川遂谢曰：此吾圈中羊也，何害？安聪善媚，能惑鹏耳目，计得生子，谋袭职，因遂其嫡[⑦]。已而仅生一女，乃复言于鹏，愿为尼，更纳多女聪旺错为妾，鹏允之。安聪之意，凡以为其兄图金川寺计而已。为尼，居别院将以辟嫌也。然往来鹏室，宠如故。既而鹏死，子泽旺袭。安聪复言泽旺，令援夷例，更纳鹏妾聪旺错，劝多输粮。既允，则说旺还其前质之子。而安聪亦回兄家，旺唯唯听命。旺之女弟喇章为明正土妇，势甚强，安聪欲为多结援，劝旺以聪所生女为喇章子妇。章曰：此妹妹也，可为姑妇乎？而旺强之，遂允。多既与旺睦，遂背大金川约，不赋盐。而大金川亦怒旺，举兵先袭金川寺，执旺归，与旺弟良儿吉合兵攻多。多仓卒无备，焚其积聚，担金银挟妻子遁。将渡鲁密河，求援于革

---

① “往来，诸皆仗”之间有缺漏文字，据同治《直隶理番厅志》所载，有以下文句：事禀命大金川，儿吉如约。遂囚泽旺于大金川之刮耳崖。而儿吉娶阿扣回美诺，主金川寺事。复为狼卡率兵杀雅南多，取孙克宗地界大金川焉。事闻，督抚委官化导，奔细不得已，送泽旺回，阳称旺为土司，然旺所亲信土目俱被杀，权不由己，且畏祸，不敢与争。而良儿吉、阿扣共抚金川寺之众，听大金川调遣。大金川既有大金寺及孙克宗之助，而南邻绰斯甲土司策朱丙丁素与杂谷隙，因娶奔细侄女阿纳为妇，为其羽翼。巴旺土司，革什咱土司之甥。而其弟土舍亦娶奔细侄女为妇，金革不睦，各为其亲，以夺巴旺地。继而巴旺土司殁，土舍获印，亦因其妇而修好于奔细。杂谷土司屡与大金川构衅，而与其邻革什咱、明正、沃日土司相和亲。奔细将修怨于诸邻，遂邀金川寺孙克宗、绰斯甲巴旺番众先袭革什咱之正地土舍，据其地。已分兵南攻明正土司属之鲁密土舍，渡鲁河至毛牛，又以金川寺兵攻沃日，破色耳底各寨，围热笼达怀官寨，遂由热笼寨外分兵冲奔拉山以侵瓦寺。又以绰斯甲兵北攻杂谷土司属之党坝、儿那达二土舍，又西攻章谷土司。肆出侵掠，势猖獗，将犯内地，巡抚纪请剿。事未竣，上命经略忠勇公傅，总督果毅公策，提督威信公岳征之，军威大震。色勒奔细惧，求降。反诸所侵地。恶党良儿吉、阿扣、阿该等。

② 叛：底本作“判”，今据同治《直隶理番厅志》改。

③ 纳：同治《直隶理番厅志》无此字。

④ 巨：底本作“距”，今据同治《直隶理番厅志》改。

⑤ 间：底本作“门”，今据同治《直隶理番厅志》改。

⑥ 共：底本作“其”，今据同治《直隶理番厅志》改。

⑦ 其嫡：底本作“具摘”，今据同治《直隶理番厅志》改。

什咱，而鲁密土舍先受大金川赂，阻之，不得渡，多退于莫南坝寨。寨甚险，而大金兵周匝围之，多乃遣番僧出议，降大金川，允之，立誓，许以不死，多遂降。已而色勒奔细剔其目，沉于河，尽杀其子妻妾，有孕者剖其腹，囚安聪、聪旺错于幽室。所许明正司之女将嫁，亦被擒，既以明正故遣回。大兵进征，明正司乃娶以归。初，大金川之攻泽旺也，借道于多，多率兵三千，尾其后，将击之。旺惶惧，遣土目阻之，曰：大金川我叔也，此来议家事，尔不可激生变。多引兵还，弛备。已而旺枪多，遂灭。

前事之不忘，后事之师也。请[①]夷虽云蠢尔，而兴衰成败无不本于人事。人事修，无不兴；人事废，无不败。而中原控制之方，亦可见微知著矣。

① 请：当为“诸”。

直隶理番厅志

（清）吴羹梅修　周祚峄纂

同治五年刻本

提　要

理番厅，嘉庆八年（1803）改杂谷厅置，治所在今理县薛城，民国二年改为理番县，民国二十五年改称理县。

（同治）《直隶理番厅志》是清代理番厅唯一一部方志，（清）吴羹梅修，周祚峄纂。羹梅，河南固始县人，同治三年（1864）署任直隶理番厅同知；祚峄，四川安岳人，附生，后保举贵州候补知府。是志始修于同治三年，广搜博采，借鉴乾隆《保县志》而加以增损，纂辑初稿，但不甚如意，遂中辍。两年后，延请周祚峄编订，阅六月而告成。与事诸人，“参订则教谕李光衡、照磨胡焜，分校则候选训导莫如德、候选府经曹显名、贡生冯岫……”（吴羹梅序）书成后，拟随即刊印，遇边事而未果，至同治七年吴羹梅即将赴任珙县时，方督工梓行。全志卷首分“序”“凡例”“沿革表”“舆地图”“宸章”“上谕”，正文分“舆地”“建置”“学校”“边防”“艺文”“志存”六卷，卷末有吴羹梅跋。正文中卷一、卷二、卷六无小序，卷三、卷四、卷五均有小序；除卷六无小目外，其余五卷于每卷下有若干小目，含附目，共三十六目；含卷首，计三百四十八版。

目　录

首　卷[①]

《直隶理番厅志》序

理番，古岩疆也。汉以前为徼外羌地。唐代吐蕃特盛，强肆侵凌。其地东邻汶灌，逼近成都；东北距松潘，毗连青海；西南距懋功，可通炉藏；西北沿阶州文县，直达长安；正北抵草地生番，与洮岷皋兰接壤。抚驭失宜，陇蜀震惊，唐之前车可鉴已。溯汉及明，羁縻恐后，控制裕如，寂无闻焉。我国家声教暨讫，东渐西被，幅员之广，超越无前。自勒乌围、美诺及伊犁，新疆万余里，罔不延颈企踵，来享来王，匪羁縻之，实控制之，匪控制之，实变化之。控制伊何？六七作圣神相继，威震遐方，则咸臻效顺也；变化伊何？三百载教养兼隆，风清殊俗，则咸与维新也。导扬盛美，焜耀将来，诚贤大夫责哉。地山司马权知厅事，时逾三载，内安外攘，治具毕张。念文献之无征，抚丹铅而思奋。不以峄为谫陋，延任纂修。原夫古之地志，仅存《禹贡》《职方》，核其要旨，惟方域、山川、风俗、物产是纪，《元和志》初涉古迹，《太平寰宇记》复增人物、艺文，渐趋繁缛。元明以降，体例益淆，去古愈远矣。考《周礼》小史掌邦国之志，外史掌四方之志，志与誌同义，取记誌也；又与识同，谓有所标识，异日可按而知也。自班氏《汉书》创列十志，各州郡邑历代相沿，体欲谨严，词欲质实，旨欲宏深，义主于信今传后，足垂久远，志岂易言哉？峄锐意编辑，与司马及同事诸君互相参考，阅六月告成。立纲陈纪，则奉《四库书目》为宗，余则马氏《通考》、王氏《玉海》、毛氏《全集》、杨氏《全蜀艺文志》、胡氏《禹贡锥指》皆所旁搜，而一以顾氏《方舆纪要》，《四川通志》为据焉。至前保县令衡北陈公旧本，则又前事之资，未敢得鱼忘筌也。嗟夫！淳熙之志三山，附"山川"于"寺观"，未免不伦；至元之志嘉禾，有"人物"无"官师"，亦殊缺略。志岂易言哉！失简失繁，吾知不免矣。愿有道正之。

同治五年岁次丙寅仲秋月，安岳周祚峄序

① 原志无，今按目录补入。

《直隶理番厅志》序

朝廷设官分职，以为民也。至番民杂处，则治番与治民，其轻重缓急，凭虚而谈，治理靡不失之。盖治民有道，经其衣食，泽以诗书，董以官司，隆以学校。如是，则民治。治番有道，积威以震垒之，惇信以怀柔之，而又谨其关隘，修其武备，以思患而预防之。如是，则番治。番治而民乃得安于耕凿，习于礼仪，以遂其生而复其性。斯厅之设，国家所以为番计者，无非为民计，法至良、恩至渥也。有守土之责者，敢忘抚绥柔辑，以求报称于万一哉？顾山川险夷，官师控制，历代沿革不同，古今事变宜究。非有前事之师，且苦茫无所据，志固可以已乎？羹梅奉檄斯厅，既莅任，索志，无之，亟欲经始，适奉制府骆将军崇公命会剿松潘厅属夷务，未遑。旋有下孟屯穆逆之乱，沉机观变，焦心劳思，积二年余。罪人斯得，善后一切，复耗居诸。又因梭磨土目凌其土司太阿倒持，欲行废置，群酋被胁，几弄兵端，抚驭多方，承袭乃定。仰赖天子威灵，上官指授，得以从容措置，塞此涓涓，免成江河，屯土咸安，闾阎胥靖，向之磨墨盾头者，今而后可以征文考献矣。而大宪饬修通省志檄亦下，爰设局，择绅广搜博采。复延周君祚峄主其事，相与朝夕商度。其今昔异致者，于前保县令陈君衡北旧编率多增损，名虽为因，实则创始。志成，爰叙简端，以告来者。参订则教谕李光衡、照磨胡焜；分校则候选训导莫如德，候选府经曹显名，贡生冯岫，廪生杨钟汉、焦玉堂、徐泽沛、冯为模，文生袁湘、何文彩、张爱棠；采访则监生邓国琳；例得备书。

同治五年岁次丙寅仲秋月，权知理番厅事中州固始吴羹梅撰

凡例

一、元至大《金陵志》用表戚光，以地志事殊，国史删之，识者谓其深明体例。兹仿《四川通志》各府直隶厅州各为图表之例载入。

一、厅为边陲重地，列圣相承，文德武功，焜昭千古，恭录弁首，匪直简策光也。念宵旰之忧勤，咏承平之盛美，励精图治，能勿罩然?

一、各志多列星野。然言蜀分者，隋以前主觜参，隋以后主井鬼，非以变动靡常欤？兹厅，《一统志》谓在井鬼分野，鹑首之次。《陈志》谓天文井参，分野入参一度。又各不同。特据治历家言，杂谷厅北极出地三十一度四十分，偏西一十三度一十三分。(三杂谷北极出地三十二度，偏西一十三度五分五秒；党坝北极出地三十一度五分四秒，偏西一十四度二分。)但记晷度于此而不列入子目，删星野之谈天，测斗极之出地，遵乾隆时钦定《热河志》例也。

一、圣贤、事迹、典礼及群祀诸仪节，兹编未免伤繁。缘地处偏隅，书籍罕觏，文卷缺如，用详悉胪陈，庶留心掌故者，不无小补云。

一、徵文引事既分别部居，则体例攸关，不宜杂厕，是编于无可附入者，仿古外记、杂记诸体，立志存一门，以罗遗文遗事。

一、编中有云旧志者，或系旧《四川通志》，或系旧《威茂志》，年远无稽，今姑仍之。其曰《陈志》，则衡北陈公所辑也。

一、陈志辑于乾隆三年，保县尚隶茂州，援引致多搀越，故删之。又杂谷脑尚属土司五屯寨，未经改流，援引不无疏略，故益之。至大小金川各酋虽列土，自雄宝归保县管辖，故陈志云辖土司六。其时尚有七土、九土之称，兹不具录。今虽改隶他厅，往事轶文，未可悉听澌灭。故篇中附存什一于千百焉，初非无端泛引也。

一、《陈志》规模虽具，究属稿本。“艺文”所载诗、古文、词，已作居多，亦未删削。今择其尤者，并《志叙》《小叙》刻之，以彰厥善。至现在人著作，其无关政治者，概置弗登。

一、今志有发明辨证处，用按字空一格写或另行写，《陈志》按字另加□，其余随文附见者，不在此例。

一、两金川归顺后，杂谷土司苍旺不法，经策、岳二公奉命平定，分其地为五屯。百余年来，喁喁向化。讵同治乙丑春，穆酋背顺效逆，仰赖天威远詟，各宪洞悉机宜，得以歼厥渠魁，乂安边境，极信任之专，无牵制之虞，真令人感激思奋，当日情形何可没也。爰将密禀及大宪奏章、善后条例，刻之志存，以备稽考。

沿革表

直隶理番厅沿革表											
	两汉	三国	晋	宋齐梁魏	周	隋	唐	五代	宋	元	明
理番厅	汶川郡地						**维州维川郡**。武德中置，领薛城、金川、定廉三县，至德后，陷入吐蕃，大中初收复。	蜀内徙	**威州保宁县地**	**威州地**	洪武中析威州置保宁县，仍属州。
						通化县。开皇中置金川县，寻废。更名属汶山郡。	**通化县**。属茂州，后废。	**通化县**。移小封县改设。	**小封县**。垂拱二年没于吐蕃。熙宁间设置通化军。		**洪武中省**
							小封县。初置金川县属维州，寻废。咸亨三年，改置，后废。				
						开皇中置定廉戍，属会州。					
							定廉县。武德七年置，属维州。开元中置奉州。天宝初曰云山郡，寻徙治天保军，县属之，后陷吐蕃。又贞观初尝析置盐溪县，后省入。				
							羁縻保州。初置天保军，天保八年移保州云山郡来治，更郡名。广德初陷吐蕃。太和五年收复，寻弃。大中三年又内附。		政和四年改置祺州，县曰春祺，宣和初废。		
	汉绵虒县地							**维州**。蜀徙。	**威州**。景德初更名，属成都府路。	**威州**。属成都路。	**威州**。属成都府，宣德中移治。
								保宁县。前属改置州治。	**保宁县**。政和四年改置直州，改安信县曰嘉会，宣和初废。	至元中省入州	
							羁縻霸州。天保中置静戎郡，乾元初改州，领安信、牙和、保宁、归化四县。	**霸州**			

舆地图

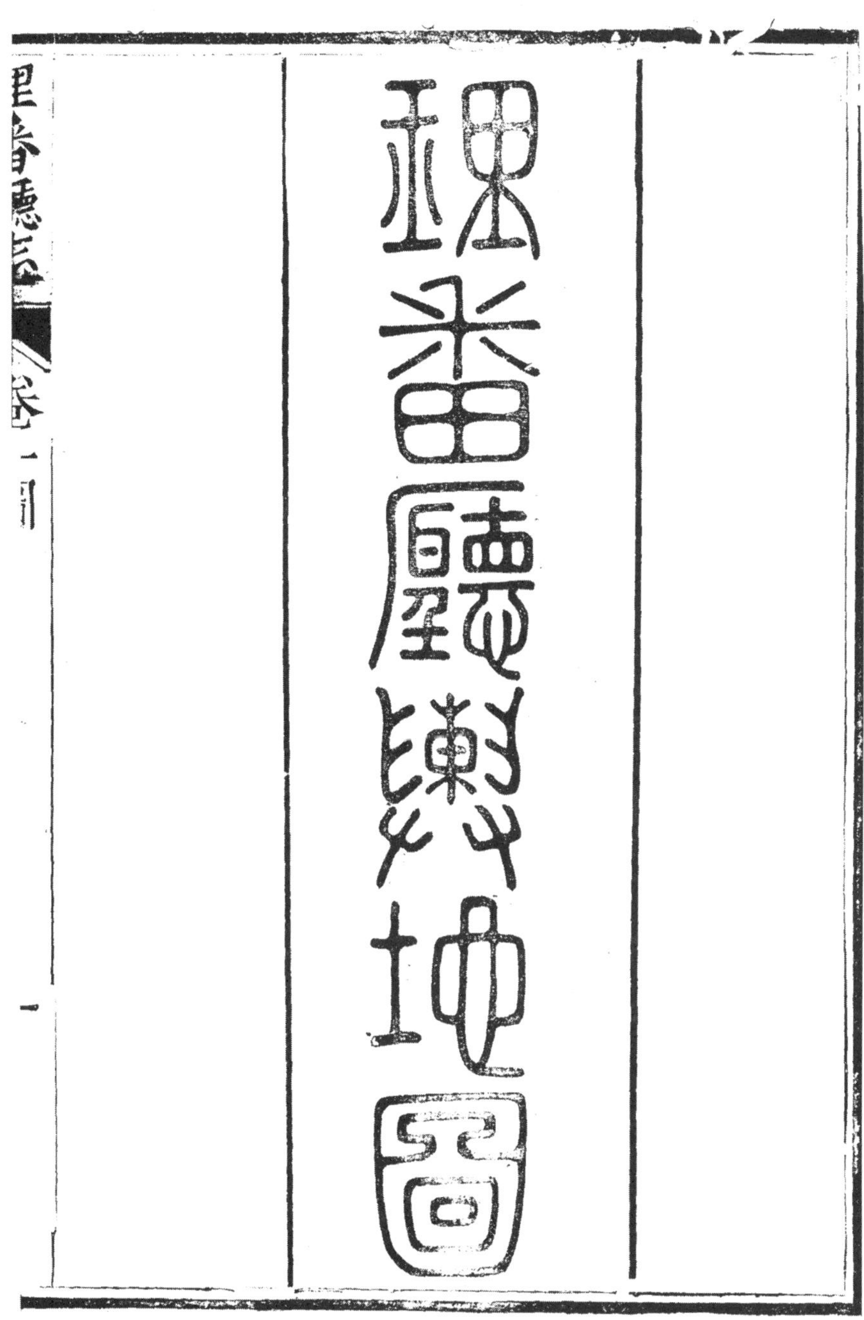
理番廳輿地圖

理番廳輿圖

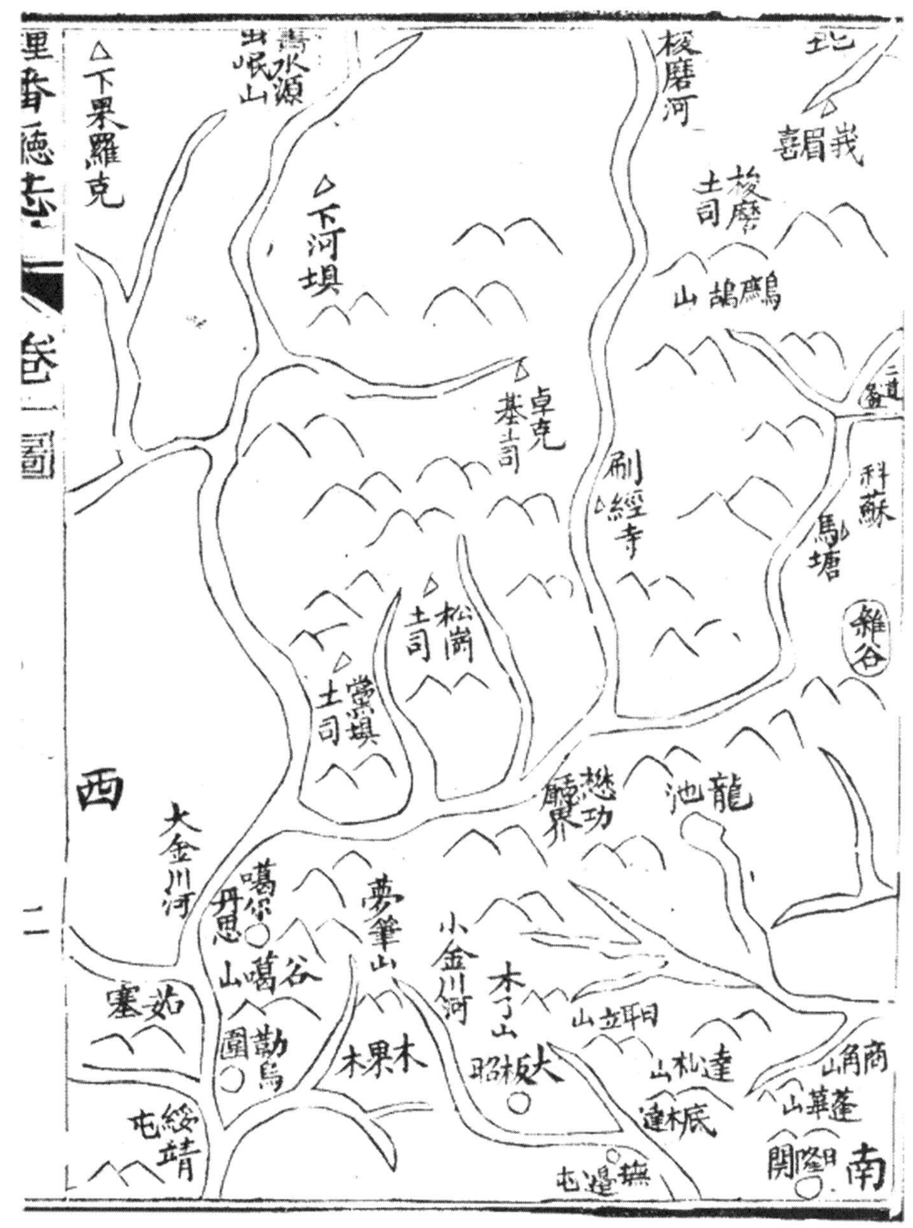

理番廳志 卷一 圖
下果羅克
出岷山
馬水源
下河壩
梭磨河
戎眉喜
梭磨土司
鷓鴣山
卓克基土司
刷經寺
科蘇
馬塘
雜谷
松崗土司
黨壩土司
懋功廳界
龍池
西
大金川河
噶爾丹思
夢筆山
小金川河
噶谷山
木耳山
塞茹
勒烏圍
木果木
大板昭
日耳山
達松山
商角山
蓬華山
達木底
綏靖屯
撫邊屯
關隘
南
二

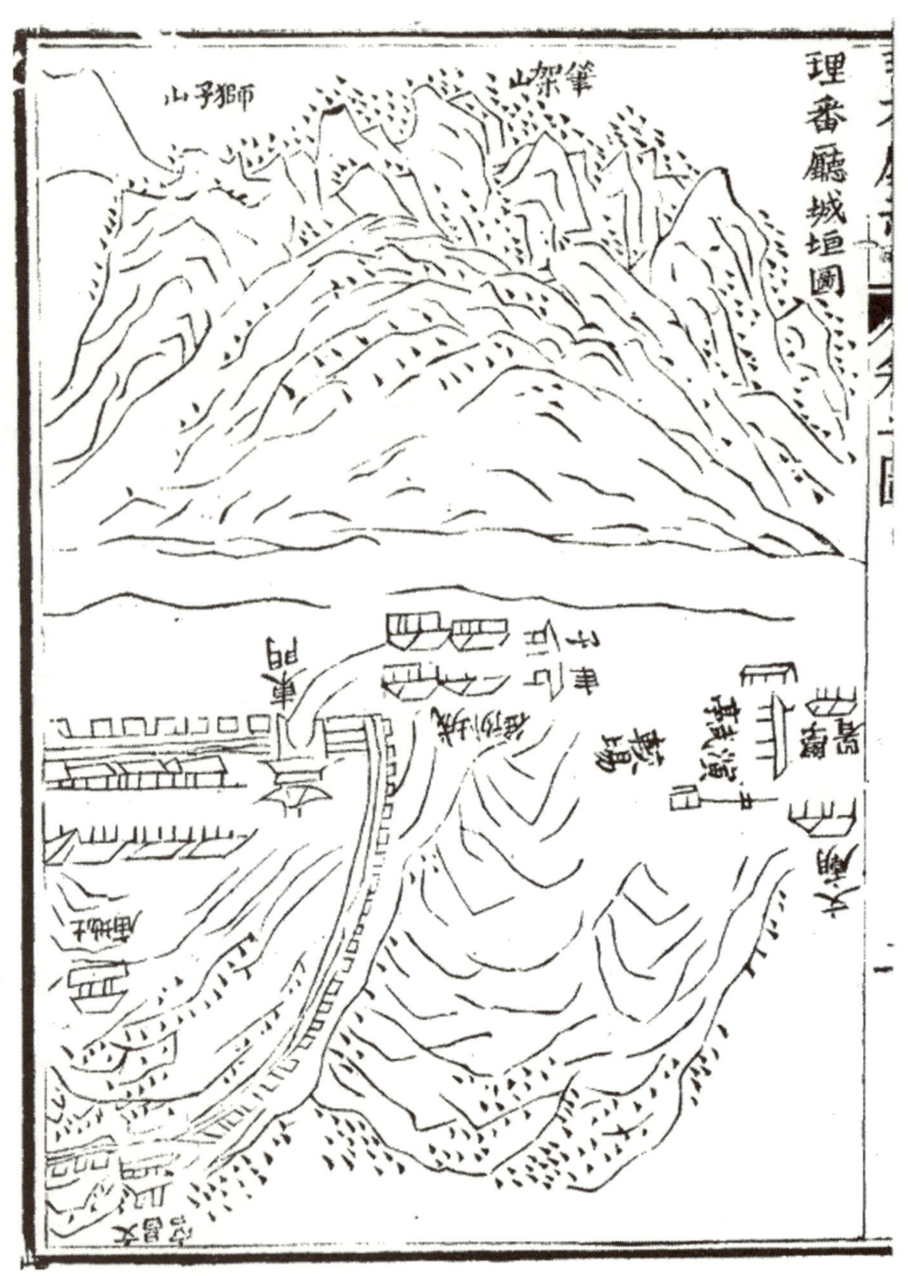
理番廳城垣圖
獅子山
筆架山
東門
演武廳
較場

理番廳志　卷一　圖
三
熊耳山
孟董溝
籌邊樓
書院
較場
都司
把総
千総
武庙
維州協署
同知署
養濟院

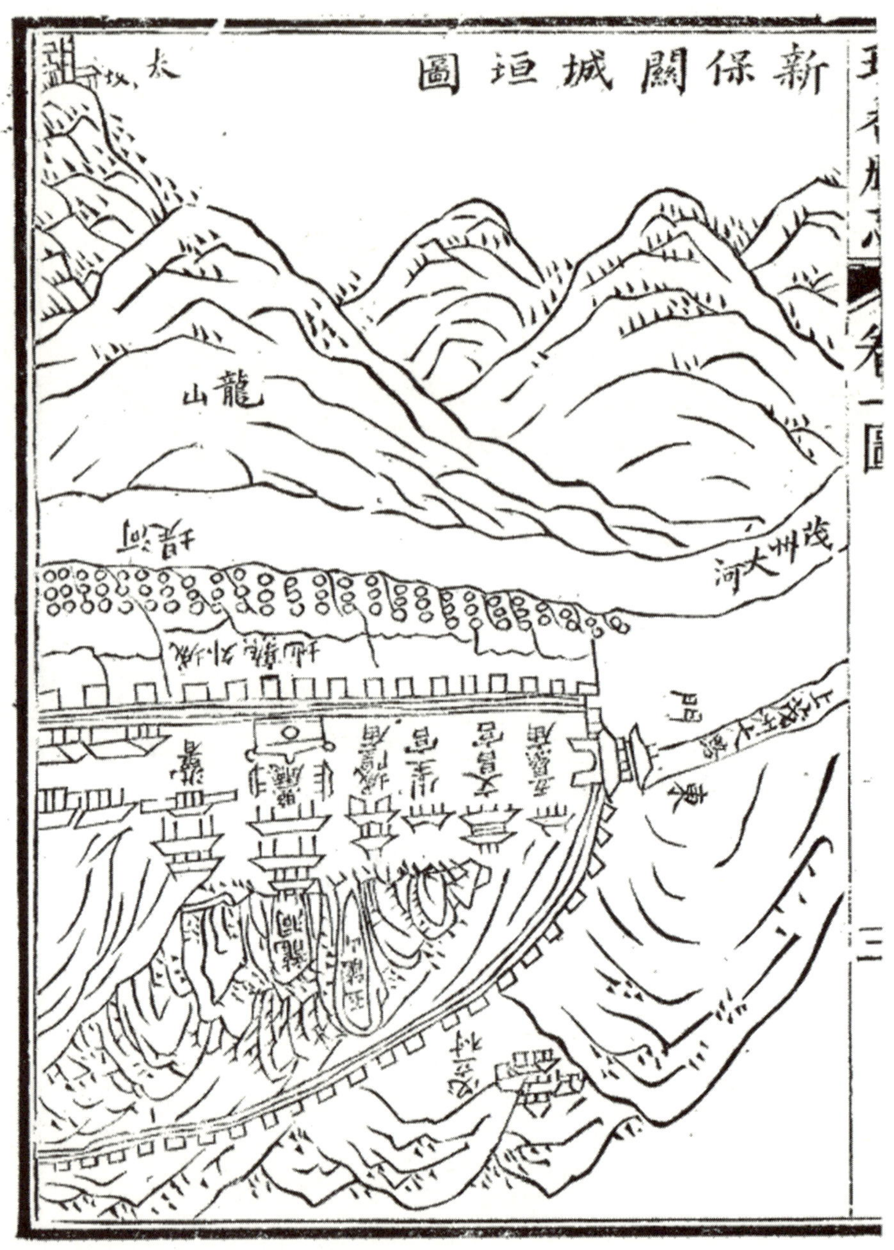
新保關城垣圖
龍山
茂州大河
東
門

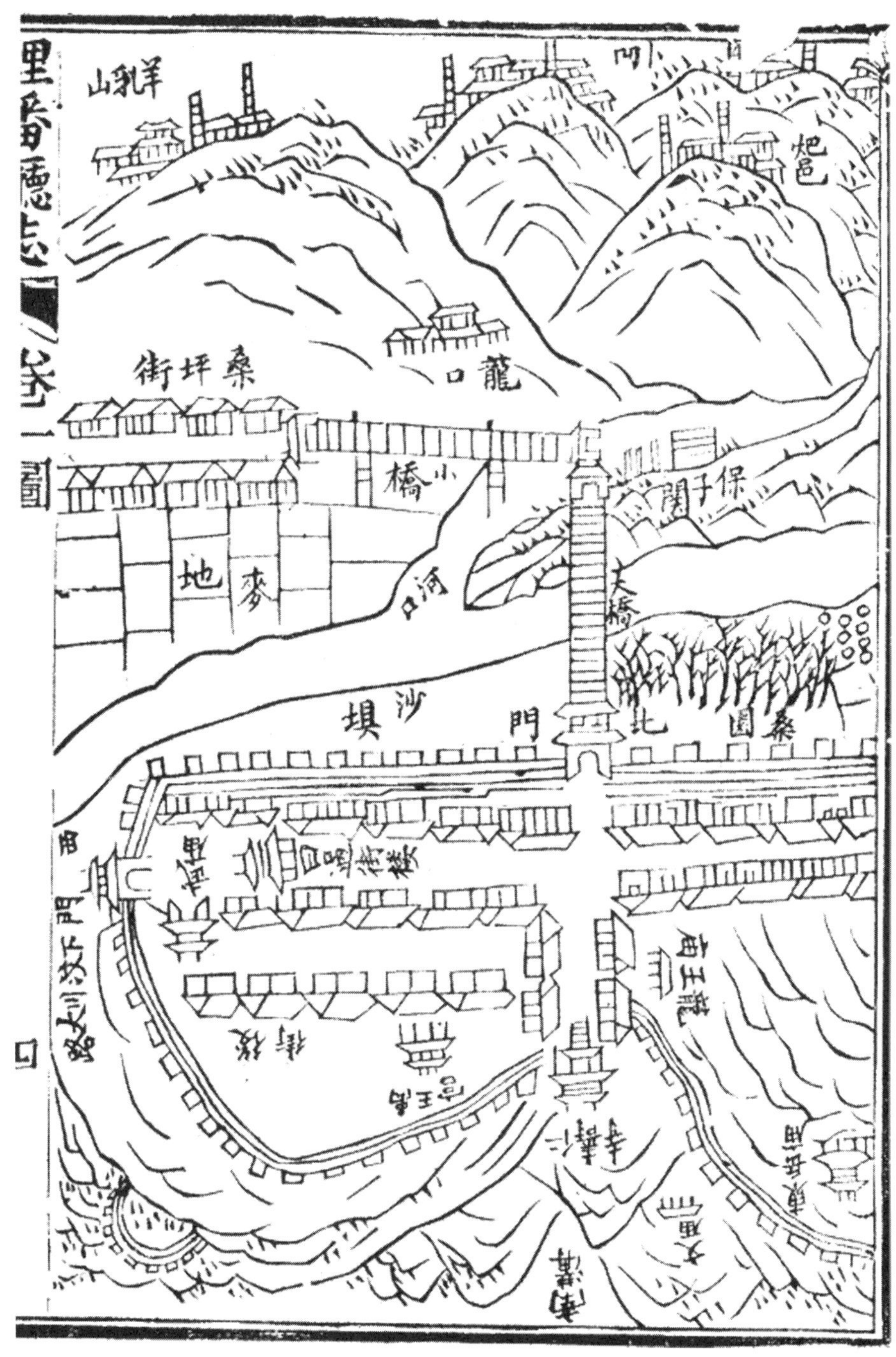
理番廳志 卷一 圖
羊乳山
杷邑
龍口
桑坪街
小橋
保子關
麥地
河口
大橋
沙壩
北門
桑園

宸 章

圣祖仁皇帝 江源考

中国水之大而流长者，惟河与江，其源皆出西番界。河之源，自《元史》发明之后，人因得知其大略。江之源，则从未有能确指其地者。郦道元《水经注》颇言其端委，而于发源之处，则云：以今所闻，殆未滥觞。道元亦阙疑而弗敢定也。今三藏之地俱归版籍，山川原委，皆可按图以稽。乃知所谓“岷山导江”者，江水泛滥中国之始，禹从此水而导之江，江之源实不在是也。江发源科尔坤山之东南，有三泉流出：一自匝巴颜哈拉岭流出，名七七拉噶纳；一自麻穆巴颜哈拉岭流出，名麻穆七七拉噶纳；一自巴颜吐呼母巴颜哈拉岭流出，名古科克巴哈七七拉噶纳。合而东南流，土人名“岷捏撮”。岷捏撮者，译言岷江也，是为岷江之源。南流至岷纳克，地名鸦龙江，又南流至占对宣抚司，会打冲河，入于金沙江，东流经云南境，至四川叙州府与川江合，是真江源根据。后人但见打冲河之入金沙，金沙之入川江，而又据《禹贡》“东别为沱”之文，谓川江为岷江，溯流以穷源，谓江源必在黄胜关外。不知鸦龙江之上流实为江源也。故导江之江，有蜀江、离江、锦江、都江之称，随地随时异名，而不得专。岷江之目者非其源也。宋范成大、陆游亦尝言之。范成大《吴船录》曰：江源自西戎，由岷山涧壑中出，而合于都江。今书所云，止自中国言耳。陆游《入蜀记》曰：尝登岷山，欲穷江源而不可得。盖自蜀郡之西，大山广谷，西南走蛮箐中，皆岷山也，则江所从来远矣。二说皆知黄胜关流入之江非江源，而不能定其所在。后人反据《禹贡》文，以辨其非。《汉书·地理志》谓：岷山在湔氐道西徼外，江水所出。言虽无弊，特不知所谓徼外者，今科尔坤山之东南耶？抑即黄胜关外地也？《元史》云：江水出蜀西南徼外，东至于岷山，而禹导之。可谓得其方也，而不能明悉如记河源者。盖河自都实奉使后，始得其源。大江濬发之地，从无人至者。元世祖南征，即从葱岭而南，直达天竺、缅甸，由云贵经湖广以返，路在江源之外，故不得其详也。然亦有至其地，而究未能辨之者，明之宗泐是也。宗泐使西域归，云：西番抹必力赤巴山有二水，在东北者为河源，在东南为犛牛河，江源也。犛牛河即丽江，一名金沙江者。宗泐但见是水之先合于金沙江，而后合于川江，不知金沙江别源于西番之乳牛山，去江源西千余里，乃谓岷江即金沙，误矣。数家之说，犹近于影响，其余荒唐散漫，更无可采。《隋·经籍志》有《寻江源》一卷，其书不传，间见《地记》有引之者。其说云：岷江发源于临洮木塔山。临洮今洮州卫，洮河横亘于南，江岂能越洮河而南下耶？即有其书，必多舛错，亦不足观已。惟明徐宏祖有《溯江纪源》一篇颇切于形理。宏祖曰：河入中国，历省五而入海；江入中国，亦历省五而入海。计其吐纳，江倍于河。按其发源，河自昆仑之北，江自昆仑之南。按：昆仑，即科尔坤之讹，非真昆仑也。非江源短，而河源长也。又云：北龙夹河之北，南龙抱江之南，中龙中界之，北龙只南向半支入中国，惟南龙磅礴半宇内，其脉亦发于昆仑，与金沙江相并南下，环滇池以达五岭，龙长则源派亦长，江之所以大于河也。至李膺《益州记》云：羊膊岭水分为二脉：一东南流为大江，一西南流为大渡河。

元金履祥释《禹贡》从之。夫大渡河源发于四川大邑县之雾中山，至嘉定州合川江。其去岷江真源，东西相隔千余里，去禹导江之处，南北亦相悬五百余里。《禹贡》导江之处在今黄胜关外，乃褚山。而云俱发于羊膊岭，何其谬耶？此皆未得其真，惑于载籍，以意悬揣而失之也。学者孰从而征之？故详记江源，并论列诸家之说于篇。

高宗纯皇帝 滴博蓬婆考

杜甫诗有“已收滴博云间戍，更夺蓬婆雪外城”句，为《和严武军城早秋》作。注之者谓：滴博蓬婆，西山地名。或云：滴博，西山城名；蓬婆，吐蕃城名。或又于“滴博”下注云：岭在维州。至何以谓之“滴博”“蓬婆”，则未详其义。按：武为剑南节度使，广德二年，连破吐蕃，诗正作于此时。今维州桥在汶川，其外即番境，诸番即吐蕃种类。向闻促浸逆酋，有欲占维州桥之语，并闻其地以此语造为歌曲流传已久。则唐时或曾占维州境，亦未可知，故云已收滴博也。又今以维州以外为西路，与严武所称西山亦合。惟滴博、蓬婆以内地字义解之，辄不得其说。考番语即唐古特语，唐古特谓“楼”曰丢丁羞切乌，今地名亦有讹称“兜乌”者。“丢乌”急读即为“碉”，故今以番人所居之楼为“碉”，其实“碉”于字书为石室兼楼称之义始全。但言“碉”者，犹从番语耳。又唐古特“闭头巴”字亦读作“斡”，视其语所应用者而分之。或当时有粗识番字不解字义之人，读“斡”为“巴丢巴”，再转遂为“滴博”。亦犹元姓“却特”误为“奇渥温”，由粗识蒙古字形之人，妄为离合，因传讹耳。又“蓬婆”亦唐古特语“朋博”之转。“朋博”者，堆阜之谓。今之色淜普为贼番就堆阜筑碉之所，则“淜普”当即“朋博”之讹。“色”盖“色尔”，番语所谓“金”也。兹因纪色淜普之捷，考订如右。

将军阿桂奏攻克噶喇依贼巢红旗报捷喜成凯歌十首①

甲午桃花寺跸停，军书正此俯窗棂。②
幸哉今日仍凭处，绿柳中飞一点星。

勒围③报捷夜行营④，重值上陵书返程⑤。
一刻万人齐色喜，光明日月永销兵。

三穴犹延一月余⑥，六军奋勇岂饶渠。
周遭火器炽攻处，早烂区区釜底鱼。

---

① 御制十首，原《志》随文施注，今为方便阅读，厘清正文与注释，今将注释改为脚注。

② 甲午春恭谒东陵，驻跸桃花寺。曾有“岭溪来往呈眼底，频望军书俯蜃棂”之句，今果喜符佳识。

③ 即勒乌围，急呼之则成两字。

④ 八月二十三日夜。

⑤ 二月十二日。

⑥ 阿桂等于腊月十九日兵合围贼巢，距今二月初四报捷，计四十余日。贼虽负隅死守，然官兵奋勇攻剿，大炮环攻，蚁众岂能延抗？

旬于栈驿八朝至[①]，一片红旗万马飞。
夹路群番喜且惧，国之庆也国之威。

险恶山川靖枭獍，邪深机械绝根株。
从今番部都安堵，强食奸欺自此无。[②]

蚕丛绝险隐妖氛，百战功成古未闻。
鼙鼓冬冬声凯献，羌儿稽首送将军。

坚碉林立万重山，破险冲锋历尽艰。
奏绩都资军将力，红旗一道入桃关。

姜维征处号维州，艳羡戎人谣语留。[③]
今日勒围为内地，无忧城果是无忧。

盼捷经冬复入春，垂成偏觉意廑频。
今宵料得方安枕，明告慎哉用武人。

流离此日穴巢倾，耆定从兹可罢兵。
歌凯莫教容易听，五年功幸一朝成。

故四川提督三等威信公岳钟琪赞（有序）

汉提镇中有功可录者，虽不乏人，而宣力三朝，名震诸番者，无出岳钟琪右，故特表之。钟琪，陕西临洮人，初由同知改武，任游击。圣祖时，已擢四川提督。雍正元年，授奋威将军，征青海有功，予三等公爵，旋迁川陕总督。七年，授宁远大将军，由西路征剿噶尔丹策淩。十年，大学士鄂尔泰劾其玩忽纵贼，奏报不实，部议革职衔削公爵。皇考宥之，仍留总督任护大将军印，降公爵为三等侯，戴罪立功。张广泗复劾其怪僻乖方，遂罢职削爵，付法司鞫讯，拟以大辟，疏留中。予践祚初，命免罪回籍。乾隆十三年，以总兵衔剿金川逆酋，寻授四川提督。会大学士傅恒经略金川军务，番酋畏摄乞降，钟琪奉经略命，轻骑入番巢，晓以顺逆，示之不疑，莎罗奔即抒诚乞降。旋凯，仍以三等公爵，赐号“威信”，并制诗以奖励之。十九年，赴重庆督缉垫江逆匪陈琨等，事竣，还，卒于资州，赐恤如例。钟琪任川陕总督时，湖广逆犯曾静遣张熙投递逆书。钟琪阳与设誓，诱其吐实，即参奏逮治。其悃诚即足嘉，智略亦深足取，予每以此事念之。钟琪弟钟瑛继为四川提督，番人亦素信服，惜其后无能接踵者。

---

① 军营六百里加紧文报，约计十一日始至。此次二月初四所奏红旗于十二日未刻递到，仅行八昼夜，可谓迅速。因降旨将台站官弁兵役交部议叙议赏。

② 促侵逆贼意在蚕食邻封，欲图吞并。今经扫荡歼除诸番，从此可以安享太平矣。

③ 昔吐蕃占得其地，号为无忧城，大肆侵掠。番人盖习闻而欣羡之，是以有抢至维州桥之谣。今金川全境削平，安营设镇，皆成内地，信可谓之无忧矣。

三朝师武臣，钟琪为巨擘。
车骑伐准夷，实其计之失。[①]
设誓诱张熙，忠诚天鉴赤。
家居十余年，命董金川役。[②]
单骑入贼寨，大义示顺逆。
勇而且有谋，群番詟辟易。
受降遂凯旋，实亦资宣力。
所见绿营多，鲜或踵其迹。
卓有古将风，书勋太常册。

上谕

圣祖仁皇帝

乾隆三十八年四月庚戌上谕：军机大臣曰：温福覆奏，屯兵在军营，实属得用，当逾格拔擢，若仅予奖赏加衔，尚不足示鼓励。屯兵既籍流官，即与绿营相仿。嗣后各路将军等攻剿卡碉，屯兵中如有实在出众者，即以绿营千总、外委等缺拔补一二人，使其倍加感奋，于军务更为有益。

乾隆四十三年五月二十日上谕：四川总提督文明奏：土守备阿忠强夺屯番地亩，复任性喜怒，责毙三人，并侵蚀恤赏银至一千余两之多，请照例拟监候等语。所办殊属非是，金川荡平以后，安立耕屯，设官分守，遇有屯弁等不法之事，即应照西域、新疆之例绳以重法，庶可惩一儆百。今阿忠敢于贪酷妄行，若此自应一面将其家产查抄，一面奏闻将阿忠于该处即行正法，以昭炯戒。乃仅照内地律例，拟以监候，此时既不足以示儆，将来勾到时即将伊处决，业已时过事忘，愚番俱不解其何故，岂足以肃法纪而申劝惩，何如此不晓事体？况阿忠贪酷各款，俱系文在将军任内之事，土司系其专管，乃竟漫无觉察，所司何事？文明均着传旨严行申饬令文等，即将阿忠在该处正法，并派选明干可信大员前赴该处，将阿忠家产查抄入官，即行据实具奏。仍晓谕各番，俾知儆惧守法，以示辟以止辟之义。将此由五百里传谕知之。

乾隆五十八年正月内奉上谕：向例，出征阵亡兵丁、绿营步兵赏恤银五十两，屯练降番只赏恤银二十五两。此次进剿廓尔喀之屯练降番，登山涉险，甚为劳苦。所有阵亡之屯练降番，俱着加恩，改照绿营步兵之例，赏恤银五十两，以示体恤。兵丁舍命阵亡，岂可分别厚薄？此后永以为例，着惠龄晓谕伊等，钦此。

乾隆五十八年五月内奉上谕：向来绿营阵亡官弁俱给予世职，俟袭次完时给予恩骑尉，世袭罔替。原以轸恤勋劳，特加优典。至屯土官弁，遇有征调，无不踊跃争先，著

① 岳钟琪征噶尔丹策凌时，议用车战，因设车骑营肄习之，终归无用，未免泥古之失耳。

② 钟琪释归十余年，以金川军务复召用，一切感奋，犹能单骑入番寨，使逆酋畏詟乞降，诚足嘉也。

有劳绩，而临阵捐躯者，向止给予赏恤银两，分别加衔，并未一体议给世职。该屯土员弁与绿营同一效命疆场，而恤典各殊，究未免稍觉向隅。嗣后，屯土官弁适遇调发，有随征阵亡者，均着照绿营之例，按照实任职分，给予世职袭次，俟袭次完时，再给予恩骑尉，世袭罔替。再，此等承袭世职人员，遇有该处屯土备弁缺出，着先尽此项人员酌量拔补，如此逾格加恩，永为定例。该屯土官弁等益当倍加感激，尽力戎行，以副朕一视同仁、奖励忠荩之至意。所有此次进剿廓尔喀，应行议恤之阵亡屯土官弁，即照此例办理，并着宣谕知之。钦此。

仁宗睿皇帝嘉庆元年九月内奉上谕：湖南省自剿捕苗匪以来，征调各兵打仗，俱为出力，屡次加恩，普赏钱粮盐菜银两。兹闻该处山深箐密，晴雨寒燠不时，兵丁等染受瘴疠，致有疾疫。而屯土弁兵不耐炎暑，因病身故者颇多，殊为恻然。该兵丁等出力剿贼，染疾身故与寻常在军营病故者不同，着即交姜晟等查明。除现在患病者，抽换回至辰州，俾资调养外，其有因瘴身故者，均着奏闻，照阵亡例交部赏恤，并着先行传知各兵，俾知感奋，以示朕轸恤勤劳、格外施恩至意。钦此。

同治四年四月二十七日上谕：四川总督骆、成都将军崇奏：屯弁拥众抗拒，官兵立时扑灭，请将出力各员奖励一折。四川理番厅属下孟屯增设守备穆租索朗及其子穆裕宽克扣屯饷，逼胁屯兵谋叛，滥毙多命，抢劫马匹资财，擅调官兵，挟制地方官。逮经查办，复敢盘踞厅城，幸屯兵均知大义，不敢抗拒官兵，署同知吴羹梅等督带兵勇将首逆穆租索朗及其子穆裕宽擒斩正法，余党剿灭，五屯悉臻底定。所有出力各员，尚属著有微劳，署理番厅同知试用。知县吴羹梅，着仍以知县归，遇缺前先补用，并赏加同知衔，赏戴花翎。都司李耀龙着以游击侭先补用，守备杨先登着以都司尽先补用，以上二员均着赏戴花翎。照磨汪嘉谟着以县丞补用，从九品任宝谦着以州吏目留于四川，遇缺前先补用。生员莫如德着以训导，不论双单月选用，以示鼓励。该部知道。钦此。

第一卷　舆地志[①]

舆地志总

鹑首扬辉，星明井络。蚕丛启运，地辟参墟。天府之雄，由来尚矣。惟兹厅治密迩西戎，实为成都肩背。昔人云：松茂威叠如一身，然松潘首也，叠溪喉嗌也，茂州胸腹也，东之土门、西之保县皆手足也。王者纲纪天下，统驭群生。郡邑分焉，大和会也；形势凭焉，资控制也；贡赋纳焉，明效顺也；輶轩采焉，备风谣也；物土宜焉，务蕃育也。昄章孔厚，抚字维艰，守土者其敢忽诸？作舆地志，子目首“郡县沿革”，其“疆域”“山川”“里居”“赋役”“风俗”“物产”以次举焉。

郡县沿革

厅治《禹贡》梁州之域。唐虞为氐羌地。周为蜀羌。秦分四十郡，梁曰蜀郡，别冉駹为湔氐道。汉武帝平西南夷，置汶山郡，广柔县属焉，旋隶蜀郡。后汉因之。蜀汉亦属汶山郡。晋因之，后没于羌。隋开皇时置薛城戍，后亦为羌所没。唐武德七年白狗羌归附，始置维州。贞观元年，羌叛州废，明年复归顺，左降为羁縻州，隶茂州都督府。麟德二年，复升州。天宝初，曰维州郡。乾元元年，复为维州。广德初，陷于吐蕃。太和五年，收复，寻弃其地。大中三年，复内附。五代蜀亦曰维州。宋景德三年改曰威州，亦曰维川郡。神宗时复并保宁为威州治，领县二：保宁、通化。元以州治保宁县省入，立威州总管府及军民安抚司。明玉珍复置县。明洪武三年，省通化县。六年，分保宁地为保县，属威州，即为州治。二十四年，徙威州治于霸州。宣德七年，因羌患逾江，徙治汶川县，更徙汶川县治于寒水驿。国朝因之，州县俱隶成都府。雍正五年，威州省，以保县移驻，隶茂州。乾隆十八年，宁远府泸宁同知裁，设直隶理番同知；并裁顺庆府司狱，设理番照磨。嘉庆七年，裁保县入绵州之罗江县，以照磨分驻其地，厅遥治焉。

节《四川通志·杂谷直隶厅沿革说明》

永乐五年，始置杂谷安抚司。我朝康熙十九年，土舍板弟尔吉归诚后，仍授为安抚司。乾隆十七年，土司苍旺不法伏诛，改土归流，因以保县旧城为厅治所。按：此与乾隆十八年

① 原志作“《直隶理番厅志》卷一”，今改为“第一卷　舆地志”，以下各卷皆同，不再赘注。

文卷裁泸宁同知，设理番同知，词不相涉，事实相因。至雍正时，省威州，移驻之，保县在保子关，故今呼新保，厅治则雍正以前保县署，在熊耳山之南麓，今人犹呼旧保云。

古维州：在厅西十里。《一统志》：唐武德初置维州，领金川、薛城、定廉等县，因季汉时姜维讨叛羌于此筑城屯兵，故以名州。《旧唐书》：吐蕃赞普欲图蜀川，累攻维州不下，乃以妇人嫁维州门者，二十年中生二子，及蕃兵攻城，二子内应，城遂陷吐蕃，得之号“无忧城”。中宗神龙时事。后累寇西川，韦皋在蜀二十余年收复不遂。至大中时，杜悰镇蜀，维州首领内附，方复隶西川。《寰宇记》：维州旧界，东至茂川二百二十里。《元和志》：姜维故城在高碉山上，维州故城在姜维城东十里，垒石为之。又有子城在高碉山下，东西六十五步，南北一百二十步。唐大中三年，刺史高宰筑。《四川通志》：维州，五代王建时徙治中州城。宋时先建在河西霸州境内，后迁玉凤坪坡底。明宣德中，又迁河东，即汶山县为州治。其故城屡经迁徙，几莫知其所在。《考边略》云：由保宁县堡过汉索桥至古维州城，在董卜韩胡宣慰司与杂谷安抚司交界，三面临江，殊陡险。又《旧志》云：杂谷安抚司十里有故城，相传即无忧城，唐维州故址。

古霸州：在新保关西北。《旧唐志》：北齐天宝元年，置静戎郡。唐肃宗乾元元年，改霸州，治安信县，县与州同治。《寰宇记》：乾德三年，霸州内附。《旧志》：威州西北二十里有霸州堡。

古恭州：《唐纪》：武德六年，白兰、白狗羌遣使入贡，以其地置维恭二州。贞元初，没于羌。开元二十四年，分静州广平县置恭州，治和集县，即故广平县地也。静州，见叠溪所。

古保州：在新保关西北今古城里，本定廉县地。唐天宝八年，改云山郡为天宝郡。乾元初，蛮酋董嘉俊来归，更名保州。贞元时，更为古州，未几，复曰保州。《宋志》：茂州领春祺城，本羁縻保州。政和四年，建为祺州，县曰春祺。宣和二年废。

古悉州：《旧唐书》云：剑南西川节度使统松、维、恭、蓬、雅、黎、姚八州兵马。按：唐置悉州于叠溪对河，志载孟董水出废悉州，即克州，今在杂谷界内。呼悉为克，音讹耳。

古鹔州：《宋史》：威州西南边地有鹔州与保州接境，嘉祐中常使人贡马。或曰州盖唐末吐蕃所置。

古威州：旧治，即今新保关照磨署。

古亭州：《宋志》：徽宗政和四年置，宣和三年改曰霸州，寻废。

古通化县：今通化里。《元和志》：本汉广柔县地，后周武帝置石门镇。隋初，置金川县。仁寿初，改曰通化。唐因之，属茂州。宋改属威州。天圣初，又改县曰金川。景祐四年，复故。元因之。明初废。

古定廉县：今欢喜坡。《一统志》：隋开皇四年，置定廉戍，属会州。唐武德七年，改为县，属维州。开元时，改为奉州。天宝初，改云山郡，后改保州。贞元九年，韦皋破蜀，焚定廉故城。时定廉县亦随郡西迁，因有故城之名。

古薛城县：隋初置薛城戍。唐武德时改薛城县，隶维州。按，《读史方舆》：王建永平二年，移州治，仍置薛城县为附郭。则县当与维州同地。

古小封县：在厅西。唐初置金川县于此，属维州。咸亨二年，维州刺史董弄招慰生番，于故金川地置小封县，后亦更名通化，并置通化军，在保、霸二州间，屡废屡置。宣和三年，省军，使为监押使，历时甚久，其明验也。《寰宇记》谓：武德时置，贞观初废，三年复置。旋废。盖误以唐之金川为隋之金川也。

古盐溪县：在新保关西北。唐贞观二年析定廉县置，以有盐溪村，故名，后省。

古博恭县：在恭州东南。开元时析广平县置博恭及烈山县，后没于蛮。

古归顺县：与云山废县，俱天宝八年析定廉县所置。

古定广县：《通典》：唐置，属维州。贞元九年，韦皋分兵出西山，破定广。是也。或曰：大中间收复，为归化城。《新唐书》维州所领归化县是也。宋废。

古安居县：唐贞元以后置，后没吐蕃。

古保宁县：《读史方舆》：五代孟知祥明德初，改薛城县为保宁县。元至元十九年并保宁县入州。《明史》：洪武初年，治威州于保宁，省县。是保宁本与威州同地。

古嘉会县：在新保关西南。宋政和四年置，隶亨州，后为寨，寻废。

古云山县：在古保州西。

古当狗城：唐初置，以当白狗羌之路，故名。在新保关西。今废。

古望汉城：《唐志》：吐蕃筑此以望季汉。今废。

古笼山城：在新保关北。唐于此置戍。广德元年，吐蕃陷维州笼山城。今为龙山寨。

古龙溪城：唐贞元初，韦皋城龙溪，筑西山堡，以待降羌，即是处。

古通鹤城：唐之通鹤军也。今废。

古末恭城：在新保关西。

古柔远城：唐太和中李德裕筑，以抗西山吐蕃。在新保关西。寻废。

古乾溪城：《新唐书》：维州有乾溪、白云、暗桶、赤溪、石梯、达节、鹞口、质台、骆驼九守捉城，西山南路又有通耳、瓜平、乾溪、侏儒、箭上、谷口六守捉城，又有苻坚城。今废。为乾溪里。

古安远城：在新保关之南。宋时置。

按：《陈志》尚有松常城、伏羌城、御侮城、七盘城、楼鸡城、萃溪城、黄岩城、老翁城。或今无可考，或不隶兹厅，特附载于此。

疆　域

厅治万山丛杂，故杂谷土司地。汉民之居仅在一线官道中，今所谓六里也。其余九枯、十寨、三番、四土、五屯类皆羌夷各种地，在四川成都省治北少西三百八十里。自成都西行至灌县入山，沿江东北岸行，历汶川至新保关，沱水来会。由新保关仍沿江东上，则达茂州。渡江而北，越两重绳桥，至沱水南岸，行七十里抵厅城。自厅至京师六千九十里。东西距一百六十五里，南北距一百七十里。东至新保关与茂州直隶州交界七十五里，西至梭磨土司古耳沟界一百九十里，南至瓦寺土司界八十里，北至茂州直隶州界九十里，东南至茂州汶川县界一百四十里，西南至鄂克什即沃日土司界二百一十里，东北至茂州界一百二十里，西北至梭磨土司界二百二十里。辖土司四：曰梭磨宣慰司、曰卓克基长官司、曰松冈长官司、曰党坝长官司。按：另有瓦寺土司住汶川县属之涂禹山，归维州协左营所辖，仍于厅治分纳粮焉。

辖屯五：曰杂谷脑寨、曰乾堡寨、曰上孟董寨、曰下孟董寨、曰九子屯寨。按：平定苍旺后，杂谷改土为寨，每寨设屯守备、千把外委分治之。故杂谷称五寨屯兵，懋功称五屯屯兵云。

梭磨宣慰司：在厅治西北四百五十里。东西距四百七十里，南北距五百七十里。东至二道桥秋底与杂谷脑交界四百一十里，西至麻迷桥与卓克基交界六十里，南至小金川河与懋功直隶厅交界二百一十里，北至三溪寨与茂州直隶州交界三百六十里。

卓克基（一名卓克采）长官司：在厅治西五百四十里。东西距一百九十里，南北距五百七十里。东至麻迷桥与梭磨交界六十里，西至八耳康与松冈交界五十一里，又西至纳角沟与党坝交界一百三十里，南至小金川河与懋功直隶厅交界二百十里，北至果罗克界三百六十里。

松冈（一名从噶克）长官司：在厅治西六百里。东西距二百四十里，南北距一千五十里。东至八耳康与卓克基交界五十里，西至也耳日与绰斯甲交界一百九十里，南至八凹山与党坝交界一百三十里，北至阿树果罗克草地交界九百二十里。（从噶一作从嘎。）

党坝（一名丹坝）长官司：在厅治西南七百五十里。东西距一百六十里，南北距一百六十里。东至纳角沟与卓克基交界一百三十里，西至格江河与绰斯甲交界，南至新疆交界三十里，北至八凹山与松冈交界一百三十里。

沃日土司住牧之地曰沃日，在县西南六百五十里。东距西一百余里，南距北一百余里。东界杂谷，南界金川寺，西界董卜，北界瓦寺。

金川寺土司住牧之地曰占固，在县西南六百余里。又曰美诺，在县南七百里。东界董卜，南界沃日，西界大金川，北界卓克基。

大金川土司住牧之地曰勒外，在县南九百余里。东距西二百余里，南距北四百余里。东界金川寺，西界绰斯甲，西南界格什咱，南界巴底，北界杂谷、党坝。附三土司。

又，旧志云：一自保县保子关西至旧保县八十里，旧保至碉房塘十五里，碉房塘至木埭板桥十里出杂谷脑，保子关、碉房塘俱土司出入必由之路。

一自保子关南至凤坪十里，凤坪至木兰十里，木兰至大小毛坪二十里，交瓦寺住牧。

一自保子关北，由九枯番寨至黑虎十八寨二百五十里，接茂州三齐寨，又北至杂谷纳屋四十里。

一自旧保县西至木埭二十五里，木埭至杂谷维州二十里，维州至杂谷脑十里（以上三处俱杂谷隘口），杂谷脑西至朴头关四十里，朴头关至葛哆秋六十里，葛哆秋至秋介五十里（以上皆杂谷地）。秋介至梭磨佳不由六十里，佳不由至吗诺三十里（以上三处皆梭磨隘）。吗诺至直固大雪山下七十里，上雪山至直路一百里，直路至梭磨七十里（梭磨土司住牧，以上皆梭磨地）。梭磨至卓克基八十里（土舍住牧处），卓克基至杂谷松冈七十里（杂谷土司住牧处），松冈南至陡柔山九十里，陡柔山南至党坝九十里（土司住牧处，以上俱杂谷地）。党坝南至梧儿溪五十里，梧儿溪南至勒外三十里（以上俱大金川地）。

一自杂谷脑至朴头四十里，朴头南至梭磨一百里，梭磨至商角雪山下七十里（以上过杂谷地），雪山至小金川金刚寺汉瓦六十里（系小金川隘口，以下皆小金川地）。汉瓦至达北六里，达北至占固八十里，占固东至美固九十里，美固东至美诺五里（小金川土司住牧处），美诺东至孙克宗五十里，孙克宗至丹噶山一百里，丹噶至大金川刮耳崖五十里，又自小金川汉瓦南至必色满十里（土舍住牧），必色满至沃日三十里（沃日土司住牧处），沃日至小金川美固二十五里（以下俱小金川地）。又自小金川占固至马儿当六十里，马儿当至大板札六十里，大板札至如意坝[①]五十里（系小金川隘口），如意坝至梦笔山五十里（以下俱杂谷地），梦笔山至卓克基八十里。又自小金川占固南进美户沟至革达雪山一百二十里（系大金川隘口，以下俱大金川地）。雪山至勒外八十里（大金川土司住牧处）。又自小金川美诺西至备儿六十里，备儿南至厥札九十里（以下俱大金川地），厥札过山至刮耳崖四十里（大金川隘口，土舍住牧处）。又自小金川美诺南至空卡雪山一百五十里，空卡至大金川刮耳崖一百里（大金川土舍住牧）。

一自杂谷脑至朴头关四十里，朴头南至色兰达河口五十里，河口自草蓬雪山下一百里，过山至沃日若龙寨一百六十里（山顶分杂沃界处），若龙至达怀六十里，达怀至沃日官寨五十里，又自若龙东至瓦寺奔拉山界四十里。

一自旧保县过板桥至杂谷水滩寨十五里，水滩寨至董柯十五里（以上系杂谷地），董柯至保县奢粒雪山八十里，奢粒至后番不勒耳什等寨六十里（以上俱保县属），不勒耳什等寨至杂谷果巴十里。又自杂谷董柯至孟董沟三十里，孟董沟至保县后番汉色寨八十里，又自县属后番不勒耳什等寨过前山（俱梭磨克州界）。

一自灌县三江口至汶川县瓦寺草坡，自草坡过天赦山、纳凹山、奔拉山以至沃日土司若龙寨，计程总六百余里。三江口俱威保上游，自瓦寺以抵沃日，自沃日通各土司路，更捷于保县。

按：新疆五屯，今隶懋功厅。虽与理番无涉，然皆保县当日所辖，故附录于此，以备往昔规模。

山川

岷山：蜀之镇山也。《禹贡》：岷山导江。《史记》作“汶山”。“汶”“岷”通，或作“峪山”，或作“崏山”，其实一也。《汉·地理志》：岷山在湔氐道西徼外，江水所出。《隋志》：汶山在汶山郡左封县。《括地志》：岷山在溢乐县，连绵至蜀儿二千余里，皆名岷山。《蜀志》秦宓曰：蜀有汶阜之山，江出其腹。《蜀都赋》：岷山之精，上为井络。陆氏游曰：尝登岷山，欲穷江源而不可得，盖自蜀境之西，大山广谷，谽谺起复，西南走蛮箐中，皆岷山也，则岷江所从来远矣。[②] 顾氏《方舆纪要》：松茂以北接陕西洮岷之境，群山错杂，涧谷之水皆奔辏而南合为大江，然则江源本无正流。《禹贡》以岷山

① 坝：底本作“灞”，据上下文改。

② 陆游所言文句与同治《理番厅志·卷首·宸章》中《江源考》稍异，《江源考》作“尝登岷山，欲穷江源而不可得。盖自蜀郡之西，大山广谷，西南走，蛮箐中皆岷山也，则江所从来远矣”。

表识之，而江源可以依据，此圣经之文，所以千古不可易云。

按：蜀中山水以岷与江为两大纲，至封内山川当别有主名，以昭望秩。考岷山在茂州西北五百里，地名列鹅村，一名铁豹岭，一名沃焦山，其跗曰羊膊岭，延迤以达于灌口。江水出岷山，经松潘卫西，又南经叠溪所西复南流，历茂州及威州，西折而东南至灌县。导流益多，包络成都府境，南入眉、嘉、叙、泸等州郡。又东历重庆府，经夔州府出巫峡入湖广界，亦曰都江，亦曰外水，往往随地易名。兹厅仅新保关至汶川县界为山川所经，昔人谓蜀之西塞，威茂汶川皆在江内，保县（即今厅治）独在江外，殊难侈陈形胜，然又不可阙如，特采数条，略见大意。至源流精核，则圣祖仁皇帝《江源考》，宸章炳焕千秋，学者所宜服习，故谨弁诸简端。

玉垒山：在新保关。奇石千尺，云浮其上，翠色可挹，屹立城表。上有"玉垒山"三大字，甚奇古，宋淳熙时书。核其形胜，秀迭群峰，实兹厅镇山也，故以此为群峰之祖。

按：《方舆纪要》于"灌县"载：玉垒山在县西北三十里，下有玉垒关，唐贞观初建于茂州，第载玉轮江，于威州保县都不载。前人题咏，大都指灌县青城之玉垒。《陈志》云：《汉志》：绵虒县有玉垒山，湔水所出。汶川为古绵虒地，即今保县治也。《旧志》谓在灌县，误。历引《华阳国志》：蜀山氏主蜀，以褒、斜为前门，以熊耳、灵关为后户，以岷[①]眉、玉垒为池泽。杜少陵诗"玉垒浮云变古今"，李商隐诗"天上山惟玉垒深"，郭璞赋"玉垒作东别之天标[②]"，岑嘉"玉垒天晴望"句，以为观美。虽难遽定是非，然左太冲赋有"包玉垒而为宇"句。昔人谓灌、威、松、茂诸山积雪，四时不化，映日晶莹，如银如练，皆可以玉垒名之。举凡题咏悉指兹山，亦不为无见，故仍沿《陈志》，其唐宋诸诗悉照旧辑附入"艺文"焉。《寰宇记》亦云：玉垒在茂州汶川县北三里。

雪山：《图经》云：在维州保宁县西南，连乳川白狗岭。《一统志》云：在威州西南一百里，山有九峰。今厅治诸山高大者，皆经年积雪不消，名难确定。其在凤坪新桥村内者，当[③]是《一统志》所指。其《图经》所载，当在境内陇山也。至雪山在各土司界内，详"夷疆志"。

望陇山：在厅治南七十里。叠嶂层峰，其高无际，山半有岭如壁，土人梯木而登，行六七里，两岸峭绝，不可俯视。有左飘岭、右飘岭。更上，有懒进坡，人不能升。山顶如钟形，积雪亘古不化，凝若玻璃，日下仰望，若近若远，烂漫四射，滉漾目精，上有海子，祈雨最灵，俗人呼雪陇包云。

笔架山：面厅署之北，下瞰沱江，形如笔架，一名九子山，又谓之玉山，每当夜静时，恒有霞光照耀，至旦方息。

狮子山：在笔架山右。巨石横崖，形如卧狮，肘吻俱备。

熊耳山：在笔架山左。横看则孤峰插天，对视则双岐挺秀，故名。

---

① 岷：嘉庆《汶志记略》作"峨"。

② 玉垒作东别之天标：乾隆《保县志》作"玉垒作西北之高标"。郭璞《江赋》作"玉垒作东别之标"。

③ 当：乾隆《保县志》作"疑"。

马鞍山：在治北二里。层峦耸翠，上出云表。山后有兰坡，芳香数里，其西麓入城中。

石纽山：在通化里文山番寨。山形幽峭，峰顶建禹庙。三面如削，俯视千仞。庙后石壁接天，刻“石纽山”三大字，不知何代人书。考禹生石纽山，在今石泉县，谓之禹穴。盖汶、保、石泉皆汉广柔地，山势连绵，因以名之，非尽由附会也。

挂榜山：在治南。形若榜，上有石台，高二三丈，土人名望山台，谓可望陇雪山也。

定廉山：在厅西北。《元和志》在盐溪东十里。《寰宇记》：定廉水、盐溪皆出其阳。

平头山：在厅治南。东麓入城中，官署民居皆在焉。

黑虎山：在治东北。上有池，广里许，黑虎寨番所居。

鹿危山：在厅东。唐节度使韦皋尝破吐蕃于此。

雁门山：在厅西。上多积雪，经年不消。

峨眉山：在厅东风坪里。标奇挺秀，郎若列眉，仿佛嘉州三峨。

蜀山：在厅东北五十里。《元和志》：在通化县。

白岩山：在厅南。其山下地为南堡。

木兰山：在厅东木兰里。民居其下。

姜维山：在厅治西北。《元和志》：在保县西十里，汉姜维、马忠讨叛羌屯兵处。

高碉山：在厅东三十里。三面悬崖，状若番俗碉房，上有姜维故城，赤水经其南。唐维州治在山麓，所谓三面临江，一面据高峰也。

花岩山：在厅西北五十里。山之石有黑白，沱水经其下。《方舆胜览》：山在保宁县。今杂谷界内。

的博岭：在厅治东南。唐韦皋分兵出西山，逾的博岭围维州，一作滴博。按杜甫诗有“已收的博云间戍，更夺蓬婆雪外城”之句，考蓬婆岭在松潘厅叠溪之西，积雪经年不消，亦名雪山。唐开元二十四年，萧炅以剑南兵入攻安戎城，次蓬婆岭，吐蕃悉锐来攻，炅败之。吐蕃攻维州不得志，即此。

风流岭：《省志》：在厅东南，旧有风流部野番居其下。《元一统志》：威州北至后番大风流界五十里，西北至后番小风流界一百里，最称恶番。

蛇浴岭：在厅治西北。宋乾道四年，风流部蛮猖獗，保宁县令张文礼闭绝蛇浴岭路，番从岭后斫生路入境，寻讨平之。

箭岭：在厅东里许。有冈陡直如箭，曰箭上里。《唐志》：维州西南路有箭上守捉城，盖以岭名也。今为箭上番寨。

龙山：在治北。番民寨落棋布，山势绵亘十里，起伏如龙，其麓为保子关。

沱水：源出梭磨土司直固雪山（一名鹧鸪山）。流经杂谷花岩山，会赤水至厅城，北会孟董水，东过保子关索桥合岷江。其水由番地数百里，萦纡荡漾，周行遍杂谷境内，非他水所能颃颉，实兹厅巨流也，故以为群水之宗。按，《禹贡》：岷山导江，东别为沱。蔡《传》云：沱水之别流于梁者也。又，杜氏曰：自江水溢出，别为支流者，皆名为沱。梁荆皆有之，故均曰“沱潜既道”也。又，《尔雅》：自江出为沱。沱之为言他也，池也，言他出成池泽也。项平甫云：江汉夹蜀山行，自梁至荆数千里。凡山南溪谷之水，皆自江出。山北溪谷之水，皆自汉出。故南总为沱，北总为潜。吴幼清亦云：凡江汉支流，大小长短，不拘一处，俱可名沱。德清胡氏以为不尔，谓：东别为沱，神禹所导，确有其地。梁之沱，今郫江是也。荆之沱，古夷水是也。以上所云，皆源出于江而别流，别而复合于江者也。故蜀人至今于沿江一带，凡水之泛滥渟滀处，均谓之沱，诚有如吴氏所云者。兹厅沱水，虽入于江而非出于江，迥异他出成泽，载在典籍，可稽也。考《元丰九域志》云：保宁县有沱江。《一统志》云：沱水自废悉州梭磨境内流经威州入江。明《方舆纪要》云：沱水出保县西北花岩山。虽未溯源直固，已显然见其与江沱无涉也。胡氏《锥指》于"梁州沱潜既导"，引《汉志》：蜀郡汶江县又有江沱，在西南，东入江。近志以威州玉轮江当之，玉轮江即汶水也。水出岷山西玉轮坂下，非首受江，不可谓沱。《汉志》所言，盖即绵虒县界，开明之所凿。郭璞云"玉垒作东别之标者"也。开明，蜀王杜宇之相，七国时人，始凿此渠，前古未有也。故蜀郡二江，沱与郫系《禹贡》，而汶江不言《禹贡》（引《锥指》止此）。原其意义，以玉轮非首受江者，特引凿渠以证，盖欲牵合灌口、玉垒以下诸沱耳。考《方舆纪要》：水至威州玉垒山为玉轮江，至汶为皂江，至灌为沫江，一江而名屡迁。夫玉轮江在皂江之上，则水所经为保子关之玉垒，非青城山之玉垒，明矣。玉轮非首受江者，不可谓沱，则经行玉垒江之另为一沱，又可知矣。非指理番之沱，而何至"东别为沱"?《锥指》又引《元和志》：汶川本汉绵虒地，今为保县。江沱自古有之（《锥指》所引止此）。夫系江沱于保县，义非他处比也。他处之沱，歧出无常。保县之沱，经行有定。既有定矣，必不能使歧出者复被此名，其为东过保子关索桥之沱，无疑矣。况《禹贡》：梁州沱潜既道。蔡《传》引《地志》：蜀郡郫县江沱在东，西入大江。此导江之沱，不待辨也。又引《地志》：蜀郡汶江县江沱在西南，东入江。亦即胡氏《锥指》所引。前说未竟，请申言之。夫曰：西南沱水，隔江不在汶之西南乎？曰：东入江，沱水不由厅城北会孟董水，东过保子关索桥合岷江乎？然则蔡《传》据《汉志》又早指此沱，故另提出，特未明言耳。总之，江水由郫江而夷水，此东别之沱，禹迹所经。其后李水凿灌口，文翁穿湔洩，而禹迹始湮。独此源出梭磨直固之沱，周行数百里，由新保关而东会于江，其与他沱名同而实异，有必不容混淆者，故于此发明之。（兆鳌仇氏注杜"玉垒浮云"句，引《汉书》沱水一在郫县西，一在汶江县西南，东入江。语意明晰，先得我心矣。）

赤水：源出杂谷花岩山，在厅西北四十里。其地砂石皆赤，故名。东流，与沱水同入于江。

赤水：《方舆纪要》：在威州西北四十里。旧传源出赤水寨，东流合大江，与花岩山赤水异源同流。《通考》曰：成都千余里，大戎有四，其一赤水蛮。即此。

孟董水：源出梭磨土司克州雪山。水南北分，南流为孟董水，计一百三十里至厅城外，入于沱江；北流者为黑水，至叠溪，入岷江。水旁旧有孟、董两姓民居之，故名。

桃溪：源自龙溪寨，流入旧州里，一名龙溪，合赤水至沱入江。

乾溪：在治东二十里，源出望陇雪山，流经通化里入沱江。

玉轮江：源出玉垒山。又名湔水，下达于江，即茨玉水也。《省志》：湔水每斤较沱水轻二两。

通化溪：在治东通化里。源出木兰深山，北流自通化，入于沱。

板子沟：在治东北木兰里。与通化溪同源，自南流入于江。

南沟：其水发源望陇山（俗名雪陇包）。分流，一至汶川县板子沟汇江，一由南沟穿厅城入沱水。

磨刀溪：在新保关西十五里。溪旁有石，利于磨刀，故名。下流亦入于汶江。

平谷水：在新保关北。与后谷水及溪谷水俱合流于大江。

里　居

乾溪里：在厅东北，距城二十里。

通化里：在厅东北，距城二十五里。

古城里：在厅东北，距城四十里。

下庄里：在厅东北，距城五十里。

铁邑里：一作铁野，在厅东北，距城六十里。

桑坪里：在厅东北，距城七十里。以上各里汉民所居。谓之六里。

番民附居六里

乾溪山、乾溪沟、舛底，以上三寨属乾溪里。

嘉山、若达、西山、沙坝、三岔沟、则牛、达满、木功、文山，以上九寨属通化里。

侏儒、赤溪，以上二寨属古城里。

茶园、哈倒、化坪，以上三寨属下庄里。

羊头寨、板子、竹桑村，以上三寨属铁邑里。

麻邑村、乌龙窝（在桑坪后山），以上二寨属桑坪里。

按：《旧志》为里九，尚有风坪、木兰、旧保①、旧州三②里。

羽丙、郭主簿、新桥村、毛岭、坝刀寨、羊岭、羊乳山，以上旧志属风坪里。

大毛坪、小毛坪、烽烟沟、招店、岭冈、野狗坪、雪花坪，以上旧志属木兰里。

高山寨（在东山上）、东门外（即旧州之东门），以上属旧州里。

九　枯（《陈志》作枯窝）

太子坟、龙山、蒲凹（于顺治十二年雕剿投诚）、大寺、小寺、挖替、怕布③、竹打、竹实打、周达、克枯、卜村、布挖、劳底，以上十四寨为前三枯，在桑坪、铁野江北山岭。

木上、布南村、罗卜底、龙溪、罗布、地里、马岛、八家岛、鹿耳、慈鸦、立壁、

---

① 下文缺“旧堡”村寨。

② 三：按数目计，并结合乾隆《保县志》所分类，当为“四”。

③ 怕布：乾隆《保县志》作“帕邑”。

昔丢、挖巴[①]、不杂[②]、只台、哭布、马房、昔格、大门、勒利、巴岛（自龙溪以下十八寨于康熙年间投诚）、斗沟、木尚寨、适布、阴阳十村、屋布、儿利，以上廿七寨为中三枯，在铁野、旧州江北山岭。

牛山、罗山（一作牛上罗上）、曾头三寨、星上、水田（以上各寨并前赤溪于康熙二年雕剿投诚）、其力、纳溪、提挖、瓦奔、立密、一湾、纳黑、哇逩、立木鸡、挖布、达马、捉口，以上十七寨为后三枯，在古城、通化江北山岭。

三　番

瓦子、勿里、纳卡、什巴底、桥头三寨、海甲四寨、珍珠、儿古日、木什多、苏夷、西别多、瓦子、索瓦梁子、雅巴、纳溪、各耳、躲子、近头，以上十九寨为旧番。

昂口、额吉、色甲、大色如、小色如、押独、昔吉哈、噶四寨、吃补、什不鸡、银合、沐雨、瓜里、俄克、木雪、鸡公、什不苏、朵卡、粟谷、纳波、卡齐、密子、八硕、屋屋、母租，以上二十四寨为新番。

波子、波多、烧鸡、卡悟、勒易、卡芋、纳虎、刁花、龙坪、保子、克屋，以上十一寨为三齐寨，是谓三番。

十　寨

箭山半坡寨、岐山寨（分上中下三寨）、马山寨，（以上谓之前五寨）。

咻鸡寨、色如寨、老挖寨、葵寨、蒲溪寨（以上谓之后五寨）。总为十寨。

《陈志》各番附录

蒲溪、咻鸡、岐山、勒格、半坡、达汉、色如、葵寨、马上、箭上（在旧保东五里，唐时有守捉城）。以上各寨为前番，在旧保城外东西山岭。

瓦布、黑珠、适色修哈、勒噶、聘布、纳耳、对如、叟裔、卧利、逞珠、娃杂、旧鼓、色坝地、蜡鸡、任投瓦（汉色节概知）、梭实多、细外、牙拔、苟估、英纳格、蜡格、瓦撒坝、达叟、直秋、色备色多（按：旧志有大小风流寨、颗补寿寨、悉骂寨，俱恶番，今无其名，当在各番界内）。以上各寨为后番，总名曰梁黄捉城，番名曰“不勒耳什”，在旧保江北一百五十里，与黑虎及梭磨克州交界，雍正六年投诚。

独猪坝、稍箕[③]、黑麻儿布、克磊、保子格、纳虎、纳耳、勒易、刁花、猫儿布、克比、纳哈、李都、谷耳、清油沱、新鸡镇、哭日鸡、则木立、作耳布，以上各寨总名曰黑虎，在九窝之北，去县城二百余里，与茂州三齐寨交界，于康熙五十年间投诚。

朴头、党者[④]、禾瓦、石夕、日驻、铜门山、豆若，以上七寨旧志先系保县管辖，明宣德七年入杂谷土司。

九子（俗谓九子，分为九寨，故名），龙窝（中有龙池，故名），孟董九寨。以上各寨原系

---

① 挖巴：乾隆《保县志》作“挖八”。

② 不杂：乾隆《保县志》作“木杂”。

③ 箕：乾隆《保县志》作“基”。

④ 党着：乾隆《保县志》作“党坝”。

野番，于康熙九年、二十三年先后入杂谷。

按：各番寨名有与《陈志》书写互易者，缘夷字止取谐声，得其近似，随意成文，原不必深论。至九枯，半是《陈志》规模，三番则大相径庭。但据近时粮册及都人士熟于情形者，商度编入。附载《陈志》于后，见当时并无十寨名目，且九子、孟董尚隶杂谷土司，今则改屯设官，国家之声灵远矣。

赋役

丁粮

保县归并理番，额征正项地丁银一十九两六钱六厘八毫九丝五微三尘，加一五火耗银二两九钱四分一厘零三丝五忽。额征遇闰加增银七两六钱零五厘七毫。

威州归并保县，复归理番。额征正项地丁银七十两零七钱一分三厘六毫零，加一五火耗银十一两六钱零七厘零五丝五忽。额征遇闰加增银十四两一钱一分五厘七毫。

理番厅现在每岁共征地丁银九十两零三钱二分六毫（瓦寺土司粮银在内），火耗银十四两五钱四分八厘零九丝，遇闰加增地丁银二十一两七钱二分一厘四毫。

按：保县自顺治时清查至雍正七年，山地估种二十三石九斗七升六合，每种一斗征粮银一分，每粮一斗八升二勺七抄六圭七粒六粟六末。载一丁，每丁征银一钱二，共征丁粮银一十八两三钱五分七厘六毫。又自雍正十二年清查后，垦输山地估种二十五石六斗七合六勺六抄，每种一斗征粮银七分六厘五毫零，共征银一十九两六钱有零，则今犹保县原额也。又威州归并保县，雍正七年前荞麦并征、共征丁粮银六十三两四钱四分五厘零，十二年后下地估种二百一十二石二斗八升六合，每种一石征丁粮银三钱三分三厘一毫零，共征银七十两七钱一分零，则今犹威州旧额也。至遇闰加增，奉文俱在康熙九年，照七两六钱零核算，每两该征闰银三钱八分七厘零；照十四两一钱一分零核算，每两该征闰银五分八厘二毫零。多寡悬绝，良由各州县情形不同故耳。

额征不勒耳什（即梁黄捉城）及蒲溪、岐山、黑水、屋纳等寨番民认纳麦粮，折净仓斗米二十一石八斗七升六合。

额征星上、水田、龙溪、黑虎、沙坝等寨番民认纳麦粮，折净仓斗米一百五十八石四斗一升九合三勺。

额征前后番各寨番民认纳麦粮，折净仓斗一十一石三斗八合六勺。

额征新抚黑水后番等界番民认纳麦粮，折净仓斗米四十石零四斗二升六合二勺。

以上各番麦粮，每年就近兑支维州左右二营。

兵食

旧管杂谷、乾堡、上下孟董、九子屯寨番民认纳杂粮六百三十一石三斗，折净仓斗米四百二十石零四斗四升五合八勺；杂谷脑官田收杂粮二十二石五斗，折净仓斗米十四石九斗八升五合；两共杂粮六百五十三石八斗，历岁就近兑支左右二营兵食。同治四年，屯守备泽龙德职等在督辕禀请改纳折色，委员来厅会议，禀明每斗照兵米例价折银，连脚价，每石折银二两，在每年秋季屯饷内扣留。藩库由营自行请领。

额　支

自嘉庆七年保县归并理番，每岁春秋二祭文、武庙及各坛庙祭祀银三十二两。酌增文、武庙祭祀银一十二两。山川社稷等坛祭祀银八两内，拨银二两以作致祭厉坛费。

新　增

文昌宫祭祀银一十四两，昭忠祠祭祀银六两。咸丰四年奉文配搭五成官票。

廪　饩

保县廪生原额二十名。乾隆六十年拨秀山县三名，今实存廪额一十七名。嘉庆七年归并理番，每名岁支饩银三两二钱，共银五十四两四钱，遇闰每名加银二钱六分六厘六毫六丝六忽六微六尘四纤。咸丰四年奉文配搭五成官票。

本厅同知一员，岁支俸银八十两。额设门子二名、皂隶一十二名、轿伞扇夫七名、步快八名，共二十九名，每名岁支工食银六两，共银一百七十四两。又民壮三十五名，每名岁支工食银八两，共银二百两。通事一名、译字一名，每名岁支工食银二十四两，共银四十八两。又禁卒二名、更夫一名、仓夫一名、斗级一名，每名岁支工食银六两，共银三十两。又保县归并酌留仵作一名，岁支工食银六两。习学仵作二名，每名岁支工食银三两；捕役二名，每名岁支工食银六两；仓夫一名、斗级一名，每名岁支工食银六两；共银三十六两。又安设古城、通化、乾溪、欢喜坡、底塘、木堆、乾堡、维关、杂谷九铺，设铺司兵二十三名，古城等四铺司兵一十二名，每名月给工食银五钱；口外底塘五铺司兵一十一名，照边地例每名月给工食银一两；岁支银二百零四两。又底塘、桑坪、铁邑、下庄四铺，共铺司兵十二名，每名月给工食银五钱，岁支银七十二两。遇闰照例加增。嘉庆十六年奉文裁拨二名归峨边厅，咸丰四年奉文裁六发四，各役工食配搭五成官票。

照磨一员，岁支俸银三十一两五钱二分。额设门子一名、皂隶二名、快手一名、马夫一名，每名岁支工食银六两，共银三十两。

儒学教谕一员，岁支俸银四十两。额设门子一名、膳夫一名，每名岁支工食银六两，共银十二两。

孤　贫

保县归并后，嘉庆十八年病故口粮住支。咸丰二年前任同知吕办请孤贫六十名，每名岁支银三两六钱，共银二百一十六两，其银奉文在筹备经费项下动支。

以上祭祀、官俸、饩粮，岁共支银二百三十七两九钱二分。又各役工食，岁共支银八百九两五钱五分。嘉庆四年钦奉谕旨，应支各款在地丁银内扣留支给，除地丁全数扣留外，不敷银九百五十七两一钱四分九厘四毫八丝二忽九尘，赴司请领，年终造册请销。

仓　储

理番厅常监仓原额京斗麦粮一千七百一十五石六斗九升，京斗青稞三千八百六十四石零二升七合三勺，京斗荞一百七十七石四斗四升九合五勺九抄，共额京斗麦、稞、荞五千七百五十七石一斗六升六合八勺九抄。

保县归并常监仓原额京斗麦四千三百四十五石四斗九升七合五勺，京斗荞六百四十一石四斗九升零一勺，共额京斗麦、荞四千九百八十六石九斗八升七合六勺。

保县归并社仓原储京斗麦三百八十五石三斗六升七合，京斗青稞一百一十七石七斗五升四合，京斗荞一十四石，共储京斗麦、稞、荞五百一十七石一斗二升一合。

以上常监、社仓共京斗麦、稞、荞一万一千二百六十一石二斗七升五合四勺九抄。

嘉庆六年起，历任亏短京斗麦、稞、荞九千八百二十二石七斗零二合六勺九抄，社仓亦在其内，共折价银一万零一百九十三两九钱九分八厘三毫，先后申解藩库。嗣咸丰三年，奉文将常监仓京斗麦、稞、荞九千三百零五石五斗八升一合六勺九抄，折价银九千六百三十三两六钱四分七厘六毛[1]五丝，解往接济军饷。社仓麦、稞、荞价银五百六十两零三钱五分零六毫五丝现存。司库留备买补，尚未请领外，实存仓京斗麦、稞一千四百三十八石五斗七升二合八勺。

户　口

理番厅民数，现存五千九百五十九户，男女共一万六千二百九十四丁口。

保县归并，内民数现在九千九百零八户，男女共二万五千三百五十九丁口。

威州归并，内民数现在四千五百三十三户，男女共二万零四丁口。

同治四年查核，总计厅治民数二万零四百户，六万一千六百三十三丁口。

盐　课

雍正八年钦奉上谕事案，内计口授盐，认代销简州陆引一百三十五张，每张征税银二钱七分二厘四毫，共征税银三十六两七钱七分四厘，起运盐茶道库存。

茶　课

道光三十年十月内奉文为通饬遵办事案，内派行茶腹引二百张，每张征课银一钱二分五厘，共征课银二十五两；每张征税银二钱五分，共征税银五十两；总共征税银七十五两，起运盐茶道库弹收。

水　碾

一百座半，每座榷课银二钱四分，共征银二十四两一钱二分，实征实解。

---

① 毛：当为“毫”。

田房税契

嘉庆九年分征银一两二钱七分五厘，实征实解。

风 俗

地本氐羌，人犹劲悍，性多质直，工习射猎。（《隋书·地理志》）

婚嫁之礼，概从俭素。丧礼用鼓乐，多修佛事，人最信巫。疾病不延医，但求媚鬼神。

祭祀之礼，元旦伏腊与他郡无异，除夕有先至神寺祷祀上香者，虽数十里，必往也。

宫室多作平房，以泥封其顶，上可曝晒衣、粮，虽雨不漏，墙垣累石为之。

衣褐羊皮貉，妇人多带金花，串以琴瑟，而穿悬珠为饰。（《通志》）

旧说：地瘠民贫，风淳讼息，其人诚朴，其俗勤俭，士颇知自爱。又云：人好弓马，勇悍相尚。又云：婚丧之礼，饶有古风。冠婚用鼓吹，葬必深茔厚穴，无淹殡。祭祀诚信，人尚鬼神。地无稻谷，食米皆运自灌邑。邑人往来市廛，醵金饮酒，名曰平伙。

邑无可耕之田，皆山上缦土侧耕，危[①]获。

民间多制咂酒，用麦、稷、粱、粟等米入酒曲，如法拌制，贮大坛中，酿数日，始可用。至一二年更佳，每客至，取一二升入小坛内，灌以热水，少顷以细竹插入坛底吸饮。上添水一杯，则下去酒一杯，转相传饮，至味淡乃止。白香山诗“闷取藤枝吸酒尝”，盖咏此也。

物 产

谷属：大麦、小麦、青稞麦（形如大麦，磨面作食，谓之糌粑）、包谷（一名玉麦，一名玉米，古名玉蜀麦）、甜荞、苦荞。

豆属：黄豆、黑豆、红豆、绿豆、巴多豆、蚕豆（俗名胡豆，杂谷产者大而白）、白豌豆、麻豌豆。

蔬属：白菜、青菜、菠菜、苋菜、葱、韭、刀豆、薤子、大蒜、莴苣、茭白、莴笋、茼蒿、四季豆、芹菜、蒟蒻（俗名鬼芋，磨成腐，黑色）、洋芋、海椒、雷蒿、灰挑菜、蕨菜、花椒、龙须菜、苦菜、马蹄菜、蘑菇、茄子、萝葡、羊肚菜、鸡冠菌。

瓜属：金瓜、冬瓜、南瓜、黄瓜、苦瓜、丝瓜、翻瓜、瓠瓜。

花属：兰、蕙、梅、菊、桂、牡丹、芍药、海棠、凤仙、罂粟、玉簪、萱花、金银花、鸡冠花、碧桃花、金钗花、蝉花、向日葵、紫荆花。

果属：石榴、胡桃、延寿果、桃、杏、樱桃、花红、木蜜（一作枳俱子，俗名拐枣）、

① 危：或当为“微”。

枣、枇杷、桑椹、油柿（俗名软枣）、柿子、葡萄。

木属：杉、松、柏、降、桦、槐、榆、椿、黄杨、麻柳、杨柳、冬青、香樟、皂角树、檀木。

竹属：慈竹、苦竹、刺竹、细油竹。

药属：黄耆、大黄、贝母、当归、马细辛、石菖蒲、羌活、独活、前胡、柴胡、五加皮、升麻、猪苓、木香、赤芍、甘松、土枸杞、麻黄、木通、续断、百合、秦艽、甜杏仁、黄精、紫菀、泡参、丹皮、麝香、蜂蜜、白扁豆、木瓜。

禽兽：雕、鹦鹉、飞鼠、野鸡、鹿、犏牛、牦牛、獐、猴、狐、狗熊、羊、山羊、鸡、犬、豕（毛多金黄色，与他处异）。

鱼属：细鳞鱼（大溪出）、鱼虎（《寰宇记》：出维州，有舌，口如棘，能食鱼）、石斑鱼（俗名石巴子，味较他鱼佳）。

食物：酥油、奶茶、猪膘（土屯以为上品）。

杂物：金、白土、黑土、土盐、自然铜。

第二卷　建置志

建置志总

天生民而立之君，使司牧之，使师保之[①]。而怀柔百神，及河乔岳，莫不震叠[②]。圣天子所为化洽幽明，治光上下，德至宏也。下则分猷佐理，事各攸司，职宜自尽。抚今追昔，边防多故，官制靡常。岂非有治法，尤贵有治人，与金城汤池不在有形之深峻，则保障宜思矣。牺牲玉帛，胥属外具之仪文，则昭假有道矣。设官分职，以为民极，睠怀此意，良用穆然，作建置志。

子目凡六：职官；城池；祠庙；公署；关隘；桥梁

职　官

旧设威州知州

宋

赵　瞻。

赵全时：神宗时任。

明

陈　冕：宣德间任。

沈　时：宣德间任，入名宦。

范　渊：正德间任，入名宦。

范士英：正德间任。

何福全：正德间任，入名宦。

贺　新：嘉靖间任，尝倡创姜、李二公祠，有碑记。

黄　琳。

---

① 天生民而立之君，使司牧之，使师保之：节录自《左传·襄公十四年》："天生民而立之君，使司牧之，勿使失性。有君而为之贰，使师保之，勿使过度。"

② 而怀柔百神，及河乔岳，莫不震叠：节录自《诗经·时迈》："薄言震之，莫不震叠。怀柔百神，及河乔岳，允王维后。"

李　宽：成化间任。
赵符节：弘治间任。
王　懋：成化间任，尝迁旧保县署。
汪守廉：湖广黄冈人，万历中任。
刘　瑄：崇祯间任。

国朝威州知州

崔元恺：直隶恩贡，顺治十八年任。
任周鼎：陕西拔贡，康熙八年任。
张素智：正白旗荫生，康熙十九年任。
左　岘：浙江进士，康熙二十四年任。
李天植：正红旗监生，康熙二十九年任。
陈于连[①]：湖广岁贡，康熙三十八年任。
史玉节：浙江监生，康熙四十七年任。
张自谦：山西监生，康熙五十一年任。
王　珏：镶白旗监生，康熙五十一年任。
王国正：江南监生，康熙五十四年任。
黄　铎：直隶监生，雍正十二年任。

保县知县

宋

张大礼：乾道间任保宁县。见“山水志”。

明

戴从礼：洪武间任。
洪　恩：宣德间任。
柳　芳：宣德间任，尝筑旧保城。见“城池志”。
屠安民：隆庆中任。
李　钦：正统间任。
邓　浩：正统间任。
白　采：嘉靖间任。
舒文璧：嘉靖间任。
麻　康：万历中任。
朱蕴鉌：明宗室，崇祯间任，政绩见训导钱养民所著《开南堡碑记》。

训　导

刘万荣：明嘉靖时任。

---

① 连：乾隆《保县志》作“琏”。

钱养民：崇祯间任，著有《南堡碑记》，入“艺文志”。

典　史

成　锐：正德间任。

尚　凤：嘉靖间任。

国朝保县知县

袁洪勋：浙江拔贡，顺治十八年任。

沈芙渠：福建举人，康熙七年任。

沈　鱄：陕西拔贡，康照八年任。

何纯子：福建举人，康熙二十八年任。

高崇岩：奉天监生，康熙二十八年任。《通志》作商崇岩。

谢　铨：康熙四十一年任。

陈一捷：浙江吏员，康熙五十年任。

王眉年：河南人，康熙五十七年任。

张国泰：镶白旗人，雍正三年任。

曹大文：浙江生员，雍正七年任。

宋虞凯：江南长洲县监生，雍正十二年任。

戴　纶：广东保昌县举人，乾隆三年任。按：宋、戴二君《四川通志》列入同知，在厅未设之先，误。按年代移此。

陈克绳：浙江进士，乾隆三年任，升直隶茂州知州。

曹　鉴：河南举人，乾隆十一年任。

崔　钥：直隶长垣县进士，乾隆十六年[①]任。

葛　曙：浙江余杭县进士，乾隆十六年[②]任。

徐　镇：贵州铜仁县举人，乾隆二十二年[③]任。

张依仁：云南河西县举人，乾隆三十四年[④]任。

张起珠[⑤]：奉天正白旗拔贡，乾隆三十五年[⑥]任。

潘质礦：山东济宁州监生，乾隆四十年任。

鲁　河：江西新成县进士，乾隆四十四年任。

王会锟：广东乐惠县举人，乾隆四十八年任。

裘允绪：江西新建县举人，乾隆五十五年[⑦]任。

---

① 乾隆十六年：乾隆《保县志》作“乾隆十九年”。

② 乾隆十六年：乾隆《保县志》作“乾隆二十一年”。

③ 乾隆二十二年：乾隆《保县志》作“乾隆二十四年”。

④ 乾隆三十四年：乾隆《保县志》作“乾隆三十六年”。

⑤ 张起珠：乾隆《保县志》作“张起洙”。

⑥ 三十五年：乾隆《保县志》作“三十六年”。

⑦ 五十五年：乾隆《保县志》作“五十四年”。

米乔龄：直隶宛平县监生，嘉庆六年任。

县　丞

郭凤翔：镶蓝旗人，雍正八年任。
周际昌：浙江人，乾隆二年任。
程泾英：陕西人，乾隆十五年任。

教　谕

杨九畴：雅州岁贡，雍正五年[①]任。
范希大：忠州举人，雍正十年[②]任。
施义爵：铜梁县举人，乾隆九年任。

训　导

罗国经：雍正元年任。
张应昌：仁寿县举人，乾隆四年[③]任。
王者治：泸州贡生，乾隆十一年[④]任。
李亨元：广元县岁贡，乾隆十三年[⑤]任。
李生岐：珙县岁贡。
王国安：安居乡岁贡。
罗仲文：南充县岁贡。
周新命：芦山县岁贡。
陈于階：芦山县岁贡。
徐　筵：洪雅县岁贡。
苟履端：忠州岁贡。
胡居乾：叙永厅岁贡。
郑士修：永宁县岁贡。
李长松：九姓司岁贡。
范其蕃：郫县岁贡。
刘彦彩：什邡县岁贡。
万成选：南溪县贡。
叶文璜：长寿县贡。
宋廷赞：嘉定府贡。
以上各员历任年月无可稽考，存其姓名籍贯，庶足昭示来兹。

---

① 雍正五年：乾隆《保县志》作“雍正十年”。
② 雍正十年：乾隆《保县志》作“乾隆二年”。
③ 乾隆四年：乾隆《保县志》作“乾隆十一年”。
④ 乾隆十一年：乾隆《保县志》作“乾隆二十五年”。
⑤ 乾隆十三年：乾隆《保县志》作“乾隆三十年”。

典　史

郭省心：山西人，雍正五年任。
沈桂芳：浙江人，乾隆元年任。
王学山：直隶人，乾隆十一年[①]任。

直隶理番厅同知

国朝乾隆十八年升设。
崔　钥：直隶长垣县进士，乾隆二十年任。
邓　瑛：顺天宛平县举人，乾隆三十四年任。
郑济寿：直隶丰润县贡生，乾隆四十年任。
杨礼行：江西阳湖县监生，乾隆四十七年任。
杨崇鼎：安徽怀宁县监生，乾隆五十四年任。
淡士灏：陕西大荔县举人，乾隆六十年任。
常发祥：直隶滦州监生，乾隆五年[②]任。
张敏树：山西宁武县人，嘉庆十一年任。
徐廷钰：奉天锦县举人，嘉庆十五年任。
陈崇礼：浙江海宁县人，嘉庆二十年任。
王梦庚：浙江金华县拔贡，道光二年任。
宗　印：满洲人，道光六年任。
刘名震：奉天辽阳州拨贡，道光十三年任。
马百龄：顺天大兴县人，陕西咸宁籍，道光二十二年任。
祥　善：满洲正白旗人，道光二十三年任。
吕瑞玉：顺天大兴县人，咸丰元年任。
徐锡金：浙江人，咸丰八年任。
陈延杰：陕西人，咸丰九年任。
吴羹梅：河南固始县人，同治三年署任。
刘毓棠：河南祥符县进士，现任。

照　磨

王汝弼：陕西渭南人，嘉庆十七年任。
陈　纮：福建人，嘉庆二十二年任。
祝　埙：浙江上虞人。
曹　庚：浙江绍兴人。
周继先：甘肃人，道光十九年任。

① 乾隆十一年：乾隆《保县志》作“乾隆八年”。
② 乾隆五年：按任职时间顺序，或当为“嘉庆五年”。

经 籍

《钦纂性理精义》；
《御纂周易折中》；
《钦定书经传说汇纂》；
《钦定诗经传说汇纂》；
《钦定春秋传说汇纂》；
钦定《小学》《孝经》；
《三礼》，现在奉敕纂修；
《十三经注疏》；
《汉上易传》，宋朱震；
《周易玩辞》，宋项安世；
《周易辑闻》，宋赵汝棋；
《易纂言》，元吴澄；
《周易集注》，明来知德；
《尚书全解》，宋林之奇；
《禹贡集解》，宋傅寅；
《书蔡传旁通》，元陈师凯；
《书集传纂疏》，元陈栎；
《尚书通考》，元黄镇成；
《四书辑释》，元倪士毅；
《大学衍义补》，明邱濬；
《陆氏三鱼堂大全》，本朝陆陇其；
《汪氏大全》，本朝汪份；
《四书困勉录》，本朝陆陇其；
《性理要解》，明蔡清；
《读朱随笔》，本朝陆陇其；
《御批资治通鉴纲目全书》；
《御定子史精华》；
《御定诸史提要》；
《钦定古文渊鉴》；
《钦纂朱子全书》；
《御定历代赋汇》；
《御纂律书渊源》；
《御定文献通考纪要》；
《御定明史》；
《御制乐善堂文集》；

陈朝钦：江西人。
吴　榛：广东人。
陈廷杰：陕西人，咸丰二年任。
樊学义：甘肃人，咸丰六年任。
粟增忻：广西人，同治元年任。
胡　焜：大兴籍，安徽绩溪县人，同治五年任。

教　谕

杨符麟：江安县举人。
潘元音：成都县举人。
吴　辉：汉州举人。
傅恩任：合州举人。
邹曜奎：江北厅举人，嘉庆十九年任。
叶芳谟：新津县举人，道光三年任。
淡　璞：广安州举人，道光十五年任。
杨贞元：营山县举人，道光十八年任。
袁为佐：广安州岁贡，道光二十年任。
黄淑龙：涪州举人，咸丰三年任。
李光衡：三台县举人，现任。

维州协副将实任

六　格：汉军正黄旗人，乾隆十九年任。
保怀智：陕西泾阳县人，乾隆廿二年任。
董天弼：直隶武进士，乾隆二十八年任。
五　福：满洲镶白旗人，乾隆卅三年任。
李天佑：成都县人，乾隆三十八年任。
那苏图：蒙古镶白旗人，乾隆五十年任。
王承勋：甘肃靖远人，乾隆五十四年任。
富桑阿：满洲正白旗人，乾隆五十五年任。
赵秉彝：汉军镶红旗人，乾隆五十五年任。
五十一：满洲镶黄旗人，乾隆五十七年任。
刘怀仁：云南剑川州人，乾隆六十年任。
札勒杭阿：蒙古镶白旗人，嘉庆元年任。
蒲尚佐：松潘厅人，嘉庆六年任。
桂　涵：东乡县人，嘉庆七年任。
卢廷璋：广东东莞县人，嘉庆十五年任。
瑞　椿：满洲正白旗人，嘉庆十八年任。
德　建：满洲蒙古人，嘉庆二十二年任。

世　泰：满洲正黄旗人，道光二年任。
英　俊：镶黄旗蒙古人，道光七年任。
王应雄：直隶人，道光十三年任。
樊丰年：成都县人，道光十五年任。
兆　麟：满洲镶白旗人，道光二十一年任。
阴德布：满洲正红旗人，道光二十四年任。
秦定三：湖北兴国州榜眼，道光二十六年任。
伊萨布：满洲正黄旗人，道光二十八年任。
阿尔本：满洲正黄旗人，咸丰二年任。
张定川：绵州武举，咸丰六年任。
怀唐武：满洲人，同治二年任。
李耀龙：成都人，同治四年署任。
傅　崐：松潘籍华阳人，同治三年任。

维州协左营中军都司

乾隆二年添设，理番厅城。
何耀祖：陕西固原州人，乾隆十九年任。
王时维：贵州清平县人，乾隆二十一年任。
原遇盛：山西代州人，乾隆二十四年任。
苏凤麟：成都县人，乾隆三十二年任。
李植善：永宁县人，乾隆三十八年任。
汪　启：西昌县人，乾隆四十五年任。
关联升：成都县人，乾隆四十七年任。
文　奎：满洲镶白旗人，乾隆五十一年任。
张志林：绵州人，乾隆五十二年任。
杜成得：四川人，乾隆五十七年任。
马登朝：四川人，乾隆五十八年任。
沈文同：安县人，乾隆六十年任。
桂　涵：东乡县人，嘉庆五年任。
瞿心能：新都县人，嘉庆八年任。
黄廷相：松潘厅人，嘉庆九年任。
曹兴邦：巴县人，嘉庆十一年任。
黄玉堂：广元县人，嘉庆十七年任。
张必禄：巴州人，嘉庆二十年任。
阎廷芝：山西平遥县人，嘉庆二十五年任。
胡克绳：松潘厅人，道光四年任。
乌林泰：满洲正蓝旗人，道光十二年任。
富兴阿：蒙古正红旗人，道光十七年任。

陈时亨：盐源县举人，道光二十四年任。
戴廷超：广元县人，咸丰元年任。
徐文光：盐源县举人，咸丰八年任。
范文亮：隆昌人，建左守备，同治四年署任。

维州协原设右营都司

乾隆二年添设，十九年移驻杂谷脑，四十五年裁。
余得胜：直隶正定县人，乾隆九年任。
沈　宽：陕西咸宁县人，乾隆二十四年任。
任　璠：陕西长安县人，乾隆二十九年任。
张芝亢：清溪县人，乾隆三十四年任。
崔文杰：陕西华州人，乾隆三十九年。
汪　启：西昌县人，乾隆四十年任。

维州右营守备

乾隆四十五年裁，都司改设，驻杂谷脑城。
张文英：西昌县人，乾隆四十五年任。
石　荣：奉节县人，乾隆四十七年任。
田占魁：新津县人，乾隆六十年任。
罗伏远：西昌县人，嘉庆元年任。
马　元：松潘厅人，嘉庆三年任。
王国辅：郫县人，嘉庆五年任。
张　超：温江县人，嘉庆六年任。
李廷赓：广元县人，嘉庆七年任。
黄河清：成都县人，嘉庆十五年任。
钟得胜：成都县人，道光二年任。
龙启骧：成都县人，道光九年任。
苏登科：成都县人，道光十四年任。
杨　泽：巴州人，道光二十一年任。
张相桓：成都县人，道光二十九年任。
梁克勋：松潘厅人，咸丰元年任。
钟含钦：四川人，咸丰七年任。
苏丕先：茂州人，咸丰五年任。
刘永福：金堂人，同治三年署任。
庆　春：正黄旗汉军，世袭骑都尉，叙马营都司，同治五年署任。
李鸣仕：成都现任。

城池

厅城为保县旧治所，前明御史大夫丁玉创建，门二：东曰流化，西曰宣威。宣德时知县柳芳、正统时指挥申泰、正德时知县邓浩，屡增修之。嘉靖初，兵备副使余珊因番夷乱，檄县添设敌台四，其城在孟董水之前。康熙四十七年，熊耳山奔[①]，孟董水会沱水，向南冲击，城垣悉毁。水平，旧城基隔在江北，官民傍南岸平头、马鞍两山麓以居。乾隆二年，总督查公以边防宜重，奏请建城增兵署，邑令沈绳祖承修，包山砌石，周四百一十丈，高丈有二尺，广六尺。门二：东曰宁江，西曰伏羌。水洞二，分峙南北，通南沟水，实擅金汤之胜。

照磨旧驻厅治，裁保县后移驻新保关，其城古威州旧址也。明洪武初，千户焦宽始筑，南包古城二山，北抵江周二里。门四：东曰玉垒，南曰涌泉，西曰安远，北曰平夷。成化间，江溢城毁，奏请修完，寻毁。弘治间，副使王恩、佥事金冕、知州赵符节等改修，又毁。嘉靖十五年，副使朱纨檄于城东陇头寺起，置石碕一里许，以捍水势，而城始坚。

国朝康熙时，孟董水横流，城复毁。乾隆三年，抚军顾公咨部估修，邑令陈克绳董其事，包山砌石，周六百丈，高一丈四尺，宽八尺，四门名仍其旧，水洞二，分峙南北，通茨玉沟水。

祠庙

文庙：在厅东关外。后殿为崇圣祠（详见“学校”）。名宦、乡贤、节孝、忠义各祠在戟门外。

武庙：在厅城西街，后殿，崇祀三代。

文昌庙：在厅治后山，后殿，崇祀三代。

奎阁：距文昌宫咫尺。

社稷坛：在厅城西隅。

风云雷雨山川坛：在厅城西北。

先农坛：在厅城西北。

城隍庙：二，一在厅城西北，一在新保关城东。

厉坛：在厅城西隅。

龙神祠：在厅治西门外。

观音阁：在厅城北。

大禹庙：在通化里。

后稷祠：在桑坪里。明景泰时建。

万寿宫：二，一在厅治东门外，一在新保关城内。

① 奔：或当为“崩”。

仁寿寺：在新保关。唐元和时建，康熙己酉重修。

东岳庙：二，一在玉垒山，明万历年建，毁于流贼张献忠；一在桑坪山，建自明隆庆时，邑令陈克绳重修。

西岳庙：在新保关西南。元至正时建，今废。

川主庙：在新保关。

土主庙：在新保关西隅。

飞龙庙：在霸州堡城外，今废。

真武庙：二，一在厅治东门外，一在新保关城内。

山王庙：在乾溪寨。唐时建，明正德时重修。

武侯祠：在厅西。

庞公祠：在厅治。祀汉庞统，今废。

姜公庙：在厅西兴隆场。唐开元时建，今废。

灵佑祠：在厅城南门外。旧祀秦李公冰、汉姜公维、唐李公德裕。

愚公庙：在新保关东门外，今废。

太平寺：在古城里。明嘉靖时建，康熙时僧人明戒重修。

报国寺：在通化里。明崇祯时建，僧人明戒重修。

白马庙：在乾溪寨。唐时建，明正德时重修。

平正庙：在厅东通化里。

圣明祠：在古城里。明嘉靖时建，雍正七年重修。

寿相寺：在乾溪。康熙时僧人明戒建，戊子圮于水。

山西馆：在新保关城内。

陕西馆：二，一在新保关城内，一在兴隆场。

广生宫：在厅治城南。

报功祠：在厅城西宁江堡。

大小喇嘛寺：在杂谷脑。

弥勒寺：在厅北四十里塞蛮关。

武圣祠：五屯俱有。

大佛寺：五屯各寨均有。

范公祠：在玉垒山下。州人为威州知州范渊建，今废。

三公祠：在厅城南门灵佑祠旁，圮。

公署

厅署：在马鞍山麓。康熙四十七年，保县城湮于水，旧基隔在江北，致邑令侨寓省垣。五十年，王君眉年始建，堂三间，楼六间，旁舍各略备。乾隆八年，陈君克绳更恢旧制，重修大堂、仪门、大门各三间。十八年，改升直隶同知，添设东西辕门及两旁鼓吹楼。羹梅复于二堂上建平房三间，西楼三间，后房六间。

照磨厅署：即古威州署，面北。前明总兵蒋贵，知州陈冕、沈时远、李宽、范渊等先后建修。国朝，知州李天植迁玉垒山之阳，康熙时圮于水，邑令陈君克绳详请重修。

儒学教谕署：在厅城东门外。

维州协署：在城内厅署左。

维州中军左营都司署：在西门城内。

维州右营守备署：在杂谷脑。

千总署：在西门城内。

把总署：在西门城内。

县丞署：在通化里。雍正十二年县丞郭凤翔领帑重修。乾隆十八年缺裁，署废。

典史署：雍正十二年典史郭省心领帑建修，嘉庆时保县改入罗江，典史缺裁，署废。

关 隘

保子关：在新保城隔江保子冈上，湔、沱二水之中，为汉羌出入要冲，过二山处皆作索桥。前明因番窥伺，谋毁桥道。洪武时，千户焦宽修关。成化时，威州牧李宽修碉，置兵守之。国朝乾隆二年，关口立卡房，营设兵，县设巡役，汉民番寨贸易者，具结领票，限以日时，兵役验放，无票者禁。诚番咽喉重地也。

镇夷关：内有墩一所。明正统间，巡抚寇深、总兵陈怀建，设兵防御孟董、梁黄等六寨生番。嘉靖三十六年，被前番攻毁，提督蒋启、兵备万文彬、知县舒文璧重修。

碉房塘：在厅西五里。堡为各土司出入要路，旧有塘兵防守。

坡底堡：在沱江北，与保子关相望。明成化十四年，番乱，焚毁民居，知州李宽奏设官兵防御。界内有扫水岩、乾沟子，俱龙山大寺诸番经行要路。

木渣墩：坡底西北。龙山、三寨、大寺寨等出没之隘口。明成化十五年设兵防御。

靖夷墩：明弘治间因黑番患，巡抚邢公设。

石灰墩：近木上寨，水隘口。明正德三年，三姐诸番为患，兵备副使王恩设。

永宁墩：明弘治四年，设于临河浅水可涉之处。路通木上、竹打等番寨隘口。

慕义墩：在龙溪沟后，与鹿耳等寨相邻。系黑虎、三姐等番出没要路。

霸州堡：在厅东，距城西四十里，旧威州遗址。州既东迁，乃改为堡。明弘治间，龙溪等寨倡乱，增修保子等十三墩。嘉靖二十七年，水溢，冲塌西南城垣，兵备马九德、总兵何卿重修，城岸改建挑桥，设官兵防戍。

后山小碉二墩：明时设兵防戍。

社稷墩：明弘治十五年设，系龙溪、大门等寨口。

黑茨坝墩：明弘治十五年设，系牛上、罗上诸番要路。

万宁墩：明成化十三年，知州李宽设。系加上等番出没要口。

蒲草墩：明成化年间设。

威夷墩：明隆庆三年，掌堡百户杨松议设。附在堡后，以远番蛮矢石之患。

乾溪堡：去霸州二十里。明正统十年，巡抚寇公建。界内有窄哨嘴，系赤溪、则溜、星上三寨要隘。

岩窝墩：乾溪村后半山。系孟董、水田等寨生番要隘。

新安堡：去乾溪十五里。明正德二年，孟董诸番倡乱，知威州崔哲建。明嘉靖十六年，兵备朱纨委指挥蒋启修。四十二年，兵备郭应聘委百户江东开通汲道。界内有黄茨坝、漫水湾、观音阁，俱系月上、九子寨出没要隘，设官兵防戍。

制夷墩：明弘治间建，系官道水口。

乾溪墩：明嘉靖四十二年，保县知县白采议请，兵备郭应聘建设。系南溪水口要隘。

靖远墩：明嘉靖四年，梁黄诸番攻围保县，兵备余珊议设。系月上、九子诸番要隘。

保县堡：明时设官兵戍守。

无敌墩：在新保关后山。瞭望最紧要隘。

后山中墩：在保县后。明嘉靖四年，梁黄诸番攻县，兵备余珊建。系本县紧要隘口。

高沟墩：在新保关后。明弘治间巡抚刘洪建。系孟董生番隘口。

护城墩：在新保关西门。明嘉靖四十七年，兵备郭应聘重修。

西顾墩：在新保关西。系镇夷关要隘。

蛇浴岭隘：见“山川”。

桥　梁

卷洞桥：在新保城内。唐时建。茨玉水流其下。

保子关索桥：即古绳桥也。今新保关城外，架大江水面，篾笮四条，以葛藤纬络布板。虽从风摇动，而牢固有余，夷人驱牛马去来无惧。其桥两岸卷石为洞门，南北立二十四木柱，柱上系大竹绳一，横架水面，以二十绳为底，上施木板，联络以藤，左右各以二十绳为栏，每丈贯以大木柱。长三十丈，阔五尺，人马经行，遇风至，掀掉动摇，不能暂立。盖江石震撞迅激，不能桥，不能舟，不得已而设此尔。

按：杜子美诗“却背五绳桥”，又曰“运粮绳桥壮士喜”，皆是也。又《桔柏渡》诗：“青冥寒水渡，架竹为索桥。竿湿烟漠漠，江永风潇潇。连笮动袅娜，征衣飒飘摇。”范成大《吴船录》：将至青城，当再渡绳桥。长百二十丈，分为五架；桥之广，十二绳连排之，上布竹笆。攒立大木数十于江沙中，辇石固其根，每数十木作一架，挂桥于半空，大风过之幡幡然，大略如渔人晒网，染家掠彩帛之状。又须舍舆疾步，从容则震掉不可立，同行者失色。二公所言地虽不同，制亦小异，然皆妙于形容也。

桑坪索桥：自保子以达桑坪，沱水经其下，桥外及沱江会合处。旧由保子关底沿河以达霸州，后因番蛮出没，改经桑坪里而行。明知州何福全建，长二十丈，阔五尺，制如前。

坡底堡索桥：在桑坪里之北。土官昌宗建，今废。

古霸州桥：旧在赤水上，以索为渡。明知州范士英移于此，改作绳桥。为番所毁，知州黄彬、指挥鲁谅易以挑桥，寻为水坏。知州赵符节、指挥萧宽、千户朱连重修之。

今废，仍改为溜索。

利济桥：在古城溪口。旧时乱流而渡，雍正十二年，县丞郭凤翔建木桥。乾隆五年水发，木桥基悉坏，知县陈克绳砌岸重修，上有桥亭。

乾溪桥：在乾溪口。每夏月溪水屡涨屡冲，不时修葺。

镇夷桥：在今治东北。明正德间，知县洪恩建于镇夷关北，寻为水坏。国朝乾隆七年，保民移建于东门城外，孟董、沱江会合流其下，通县属后番及孟董各寨。

蒲溪桥：在蒲溪口。

观音岩偏桥：在桑坪壁陡水深之处。无路可通，缘山岸凿孔，横插木向外斜撑，以柱作桥，幔以木栈，覆以土，旁作栏杆，或长或短，视其路之险平而施之。

按：《水经注》：栈道，俗谓千梁无柱。诸葛亮与兄瑾书曰：其阁梁一头入山腹，一头立柱于水中。今水大而急，不得安柱。后亮没五丈原，魏延先退而焚之，即是道也。自后重修旧路，无复水中立柱，涉者浮梁震动，摇心眩目。偏桥之形，亦栈道遗制也。

黑漩窝偏桥：在铁野里，最险。

按：威保大路，皆上傍危峰，下临恶浪，无步平夷。然地路虽险，或在山坡，微有依倚，叠木为梁，实以土石，犹为坦途。惟偏桥设处，石壁陡立，虚凿石窍而架木其上，号称极险，黑漩涡尤其最也。

鹦哥嘴偏桥：在旧州里。悬崖横截山半，其外陡立，不能架木，凿石通窦，仅容佝偻而行。其石下垂，状如鹦哥嘴，故名。

欢喜坡偏桥：在今治东门外。

铁野溜索：通克枯各寨。

古城溜索：通木各寨。

旧州溜索：通东门外龙溪各寨。

通化溜索：通星上、水田诸寨。今为板桥。

按：杨升庵太史《丹铅录》云：西国传有渡索寻橦之国。予按威茂之地，河水险恶，不可舟楫，乃施两柱于两岸，以绳亘其中，绳上有筒，所谓橦也。欲渡者则以绳缚于筒上，以手缘索而进，行达彼岸。复有人解之，所谓寻橦也。王士祯诗“悬橦度索上骑危”，即此。今土人多用大竹筒，虽襁负孩稚及渡牛马，亦然。又有用两索互相低昂，手攀筒顺势下者。吁！木石不能为功而以索作桥，索桥所费不赀而以筒溜索，吾民信亦劳苦哉！

第三卷　学校志

学校志总

学校之隆，首推三代。顾蜀士得比邹鲁，自文翁始；汉武帝命天下郡国皆立学校，亦自文翁始；蜀人尸祝不朽也固宜。方今圣天子稽古右文，垓埏遍洽，作人之雅，超越无前，岂特汉代比哉？士生其间，修德禔躬，枕经葄史。学术昌而宫墙窥其美富，治功楙而钟鼎焕其声华。名世挺生则光分俎豆，瑰行特著则气挟风霆。对策而庆叶茹茅，明经而辉联芹藻。虽穷边极塞，江汉炳灵，莫不世载其英。郅治之原，风化之本，其得力于庠序者多矣。作学校志。

谨以“圣贤”居首，“祀典”次之，其“名宦”“乡贤”“忠义”“节孝”“学额”“人物”“选举”又次之。

圣　贤

至圣先师庙追封考

周时，鲁哀公诔孔子曰尼父，为立庙，旧宅置卒守焉。汉高帝十二年，过鲁，以太牢祀孔子，诏诸侯王卿相至郡国，先谒庙后从政。元帝诏太师褒成君霸，以所食邑八百户祀孔子，赐霸爵关内侯。平帝元始元年，谥孔子褒成宣尼公。后汉明帝永平二年，诏学校皆祀周公、孔子；十五年，幸阙里宅，祀仲尼及七十二弟子。章帝元和二年，祀孔子于阙里，作六代之乐。和帝封褒尊侯。安帝延光三年，祀孔子于阙里。桓灵时诏孔庙置百户卒，史掌礼器，春秋享礼，出王家钱给大酒直，河南尹给牛羊豕各一，大司农给米。灵帝元光元年，置鸿都门学，画先圣及七十二弟子像。魏文帝黄初中，诏起旧庙，设卒守。齐王正始七年，令太常释奠，以太牢祀于辟雍，以颜渊配。晋武帝太始三年，诏太学及鲁国，四时以三牲祀，释奠于中堂，以颜子配；七年，皇太子亲释奠于太学。元明成穆，皆释奠。宋高祖永初中，诏鲁郡修葺坟庙。文帝元嘉二十二年，太子释奠，采晋故事，舞六佾，设轩悬之乐，器用悉依上公。齐武帝永明三年，学生释奠于先圣先师，用元嘉故事。北魏孝文帝太和十六年，亲修谒拜礼，改谥文圣尼父，封后人为崇圣侯，拜孔氏四人，颜氏二人，复给邑百户与周公并飨。文成帝诏宣尼之庙，别敕有司荐享。北齐天保间，制春秋二仲，释奠于先圣先师，以时修葺祠庙，每月朔，制祭酒领博士弟子以下及国子诸生、太学四门博士、升堂助教以下太学诸生于阶下拜孔圣，揖颜回。梁元帝承圣初，于荆州建宣圣庙，自图圣像，为之赞书之。隋文帝开皇初，赠孔子为先师尼父，周公为先圣，南面，孔子东面，制国学、州县学春秋仲月上丁释奠。唐高祖武德二年，诏国学分立周公、孔子庙。太宗贞观二年，别祠周公，尊孔子为先圣，颜子为先师配焉；四年，诏州县立庙，四时致祭，以左丘明等二十二人配；二十年，诏皇太子释奠于先圣先师。高宗显庆二年，仍遵孔子为先圣，颜回为先师。乾封元年，赠孔子太师。总章元年，赠颜子少师，曾子少保。元宗开元七年，诏春秋释奠用牲牢，属县用酒脯；八年诏颜子十哲像俱侍坐从祀，曾参像侍坐十哲之次，图七十子及二十二贤于庙壁；十三年，封禅还，幸孔子宅，亲奠，以太牢祀墓，置卒守，复孔氏赋役，令天下州县立庙，赐百户充春秋享奠；二十七年，追谥孔子文宣王，服衮冕，乐用宫悬，舞用八佾。赠十哲公侯爵，曾子以下六十七子爵皆伯。德宗贞元二年释奠，诏自宰臣以下毕集，祝□自署名毕，各北面肃拜。后周高祖广顺二年，奠阙里庙，谒墓。宋太祖建隆三年，诏文庙门立戟十六，亲撰文宣王衮国公赞。从祀贤哲，命当时文人为之。太平兴国中，特免孔氏子孙庸调，诏孔宣袭封文宣公。贞[①]宗咸平三年，追谥元圣文宣王。大中祥符二年，诏太常礼院，定州县释奠礼器数，先圣先师每座酒尊二、笾八、豆八、簋二、簠二、俎三、罍一、洗一、篚一，尊皆加勺、幂，各置于坫。巾共二，烛一，爵共四，坫共二。从祀诸座，笾二、豆一、簋一、簠一、俎一、烛一、爵一。五年，诏改谥至圣文宣王，执桓圭，冕九旒，服九章。天禧元年，诏释奠仪注及祭器图，令崇文馆雕印，颁行下诸路。仁宗景祐元年，诏释奠用登歌。至和二年，诏封孔子后为衍圣公。神宗熙宁八年，制文宣王冕十二旒，衮国公颜子等皆依本朝郡国封爵品服。徽宗崇宁元年，诏追封孔鲤为泗水侯，孔伋为沂水侯。大观二年，诏跻子思从祀。四年，诏文宣王执镇圭，并如王者之制，庙门增戟二十四。金章宗明昌二年，孔子庙门置下马牌。元世祖至元十年，诏春秋二丁释奠，执事官员各公服如其品，陪位诸儒襕带唐巾行礼。成宗大德元年，敕各官莅任，先诣先圣庙拜谒，方许以次诣神庙。十一年七月，武宗追封孔子为大成至圣文宣王，祀以太牢。文宗至顺元年，称颜子复圣、曾子宗圣、子思述圣、孟子亚圣。明太祖洪武二年，诏文庙附祀乡贤名宦。四年，定祭，置高案、笾、豆、簠、簋、登、铏，悉用磁，牲用熟，乐用六奏。十四年，文庙成，遣官以太牢祀，诏神主不设像，上遂视学，颁释奠仪。二十四年，敕每月朔望，太学祭酒以下行释菜礼，郡县学长吏以下诣学行香。二十六年，颁大成乐器于郡州县学。成祖永乐四年，视学服皮弁，行一奠四拜礼。八年，正文庙绘像圣贤衣冠，令合古制。十二年，释奠增十二笾豆。宪宗成化二年，增乐舞为八佾。世宗嘉靖九年，厘正祀典，改称至圣先师孔子，四配称复圣颜子、宗圣曾子、述圣子思子、亚圣孟子，十哲以下称先贤，左邱明以下称先儒，去塑像，设木主，四封爵，改大成殿为先师庙，门为庙门，祭用笾豆十、舞佾六六，郡邑学笾豆杀其二，舞止六。

国朝世祖章皇帝顺治二年，定谥大成至圣文宣先师孔子；十四年，改谥至圣先师孔子，通行直省各学。圣祖仁皇帝康熙二十三年，御题“万世师表”匾额；三十五年，御

① 贞：当为“真”。

制孔子赞、颜曾思孟赞，发直省，立碑；五十五年，升朱子于十哲之次。世宗宪皇帝雍正三年，诏郡县春秋仲月祭，增用太牢，御书“生民未有”匾额，颁立文庙。高宗纯皇帝乾隆三年，升有若于十哲，移朱子于西哲末，至圣先师孔子神位居中，正南面，御书“与天地参”匾额，颁立文庙。嘉庆七年，仁宗睿皇帝书“圣集大成”匾额。道光中，宣宗成皇帝书“圣协时中”匾额。咸丰中文宗显皇帝书“德齐载帱”匾额。同治二年，御书“圣神天纵”匾额，颁立文庙。

《通志》：按孔子位南面，始于唐开元二十八年。宋濂据汉宣帝西面再拜及《开元礼》献官西向之说，谓献官北面，非神道尚左之义，今相沿北面已久。嘉靖九年，定至圣先师木主：高二尺三寸七分，阔四寸，厚七分；座高四寸，长七寸，厚三寸四分，朱地金书。四配主：高一尺五寸，阔三寸二分，赤地黑书。崇圣主同四配十哲主：高一尺四寸，阔二寸六分，厚五分；座高二寸六分，长四寸，厚二寸，赤地黑书。

两庑诸贤追封考

后汉明帝永平十五年，东巡，祀仲尼、七十二弟子。灵帝光和元年，置鸿都门学，画先圣及七十二弟子像。魏齐王正始七年，祀孔子于辟雍，以颜渊配。北魏孝文太和间，拜颜氏二人官。唐太宗贞观二十一年，诏以左邱明、卜子夏、公羊高、谷梁赤、伏胜、高堂生、戴圣、毛苌、孔安国、刘向、郑众、杜子春、马融、卢植、郑元、服虔、何休、王肃、王弼、杜预、范宁、贾逵二十二人配享尼父庙堂。高宗永徽中，赠孔子太师，颜子少师，曾子少师。元宗开元八年，图画七十弟子及二十二贤于庙壁，令当朝文士分为之赞。二十七年，诏追赠颜子兖国公、闵子骞费侯、冉伯牛郓侯、冉仲弓薄侯、宰子我齐侯、端木子贡黎侯、冉子有徐侯、仲子路卫侯、言子游吴侯、卜子夏魏侯、曾参郕伯、颛孙师陈伯、澹台灭明江伯、宓子贱单伯、原宪原伯、公冶长莒伯、南宫子容郯伯、公皙哀郳伯、曾点宿伯、颜路杞伯、商瞿蒙伯、高柴共伯、漆雕开滕伯、公伯寮任伯、司马牛向伯、樊迟凡伯、有若卞伯、公西赤郜伯、巫马期鄫伯、梁鳣梁伯、颜辛萧伯、冉孺纪伯、曹恤曹伯、伯虔聊伯、公孙龙黄伯、冉季东平伯、秦子南少梁伯、漆雕子敛武城伯、颜子骄琅琊伯、漆雕徒父须句伯、壤驷赤北征伯、商泽睢阳伯、石作蜀石邑伯、任不齐任城伯、公夏守亢父伯、公良孺东牟伯、后处营丘伯、秦子开彭衙伯、奚宽蔵下邳伯、公肩定新田伯、颜襄临沂伯、鄡单铜鞮伯、句井疆淇阳伯、罕父黑乘丘伯、秦商上洛伯、申党邵陵伯、公祖句兹期思伯、荣子期雩娄伯、县成巨野伯、左人郢临淄伯、燕伋渔阳伯、郑子徒荥阳伯、颜之仆东武伯、原亢莱芜伯、乐欬昌平伯、廉洁莒父伯、颜何开阳伯、叔仲会瑕丘伯、狄黑临济伯、邽巽平陆伯、孔忠汶阳伯、公西舆如重丘伯、公西蒧祝阿伯、蘧瑗卫伯、施常乘氏伯、林放清河伯、秦非汧阳伯、陈亢颍伯、申枨鲁伯、秦牢南陵伯、颜哙朱虚伯、步叔乘淳于伯、琴张南陵伯，命所司奠祭，如释奠之礼。后唐长兴二年，敕文宣王庙四壁诸贤，每释奠，各陈醋醢诸物以祭。宋初，画七十二贤及先儒二十一人像于东西廊之板壁，命当时文臣为之赞，释奠之礼如旧。真宗咸平三年，诏追封兖公：颜回兖国公、费侯闵损琅琊公、郓侯冉耕东平公、薄侯冉雍下邳公、齐侯宰予临淄公、黎侯端木赐黎阳公、徐侯冉求彭成公、卫侯仲由河内公、吴侯言偃丹阳公、魏侯卜商河东公、郕伯曾参瑕丘侯、陈伯颛孙师宛丘侯、江伯澹台灭明金乡侯、单伯宓不齐单父侯、原伯原宪任城侯、莒伯公冶长高密侯、郯伯南宫縚龚丘侯、郧伯皙哀北海侯、宿伯曾点莱芜侯、杞伯颜无繇曲阜侯、蒙伯商瞿须昌侯、共伯高柴共城侯、滕伯漆雕开平舆侯、任伯公伯寮寿张侯、向伯司马牛楚丘侯、凡伯樊迟益都侯、郜伯公西赤巨野侯、卞伯有若平阴侯、鄫伯巫马期东阿侯、颍伯陈亢南顿侯、梁伯梁鳣千乘侯、萧伯颜辛阳谷侯、纪伯冉孺临沂侯、东平伯冉季诸城侯、聊伯伯虔沭阳侯、黄伯公孙龙枝江侯、彭衙伯秦冉新息侯、少梁伯秦商鄄城侯、武城伯漆雕哆濮阳侯、琅琊伯颜骄雷泽侯、须句伯漆雕徒父高苑侯、北征伯壤驷赤上邽侯、清河伯林放长山侯、睢阳伯商泽邹平侯、石邑伯石作蜀成纪侯、任城伯任不齐当阳侯、鲁伯申枨文登侯、东牟伯公良孺牟平侯、曹伯曹恤上蔡侯、下邳伯奚容蒧济阳侯、淇阳伯句井疆滏阳侯、邵陵伯申党淄川侯、期思伯公祖句兹即墨侯、雩娄伯荣期厌次侯、巨野伯县成城武侯、临淄伯左人郢南华侯、渔阳伯燕伋汧源侯、荥阳伯郑国朐山侯、汧阳伯秦非华亭侯、乘氏伯施之常临濮侯、朱虚伯颜哙济阴侯、淳于伯步叔乘博昌侯、东武伯颜之濮冤句侯、卫伯蘧瑗内黄侯、瑕丘伯叔仲会博平侯、开阳伯颜河堂邑侯、临济伯狄黑林虑侯、平陆伯邽巽高堂侯、汶阳伯孔忠郓城侯、重丘伯公西舆如临朐侯、祝阿伯公西蒧徐城侯、南陵伯琴张顿丘侯。又诏封配飨；先鲁史左丘明瑕丘伯、齐人公羊高临淄伯、鲁人谷梁赤龚丘伯、秦博士伏胜乘氏伯、汉博士高堂生莱芜伯、九江太守戴圣楚丘伯，河间博士毛苌乐寿伯、临淮太守孔安国曲阜伯、中垒校尉刘向彭城伯、后汉大司农郑众中牟伯、河南杜子春缑氏伯、南郡太守马融扶风伯、北中郎将卢植良乡伯、大司农郑康成高密伯、九江太守服虔荥阳伯、侍中贾逵岐阳伯、谏议大夫何休任城伯、魏卫将军太常兰陵亭侯王肃赠司空、尚书郎王弼封偃师伯、晋镇南大将军开府仪同三司当阳侯杜预赠司徒、豫章太守范宁封巨野伯。命三司使、两制、待制、馆阁官作赞。神宗熙宁八年，令七十二贤、二十二先儒，皆依本朝郡国县公侯伯爵品冠服。元丰六年，诏封孟子邹国公，配享。七年，诏邹国公同颜子，配食宣圣。封荀况兰陵伯、扬雄成都伯、韩愈昌黎伯并从祀于左邱明等二十二贤之间，颁行天下，学校塑像，春秋释奠行礼。徽宗大观二年，封孔鲤泗水侯、伋沂水侯，诏跻子思从祀。崇宁四年，诏公夏首封巨平侯、后处胶东侯、公肩定梁父侯、颜祖富阳侯、鄡军聊城侯、罕父黑祁乡侯、秦商冯翊侯、原抗乐平侯、乐欬建城侯、廉洁胙城侯从祀。政和元年，诏孔子弟子所封侯爵与宣圣名同，改瑕丘侯曾参武城侯、宛丘侯颛孙师颍川侯、顿丘侯南宫縚汶阳侯、楚丘侯司马耕雒阳侯、顿秋侯琴张阳平侯、瑕丘伯左邱明中都伯、龚丘伯谷梁赤雒陵伯、楚丘伯戴圣考城伯。五年，诏兖州邹学，孟子以乐正子配享，公孙丑以上从祀，封乐正子克利国侯、公孙丑寿光伯、万章博兴伯、浩不害东河伯、孟仲子新泰伯、陈臻蓬莱伯、充虞昌乐伯、屋庐连奉符伯、徐辟仙源伯、陈代沂水伯、彭更雷泽伯、公都子平阴伯、咸丘蒙须成伯、高子泗水伯、桃应胶水伯、盆城括莱阳伯、季孙丰城伯、子叔永阳伯。理宗淳祐元年，以周敦颐、张载、程颢、程颐、朱熹从祀。景定二年，张栻、吕祖谦从祀。度宗咸淳三年，以颜渊、曾参、孔伋、孟轲配享，进颛孙师于十哲，邵雍、司马光从祀。元仁宗皇庆三年，以许衡从祀。文宗至顺元年，以董仲舒从祀。明太祖洪武二十九年，黜扬雄从祀。英宗正统二年，以宋杨安国、蔡沈、真德秀从祀。八年，以吴元澄从祀。孝宗弘治八年，以宋杨时从祀。世宗嘉靖九年，诏圣门弟子皆称先贤，左邱明以下皆称先儒。撤塑像，易木主，乐舞仍用六佾，乐章中称王者，并易为师从祀。申党即申枨，去党存枨。公伯寮、秦冉、颜何、荀况、戴圣、刘向、贾逵、马融、何休、王肃、王弼、杜预、吴澄俱罢祀，蘧瑗、林放、卢植、郑众、郑康成、服虔、范宁俱各祀于其乡，以后苍、王通、胡瑗、欧阳修、陆九渊从祀。穆宗隆庆五年，以薛瑄从祀。神宗万历十二年，以王守仁、陈献章、胡居仁从祀。四十二年以罗从彦、李侗从祀。

国朝圣祖仁皇帝康熙五十三年，升周敦颐、张载、程颢、程颐、朱熹、邵雍为先贤。五十四年，以范仲淹从祀。世宗宪皇帝雍正二年，复以蘧瑗、林放、秦冉、颜何、郑康成、范宁从祀，增县亶、牧皮、乐正克、公都子、万章、公孙丑、诸葛亮、尹焞、魏了翁、黄幹、陈淳、何基、王柏、赵复、金履祥、许谦、陈浩、罗钦顺、蔡清、陆陇其从祀，东庑首蘧瑗，西庑首林放，列叙先贤先儒，共二百二十三人位次。高宗纯皇帝乾隆三年，升有子入殿，次卜子夏，移朱子于颛孙子下，复以吴澄从祀两庑。六年，钦颁定先贤先儒从祀位次（以上增减《四川通志》）。

钦定祀位图（同治二年颁行）

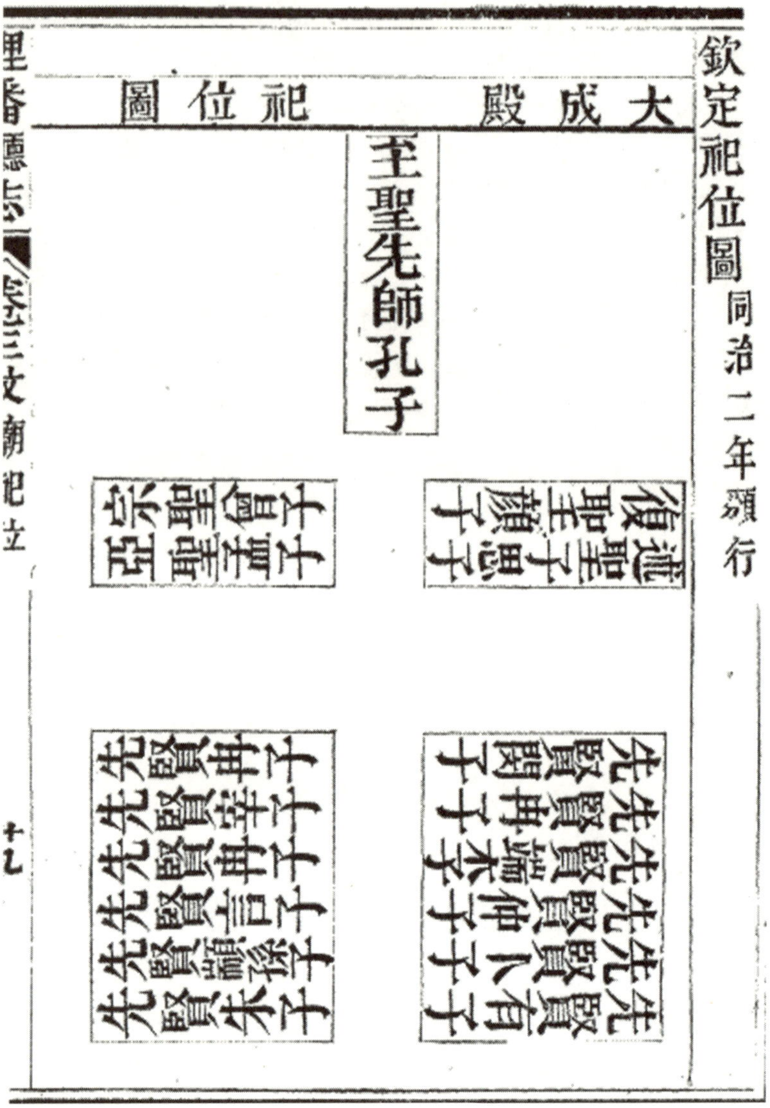

欽定祀位圖 同治二年頒行

大成殿祀位圖

至聖先師孔子

復聖顏子 述聖子思子

宗聖曾子 亞聖孟子

先賢閔子 先賢冉子 先賢端木子 先賢仲子 先賢卜子 先賢有子

先賢冉子 先賢宰子 先賢冉子 先賢言子 先賢顓孫子 先賢朱子

理番廳志 卷三 文廟祀位 十七

两庑先贤祀位图

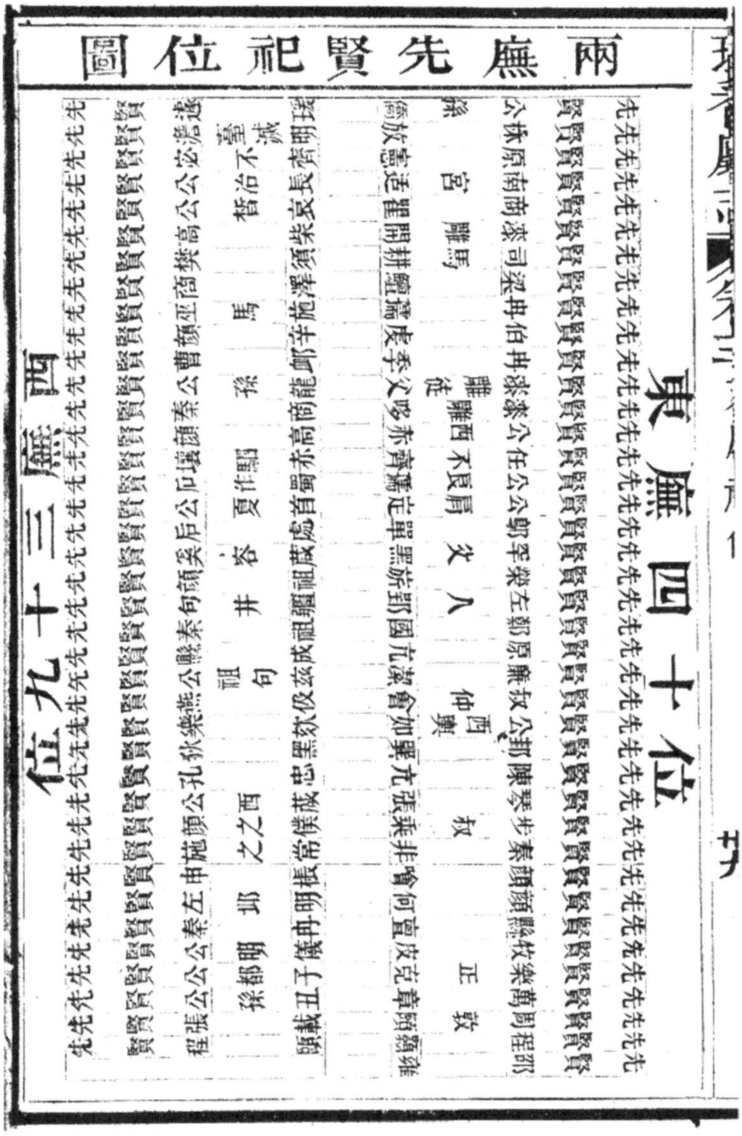

兩廡先賢祀位圖

東廡四十位

先賢公孫僑　先賢林放　先賢原憲　先賢南宮适　先賢商瞿　先賢漆雕開　先賢司馬耕　先賢梁鱣　先賢冉孺　先賢伯虔　先賢冉季　先賢漆雕徒父　先賢漆雕哆　先賢公西赤　先賢任不齊　先賢公良孺　先賢公肩定　先賢鄡單　先賢罕父黑　先賢榮旂　先賢左人郢　先賢鄭國　先賢原亢　先賢廉潔　先賢叔仲會　先賢公西輿如　先賢邽巽　先賢陳亢　先賢琴張　先賢步叔乘　先賢秦非　先賢顏噲　先賢顏何　先賢縣亶　先賢牧皮　先賢樂正克　先賢萬章　先賢周敦頤　先賢程顥　先賢邵雍

西廡三十九位

先賢蘧瑗　先賢澹臺滅明　先賢宓不齊　先賢公冶長　先賢公晳哀　先賢高柴　先賢樊須　先賢商澤　先賢巫馬施　先賢顏辛　先賢曹卹　先賢公孫龍　先賢秦商　先賢顏高　先賢壤駟赤　先賢石作蜀　先賢公夏首　先賢后處　先賢奚容蒧　先賢顏祖　先賢句井疆　先賢秦祖　先賢縣成　先賢公祖句茲　先賢燕伋　先賢樂欬　先賢狄黑　先賢孔忠　先賢公西蒧　先賢顏之僕　先賢施之常　先賢申棖　先賢左丘明　先賢秦冉　先賢公明儀　先賢公都子　先賢公孫丑　先賢張載　先賢程頤

两庑先儒祀位图

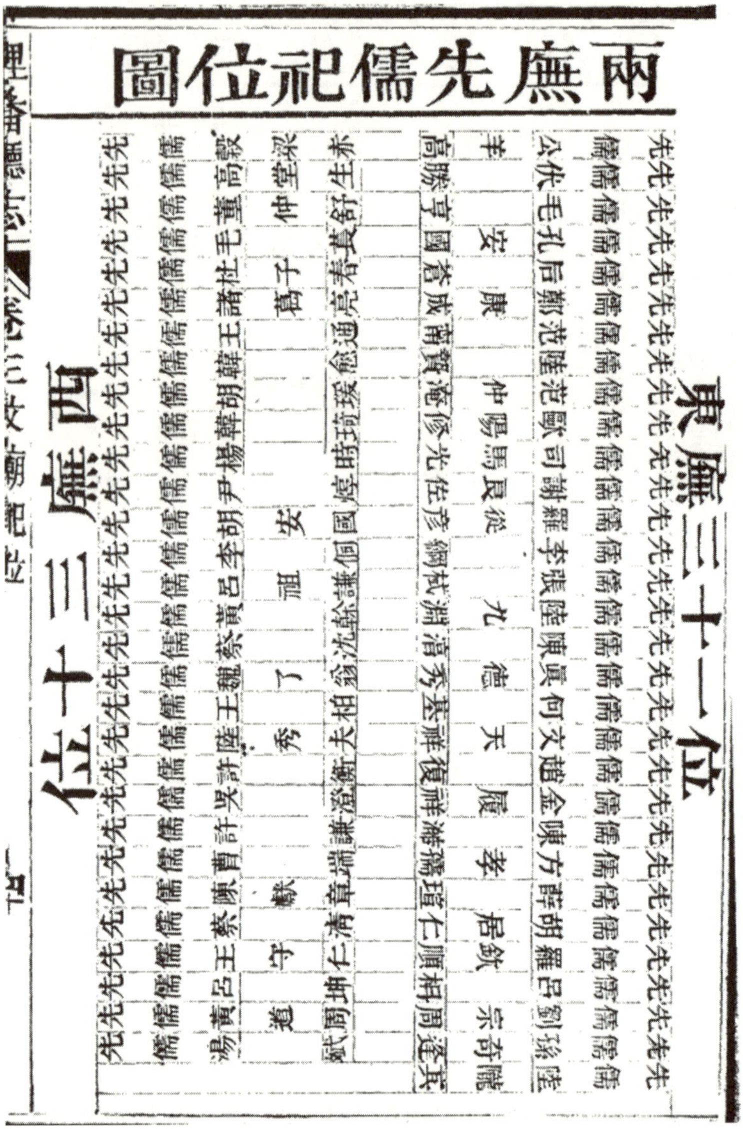

兩廡先儒祀位圖

東廡三十一位

先儒陸隴其
先儒孫奇逢
先儒劉宗周
先儒呂柟
先儒羅欽順
先儒胡居仁
先儒薛瑄
先儒方孝孺
先儒陳澔
先儒金履祥
先儒趙復
先儒文天祥
先儒何基
先儒眞德秀
先儒陳淳
先儒陸九淵
先儒張栻
先儒李綱
先儒羅從彥
先儒謝良佐
先儒司馬光
先儒歐陽修
先儒范仲淹
先儒陸贄
先儒范甯
先儒鄭康成
先儒后蒼
先儒孔安國
先儒毛亨
先儒伏勝
先儒公羊高

西廡三十位

先儒穀梁赤
先儒高堂生
先儒董仲舒
先儒毛萇
先儒杜子春
先儒諸葛亮
先儒王通
先儒韓愈
先儒胡瑗
先儒韓琦
先儒楊時
先儒尹焞
先儒胡安國
先儒李侗
先儒呂祖謙
先儒黃榦
先儒蔡沈
先儒魏了翁
先儒王柏
先儒陸秀夫
先儒許衡
先儒吳澄
先儒許謙
先儒曹端
先儒陳獻章
先儒蔡清
先儒王守仁
先儒呂坤
先儒黃道周
先儒湯斌

崇圣祠祀位图

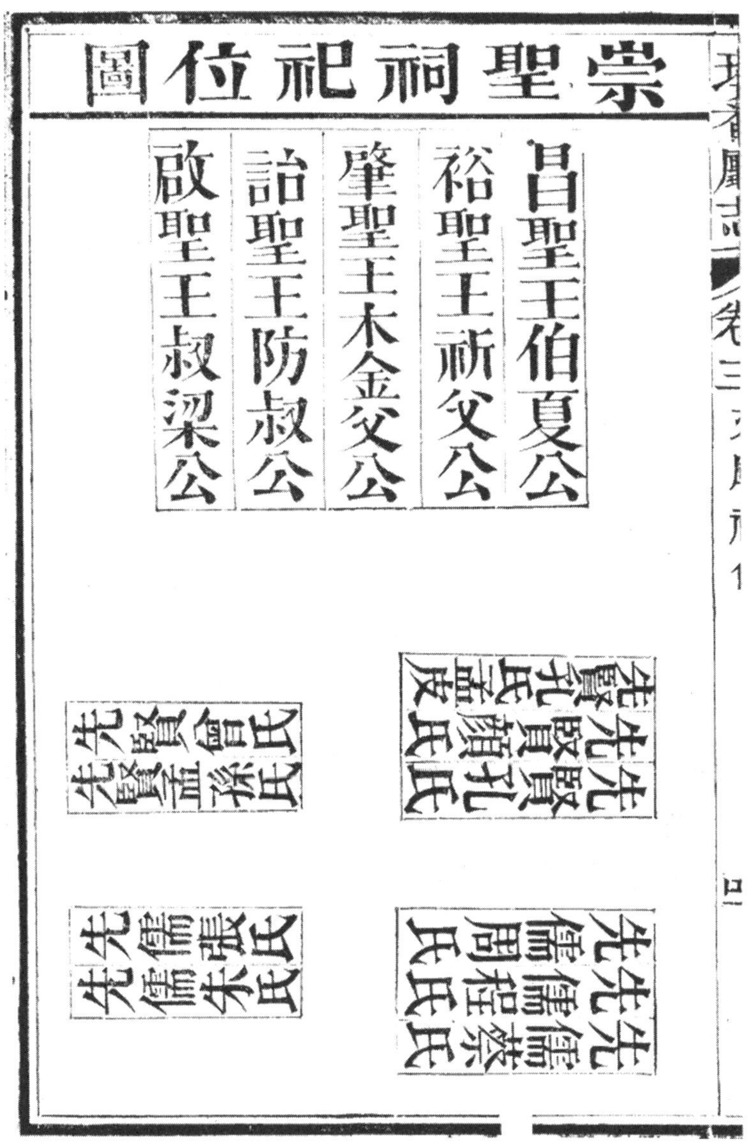

大成殿正位

至圣先师孔子。

东　配

殿内东旁西向。

复圣颜子：名回，字子渊。鲁人，朱[1]国之后。汉永平十五年，祀七十二弟子，颜

---

① 朱：当为“邾”。

子位第一。魏晋祀孔子，均以颜子配。唐贞观二年，以孔子为先圣，颜子配享。

述圣子思子：名伋，字子思。孔子之孙，伯鱼之子。宋大观二年从祀，端平三年升列哲位，咸淳三年配享。

西　配

殿内西旁东向。

宗圣曾子：名参，字子舆。鲁武城人，鄫国之后。唐开元八年从祀，宋咸淳三年配享。

亚圣孟子：名轲，字子舆。邹邑人，鲁公族孟孙氏之后。宋元丰七年配享。

以上配位，宋以前皆称封爵。元至顺元年，赠颜子兖国复圣公、曾子郕国宗圣公、子思子沂国述圣公、孟子邹国亚圣公。明嘉靖九年，改称复圣颜子、宗圣曾子、述圣子思子、亚圣孟子。皆弗称爵，于义允当。国朝因之。

东　哲

先贤闵子：名损，字子骞，鲁人。唐开元八年从祀。

先贤冉子：名雍，字仲弓，鲁人。唐开元八年从祀。

先贤端木子：名赐，字子贡，卫人。唐开元八年从祀。

先贤仲子：名由，字子路，鲁卞人。唐开元八年从祀。

先贤卜子：名商，字子夏，卫人，郑康成云：温国，卜商。《索隐》曰：温国，即河南温县。唐贞观二十一年以经师从祀，开元八年以下哲从祀。

先贤有子：名若，鲁人。唐开元八年从祀，国朝乾隆三年升列哲位。

西　哲

先贤冉子：名耕，字伯牛，鲁人。唐开元八年从祀。

先贤宰子：名予，字子我，鲁人。唐开元八年从祀。

先贤冉子：名求，字子有，鲁人。唐开元八年从祀。

先贤言子：名偃，字子游，吴人。唐开元八年从祀。

先贤颛孙子：名师，字子张。陈人。郑康成《目录》：阳城人。阳城，县名，属陈。唐开元八年从祀，宋咸淳三年升列哲位。

先贤朱子：名熹，字元晦。建宁人。世居婺源，受业李侗，阐扬性道精蕴，学者宗之。宋建炎四年生，庆元六年卒，年七十一。淳祐元年从祀，国朝康熙五十一年升列哲位。

以上哲位，宋以前皆称封爵，明嘉靖九年改称先贤某子，国朝因之。有子、朱子升列哲位，从一例。

东庑先贤

先贤公孙桥：名桥，字子产，一字子美。郑穆公之孙，子国之子，以国为氏。《左传》鲁襄公八年始见，昭公八年卒。国朝咸丰七年从祀，原西庑，拟移东庑。

先贤林放：字子邱，鲁人。唐开元二十七年从祀。明嘉靖九年，以《家语》不在弟子列，改祀于乡。国朝雍正二年，以林放问礼，亲炙圣人，即非弟子亦理所安，应请复祀从之。原西庑，拟移东庑。

先贤原宪：《檀弓》称仲宪，字子思。鲁人，为夫子宰。唐开元二十七年从祀。

先贤南宫适：字子容，鲁人，《家语》《礼记》作南宫縚。唐开元二十七年从祀。附见：南宫阅，一作“说”，即仲孙说也，谥敬叔，孟僖子之子，师事孔子。《阙里志》按：《史记》《家语》南宫适一名縚，与南宫敬叔应是两人。《论语注》合而为一，《读史定疑》辨其为误，今分别志之。

先贤商瞿：字子木，鲁人。唐开元二十七年从祀。

先贤漆雕开：《家语》字子若，一作凭，字子开，蔡人。郑玄曰：鲁人，习《尚书》。唐开元二十七年从祀。

先贤司马耕：字伯牛，宋人。《家语》作司马犁耕。开元二十七年从祀。

先贤梁鳣：字子鱼，《史记注》作鲤，字叔鱼，齐人。唐开元二十七年从祀。

先贤冉孺：字子鲁，《家语》作冉儒，字子鱼，鲁人。唐开元二十七年从祀。

先贤伯虔：《家语》字楷，一作子析，《弟子解》作子楷，《史记》作子析，鲁人。唐开元二十七年从祀。

先贤冉季：字子产，一字子达，鲁人。唐开元二十七年从祀。

先贤漆雕徒父：字子友，鲁人。《家语》作漆雕徒，字子文，一作子期。唐开元二十七年从祀。

先贤漆雕哆：字子敛，《家语》作漆雕侈，鲁人。唐开元二十七年从祀。

先贤公西赤：字子华，鲁人。唐开元二十七年从祀。

先贤任不齐：字子选，楚人。唐开元二十七年从祀。

先贤公良孺：《家语》名孺，《史记》名孺，字子正，一作子幼，陈人。唐开元二十七年从祀。

先贤公肩定：《家语》字子仲，《史记》作公坚定，字子中，鲁人，或曰晋人、卫人。唐①开元二十七年从祀。

先贤鄡单：《史记》有鄡单，字子家，无县亶。《家语》有县亶，字子象，无鄡单。疑是一人。徐广作鄡善，鲁人。唐开元二十七年从祀。

先贤荣旂：《史记》字子旗，《家语》作荣祈。鲁人。唐开元二十七年从祀。

先贤左人郢：《史记》字行，《家语》作左郢，字子行。鲁人。又按，《通志略》：左人，以官为姓。唐开元二十七年从祀。

先贤郑国：《家语》作薛邦，字徒，一作子徒。鲁人。《史记》避汉高祖讳，以邦为国，郑字疑“薛”字之误。唐开元二十七年从祀。

先贤原亢：字子亢，《家语》作原亢，字子藉。《史记》作原亢，字籍。鲁人。唐开元二十七年从祀。

---

① 唐：原缺，今按上下文体例补入。

先贤廉潔：《史记》字庸，《家语》字子庸，一作子曹。卫人，《古史》作齐人。唐[①]开元二十七年从祀。

先贤叔仲会：字子期，《文翁图》作哙，《家语》：鲁人。郑玄云：晋人。唐开元二十七年从祀。

先贤公西舆如：字子上，《史记》作公西舆，鲁人。唐开元二十七年从祀。

先贤邽巽：《家语》作选子，字子余。《史记》讹邦为邽，字子敛。《文翁图》避讳，以邦为国，作国选。鲁人。唐开元二十七年从祀。

先贤陈亢：《家语》字子亢，一字子禽。陈人，唐开元二十七年从祀。

先贤琴张：《家语》琴牢，字子开。《文翁图》一字子张。卫人。唐开元二十七年从祀。

先贤步叔乘：字子车，齐人。唐开元二十七年从祀。

先贤秦非：字子之，鲁人。唐开元二十七年从祀。

先贤颜哙：字子声，鲁人。唐开元二十七年从祀。

先贤颜何：字子冉，古本《家语》字冉，鲁人。唐开元二十七年从祀。明嘉靖九年，以《家语》不载，罢祀。国朝雍正二年，礼臣议曰：按《史记·仲尼弟子列传》载：颜何，字冉。北齐颜之推《家训》云：孔门升堂，颜氏居八。宋人颜高《赞》亦称八贤。何居其一，去何止七，应请复祀，从之。

先贤县亶：亶，《索隐》作丰，字子象，鲁人。朱彝尊曰：子象为孔子弟子，见《广韵注》，此唐宋封爵未之及也。明嘉靖九年，以《史记》不载，又疑与鄡单是一人，罢祀。国朝雍正二年，礼臣议曰：《史记》但有鄡单名而《家语》无之，因以“单”“亶”同音定为一人，乃祀鄡单去县亶，当时原无确据，今请复祀，从之。

先贤牧皮：力牧之后。国朝雍正二年从祀，原西庑，拟移东庑。

先贤乐正克：周人，孟子弟子。国朝雍正二年，礼臣议曰：孟子称乐正子为善人信人，又曰：其为人也好善。方之圣门，当在子羔之列。进从祀。

先贤万章：齐人。国朝雍正二年，礼臣议曰：《史记》称孟子所如不合，退而与万章之徒序《诗》《书》，述仲尼之意。进从祀。

先贤周敦颐：字茂叔，世居道州营道县濂溪，学者称濂溪先生。宋天禧元年生，熙宁六年卒，年五十七岁。嘉定十三年，赐谥曰元。淳祐元年，赠汝南伯，从祀。元至顺二年，加赠道国公。国朝康熙五十三年，改称先贤。

先贤程颢：字伯淳，河南洛阳人，文彦博题其墓曰“明道先生”。嘉定十三年，赐谥曰纯。淳祐元年，赠河南伯，从祀。元至顺二年，加赠豫国公。国朝康熙五十三年，改称先贤。

先贤邵雍：字尧夫，河南人，宋大中祥符四年生，熙宁十年卒，年六十七，元祐中赐谥康节，咸淳三年赠汝南伯从祀，康熙五十三年改称先贤。

① 唐：原缺，今按上下文体例补入。

西庑先贤

先贤蘧瑗：字伯玉，卫人。《左传》鲁襄公十四年始见，卒年无考。《史记》定公十四年，孔子犹主蘧伯玉家。其卒后于公孙侨盖三十余年。唐开元二十七年从祀。明嘉靖九年，以孔子严敬，非弟子，改祀于其乡。国朝雍正二年，礼臣议曰：蘧瑗汲汲于仁，以善自终。又云：以孔子大圣，食于堂上，瑗大贤。坐于两庑，亦礼之所安，应请复祀。从之。原东庑，拟移西。

先贤澹台灭明：字子羽，鲁武城人。唐开元二十七年从祀。原东庑，拟移西庑。

先贤宓不齐：字子羽，鲁人，为单父宰。唐开元二十七年从祀。

先贤公冶长：字子长，《家语》作苌，鲁人。《史记》云：齐人。范宁云：名芝。唐开元二十七年从祀。

先贤公皙哀：《史记》字季次，《索隐》作公哲克，一作哲哀。《家语》字季沈，齐人。唐开元二十七年从祀。

先贤高柴：字子羔，一作皋。《家语》：齐人。《史记》：卫人。仕卫，为士师。唐开元二十七年从祀。

先贤樊须：字子迟，《家语》：鲁人。郑玄云：齐人。仕于季氏。唐开元二十七年从祀。

先贤商泽：《家语》字子秀，《史记》作子季，鲁人。唐开元二十七年从祀。

先贤巫马施：字子期，陈人。《史记》作子旗，为单父宰。唐开元二十七年从祀。

先贤颜辛：字子柳，鲁人。《史记》作颜幸。唐开元二十七年从祀。

先贤曹恤：字子循，蔡人。唐开元二十七年从祀。

先贤公孙龙：《家语》作公孙宠，卫人；郑玄云：楚人；孟云：赵人，字子石；唐开元二十七年从祀。

先贤秦商：字丕兹，《家语》作不慈，《史记》作子丕，鲁人。郑玄云：楚人。朱彝尊曰：宋大观四年，赠冯翊侯，《阙里志》误以秦祖鄄城之封，移之商，非也。唐开元二十七年从祀。

先贤颜高：字子骄，《家语》作颜刻，鲁人。唐开元二十七年从祀。

先贤壤驷赤：字子徒，《家语》：穰驷赤，字子从。秦人。《通志略》：壤驷氏，复姓。唐开元二十七年从祀。

先贤石作蜀：字子明，《家语》作石子蜀，秦之成纪人。按：石作，复姓。唐开元二十七年从祀。

先贤公夏首：字子乘，《家语》：公夏守，字乘，鲁人。唐开元二十七年从祀。

先贤后处：《史记》字子野，齐人。《家语》字坚之。今本《家语》误石。唐开元二十七年从祀。

先贤奚容蒧：《家语》字子偕，《史记》：子皙。《文翁图》：鲁人。《正义》：卫人。《氏族大全》：奚仲之后。唐开元二十七年从祀。

先贤颜祖：字襄，《家语》名相，又名祖，字子襄，鲁人。朱彝尊按：昔者曾子谓子襄曰，或是语颜子，亦未可定。唐开元二十七年从祀。

先贤句井疆：字子疆，《史记》作句井，《正义》作勾井，卫人。《阙里志》字子野，《山东志》字子孟。唐开元二十七年从祀。

先贤秦祖：字子南，鲁人，郑玄云：秦人。唐开元二十七年从祀。

先贤县成：字子祺，《家语》字子横，鲁人。唐开元二十七年从祀。

先贤公祖句兹：《家语》作公祖兹，字子之，鲁人。唐开元二十七年从祀。

先贤燕伋：字思，《家语》作级，字子思，秦人。唐开元二十七年从祀。

先贤乐欬：字子声。《家语》：乐欣，鲁人。唐开元二十七年从祀。

先贤狄黑：《家语》字晳之，一作子晳，《史记》字晳，卫人。唐开元二十七年从祀。

先贤孔忠：字子蔑，《家语》作孔弗，《史记》作孔子兄孟皮之子。唐开元二十七年从祀。

先贤公西蒧：《史记》字子上，《家语》子子尚，鲁人。唐开元二十七年从祀。

先贤颜之仆：《家语》字子叔，《史记》字叔，鲁人。唐开元二十七年从祀。

先贤施之常：《史记》字子恒，《家语》字子常，鲁人。唐开元二十七年从祀。

先贤申枨：《史记》作申党，字周。《文翁图》作申堂，后汉碑作棠，鲁人。《阙里志》按：《家语》申绩一作申续，字子周，鲁人，疑本一人而传写之误也。唐开元二十七年从祀。

先贤左邱明：中都人，《授经图》曰鲁人，楚左史倚相之后。唐贞观二十一年，以经师从祀。

先贤秦冉：字开，鲁人。唐开元中从祀。明嘉靖九年，以《家语》不载，疑《史记》误书，罢祀。国朝雍正二年，礼臣议曰：按《史记·仲尼弟子列传》载秦冉，字开。既著其姓，复标其字，必有其人，应请复祀。从之。

先贤公明仪：鲁武城人。国朝咸丰三年从祀，原东庑，拟移西庑。

先贤公都子：齐人，孟子弟子。宋赠平阴伯。国朝雍正二年，礼臣议曰：公都子精研性善之旨，力辟义外之说。进从祀。

先贤公孙丑：齐人，孟子弟子。国朝雍正二年，礼臣议曰：赵岐云：孟子既没，其徒万章、公孙丑相与记其所言，有功于孔孟之道。进从祀。

先贤张载：字子厚，居郿县之横渠，称横渠先生。宋天禧四年生，熙宁十年卒，年五十八。嘉定十三年，赐谥曰明。淳祐元年，赠郿伯，从祀。国朝康熙五十三年，改称先贤。

先贤程颐：字正叔，称伊川先生。宋明道二年生，大观三年卒，年七十五。嘉定十三年，赐谥曰正。淳祐二年，赠伊阳伯，从祀。元至顺二年，加赠洛国公。国朝康熙五十三年，改称先贤。

以上先贤位，宋以前从祀者皆称封爵，明嘉靖九年改称先贤某子。周、张、程、邵五子，嘉靖时称先儒，崇祯十五年改称先贤，位在七十子之下，汉唐诸儒之上。国朝俱称先贤，不称子。

东庑先儒

先儒公羊高：齐人，生周末，子夏弟子。唐贞观二十一年从祀。明嘉靖九年，改称先儒。

先儒伏胜：字子贱，济南人，秦博士，习《书》。秦焚书时，独壁间藏之。唐贞观二十一年从祀。

先儒毛亨：年无考。受《诗》于荀卿，以授毛苌。按《史记》楚考烈王二十五年，荀卿废居兰陵，距汉兴三十二年。《太平御览》引《毛诗正义》云：荀卿授汉人，鲁国毛亨。则是秦汉间人。国朝同治二年从祀。

先儒孔安国：字子国，孔子十一世孙。汉武帝时，为博士侍中。唐贞观二十一年从祀。原西庑，拟移东庑。

先儒后苍：字近君，汉东海郯人。宣帝时为博士，修明《礼经》。明嘉靖九年，考求古礼，以苍为定礼之宗，从祀。

先儒郑玄：字康成，东汉北海高密人。永建二年生，建安五年卒，年七十四。唐贞观二十一年从祀。明嘉靖九年，以学未显著，改祀于乡。国朝雍正二年，礼臣议曰：郑康成所注《周易》《尚书》《毛诗》《仪礼》《礼记》《论语》《孝经》《尚书大传》及《七政》《六艺论》《鲁禘祫议》《诗谱》《周礼难》百余万言，囊括大典，纲罗百家。《汉史》以为仲尼之门不过是，其出处进退一衷于道，朱子有“可谓大儒”之称，复从祀。

先儒范宁：字武子，鄢陵人，南昌太守。晋咸康五年生，隆安五年卒，年六十三。唐贞观二十一年从祀。明嘉靖九年，改祀于乡。国朝雍正二年复祀，原西庑，拟移东庑。

先儒陆贽：唐天宝十三年生，永贞元年卒，年五十二。国朝道光六年从祀。

先儒范仲淹：字希文，宋吴县人。端拱二年生，皇祐四年卒，年六十四，封汝南公，谥文正。国朝康熙五十三年从祀。

先儒欧阳修：字永叔，宋庐陵人。景德四年生，熙宁五年卒，年六十六，谥文忠。明嘉靖九年从祀。

先儒司马光：字君实，宋夏县涑水乡人。天禧三年生，元祐元年卒，年六十八，封温国公，谥文正。咸淳三年从祀，原西庑，拟移东庑。

先儒谢良佐：宋元丰八年进士，生卒年无考，与杨时同称程门四先生。国朝道光二十九年从祀。

先儒罗从彦：字仲素，宋南剑州人，学者称豫章先生。熙宁五年生，绍兴五年卒，年六十四，谥文质。明万历二十四年从祀。

先儒李纲：宋元丰六年生，绍兴五年卒，年五十八。国朝咸丰元年从祀，原西庑，拟移东庑。

先儒张栻：字敬夫，宋绵竹人，号南轩。绍兴三年生，淳熙七年卒，年四十八。嘉泰八年，赐谥曰宣。景定二年从祀。原西庑，拟移东庑。

先儒陆九渊：字子静，宋金溪人，学者称象山先生。绍兴九年生，绍熙三年卒，年五十四，谥文安。明嘉靖九年从祀。原西庑，拟移东庑。

先儒陈淳：字安卿，号北溪，宋漳州龙溪人。绍兴二十三年生，嘉定十年卒，年六十五。国朝雍正二年，礼臣议曰：陈淳所著《语》《孟》《大学》《中庸口议》等书，其言“太极”、言“仁”诸篇，发明天理全体，示学者标的。朱子语人以南来，吾道喜得陈淳。进从祀。

先儒真德秀：字景元，宋浦城人，宝元进士，累官户部尚书、参知政事，称西山先生。淳熙五年生，端平二年卒，谥文忠。明正统二年从祀。成化二年，赠浦城伯。原西庑，拟移东庑。

先儒何基：字子恭，宋金华人。淳熙十五年生，咸淳四年卒，年八十一，谥文定。国朝雍正二年，礼臣议曰：何基，黄幹弟子，得渊源之懿。所著解释《大学》《中庸》《书》《大易》《启蒙通书》《近思录》，皆以发挥为名，其学本于实心，刻苦工夫，所谓谨之又谨者也。进从祀。原西庑，拟移东庑。

先儒文天祥：宋端平三年五月二日生，元至元十九年卒，年四十六。国朝道光二十三年从祀，原西庑，拟移东庑。

先儒赵复：字仁甫，元德安人。以宋端平二年至北庭，当列元儒之首。国朝雍正二年从祀。

先儒金履祥：字吉甫，号仁山，元兰溪人。绍定五年生，元大德七年卒，年七十二，至正中谥文安。国朝雍正二年，礼臣议曰：履祥，何基弟子。所著书有《大学章句疏义》，《论语》《孟子集注考证》，《书表注》，多先儒未发之义。进从祀。原西庑，拟移东庑。

先儒陈澔：字可大，宋江西南康人。景定二年生，元至正元年卒，年八十一。国朝雍正二年进从祀。原西庑，拟移东庑。

先儒方孝孺：元至正十七年生，明建文四年卒，年四十七。国朝同治二年从祀。

先儒薛瑄：字德温，明河津人，学者称敬轩先生。洪武二十二年生，天顺八年卒，年七十六。谥文清。弘治九年祀于乡。隆庆五年从祀。原西庑，拟移东庑。

先儒胡居仁：字叔心，明余干人。著《居业录》，以敬名，齐人称敬斋先生。宣德九年生，成化二十年卒，年五十一。万历十二年从祀。

先儒罗钦顺：字允升，号整庵，明泰和人。成化元年生，嘉靖二十六年卒，年八十三，谥文庄。国朝雍正二年，礼臣议曰：罗钦顺为司业，以实行教士潜心格物致知之学。王守仁以心学立教，才知士翕然师之，钦顺致书辟之，往复再三。著《困知记》，周程微言至今不坠者，钦顺之力也。进从祀。

先儒吕柟：明成化十五年生，嘉靖二十一年卒，年六十四。国朝同治二年从祀。原西庑，拟移东庑。

先儒刘宗周：明万历六年生。国朝顺治二年卒，年六十八。道光二年从祀。原西庑，拟移东庑。

先儒孙奇逢：明万历十二年生，国朝康熙十四年卒，年九十二。道光八年从祀。原西庑，拟移东庑。

先儒陆陇其：字稼书，国朝平湖人。雍正二年，礼臣议曰：陆陇其自幼以斯道为任，精研程朱之学。两任邑令，务以德化民。入官西台，章奏必抒诚悃。平生端方孝友，笑言不苟。所著诸书能发前人所未发，毫不诡于正，称昭代醇儒。进从祀。

西庑先儒

先儒谷梁赤：子夏弟子，《尸子》作俶，颜师古作喜，字元始。鲁人，生周末。唐贞观二十一年从祀。

先儒高堂生：《索隐》字伯，鲁人，生秦末汉初。唐贞观二十一年从祀。

先儒董仲舒：广川人，汉武帝初年对策，为江都相。元至顺元年从祀，明洪武二十九年赠江都伯，成化三年改广川伯。

先儒毛苌：赵人，善说《诗》，世谓毛亨为大毛公，苌为小毛公，汉河间献王博士，生武帝时。唐贞观二十一年从祀。

先儒杜子春：河南缑氏人。汉永平初年，年九十。唐贞观二十一年从祀。原东庑，拟移西庑。

先儒诸葛亮：字孔明。蜀汉琅琊阳都人。光和四年生，建兴三年封武乡侯，十二年卒，年五十四，谥忠武。国朝雍正二年，礼臣议曰：亮之功业，昭著耳目，而其居心仁恕，开诚布公。于出处大节，君臣大义，纯乎天理之正。夫圣人之道，不外伦常。五伦以君臣为首，若亮者，真能事君尽礼者矣。朱子谓义利大分，武侯知之，非他人所及。张栻谓其扶皇极，正人心，挽回仁义之风，与日月同光，允宜俎豆千秋者也。进从祀。

先儒王通：字仲淹，隋龙门人。尝教授河汾，其弟子私谥曰文中子。陈至德二年生，隋义宁二年卒，年三十五。一作开皇二年生，年三十七。明嘉靖九年从祀。原东庑，拟移西庑。

先儒韩愈：字退之，唐南阳人。大历三年生，长庆三年卒，年五十七，谥曰文。宋元丰七年从祀，赠昌黎伯。

先儒胡瑗：字翼之，宋海陵人。为湖州教授，又召为国学直讲。学者称安定先生。淳化四年生，嘉祐四年卒，年六十七，谥文昭。明嘉靖九年从祀。

先儒韩琦：宋大中祥符元年生，熙宁八年卒，年六十八。国朝咸丰二年从祀。原东庑，拟移西庑。

先儒杨时：字中立，宋将乐人，学者称龟山先生。皇祐五年生，绍兴五年卒，年八十三。明弘治时赠将乐伯，从祀。

先儒尹焞：字彦明，一字德充，宋洛人。熙宁四年生，绍兴十二年卒，年七十二，赐和靖处士。国朝雍正二年，礼臣议曰：尹焞，程伊州弟子，学穷根本，德备中和。所著有《论语解》，当时谓程门固多君子，而直质宏毅，实体力行，若焞者鲜。进从祀。

先儒胡安国：字康侯，宋崇安人。熙宁七年生，绍兴八年卒，年六十五。谥文定。明正统二年从祀。成化三年赠建宁伯。

先儒李侗：字愿中，宋延平人。朱子受其《河》《洛》之业，为述《延平问答》，称延平先生。元祐八年生，兴隆元年卒，年七十一，谥文靖。元赠越国公。明万历四十二年从祀。原东庑，拟移西庑。

先儒吕祖谦：字伯恭，其先莱人，迁婺州。宋绍兴七年生，淳熙八年卒，年四十五。墓题东莱先生，嘉泰八年赐谥曰成，嘉熙三年改谥忠亮。景定二年赠开封伯从祀。

原东庑，拟移西庑。

先儒黄榦：字真卿，号勉斋，宋福州闽县人。绍兴二十二年生，嘉定十四年卒，年七十，谥文肃。国朝雍正二年，礼臣议曰：濂洛关闽而后任斯道之统者，断推黄勉斋。朱子授以所著书，曰：吾道之托在此，吾无憾矣。后金华四子，递衍其传，正学赖以不绝。进从祀。

先儒蔡沈：字仲默，宋建阳人。隐居九峰山，世号九峰先生。宋乾道三年生，绍定三年卒，年六十四。明正统元年从祀，谥文正。成化三年赠崇安伯。原东庑，拟移西庑。

先儒魏了翁：字华甫，宋邛州蒲江人。淳熙五年生，嘉熙元年卒，年六十，谥文靖。国朝雍正二年，礼臣议曰：魏了翁当南宋邪说簧鼓之时，独能以所闻于李燔、辅广者，教授生徒，学赖以不坠。所著《九经要义》《周礼井田图说》等书，于圣道大有发明。先儒王祎亦尝为之请祀，进从祀。原东庑，拟移西庑。

先儒王柏：字会之，号鲁斋，宋金华人。庆元三年生，咸淳十年卒，年七十八，谥文宪。国朝雍正二年礼臣议曰：王柏，何基弟子。标注点校《四书》《通鉴纲目》最为精密，推明《河图》八卦、《洛书》九畴之旨，及订《诗经》《春秋》《大学》《中庸》等书，所著有《读易记涵》《大象衍义》《书疑》《诗辨说》《读春秋记》《论语衍义》《伊洛精义》，《论语》《孟子通旨》等数十种百余万言。皆阐发濂洛精义，渊源道德，进从祀。原东庑，拟移西庑。

先儒陆秀夫：宋端平三年十月八日生，祥兴二年即元至元十六年卒，年四十四。国朝咸丰九年从祀。

先儒许衡：字平仲，元河内人，学者称鲁斋先生。宋嘉定二年生，元至元十八年卒，年七十三，谥文正。至大二年封魏国公。皇庆二年从祀。

先儒吴澄：字幼清，号草庐，崇仁人。宋淳祐九年生，元统元年卒，年八十五。明以忘宋事元，黜。今考澄著述，五经四子各有诠注，而《学基》《学统》及《矫轻警隋》等篇于紫阳书实多发明。国朝乾隆二年，从尚书甘汝来请，从祀。

先儒许谦：字益之，号白云，金华人。元至元七年生，后至元三年卒，年六十八。国朝雍正二年，礼臣议曰：许谦，金履祥弟子。读书穷探深微，虽残文羡语，皆不敢忽。所著有《四书丛说》《诗名物钞》《书传丛说》《自省编》，其为诗文非扶翼经义、纲维世教，不轻笔之于书，世称白云先生。何基、王柏、金履祥之学，至谦益显著，故学者推原统绪，以为朱子世嫡，进从祀。原东庑，拟移西庑。

先儒曹端：明洪武九年生，宣德九年卒，年五十九。国朝咸丰十年从祀。原东庑，拟移西庑。

先儒陈献章：字公甫，明新会人。隐白沙，学者称白沙先生。宣德二年生，弘治十三年卒，年七十三。万历十三年从祀。

先儒蔡清：字介夫，号虚斋，明晋江人。景泰四年生，正德三年卒，年五十六。万历中赐谥文壮。国朝雍正三年从祀。

先儒王守仁：字伯安，明余姚人。读书阳明洞，世称阳明先生。成化八年生，嘉靖七年卒，年五十七。封新建伯，谥文成。万历十二年从祀。原东庑，拟移西庑。

先儒吕坤，明嘉靖十五年生，万历四十六年卒，年八十三。国朝道光六年从祀。

先儒黄道周：明万历十三年生，国朝顺治三年卒，年六十二。道光五年从祀。原东庑，拟移西庑。

先儒汤斌：明天启七年生，国朝康熙二十六年卒，年六十二。道光三年从祀。原东庑，拟移西庑。

以上先儒位，明嘉靖以前从祀者，皆称封爵。嘉靖九年改称先儒某子。国朝称先儒，不称子。

崇圣祠正位

肇圣王木金父公；

裕圣王祈父公；

诒圣王防叔公；

昌圣王伯夏公；

启圣王叔梁公。

以上正位，明嘉靖九年，于大成殿后立启圣祠，祀叔梁公。国朝雍正元年，诏封孔子先世王爵，合祀五代，更名启圣祠为崇圣祠。

东　配

先贤孔氏孟皮：孔子之兄，国朝咸丰七年配飨。

先贤颜氏：名无繇，字路。《家语》：繇，字季路。唐开元二十七年从祀。明嘉靖九年配飨。

先贤孔氏：名鲤，字伯鱼。宋咸淳三年从祀。明嘉靖九年配飨。

西　配

先贤曾氏：名点，字皙。《家语》：曾点，字子皙。唐开元二十七年从祀。明嘉靖九年配飨。

先贤孟氏：名激，字公宜，鲁公族孟孙之后。元延祐三年赠邾国公。明嘉靖九年配飨。

东庑先儒

先儒周氏：名辅成，周子敦颐之父。明万历二十三年从祀。

先儒程氏：名珦，字伯温。宋景德二年生，元祐五年卒，年八十五，赠永年伯。二程子颢、颐之父。明嘉靖九年从祀。

先儒蔡氏：名元定，字季通。隐居西山，世称西山先生。宋绍兴五年生，庆元四年卒，年六十，谥文节。蔡子沈之父。明嘉靖九年从祀。

西庑先儒

先儒张氏：名迪，张子载之父。宋神宗时出知涪州，立身端洁，居官廉直，贫不能归，葬于鄗。国朝雍正二年从祀。

先儒朱氏：名松，字乔年。历吏部司勋郎中，出知饶州。朱子熹之父。宋绍圣四年生，绍兴十三年卒，年四十七。元至正二十一年谥献靖，二十二年赠齐国公。明嘉靖九年从祀。

以上先贤先儒位，明嘉靖时称先贤某氏、先儒某氏，国朝因之。

臣等谨按：乾隆十八年议定从祀位次，先贤首蘧瑗、林放，盖以《文翁图》列二人于七十二贤之内，而伯玉年先于孔子，故与林放俱列弟子之首。自澹台灭明至牧皮，悉仍旧次，则以《史记》《家语》所纪弟子之年既不相合，所列弟子之序亦不相同，且同为孔子弟子，不能定其先后也。孔子弟子之次为孟子，弟子又次为周、张、程、邵五子。五子之中，邵子年最长，而又列四子之下者，则于序齿之中兼论道德也。张子在二程子之上者，以二程父表弟，年亦长于二程也。至先儒，则有时代之可凭，有年齿之可据，故皆按年序次，载在乾隆年间钦定《会典》《通礼》诸书。今先贤中增祀公孙侨、公明仪二人，公孙侨年先于蘧瑗，应在蘧瑗之上。拟以公孙侨移于东庑第一位，蘧瑗移西庑第一位。林放既与蘧瑗并称，拟于东庑第二位，而移澹台灭明于西庑第二位。牧皮为孔子弟子，公明仪为曾子弟子，拟移牧皮于东庑第三十五位。其余先贤之位，悉仍其旧，以省东西移易。先儒增祀者凡十五人，其位次随时拟定，限于东西多寡之数，于时代不无参差。今合原定从祀与续经增祀之儒，各就时代，按其生年一东一西，以次排列。庶与乾隆年间谕旨相符，而无凌躐之弊，是否有当，伏候钦定。礼部谨奏为遵旨。谨将文庙祀典次序缮单绘图恭呈御览，并声明定例，以示限制。仰祈圣览事，本年四月二十二日内阁抄出。十八日奉上谕：给事中王宪成片，奏各直省、府、厅、州、县两庑先贤、先儒位次每多凌砾，并有奉旨准从祀者神牌尚未敬制入庙等语，著礼部将祀典次序绘图颁发各直省督抚、学政，转饬府、厅、州、县等官遵照办理。其神牌未经制造入庙者，迅即制造供奉等因。钦此。仰见皇上右文稽古，广励学宫之至意。当于议覆方孝孺从祀折内声明，臣等详细查覆，另行具奏。奉旨依议，钦此。

臣等伏查，自唐至宋从祀诸贤并列殿上，至政和新仪成，始分列东西庑。《朱子语类》云：七十二人，先是排东庑三十六人了，却方自西头排起，当初如此。自升曾子于殿上，下面趱一位次序了。盖宋时已有此失。明宣德三年以万县训导请，命礼部考正从祀先贤名位，颁示天下。国朝雍正二年，世宗宪皇帝特命九卿等详议增祀复祀诸贤儒，并通行直省，悉依国子监序列。乾隆十八年，高宗纯皇帝复命廷臣考据史传，于先贤先儒分列之中，按年次序载。在乾隆年间，钦定《会典》《考礼》诸书厘然秩然，一无少紊。自道光二年以来，增祀者不少。臣部随时酌拟位次，未便以增祀一人，使诸位移易。但祀位之多寡，年代之先后，酌拟增入。故就一庑而论，尚无凌砾；而合两庑而论，不免参差。积之既久，自不能不一为厘正。臣等谨遵乾隆十八年之例，考据史传并先儒文集，按年序次缮单绘图恭呈御览。以后如续有增祀者，仍遵历年成案，各就东西庑祀位多寡，按次增入。如蒙俞允，臣部即刊刻颁发通行各直省督抚、学政，转饬各府、厅、州、县等官，谨遵办理。其神牌未经制造入庙者，于文到日，迅即按图制造供奉，以宗祠典而阐幽光。抑臣等更有请者，窃思袝飨庙廷，祀典至巨，伏查雍正二年奉谕先儒从祀文庙，关系学术人心，典至重也。宜增宜复，必详加考证，折中尽善，庶使万世遵守，永无异议等因，钦此。

道光九年奉谕，先儒升祔学宫祀典至巨，必其人学术精纯，经纶卓越，方可俎豆馨香，用昭崇报。若仅著述家言，阐明心性，未有躬行，实践超越等伦，列祀乡贤已足彰保旌之义，岂宜升祔庙廷，稍滋冒滥？等因。钦此。

咸丰十年闰三月奉硃批，大学士军机大臣酌定，以后从祀章程，不可漫无限制。若定例，原有专条即不必酌，定章程遵例行，不准援案等因，钦此。大学士军机大臣等遵议章程，嗣后从祀文庙，应以阐明圣学、传授道统为断。除著书立说，羽翼经传，真能躬行实践者，准各该省督抚胪列事实，奏请从祀外，其余忠义激烈者，入祀昭忠祠；言行端方者，入祀乡贤祠；以道事君，泽及民庶者，入祠名宦祠；概不得滥请从祀。文庙其名臣贤辅已经配享历代帝王庙者，亦毋庸再请从祀文庙，以示区别。并请纂入礼部则例，永远遵行等因，具奏，奉旨依议，钦此。

同治二年，御史刘毓楠奏：祔祀新章尚未允协，请再行议覆。奉上谕：先儒升祔学宫，久经列圣论定，至为精当。咸丰十年，文宗显皇帝饬令酌定章程，以示限制。原以宫墙巍峻，祀典至崇，必其学术精纯，足为师表者，方可俎豆馨香，用昭勿替。兹据该御史以新定章程过严，如宋儒黄震等均经礼部议驳，谓士人皆以圣贤为难，必至人心风俗日流于奇衺异端而不及觉。推该御史之意，必将举古人之聚徒讲学、著有性理等书者，悉登之两庑之列，方足以资兴起，而德行之儒平日躬行实践，师法圣贤，实为身后从祀之计，议论殊属迂谬，所奏著无庸议，钦此。

臣等详绎列圣谕旨暨皇上谕旨，皆以祀典至重，不可稍有冒滥。溯查文庙从祀，唐贞观时止有二十二经师，开元时始祀孔子弟子。沿及宋代，仅增周、程、张、朱、邵六子及韩愈、司马光、张栻、吕祖谦四人而已。明嘉靖时，所定先贤凡六十二人，先儒止二十九人，后又增祀六人。我世宗宪皇帝，厘定祀典，增祀二十人，复祀六人。乾隆年间，止复祀吴澄一人。自道光二年至今，又增祀十七人。凡传经传道，与夫经纶卓越之儒，已为大备。近给事中王宪成请以明儒方孝孺从祀。臣等以孝孺开有明一代气节之先，并为有明一代理学之冠，是以拟准，奉旨俞允在案。特恐各省官绅未能深悉历次所奉谕旨，纷纷陈请从祀，殊非慎重之道，应请饬下各直省督抚、学政，恪遵咸丰十年定章，不得滥请从祀文庙，并不准援案。如为文庙中必应从祀之先贤先儒，方准该督抚会同该学政详加考覆，奏明请旨。并将其人生平著述事迹送部查覆，其钦定书籍中引用若干条，论赞若干条，先儒书籍中引用若干条，论赞若干条，一并详细造册，送部京堂科道。陈请从祀者，亦应照此办理，不得仅据空言，率行陈请。均请饬下大学士、九卿、国子监会同臣部详议具奏，请旨定夺。庶足以昭宫墙巍峻，益隆尊圣崇儒之道。除缮单绘图，恭呈御览外，并声明定例，以示限制。所有臣等议奏，缘由是否有当，伏乞皇太后、皇上圣鉴，训示遵行，谨奏。于同治二年六月二十五日奏，奉旨依议，钦此。

祀　典

至圣先师庙，春秋仲月上丁释奠。

大成殿正位：帛一（色白，长二丈八尺，实于篚）；牛一；羊一；豕一；俎三；登一（太羹）；铏二（左右和羹）；簠二（黍稷）；簋二（稻粱）；笾八（形盐、薧鱼、鹿脯、枣、栗、榛、菱、芡）；豆八（韭菹、醓醢、菁菹、鹿醢、芹菹、兔醢、笋菹、鱼醢）；尊一（醴）；爵三（初、亚、终献）；炉一（炷香、瓣香）；镫二（大烛）；祝版一；疏布幂、勺具（后俱仿此）。

四配每位：帛一（色幅同正位，篚四）；羊一、豕一（俎二）；铏二（左右和羹）；簠一（黍稷）；簋二（稻粱）；笾六（形盐、薧鱼、鹿脯、枣、栗、菱）；豆六（菁菹、鹿醢、芹菹、兔醢、笋菹、鱼醢）；爵三（初、亚、终献）；炉一；镫二（中烛）；尊二（东西分设）。

十二哲：东西各帛一（色幅同正位，各庑共篚）；铏一（和羹）；簋一（黍）；簋一（稷）；笾四（形盐、枣、栗、鹿脯）；豆四（菁菹、鹿醢、芹菹、兔醢）；爵三（初、亚、终献）；东西各羊一、豕一、尊一、炉一、镫一。

两庑：二位共一案，每位爵一，每案簠簋各一、笾豆各四，东西各羊三、豕三、尊三，统设香案二，每案帛一、爵三、炉一、镫二。

乐器：麾旛一首；金钟十六口（即古编钟）；玉磬十六口（即古编磬）；大鼓一面（即古应鼓）；搏拊鼓二座（即古鼗鼓）；柷一座；敔一座；琴六张；瑟四张；排箫二架（即古凤箫）；笙六；攒笛六支；埙二个；篪二管。

舞器：旌节二首，羽籥三十六副。以上佾舞生三十六人，乐工五十二人。

钦定文庙乐谱：春夹钟（清商）立宫，倍应钟清（变宫）主调。

迎神 昭平

萧　谱（埙篪排箫同）

大	哉	孔	子，	先	觉	先	知。
清变宫伬	清商仉	清角𠆾	清变宫伍	清变宫伬	清羽仩	清变徵伍	清角𠆾
与	天	地	参，	万	世	之	师。
清商仉	清角𠆾	清羽仩	清变徵	清变宫伬	清羽仩	清变徵伍	清变徵伍
祥	徵	麟	绂，	韵	答	金	丝。
清变徵伍	清羽仩	清商仉	清角𠆾	清商仉	清羽仩	清变宫伬	清羽仩
日	月	既	揭，	乾	坤	清	夷。
清商仉	清角𠆾	清变宫伬	清变徵伍	清商仉	清角𠆾	清商仉	清变宫伬

奠帛 初献 宣平

予	怀	明	德，	玉	振	金	声。
清变宫伬	清商仉	清角𠆾	清变徵伍	清羽仩	清商仉	清变宫伬	清羽仩

生	民	未	有，	展	也	大	成。
清角𠇆	清商仉	清羽仕	清变徵伍	清商仉	清角𠇆	清变徵伍	清角𠇆
俎	豆	千	古，	春	秋	上	丁。
清变徵伍	清羽仕	清变宫伬	清变徵伍	清角𠇆	清角𠇆	清变徵伍	清角𠇆
清	酒	既	载，	其	香	始	升。
清变宫伬	清羽仕	清商仉	清变宫伬	清商仉	清角𠇆	清商仉	清变宫伬

亚献 秩平

式	礼	莫	愆，	升	堂	再	献。
清变宫伬	清商仉	清角𠇆	清变征伍	清羽仕	清变征伍	清商仉	清变宫伬
响	协	鼗	镛，	诚	孚	罍	甗。
清羽仕	清变征伍	清商仉	清角𠇆	清变征伍	清羽仕	清变征伍	清变宫伬
肃	肃	雍	雍，	誉	髦	斯	彦。
清变征伍	清变征伍	清角𠇆	清角𠇆	清商仉	清变宫伬	清羽仕	清变宫伬
礼	陶	乐	淑，	相	观	二	善。
清羽仕	清变征伍	清商仉	清角𠇆	清变徵伍	清角𠇆	清商仉	清变宫伬

终献 叙平

自	古	在	昔，	先	民	有	作。
清变宫伬	清商仉	清变征伍	清角𠇆	清羽仕	清变征伍	清商仉	清角𠇆
皮	弁	祭	菜，	於	论	思	乐。
清变征伍	清羽仕	清商仉	清变宫伬	清羽仕	清变征伍	清角𠇆	清商仉
惟	天	牖	民，	惟	圣	时	若。
清变征伍	清羽仕	清变宫伬	清变征伍	清商仉	清羽仕	清商仉	清角𠇆
彝	伦	攸	叙，	至	今	木	铎。
清变征伍	清变征伍	清羽仕	清变宫伬	清羽仕	清变征伍	清商仉	清变宫伬

徹馔 懿平

先	师	有	言，	祭	则	受	福。
清变宫伬	清商仉	清角𠇆	清变征伍	清变宫伬	清羽仕	清变宫伬	清变征伍
四	海	黉	宫，	畴	敢	不	肃。
清商仉	清变宫伬	清变征伍	清羽仕	清商仉	清角𠇆	清商仉	清变宫伬
礼	成	告	徹，	毋	疏	毋	渎。
清变征伍	清羽仕	清变宫伬	清变征伍	清商仉	清角𠇆	清商仉	清变宫伬
乐	所	自	生，	中	原	有	菽。
清变征伍	清羽仕	清商仉	清变宫伍	清变征伍	清角𠇆	清商仉	清变宫伬

送神 德平

凫 绎 峨 峨， 洙 泗 洋 洋。
清变宫伬 清商仉 清角𠆾 清变征伍 清羽仩 清变宫伬 清商仉 清角𠆾
景 行 行 止， 流 泽 无 疆。
清羽仩 清变征伍 清变征伍 清羽仩 清商仉 清角𠆾 清变征伍 清角𠆾
聿 昭 祀 事， 祀 事 孔 明。
清变征伍 清羽仩 清商仉 清变宫伬 清变宫伬 清羽仩 清商仉 清角𠆾
化 我 蒸 民， 育 我 胶 庠。
清变宫伬 清变征伍 清变宫伬 清羽仩 清商仉 清角𠆾 清商仉 清变宫伬

笛 谱（笙同）

大 哉 孔 子， 先 觉 先 知。
清变宫𠆾 清商仉 清角仩 清变征伬 清变宫𠆾 清羽仉 清变征伬 清角仩
与 天 地 参， 万 世 之 师。
清商仉 清角仩 清羽仉 清变征伬 清变宫𠆾 清羽仉 清变征伬 清变征伬
祥 征 麟 绂， 韵 答 金 丝。
清变征伬 清羽仉 清商仉 清角仩 清商仉 清羽仉 清变宫𠆾 清羽仉
日 月 既 揭， 乾 坤 清 夷。
清商仉 清角仩 清变宫伬 清变征伬 清商仉 清角𠆾 清商清商仉 清变宫𠆾

笛 谱

予 怀 明 德， 玉 振 金 声。
清变宫𠆾 清商仉 清角仩 清变宫伬 清羽仉 清商仉 清变宫𠆾 清羽仉
生 民 未 有， 展 也 大 成。
清角仩 清商仉 清羽仉 清变征伬 清商仉 清角仩 清变征伬 清角仩
俎 豆 千 古， 春 秋 上 丁。
清变征伬 清羽仉 清变宫𠆾 清变征伬 清角仩 清角仩 清变征伬 清角仩
清 酒 既 载， 其 香 始 升。
清变宫仉 清羽仉 清商仉 清变宫𠆾 清商仉 清角仩 清商仉 清变宫𠆾

笛 谱

式 礼 莫 愆， 升 堂 再 献。
清变宫𠆾 清商仉 清角𠆾 清变征伬 清羽仉 清变征伬 清商仉 清变宫𠆾
响 协 鼗 镛， 诚 孚 罍 甗。
清羽仉 清变征伬 清商仉 清角仩 清变征伬 清羽仉 清变征伬 清变宫𠆾
肃 肃 雍 雍， 誉 髦 斯 彦。
清变征伬 清变征伬 清角仩 清角仩 清羽仉 清变宫𠆾 清羽仉 清变宫𠆾
礼 陶 乐 淑， 相 观 而 善。
清羽仉 清变征伬 清商亿 清角仩 清变征伬 清角仩 清商亿 清变宫𠆾

笛　谱

自	古	在	昔，	先	民	有	作。
清变征⿰亻六	清商亿	清变征伬	清角仩	清羽⿰亻凡	清变征伬	清商亿	清角仩
皮	弁	祭	菜，	於	论	思	乐。
清变征伬	清羽⿰亻凡	清商亿	清变宫⿰亻六	清羽⿰亻凡	清变征伬	清角仩	清商亿
惟	天	牖	民，	惟	圣	时	若。
清变征伬	清羽⿰亻凡	清变宫⿰亻六	清变征伬	清商亿	清羽⿰亻凡	清商亿	清角仩
彝	伦	攸	叙，	至	今	木	铎。
清变征伬	清变征伬	清羽⿰亻凡	清变宫⿰亻六	清羽⿰亻凡	清变征伬	清商亿	清变宫⿰亻六

笛　谱

先	师	有	言，	祭	则	受	福。
清变宫⿰亻六	清商仩	清角仩	清变征伬	清变宫⿰亻六	清羽⿰亻凡	清变宫⿰亻六	清变征伬
四	海	黉	宫，	畴	敢	不	肃。
清商亿	清变宫⿰亻六	清变征伬	清羽⿰亻凡	清商亿	清角仩	清商亿	清变宫⿰亻六
礼	成	告	彻，	毋	疏	毋	渎。
清变征伬	清羽⿰亻凡	清变宫⿰亻六	清变征伬	清商亿	清角仩	清商亿	清变宫⿰亻六
乐	所	自	生，	中	原	有	菽。
清变征伬	清羽⿰亻凡	清商亿	清变宫⿰亻六	清变征伬	清角仩	清商⿰亻凡	清变宫⿰亻六

笛　谱

凫	绎	峨	峨，	洙	泗	洋	洋。
清变宫⿰亻六	清商亿	清角仩	清变征伬	清羽⿰亻凡	清变宫⿰亻六	清商亿	清角仩
景	行	行	止，	流	泽	无	疆。
清羽⿰亻凡	清变征伬	清变征伬	清羽⿰亻凡	清商亿	清角仩	清变征伬	清角仩
聿	昭	祀	事，	祀	事	孔	明。
清变徽伬	清羽⿰亻凡	清商亿	清变宫⿰亻六	清变宫⿰亻六	清变宫⿰亻六	清商⿰亻凡	清角仩
化	我	蒸	民，	育	我	胶	庠。
清变宫⿰亻六	清变征伬	清变宫⿰亻六	清羽⿰亻凡	清商亿	清角仩	清商亿	清变宫⿰亻六

钦定问庙乐谱：秋南吕清征立宫，仲吕清角主调。

迎神昭平

萧　谱（埙、篪、排箫同）

大	哉	孔	子，	先	觉	先	知。
清角⿰亻六	清征亿	清羽仩	清变宫伬	清角⿰亻六	清商⿰亻凡	清变宫伬	清羽仩

与 天 地 参， 万 世 之 师。
清征亿 清羽仕 清商仉 清变宫伬 清角亻六 清商仉 清变宫伬 清变宫伬
祥 征 麟 绂， 韵 答 金 丝。
清变宫伬 清商仉 清征亿 清羽仕 清征亿 清商仉 清角亻六 清商仉
日 月 既 揭， 乾 坤 清 夷。
清征亿 清羽仕 清角亻六 清变宫伬 清征亿 清羽仕 清征仕 清角亻六

奠帛 初献 宣平

予 怀 明 德， 玉 振 金 声。
清角亻六 清征亿 清羽仕 清变宫伬 清商仉 清征亿 清角亻六 清商仉
生 民 未 有， 展 也 大 成。
清羽仕 清征亿 清商仉 清变宫伬 清征亿 清羽仕 清变宫伬 清羽仕
俎 豆 千 古， 春 秋 上 丁。
清变宫伬 清商仉 清角亻六 清变宫伬 清羽仕 清羽仕 清变宫伬 清羽仕
清 酒 既 载， 其 香 始 升。
清角亻六 清商仉 清征亿 清角亻六 清征亿 清羽仕 清征亿 清角亻六

亚献 秩平

式 礼 莫 愆， 升 堂 再 献。
清角亻六 清征亿 清羽仕 清变宫伬 清商仉 清变宫伬 清征亿 清角亻六
响 协 鼖 镛， 诚 孚 罍 甗。
清商仉 清变宫伬 清征亿 清羽仕 清变宫伬 清商仉 清变宫伬 清角亻六
肃 肃 雍 雍， 誉 髦 斯 彦。
清变宫伬 清变宫伬 清羽仕 清羽仕 清征亿 清角亻六 清商仉 清角亻六
礼 陶 乐 淑， 相 观 而 善。
清商仉 清变宫伬 清征亿 清羽仕 清变宫伬 清羽仕 清征亿 清角亻六

终献 叙平

自 古 在 昔， 先 民 有 作。
清角亻六 清征亿 清变宫伬 清羽仕 清商仉 清变宫伬 清征仕 清羽仕
皮 弁 祭 菜， 於 论 思 乐。
清变宫伬 清商仉 清征亿 清角亻六 清商仉 清变宫伬 清羽仕 清征亿
惟 天 牖 民， 惟 圣 时 若。
清变宫伬 清商仉 清角亻六 清变宫伬 清征亿 清商仉 清征亿 清羽仕
彝 伦 攸 叙， 至 今 木 铎。
清变宫伬 清变宫伬 清商仉 清角亻六 清商仉 清变宫伬 清征亿 清角亻六

徹馔 懿平

先	师	有	言，	祭	则	受	福。
清角⿰亻六	清征亿	清羽仩	清变宫伬	清角⿰亻六	清商⿰亻凡	清角⿰亻六	清变宫伬
四	海	黉	宫，	畤	敢	不	肃。
清征亿	清角⿰亻六	清变宫伬	清商⿰亻凡	清征亿	清羽仩	清征亿	清角⿰亻六
礼	成	告	徹，	毋	疏	毋	渎。
清变宫伬	清商⿰亻凡	清角⿰亻六	清变宫伬	清征亿	清羽仩	清征亿	清角⿰亻六
乐	所	自	生，	中	原	有	菽。
清变宫伬	清商⿰亻凡	清征亿	清角⿰亻六	清变宫伬	清羽仩	清征亿	清角⿰亻六

送神 德平

凫	绎	峨	峨，	洙	泗	洋	洋。
清角⿰亻六	清征亿	清羽仩	清变宫伬	清商汎①	清角⿰亻六	清征亿	清羽仩
景	行	行	止，	流	泽	无	疆。
清商⿰亻凡	清变宫伬	清变宫伬	清商⿰亻凡	清征亿	清羽仩	清变宫伬	清羽仩
聿	昭	祀	事，	祀	事	孔	明。
清变宫伬	清商⿰亻凡	清征亿	清角⿰亻六	清角⿰亻六	清商⿰亻凡	清征亿	清羽仩
化	我	蒸	民，	育	我	胶	庠。
清角⿰亻六	清变宫伬	清角⿰亻六	清商⿰亻凡	清征亿	清羽仩	清征亿	清角⿰亻六

笛谱（笙同）

大	哉	孔	子，	先	觉	先	知。
清角仩	清征仜	清羽⿰亻凡	清变宫⿰亻六	清角仩	清商亿	清变宫⿰亻六	清羽⿰亻凡
与	天	地	参，	万	世	之	师。
清征仜	清羽⿰亻凡	清商亿	清变宫⿰亻六	清觉仩	清商亿	清变宫⿰亻六	清变宫⿰亻六
祥	征	麟	绂，	韵	答	金	丝。
清变宫⿰亻六	清商亿	清征仜	清羽⿰亻凡	清征仜	清商亿	清角仩	清角仩
日	月	既	揭，	乾	坤	清	夷。
清征仜	清羽⿰亻凡	清角仩	清变宫⿰亻六	清征仜	清羽⿰亻凡	清征仜	清角仩

笛　谱

予	怀	明	德，	玉	振	金	声。
清角仩	清征仜	清羽⿰亻凡	清变宫⿰亻六	清商亿	清征仜	清角仩	清商亿
生	民	未	有，	展	也	大	成。
清羽⿰亻凡	清征仜	清商亿	清变宫⿰亻六	清征仜	清羽⿰亻凡	清变宫⿰亻六	清羽⿰亻凡

① 汎：当为“⿰亻凡”。

俎 豆 千 古， 春 秋 上 丁。
清变宫伩 清商亿 清角仩 清变宫伩 清羽仉 清羽仉 清变宫伩 清羽仉
清 酒 既 载， 其 香 始 升。
清角仩 清商亿 清征仜 清角仩 清征仜 清羽仉 清征仜 清角仩

笛　谱

式 礼 莫 愆， 升 堂 再 献。
清角仩 清征仜 清羽仉 清变宫伩 清商亿 清变宫伩 清征仜 清角仩
响 协 鼗 镛， 诚 孚 罍 甗。
清商亿 清变宫伩 清征仜 清羽仉 清变宫伩 清商亿 清变宫伩 清角仩
肃 肃 雍 雍， 誉 髦 斯 彦。
清变宫伩 清变宫伩 清羽仉 清羽仉 清徽仜 清角仩 清商亿 清角仩
礼 陶 乐 淑， 相 观 而 善。
清商亿 清变宫伩 清征仜 清羽仉 清变宫伩 清羽仉 清徽仜 清角仩

笛　谱

自 古 在 昔， 先 民 有 作。
清角仩 清征 清变宫伩 清羽仉 清商亿 清变宫伩 清征仜 清羽仉
皮 弁 祭 菜， 於 论 思 乐。
清变宫伩 清商亿 清征仜 清角仩 清商亿 清变宫伩 清羽仉 清征仜
惟 天 牖 民， 惟 圣 时 若。
清变宫伩 清商亿 清角仩 清变宫伩 清征仜 清商亿 清征仜 清羽仉
彝 伦 攸 叙， 至 今 木 铎。
清变宫伩 清变宫伩 清商亿 清角仩 清商亿 清变宫伩 清征仜 清角仩

笛　谱

先 师 有 言， 祭 则 受 福。
清角仩 清征仜 清羽仉 清变宫伩 清角仩 清商亿 清角仩 清变宫伩
四 海 黉 宫， 畴 敢 不 肃。
清征仜 清角仩 清变宫伩 清商亿 清征仜 清羽仉 清征仜 清角仩
礼 成 告 彻， 毋 疏 毋 渎。
清变宫伩 清商亿 清角仩 清变宫伩 清征仜 清羽仉 清征仜 清角仩
乐 所 自 生， 中 原 有 菽。
清变宫伩 清商亿 清征仜 清角仩 清变宫伩 清羽仉 清征仜 清角仩

笛　谱

凫 绎 峨 峨， 洙 泗 洋 洋。
清角仩 清征仜 清羽仉 清变宫伩 清商亿 清角仩 清征仜 清羽仉
景 行 行 止， 流 泽 无 疆。
清商亿 清变宫伩 清变宫伩 清商亿 清征亿 清羽仉 清变宫伩 清羽仉

聿	昭	祀	事，	祀	事	孔	明。
清变宫仩	清商亿	清征仃	清角仕	清角仕	清商亿	清征仜	清羽伬
化	我	蒸	民，	育	我	胶	庠。
清角仕	清变宫仩	清角仕	清商亿	清征仜	清羽伬	清征仜	清角仕

初献 作宁平舞

舞　谱

觉	我	生	民，	陶	铸	前	圣。
一舞	二舞	一别脚	一扯圈	一召	二召	一揖	对面
巍	巍	泰	山，	实	予	景	行。
两舞	对面	一摆脚	一灌耳	一别脚	二别脚	一揖	一摆手
礼	备	乐	和，	豆	笾	惟	静。
一舞	二舞	一摆脚	二摆脚	对面一摆脚	对面二摆脚	一揖	朝上
既	述	六	经，	爰	斟	三	正。
一别脚	二别脚	一提脚	一扯圈	一摆手	二摆手	三摆手	一叩头

亚献 作平安舞

至	哉	圣	师，	天	授	明	德。
一舞	二舞	一别脚	一扯圈	一召	二召	一揖	一对面
木	铎	万	世，	式	是	群	辟。
两舞	对面	一摆脚	一灌耳	一别脚	二别脚	一揖	一拱手
清	酒	维	醑，	言	观	秉	翟。
二舞	二舞	一摆脚	二摆脚	对面一摆脚	对面二摆脚	一揖	朝上
太	和	常	流，	英	材	斯	植。
一别脚	二别脚	一提脚	一扯圈	一摆手	二摆手	三摆手	一叩头

终献 作景平舞

猗	欤	素	王，	示	予	物	轨。
一舞	二舞	一别脚	一扯圈	一看尖	二看尖	三看尖	一蹲身
瞻	之	在	前，	神	其	宁	止。
背一召	背二召	一别脚	一扯圈	对面一舞	对面二舞	一揖	一拱手
酌	彼	金	罍，	惟	清	且	旨。
一看尖	二看尖	一揖	一扯圈	一召	二召	一蹲身	一蹲身
登	献	既	终，	弗	遐	有	喜。
一摆	二摆手	三摆手	朝上	一舒手	二舒手	三舒手	一叩头

执事：俱于本学生员中派用，预期示知，先令演习其数量焉。

通赞：立堂阶左，主赞行礼之总名。

引赞：二人相对立于官，前引导唱礼。

迎神：预执杯，候唱灌地，曰：降神，神降。

司尊：预实尊酒，侯唱举幂，以勺酌之。

盥洗：掌匜盘巾帨，候官涤爵，拭手。

洒扫：先期洒扫殿宇堂阶。

监宰：监看宰牲，去角与蹄甲，以入俎。

香烛：预以香烛伺候，临祭点注炉台。

焚瘗：候唱燔柴燎炉，瘗毛血西北。

鸣赞：立堂阶右，与通赞对，主唱跪叩三礼。

捧帛：预实帛于篚，候唱跪进案上，奠神前。

读祝：预书祝文浮粘板上，读跪官左。

执爵：预涤爵，候唱捧以授酒，与捧帛同。

陈设：牲馔、灯炉、各案器，依定位预为陈设。

司户：殿上戟门各一人，候唱以司启闭。

造馔：庶品如法焚炙剥烹，按图摆设盘内。

饮福：一执酒，一捧盘肉，进于献官，仍接退。

徹馔：祭前司启各牲馔盖，唱徹，稍为移动。

乐生五十二人，舞生三十六人，歌童四名，俱在本地方童生中择选教习，岁给优免。

仪注：前期二日，各署设斋戒牌，承祭、分献官致斋一日，不饮酒，不食葱韭蒜薤，不吊丧问疾，不听乐理刑，不判署刑杀文字，不预秽恶事。

前二日，执事官补服至牺牲所省牲。

前一日，执事者举祝案送致斋所，承祭官视毕，送至前后殿安设，一跪三叩头，退。前一日，执事官补服，上香，监视宰，并供毛血。

正祭日，主祭、分献、陪祀各官朝服入两旁门，序立后。（通赞唱）签祝版。（引赞唱）升堂（引各官从东阶上），序爵，序事，请祝（请祝版至），签名（各官书名），下堂（从西阶下）。（通赞唱）启户（各门大开），乐舞生就位，执事者各司其事，主祭官就位，分献官就位，陪祭官就位（文东武西）。瘗毛血（司毛血生将毛血捧，从中门出，埋于西北隅坎内）。启牲馔盖，举迎神乐，奏昭平之章，乐作。（引赞唱）诣西北隅迎神（引众官至），神降复位。（通赞唱）参神。（鸣赞唱）跪，叩首（行三跪九叩礼），兴，平身（众官俱立），乐止。（通赞唱）行初献礼，举初献乐，奏宣平之章，乐作。诣盥洗所浴手净巾，诣酒尊所，司爵者举幂酌酒，升坛（导承祭官由东阶上，入殿左门）。诣至圣先师孔子神位前，跪（行一跪一叩礼），兴，奠帛（捧帛生以帛拱举，立献案上），献爵（执爵生以爵跪进，承祭官接爵，拱举，立献正中）。跪，叩首，兴（不唱）。诣读祝位，跪。（鸣赞唱）众官皆跪。（引赞唱）读祝文（读祝生至祝案前，一跪三叩，捧祝版立于案左）。跪，读祝（读毕，捧祝版至正位前，跪，安帛匣内，三叩首退）。乐作，（引赞唱）叩、兴（承祭官及各官行三叩礼）。（引赞唱）行分献礼。（引赞唱）诣复圣颜子神位前，跪，叩、兴（行一跪一叩礼），奠帛（捧帛跪进于案左，承祭官接帛，拱举，立献案上），献爵（执爵跪进于案左，承祭官立，献正中），跪、叩首（行一跪一叩礼），兴（不赞）。诣宗圣曾子神位前，奠帛献爵（如前仪）。诣述圣子思子神位前（如前仪）。诣亚圣孟子神位前（如前仪）。（其十二哲、两庑，分献官升坛奠帛献爵，亦照承祭官行礼，毕。）（引赞唱）复位（承祭官从西门出西阶下，分献官各复位立），乐止。（通赞唱）行亚献礼，举亚献乐，奏秩平之章，乐作。（引赞唱）升坛（由东门入献爵于左，如初仪，献毕）。（引赞唱）复位（承祭官由西门出西阶下，及分献官各复位立），乐止。（通赞唱）行终献礼，举终献乐，奏叙平之章，乐作。（引赞唱）升坛（献爵于右，如亚献仪，毕），复位（各复位立），乐作。（通赞唱）饮福受胙。（引赞唱）诣饮福受胙位（承祭官至殿内立，捧洒胙，二人取正中一爵、羊左一膊，自正位案前拱举，至福胙位右旁，跪接福胙，二人在左旁跪）。（引赞唱）跪，饮福酒（承祭官受爵，拱举，授接爵执事。）受胙（承祭官受胙，拱举，授接胙执事，由中门出正阶下，送献官署。）叩，兴（承祭官三叩首，兴），复位。（通赞唱）谢神。（鸣赞唱）跪，兴（承祭、分献及陪祀各官俱行三跪九叩礼）。（通赞唱）徹馔，举徹馔乐，奏懿平之章。乐作（牲馔稍为移动），乐止。（通赞唱）辞神，举送神乐，奏德平之章，乐作。（鸣赞唱）跪，叩首（承祭、分献各陪祀官俱行三跪九叩礼），兴，乐止。（通赞唱）送神。（引赞唱）诣送神所（众官俱至戟门），众官打躬。（通赞唱）捧祝、帛、馔各恭诣燎前（捧祝帛生至各位前，一跪三叩，捧起，祝在前帛次之；馔生跪，不叩）。（捧起各送至燎所正位，帛爵俱出中门，承祭官退至两旁，候祝、帛、馔过，仍复位，立。）（通赞唱）望瘗。举望瘗乐（与送神同），乐作。（引赞唱）诣望瘗位，举柴焚祝帛（祝帛焚半）。复位，乐止。（通赞唱）合户。（鸣赞唱）礼毕，散班。

祝　文

维先师德隆千圣，道冠百王。揭日月以常行，自生民所未有。属文教昌明之会，正礼节乐和之时。辟雍钟鼓，咸恪荐于馨香；泮水胶庠，益致严于笾豆。兹当仲春（秋），祗率彝章，肃展微忱，聿彰祀典。以复圣颜子、宗圣曾子、述圣子思子、亚圣孟子配。尚飨！（雍正二年颁）

崇圣祠

正位五案，每案帛一（色幅、篚同前殿）、羊一、豕一、和羹二、簠二、簋二、笾八、豆八、炉一、镫二、尊一、祝版一；配位四案，（东西）帛各一、羊豕各一、簠簋各一、笾各四、豆各四、爵每案各三、醴一；两庑两案，（东西）帛各一、羊豕各二、簠簋各一、笾各四、豆各四、爵每位各一、醴一。

仪注：或先期致祭，或分官同时祭，朝服，三跪九叩，三献，惟无乐舞，无饮福受胙。

祝　文

维王奕叶钟祥，光开圣绪。盛德之后，积久弥昌。凡声教所覃敷，率循源而溯本。宜肃明禋之典，用申守土之忱。兹届仲春（秋），聿修祀事，以先贤颜氏、曾氏、孔氏、孟孙氏配，尚飨。

名宦、乡贤、忠义、节孝四祠

春秋仲月丁祭附祀。

祭品：各帛一、羊一、豕一、笾四、豆四、尊各一、爵三。

仪注：教谕一人，公服诣祠致祭，读祝望燎，行三叩礼，如仪。

名宦祝文

卓哉群公，懋修厥职。泽被生民，功垂社稷。兹维仲春（秋），谨以牲醴，用申常祭。尚飨。

乡贤祝文

於维群公，孕秀兹邦。懿德卓行，奕世流芳。兹惟仲春（秋），谨以牲醴，用申常祭。尚飨。

忠义祝文

维灵禀赋贞纯，躬行笃实。忠诚奋发，贯金石而不渝；义闻宣昭，表乡闾而共式。祇事懋彝伦之叙，性挚莪蒿；克恭念天显之亲，情殷棣萼。模楷咸推夫懿德，纶恩特阐其幽光。祠宇维隆，岁时式祀。用陈尊簋，来格几筵。尚飨。

节孝祝文

维灵纯心皎洁，令德柔嘉。矢志完贞，全闺中之亮节；竭诚致敬，彰阃内之芳型。茹冰蘗而弥坚，清操自励；奉盘匜而匪懈，笃孝传徽。丝纶特沛乎殊恩，祠宇昭垂于令典。祗循岁祀，式荐尊醪。尚飨。

关帝庙

雍正三年，诏加尊帝号为忠义神武关圣大帝，追封三代公爵。乾隆五年，颁定祭品仪注；九年，颁定祭文；十年，诏加尊号灵佑。嘉庆十九年，诏加尊号仁勇，岁春秋仲月上辛致祭。咸丰三年内阁奉上谕：关帝升入中祀，著照所议。自明年春季为始，悉照中祀，致斋二日，乐用六成，舞用八佾，以昭崇奉。所有春秋二祭，俱著卜吉举行。至五月十三日圣诞，毋庸禁屠宰，承祭官祀前致斋一日，不作乐，不彻馔，供品鹿、兔、果、酒，其余礼节与春秋二季同。

新颁关帝春秋祭祀祝文

致祭于忠义神武灵佑仁勇威显护国保民精诚绥靖关圣大帝之神，曰：惟神星日英灵，乾坤正气。允文允武，昭圣学于千秋；至大至刚，显神威于六合。仰声灵于赫濯，崇典礼于馨香。兹当仲月，用昭时飨。惟祈昭格，克鉴精诚。尚飨。

关帝庙春秋祭祀乐章歌：

迎神 格平之章

懿铄兮焜煌，神武灵兮赫八方。伟烈昭兮累祀，祀事明兮永光。达精诚兮黍稷馨香，俨如在兮洋洋。

初献 翊平之章

英风飒兮神格思，纷绮盖兮龙旗。斞桂醑兮盈卮，香始升兮明粢。惟降鉴兮在兹，流景祚兮翊昌时。

亚献 恢平之章

觞再酌兮告虔，舞干戚兮合宫悬。歆苾芬兮洁蠲，扇巍显翼兮神功宣。

终献 清平之章

鬱鬯兮三申，罗笾簋兮毕陈。仪卒度兮肃明禋，神降福兮宜民宜人。

徹馔 彝平之章

物惟备兮咸有，明德惟馨兮神其受。告徹兮礼终罔咎，佑我家邦兮孔厚。

送神 康平之章

幢葆威蕤兮神聿归，驭风軨兮骖虬騑。降缊煴兮余馚馡，愿回灵盼兮德洽明威。

望燎 康平之章

焄蒿烈兮燎有辉，神光遥爥兮祥云霏。祭受福兮茂典无违，丕扬骏烈兮永奠疆畿。

五月十三日关帝祝文

惟王迪德承家，累仁昌后。崧生岳降，识毓圣之有基；木本水源，宜推恩之及远。封爵特超于五等，馨香永荐于千秋。际之届时，命礼官而将事。惟祈昭格，鉴此精诚。

关帝后殿祝文

惟王世泽覃庥，令仪裕后。灵钟河岳，笃生神武之英；诚溯渊源，宜切尊崇之报。颁爵超躬，桓而上升。香肃俎豆之陈，兹际爰修祀事。尚祈昭鉴，式此苾芬。尚飨。

文昌庙

嘉庆六年，诏列入祀典，岁春秋仲月致祭。春二月三日，秋诹吉日。祭品、仪注均如祭武庙之仪。咸丰六年内阁奉谕旨，现在关圣帝君已升入中祀，文昌帝君应一体升入中祀，以昭诚敬，一切典礼著该衙门妥议具奏，钦此。所有春秋二祭，俱著卜吉举行，斋戒日期，照中祀致斋二日之例，乐用六成，舞用八佾，悉照关帝庙办理。二月初三日圣诞，即照关帝圣诞点香礼节，并无庸禁止屠宰。谨将钦颁乐章，恭录于后。

文昌帝君庙乐章：春夹钟清均，倍应钟起调；秋南吕清均，仲吕起调。

迎神 丕平

秉气兮灵躔，翊文运兮赫中天。蜺旌兮戾止，雕俎兮告虔。迓神庥兮，于万斯年。

奠帛初献 俶平

神之来兮笾簋式陈，神之格兮九筵式亲。极昭彰兮灵贶，致蠲洁兮明禋。升香兮伊始，居歆兮佑我人民。

亚献 焕平

再酌兮瑶觞，灿烂兮庭燎之光。申虔祷兮神座，俨陟降兮帝旁。粢醴洁兮斋遨将，绥景运兮灵长。

终献 煜平

礼成三献兮乐奏三终，覃敷元化兮繄神功。馨香达兮肸蠁通，歆明德兮昭察寅衷。

彻馔 懿平

备物兮惟时，告彻兮终礼仪。神悦怿兮鉴在兹，重鸿佑兮累洽重熙。

送神 蔚平

云骈驾兮风旗招，神之归兮天路遥。瞻翠葆兮企丹霄，愿回灵眷兮神我朝。

望　燎

烟煴降兮元气和，神光烛兮梓潼之阿。化成耆定兮櫜弓戢戈，文治光兮受福则那。

文昌帝君庙春秋二祭祝文

惟神道阐芭符，性敦孝友。并行并育，德侔天地以同流；乃圣乃神，教炳日星而大显。仰鉴观之有赫，示明德之惟馨。兹当仲春秋，用昭时享。惟祈歆格，克鉴精虔。

文昌帝君庙二月初三日告祭祝文

维神功参橐籥，撰合乾坤。溯诞降之灵辰，三台纪瑞；度中和之令节，九宇承晖。

若日月之有光明，阐大文于孝友；如天地无不覆载，感洽至于馨香。爰举上仪，敬陈芳荐。精禋罔斁，神鉴式昭。尚飨。

文昌帝君庙后殿二月初三日告祭祝文

维文昌帝君道备中和，神超亭毒。禀诒谋而允绍，钦毓圣之有基。云汉昭回，际岳降崧生之会；馨香感格，兴水源木本之思。式肇明禋，用光彝典。尚祈神鉴，享此清芬。

文昌帝君升入中祀告祭文

教严彰瘅，敷经天纬地之文；典重揄扬，显福国佑民之化。俎豆聿隆于往昔，声灵并著于寰区。爰命秩宗，时崇祀享。维神天资孝友，灏气仁慈。统四德而称元，赞三才而立极。阐化启天人之奥，正教宏开；黜邪照日月之晖，人文蔚起。溯尊崇之告，备礼以明虔。惟神圣之垂庥，道皆同揆，敬稽茂典，载陟明禋。彰文治于重光，肃升馨于中祀。练日奏六成之乐，声协锵鸾；调风陈万舞之仪，诚通肸蠁。洁苾芬而式荐，申向往以维虔。於戏！功荡荡乎无名，声教久孚于六幕；神洋洋其如在，馨香用报以千秋。敬举上仪，尚祈昭格。

文昌帝君升人中祀后殿告祭文

教诒式榖，垂抑邪扶正之规；礼重升馨，著崇德报功之典。载稽谱牒，祇肃苾芬。维文昌帝君学裕本源，道参位育。缅馨香之至治，久极尊崇；申报享之隆文，宜昭诚敬。聿升中祀，式举上仪。於戏！德迪前光，十七世仁慈普洽；庆余积善，亿万年文运长新。敬布明禋，尚祈昭鉴。

社稷坛

岁春秋仲月戊日致祭。

祭品：（每案）帛一（黑色），簠二（黍稷），簋二（稻粱），羊一、豕一、铏一（和羹），笾四（枣、形盐、栗、藁鱼），豆四（韭菹、鹿醢、菁菹、醓醢），白瓷爵三；尊一。

仪注：前期三日斋戒，前期二日签祝版，前期一日补服上香，监宰牲并瘗毛血，设献官幕次。至日黎明[①]，各朝服行礼，前后各三跪九叩，中间三献与文庙前后殿同，惟无乐舞及受福胙、谢福胙二节，赞唱，改望燎为望瘗，执事者以祝焚坎中，将毕，以土实坎。

祝　文

维神奠安九土，粒食万邦。分五色以表封圻，育三农而播稼穑。恭承守土，肃展明

① 明：原讹为“名”，径改。

禋。时届仲春（秋），敬修祀典。庶丸丸松柏，巩磐石于无疆；芃芃黍稷，佑神仓于不匮。尚飨。

神祇坛

旧名山川坛，嘉庆十六年奉部文更正。

制木主三：中曰风云雷雨之神，左曰本境山川之神，右曰本境城隍之神。与社稷坛同日致祭。祭器仪注与社稷坛同，惟帛用白色，共设三案，献礼分中、左、右三位引，望瘗改为望燎，执事者不以土实坎。

祝　文

维神赞襄天泽，福佑苍黎。佐灵化以流行，生成永赖；乘气机而鼓荡，温肃攸宜。磅礴高深，长保贞安之吉；凭依巩固，实资捍御之功。幸民俗之殷盈，仰神明之庇护。恭修岁祀，正值良辰。敬洁豆边，祗陈牲帛。尚飨。

先农坛

雍正四年，诏各直省各府、州、县衙行耕耤礼。雍正五年，特旨颁行耤田坛位之规制。按《礼记·祭统》云：天子亲耕于南郊，诸侯耕于东郊。令各省宜择东郊官地之洁净丰腴者，立为耕田。如无官地，照九卿原议，动支正项钱粮置民田，以四亩九分为耤田外，即于耤田后建先农坛。又按《春秋文义》云：天子之社广五丈，诸侯半之。今京师先农坛高四尺二寸、宽五丈，其各省坛制应高二尺一寸、宽二丈五尺。京师先农神牌高二尺四寸、宽六寸，座高五寸，宽九寸五分，红牌金字填写。每年遵部颁日期致祭，祭毕，行耕耤礼。

祭品：羊一、豕一、铏一、笾四、豆四、簠二、簋二、帛一（青色）。

仪注：前二日斋戒，前一日省牲、扫坛、设幕，检视耕器（农具赤色、牛黑色、将种箱青色）。至期各官朝服行礼（前后三跪九叩，不饮福受胙，俱与社稷坛同，惟献帛爵，不升坛，与关帝庙仪同）。祭毕，遵依部行时辰，更换蟒袍补服，行耕耤礼，各官率农夫望阙，行三跪九叩礼。

迎神　乐奏永丰之章

勾芒秉令，土牛是驱。天下一人，苍龙驾车。
念彼田畴，民命所需。生民有德，尚式临诸。

奠帛　初献　乐奏时丰之章

先农神哉，耒耜教民。田祖灵哉，稼穑是亲。
功德深厚，天地同仁。肃将币帛，肇举明禋。
厥初生民，万汇莫辨。神锡之庥，嘉种乃诞。
执兹体斋，农功益见。玉瓒椒醑，肃雍举奠。

亚献 乐奏咸丰之章

上原下隰，百谷盈止。粒我生民，秀良兴起。
乐舞具备，吹豳称兕。再跻以献，肴馨酒旨。

终献 乐奏大丰之章

穈芑秬秠，维神所贻。以神飨神，日予将之。
秉耒三推，东作允宜。五风十雨，率土何私。

徹馔 乐奏屡丰之章

於皇农事，自古为烈。莫敢不承，今兹忻悦。
笾豆既丰，簠簋云洁。神视井疆，执事告徹。

送神 乐奏报丰之章

麻麦芃芃，秔稻连阡。纵横万里，皆神所瞻。
人歌鼓腹，史载有年。岁有常典，茀禄绵延。

望瘗 乐奏庆丰之章

玉版苍币，来监来歆。敬之重之，藏于厚深。
典礼由古，予行至今。乐之利之，国以永宁。

祝　文

维神肇兴稼穑，粒我蒸民。颂思文之德，克配彼天；念率育之功，常陈时夏。兹当东作，咸服先畴。洪[①]惟九五之尊，岁举三推之典。恭膺守土，敢忘劳民。谨奉彝章，聿修祀事。惟愿五风十雨，嘉祥常沐于神庥；庶几九穗双歧，上瑞频书乎大有。尚飨。

雩　坛

乾隆七年，定每岁孟夏举行常雩之礼，不另立雩坛。即于先农坛行礼，并合祀社稷山川诸牌位。祝文，乾隆九年新颁。

雩坛祝文

恭膺诏命，抚育群黎。仰体彤庭保赤之诚，劝农勤稼；俯维蔀屋资生之本，力穑服田。令甲爰颁，肃举祈年之典；惟寅将事，用申守土之忱。黍稷惟馨，尚冀昭明之受赐；来牟率育，庶申丰裕于盖藏。尚飨。

① 洪：乾隆《保县志》作“钦”。

禜　坛

乾隆七年定，旱岁祭雩祈雨，涝则禜祭城门祈晴。其行礼俱同雩祭。

祝　文

具官恭承：诏命临民，职司守土。惟兆人之攸赖，并藉神功；冀四序之调和，群蒙福荫。必使雨旸应候，爰占[①]物阜而民安；庶几寒燠攸宜，共庆时和而岁稔。仰灵枢之默运，聿集嘉祥；襄元化以流行，俾无灾害。尚飨。

八蜡坛

部议附祭于先农，不另立坛祠。

勾芒之祀：先立春之一日，长官朝服率僚属于东郊祀勾芒之神，礼毕迎春。归驻署仪门外，前各官朝服祭勾芒，用牲果酒醴，四拜礼毕，长官击鼓三声，执彩鞭率各官环击土牛者三，乡人各取其土，以为宜年。

迎春祝文

维神司令元春，参赞化育。祛除寒威，渐回温燠。雨顺风调，禾登麦熟。百谷顺成，群黎蒙福。今于某日恭诣东郊，先期迎神驾，敢告。

鞭春祝文

化功造物，匀私勿愆。雷动风散，雨润日暄。以时宣布，岁则有年。民维邦本，食乃民天。四时之序，春令为先。敢告尊神，发动春鞭。

火神祠

岁以季夏吉日致祭。

祭品：帛一、羊一、豕一、果实五盘、尊一、爵三。

仪注：主祭官补服蟒袍，行三跪六叩礼，上香奠帛，读祝，三爵，送神，望燎，告礼成，退。

祝　文

维神德著离宫，光昭午位。广阳亨之运，象启文明；彰燮理之能，功参化育。土以生而水以济，丙丁之大用常昭；府既修而事既和，虞夏之九功惟叙。丽兹万物，实赖化成。乂我生民，咸资利用。仰邀神贶，虔答鸿庥。爰遵祀事之仪式，叶春禋秋尝之典。肃陈牲币，敬布凡筵。尚飨。

---

① 占：嘉庆《汶志纪略》作“沾”。

龙神祠

岁春秋仲月诹吉致祭。

祭品：帛一、羊一、豕一、果实五盘、尊一、爵三。

仪注：与火神祠同。

祝　文

维神德洋寰海，泽润苍生。允襄水土之平，经流顺轨；广济泉源之用，膏雨及时。绩奏安澜，占大川之利涉；功资育物，欣庶类之蕃昌。仰藉神庥，宜隆报享。谨遵祀典，式协良辰。敬布凡筵，肃陈牲币。尚飨。

厉　坛

岁以三月清明、七月十五、十月一日，凡三祭。祭时，迎城隍神像于坛上，以主其祭，另用纸多书无祀鬼神等众牌位，立于坛下，左右陈设。坛上城隍位及左右位，各羊一、豕一。其左右位并设饭、羹、香、烛、纸随用。

仪注：先一日，祭官备香烛诣城隍祠，焚告牒，行一跪三叩礼。至期，各官齐集补服，于坛上城隍神位前行礼，前后行一跪三叩礼，中间三献爵，读告文，礼毕，执事以告文同纸焚之。

告　文

遵依礼部札，为祭祀本境无祀鬼神事，钦奉皇帝圣旨：普天之下，后土之上，无不有人，无不有鬼。人鬼之道，幽明虽殊，其理则一。故天下之广，兆民之众，必立君以主之。君总其大，又设官分职，为府州县，以各长之。又于每百户设一里长，以统领之。上下之职，纲纪不紊，此治人之法如此。天子祭天地神祇及天下山川，王国各府州县祭境内山川及祀典神祇，庶民祭其祖先及里社、土谷之神，上下之礼有等第，此治神之道如此。尚念冥冥之中，无祀鬼神，昔为生民，未知何故而殁。其间有遭兵刃而损伤者，有死于水火盗贼者，有被人取财而逼死者，有被强夺妻妾而死者，有遭刑祸而负屈死者，有天灾流行而疫死者，有为猛兽毒虫所害死者，有为饿冻而死者，有为战斗而殒身者，有因危急而自缢者，有因墙屋倾颓而压死者，有远行征旅死未归籍者，有死后无子孙者。此等鬼魂，或终于前代，或没于近世，或兵戈扰攘，流移他乡，或人烟断绝，久缺其祭。姓氏泯没于一时，祀典无闻而不载。此等孤魂，死无所依。精魄未散，结为阴灵。或依草附木，作为妖怪。悲号于星月之下，呻吟于风雨之时。凡遇人间令节，心思阳世，魂杳杳以无归；身堕沉沦，意悬悬而望祭。兴言及此，怜其惨凄。故勅天下有司，依时享祭。在京都有泰厉之祭，在王国有国厉之祭，在府有郡厉之祭，在各县有邑厉之祭，在一里又各有乡厉之祭。期于神依人而血食，人敬神而知礼。仍命本处城隍，以主此祭。钦奉如此，今某等不敢有违，设坛于城北，以某月某日设备牲醴羹饭，专祭合境内无祀鬼神等众。灵其不昧，来享此祭。尚飨。

乡　饮

凡京府及直省府州县，岁正月十五、十月一日，于儒学行乡饮酒礼。前一日，执事者于儒学之讲堂依图陈设坐次，司正率执事习礼。至日黎明，执事者宰牲具馔。主席及僚属、司正先诣学，遣人速宾僎以下。比至，执事者先报曰：宾至。主席率僚属出迎于庠门之外，揖，入，主居东，宾居西，三让三揖，而后升堂，东西相向立。赞：两拜。宾坐[①]。执事者又报：僎至。主席又率僚属出迎，揖让、升堂、拜出如前仪。宾、僎、介至，既就位。执事者唱：司正扬觯。执事者引司正由西阶升诸堂中，向北立。执事者唱：宾僎以下皆立。唱：揖。司正揖，宾僎以下皆揖。执事者以觯酌酒授司正。司正举酒曰：恭惟朝廷，率由旧章，敦崇礼教；举行乡饮，非为饮食。凡我长幼，各相劝勉；为臣尽忠，为子尽孝；长幼有序，兄友弟恭；内睦宗族，外和乡里；无或废坠，以忝所生。读毕，执事者唱：司正饮酒。饮毕，以觯授执事。执事者唱：揖。司正揖，宾僎以下皆揖。司正复位，宾僎以下皆坐。唱：读律令。执事者举律令案于堂之中，赞礼引读律令者诣案前，北面立。唱：宾僎以下皆立，行揖礼如前。读曰：凡乡饮酒礼，序长幼，论贤良，别奸顽。其坐席间，高年有德者居上，谨笃者亚之，以次序齿而列。其有违条犯法者，不许干预良善之席，违者罪以违制。敢有喧哗失礼者、扬觯者，以礼责之。读毕，复位。执事者唱：供馔案。执事者举馔案至宾前，次僎、次介、次主，三宾以下各以次举，讫。执事者唱：献宾。主起席北面立，执事斟酒以授主，主受爵诣宾前，至于席，稍退。赞：两拜。宾答拜，讫。执事各斟酒以授主，主受爵，诣僎前，置于席，交拜如前仪，毕。主退，复位。执事者唱：宾酬酒。宾起，僎从之，执事者斟酒授宾，宾受爵，诣主前，置于席，稍退。赞：两拜。宾、僎、主交拜，讫，各就位，坐。执事者分左右立，介、三宾、众宾以下，以次斟酒于席，讫。执事者唱：饮酒、供汤。又唱：斟酒、饮酒、供汤、供馔，毕。执事唱：彻馔。候彻馔案，讫。唱：宾、僎以下皆行礼。僎、主、僚属居东，宾、介、三宾、众宾居西。赞：两拜。讫。唱：送宾。以次下堂东西行，仍三揖，出庠门而退。主以同知为之，大宾以致仕官为之，次宾以乡里年高有德者为之，介以次长，三宾以宾之次者为之，司正以教职为之，其僚属则序爵，执事以老成生员为之。

宾　兴

乡试岁之七月，同知蠲吉具启，遍告科举诸生，云：谨占某日行宾兴礼。其启用俪体，每科举一名，启一通，送儒学转致。至期，诸生齐集明伦堂，同知具公服继至，以鼓吹导诸生谒文昌中魁星，行四拜礼，酬以酒，名曰“酬魁”。拜毕，同知先行反署，教谕设筵席款待诸生于堂上。同知具柬相速，教谕乃率诸生往厅治，同知迎于头门外，相让而升，行宾主礼，入席，爵三。晋优人演出者三，诸生告行，优人以金花簪诸生，鼓吹送至头门外，诸生先行，同知与教谕各拟送出东门，备舆以待。诸生礼请返，舆始各回署，诸生遂乘舆以赴乡试。

---

① 坐：底本作“主”，据道光《茂州志》改。

救　护

日蚀设香案县堂偃月台上，具金鼓于仪门两旁。届候，阴阳官报：日初亏。同知率僚属服常服诣香案前，上香，行三跪九叩礼，毕，起立。击鼓者三，堂下金鼓群作，僧道环绕诵祷。阴阳官报：蚀候。仍行三跪九叩礼。复圆，易朝服上香，行礼如初，礼毕。退月蚀救护，亦如之。

名宦

汉

姜　维：字伯约，天水冀人。丞相亮军出祁山，维诣之，辟为掾，加奉议将军。亮与蒋琬书曰：伯约中勤时事，永南、季常诸人不如也。迁中监军、征西将军。亮歿后，自负才武，每欲兴兵大举，费祎常抑制不从。延熙十六年，维出师围狄道，与魏将王经战，大破之。景曜元年，出洮阳与邓艾战，败绩。时宦官黄皓弄权，维屯田沓中，表后主亟宜治兵关中，以图进取，皓寝其议。炎兴元年，与钟会战，力不支，诈降，潜谋兴汉，为魏将所杀。维尝与马忠讨汶川叛羌，土人思慕，庙祀之。（又见“武功”）

唐

严　武：字季鹰，华阴人。中书侍郎挺之之子也。弱冠以门荫策名，陇左[①]节度使哥舒翰奏充判官兼侍御史，屡迁至剑南节度、东西川节度使，恩威素著，边境乂安。（详见“武功”）

韦　皋：字武臣，京兆人。贞元时节度西川，拊循将卒，惠养士民。治蜀二十一年，蛮夷畏服，蜀人德之。（详见“武功”）

李德裕：字文饶，吉甫子。太和时为西川节度使，吐蕃首领悉怛谋率众以维州来降，德裕以闻，且请遣生羌捣西戎腹心，群臣请如议。牛僧孺与德裕有隙，固持不可。诏以其城归吐蕃，执悉怛谋与之。一时惜其失计。（详见“武功”）

杜　悰：京兆万年县人。杜佑之孙，式方之子。尝为西川节度使。大中三年，吐蕃复举维以内附，边患以宁。（详见“武功”）

宋

王重华：维州刺史。深究韬略，从击匈奴，著劳盟府。（《一统志》）

赵瞻：知威州。以威茂杂群獠，险而难守，不若合之而建郡于汶川，条著甚详。熙宁中经理西南，取其书考焉。

赵全时：简县人。神宗时知威州，治行异等。

① 左：《旧唐书》和《新唐书》本传均作“右”。

明

屠安民：隆庆中任保县。捐俸筑南城，保人德之。

崔　哲：辽东人。正德二年调知威州，修举边防，诸番相继纳款，民以安堵。相地于城西，移建学宫，以伦理化导士民。（见《威州学记》及《报功祠记》）

范　渊：桂阳人。正德中以郎中谪威州，选番民子弟入学宫，教以诗书，番民慕义归顺，士民德之。

何福全：凤翔人。由吏员判威州，政尚诚实，不事苛刻，秩满。以保辑功升本州守，莅任九年，致仕归。

汪守廉：黄冈县人。万历中知威州，视民疾苦如身受，士民爱慕，番夷倾服，升曲靖府同知。

麻　康：万历中任保县。增寨御夷，在官十四年，无边衅，民爱之如父母。

国　朝

左　岘：浙江进士。康熙二十四年任威州，惠爱子民，振兴文教，至今人称颂之。

策　楞：满洲镶黄旗人，姓钮祜禄。由蓝翎侍卫历官副都统，荐擢两江总督。乾隆十三年，以其弟讷新在金川军营获罪，高宗纯皇帝命策楞袭二等公爵，寻授四川总督兼巡抚事。明年，命参赞大学士傅恒军务，及傅恒奏凯，命策楞经理纳降善后之事，晋太子太保。条疏革布什咱土司宜予世袭，各土司之恭顺者宜予加级，瓦寺土司私建索桥通内地，宜严谕禁止。又请以灌县之青云沱隶城守营，使通文报，改城守营所辖之潼绵营隶川北镇，廷议从之。时川中村庄场集，乡愚多结为练团，往往有纠党逞威、挟嫌诬赃者，策楞请定例严惩。十五年，西藏郡王珠尔默特那木札勒谋叛，驻藏都统傅清、左都御史拉布郭敦以计诛之，旋为逆党卓呢罗布藏札什所害，上命策楞偕提督岳钟琪往讨之。未至，藏逆党已为兵部侍郎班第所诛，因留策楞驻藏办善后事宜。十七年，杂谷土司苍旺攻杀梭磨、卓克基土司部众，私制枪炮，谋为不法。策楞偕岳钟琪至杂谷脑，番民降者百余寨，计四万余人。时贼逆碉寨连亘三十里，大兵三路进攻猛古，直抵三碉，擒苍旺，斩之，改土归屯。

岳钟琪：甘肃浪庄人，字东美，号容斋。由捐纳同知改武，补四川松潘镇中营游击，递擢四川提督。时庄浪卫之谢勒苏番，据卓子山、棋子山作乱，西宁诸番应之。岳钟琪率诸将分十一路进剿平之，兼甘肃提督。三年，兼甘肃巡抚，署川陕总督。初，四川杂谷、金川、沃日等土司争界，年羹尧以旧属金川之美诺同诸番叛归沃日，致仇杀不已。至是，钟琪勘定以美诺同诸寨仍归金川，而以龙堡、三歌地归沃日，各土司悦服。诏奖之，实授川陕总督，寻加兵部尚书衔。旋以驻兵在木垒，屡失机宜，褫职，交兵部拘禁，拟斩。乾隆二年，奉旨释归。十三年，金川逆酋莎罗奔作乱，经略讷亲剿贼无功。上命钟琪以总兵衔从征，寻授四川提督，由党坝进剿。时莎罗奔以勒乌围为巢穴，康八达山、跟咱为门户，恃碉为险。钟琪撤土兵，募新兵。八月，明攻康八达山梁，暗袭跟咱，大败贼众。十二月，复连败之于塔高山梁。初，莎罗奔以钟琪为总督时，勘金川争界事甚公，又奏给印信号纸，心德之。然谓钟琪已死，闻钟琪来，不信。十四年，经略傅恒抵军营，诛降番良尔吉、汉奸王秋。克期进剿，莎罗奔惧，有降意。然恐降而复诛，遣心腹人至大营窃窥钟琪。钟琪率从者十三人袍服入勒乌围贼巢，谕以顺逆大义，贼酋弃刀弩，罗拜，进饮食，留宿帐中次。莎罗奔诣大营，泥首归命。诏许班师，钟琪仍留川驻小金川，谕各土司联络和好，以杜窥伺。上嘉予之，加太子少保、授兵部尚书衔，复封本身为三等威信公，赐紫禁城骑马，免西征应赔银七十余万两，子洄、涝俱授蓝翎侍卫，寻命还四川提督任。十七年，杂谷土司苍旺构逆，钟琪同策楞以兵夺维关，直捣贼巢穴，擒苍旺，诛之，分其地为三杂谷。有御制《怀旧诗》及序。（见“卷首”）

乡　贤

明

林承恩：威州人，为诸生。父七旬，病笃，承恩情迫，啮指缮表，吁天求代。数日，承恩病卒，而父疾果起。《通志》又入孝友。

王　达：旧保人。（详见“忠义”）

王允德：旧保人。多智略。时番夷屡破关堡，允德出资募乡勇，前后战却之。又每谕和番众，使不争杀，民获安堵。县令为请奏闻，命未下而德卒。《通志》又入“忠义”。

袁洪道：旧保人。家素贫，继母孀居，奉养不缺，学使以孝行褒之。后由选贡历山东青州州判，升神木道佥事。《通志》又入“孝友”。

忠　义

明

王　达：旧保人，幼业儒。遇番寇，士民畏不敢斗，达卧城门待旦，力战死之。（并见“乡贤”，《通志》亦入“忠义”）

王允德：旧保人。（详见“乡贤”）

袁文贵：旧保人。有勇谋。万历初，番众寇保，告急。文贵挺身而出，开谕之，番盟而退，西陲帖然，邑令牒授抚夷守堡弁也。后没，令祭于庭，文略曰：邑人失其蓍蔡，县令失其指臂。

焦　英：旧保人。明末献逆据成都，分贼寇掠威州，英以樵夫谋御之，众哂勿许。英慷慨陈大义，集众百余人，下至汶川县之子平堡，忽见半山石坠，视之，镌有“焦英大战”四字，奋然前往，贼众为退。先是，献逆梦为大鹰劈脑吸髓，遂患头风。闻英兵至，心疑惧，抱其头大呼，曰：焦英其劈老子之头而吸其髓者乎！盖嫌于名也。英善设伏破贼，后集众渐多。至嘉定州，宿于庙中，贼遣人刺之，英死。嘉人立庙以祀。

国 朝

袁国璜：本城人。由战功历升重庆镇总兵，钦赐花翎、黄马褂，坚勇巴图鲁及博齐巴图鲁名号，两次绘像紫光阁。于嘉庆元年十一月二十一日，在达州牛背山打仗阵亡，奉旨照提督例议恤。《国史》有传，详见《人物志》。两次奉勅撰赞，其一曰：“夙昔行阵，兹督步队。志勇而坚，望风贼溃。侦鏦历险，遂搜山内。分兵扼要，是用大赉。”其二曰：“甲尔古拉，擐甲横戈。冲贼中坚，争隘渡河。拔自行间，素娴纪律。貌望紫光，厥功可述。”

袁国琏：本城人。峨边营守备，出师金川有功，钦赐花翎，在金川木了桥阵亡。奉旨议恤，给恩骑尉世职。

罗国贤：本城人。出师著绩，历拔建昌中营守备。于乾隆三十九年出师金川，阵亡。奉旨，给恩骑尉世职。

王邦用：本城人。从征金川立功，后因伤身故。荫七品监生，以子艾承袭。

杨廷彪：本城人。从征教匪立功，后因伤身故。荫七品监生，以子正元承袭。

余步廷：本城人。出师著绩，递投贵州镇标中营外委。于咸丰元年出师广西，阵亡。奉旨，给云骑尉世职。

焦　溥：本城人。出师著绩，递拔外委，钦赐蓝翎。于咸丰元年出师江南，阵亡。奉旨，给云骑尉世职。

张占魁：本城人。由武生投营，出师著绩，历拔重庆中营守备。于咸丰元年出师江南，阵亡。奉旨，给云骑尉世职。

王瑞芝：本城人。由监生从征湖北，屡著功绩，钦赐蓝翎，候补知县。于咸丰四年在盐利县阵亡。奉旨，给云骑尉世职。

王道泰：本城人。历拔把总，出师湖北、安徽、江南，屡著功绩，升都司，钦赐花翎。于咸丰六年五月十九日在江南紫荆山督队被围，与稿书汤勋、亲丁蓝之伟同时阵亡。奉旨照都司例议恤，给云骑尉世职。

袁克明：本城人。国璜之曾孙，承袭骑都尉，署平番营守备。于咸丰十年冬，逆番围城数月，救援不至，城破，同妻、母、奴仆七人同时殉难。

维州左营将弁兵丁

田　斌：本城人。出师著绩，历拔维州左营千总。于嘉庆元年出师苗疆，受伤身故。奉旨，给恩荫七品蓝翎。

左　荣：本城人。出师著绩，拔补维州左营额外，钦赐蓝翎。于道光二十二年，出师浙江阵亡。奉旨，给云骑尉世职。

袁树先、李清、王兆桢、张福元、焦洪喜、张全、焦宣、赵洪贵、张汝贵、张明辉，以上兵丁十名，道光十七、二十、二十一等年出师雷波、广东、浙江、湖南、湖北阵亡。

杨昭贵、王麟、杨纯得、李如云（以上马兵）；袁凤书、周元凤、邵洪印（以上战兵）；吴大兴、杨大胜、王朝胜、张远俸、袁贵、高春林、朱承恩、左立勋、杨占魁、焦桐、王连第、张汝朋、董怀玉、尹得安（以上守兵）。以上二十一名，咸丰元年、二年，出师广西永安州及新墟等处阵亡。

唐有福（外委）、许登科、袁玉桢（以上马兵）；王树（以上战兵）；郑天恩、王连喜、严玉春、杨永安、邹连喜、徐致泰、王道兴、焦绍林、董得胜、王正芳、周容、倪昌图、张汝安、张如惠、龚崇、周贵（以上守兵）；以上二十名，咸丰三年、四年、五年，出师湖南长沙府、巴陵等处阵亡。

黄超、王兆喜（以上战兵）；刘升奎、王思明（以上守兵）；以上四名，咸丰六年出师云南，阵亡。

王凤升、张汝寅（以上马兵）；焦洪述、袁映科、王成（以上战兵）；王耀龙、毛得胜、高文魁、赵登高、钟定邦、曾大顺、袁邦超、袁凤文、王永成、胡得胜、张永宽（以上守兵）；以上十六名，出师金陵、江陵、安徽芜湖县等处阵亡。

周荣、张汝升、袁锦星、马忠明（以上马兵）；王升发（战兵）；吴占鳌、董正文、董世春、魏文华、李天荣、董世元、贾洪恩、何连芳（以上守兵）；以上十三名，咸丰十年、十一年、同治元年出师四川叙州府、松潘、犍为等处阵亡。

维州右营将弁兵丁

张相桓：成都县人。道光二十九年，任右营守备。

龙得云：右营守备。

以上二员，出师广西及叙州府阵亡。

李得福：右营外委。

张从智：右营外委。

以上二员，出师叙州府及松潘阵亡。

兵丁：谭彪、郑永禄、王清、钟玉林、焦从义，以上五名，出师广东阵亡。

郑子富、吴江、张俸林、王泽、张应喜、贾如川、王贵、郭文升、李富、陈永富、李文玉、陈国安、李天福、焦怀、焦桐城、吴国善，以上十六名，出师浙江阵亡。

俞占喜、罗金富、李义春、罗升、王宽、张均相、刘占奎、坤载禄、刘得胜、王从礼、张均瑞、王正林、王有富、王茂庭、王庆春、罗定邦、钟怀玉、马志、任仲宽、李如松、何占奎、董玉喜、董玉成、江兴顺、袁登才、张得胜、王澍、王复泰、毛凤诏、马迎春、马迎升、高廷蛟、陈顺、梁尚云、梁喜、俞占先、江占魁、王从贵、干登云、代玉喜、蒲占奎、蒲占春、张炳闓、吴得喜、王兴发、冷玉升、范继昌、王庆元、谭进、谭造、董元彰、董元廷、王安邦、王兴邦、王兴全、张万成、王万春、李茂林、王逢春、马成功、罗占鳌、倪占春、王定邦、胥连升、胡天寿、罗天喜、杨朝绅、罗兴仁、杨文清、唐学才、焦洪志、赵云耀、罗成蛟、王义、陈启昌、王敬修、王占彪、罗得胜、郭思昭、牟兴发、刘太明、徐永金、邵洪顺、吴受才、彭阳泰、杨万隆、张永庆、张文魁、郑维隆、樊应章、杨春山、王天培、马成蛟、任永刚、罗定国、孙复泰、闵贵、蒲占魁、王崇贵、罗升太，以上一百名，出师广西、湖南、湖北、江南、云贵、安徽及本省叙州府、松潘等处阵亡。

五屯将弁兵丁

曾经恤荫并载入《通志》者。

坤　朋：九子寨土千总。乾隆三十九年征金川，攻昔岭阵亡。

阿咱纳：土把总，累功擢土都司。乾隆三十九年，攻逊克尔宗，殁于阵。

崑　蓬：屯守备，花翎都司。乾隆四十年，攻科布曲阵亡。

以上三员，皆加衔一等恤荫。

色丹巴：乾堡屯守备。乾隆五十七年，从征廓尔喀阵亡。

雍忠伊沙期：乾堡屯千总，花翎参将衔，给呼尔博巴图鲁名号。

娄太壬：占屯把总，花翎游击。

阿　邦：屯把总。

我仰生格尔吉：屯外委。

阿噶儿差参：屯外委。

八纳阿甲：屯外委。

桑吉撒尔吉：屯外委。

以上七员，皆乾隆六十年，剿黔、楚逆苗阵亡。

纳耳结（党坝人，屯守备）、汤奈何咱纯、卡唯壬占、琼六沙加明、收豆阿太、生格、六窟阿忠、撒必沙甲、杨宗泽郎、我不阿札、江木参、郎卡阿（皆外委），以上十二员，皆嘉庆元年，剿黔、楚逆匪阵亡。

班　第：屯外委，派剿邪匪，嘉庆元年在巴东县阵亡。

以上从色丹巴至此，皆恤荫如例。

郎甲泰（桑卡之子）、汪札思甲（坤朋之子）、扣五思甲（雍忠伊沙期子）、雍思明（木耳结子）、阿旺（江木参子）、木耳结（阿咱纳弟），以上六人，皆承袭云骑尉世职。

五屯将弁兵丁

所有已恤未恤，凡《通志》未及载，并名字混同可疑者，咸录于此。

本太、阿吉（杂谷屯）、阿布、坤朋（上孟屯，以上千总）；阿甲（杂谷屯）、思丹把（乾堡屯）、阿思达（下孟屯）、空朋（九子屯），以上把总；阿纳（杂谷屯）、格头（乾堡屯）、扣思甲、思达陆（上孟屯）、纳儿吉、阿卡吉、纳而甲（下孟屯）、茶素保（九子屯），以上外委；以上十六员，乾隆时出师金川阵亡。

福星（九子屯把总）、郎卡（杂谷屯外委），以上二员，乾隆时出师兰州阵亡。

儿格偷（九子屯千总）、阿什舟（乾堡屯）、库素与吉（九子屯），以上把总，扣太（杂谷屯外委），以上四员，乾隆时出师廓尔喀阵亡。

雍正一沙恩（乾堡屯千总）、班弟（上孟屯）、桑卡（杂谷屯），以上外委；以上三员，乾隆时出师黔楚阵亡。

郎太（下孟屯把总）、永忠太（上孟屯外委），以上二员，嘉庆元年出师达州阵亡。

阿布吉吉（乾堡屯）、安太格格（下孟屯），以上千总；二五阿不羊万春（九子屯把总）、阿克太本耳吉（上孟屯）、阿克豆耳曰朋（下孟屯）、别噶初布中（九子屯）、阿吉豆五思耳

（杂谷屯），以上外委；以上七员，咸丰元年出师永安州阵亡。

八人思登（下孟屯千总），以上一员，咸丰元年出师思旺盱阵亡。

国国忠（九子屯）、郎加朋（上孟屯）、滋都耳（下孟屯）、吉吉（乾堡屯），以上千总；木耳吉（杂谷屯）、扣五耳吉（乾堡屯）、沙那朋（下孟屯）、亦尔布朝清（九子屯）、忠忠（杂吉屯），以上千总；莫思甲（乾堡屯）、桑吉朋（上孟屯）、谟与济（下孟屯）、木耳吉（乾堡屯），以上千总；以上十三员，咸丰二年出师湖南阵亡。

桂桂（九子屯外委），以上一员，咸丰四年出师湖北天门县阵亡。

那耳吉（上孟屯外委），以上一员，咸丰五年出师武昌省阵亡。

王林保（杂谷屯外委），以上一员，出师湖北阵亡。

撒耳吉（乾堡屯外委），以上一员，咸丰五年出师汉口阵亡。

麻多观音保（杂谷屯外委），以上一员，咸丰九年出师贵州天堂阵亡。

施嘉泽（九子屯游击）、八各彭嘉喜（下孟屯）、叔八生格尔吉（上孟屯），以上都司；板弟太（乾堡屯把总）、恩登朋（杂谷屯）、坤朋太（上孟屯），以上外委；以上六员，咸丰十年出师荣县豹子山阵亡。

阿多耳朗加太（乾堡屯，云骑尉世职）、占克代明星（杂谷屯）、阿皂土地（乾堡屯），以上把总；纳疋王明德（九子屯）、甲米纳太（上孟屯），以上外委；以上四员，咸丰十年出师井研县苦茨湾阵亡。

苍旺耳吉（上孟屯副将）、阿克萧廷三（下孟屯把总），以上二员，咸丰十年出师荣县马踏井阵亡。

折旺耳吉（上孟屯副将）、恩登朋、坤朋特耳（以上上孟屯守备）；思达太旺长（下孟屯）、巴耳张贵龙（九子屯），以上千总；板弟太（杂谷屯）、二八格斗（杂谷屯）、别多吉喜四保（九子屯）、查纳朝贡（九子屯），以上把总；娄哈止别纳布（九子屯）、倒牙撒思甲（杂谷屯），以上外委；以上十一员，咸丰十年出师自贡两井阵亡。

曾纳豆日朋（杂谷屯）、署牙思布六（下孟屯）、我仰格尔折初（下孟屯）、西吉止金玉（九子屯），以上外委；以上四员，咸丰十年出师贵州石峰背阵亡。

瓜散蜂蜂（杂谷屯）、格什（杂谷屯），以上都司；赖鹰扬（下孟屯）、克布桑廷栋（下孟屯），以上守备；得旺章朋（杂谷屯）、忠忠（上孟屯），以上千总；秋五三三（杂谷屯把总）、昝巴纳文喜、我吉豆日太、不朋朗加太（以上杂谷屯）；六一天保、八各沙纳（以上上孟屯，以上并外委）；阿耳布羊中耳吉、八耳格阿甲（以上杂古，军功）；以上十四员，咸丰十年出师井研玉皇观阵亡。

思当蚌思丹必（下孟屯外委），以上一员，咸丰十年出师贵州三角椿阵亡。

牙快六让（杂谷屯外委），以上一员，咸丰十年出师叠溪阵亡。

达永忠（参将），什米章朋、高瑞云、沈廷贵（以上都司），我布舍拉（守备），中央长受、亦止察丹忠（以上都司），木什竹本太、我朋额耳瓦（以上把总），以上九员，咸丰十一年出师沙湾阵亡。

节　孝

明

薛氏：木兰里人，马昱妻。夫客死，薛奔丧营葬。后有谋娶者，薛闭户自缢死。《通志》入“义烈”。

童氏：省祭董浮妻，随夫于留都。夫卒，遗二子皆幼，氏年甫二十，携子扶柩归，孀操严肃。历年九十终。《通志》入“完节”。

徐氏：旧保人，张玉妻。夫早殁，守节抚孤，邑里咸敬重之。

王氏：旧保人，张仁妻，即张玉媳也。夫死，与姑坚节自守，有司旌其门曰“一门双节”。

国　朝

牟氏：本城罗成章妻。十八岁而夫殁，苦节自守，事姑孝。无子，立继子，教养之。乾隆五年，氏年七十余矣。县令陈克绳请旌建坊。

冯氏：凤坪里民郭世荣妻。夫早殁，家贫，氏荼苦自甘，教子耕读成立。年七十余，勤俭不少懈。乾隆五年，邑令陈克绳请旌建坊。

唐氏：本城巫文灿妻。夫早殁，氏苦节自守。孝事舅姑，存殁尽礼。抚三子，先后成名。乾隆十一年，县令陈克绳请旌建坊。

董氏：贾士琼之妻，生员贾德海之母。十九岁丧夫，苦节五十五载。乾隆六十年，请旌建坊。

郭氏：铁野里人。夫早殁，与族侄维智居同井里。维智有夷仆格斗保，佣工氏家，欲强污氏，氏詈骂峻拒，为斗保赶殴，坠楼而死。《通志》入义烈。

吴氏：贾士贵妻。历节四十余年。入节孝祠。

蒲氏：唐元卿之妻。历节四十年。入节孝祠。

罗门牟氏：历节四十年。入节孝祠。

王氏：周达民，杨天彩之妻。夫殁时，氏二十三岁，矢志守节。上奉翁姑，抚四龄孤子成立，寿八十四岁，历节六十一年。入郫县节孝祠。

张氏：袁建侯之妻。建侯早卒，子睿甫三载。氏抚之成立，择师严训，饩于庠。伯翁老无嗣，延至家。养葬尽礼，闾党贤之。有司为请于朝，发帑建坊。

李氏：庠生袁经之妻。夫早殁，氏奉舅姑，以孝闻于闾里。奉敕建坊。经弟庠生纶亦早故，妻王氏十八，守节未及岁而殁，故不及旌。

徐氏：本城贡生蒲友松妾，母家旧保。明季江北番夷肆劫，氏幼被掠通化里，民以布赎回。时松年五十，无子，娶之，举子女各一。后松与大妇郭氏相继殁。氏年二十七，丧葬尽礼。子幼，教之成立，勤苦持家，婚嫁以时。二孙失恃，复抚字成立。年八十四而终，前州牧王正国旌其门。

张氏：袁兆麟之妻。夫故，氏年二十三岁。上奉孀姑，抚子璋成立，为右营额外。

寿六十八岁殁，历节四十三年。

唐氏：兴隆场民杨文升之妻。夫出师台湾，阵亡。氏年二十五岁，无嗣，抚胞侄成立。寿七十六岁殁，历节五十二年。

王氏：旧保民袁址妻。二十而孀，无子。偕姑守贞五十余年。乾隆十四年，县学李旌曰“乌台双节”。

王氏：焦廷模之妻。乾隆四十二年，夫故，时年十九，氏以节自矢。上奉翁姑，存殁尽礼；下抚幼子，教养成立。历节五十七年。

任氏：古城里民蒲永莳之妻。乾隆五十二年，夫故，氏年二十八岁，抚子晴成立，历节五十四年。

袁氏：旧保人赵能妻。夫殁，氏年少。家贫无子女，舅姑怜之，劝其改志，氏以死自誓。生养死葬，备尝艰苦者五十二年而殁。有司旌之。

袁氏：王满尔之妻，历节五十四年。

焦氏：旧保人庠生王四连妻。夫亡，年甫二十。奉舅姑，生致敬，丧尽哀。妇道无亏，遗孤二人，竭力抚养，守节四十三年。

李氏：郫县人。适贡生袁文蔚之子为室，甫一载，夫殁，守节三十余年。

张氏：旧保人。诸生袁玙妻。幼端庄，善事父母。甫归而袁玙得狂疾，氏无怨言，夫殁，无子女。姑老且病，织纴以养，晨昏无亏。

赵氏：旧保人袁道妻。夫早亡，事舅姑以孝闻。子继夭，茕茕独处，历十一年而卒。

刘氏：保县武生牟名喜之妻。十九守节至七十余岁，历节五十余年。

王氏：旧保人诸生袁纶妻。夫亡，事姑以孝闻，姑病侍汤药，衣不解带者数年。无子，以侄焕裳为嗣，训诫有礼。氏持身正，每用黄黑豆纪善恶云。

王氏：旧保人焦秋实妻。夫亡，家贫。事舅姑尽孝养，历久弥坚，克贞苦节，咸怜而敬之。

徐氏：武生王映兰之妻。夫故，氏年二十五岁，历节三十二年。

张氏：荫生范华之妻。夫故，氏年二十七岁，矢志守节。上奉翁姑，下抚二子，均各成立。长子永福，由世职递升副将职衔，钦赐花翎。次子永寿，松潘中营把总，调维州右营把总，赏戴蓝翎。现年六十五岁，历节三十八年。

冯氏：桑坪里民王嘉谟妻。嘉庆十五年，夫故，氏二十岁，以节自矢。上奉祖父母及翁姑，下抚两月婴孩，艰苦备尝。历节五十三年。

范氏：新保关廪生董为善之继室。嘉庆十九年，夫故，氏年二十八岁。抚前室遗子及己出子，均成立。历节三十六年。

董氏：通化里民贾如珍之妻。嘉庆二十五年，夫故，氏二十七岁，矢志守节。上奉舅姑，下抚孤子。历节四十二年。

贾氏：通化里民董思荣之妻。道光十五年，夫故，时氏二十九岁。抚二子成立，历节三十五年。

马氏：古城里民蒲永莳之媳，蒲晴之妻。道光元年，夫故，时年二十四岁。上奉孀姑，下抚孤子。历节四十六年。

任氏：古城里民蒲晴之媳，蒲志贤之妻。道光十三年，夫故，氏二十七岁。上事孀祖姑暨孀姑，下抚孤子二人。历节三十一年。三世苦节，乡里称之。

梁氏：兴隆场民何星荣之妻。夫故，氏年二十八岁。抚子成立。现年六十岁，历节三十二年。

段氏：郑子富之妻。夫出师浙江，阵亡，氏年二十八岁。抚子成立。现年六十岁，历节三十二年。

唐氏：民人熊宗秀之妻，历节三十六年。

王氏：袁得之妻。得出师阵亡，氏年二十六岁。抚子成立。历节五十七年。

蒲氏：通化里民董林龄妻。十五岁，夫故守节。事翁姑以孝，邻里无闲言。现年四十八岁。

明烈女

王氏：王元女。既聘，其夫家旋悔婚事，氏曰：婚既定矣，悔之不义。遂投江死。《通志》入义烈。

王氏：幼许字徐思，未归而思故，姑遣媒令别适。氏泣曰：夫虽不幸，妾当事姑，志不可夺。遂归徐，养姑三十年卒。

国朝贞女

袁氏：王天忠妻。未嫁，忠出师巴里坤，阵亡。袁氏在闺以祭葬给父母，适王门，不复归。历四十余年，贞节不易。知保县事旌其门云“闺阁完人”。

袁氏：旧保民女，许字楚泉。未嫁，泉入伍，西征阵亡。袁誓不欲生，哭赴泉家，拜姑成服如礼。是时盛夏，天为雨雪如豆。

蒲氏：小字惠姑，兴隆场民人蒲从发女。幼订婚于维右兵丁马成蛟，未配，蛟出师阵亡。女闻，断发矢志，终身不字。事父母以孝称，现年二十九岁。

学　额

廪膳生员旧额二十名，今改为十七名，间年一贡。

增广生员旧额二十名，今改为十七名。

附学生旧制岁科两试，俱额取十二名，今改为六名。

武生旧制岁试额取十二名，今改为六名。

附书院及义学：沱水书院（在本城西门）。本城义学二。兴隆场义学一。新保关义学一。

查花岩书院，系嘉庆十八年徐司马廷钰创建，并置学田。在灌县金村民人杨国富名下买田九十二亩，价银二千一百八十两，书契钤灌县印，存案经首事王权执管。二十一年，王权家中被火，烧去文契，首事等复邀卖主杨查氏子杨国泰等另书原契，禀明厅主陈批：此系书院膏火之业，非私产可比，无庸重印粘契，候备文移知灌县备案，所呈卖契存房立券，即送本府钤印，可也。二十二年，旋经着灌县王移覆，兹奉前因，除饬书备案外，理合申明宪台俯赐查考云云。今改为沱水书院，每年学田收租谷七十石零六斗，仍归首事经理，以作山长脩脯并生童膏火及本城两义学支用，年终报销。按：学田本一百亩零，收租七十一石零六斗，因水冲塌宝瓶口淹田八亩，让租一石。又赤溪寨水田二亩，受种五斗，每年收芋麦租七石五斗，亦归书院及两义学公费。

人 物

宋

谢方叔：威州人，嘉定中进士。历监察御史，多所建明，累迁给事中兼侍讲，淳祐中参知政事，封永康郡侯，拜右丞相兼枢密使，进封惠国公。商辂《纲目》：以谢方叔、吴潜为左右丞相，徐清叟参知政事，董槐签书枢密院事。陈桱《鉴》：时二揆虚席，嵩之货游士上书荐己，喧传麻制已下，众心汹汹，及宣制，则方叔、潜也。始帝故相嵩，终[①]夜悟，改相二人。《宋史·谢方叔传》：方叔，字德方，威州人。嘉定十六年进士，官御史。疏云：秉刚德以回上帝之心，奋威断以回天下之势，犹恐前习便嬖之人[②]，有以私陛下之听而悦陛下之心，则前日之畏者怠，忧者喜，虑者玩矣。左右前后之人，进忧危恐惧之言者，是纳忠于上也；进燕安逸乐之言者，是不忠于上也。凡有水旱盗贼之奏者，必忠臣也；有谗谀蒙蔽之言者，必佞臣也。陛下享玉食珍美之奉，当思两淮流莩转壑之可怜；闻管弦钟鼓之声，当思西蜀白骨如山之可念。又言：崇俭德以契天理，储人丁以供天职，恢远略以需天讨，行仁政以达天意。帝悦，除太常少卿。又言：今日为两淮谋者有五：一曰明间谍，二曰修马政，三曰营山水寨，四曰经理近城之方田，五曰加重遏绝游骑及救夺掳掠之赏罚。请行限田诸政，录用朱熹门人胡安定、吕焘、蔡谟，诏皆从之。授[③]刑部侍郎，拜端明殿学士。淳祐九年，封永康郡侯。十一年，特授知枢密院事兼参知政事，寻拜左丞相兼枢密使，进封惠国公。咸淳八年薨，特赠少师。（按：篇中多列奏疏以节录，非全篇，故不列“艺文”。）

明

吴　洸：威州人，由选贡历武定府同知，有治剧才。腾水之役，以筑城功受上赏。初为临潼令，考最，拟授御史，会台以资格挠之，遂迁州守云。

吴　玙：威州人，岁贡。历河东运副，鹾[④]政肃清。归里时，止图书数筐，时人重之。

袁懋中：旧保人，由选贡举孝廉方正，廷试上第，授涞令。以清正闻于上，擢襄阳守，亲老，乞终养归里。

谢之藩：字价甫，威州选贡。万历二十五年，知湖南安仁县，宽严并济，民仰戴

① 终：同治《直隶理番厅志》作“中”，商辂《续资治通鉴纲目》亦作“中”。

② 犹恐前习便嬖之人：《宋史·谢方叔传》作“或者犹恐前习便嬖之人”。

③ 授：《宋史·谢方叔传》作“权”。

④ 鹾：乾隆《保县志》作“醝”，二字为异体字，古同义。

之。祀名宦。见《湖南通志》。

张大治：保县人。天启中，知汉川县。始至，故婞婀不振，黠吏欺之。月余，悉得其姓氏并奸状。一日复以事至，大治历数其奸猾事，置之法。一豪民计夺邻家地，诬以盗，缚送于官，大治不问，但厉声呼缚者曰：汝何不献地以解？豪民服罪，时惊以为神。

申　恒：保县进士。任宜昌府，有政声，特赐青纱伞。

张大道：万历三十九年，九子龙窝等番猓跳梁。道密谋于县官，阳抚阴剿，馘其首魁十余人。徐责土舍诣官纳粮，县官以绩上闻，道力辞。

张　钿：保县人。明季前番十寨陷入西戎，钿冒险夺回，仍归县属。

国　朝

袁国璜：字希亭，旧保县人，家于成都。少负奇气，习骑射，娴韬略，每读古名将传，辄慷慨击节。年十九，值金酋煽动，喟然曰：此丈夫立功时也。遂入伍，乾隆十七年随征杂谷脑，奋勇将军岳钟琪见而奇之，任使辄当意。三十六年金川再叛，六师分道进剿，屡立战功，补把总，晋千总。旋随参赞舒常进剿绰斯甲布，贼方运石修碉卡，国璜率兵击之，贼遁。又攻马尔邦，为甲索后路，贼恃险负固。国璜乘其无备，斫门径进，剿杀甚多，毁其二碉。奏入，赏戴蓝翎，以守备用。俄以在南路时，身当前茅，侦得要害，以奇兵攻克之，军声大震，遂捣其巢。金川平，赏换花翎，累功历都、游、参、副。五十二年二月，擢江南狼山镇总兵。时台湾逆匪林爽文不靖，国璜同陕甘总督福安康往征贼，困台湾诸罗，甚急。国璜之众航海进薄之，解其围，克大埔、尾斗、六门、大里栈等处，赐号博齐巴图鲁。五十三年正月，贼屯小半天山，山险峻，箐深密。我兵攀藤而登，贼下枪石如雨，国璜麾兵攻扑，勇气弥厉，贼败窜。乘夜进山，追贼至麻着社，径隘不容骑，遂徒步涉险沿山搜捕，生缚贼首林爽文以献，又擒庄大田于柴城。台氛靖，命图像紫光阁。七月，病归。五十五年，起署建昌镇总兵。五十六年，授重庆镇总兵。廓尔喀反，国璜率兵赴藏，至堆补木，冲阵杀贼，连夺贼卡。夜将半，贼踞横河桥，国璜由帕朗古进攻至甲尔古拉，奋击之，贼遁，乘胜追过桥，克其卡，逆首投诚，复命图像紫光阁。六十年二月，黔楚逆苗石柳邓等倡乱，窥伺蜀境，国璜驰赴防堵，率兵进攻遗道、溪连，克苗寨十余处，焚其巢。嘉庆元年，侦缉贼首石三保在哄哄寨，获之。八月，贼目石代噶于老旺寨焚掠，国璜潜率兵勇往擒之，又生擒贼目石老大，前后赏给珍佩甚多。九月，达州邪匪王三槐等倡乱，檄往堵剿。十一月，贼屯天星桥。国璜由七星峡进攻，贼众大溃，斩杀千余，追奔数十里。十二月，贼遁入横子山，国璜潜攻其卡，焚之，遂夺掳山梁。贼乘我兵立营未定，纠逆党三四千人蜂拥而至。国璜转战三日，弥轩勇气，并以大炮轰之，贼稍退。时与总兵何元卿相犄角，俄闻何军陷，贼至益众，国璜大呼曰：此吾效节之日也。遂力战以殉。奉旨：以总兵袁国璜督率士卒直前深入，因众寡不敌，致被戕害，奋不顾身，实堪珍惜。著照提督例议恤，赐祭葬，荫骑都尉世职兼一云骑尉，子起袭。（《通志》）

袁国瑚：旧保县人，重庆镇总兵国璜之兄。倜傥有权略，曾为松冈塾师，番人信之。乾隆十七年，杂谷土司苍旺作乱，提督岳钟琪征之，擒逆党眷属，皆不杀，使为内应。闻国瑚能，招与语，大喜，使入贼巢说贼。国瑚往见苍旺，神色不变，纵谈而出；至松冈，见杂思阿忠，曰：若妻子被执，赖我力，得不杀，若知之乎？曰：知之。国瑚曰：大兵压境，将奈何？杂思阿忠惧，因晓之曰：朝廷与苍旺孰尊？苍旺与妻子孰亲？我以单骑来，从我者为我杀苍旺，否则杀我以拒官兵耳。忠曰：是也。然苍旺有土酋四人为心腹羽翼，不杀四人，苍旺不可得。国瑚曰：密勒汝部兵诛四人，易易也。翌日，见苍旺，语以利害，且曰：汝为土酋所欺耳，盍使四酋见我，如无左证，当白军门赦汝。苍旺信之，招四酋出。国瑚诘之，忽厉声叱曰：汝辈叛朝廷，奈何诬土司耶？罪当斩。杂思阿忠伏兵应声起，斩四人。谓苍旺曰：速诣军门，贷汝死，遂系苍旺入维关，磔之，尽降其众。钟琪将畀以官，固辞不受，教授乡里以终。（《通志》）

张思鸿：本城人。前后二十四寨教化不及，鸿于康熙己丑年深入招抚，悉附版图。鸿不欲仕，请为堡官，以防诸番之乱。诸番有不平事，皆质诸鸿，一言剖决，莫敢或违。

袁　敏：本城人。赋性诚朴，多力善谋，遇事无避。由行伍出师云南、杂谷、金川，屡著功绩，历升至河南南阳镇总兵官，赐唐博巴图鲁名号。因贵州军兴，改移古州镇。年七旬，伤发，乞恩准以原品休致，在籍食全俸。

袁　琳：字子璋，旧保诸生。纯孝性成，幼而失恃，辄登母墓，号泣失声。父殁，庐墓三年，寿七十终。犹以不逮事父母为憾，至今称人望者首推焉。

土屯人物附

札克塔尔：杂谷厅五寨人。初从大军平金川，随入京师，能通国语，工骑射。乾隆中，用为蓝翎侍卫，三省教匪作乱，随经略大臣额勒登保、参赞德楞泰等出师川中，转战秦楚。嘉庆八年，三省底定，以功擢头等侍卫，御前行走，正红旗蒙古副都统、镶白旗护军统领，给恩骑尉世职，封三等男。十一年，出为科布多参赞大臣，旋授正蓝旗汉军副都统、镶蓝旗护军统领兼武备院卿。卒，赐祭葬如例。（《通志》）

桑吉斯塔尔：杂谷乾堡人。乾隆时，以随征金川功，补屯守备。乾隆五十四年，入为乾清门侍卫，赏入内务府正黄旗，升蒙古正蓝旗副都统，内转奏事处，世袭骑都尉。

阿忠保：乾堡屯练土都司。乾隆时，以从征金川功，赏花翎，赐舒克丹巴图鲁名号，奉勅撰《五十功臣像赞》，忠保与焉。赞曰：阿忠保督战勇往，冲入寨巢，重围扰攘，杀贼十数，都积刀痕，绝久乃苏，群番羡云。

木泰尔：下孟董寨人。从征金川、兰州、石峰堡、台湾、廓尔喀，累著功绩，升授副将衔，赏戴花翎，赐宁都巴图鲁名号，奉敕撰《廓尔喀后十五[①]功臣图赞》，木泰尔与焉，赞曰：扑甲古拉，攻集木集；蚁杂蜂屯，魄丧胆慑。突入突出，犄之角之；是为贞吉，有律之师。

① 十五：或当为“五十”。

选　举

进　士

宋

任　源：威州人，绍兴十八年壬辰科王佐榜。

谢方叔：威州人，嘉定六年癸未科蒋重珍榜，详见“人物”。

明

申　恒：科第失考。据其家传云：正德二年进士，任湖广宜昌府知府，有政声。详见“人物志”。

国　朝

李先达：乾隆癸酉恩科秦大士榜，内江县教谕[①]。

举　人

明

申　恒：永乐十二年甲午科，见《通志》。

邱　松：科失考，后任江西布政使司。

国　朝

申　元：雍正癸卯，任淮安府桃源县知县。

任　逊：乾隆庚午科。

李先达：乾隆壬申科。

金　城：更名绍荣，嘉庆戊午科。

傅泰凝：嘉庆戊寅科，任叙永厅教谕。

范国章。

明贡生

袁懋中：见“人物”。

毛丹凤：副贡，任陕西澄城县知县。

蒲朝钦：岁贡，任九江府通判。

袁洪道：见“乡贤”。

谢之藩。

吴　洸[②]。

---

① 内江县教谕：乾隆《保县志》作“任灵石县知县”。

② 吴洸：乾隆《保县志》作“吴洸：选贡，历任武定府同知”。又入“人物志”。

吴　玙[①]。

国朝副贡

李朱绶：康熙庚午科。
张　昕[②]：康熙癸酉科，任刑部主事。
余曰珩：康熙丙子科，任雅州府教谕[③]。
曾　旭：康熙戊子科，任巴州学正。
蒲复初：癸酉科，任通江教谕。
高映南。
任奇泰：嘉庆甲子科。

国朝恩贡

赵忬，张旭南，金玉振，张铭，蒲延馥（营山县教谕），王选，赵诠，袁维谦（渠县训导），余校，唐麟儒，王庆远，马全，以上保县。董钟秀，徐宗杰（内江教谕），刘珊，蒲永若，蒲沛生，余廷选，黎映岚，傅鸿谟，徐致中，以上理番。

拔　贡

徐昇，杨筠楫（江南芜湖县丞），蒲复初[④]，李先达（内江县教谕），牟名寿（中江县教谕），袁大谟（叙永教谕），以上保县。王汝滨，袁绍诗（长寿县教谕），杨国柱，王作宾（丹棱县教谕），杨先荣（广东三水知县），袁彤，以上理番。

岁　贡

董钟灵（庆符县训导）[⑤]，刘永誉（成都府训导），徐苑游（巴州训导），王维翰（綦江县训导）[⑥]，何恕（定远县训导），李宗智，余汝珣，张元声，王廷相，徐联元（彭县训导），袁天位（合江县训导），余楚（筠连县训导），郭玉柱，张国梓（华阳县训导），董治策，董潜，王全书，蒲澍生（巴县训导），余汝怿，余琴，王轼（训导），郭长梅，王全美，蒲履初，刘克明，袁嘉锡，袁黻麟，舒学，袁维太，蒲锦，任逊，张克绳，任奇泰，邓辉达，张玫，范九经（垫江县训导），蒲钟岷（石泉县训导），余楫（通江县训导），杨调梅，余日珍（太平县训导），蒲友松，董羽皇，董如兰，余曰琦，李皇东，范祁，张晙，王煜，董纯璧，王梦翼，王于宣，余汝恪，王鲲，林士昂，郭又汾，李明东，郭长柏，王瑞（珙县训导），余世然，袁逊，贾良谟，黄国桥，郭九锡，王现，蒲锦，以上保县。

任德升，蒲锐，范席珍，贾德宏，罗秉枢，高汝中，袁师洛，袁绍唐，李凌霄，刘

---

① 吴玙：乾隆《保县志》作"吴玙：岁贡，历任河东盐运副使。"又入"人物志"。
② 张昕：乾隆《保县志》作"张晛"。
③ 教谕：乾隆《保县志》作"教授"。
④ 蒲复初：乾隆《保县志》作"蒲复初：拔贡，乾隆丙酉科副元，任保宁府通江县教谕"。
⑤ 庆符县训导：乾隆《保县志》作"任夔州府万县训导"。
⑥ 綦江县训导：乾隆《保县志》作"任雅州府清溪县训导"。

致中，王大川，焦景燧，冯潢，高凌云，申时敏，王学曾，曾治泗，苟鸿儒，苟正坤，冯岫，余浩基，唐圻，余榛，周光霁，王化远，张为霖，廖观德，罗恒义，魏作霖（忠州训导），刘学潮，程献猷，廖炳元，廖兆元，曹焕章，秦变荣，官德舆，王凤翔，周炳中，周世宗，以上理番。

廪贡

傅泰端（成都府训导），黄兆奎（印州训导），孙沆，刘夔奎（署忠州训导），许殿扬（署江津县训导），董治（署太平县训导），李培堃（署资州训导），曾大鳌（署叙州府训导），王绍会，蒲鑫贤，周光霁，黄桐生，莫如德（候选训导），王懋源，周廷杰，刘子荣，黄吉裳，以上理番。

武进士

国　朝

陈以深：雍正庚午科。

王德沛：嘉庆己未科。

武　举

金　灿：康熙丁卯科。

姜于汉：康熙癸酉科。

叶之秀：康熙癸酉科。

郭　璞：康熙丙子科。

陶邵虞：康熙丙子科。

张　纲：康熙己卯科。

赵汝重：康熙壬午科。

高洪祚：康熙乙酉科。

戴奕熊：康熙戊子科。

郭　瑾：康熙戊子科。

包士安：康熙辛卯科。

陈　惠：康熙癸巳恩科。

刘　芳：康熙甲午科。

徐玉树：康熙丁酉科。

黄泽皓：康熙庚子科。

洪元达：康熙庚子科。

许　慎：康熙庚子科。

雷玉辂：康熙癸酉恩科。

陈以深：雍正己酉科。

董纯学：乾隆丙辰科。

焦仕仁：乾隆壬申科。

贾德功：乾隆庚辰科。

袁毓英：乾隆甲午科。

杨廷彪：乾隆庚子科。

贾廷选：乾隆丙午科。

王德沛：嘉庆戊午科。

杨国栋。

张调元。

李启鲲：道光丁酉科。

谢安邦：道光庚子科。

吴三元。

杨绳武：丁卯科，带补壬戌恩科。

第四卷　边　防

考之《春秋》，王者大一统。然荒服遐陬，不必尽入版图，将以正内外之防，非仅讳穷兵惩黷武也。夫五礼教忠，六乐教和，防伪防情，先王于万民且兢兢焉。矧兹戎狄，贪而无亲，可弗戒乎？汉唐迄明，置郡、置刺史、置巡道、置令长、置州县，则以官司防之也。建柔远、当狗等城，通化、威戎等军，石门、蛇浴等镇，保子、镇夷等关，则以险阻防之也。至于犬羊无信，欺诈万端，遗事具在，其防伪防情，实有知虑所不能周者。是在守土之吏，彰信名义，毋贪小利而开边衅，毋轻非类而启戎心，毋弃梗顽而忘化导，达其志，通其欲，务使不识不知，顺帝之则焉。斯真能探源而治，思患豫防者也。岂第除戎器以备不虞，谨关梁以固吾圉云耳？作“边防志”，故于“筹备”“兵制”“土制”“屯制”“武功”“夷俗”“夷事”特详焉。

筹　备

松潘、威、茂皆氐羌地，自汉以来叛服靡定。明洪武十一年，御史大夫、平羌将军丁玉克服其地，设松州、潘州、茂州三卫，叠溪、威州二千户所。洪武二十年，并松、潘二卫为松潘卫军民指挥使司。宣德四年，调成都前卫后所为小河千户所，增置城堡，添调成都利、保等卫所官军更番戍守。先年，兵备提督皆侍郎、都御史，成化初改设按察司副使总理松茂兵粮。后因南路梗塞，茂松不通，龙州相去遥远，分设松潘、威茂、安绵道兵备，又设镇守总兵官，以侯伯都统充之，挂平蛮将军印。成化初，改分守副总兵，协守左、右将军，南路、东路游击俱以都指挥充之。正德五年，添设石泉、坝底守备，以都指挥体统行事。又松潘、漳腊地方，相隔六十余里，皆有隘口可通北鲁。嘉靖十一年，鲁人为害，巡抚宋沧议于漳腊后山岭建靖鲁墩，西小高岭建靖鲁墩，设戍守之。嘉靖二十年，巡抚刘大模、巡按王珩奏设守备指挥，亦指挥体统行事，增官军二千员名，展修漳腊城堡，建置官厅、营房，修筑边墙一万三千五百三十丈，深挖坎井二千五百六十四口。又于大坝建造一堡，修筑城垣，内建官厅、营房。西山平坦，更修一墩，以防侵扰之患。万历六年，副使杨一桂以漳腊所属绝砦、谭那等十七屯堡，去松遥远，支粮不便，议于漳腊旧基修建新仓，改运关支，卒伍便之。天启、崇祯年间，边防犹故，然侵扰狎侮，至无宁日。皇清荡平宇内，百制维新。顺治初，奉裁茂州卫、叠溪、威茂、小河等千户所。十年，地方荒残，将安绵道暂停推补，寻奉改松潘道为龙茂道，提调龙安。十八年，仍改为松潘道、威茂道，兼摄巡西道。康熙六年，二道俱奉裁。于康熙八年，题请复设松威道，仍设分守副总兵，添设城守守备，龙安、威茂仍设参将，叠溪、小河、漳腊仍设游击，平番、石泉各设守备，各要害分兵防守。松潘旧有四州，三近漳腊。今阿失寨即上潘州，班班簇则下潘州，二州之间则中潘州，去松不二三日，故城遗址尚存。维松州后为卫城，屯堡与漳腊诸番犬牙相错。自松达茂三百余里路，循河岸，夷碉碁布山岩，视之如蜂房。保县有堡，过汉索桥一[①]古维州故城，三面临江，殊陡险，盖董卜、韩胡宣慰司与杂谷安抚司交界处，城上有李德裕筹边楼。明景泰间，为叛夷王永所毁，遗址尚存。州址今为杂谷碉寨，迤北则无忧城，皆名存实亡，不复为我有也。大抵松叠皆夷，威茂汉夷相半，然置重兵备守者，盖松、茂所以扼塞吐蕃，叠则松茂脉络。昔人谓吐蕃入寇，必自沈黎；吐蕃、南诏合入寇，必于灌口。灌口失守，则长驱于蜀。然则三城为边之藩篱，灌口为叠茂喉襟，威茂为灌口障蔽，岷山又为全蜀之巨屏者也。（节《边防总论》）

川陕总督岳钟琪疏 雍正元年

奏请川省应行事宜，仰祈睿鉴事。疏称打箭炉之外中渡河口，系通西藏要隘，不可无兵弹压，应将化林协守备移驻中渡，建立土城，拨把总一员、兵二百名随往分防，其建城与官兵房屋，容臣咨商抚、提两臣酌量建造等语。应如所请，准其将化林协守备带领把总一员、兵二百名移驻中渡。其建立土城官兵房屋之处，该督会商四川抚、提酌量建造。又奏称保县在大河之南，为土番出入隘口，汛防[②]不可不增，请拨威茂营千总一员，带兵一百名，移驻保县，以资防御，其应支月粮，即以威州所征夷粮，就近支给等语。应如所请，将威茂营千总一员，带兵一百名，移驻保县。又奏称建昌所属越嶲卫地方甚为辽阔，每多蛮猓出没抢[③]夺，今仅设守备一员、兵一百五十名，实难分拨防御，请改设游击一员，现在守备即为中军，再添千总一员、把总一员、兵二百五十名分防弹压等语。应如所请，准其改设。雍正元年三月初三日具题。奉旨依议。

巡抚宪德奏请裁并威州疏 雍正五年

略曰：成都一府为省会，繁剧要区。所属二十五州县，地方辽阔，实有顾此失彼之虞，则分设直隶州管辖，最为因地制宜。除成都府属附郭不议外，其余迤西之汶川、威州、茂州、保县等四州县，兼有杂谷等土司，番汉杂处，路径险远[④]。茂州尤为咽喉要地，应改茂州为直隶州，威州、汶川、保县属之管辖。但保县独居桥南，止征丁粮银一十八两一钱一分七厘零，似可不必特设一县。其地与威州联属，应将事简之，威州裁汰，归并保县，以保县知县移驻威城。以汶、保两县属之茂州，并兼管各土司，始能固摄无遗。其保县地现有驻防千总一员，带兵一百名在彼防守，与州县声势相援，足以詟服蛮寨，不必更资文员控制。教谕杨九畴、训导罗经国，均应仍旧。保县岁科文武生童，即将所裁威州数额考取。从前威州，现在文武生统归保县管辖起送等，第亦相间补廪出贡。十一月十四日题，奉旨依议。

---

① 一：乾隆《保县志》作“则”。
② 汛防：乾隆《保县志》作“防汛”。
③ 抢：乾隆《保县志》作“擒”。
④ 路径险远：乾隆《保县志》作“路径又甚险远”。

大学士仍管川陕总督印务查郎阿疏 乾隆二年

奏为边防宜重等事。查得四川省松潘一镇，设在成都之西北，巩全川之门户，为紧要冲衢。内而苗猓杂居，种类各别；外而夷番环牧，野性难驯。自松潘以达成都，左依层岭嵯峨，右俯江涛汹涌，中通一线，鸟道崎岖，几及千里。虽设有平蕃、叠溪、威茂等营，而将弁之大者不过参、游，兵之多者不过六百，未足以壮声援而联脉络，成都既难策应，则松潘未免孤悬。今查茂州在松潘之中，而接壤之汶川、保县皆众番必由之要隘。而众番之中，惟杂谷即吐蕃之苗裔，相去保县不过五十余里，其所属地方最大，健丁不下十万，富饶甲于诸番，然性本无常，心怀叵测，且近在肘腋，防范宜严。前蒙世宗宪皇帝远照，保县在大河之南，为吐蕃出入隘口，特拨威茂弁兵移驻保县，以咨防御。但查威茂一营，分防六路，四面皆夷番环绕，管辖内外十三土司，大小六百余寨，弹压抚绥，责任繁重。该营额兵仅止六百名，除分防各汛及安塘亲丁公费而外，所余实属单微。请将威茂营改为一协，再添兵六百名，合之旧额共足一千二百名之数，西北可以备松潘之犄角，东南可以联成都之声势，而南可以控杂谷之咽喉。再，茂州在威州西八十余里，威州距保县九十余里，中隔索桥二道，若添兵止驻茂州，犹恐威保跬步皆山，猝难呼应。应将添设及旧额兵一千二百名分为左右两营，右营为该协中军，随驻本城，照汛分防；左营官兵移驻威州二百名，保县四百名，仍于威保一带添置汛防，控制策应。其所需添设兵丁六百名，查有松潘镇所属之小河营，设镇城之东、龙安营之西，既不管辖番夷，又无泛防分守，该营游击一员、守备一员、千总一员、把总二员、兵四百五十名，甚属闲旷，应将该游击裁去，止留守备一员、把总二员、带兵二百名，足资防守。其余兵二百五十名，抽拨威茂。又有议裁之督标兵五百，除陆续裁汰并抽拨补兵缺外，尚存兵丁二百余名，俱系操练纯熟，以此添拨威茂标营，则边防既得精劲之资，而兵丁亦无裁革之苦；此外所少无几，召募亦易。再将威茂中军守备改为左营都司，裁添小河营之游击改为威茂右营都司，带兵移驻保县，其千把员弁即于新兵千把外委内拨补，毋庸另议。惟是保县向因山水陡发，城垣被冲坍损，应行酌量修葺。其威营所需副将，查有四川督标裁缺副将张圣学，人甚明白，办事勤敏，历任四川护理、四川松潘总兵印务，边情最为熟悉，若即以之补授威茂营副将，则驾轻就熟，实为人地相宜。至新补威茂营参将岳钟璜，查有成都守营参将员缺，应归部选，可否即以岳钟璜补授。至于保县应补修城垣衙署，并应添兵房等项，应令川抚臣委员查勘，估计动支公项，修葺完日报销等因，具奏前来。查四川威茂一营，系控番边地，最关紧要。原宜大员弹压，酌添兵丁，使声势联络，控制得宜，方于岩疆有益。该督所请四川威茂营参将，准其改为副将，添兵六百名，合之旧额共一千二百名之数，分为左右二营：每营各兵六百名，将参将、中军守备改为该协，左营都司随驻本城，照汛分防；右营官兵移驻威州二百名，移驻保县四百名，将该右营添设都司移驻保县，仍于威保一带，令该督酌量地势，添置汛守，其千把弁员即于新兵千把外委内拨补。至小河营，准其裁去游击一员，止留守备一员、千总一员、把总二员、兵二百名，所余兵二百五十名及督标应裁兵丁二百余名，均准其抽拨威茂协。尚有未足兵丁，令另行召募抽拨。其兵丁年貌并防汛地方，造册报明兵部查核。其威茂协添设右营都司员缺，应该督拣选题补，至小河营游击例应另补。

但该营游击孔文彬，先因出兵黔省，已据经略苗疆贵州总督张广泗题补贵州丹江营参将，毋庸赴部另补。其保县应修城垣衙署，并应添补兵房，令该抚委员确估动项修葺等因。乾隆二年三月二十六日奉旨依议。

苗童宜准应试疏

礼部题为敬陈末议，仰祈睿鉴事。该臣等会议，四川学政隋人鹏奏称：川省苗童宜准应试，以示鼓励①。臣按宁雅州据清溪县安抚司土童盛登士子等因，考试为汉童阻挠，呈请与汉一体应试，不但清溪一处，请嗣后川省各属一切土司苗童有志向上、报名应试者，应准其与汉民文武生童一并凭文去取等语。查雍正八年二月内臣部议覆四川巡抚宪德，《为文教覃敷请宏作育事》一疏，川属茂州羌民，久列版图，载粮入册，与齐民无异。应照湖南、贵州之例，准其与汉民一体应试，卷面不必分别汉羌，取额不必加增，一体凭文去取等因。奉旨：依议。钦遵在案。今该学正既称川省各属一切土司苗童，各知就学、有志向上，报明②应试者，准其与汉民生童一体应试等语，应如所请，嗣后川省各属一切土司苗童有志上进，报明应试者，俱准其与汉民文武童一体考试。卷面不必分别汉苗，取额不必加增，其进学名数即入于各该学定额内，一体凭文去取。臣等谨遵旨，分条详议具题，俟命下之日，分别通行各省督、抚、学政并行，该学政一体钦遵可也。奉旨依议。

兵　制

历　朝

周武王孟津之师，庸、蜀、羌、髳、微、庐、彭、濮用命。

汉武帝平西南夷，朝冉从駹，立汶山郡，以益州刺史领之。

宣帝地节元年，罢汶山郡，置北部都尉。

晋武帝太康三年，以蜀多羌夷，置西夷府治之。又用蜀修屯牙门，以御夷徼诸羌。按《华阳国志》：蜀汶山西五郡，常于险要置守。自汶江龙鹤、冉駹、白马氐用五围，皆置修屯牙门。晋仍其守。

唐太宗贞观时，置通化军，宁塞、姜维二镇兵，九守捉城，六守捉城。

元宗开元二十年，维州郡天宝军管兵一千人，又维州郡管兵五百人。

肃宗至德二载，分设西川节度使于西山三城列戍。按，三城，蔡梦弼注：姚、维、松三州。又，《唐书》：七盘、安远、龙溪三城，皆界茂州、汶山。

德宗贞元五年，韦皋城龙溪，于西山堡纳降羌。

文宗太和三年，西川节度使李德裕至镇，作筹边楼，图蜀地形，训练士卒，葺保障，以备边。

---

① 励：底本作“厉”，据乾隆《保县志》改。

② 明：当为“名”。

宋神宗熙宁九年，诏四川经略使统番戍诸路，有事即以征讨。

哲宗元符二年，诏四川沿边州县，城池楼橹不治者罪之。

孝宗乾道七年，威茂州亦置土丁。《通考》：威茂土丁各州二百，威州之兵月给米三斗，骁捷可用，夷人畏之。

明太祖洪武初年，立大都督府节制中外诸军事。有征讨之役，以公侯伯充总兵官，名挂印将军。在外镇守地方武臣，置都指挥使司，以领卫所。置总兵、参将、游击、守备，以司政守。诸军在外者谓之翼，洪武中改翼曰卫，设指挥司。而核其所部兵，五千人为指挥，千人为千户，百人为百户，五十人为总旗。度天下要害，地系一郡者设所，连郡者设卫。大率五千六百人为卫，千一百二十人为千户所，百十有二人为百户所，设总旗二，小旗十，大小联比。以成军于茂州设卫，于威州设守御千户所，隶四川都指挥使。

国　朝

维州营旧为威茂营，原设参将。乾隆二年，改威茂营为威茂协，裁参将，守备改驻茂州。十九年，平定苍旺，改为维州协，移驻理番厅地，所辖左、右、茂州三营，五屯、四土及瓦寺土司并茂州所管各土司。

维州协副将一员。

左营中军都司一员。乾隆二年添设，驻理番厅城。

在城领哨千总一员。分驻新保关汛千总一员。分驻茶关汛把总一员。存城外委三员。存城专城把总一员。分驻汶川汛把总一员。分驻通化汛外委一员。存城额外三员。

一、左营所属分驻通、保、汶、茶四汛，旱塘一十六塘堡。通化汛至营三十里，至松潘镇城五百里，至省城三百五十里；新保关汛至营七十里，至松潘镇城四百六十里，至省城三百一十里；汶川汛至营一百一十里，至松潘镇城五百里，至省城二百七里；茶关汛至营二百五十里，至松潘镇城六百四十里，至省城一百三十里。

一、左营所属瓦寺宣慰司。住牧汶川县河西涂禹山寨，离汛三十里，领有印信号纸。

右营守备一员。原设都司，乾隆四十五年裁都司，归叙马营，以泰宁营守备移设。

存城把总一员。分驻桃关汛把总一员。分驻丹柘木汛外委一员。分驻朴头汛额外一员。分驻维关汛额外一员。

一、右营分防维关、朴头、丹柘木三汛，旱塘一塘。维关汛至营十里，至维州五十里，至松潘镇五百里，至省四百三十里；朴头汛至营三十里，至维州九十里，至松潘镇五百四十里，至省四百七十里；丹柘木汛至营十里，至维州七十里，至松潘五百二十里，至省城四百五十里。

一、右营所属土司四员：梭磨宣慰司、卓克基长官司、松冈长官司、党坝长官司。

维州营额设制兵八百名（马兵一百三十七名，战兵二百名，守兵四百五十三名），分隶左、右二营，茂州营不载。

左营原额马步战守兵五百名（马兵九十名，战兵一百二十名，守兵二百八十三名）。乾隆四十五年，奉文裁拨新疆。经费：马战守粮一百一十七分（马粮三十分，战粮三十九分，守粮四十三分）。四十八年，增添战守粮五十分（战粮三十一分，守粮一十九分）。嘉庆十三年，裁拨绥定、通巴等处战粮三分。十四年裁拨峨眉、马边等处战守粮十分（马粮一分，战粮三分，守粮六分）。二十年，裁退匠役守粮二分。道光十一年，因回疆经费，裁马战守粮八分（马粮一分，战粮三分，守粮四分）。十五年，裁拨添设峨边等处马战守粮一十八分（马粮一分，战粮五分，守粮十二分）。十九年，裁拨屏山、茨竹坪、越嶲等处马战守粮二十七分（马粮一分，战粮八分，守粮十八分）。二十一年，裁拨直隶天津海口防范战守三分（战粮二分，守粮一分）。咸丰元年，裁拨屏山营马战守粮十二分（马粮一分，战粮三分，守粮八分）。以上共裁马战守粮二百分，以原额五百名，新添五十分合计，除裁，实在存营马战守粮三百五十分。外委、额外及马兵四十八名，战兵九十四名，守兵二百零八名。

一、派驻古城、沙坪、树林口、跟达桥、陕塘马兵九名。

一、派驻防卧龙关汛战守兵二十名。

一、分防通、保、汶、桃、茶五汛战守兵一百零七名。

一、派驻东西台藏战守兵八名。共除去一百四十四名外，实在存营马战守兵二百零六名。

右营原额马步战守兵三百名（马兵五十五名，战兵七十五名，守兵一百七十名）。乾隆四十五年，奉文裁拨新疆。经费：马战守粮七十五分（马粮二十五分，战粮二十三分，守粮二十七分）。四十八年，增添战守粮三十五分（战兵二十二名，守兵十三名）。嘉庆十四年，裁拨马边马战守粮十分（马兵一分，战兵三分，守兵六分）。二十一年，裁汰匠役守兵二名。二十一年，因回疆经费，裁战守粮五分（战粮一分，守粮四分）。十五年，裁拨峨边战守粮十分（战粮三分，守粮七分）。十九年，裁拨雷波战守粮十五分（战粮五分，守粮十分）。二十一年，裁拨防范天津战守粮二分（战粮一分，守粮一分）。咸丰元年，裁拨屏山战守粮六分（战粮二分，守粮四分）。以上共裁马战守粮一百二十五分，以原额三百名，增添三十五名合计，除裁，实在存马步战守粮二百一十分。

一、派驻东西台藏战守兵八名。

一、派驻卧龙关汛战守兵二十名。

一、驻防桃关汛战守兵四名。

一、派驻桑坪、黄草坪、陕塘马兵六名。

共除去三十八名，实在存营马战守兵一百七十二名。

土　制

职　守

梭磨土司：班玛汪札（女土司苍旺格什子），始祖囊索沙加布，杂谷土司桑吉朋三子。雍正时从征郭尔克有功，给长官司印信号纸。乾隆十五年，子勒儿悟袭，以征金川功，换给安抚司印，后剿大小金川，赏给宣慰司印并花翎。番民每年输粮，土司不纳国课，余土司同。

卓克基[①]土司：格山朋始，祖良尔吉[②]，桑吉粟[③]次子。以征大金川功，乾隆十五年给长官司印信号纸。

松冈土司：恩布尔日耳登，其祖亦杂谷土司。康熙时，赏给安抚司印信号纸。苍旺伏诛，拣梭磨土司勒儿悟胞弟根濯斯甲承袭。今为长官司。

党坝土司：更噶勒尔悟，其祖阿丕，杂谷土舍。乾隆时，土舍泽旺随征大金川有功，进长官司。嘉庆元年，土司根噶斯丹增姜初随征苗匪，赏戴花翎。

朝 贡

乾隆四十七年遵奉谕旨，将番子分头，二班轮班，三年一朝觐。道光十九年奉上谕，四川土司，年班改为间五年朝觐一次，仍照旧班轮流。

梭磨宣慰司土司班玛汪札贡物：

哈达二根，净水瓶一对，银盒子一对，银海螺一对，银香炉一对，铜铃一对，丝线花毯两铺，氆氇二根。

从噶克（即松冈）长官司土司恩布日尔登贡物：哈达二根，藏香二束，净水瓶一对，左插刀一对，腰刀二把，鸟枪二杆。

卓克基长官司土司格山朋贡物：

哈达二根，藏香二束，净水瓶一对，镶珊瑚左插刀一把，鹿茸一对，鸟枪二杆。

党坝长官司土司更噶勒尔悟贡物：

哈达二根，长寿佛二尊，藏香二束，藏绸二根，豹皮二张，左插刀二把，腰刀二口，鸟枪二杆。

各土司进贡不必亲往，遣土舍、大头人、兄弟恭代均可。按：道光十五年，西南二班土司入贡，则有明正宣慰司、巴旺宣慰司、德尔格忒宣慰司、巴塘宣抚司、绰司甲宣抚司、霍尔甘孜麻书安抚司、绰倭安抚司、革什咱安抚司、鄂克什安抚司、木里安抚司，纳林、冲白利、陇木、静州、池边五长官司，呷竹寺寨、阿思洞寨、包子寺寨、七布寨、云昌寺寨中所六土千户，厅属之卓克基长官司、党坝长官司与焉。贡物见上。同治三年，西南两路头班土司入贡，则有瓦寺宣慰司、布喇克迪宣慰司、穆坪宣慰司、孔萨安抚司、里塘副土司、东科长官司、冷边长官司、静州长官司，峨眉喜寨、双则红凹寨、川枯寨、祈命寨、麦杂蛇湾、古柏树六土千户，厅属之梭磨宣慰司、从嘎克长官司与焉。贡物见上。

各土司附

杂谷安抚司，其先吐蕃维州刺史悉怛谋裔也。唐文宗太和五年，请以维州内附，西川节度使李德裕闻于朝，宰相牛僧孺谓中国不可失信夷狄，命还之，吐蕃遂戮怛谋，据

① 卓克基：乾隆《保县志》作“竹克箕”。

② 良尔吉：乾隆《保县志》作“良阿吉”。

③ 桑吉粟：按上下文及乾隆《保县志》及乾隆、道光《茂州志》等，当为“桑吉鹏”。

维州如故。后德裕入相，白其冤，赠怛谋为右卫将军，官其子孙。大中时复内附，节度使杜悰纳之，世授职为土官。前明授安抚司土同知。国朝康熙十九年，桑吉朋归诚，仍授职，领印信。吉朋没，次子良儿吉袭；没，子板地儿吉袭；没，子色丹增袭；没，弟苍旺袭。乾隆十四年，以从征金川功，加宣慰司。十七年，构逆伏诛，分其地为三杂谷。

按：杂谷地，其初东至郎吉司，南至金川，西至卓克箕，北至克州，幅员仅五百里。明宣德时，始据有郎吉司以东日驻穷、山党者、等者等七寨，界接蒲溪沟。已复取达司蛮长官司地。国初，河西羌劫掠为患，良儿吉狡黠善谋。康熙十九年，袭取九子、龙窝等寨。二十二年，袭取孟董等寨。又，打喇土司居水田寨，八棱碉土司居丹者、孟沟皆为所并。又卓克箕以西至松冈，别有思格立土舍，为儿吉外父，与妻谋毒杀其弟兄，而取其地。松冈之外为党坝土舍，畏其并吞，亦以众附。于是西至党坝，东至通化，绵亘一千余里，地广民众，号大酋长。卒以逆灭，愚哉。

瓦寺安抚司土司，索诺木世蕃，其先乌斯藏裔。明时，有番僧蹴居涂禹山，土民施瓦立寺，因以为名。寺旁山地数十里，听其耕种，岁赋租布。继而按科代民纳粮于汶，岁输银一十三两八钱，于保岁输钱九两六钱。以有功，授安抚司，领有印信号纸。国朝顺治九年归诚，授原职。至桑朗温恺，加游击衔；没，子容忠袭加宣慰司衔。归维州左营都司管辖。

按：《陈志》尚载有沃日土司、金川寺土司、大金川安抚司及必色满土舍（金川寺族类也，有寨七）。儿那达土舍（杂梭土司号，其兄弟为番僧者曰朗松，皆居于儿那达，有僧千余人，附近寨落番民即令朗松主之，赋其租税以养所领民僧，有兵役，则听调），世系甚详，兹仅列其名，见昔曾隶保县云。

屯制

乾隆十七年，诛戮土司苍旺，酌定善后事宜，案内于该土司原管之杂谷脑、乾堡、上下孟董、九子五寨内择其倾心投诚之头人，每寨设立屯总土守备一名。总旗，土千总三名；大旗，土把总六名；小旗，土外委十二名；各归本寨管束。屯兵以备派遣。共土守备、千、把、外委一百一十名，又杂、乾二屯外设土守备各一名，共一百一十二名。乾隆二十三年，裁土千、把、外委三十五名，实剩土守备、千、把、外委七十七名。蒙四川总督部堂公策、提督军门公岳择五寨头人内拣选拨补，奏请赏给养赡。屯守备七员，每员岁给养赡银二十四两；屯千总十员，每员岁给养赡银十五两；屯把总二十员，每员岁给养赡银九两；屯外委四十员，每员岁给养赡银八两。乾隆五十一年，奏请添设屯守备三员、屯千总五员、屯把总五员、屯外委十员名，为新增各养赡银与额设同，统计屯弁共一百员，又屯兵三千名。奏请安设每岁秋末冬初，犒赏牛酒盐茶一次。乾隆五十二年，内调派该屯兵一千五百名，赴闽省剿捕台匪，打仗出力。蒙统帅公中堂福奏请，屯兵三千名，以一千五百作为正额，每名岁给月饷银六两；一千五百名作为备挑屯兵，余丁不食月饷。至五十九年，蒙四川督部堂福奏恳，余丁屯兵一千五百名，每名每岁请赏给减半月饷银三两，以资衣食等因，奉准在案。其屯兵三千名，内：杂谷脑屯兵七百五十名，乾堡屯兵六百五十名，上孟董屯兵五百三十名，下孟董屯兵五百七十名，九子屯兵五百名，俱半为正额，半为余丁。

屯官：杂谷寨

额　设

守备二员：包国梁，行营副将，花翎；高坤定，年未及岁，以胞叔高攀瑞代办。

千总二员：安定国、马登科。

把总四员：得日太行，营都司，蓝翎；陶永寿，行营都司；科文太行，行营守备，花翎；傅国恩。

外委八员：更卓泽朗，行营游击，花翎；格什，行营守备，蓝翎；雍忠耳吉，行营守备，蓝翎；高攀瑞，行营守备；杨春华；甲甲；乔良保；立格朋。

增　设

千总一员：蔡明春，行营守备，花翎。

把总一员：只格布木仰朋，行营都司。

外委二员：苏巴天保，行营守备；敖东纳耳布，行营千总。

屯官：乾堡寨

额　设

守备二员：高攀鼎，行营副将，花翎；苟文德，行营都司，花翎。

千总二员：穆乃，行营游击，花翎；姬有能。

把总四员：娄让，行营游击，花翎；岳廷宾，行营都司，蓝翎；郎克思甲；濮天贵。

外委八员：江初太，行营千总；彭有元；折朗格什；聂克思甲；娄让；古大贵；郎文富；张福隆。

增　设

千总一员：石太康。

把总一员：日邦克土巴。

外委二员：木瓦折朗，王朝凤。

屯官：上孟董寨

额　设

守备一员：苍旺格什。

千总二员：八班，朗家思甲。

把总四员：郭成玉，行营都司，蓝翎；杨肇先；思克甲天寿；白成璧。

外委八员：苍旺思甲，行营都司，蓝翎；吉逢春，行营都司；钟占鳌；邦大德；都进忠；板登朋；刚秉阳；桑吉朋。

增　设

守备一员：板登耳吉，行营参将，花翎。

千总一员：杨世森，行营都司，花翎。

把总一员：旁占阿合，行营把总，花翎。

外委二员：阿咱戎思甲，把总，蓝翎；科纳折朗朋，行营外委。

屯官：下孟董寨

额　设

守备一员：沙成金。

千总二员：苟正邦，札玉瑞。

把总四员：八各宰，汪成珍，撒耳吉，豆日折耳丹。

外委八员：阿旺，行营都司，蓝翎；思丹别耳吉，千总，蓝翎；康绍龙，行营千总，蓝翎；木耳吉，行营千总，蓝翎；兹多尔，行营把总；阿朗；贾廷谟；官国栋。

增　设

守备一员：札承恩，行营都司，蓝翎。

千总一员：布布扣五朋，行营都司，蓝翎。

把总一员：扣耳六根札，行营守备，蓝翎。

外委二员：矮成良，行营守备，蓝翎；我仰格耳五，行营把总。

屯官：九子寨

额　设

守备一员：思丹增。

千总二员：郭定川，杨凤鸣。

把总四员：德隆贵，行营守备；朝星，行营都司，花翎；杨遇春；王玉春。

外委八员：达青云，行营守备；米西什丹，行营把总，蓝翎；天喜保；桂凤鸣；丁寿；杨寿林；杨寿元；马顺元。

增　设

守备一员：马金凤，行营都司，蓝翎。

千总一员：班太福喜，行营游击，花翎。

把总一员：王遇春，行营游击，花翎。

外委二员：杨得友，行营千总，蓝翎；余禄五，行营把总，蓝翎。

以上五屯，每屯守备、千、把、外委二十员，共屯官一百员。现在供职，其养赡拨补详见“屯制”及“志存·善后”各条。

杂谷屯各寨兵

正额三百七十五名，余丁三百七十五名。

朴　寨：额兵六名，余丁十五名。
木晚寨：额兵十六名，余丁十三名。
克增寨：额兵十八名，余丁十六名。
科多寨：额兵九名，余丁九名。
坎搭寨：额兵十二名，余丁九名。
马洛寨：额兵十二名，余丁十二名。
达寺坡：额兵十三名，余丁十四名。
瓦是寨：额兵二十名，余丁十九名。
末古寨：额兵二十六名，余丁二十五名。
日角寨：额兵十四名，余丁十四名。
格山脑寨：额兵十三名，余丁十三名。
科多寨：额兵八名，余丁八名。
不止寨：额兵九名，余丁九名。
谷科而寨：额兵十三名，余丁十一名。
根斗寨：额兵十五名，余丁十四名。
绒古、达寺多、朴卡三寨：额兵三十六名，余丁三十四名。
阿耳巴、纳灼两寨：额兵四十名，余丁三十四名。
日诸寨：额兵三十二名，余丁三十名。
梭罗寨：额兵五十三名，余丁四十八名。
分驻屯防大板昭、马丹寨：余丁三十二名。
以上共屯兵七百五十名。

乾堡屯各寨兵

正额三百二十五名，余丁三百二十五名。
乾堡寨：额兵二十三名，余丁十四名。
郭铁寨：额兵十二名，余丁三名。
札成寨：额兵八名，余丁十四名。
纳各得寨：额兵十三名，余丁十二名。
科恩多寨：额兵十一名，余丁十四名。
阿木更寨：额兵二十名，余丁十五名。
木堆寨：额兵十四名，余丁七名。
戎溪寨：额兵十名，余丁五名。
热各得寨：额兵十三名，余丁九名。
纳耳木寨：额兵十六名，余丁十二名。
什米寨：额兵十四名，余丁十一名。
章机寨：额兵十一名，余丁十六名。
各瓦寨：额兵十五名，余丁二十名。
白寺额寨：额兵十六名，余丁十六名。

八什脑寨：额兵二十一名，余丁十六名。
欺格寨：额兵二十名，余丁十八名。
色南达寨：额兵二十名，余丁十七名。
俄多寨：额兵十五名，余丁十三名。
阿耳不寨：额兵十八名，余丁二十名。
札古寨：额兵十八名，余丁十七名。
维关寨：额兵十七名，余丁十四名。
分驻屯防大板招、曾头沟寨：余丁四十二名。
以上共屯兵六百五十名。

上孟董屯各寨

兵正额二百六十五名，余丁二百六十五名。
瓜托寨：额兵二十三名，余丁十七名。
木泥寨：额兵三十三名，余丁三十名。
瓜达寨：额兵三十名，余丁二十八名。
热不寨：额兵二十三名，余丁二十二名。
日漆寨：额兵三十六名，余丁三十一名。
拔思坝寨：额兵三十五名，余丁二十八名。
日经寨：额兵三十二名，余丁三十二名。
纳凹寨：额兵五十三名，余丁四十五名。
分驻屯防余丁三十二名。
以上共屯兵五百三十名。

下孟董屯各寨

兵正额二百八十五名，余丁二百八十五名。
子达上寨：额兵七名，余丁八名。
子达下寨：额兵九名，余丁六名。
欧舒寨：额兵八名，余丁六名。
木姑寨：额兵八名，余丁六名。
班达上寨：额兵十八名，余丁十八名。
班达下寨：额兵九名，余丁六名。
楼达寨：额兵九名，余丁八名。
热特寨：额兵三十一名，余丁二十七名。
沙加上寨：额兵二十名，余丁十八名。
沙加下寨：额兵十八名，余丁十六名。
龙袍寨：额兵十五名，余丁十四名。
龙袍中寨：额兵十六名，余丁十四名。
龙袍下寨：额兵七名，余丁七名。

谷里寨：额兵十七名，余丁十四名。
作落寨：额兵二十四名，余丁二十一名。
色白、更斗二寨：额兵二十四名，余丁二十一名。
木作寨：额兵十一名，余丁九名。
亚色寨：额兵九名，余丁十名。
额鸟寨：额兵十二名，余丁十二名。
沙作寨：额兵八名，余丁八名。
官　寨：额兵五名，余丁四名。
分驻屯防丹札寨：余丁三十二名。
以上共屯兵五百七十名。

九子屯各寨

兵正额二百五十名，余丁二百五十名。
热耳达寨（即水塘寨）：额兵三十八名，余丁三十三名。
什竹寨（即九子寨）：额兵四十四名，余丁四十名。
龙窝寨：额兵三十六名，余丁二十九名。
耳瓦寨：额兵二十四名，余丁三十二名。
立力寨：额兵二十二名，余丁二十名。
格思达寨（即大牛心）：额兵二十九名，余丁二十五名。
木勿日寨（即小牛心）：额兵十五名，余丁十二名。
马达寨：额兵十九名，余丁十八名。
拔达寨（即角寨）：额兵二十三名，余丁十九名。
分驻小金屯防余丁三十二名。
以上共屯兵五百名。

合计：五寨额设、增设，共屯兵三千人。

武　功

汉武帝元鼎六年，开冉駹夷地，以为汶山郡。

蜀后主时，遣姜维、马忠讨汶山叛羌，筑城屯兵于此，后遂谓之姜维城。按：《通考》：蜀后主建兴十年，汶山夷、康夷反，姜维讨平之。

唐太宗贞观八年，吐蕃遣使来朝。

按：吐蕃本西羌属，百五十种，有发羌、唐旄等居析支水西（即《禹贡》析支），祖曰鹘提窣勃野，健武多智，稍并诸羌。“蕃”“发”音近，故其子孙曰吐蕃。一云南凉秃发利鹿孤之后，或居跋布川，或居逻婆川，遂抚有群羌。俗称王曰赞普，相曰大论、小论，以统理国事。历周及隋，未通中国。至是奉表求婚，太宗未许。复请，乃以文成公主下嫁。中宗景龙四年，复尚金城公主。乾元以来，唐室多故，尽有西域，是其盛也。大中以后，部落分散，各自为长，不免少衰云。

玄宗开元二年，吐蕃大入。河西节度剑南章仇兼琼，取安戎城，杀虏戎。吐蕃围安戎城，绝水道，石裂泉涌，虏惊去。

中宗神龙中，维州没于吐蕃，吐蕃得之，号无忧城。

元宗开元二十八年，复取之。

代宗广德二年，吐蕃引羌寇西山拓、静等州，剑南节度使严武破吐蕃于当狗城，奏崔旰为汉州刺史，将兵击吐蕃，连拨其城，攘地数百里，吐蕃不敢犯。

广德十四年，吐蕃入寇。诏神策都尉李晟讨之，斩首二千，恢复维、茂二州。

代宗大历十二年，西川节度使崔宁破吐蕃于望汉城。

德宗贞元四年戊辰，吐蕃寇西川，十余万众屯泸州。节度使韦皋遣击破于清溪关外。

贞元七年，韦皋遣威戎军使崔尧臣出龙溪、石门两路，伐吐蕃。

贞元九年，韦皋攻吐蕃，破通鹤城。

贞元十年，韦皋破吐蕃于末恭城。

贞元十七年，韦皋大战吐蕃于雅州，历破其众四十八万。

贞元十八年壬午春正月，韦皋复破吐蕃于维州，斩首五万级，捡其大将论莽热，自是西陲宁肃。

文宗太和五年，吐蕃维州守将悉怛谋挈城以降，剑南西川节度使李德裕受之，收符章铠仗，更遣将虞藏俭据之。为牛相所沮，送还悉怛谋，归其城，吐蕃诛，无遗种。武宗时，德裕上书乞追奖，诏赠悉怛谋为右卫将军。

按：德裕在西川建筹边楼，南道山川险要与蛮相入者图之左，西道与吐蕃相接者图之右。其部落众寡，馈运远迩，曲折咸具。召习边事者与之指画商定，虏之情伪尽知之。又请甲人于安定，弓人于河中，弩人于浙西。由是器械皆犀锐。率户二百取一人，使习战，缓则农，急则战，谓之雄边子弟。筑仗义城，以制大渡、青溪关之阻；作御武城，以控荥经掎角势；作柔远城，以扼西山吐蕃；复邛崃关，徙嶲州治台登；以夺蛮险。（节《新唐书》）

宣宗大中三年，杜悰镇蜀，维州守领复悉众内附。悰恐廷臣中阻，遂先纳之，然后以闻。自是吐蕃不复入寇。

明永乐间，保县羌民黑大肆行不法，四川成都指挥李敬帅兵追剿，直捣贼窟，悉歼其众，生捡黑大，斩之。

景泰间，威茂州寨帅王永煽动上下五族，欲拒南路。时罗绮抚治松潘，一举殄之。

天顺末，夔、茂、威、嘉盗起，连劫州郡。佥事汪浩密设方略，多张疑兵，深入捡斩贼众，讨平巨贼赵铎。

国朝顺治十二年，威州龙蒲等寨逆番纠合贼党，攻城掘冢，势甚猖獗。总督李国英檄行威茂监军道佥事程翔凤、松潘副总兵王德明，出其不意，六路进兵，歼厥凶渠，扫穴平硐，剿抚并用，诸蛮乃服。

按：龙蒲太三寨[①]逆番逼处威州城外，自献逆据蜀，恶番投逆受印之后，大肆桀

① 寨：底本作“岩”，据乾隆《保县志》改。

孱，恃其碉寨险峻，党羽繁多，阻劫行商，烧焚关堡，威城外累累千家，掘[①]发无遗。又与灌县逆贼常相勾连。是役，六路进兵，捣其巢穴，焚斩贼番不计其数，划平八十七碉，夺获伪印关防二颗，转赍平山王固山查验，凶孽既除，余党奔溃，曲山大寺等寨诸番望风投诚。（节四川巡抚李国英《雕剿龙蒲等砦报捷疏》全文载《四川通志》。）

顺治十四年，杂谷土司桑吉朋、阿日、土官巴必太合兵千余，攻围瓦寺土官曲翊伸番寨，未下。遂入内地劫堡断桥，杀戮人民，掠去男妇四十余人。监军道佥事程翔凤调防威守备关天爵、林柯桂等，领劲兵六百名，首尾夹攻，斩馘无算。生擒贼囚[②]阿朋，并贼蕃一十三人。桑吉朋、巴必太共负重伤逃回。六月内，吉朋输款纳甲以图自新，各蕃控吁部院，愿献所掠男妇以赎阿朋，及释阿朋，归见吉朋没其家赀，遂构衅。

康熙元年，阿朋纠阿姜济等逐土官桑吉朋于别思蛮地方，而立其侄。兵备道陈子达遣中军张士龙，由董卜援吉朋，至省，寻带至汶川，示部蕃以有所归，并宣布朝廷恩威，抚谕阿朋迎故土司，以盖前愆。阿朋恃恶不悛，断绳桥阻哨道，煽引水田、星上、曾头三寨贼番作乱，威保声息不通。威茂兵备道陈子达、松潘副总兵何德成奉令调剿，四路夹击，遂斩阿朋，剿抚番寨百三十有奇，各番始纳款输赋，听瓦寺、打喇二土司官约束，每岁量给赏需，以示羁縻。诸番悉平，仍安置桑吉朋于维州。

按：星上、水田、曾头三寨，乃界连威州生番。当明季时，倚险为势，黠悍异常，从来未归王化。及至杂谷土司番目阿朋驱逐本官桑吉朋，聚众称兵，该番辄敢附比作逆。是役，能令认纳杂粮，以明归诚之据，复岁有赏需银两，亦可云恩威并至矣。（节四川巡抚《剿处星上等寨疏》详载《四川通志》。）

雍正五年丁未，杂谷土司约束下郭罗克番人不严，仍行劫掠。川陕总督岳钟琪遣平番营守备宋宗璋领兵进剿，招抚下郭罗克、阿树等一十三寨，归并本营管辖。由是川陕各边并阖内番属，俱帖然慑服。

乾隆十二年，大金川土司莎罗奔谋攻西南各土司，以金川寺土舍良儿吉、土妇阿扣、土目阿该为羽翼，汉奸王秋为耳目，废金川寺土司泽旺。会金川寺绰司甲巴旺诸酋部，先夺南邻土司革什札属之正地，攻明正司属之鲁密土舍，又西攻沃日、热笼、达怀官寨，遂由热笼分兵冲奔拉山侵瓦寺，又北攻杂谷属之党坝儿那达土舍，复西攻章谷土司，肆出侵掠，诸部仓卒无备，势甚猖獗，将犯内地。巡抚纪以闻，上命贵督张广泗总制四川，率松潘镇总兵宋宗璋、夔协副将马良柱等进剿，复命大学士讷经略之，事未竣。十三年冬，特命大学士忠勇公傅经略，调两江总督果毅公策总督四川，与提督威信公岳益兵进讨，计擒首恶良儿吉、阿扣、阿该诛之，磔王秋于军营，纪律严明，军威大振。莎罗奔穷蹙乞降，献逆目，服上刑，反诸土司侵地。十四年二月班师，升赏有差，大金川平。（莎罗奔，《陈志》作色勒奔细。）

乾隆十七年，杂谷土司苍旺与梭磨、卓克基构衅，抢掠两土司所管部落。四川总督策楞、提督岳钟琪率松潘镇马良柱带兵进剿，擒苍旺，伏诛。招降各番民，改土归流，分其地为杂谷屯寨、乾堡屯寨、上孟董屯寨、下孟董屯寨、九子屯寨，归理番厅管辖。

---

① 掘：底本作“窟”，据乾隆《保县志》改。

② 囚：当为“酋”。

按：苍旺有异志，岳威信公亟言于果毅策公，曰：杂谷地即唐维州，最险要。闻苍旺密调九子、龙窝兵据维关，此地一失，后将噬脐，宜及其未集击之，若待奏下迟矣。策公深然之，即会奏便宜行事，于八月二十八日出师，沿途获奸细二格头、康保等十七人及逆目中忠等，诛之。九月十七日，次猛古，夺取山梁，断其汲道，连夜攻下石角卡、登甲等处。二十日，直捣松冈巢穴，搒苍旺，斩之。撤土司，置营设戍以还。

乾隆三十六年，大金川土司索诺木（莎罗奔兄子，郎卡之子）诱杀革布什札土官，小金川土司僧格桑（泽旺之子）亦攻鄂克什。我军往救，遂与官兵交战。事闻，上以前此出师本救小金川，今反悖逆，罪不赦。总督阿尔泰按兵不进，赐死。命大学士温福由汶川出西路，尚书桂林由打箭泸出南路进剿。僧格桑求援于索诺木，狼狈为奸。上命先剿小金，且勿声大金川之罪，及桂林被劾，阿桂代为参赞大臣。军抵美诺，僧格桑已送其妻妾于大金川，而自赴底木达寨，泽旺不纳，遂窜入大金。我军至底木达，俘泽旺，檄索诺木缚献僧格桑，不应。上以贼酋同恶相济，宜一举并灭，命温福、阿桂、丰伸额专主之。三十八年春，温福驻营木果木，刚愎自用，不广咨方略，惟袭讷亲、张广泗以碉卡逼碉卡故事。索诺木、僧格桑阴使小金头目等，由美诺沟出，煽降番，使复叛，温福死之，小金川地复陷于贼。阿桂闻变，知必有降番内应，先击杀近寨诸蕃，并尽收皮船以断隔河之贼，故一军独完。上乃授阿桂定西将军，丰伸额、明亮副将军。丰伸额由绰斯甲进取宜喜，阿桂由鄂克什入。转战五昼夜，直抵美诺。明亮由玛尔里入，所向克捷，遂尽复小金川地。上以前此开网纵兽，今当大创，先磔泽旺于市，移小金川之师进讨大金川，直逼逊克宗垒。索诺木震慑，酖杀僧格桑，而献其尸及妻妾头目至军，乞赦己罪，阿桂槛致京师，而攻益急。四十年十二月，三路兵皆萃于噶尔崖，筑长围，周数里，断水道以困之，飞走皆穷，外围益急。四十一年二月初四日，逆酋索诺木跪捧印信，及其头目妻子番众二千余出寨投降，两金川平。露布八日至京，在事文武官以次封赏，上恭谒两陵、岱庙、阙里，郊劳饮至，献俘庙社，上皇太后徽号，勒碑太学，新疆地方改土为屯，设懋功厅同知一员总理屯政。

按：乾隆二十年平准、回两部，辟地二万余里，用兵五年，用帑银三千万余两。金川地仅千里，而用兵亦五年，用帑银至七千万两。非乘国家全盛之物力，与庙堂宵旰之忧勤，固烈不臻此。（节《神武记》详见《四川通志》武功边防。）

夷俗

汉时，自笮以北，冉駹最大。其俗，土著或随时迁徙，在蜀西。武帝以为汶山郡，宣帝省并蜀郡。其山有六夷、七羌、九氐，各有部落，其王侯颇知文书而法严重。贵妇人党，母族死则烧其尸。土气多寒，虽在盛夏，冰犹不解。依山居止，累石为室，高者至十余丈，为邛笼，彼土人呼为碉。又地刚卤，不生谷、粟、麻、菽，惟以麦为资，而宜畜牧。有旄牛无角，一名犝牛，肉重千斤，毛可为毦。出名马。有灵羊，可疗毒。又有食药鹿，鹿、麑有胎者，其肠中粪亦疗毒疾。又有五角羊、麝香、轻毛毼鸡、狌狌。其人能作旄毡、斑罽、青顿、毞毲、羊羧之属。特多杂药。地又有醎土，煮以为盐。麢羊牛马，食之皆肥。其西又有三河、盘于虏，北有黄石、北地、占水胡，其表乃为徼

上。灵帝时复分蜀君，北部为汶山郡云。（《汉书》）

按：冉駹，旧为汶、保县地。

白兰，羌之别种。东北接吐谷浑，西至叱利摸徒，南界郡鄂。风俗物产与宕昌同。周武帝保定元年，朝献使至，有胜兵万人，勇于战斗。唐武德二年，使者入朝，以其地为恭、维二州。（《通考》）

按：白兰即旧保县东北。

吐蕃在吐谷浑西南，风雨电，每隔日有之，盛夏节气如中国暮春之月。山有积雪，地冷多瘴，令人气急，不甚为害。其俗重汉缯而贵瑟瑟[①]，男女用为首饰。其君长或在跋布川，或居逻娑川。有小城而不居，坐大毡帐，张大拂庐，其下可容数百人。兵卫极严，而衙府甚狭。养牛羊，取乳酪供食，并取[②]毛为褐而衣，不食驴马肉，以麦为面。人死杀牛马以殉，取牛马积累于墓上。其墓正方，累石为之。其臣与君自为友。没官，父死子代，绝嗣即近亲袭焉。非其种类，辄不相伏。法令极严。兵器有弓、刀、盾、矟、甲、胄。每战，前队皆死，后队方进。人马俱被锁子甲，其制甚精，其战必下马列行而阵，死则递收之，终不肯退。枪细而长于中国者，弓矢弱而甲坚。人皆用剑，不战亦负剑而行。有草名为速古芒，叶长二寸，状若斜蒿。有鼠，尾长于常鼠。置大论以统里[③]国事。无文字，刻木结绳为约。征兵用金箭，寇至举燧。与其臣下年一小盟，用小羊、狗、猕猴；三年一大盟，用牛、驴、八马。以麦熟为岁首。议事则自下而起，因人所利而行之，此其所以能长且久也。

按：吐蕃即今杂谷、梭磨诸番。

各番衣服之制，男子首毡帽或皮帽，或以布缠头，著毪子短衣（毪子以牛羊毛织成，似褐而粗），亦用布。外披大毯，如僧偏其上者，亦服织组。左衽，辫发，不栉沐。左右佩刀。以盐渍豕肉，经年储之，曰猪膘。多畜犏牛、山羊，取其乳成酥酪以食。酒用热水泡稞麦于小瓮，以细竹吸饮。妇女以布裹头，纽发细辫，末总辫之，更结牛毛于尾，盘于头。额缀以珊瑚、珠宝。短衣长裙。耳垂大铜环。病延僧祈禳，不服药。占事扯索卦，灼羊髆以代卜筮。有大筵会，酋长中坐，土目、土舍皆旁坐。俗重根子，其祖父未为土目者，不能列，坐末也。婚姻自土司、土目、土舍，各以相匹者为偶。酋长承袭，即妻其所承之人之妻。纳后母、娶嫠嫂不以为非，而贵贱不可紊。人死无棺椁，以其生时衣甲、服物、兵器、马匹置尸旁焚之为墓。亲族各以采缯布帛，悬竿高插，名插旗。

称天曰"得蒙"，地曰"萨"，帝曰"更满吉儿布"，君曰"吉儿布"，汉官曰"更助"，长曰"鞘考[④]"，奴曰"中使"，婢曰"墨斯浪"，民曰"得所"，寨首曰"秋坐"，男曰"得咱"，女曰"得名"，父曰"娃伯"，母曰"阿母"，土妇曰"阿思"。名土司子曰"得什咱"，官僧曰"郎送"、曰"色勒奔"，民僧曰"格尔杀思"，大土司曰"儿甲宗"，小土司曰"儿甲长"。译番经瘗于石塔，云"镇水灾"。

---

① 瑟瑟：底本作"琴瑟"，据乾隆《保县志》改。
② 取：底本作"去"，据乾隆《保县志》改。
③ 里：或当为"理"。
④ 鞘考：乾隆《保县志》作"鞘老"。

无汉文，各译番字如蒙古状。民间不习者，有交易，削木竹数寸，刻其数于上，各执一藏之。

酋长娶妇，部民男女皆酌酒相贺。妇未生子女，饮食男女皆取给于母家，虽千里之外必至。有所出，然后衣食于夫。如废妻，亦其父母兄弟为馈饮食。婚无媒妁，男女相悦，则父母为之娶。亲朋置酒食以定婚。婚时，婿至女家。俟有子女，始偕妻以归。

各土司自以大小强弱分先后序。相等者称兄弟，相悬者称父子。虽伯叔甥舅皆没其称，而别以父子兄弟相呼。祖父子孙皆单传。有二三子，只以一承祧，娶妻生子，名曰血人，余则悉度为僧，官给衣粮。生不识年月，以鼠马记子午。

地无城郭，有亦卑小不居。皆依山冈为宫室，叠石架木，层级而上，形如箱柜。最后则修高碉，藏其珍宝、兵甲，至二十丈，有八棱者，坚牢深密，炮石不能破毁。

粮役重于中土，按地科粮以大小计，虽凶年不减，有鬻子女以偿者。官有工役，自备器具，载木石而往。争讼各就决于所辖土目，未服方决于土司。罪[①]轻则为官负薪水[②]，重则籍田产，最重并其子女卖之，或加以投河、坠崖、剔目诸刑。

俗严盗贼而不重人命。或杀人，令出牛羊、布匹于死者之家为埋葬费。并以生人易之而不抵命。鬻田产，其价一定，即更易数十主，不增减于初。民无子者，死后妻女皆没于官。

喇嘛之教本自西藏。土酋尊敬如父母。善咀咒，能摄人魂魄。时延梵僧祈禳，咒其仇敌，又解其仇敌之咒己者。

杂、梭、党诸司舍与绰斯甲有隙，其部夷相猜疑，巴凹杂谷地与绰地隔河，渡用皮船，彼此贸易必以所亲子女为质，曰放当头。

地寒冷，染痘者易死。酋长忌见生人，恐带痘疮进也。大金川旷野更多忌，遇人至，则上碉遥放鸟枪，持刀呼跃，状如内地逐疫者，云恐带鬼至。

好修庙宇，高至三重。东西秘殿二，塑男女交媾状，曰阴阳佛。

杂谷梭磨，春迟霜早，豆麦至八月始获，无花果，略似松州，近雪山地形高也。大金川隆冬暖如春，可种秫菽，产瓜、梨，不异中原。远雪山，地形卑也。

土俗以三冬望日为岁朝。先一月集男女以白涂门，曰帖门神，饮酒歌舞，谓小过年。至期则曰大过年。广延番僧为七日道场，击鼓钹、诵经，声闻数十里。第五日，僧各顶大笠，被绣衣，自庙盘旋庭中，至于门外。甲夜抟面为人，实牛羊肠肺，为厌胜仇家之戏，门内外俱聚兵，每一僧诵一咒，则内外哗声相应，枪炮齐发。丙夜于门外缚草作浮屠，饰以金碧，置面人其下。第六日僧尽集门外，筑坛如厂[③]，设帏幄，老僧上坐，余蒙牛羊皮，戴面具，象虎豹形，环走诵咒，乃大集番兵，土司甲胄操弓矢跳跃而出，目兵分队随行；弓箭者，手弯弓，腰皮盾，身漆甲，首大盔，上悬一小旗、鹅翎七，背挂彩帛。枪刀者，手放枪或背枪舞，腰左右悬刀，衣棉甲，顶棉盔，状如圆盖。每十数人为队，队有长，执小旗领之。厌队有大土目，别令二人执大旗，又三人司金鼓

① 罪：底本作“负”，据乾隆《保县志》改。
② 负薪水：乾隆《保县志》作“负薪担水”。
③ 厂：底本作“敞”，据乾隆《保县志》改。

为号，皆作登顿盘踊飘忽出没之势，上下于飞栈危硐之间，望若蜃楼光怪，彼人呼为打镇，犹[①]华言摆阵也。阵毕，僧举面人掷地，环绕咀咒，一僧抽刀断其头，一僧断手足，又一僧刳其心，又一僧取其肠肺，嗾群犬食之。已乃大陈先代所藏金玉珠宝器物，人各奉盘，盛麦置宝玉于上，旌旗幡幢，迎导簇拥。两人蒙狮皮作老鬼，一执毬作小鬼，引狮搏毬，环幄三匝，僧乃焚其草缚浮屠，众兵枪箭分队前驱，势若破敌。众妇首戴大帽，帽用布全幅盘绕，嵌以宝石，长裙短衣，被大毯，若僧人偏衫。执草一束，夹道立，掷地焚之，各兵跃火过。男女执手，复环行三匝，歌声四起，如凯旋者，庭列火[②]，酒瓮无数，男女复分队更唱迭和，执手跳跃，自夜达旦，名曰跳锅装。又明日，番僧露坐于庭诵经，设高坐，大喇嘛说法，土司侍坐，头目跪听，乃分宴其族类而散。

杂、梭诸番男妇，于三冬进口赴蜀西各郡县佣工，谓之“下坝做活路”，不独威茂熟番然也。凡掘堰、淘井、造屋、筑墙诸色，皆善。力作即寓雇者之家，驯伏不啻臧获。又熟悉其小户之瘠饶，以资放债，春尽则贩买缣布、锅、刀、牲畜以归。所亲死，必携其骸，不弃内地。债未收者，不即索，凭主家以利作本，更书券。年久利厚，则嗾群类迫取，或噪于官，如约乃去，实狡黠非常。

每岁，差酋长赍金帛赴西藏送于喇嘛寺，谓之熬茶。

夷事

八棱碉长官司，其先居于丹者孟沟地，为杂谷所并。后有登革者率一妻三女窜伏旧保民徐秉恒家，倚为谋主，控抚军，檄县令高崇岩，调杂酋良儿吉质讯。儿吉惧，还所夺印，诡言八棱碉地不在杂境。县以讯登革，革无实证，谬指旧保九子、龙窝等寨为八棱碉故地。抚军檄威茂参将及茂州牧、汶保令赴寨清理。然九子、龙窝实非故八棱碉地也。崇岩知杂谷不能从，又患登革诉，乃言俟霜降水落，渡河查勘。至期，又命登革造册、编桴以难之。而登革死，革长女热地妈替职，秉恒令妈遣人赴陕控。制府谓有印无地，地实杂谷据。控县令私受杂酋千金、银万两、奴婢各十人、舍利珠一颗，故为徇庇不令还。而杂酋亦辩，令廉非肯受赂者，且舍利故僧枯骨，不祥之物，非宝玩赂遗，指为明珠，诬可知。制府两下其事，檄县安插。或言于崇岩，威州之沙坝寨，先为八棱碉土司所售，岁纳租。崇岩乃白[③]上官，安插热地妈于沙坝。热地妈姊妹既得地，又偕秉恒讼于会城。松茂巡道恶之，令威茂[④]于保子关设禁，不令过。而秉恒、热地妈潜派人怀血书奔陕，复控制府，谓巡道受重贿。制府下两司会查，事无证，遂寝。已而热地妈又死，妹板地替职。板地弱，不如其姊之黠。沙坝番民亦厌其诛求，杂谷乃重赂沙坝民，夜纵火焚其寨，板地与妹俱死。事闻，威州知州王国正，从灰烬中得八棱碉长官司印，上抚军。收纵火番民，斩之。归沙坝民于威州，八棱碉遂绝。

杂谷酋良儿吉能以智谋驭众，诸部皆拱手听命。而金川、沃日、绰斯甲更以子婿尽

① 犹：乾隆《保县志》作“若”。
② 火：乾隆《保县志》作“大”。
③ 白：乾隆《保县志》作“曰”。
④ 茂：乾隆《保县志》作“州”。

小事大之理。传至板第儿吉，以逐金川寺汤鹏姊，绝世好。然畏杂谷，不敢与抗。苍旺袭，三易其妻，绰斯甲、瓦寺之好俱绝。大金川色勒奔细，乘间与结盟，誓定婚姻，杂谷于是孤立。（一作良尔吉。）

苍旺之兄色丹增娶绰斯甲女雍中，丹增殁，苍旺纳其嫂。已而嫌之，求娶瓦寺桑郎温恺之女阿孟。故事，土司婚姻必请命于官，时以杂瓦结婚将取道保县，虑生事未许也。瓦寺阳不许，旺固请，不得已从之。阿孟有宠于旺而与土目拖巴交恶，孟乘间语旺，曰：拖巴乃郎吉司后，久住杂谷脑，得民心，闻与汉人谋以杂谷脑各寨附内请印，别为土司，事成，杂谷地去半矣。旺疑之。已又泣诉于旺，曰：拖巴之子将污我。于是旺益怒，囚拖巴父子岩穴中，杀之，投尸于河。既阿孟病拖巴为祟，人时见其父子驰马往来，风沙四起，而孟竟死。孟之死也，旺怜之甚，更求孟妹扣思满为妻，有年矣。已而思满被逐。先是董卜土妇王氏么么之女曰朗金初，姣慧有声，嫁沃日土司哈儿吉。未逾年，哈儿吉殁。侄纳儿吉应袭，又议嫁之。纳儿吉之姑泽儿吉妬，与争，虽成婚，未一室居也。旺闻其事，遣土目与朗金初谋，曰：主妇容貌，世间稀有，寡居别寨如僧尼，非终身计也。且沃日褊下，时为强邻悔[1]，即为土妇，无所利。杂谷富庶甲西南，主慕妇寝不安席，倘肯结褵，他日百十寨土地人民皆主妇有也。因赠以先代所传宝刀，光璨夺目。金初心动，谋于母么么，么么曰：瓦寺妹已嫁旺，吾女后去，妾也，妾不可为。止之。旺乃与土目冷增妻初谋所以弃思满，谓思满曰：吾与尔为夫妇三年矣，顾无子。杂谷脑之山有石狮，祷之即得子。尔先往，吾后来。乃遣冷增送至杂谷脑。翌日，又选夷众百人送之丹者孟沟山中，谓思满曰：石狮在彼。思满既至，则其地即瓦寺界也乃。又谓思满曰：主有命，送安宁母家。思满愕眙失色，既已无可如何，往省母兄，则苍旺已遣人往瓦寺，诉思满私其仆人代抬，行不正，不可以为土妇。桑郎容忠恚甚，控于院司，方檄杂谷迎思满，而旺已遣目众过荜蓬山娶金初以归矣。事闻，院司议以旺既婚金初，不可离异，许旺兼娶之，与思满司居，修睦心寺，旺奉令迎思满归，竟置别室。后归瓦寺，议别嫁云。

汤鹏之兄浪各王折，娶杂谷良尔吉女阿妈思[2]为妻。性淫，厌王折，私通于大金川土舍汉王八泽，欲废王折而嫁之。阴坏其厕，王折如厕，坠地溷死。妈思以失足被跌闻八泽，即拥兵至金川寺登答寨，与妈思兵会。告巡弁，身是金川宗支，应替职弁，仓皇未应。是夕，妈思填房矣。填房者，番俗土司病故，替职者即妻其妻也。杂谷良儿吉闻之怒，约沃日共举兵围登答，声言必杀八泽、妈思。妈思大惧，令八泽顶覆釜，杂牛羊群出城逸。时汤鹏为大金川所囚，迎还，袭兄职，妻妈思。鹏谨事杂谷三十余年，良儿吉殁，子板地儿吉袭。卓克基妇丢日之事起，而杂金交绝。

卓克基土舍阿吉遗妇丢日，汤鹏姊也。杂谷土司板弟儿吉使言于鹏，愿纳为妻，鹏诺。已遣人迎丢日于松冈，成婚。越四日，又逐之。鹏羞愤，遣人于大金川盟誓。时八泽既殁，子色勒奔袭矣。先是小金金川商角山之侧有土舍曰必色满，岁输赋杂谷如土目，而岁时潜修礼于汤鹏。鹏有目雅南多，分驻孙克宗地，最强悍。鹏为雅南多之子，

---

[1] 悔：或当为“侮”。

[2] 阿妈思：乾隆《保县志》作“阿思妈”。

求婚于必色满纳尔吉女。杂谷闻之，丞[①]胁纳尔吉，以其女嫁沃日。汤鹏愈忿，遂约大金川袭必色满，杂谷遣兵救。值隆冬，兵逾雪山，手足龟坼，尽为金川歼焉。天[②]是两酋争讦不已，制府提会城亲鞫之。纳尔吉遂称身属金川宗支，而杂谷不服。制府度纳尔吉回寨必有争，乃以纳尔吉未娴礼仪，留省化诲三年。未几，纳尔吉病死。杂谷争求其尸，棺以葬。番例，葬死者之棺即为死者亲属。盖借葬以图地也。制府允之，令一弁护丧归，至灌县，鹏潜使人乘夜开棺，以纳尔吉尸与金川人，而别求枯骨纳棺中，送之沃日之热笼。杂谷恨愈甚，已乃纠合革什咱、沃日、雅南多之兵攻鹏。鹏困，求援于金川，而各番之兵尽败。时制府檄建南、松茂二道协至夷巢剖决。鹏诡称退必色满地与纳尔吉子，杂、金两不得与，然阴实据之。

泽尔吉者，沃日哈儿吉之妹也。阴鸷，善伺人意。哈儿吉在时，即以沃事付之，目众无大小，皆心归焉。哈儿吉先娶必色满土舍纳尔吉之女，不睦，病故。继娶董卜王氏么么之女朗金初，有殊色。未半年，哈儿吉病瘵且笃，念无子，而其故庶兄丢日吉遗子纳尔吉居热笼别寨，纳儿吉以侄应袭叔职也。使人召之，将嘱后事。泽久操沃政，且年长，未字人。谋于奸民，谓兄死当以土女袭，赘夫同居。梭磨土司勒儿悟闻之，愿以其弟朗松赘于沃，因以据沃日之地。谋既定，泽因迁延哈儿吉之使，纳儿吉未至而哈已殁矣。泽谋袭兄职愈急，而土妇朗金初听其母王氏么么谋，谓当以妻袭夫职，沃之土目又谓当以纳儿吉袭叔职，未定。陈君克绳时为县令，请于土官檄查应袭者，金初遂以有侄纳儿吉上斗，泽大沮，乃谓金初曰：侄袭非嫂利也，嫂若替夫职，赘一婿，我为小妻，左右奉事，是沃日为嫂有也。金初听之，遂改称纳儿吉非丢日吉子，冒宗不可袭，愿以己为土官，而使小姑泽儿吉协办，请于县令，不允，而金初求愈力，泽之以赘夫诱金初也。谓金初柔易制，赘夫入寨，且听泽主持。既有人谓之曰：尔貌寝，金初美，同事一夫。美者宠，丑者弃矣。泽悟则又倡言，纳儿吉实己侄，当袭嫂，故争之。将以沃土畀母族，绝我宗，吾当率夷众抚藐孤，誓死保千年祖宗血祀。于是嫂姑交恶，泽手书番牒呈于县，曰：土女泽儿吉泪滴下作砚水，写书上闻。沃日受侮邻封，子姓少，势孤危。朗金初，外人也，不可信。沃日亲枝叶，惟纳儿吉与泽儿吉姑侄。邑令固父母我者，尔女年长矣，而沃日目众谓其能理事，不令出嫁他姓，父母曷为尔女商终身。以侄纳儿吉赏之为夫，令其相夫以主沃。词甚迫切。而金初又执言，纳儿吉年尚幼，已例，得护其夫印，以待纳儿吉之年，遂从所请。金初虽摄印，每有文书必白于泽，可行则请印，印扃于庙中，泽掌其钥。有狱讼，泽故扰之，令赴金初就质，不能断，然后己以数言决之人，皆服。凡百待泽之命以行。未几，纳儿吉年长，当视印，而王氏么么嫉其女为泽所挟制也。诉于院，谓金初奉朝命护印三年，顾印实泽主之，且纳儿吉有夫妇约而居别寨，泽通于梭磨，谋赘其土舍，心叵测，恐纳儿吉命不能自有，而沃日将并于梭磨，请如前约，金初与纳儿吉为婚，取印自理，而嫁泽于外。院委保县典史沈桂芳、威茂千总陈元功往沃日剖其事，至则遣沃日至热笼迎纳儿吉进官寨，并以么么所请三事言于泽，泽阳许桂芳等，为择吉期合卺交印，事毕。泽乃令目众百余人集桂芳馆，谓金初既以婶

① 丞：或当为“亟”。

② 天：或当为“先”。

为侄妇，则泽亦应以姑为侄妇。桂芳逡巡未许，乘间行，金初度泽终不相容，怀印乘马，声言回董卜母家。纳儿吉追之，留居达怀寨中。桂芳等还，泽乃遣人谓纳儿吉，官田麦已熟矣。故事，刈麦时，官必亲阅，请往视。纳畏泽，遽回沃日。泽羁留之，不令至金初所者三年。金初愤甚，藏其印不与泽，将以要纳儿吉之至。泽患之，与杂谷、梭磨土司谋，令杂谷苍旺逐其妇扣思满，娶金初以去。别以梭磨土舍之女为纳儿吉妇。待事定，然后泽赘梭磨之朗松为婿，践夙约。苍旺遣目持厚礼与金初，母子议未决也。泽促旺遽遣目众，鼓吹舆马，盛兵卫入达怀寨，迎金初以归。而索沃日之印，归于泽，泽故为不知者。以朗金初私嫁报上，官遣员弁察之，则金初已嫁，而纳儿吉已纳梭磨土舍女为妇矣。泽于是遣目众至梭磨迎朗松入寨，具酒牢、设鼓乐以待，而梭磨迫于上官之阻也中止。初，金川汤鹏曾为其子良儿吉求婚于泽，泽却之。沃日摄于金川无险阻，金川久为眈眈视，而泽又与杂梭交好，皆金川仇也。既大金川跋扈扰邻，泽又与各部约，共举兵攻金，因乘间以纳朗松。于是大金川遣金川寺之良儿吉率兵攻沃日，泽几被擒，以官兵救援得免，而寨落已残破矣。泽便给工结纳，官吏过其地者必致敬礼，人交誉之。顾残忍目下，垂善杀人。金初在沃时，其从金初之土目阿扣卡结皆甘言，疑之。金初既去，则遣伴当阿九尽杀阿扣卡结之家属，继又惧纳儿吉之亲族为助，势难驱除。时以征瞻对调沃日兵，泽调纳儿吉之舅某某者领土兵以往，凯旋。自金川回，将抵沃界，泽遣人迎劳，夜入其帐中杀之，投尸于河，以跌死闻。既而纳儿吉忽得暴疾，亦殁于热笼。金川事竣，大府以金川寺泽旺柔懦不能自立，而泽儿吉有智略，令娶为妇助之理事。泽生子袭沃日职，无子，别以金川寺土舍为沃日土司。泽已与泽旺成婚，虑梭磨责其背约，遣人谓梭磨，嫁泽旺非我愿也。速以兵护朗松来，我纳之。梭磨知其诈，不行。初，沃日孤危，泽朗以两女子争婿，控讦无虚日，识者知其必亡。不三年而大金川兵至，宗祀覆灭，朗金初、泽儿吉先后嫁他姓焉。

梭磨囊索沙加布娶革什咱女阿桑为妻，贤而能，有三子。后加布以土目女阿色为妾，嬖之甚，弃阿桑，置别室。阿桑无怨，语曰：夕惟老婢侍左右，不见一男悬灯，竟夕卧，不解衣。沙加布殁，阿桑长子革儿悟袭。恶阿色之谗其母也，乃以长绳系阿色，裸其体，令有力者持绳两端，掷于空中，将坠，数十人鞭笞之。已复掷于空中，如是者三四，乃倒，埋于土中，并杀其所生二子一女。然阿桑晓大义，教勒儿悟[①]事上睦邻，官吏过其地迎送馈遗，曲尽礼数。或论以事，虽不能从，必往复道达，不作一龃龉。汉兵伤病回营与新兵赴敌过所辖，慰劳皆加礼。悟性猜忌又多病，不甚检点事务，能声冠诸土司者，阿桑主之也。

金川寺汤鹏之兄浪各王折为土司时，尝为孙克宗木藏所侵。王折与沃日土司呢嘛乾参，皆杂谷土司良儿吉之婿。儿吉时遣沃助之，金川寺始得恢复故土。儿吉因令王折以美固、色儿达两寨谢沃日，沃日管辖有年矣。康熙五十二年，儿吉及王折先后物故，鹏兴兵夺所与地，并夺其陇堡、桑歌两寨，于是沃日争讼不休。至雍正初年，两土司赴省质审，令鹏娶呢嘛乾参之妹以敦和好，而还其侵地之半。鹏在省誓云：我不还沃日一块石，神明诛之。既回，路经沃日，即娶其女以归。索地，则以一石畀之。云：我立誓

① 勒儿悟：上文作“革儿悟”。

时，只许一块石也。

金川寺泽旺之父汤鹏，袭其兄浪各王折职，即妻其嫂阿思妈，杂谷土司良儿吉女也。生子一泽旺，阿思妈殁。鹏续娶沃日土司呢嘛乾恭女阿妈桑，生子二：良儿吉、小朗索。先是汤鹏为杂谷婿，奉事惟谨。继杂谷土司板地儿吉与鹏有隙，乃与大金川色勒奔盟，愿结婚。色勒奔以其弟丢日吉之女阿扣嫁泽旺。鹏自居美诺，而令泽旺夫妇及良儿吉居占固。土目儿格补思觇知阿扣与良儿吉私通，言于旺。旺怒，持刀杀良儿吉，伤其背，避免。复以火铳击阿扣，坠其耳圈，未死。已，阿扣与良儿吉谋，诱儿格补思谮于鹏，谓旺得疯疾，动辄杀人，恐不能统众，请以儿吉为后日袭职之子。鹏心动，遣土目阿该往察之，该还白其事，且称旺无疾。鹏乃令阿该迎泽旺、阿扣并良吉儿回美诺，囚儿格补思于占固，籍其家。鹏以大金川强悍，弃阿扣，失欢好，劝旺与阿扣睦，键其夫妇一室，使共饮食卧起。旺誓不与阿扣交一语。年余，鹏不得已，留旺居美诺，令阿扣携所生子女回占固，厚给之，专主占固事。鹏殁，泽旺袭。时色勒奔细已袭大金川职，劝旺迎扣同居，旺不听。逾年，又两遣土目以迎扣语旺，旺坚拒如故，奔细怨旺："当鹏在时，与杂谷结衅，求援于我，以婚姻之故助之，而杂谷不敢犯，今旺不念旧德，必绝离婚媾，又反为其二子求婚于杂谷耶？"先是金川寺有土目雅南多叛鹏，尝[①]邀大金川攻之，多顺于大金川矣。至是泽旺与多和亲，还其质子，多遂背大金川。于是奔细猜怒愈甚。阿扣独居久，既怒旺，乘奔细愤恚，遣所亲之美诺谋于良儿吉，邀奔细以兵来，各以其地内应，于是奔细遣侄狼[②]卡袭占固，目阿纳袭美诺，以同攻雅南多为名，胁旺至占固，杖杀旺所信任目四人，令阿扣卧于床，迫旺同寝，旺终不应，第云：听阿扣为良儿吉妇。时阿该已改事阿扣，同倾泽旺矣。狼卡乃与阿扣、良儿吉、阿该及汉奸王秋谋，使阿扣、良儿吉盟誓为夫妇，许以金川寺界，良儿吉绝杂谷往来，诸事禀命大金川，儿吉如约，遂囚泽旺于大金川之刮耳崖。而儿吉娶阿扣回美诺，主金川寺事。复为狼卡率兵杀雅南多，取孙克宗地界大金川焉。事闻，督抚委官化导，奔细不得已，送泽旺回，阳称旺为土司，然旺所亲信土目俱被杀，权不由己，且畏祸，不敢与争。而良儿吉、阿扣共抚金川寺之众，听大金川调遣。大金川既有大金寺及孙克宗之助，而南邻绰斯甲土司策朱丙丁素与杂谷隙，因娶奔细侄女阿纳为妇，为其羽翼。巴旺土司，革什咱土司之甥。而其弟土舍亦娶奔细侄女为妇，金革不睦，各为其亲，以夺巴旺地。继而巴旺土司殁，土舍获印，亦因其妇而修好于奔细。杂谷土司屡与大金川构衅，而与其邻革什咱、明正、沃日土司相和亲。奔细将修怨于诸邻，遂邀金川寺孙克宗、绰斯甲巴旺番众先袭革什咱之正地土舍，据其地。已分兵南攻明正土司属之鲁密土舍，渡鲁河至毛牛，又以金川寺兵攻沃日，破色耳底各寨，围热笼达怀官寨，遂由热笼寨外分兵冲奔拉山以侵瓦寺。又以绰斯甲兵北攻杂谷土司属之党坝、儿那达二土舍。又西攻章谷土司。肆出侵掠，巡抚纪请剿，事未竣，上命经略忠勇公傅、总督果毅公策、提督威信公岳征之，事遂定。（详见"武功"。色勒奔，《通志》作莎罗奔。）

孙克宗木藏，金川寺所辖土目也。地方三百余里，界于大金川、金川寺。"木藏"

---

① 尝：底本作"当"，据乾隆《保县志》改。

② 狼：乾隆《保县志》作"良"。

犹华言“土舍”。康熙年间，有木藏达年度老叛其主，时与沃日侵扰金川寺寨落。汤鹏患之。传至雅南纳，投顺入官寨，左右事鹏。其弟雅南多留孙克宗寨。纳素驯，无子，言于汤鹏，愿以地土之半上鹏，请别选土目经理，留其半与多。鹏喜，令纳偕土目往交地。纳之妹曰庚[1]格安聪，姣而诈，纳献于鹏为妾，有宠。鹏之遣纳往孙克宗也，商于安聪，安聪赞之，而阴遣人告于雅南多，谓纳已尽献其地矣。纳乘马行，马倒地，口出血不止，从者谓其不祥，阻之。纳曰：吾弟也，何害？既而至，擂石滚木从山而下，纳受伤，死[2]。多据孙克宗以叛。鹏所居之美诺，距孙克宗不三里，有桥，倚山为险。多于山上竖碉，设兵据险，鹏不能攻，遣人说之，多乃议岁纳粮于鹏，而遣其子为质。已而鹏建番庙于美镀山，制甚巨，求木于孙克宗寨，无厌，役者苦之，多复因民怨以叛。杂谷、沃日素与鹏有隙，乃言于多，令其内攻，而杂、梭、沃日与革什咱之兵为外援，事成，公举多为土司，多诺。各部共攻鹏，鹏困甚，求援于两院，遣官驾驭，围解。已复委西南道协往质成之，议将定，而安聪又复为间，多不出。乃为鹏与多约，多先上粮而鹏还其质子。子还，多乃亲赴鹏谢罪，皆许诺，道协遂回。而多实未上粮也。鹏时与大金川约，共攻多，而多乘间投于大金川，岁输盐为部落。大金川遂谢曰：此吾圈中羊也，何害？安聪善媚，能惑鹏耳目，计得生子，谋袭职，因遂其嫡。已而仅生一女，乃复言于鹏，愿为尼，更纳多女葱旺错[3]为妾，鹏允之。安聪之意，凡以为其兄图金川寺计而已。为尼，居别院，将以避嫌也。然往来鹏室，宠如故。既而鹏死，子泽旺袭。安聪复言泽旺，令援夷例，更纳鹏妾葱旺错。劝多输粮，多既允，则说旺还其前质之子，而安聪亦回兄家，旺唯唯听命。旺之女弟喇章为明正土妇，势甚强，安聪欲为多结援，劝旺以聪所生女为喇章子妇。章曰：此妹也，可为姑妇乎？而旺强之，遂允。多既与旺睦，遂背大金川约，不赋盐。而大金川亦怒旺，举兵先袭金川寺，执旺归，与旺弟良儿吉合兵攻多。多仓卒无备，焚其积聚，担金银挟妻子遁。将渡鲁密河，求援于革什咱，而鲁密土舍先受大金川赂，阻之，不得渡。多退于莫南坝寨，寨甚险，而大金川兵周匝围之，多乃遣番僧出议，降大金川，允之，立誓，许以不死，多遂降。已而色勒奔细剔其目，沉于河，尽杀其子，妻妾有孕者剖其腹，囚安聪、葱旺错于幽室。所许明正司之女将嫁，亦被擒，既以明正故遣回。大兵进剿，明正司乃娶以归。初，大金川之攻泽旺也，借道于多，多率兵三千，尾其后，将击之。旺惶惧，遣土目阻之，曰：大金川我叔也，此来议家事，尔不可激生变。多引兵还，弛备。已而旺檎多，遂灭。

① 庚：乾隆《保县志》作“更”。
② 死：乾隆《保县志》无此字。
③ 葱旺错：乾隆《保县志》作“聪旺错”。

第五卷　艺文志

艺文志总

蜀之艺文，经前明杨升庵太史搜辑，宏篇巨制，可冠全帙，可付单行。钦定《四库书目》谓：《四川通志》明代凡四修，惟“艺文志”出杨慎手，最为雅赡。所以与之者，至矣。顾班史作志，首创斯体，原其义例，实寓劝惩。后来踵事增华，大都有益文章，无关治术，愈趋愈下，邈矣难言。昔姚虞撰《岭海舆图志》，略于文事而详于武备，议者称其体例独优，较之侈山水、夸人物、辑诗文，有用无用，迥殊。志边塞者，不当如是耶？抑又有说焉，我国家奋武揆文，迩安远肃。江汉之歌谣与周颂之耆定，所为化成天下，其义一也。文物以纪，声明以发。又乌可少乎哉？作“艺文志”。子目则有“奏疏”“露布”“说”“记”“诗”“赋”。

奏　疏

论维州事状

唐 李德裕

右臣顷蒙先朝授剑南西川节度使，其悉怛谋虽是吐蕃酋长，久乐皇风，将彼坚城，降臣当道。臣差行维州刺史虞藏俭便领兵马入据其城，飞章以闻，先帝惊喜。其时与臣仇者，望风疾臣，据兴疑言，上罔宸听，以为与吐蕃盟约不可背之，必恐将此为词，侵犯郊境，遂诏臣却还此城，兼执送悉怛谋等，令彼自戮。复降中旨，迫促送还。昔白起杀降，终于杜邮致祸；陈汤见按[①]，是为郅支报仇。感叹前事，愧心终日。今者幸逢英主，忝列台司，辄敢追论，伏希审察。且维州据高山绝顶，三面临江，在戎房平川之冲，是汉地入边之路。初，河陇尽没，惟此州独存。吐蕃潜将妇人嫁与此州门子。二十年后，两男长成，窃开垒门，引兵而入，遂为所灭，号曰“无忧城”。从此，得并力于西边，更无虞于南路，凭陵近甸，旰食累朝。贞元中，韦皋以经略河湟，此城为始，尽锐万旅，急攻数年。吐蕃爱惜既甚，遣其舅论莽热来救。雉堞高峻，临冲难及于层霄；鸟径曲蟠，猛士多縻于垒石。莫展公输之巧，空擒论莽热而还。及南蛮负恩，扫地驱

① 按：当为“徙”。

劫。臣初到西蜀，众心未安，外扬国威，中缉边备。其维州执臣信令，乃送款与臣，臣告之须俟奏报，实探情伪。其悉怛谋等寻帅城兵并州印甲仗，塞途相继，空垒来降，臣即大出牙兵，受其降礼。南蛮在列，莫敢仰视。况西山八国，隔在此州，比带使名，都成虚语。诸羌久苦番中征役，愿作王人。自维州降后，皆曰但得臣信牒帖子，便相率内属。其番界合水、栖鸡等城，既失险阻，自须抽归，可减八处镇兵，坐收千余里旧地。臣见此有莫大之利，为恢复之机，所以面许奏闻，各加酬赏。臣自与锦袍金带，颙视朝旨。且吐蕃维州未降以前一年，犹围逼鲁州，以此言之，岂守盟约？况臣未常用兵攻取，彼自感化来降。又沮议之人，岂思事实？犬戎迟钝，土旷人稀，每欲乘秋犯边，皆须数载聚食。臣得维州逾月，未有一使入疆，自此之后，方应破胆，岂有虑其复怨，鼓此游词？臣受降之初，指天为誓，宁忍将三百余人性命弃信？累表陈论，乞垂矜舍。答语严切，竟令执还，加以体被三木、舆于竹畚。及将即路，冤叫号呼，将吏对臣，无不陨涕。其部送者，更遭番帅议诮，云：既以降彼，何须送来？乃将此降人戳于汉界之上。恣行残忍，周固携离，至乃掷其婴孩，承以枪槊。臣闻楚灵诱杀蛮子，《春秋》明讥；周文收送郑叔，简册致贬。况乎大国，负此异族，塞申款之路，快凶雪[①]之情，从古以来，未有此事。伏维仁圣文武至诚大孝皇帝陛下，振睿圣之宏图，得怀来之上策，故南蛮申请朝之愿，北虏效款塞之诚。臣实痛惜悉怛谋等，举诚向化，解辫归义，未加昆邪之爵，不赏庶其之功，翻以忠爱，徒为仇雠所快，身遭此酷，名又不彰，职由愚臣陷此非罪。虽时更一纪，而运属千年。臣所以且陈根本，不惮繁细，冀蒙睿鉴，追奖忠魂。伏乞宣付中书，各加褒增，冀华夷感德，幽显伸冤。警既往之幸心，激将来之峻节。臣德裕无任恳愿之至，谨录奏闻，伏候敕旨。

露布

破吐蕃露布

尚书兵部臣韦皋等言：臣闻天讨有罪，兵应者胜，义者王；裔[②]不乱华，师直为壮，曲为老。多助之至，四极爰臻。贞观则同罗击延陀，开元则九姓殄默啜。曰：商莫不来享，犯汉虽远必诛。德风鸦乎河源，武节憺乎月窟。率宁人之有指[③]，先元戎之启行；用信威光祖宗，不以贼遗君父。恭惟皇帝陛下宣昭义问，敉宁武功，绩八叶之鸿图，奋四征之雄略。怀枭鸱，销祲沴，熏印太和；剪鲸鲵，清郊原，扫除群秽。王犹允塞，我武为[④]扬。奇干善芳，各修贡职；条支若木，咸顺指[⑤]令。邈积石之遐陬，有吐蕃之丑类。侵败王略，倍奸齐盟。乘边将之弛兵，瞰我亭之虚候。为蛇豕，食上国，尽盗河湟；帅螯贼，摇我疆，再惊畿甸。骑墁敢于深入，銮跸至于亲屯。扪然授兵，协以

① 雪：当为“虐”。
② 裔：《新唐书·韦皋传》作“夷”。
③ 指：《新唐书·韦皋传》作“旨”。
④ 为：《新唐书·韦皋传》作“惟”。
⑤ 指：《新唐书·韦皋传》作“旨”。

谋我。尚纳污而含垢，姑通事以结和；清水之盟未干，好畤之师已聚；指泾灵而儌赂，闯盐夏以持虚。夷德无厌，弗悔衽金之祸；楚氛甚恶，辄兴衷甲之谋。蠢尔为仇，整居匪茹；惟时南诏，奉化中朝。先零之质诸羌，虽尝并力；麇人之率百濮，罔不离心。顿颡于边，受命于吏。断匈奴之右臂，羁南粤以长缨；燕貉输致骑之勤，晋戎成犄鹿之势。彼既失铁桥之险，我遂克峨和之郛。盖窜匿于龙堆，复虔刘于鳞塞。更戕我守将，坠我陴隍。修戈矛予与同仇，靡室家不遑宁处。臣等请奋其旅，以歼乃仇。凤翔、振武、灵武之骑猎其西，邠宁、太原、泾原之兵震其北。率山南熊罴之校，暨东川貙虎之师。乌蛮挠其腹心，回鹘捣其肘腋。众素饱矣，壹大治之。诸将陈洎等，统五万军，出十一道。济师西颢之半，策勋北陆之初。荡平七城，斩馘万级。获铠械五十万计，蟠堡垒百七十余。遂贾勇而围昆明，将决胜而定青海。伪东境五节度大使论莽热，释朔方之众，援维州之城。九攻九却之计穷，七纵七擒之威速。连连执讯，矫矫献囚。不然我薪而自焚，有如破竹之立解。炉沸鱼溃，瓯脱兔奔。谷静山空，行就焉耆之僇；区殚域灭，讫闻智盛之降。斯皆庙谟渊深，神断天造。明见万里，运奇堂上之兵；守在四夷，制胜目中之虏。勒功滇池之柱，植表赤碛之碑。一怒安民，文之勇也。三军用命，克何力焉？臣等承帝之明，敌王所忾。开远门揭候，坐收西极之旧封；紫微殿受俘，重睹昆丘之茂绩。臣等无任庆快激切屏营之至！谨遣某官奉露布以闻。

《破吐蕃露布》题上当加“拟韦皋”三字，此宋末王应麟伯厚习博学鸿词所拟者。《辞学指南》此篇前有拟晋前锋都督谢玄《平兖青州露布》，后有拟汉丞相萧何《谕告巴蜀檄》。(《全蜀艺文志》)

说

太极图说

宋 谢方叔

道之大，原出于天而具于心。其大无外，其小无内，盖浑然一太极也。自伏羲继天立极，因河图以画八卦，天地定位而乾坤列，山泽通气而艮兑列，雷风相薄而震巽列，水火不相射而坎离列。自震而乾为数往，自巽而坤为知来。八倍为十六，十六倍为三十二，三十二倍为六十四。天地鬼神之奥，万事万物之理，森然毕备。此伏羲先天之《易》，所以为万古斯文之鼻祖也。神农氏之取于益取于《噬嗑》者以是，黄帝、尧、舜之取《乾》《坤》至《夬》者以是，夏《连山》、商《归藏》亦以是。虽其作用不同，其实同一太极也。降及中古，文王系卦，周公系爻，易于是乎有辞。孔子生于周末，晚作《十翼》，先天后天，互相发明。其纪载于《诗》《书》，其发挥于《礼》《乐》，其笔削于《春秋》，大本大原，曾不外此。去圣浸远，世之诸儒汩于训诂词章之末，或溺于权谋功利之习，甚至薄蚀于虚无寂灭之教，其斲丧天理滋甚。更千百年至我国朝，天启斯道，始有濂溪周先生独传千古不传之秘，上祖先天之《易》，著《太极》一图，所谓太极云者，盖本于易。有太极而阴阳、五行、人物由此而生，即太极生两仪，两仪生四象，四象生八卦之谓也。自太极分阴阳，阴阳分四时，皆指太极之在造化者，自无极二五之妙合而推万物之化生，自人物之并生而别人生之最灵，自五性之感动而明圣人之立极，此皆指太极之在品汇者。自其在造化者言之，则即天地可以推太极动静之妙，故曰：立天之道曰阴与阳，立地之道曰柔与刚，自其在品汇者言之。惟圣人会太极动静之全，故曰：立人之道，曰仁与义，义始终不穷，流行今古，此所谓六爻之动、三极之道也。六爻之中，五上为天，三五为人，初二为地。统而言之，三极同一太极，晰而言之，三极合一太极。故周子《图说》之终，断之曰：大哉《易》也，斯其至矣。此周子作图之本意也。至于易造之书，则又与此图相为表里。伊洛道丧，扬者多失其真。中兴以来，复有考亭朱先生，上接圣贤相传之道统，著书立言，私淑后学。其本意，《启蒙》诸书皆所以阐扬乎太极之理，言造化之枢纽，所以明阴阳五行一太极。言品汇之根抵，所以明男女万物一太极。其曰：上天之载，无声无臭。则周子无极而太极之意，非驾空穿凿之说也。又曰：非太极之外复有无极。则周子太极本无极之意，非叠床架屋之说也。太极得朱子表彰而益明，可谓大有造于万世学者矣。

记

筹边楼记

宋 陆游

淳熙三年八月既望，成都子城之西南新作筹边楼。四川制置使知府事范公，举酒属其客山阴陆游曰："君为我记。"按史及他志，唐李卫公节度剑南，实始作筹边楼。废久，无能识其处者。今此楼望犍为、僰道、黔中、越嶲诸郡，山川方域，皆略可指。意者卫公故址，其果在是乎！楼既成，公复按卫公之旧图，边城地势险要与蛮夷相入者，皆可考信不疑。虽然，公于边境岂真待图而后知哉！方公在中朝，以洽闻强记，擅名一时，天子有顾问，近臣皆拥公对，莫敢先者。其使北而归也，尽能道其国礼仪、刑法、职官、宫室、城邑制度。自幽蓟以北，出居庸松亭关，并定襄、五原，以抵灵武、朔方，古今战守、离合、得失、是非，一皆窥见本末，口讲手画，委曲周悉①，如言其国内事。虽彼耆老大夫，知之不如是详也。而况区区西南夷，距成都或不过数百里，一登是楼，尽在目中矣。则所谓图者，直按故事而已。请以是为公记。公慨然曰："君之言过矣，予何敢望卫公，然窃有幸焉！卫公守蜀，牛奇章方居中，每排沮之，维州之功，既成而败。今予适遭清明宽大之朝，论事荐吏，奏朝入而夕报可，使卫公在蜀适得此时，其功烈壮伟讵止取一维州而已哉！"游曰："请并书公言以诏后世，可乎？"公曰："唯唯。"九月一日记。

威州学记

明 提学副使 刘丙②

皇明文教，与天同覆，丕冒海宇。无采卫要荒裔夷，率建学立师。语言所不通，刑

① 悉：乾隆《保县志》作"详"。

② "明 提学副使 刘丙"：乾隆《保县志》作"明 崔哲 威州知州"。

戮所不惧，威法所不逮，皆知有孔子。知有孔子，则文教随之矣。孔子之道，人伦而已。人伦不明，其畴知有君父，类皆相率以入于禽兽之族。虽有小富庶，亦皆不足睹也已。威州在成都西北可三百里，古氐羌地，属《禹贡》梁州。以梁合雍，秦汉而还，郡隶不一。蜀姜维曾城其地，遂号维州。至宋乾德，始更名威州，唐李德裕亲镇其地，于时学尚未立，则前此可知矣。宋元皆羁縻之，何学校云乎哉！洪武十年，御史大夫丁玉克服威茂。十五年，千户焦宽始请建学，威人知有孔子自此始。州屡迁，而学因之。正德二年春，威州守崔哲以进士调官来威，废坠渐次备举，诸番相继纳款。惟学在安远门外，荒僻卑陋，水涨辄震荡如剽掠，师儒病焉。乃相地于城西，得所谓观音寺者，地势高敞，前据龙山，后依玉垒，凤坪、牛腊出其左右，水环以流，俨如泮宫之制。初改公馆，后遂以请于巡按盐茶御史陈公，再改为学基。乃富以畜材，勤以鸠工，檄百户马政、屈昂以董役，撤庙学旧材而新之。中建大成殿，左右二庑；前大成门，左右神库、致斋所，中凿泮池、桥基，外启灵星门；左建明伦堂，分博文、约礼斋。号房若干间，省牲、神厨及一切房、牌、碑、亭各附焉。于是祭瞻有主，讲受有所，退息有居。缭以垣墙，植以松柏，广十有八丈。经始于戊辰二月，庙成于秋八月，学成于十有一月，规制宏深，杰然与诸州郡庙学争雄观矣。用是州人相与遣充弟子员，岁增二十余人。番亦闻风归化，大小二姓亦遣子弟入学，与诸生相率唯谨，揖逊从事俎豆，彬彬然有齐鲁之风。崔守既快其学之有成，乃勖诸生而告之曰：夫人之所以异于夷狄禽兽者，以其有人伦也。人伦之大，君亲而已。非忠无君，非孝无亲。诸生道法孔子，修己致用，舍是何以学为哉！威自开辟，迨我皇明而学始建，民乃率教，在《易》则类于蒙也，其养正自兹始矣。自国初迄今，而学再建，民用丕变，在《易》则时于恒也，盖久于其道而天下化成矣。昔者鲁侯作泮宫而淮夷攸服，文翁视学而俊乂兴举，史侈言之。况今文教四敷，荡荡乎如天之难名，当亦有昂然出于其类，与天下争先，诸生其可以威自限哉！

报功祠碑记

明 贺新 威州知州

夫祭之为言也，报本也。报本何道也？功德所被，人心不忘，祀之所以敦厚也。夫天地者，万物之始也，故有郊社之礼；父母者，生人之始也，故有宗庙之祭；此祀之大端也。日月星辰，所瞻仰也；风雨露雷，所资生也；山林、川泽、土谷所产，财用也。则各以其类祭之，此由天地而推者也，广物道也。古哲帝王、先圣、先师、功臣、烈士、名宦、乡贤，安国家，庇生民，垂大法，捍大患，则各以其族祭之，此由父母而推者也，广人道也。《记》曰：乐，乐其所自生；礼，反其所自始，祭之义也。非此族也，不在祀典。按：威，古氐羌之地，自武王时始入中国。秦郡县之，尽夷类也。汉大将军姜维讨叛羌至此，筑城以界之，间有汉民。后世顾其城，思其人，因名之曰维城。唐乃改置维州。宋因为威州，其原自姜氏始也。至吐蕃作乱，戎马交驰，牛僧儒欲弃之，时李德裕为节度使，屹然为保障之计，民赖以全。迄于今，不沦于腥膻童首者，李公之赐也。夫姜公者，威州所由始；李公者，威州所由生。无姜、李，则无威矣。祀而报之，不亦宜乎！然李公里人处处犹祀之，姜公则不知祀，岂非以其远而遂迷其本始欤！嘉靖戊申，前兵宪小东马公，兴废阐幽，追崇往迹，乃命有司春秋斋祭焉。姜、李之列祀典，自兹始。惜其祠因诸旧楼倾颓，简陋莫可周旋。甲寅之秋，予莅任。未几，诣祠展礼，慨然欲创造之，难其地。越明年，乙卯，诸生或告予曰：祠旁有千户彭氏故宅，居之弗利，鬻诸谢氏，谢氏亦罔或利，将鬻诸人，弗得也，盍图诸？予遂往观焉，规模轩豁，栋宇宏壮，乃卜诸心，曰：何以弗利于人，或者神将有意乎？立召谢氏子庠生朝升、朝阶语其事，二生欣然愿鬻为公祠。乃众议定价二百金有奇，因割大悲寺之废址易之，抵价金四十。其余则命僧人祖祥偕民周良田以义谕众，共襄厥成，诸所请，无不人人翕然愿助者。予以其故告之今兵宪云峰来公，公曰：予职在安边，志在崇功，此义举也。捐米四十石，予亦捐米金若干为众倡。既而保县知县舒子文壁、儒学训导刘子万荣从而和之。于是提督西路指挥蒋君启署、威所千户蒋君承恩、指挥鲁君绢乡、大夫吴君玓、谢君天爵、王君鹗、董君刚、庠生杜俨辈、义民王永和等，各捐有差，合之计谢氏之植[①]、改作之需，绰然有余裕矣。乃命吏目魏巩，稽出纳仓副使李汝翼、典史冯世远敦匠事。凡增修大门三门，两旁各为小室，以居守祠。次为二门，为左右厢房，前堂后寝，悉仍其旧，稍加饰焉，气象亦焕然改观矣。将以明年丙辰仲春，迁神致祭。诸生与里民会呈于州，曰：姜、李之功尚矣！后有作者，若前太守崔公哲招徕逆番，境土周靖；范公渊以文饰治，以礼化俗，至今有遗惠焉，请以从祀。夫惟天下名贤所寓，宦绩流芳，必祀诸学宫，以昭不泯，威独阙焉，不可以为训。祀崔、范于姜、李之后，礼以义起也，从之。祭之日，俎豆馨香，礼仪具备，肃然无哗，众情以和，神之格思，其可度矣。呜呼！是举也，有二道焉：祀姜、李者，所以表为下报功之义也；祀崔、范者，所以劝为上施德之仁也。仁至斯，义尽矣！牧斯土者，可无仁乎哉！爰记其事，以告来者，并刊其助金者姓名于碑阴云。

南堡记[②]

隋开皇间，于西极建薛城戍，即今保县。唐相李文饶并维州，经略重地也。我太祖高皇帝平蜀而后，历十八年乃定。累朝以次封殖之，称锁钥焉。尔因虏寇肆虐，无食无兵，几无守吏。莅兹土者不暖席，民莫必其命。主上惄焉西顾，特简帝系朱公临之。公奉命兼程驰至保，惫不能兵。咸谓吐蕃部落以千数计，外者虽多，犹以为远我，内者曰岐上，又曰蒲溪五寨，皆逼邻近甸，噬保人者也。兵之则罹祸，俟之则难支，佥谋不能决。公喟然曰：鸡肋犬牙，何足烦朝廷！而呶呶聚讼焉，不曰囊漏贮中乎！伏斩积渠，夏至而蒲溪崩厥角矣，计毙叛凶卜太而九子诸寨输诚矣。戎既静，士民无议，爰步各险，得南浦地，古称浴蛇村，扼戎虏出入。有聚庐而处之者，既报乎，乃仿赵充国屯田故事，筑城以守。遂尽诸子遗户而谷之。地饶火种，保人薪租赖于兹，始有生人趣。由是赈饥复糈，造士练兵，设学义田，捐俸买犊，一切因之。建堡一，建墩十，又于山左辟一坦道，以防岐蛮出没不测。其制墩、卫、堡，堡、墩仍交相卫，烟火相联，首动尾应，延袤二十里许，鸡犬相闻，城中从来无人涧壑，殆已另开一世界矣。则又仿古计口授地之法，区画于其中，孰者为民恒产，孰者为学义田，轻重布之，井井有条，可谓辟

① 植：当为“值”。

② 南堡记：乾隆《保县志》作“朱公鼎建南堡记”。

一时，千古永赖，猗欤都哉！明为阳，为中国。明夫子在上，深山穷谷思耀光明，而公代天理物，向明劝化，于以褫毡裘之瞻而固吾圉，驯诸夷之骜而服其心。王威远播，绝域怀宁，岂偶然哉！于是士沐其化，民怀其惠，与诸父老讴吟，踊跃相率，谋记于予，以记盛事。予南楚竖儒，固陋不文，何能扬公之德万一。谨揭其大者，附众刊石，以志不朽云。

朱公开设南堡德政碑记

明 保县训导 钱养民

古之豪杰欲树功名于天壤，随所藉资皆足以发抒胸臆，非其挟持有素，焉能胜任而愉快乎。今夫保，小邑也。僻在万山丛阿中，土瘠民贫，一切所需，悉仰给于土官，且负载百里外，谋朝夕命。蛮獠围绕，山岭插天，为巢穴，仅隔一衣带水，与官道相望。每河涸草枯之际，劫人于途，铤而走险，往来者莫能遂也。当道恒廑西顾之忧，而苦于鞭长莫及，非腹心之患而何？幸邑侯朱公，奉天子简命，来莅兹土，倘亦保之泰运将开，厚邀天幸，而荷此一路福星者耶！公夙负异材，有天下己任之志。顷以牛刀小试，甫下车，即锐意政事，暇则作新士类，诹咨民瘼。一日，召诸父老抚循之曰：咨！一邑风景何萧然乃尔乎！余从东来过威郡，涉桥以西，羊肠一线，蚕丛路也。及入邑，流览山川，则又皆石田无用。万一此道梗塞，县不几为釜中鱼乎！闻西有地名曰南沟，曷为不耕不桑而榛莽委之也，抑何治之拙欤？诸父老跽曰：然。乃请得陈荒芜之故，可乎？以县孤悬一隅，诸夷实逼处此，而岐酋跳梁为最，往往伏戎掠我人畜，阻我刍荛。议抚而屡以叛，议剿而艰于饷。数十年间，目为畏途，安望菑之而畬之？侯忿然曰：吾目此辈特几肉耳！遂令传谕诸番头目本卜太等，告以朝廷威德，归则抚之，不则有灭此朝食已耳。乃下令邑中，简精悍军兵，除戎器，勤训练，为攻守备，以百夫长、千夫长领之，日夕游兵侦蛮要路，以捕不时窃发。未几，而岐山叛酋夏至等果潜图来攻县城。赖公早见先谋，伏兵以待，一时就擒者六七人，遂枭首以示诸寨。番众股栗，皆率所部来降。若蒲溪、若木兑、若印上等路，无不闻风内附。各以牛酒抚谕归寨。自是豹狼肃清，制产可得而言矣。乃率官军踏看南沟一带山原，而博士及弟子员随之，则见膏腴入望，无非可耕艺之区。侯喜曰：民之甦生在是矣。于是为未有之事，经画一新。或问：南堡之伐较唐无忧城、柔远城孰多？予曰：非吾所知也。虽然，唐会昌年间，天下粗安，李文饶以平章节度西川，易为力耳。今天下多事，西南不堪再兵，以不得已之时，兴不得已之役，其任已艰乎！往昔凡天下所不得已而为之者，必曰权宜。以不得已为之，亦将以不得已终之，必如是而后可以已也，公之苦心其殆未已乎哉！《易》之行权，莫若巽木之乘坎水，曰：豚鱼吉，利涉大川。木，游也；水，虚也。以虚而游，权之义也。然有险焉，匪信豚鱼之于风也。至信及豚鱼，何险不夷也。南堡之建，公其善权乎哉？予以为不离乎信。公以博雅名天下，世但知其文章政事，兹乃一试其武，奇伟卓越乃尔。《诗》云：彻彼桑土，绸缪牖户。姬公之诗也。公以帝室之胄，熙帝载之隆，公其姬公乎！尚论千古，实获我心。今割鲜方始，行将调燮台省，乌得而拟诸绅衿王子佳胤？袁子懋中、用中等征言于余，爰集所闻书之，尚其勒之危崖峭壁，以为记。是役也，赞襄则儒学训导钱养民、代捕吏目陈命保、守备居其所，例得备书。朱公讳蕴跱，字玉藻，号鹿洞，楚通山端木[①]王孙奉国将军后也。

山川形胜记

明 彭韶

蜀之地，南极蛮獠，西抗吐蕃，上络东井，岷嶓镇其域，汶江出其徼。以褒斜为前门，灵关为后户，峨眉为城廓，南中为苑囿。缘以剑阁，阻以石门，面越负秦，地大且要，诚天府之国也。扬子云《益州箴》曰：岩岩岷山，古曰梁州。华阳西极，黑水南流。秦作无道，三方溃叛。义兵征暴，遂国于汉。拓开疆宇，恢梁之野。列为十二，比美虞夏。牧臣司梁，是职是图。经营盛衰，敢告士夫。《集记》云：禹别九州，八曰华阳、黑水惟[②]梁州，岷嶓既艺，沱潜既道，蔡蒙旅平。又曰：岷山导江，东别为沱。《汉·地里[③]志》言：蜀郡湔氐道，《禹贡》岷山，在西徼外，江水所出，东南至江都入海，过郡，凡行七千七百六十里[④]。按：岷山在茂州直西北最后，番曰列鹅村，其村有岷山，山之右有岭，曰铁豹，则分水之上源也。水二派，其一西南，入尖囊大渡河；其一正南，入溢村[⑤]，至石纽，过汶川，则禹之所导江也。铁豹一名羊膊，盖夷语不同耳。任豫《益州记》言：江出羊膊岭，经甘松至灌，千余里是也。大抵蜀之山近江源者，通谓之岷山。峰连冈属，千里不绝，今俗谓青城为岷山者，以此。《续记》云：凡曰岷嶓，该众山言也；凡曰沱潜，该众水言也。盖蜀山之居左者皆曰岷，居右者皆曰嶓。水出于岷者皆谓之江，出于嶓者皆谓之汉。或谓之漾，或谓之沔。出于江而别流，别而复合，概谓之沱；出于汉而别流，别而复合，概谓之潜。古今论岷嶓沱潜者，众矣。然参差不齐，莫得其真者。盖由不知蜀山之居左者，皆得为岷；蜀山之居右者，皆得为嶓；而独指茂州之汶山为岷山，金牛之嶓蒙为嶓，隘矣。

报功祠记（一名灵佑祠，在厅东宁江堡）[⑥]

明 蒋英才

宁江旧为韩胡，去茂城仅数十里许，虽弹丸一区而经络松茂，抵邻黑虎一切虎狼之穴，烽火时惊，最险塞云。先是堡治滨江之浒，亦越有余年，屹为保障。亡何，岁当丁未庚戌之秋，一日流风驱雷，长虹扬霄，漂沙走石，不一瞬而湍涛湍湍，江水逆流；又未几，而渟呟荡湃，汇为大泽，堡人皇皇，持急以告。维时参戎陈公首闻之，愕然曰：吾当宁此一方民。遂戴星命驾，诣山川而祈祷之，诸所以濡手足、焦毛发，调停措置，靡不殚厥心焉。仿禹故事，首先疏凿，由是水方东下而堡不为沼矣。越季冬癸丑，惠徽兵宪邢公莅茂，始决意改建，简指挥曹守爵董其事，百户阮进副之，不半月而功告成

---

① 木：乾隆《保县志》作“穆”。

② 惟：乾隆《茂州志》作“为”。

③ 里：当为“理”。

④ 过郡凡，行七千七百六十里：《汉书·地理志》作“过郡七，行二千六百六十里”。

⑤ 溢村：乾隆《茂州志》作“溢洛村”。

⑥ 报功祠记：乾隆《茂州志》作“宁江报功祠记”。

焉。迩来乡人恒相谓，曰：吾民之获此宁宇也，邢公之功不可忘矣；吾民之获此宁宇也[①]，陈公之功其可忘乎？相与构木为祠，范金为像，更乞余言以志不朽[②]。余曰：甚盛哉，不稽虞廷之勋乎？当泽水横流，有功疏通者，有宅四隩者，功施至今烂焉。此宁江也，当水势淬逆之秋，不为之疏凿，是无堡矣；当江流底定之后，不为之改建，是无民矣。功并崇而恩并著，矧崇德报功，古今人同一心者，故观河而颂明德，游校而仰斯[③]文，所以俎豆而尸祝之者，与天壤俱不敝，则今日报功祠之建，其亦颂明德而仰斯文之意，与夫地平天成大业也。物阜民安，大德也；安内攘外，大威也。一举而加惠边防，摅怀宵旰，功岂浅鲜？乌知数嬗而后，指宁江而遡其某也疏凿，某也改建，则二公之功，不万年为烈哉？余拜手，复为之记，曰：奠居安民，邢公之功，不在禹下；疏江导河，陈公之功，亦不在禹下。应得并祀之，以垂永赖，乡人咸唯唯，曰：书之矣，敬勒诸石。

迁复威州厅事记

国朝 威州牧 李天植

志载，宋乾德四年迁威州于玉垒山下，是其地，原迁所也。明正德五年，前守范公缘厅事浅低[④]，近迁龙洞之阳，勒石记其事，阅百八十年于兹。夫以威之为州，地仅六十里，城可弹丸，前临大江，后逼山麓，堂枕上流，衙排连石，雨荡风漂，陨且不测，治前涛声聒耳[⑤]。前守襄南左公题联云：云足响衙鼓；江声走治门。已刻画殆尽矣。又何爱于少展数武，以低浅辞？《诗》曰：惟义正之，又曰：卜云其吉。古人慎重于地理也。庚午春，予以菲材[⑥]，任兹守事。考黉宫登贤书者[⑦]，止于正统。然人文蔚盛，古今不殊，非山川之不效灵，由迁置之失安妥。旧启圣祠并大成殿，术士谓宜改之。迨事竣[⑧]，癸酉科文场举一人，武场举一人。越丙子，文又举一，武连举二。由是观之，风水信有然也。时术士亦以厅事仍玉垒告，予惮其劳民兼苦俸薄，迁延七载。山石数坠，堂室不蔽风雨，迁复势不能已。遍观玉垒奇峰耸翠，玉液飞珠，树木森阴，岚光掩映，诚为发祥蔚起之地。昔人迁此，岂属无谓？遂下议士民，报可。予因申闻当事，择期鸠工，量地置宜。一切堂室，惟发旧料转移，夫匠工食，捐竭己囊供用。新建大门、二门，悉仍其旧，大堂匾题“上帝临汝”四字。二堂直接龙洞檐前[⑨]，临池绿水，架桥通渡，悬其额曰“洁矩堂”。面壁嵌玉垒旧题“洞龙深处”四字。壁后为厩牧所。龙洞前，

---

① 吾民之获此宁宇也：乾隆《茂州志》作“吾民之所由以获此宁宇也”。

② 更乞余言以志不朽：乾隆《茂州志》作“更乞言以志不朽”。

③ 斯：乾隆《茂州志》作“思”。

④ 浅低：乾隆《保县志》作“低浅”。

⑤ “后逼山麓……沿前涛声聒耳”句：乾隆《保县志》作“后逼山麓，即欲大展规模，已碍于地势之无可如何。矧兹边鄙，民不聊生，任司牧者，抚绥无术，宁遑安处。且其堂依然枕上流，衙宇仍旧排连，石陨不测，栋摧梁折，水溃治前，涛声聒耳”。

⑥ 材：乾隆《保县志》作“才”。

⑦ 考黉宫登贤书者：乾隆《保县志》作“黉宫考登贤书者”。

⑧ “术士谓宜改之，迨事竣”句：乾隆《保县志》作“术士廖姓告以接风脉，故揆诸父子，一脉之理，宜改之便。迨竣其事”。

⑨ “二堂直接龙洞檐前”句：乾隆《保县志》作“堂后转折步许，开道延进二堂，直接龙洞檐前”。

构营书室[①]，少假公余憩息。西进内宅，门垒台层。次建住房及两厢[②]。宅后连山阔地数十丈，用资蔬圃。垣墙外，竖吏目厅署，大门左建土地祠及牌坊，右设监狱及乡约所，二门两旁修盖科房，并置仓一所，接连小房，以备衙役住宿[③]。治前周围隙地，除拨补民居外，共新安插民一十九家。又治西空地，新创斋院[④]，凡门堂、内室、厢房、厨厩，无一不备。院后[⑤]菜园以土墙界之。诸有不逮，仍俟后来君子。予非志图辉煌，不过信志乘以绍前业，鉴学宫以利将来。抑且远避山石，冀垂永久。未一月[⑥]，人争趋事，厅事聿新，民居凑集。于落成之明日，瑞雪盈空，异鸟和鸣，翱翔上下，盈日不散[⑦]。州人士庶诧为未有之奇……或亦地运将兴，康阜吾民之兆也[⑧]。爰镌诸石，以志岁云。

西征记

国朝 刘绍攽

乾隆九年三月十三日，制府庆上公偕余赴松潘。出成都西门三十里，过犀浦，一望平畴，沟洫夹道，流水潺潺，澄澈可鉴。或砌堰灌溉，或竹竿接引，或漫淫横界。道岸上杨柳排列无际，垂绿千条，依依拂人。树下月季吐红，丁香布素，与草绿相映。盈渠野卉，圆茎长叶，似蕿而花白，土人不能名。去犀浦二十里曰郫县，少陵诗“酒忆郫筒不用沽”者是。逾县经崇宁境上，水木清华，风光如昨。时维暮春，菜甲豆肥，荞繁麦穗，烂如云锦。人居浓阴中，微露屋角。茅茨傍沟塍，薜荔延其上，周篱种木槿、芭蕉为蔽。馌妇饷童，迟回陇畔，因诵《邠诗·七月》，怡然乐之。将近灌县，忽青城耸翠，灌口流声，不觉耳目一异。县城半倚山，不五里有二郎庙，祠秦守李冰、子二郎，史称“凿离堆，辟沫水之害”，今为都江堰，蜀人德之，岁时歆享。离堆在其南，从公不获往。沿江行崖壁间，自是无平壤矣。三十里为尤溪沟，树林茂密，多佳茗，细如枪，味清新。过松萝沟，上杨子岭，曲折陡峻，四人肩舆，八人执索牵之。望硬头湾，山愈高，水愈壮，径愈仄，阴森不日，居者迫山趾水次，不能一亩。历兴文坪，抵飞沙关，黄尘迷目，大风几挟人去。到汶川，蛮酋列阵来迎。酋长衣冠如中国。其卒衣皮铠，绘虎文，帽以毡，装绵数寸，庞然大也，云可避刃。插羽其上，以多寡有无别贵贱。其器执矛则操弓，小如弩，镞旁有钩，入肉不可出。执藤牌则操刀，锋尖而直，能刺不能

① “壁后为厩牧所。龙洞前构营书室”句：乾隆《保县志》作“壁后为厩牧所。东绕山曲径至乾龙洞前，构营书室”。

② “次建住房及两厢”句：乾隆《保县志》作“次住房三进各三门，两厢小房六间”。

③ “垣墙外，……以备衙役住宿”句：乾隆《保县志》作“垣墙外，竖吏目厅署，规模差可改观。甬道东出大门，左建土地祠及牌坊一道，右设监狱。治门外旁留余地四丈二尺，设乡纳所。二丈为户首公处。二门两旁，修盖科房。甬道东栽槐四株。大堂侧置仓一所，接连小房二间，以备衙役住宿”。

④ 新创斋院：乾隆《保县志》作“新创斋院一所”。

⑤ “不备”“院后”之间：乾隆《保县志》作“……不备。两丹墀亦种花木各色六本。院后……”。

⑥ 未一月：乾隆《保县志》作“乃未几一月”。

⑦ “于落成之明日，……盈日不散”句：乾隆《保县志》作“于落成之明日，瑞雪盈空，状五花六花，顷异鸟和鸣，翱翔上下，盛日不散”。

⑧ “州人士庶诧为未有之奇……康阜吾民之兆也”句：乾隆《保县志》作“州人士庶诧为未有之奇，予亦莫测其故。第揣神人协应，禽鸟来仪。或亦地运将兴，康阜吾民之兆也”。

击。其人瘦小黎黑，轻健似猿猱，善走而少力。其民往来各州邑，负竹兜，衣黼，童稚纳焉。男垢面，女袒裼，赤足，耳垂铜环，大于掌，或系之腕。每以十月出佣，三月归巢。汶茂皆有之，而保县独多。县城旧在江南，有李德裕筹边楼，圮于水。里籍不满三百，一都司，守令寄治威州佛寺以事。过江，从藤桥渡。藤桥者，缚藤索十数，绵亘江上。覆以板，甫履即动，风来益荡漾。又有溜索，攒竹成巨索横江，首高尾低，作斜坡形。渡者手竹版，摩极滑，双手按索上亦极熟，藉高下势滑而迅走，要须腕力，否则坠。诸土司来谒，皆袭于明，一袭自唐，考谱牒，良然。孔子言“夷狄有君”。论者第谓一时慨叹，讵知万世后事不爽。唐至今千余年，中夏几易主而土官如故，因与上公感叹者久之。须臾过雁门关，左倚山，右傍大江，一夫扼要险，可敌百人。晚宿文镇，次日至茂州。一副将与牧并治，人稍密，然地寒不植物，唯梨、频婆、牡丹甲于蜀。人家垒小石为墙，泥封其顶，不能蔽雨，雨后挥木槌四五次，乃坚。前经叠溪，游击居焉。中间当路，不十里一堡，堡以石。明季献贼不到，故完好。官道两旁，犹有颓垣，云筑边墙护诸往来，堵御窃发，当时称便，见古人防边之严。过镇江关，山势忽开豁，为松潘，即唐松州。或曰产松，或曰赤松子游，今有赤松观。潘州在郭罗克，明失其地，退而并名，一总兵镇之。俗贵牛羊，牛性不驯，见人辄触，常以索系之楯，可食不可使。毛尺余，作缨，名曰旄牛。羊经冬乃肥，春夏疾瘯蠡。无他蔬，惟苦荬可茹。自兴文坪至此，风气略同，山高而童，状不一，或土或石，或石戴土，或积沙，望若朽腐，多穴罅类蚀，凛凛惧仆。江心乱石槎枒，水不能竟过，涌而立，抟而沸，盘洄而破碎，激而鸣如万鼓，如惊雷。人行岸上，对面语不闻。无五谷，独青稞。青稞，粦麦也，未熟而寒，故不黄。米自灌县运入，味多变。沿江为路，于山腰凿孔，横受木架板，旁立木以支，空其下，古云栈阁，俗呼偏桥。夏秋水涨，飘没不可寻，攀崖谷趑趄而已。过午风起，居者阖户，犹有飞沙击牖；行者瞑目，率早徙避之。其地惟沿江一道通行旅者，属中国。两旁山上，虽声教所及，而隶于蛮，松潘亦一城，城四围皆蛮，真所谓“一线望中原”者。上公曰：是孤镇，宜益兵。

筹边楼记

国朝 刘绍邠

保县去成都不五百里，而所治皆蛮。陈君衡北令之三年，复建筹边楼于此。按陆放翁记谓：废久无能识其处。淳熙三年，制置使范公石湖作于成都子城之西。南望犍为、僰道、黔中、越嶲诸郡，山川方域皆略可指。卫公故址，意者在是。而蜀人士皆云在保，且以史称：文宗太和四年十月，公节度西川，作斯楼，图蜀地形，访南诏、吐蕃险要，与习边事者商议于中。次年九月，吐蕃将悉怛谋即以维州来降。公所谋者吐蕃，则其所以作楼者必于保也。余窃念维州自贞观以后，叛附无常，卫公招徕，复为牛相所沮，终公在镇之世，未归版图，楼之不在保，信矣。第尝论蜀疆多蛮，西隅尤甚。自尤溪沟至维，又自维至松潘，民居道左，江边两旁皆山，均隶于蛮，形似一线。保县由维南渡，势如犄角，从中横击可以掣诸羌之肘，盖边防要害也。是以卫公筹边，首事在兹，则移斯楼于斯邑，不益见控制之有方哉？况今县地不能百里，户不满三百，杂谷、金川、三齐寨环绕四面，旧治地废，令寄于维，居民畏逼，数请令归，令亦以故不往。

而郭罗克初肆劫夺，三齐寨与瓦司仇杀，构讼连年不结。陈君之作斯楼也，意有在乎？使当大任得以广为延揽，日与贤士大夫讲画其中，功业成就，又岂在卫公下哉？余盖拭目俟之。

浮云亭记

国朝 郑方城

玉垒，保邑治北。奇石千尺，云浮氤氲，鲜翠欲滴，故少陵称“玉垒浮云变古今”，盖有感而云。或谓山在灌口西二十五里，非是。山上观与亭咸以玉垒名，虽废而故址犹存。昔姜维、韦皋、李德裕、严武与吐蕃争战筑堡之地，今皆不可考，奈何并此山而疑之哉？下有峡如斧劈，深三丈，广四尺，泉水滋出，甘冽异常，名“龙洞”，旱祷即致雨。明王元正题“洞龙深处”四大字于石。岁久泉淤。顺治间，观察新安陈公凤翔滤之，为作记，所谓清冷香柔此于功德者也。迄今八十余载，沙积石颓，不可复观矣。乾隆三年，归安陈君衡北宰兹土，未数年，政和民乐，簿书之暇，方蹑履扶筇，搜古名胜于玉垒山龙洞，爬梳而更出之，引其流别凿池畜焉。洞旁皆蟉枝攫拿，惨栗阴森。东列雁门诸峰，积雪若琼瑶；西临大江，沱水来会。两道绳桥，随风飘扬。今春构亭于其间，以为游眺之处，取工部语颜曰“浮云”。余思陈君博学有文章，以名进士堕落尘鞅，疑有不自释然者，而处之泰如，日与山水为缘。君骨秀而神闲，练于吏事，清冷香柔之语，正足移赠。而察其兴趣勃勃，固若玉垒之云上薄也。韩昌黎氏曰：龙嘘气成云。龙洞之蛰，将不在物而在人。陈君历此，与云气相吞吐，俄顷之间，为霖为雨。其于姜维、韦皋、李严诸公，讵一切浮云视之乎？夫古咏浮云不一：浮云蔽日，思君者也；西北浮云，思乡者也。兹陈君之以名亭，殆亦有少陵古今之感也哉！然读李义山“浮云一片是我身”之句，回首平生我劳如何，陈君念我，亦有不能忘情者矣。

玉垒山记

国朝　松威副使 程凤翔

昔刘梦得常爱终南、太华，谓此外无奇；爱女儿、荆山，谓此外无秀。及登九华，悔前言之失。盖山水非躬造其胜，心习其情，或耳到而手足心眼未到，未许轻加品题，不独梦得为然也。老人与玉垒作缘，寝卧其下者三年，每忆杜少陵“锦江春色来天地，玉垒浮云亘古今”之什，窃谓：锦江春色，刻画天然，无可易矣。玉垒浮云，似于此山真面目，未有理会。因记往岁游青城时，灌以青城之玉垒为玉垒，岂少陵当日上下锦官、白帝间，游迹所至，盖止于灌，未及威耶？夫古人一物命名，无不相肖，况巍然都郡之表出者乎？昔人谓玉垒之在青城者，幽秀深渺，白衣苍狗，变幻无端。今观玉垒之在威者，峭壁嶙峋，截然玉立，如垒如城。左太冲所谓“包玉垒而为宇”，盖名与实无不称焉相肖。山既出其真面目以向我，则何敢以少陵足迹未到之玉垒，而使青城窃其似，以冒其名，且使后人谓如子美，容有不相肖之句，诬玉垒以并诬少陵也。至山半有大书“玉垒”二字，传为汉昭烈手书，此不足据。老人所据，据夫三年寝卧其下，领略其体貌性情，不作生客草草评论，以贻他日之悔，山灵之笑而已。若乃穴沸清泉，源本石潭，依稀无异慧山；清冷香柔，功德备焉，向来未遇知己。旧名龙洞，后人复题为

“玉液池”，亦觉草草。岂玉垒山下，果有珠如方诸见月津而为水者此乎？抑真有鳞物瀺灂其洞中耶？若昙隐大师寓东梁，潭中涓涓沸出，相传每旱祷雨辄应者，不足分八功德水之一也。（八功德水注：一清、二冷、三香、四柔、五甘、六净、七不饐、八不蠲疴。）且此泉污塞多年，今春来老人为疏涤而领略之，以渐得其清冷香柔之故。未几，而详请督抚减征之檄适下，边氓困苦稍苏，又龙、蒲诸逆番相继戡定，郡人去卧榻之大患，士庶讴歌，如出潦泉而饮清凉焉。则以谓功德之一也，固无不宜。

重建旧保县城记

陈克绳

皇上即位之二年，德威遐播，百度维新。于是太子太保、文华殿大学士、前总督川陕、兵部尚书查公，巡抚四川、兵部侍郎兼都察院右副都御史顾公，以直隶茂州所属旧保县建城增兵之议请于朝，防边也。天子报可。命官所司出帑金，兴工役。署州守沈公承檄董其事，率僚吏，募民夫，运木凿石于寒空鸟道中。逾年工成，令知保县事陈克绳为之记。绳按：史所载，汉定冉駹，县其地，有广柔，后县废。隋时讨叛羌，以废地置薛城戍。唐贞观二年，更为薛城县。明因之，名曰保。我世宗宪皇帝雍正五年，前抚臣以羌夷慑服，毋劳吏民，议裁保南之威州，即州治为县，称其地为旧保，不数年而复议增兵建城焉。盖蜀为西南最险之区，而旧保又蜀西南最险之邑也。自保以外，山高水激，诸羌部分类巢居者绵延数千余里。昔吐蕃盛时，据维州以为无忧城，拥兵数十余万，率所附党项、白兰、白狗诸羌部，时来往河、湟、兰、洮间，与中国争胜负。而保以一孤城，当维州冲，司西蜀之门户，威汶以下，视其动静以为安危者数十州邑，保亦险已哉！然自唐中叶以后，韦皋、严武、李德裕先后节度西川，修武备，严战守，如所纪龙溪、通化、古州、定廉诸城戍，环保邑百里内，十有余处，其防御吐蕃，且不独保也。今我皇神圣威武，柔远能迩，自彼氐羌，莫不来享来王。而吐蕃余种，若杂谷、梭磨、沃日、大小金川诸土酋，隶于县者，率皆受职司，听约束，通贡赋，兢兢懔懔，为我版图赤子。向之增城、筑堡、风鹤震惊者，其颓垣故址，已为我民。宅尔宅，畋尔田，无所事增修矣。虽并旧保城守而亦置之可也，然犹汲汲兴是役者，岂非所谓安不忘危，而设险以守其国欤？周丈四百有十，高丈有二尺，广半之，将弁厅守大小十余，戍兵居室远近百有余，依山络水，屹如金汤。一二父老咸扶杖太息，谓邑废而复兴矣。绳故乐观其成，为之详纪其本末。欲使官是土者，爰知天子、大臣防边之意，未雨绸缪，思共保治于无穷也。是为记。

玉垒山记

王廷兰

新保，古威州治。今春，余同僚佐鞫讼来此。公廨后巨石壁立，上镌“玉垒山”三大字，土人传为昭烈帝所书，迄无足据。然地北通松茂，西暨维州，交错犬牙，皆属边要。江源自松潘来者，绕郭至龙山前与沱江汇。笮桥横亘，分锁双流，古称设险守国，非此之谓与？玉垒之岭为东岳庙，登高凭眺，壮丽山河，尤历历在目。因思昔之经营国事者，不知役神志于此几人矣。昭烈艰辛立业，或巡边所至，偶寄雪泥鸿爪之思，正不必以荒远而见涉疑似也。郭西有姜维城故址，关外有唐李卫公筹边碑。见闻所及，其与玉垒遗迹将毋同？在事诸人请缀数语以记，余惟圣朝重熙累洽，磐石奠安。视汉唐诸代治乱攸分，余等之遭际，已胜于前人矣。所愿承之兹土者，居安思危，勤吏治，以惠抚民夷，期无忘此遭际也。是为记。

魁星阁记

固始 吴羹梅

厅环山为城，层峦叠嶂，前如列屏，后如张翼，中则沱流如带，形势巍然。城西北隅峰顶高入云际，山坳倏平旷，如屋如堂，旧建文昌宫，并立二碉：一在宫之右，一向孟董沟。据术者云，所以威远而镇戎狄，意至深也。迨穆逆鸱张，潜怀异志，怂当事毁碉，仅存火药局于上，文武官廨，转为所制，莫敢谁何，识者忧之。同治二年，余莅任，议移药局于协署东偏，多方阻挠，屹不为动，卒就移焉。旋于旧碉处改建魁星阁，基址甫定，穆逆授首。青乌家言，岂尽无征耶？自时厥后，屯土宴如，去浇返质，商农工贾本业是敦，怀仁慕义之士莫不争自濯磨，仰副圣天子作人雅化。六年丁卯，魁星阁成，都人士丐余记之。余惟魁星之祀，今天下自省会及各郡州邑，靡不有阁，即靡不有记。因其风会发为文章，巨制宏词，指不胜屈，记之有无，何足轻重？独魁奎本属二星，习俗相沿，互举混书，是不可以不辨。余叔祖香亭中丞公，尝有《魁星考》，云：或问：星何以名魁？曰：魁，帅也。帅乎众星，北斗魁也。北斗七星在紫微垣外，太微垣北，七政枢机，阴阳元本也。斗第一星曰天枢，二曰璇，三曰玑，四曰权，五曰衡，六曰开阳，七曰瑶光。一至四为魁，又曰璇玑。五至七为杓，又曰玉衡。语曰：斗为帝车，运乎中央，临制四方，即北斗星也。问斗魁何以丽乎北？曰有南斗魁也。南斗六星位居艮丑之次，夏秋见南方。《诗》云：维北有斗。指南斗，言在箕北也。主酌量政事，禀受爵禄，为天库主兵。此北方七宿之南斗魁，别于北斗魁者也。问：俗或书魁星阁为奎阁，《孝经援神契》云：奎主文昌，安知不为奎？曰：非也。奎十六星西方俗[①]，主以兵禁暴，天武库也。至图书之府，主文章，乃壁星也。故曰：东壁文昌府。宋，五星聚奎，乃在奎壁间，故兆文明。黄鼎《管窥辑要》言：奎无与文事。与奎主文昌之说稍异，然奎即司文，非魁星也。书奎章阁，书奎文阁，又或有取。若以奎代魁，书作奎星阁，以西方宿属之北斗，则谬甚矣。香亭公之言如此。兹阁凡三层，余故上祀魁星，中列奎宿，设仓颉夫子位于下，附祀前保县令陈君衡北，以夫子始制文字，陈公始创志稿，厥功懋焉。（按：陈君治保，实心惠政，更仆难数。虽越百有余载，而遗爱犹存。予本拟请祀名宦，因庖代未果，特志数语，冀后来同志者举行焉。）是举也，文事之中不忘武备，将见紫微太微光临斯土，则魁之发祥，巍科可卜也。既主文明并禁暴乱，则奎之精爽必能化干戈为俎豆，边境乂安，人文蔚起，绵绵翼翼于无穷也。是则守土者之厚望也夫。

---

① 俗：或当为“宿”。下文有“以西方宿属之北斗”，正作“宿”。

五屯昭忠祠记

固始 吴羹梅

从来中外之俗殊，而忠义之气不殊。阻于声教，斯安其獉狉，无足怪者。有圣人出，中外一家，车书一统，因其震叠，示以怀柔。于是使犹指臂奋若雷霆，惟所纳之无不如志，立功阃外，致命行间，非偶然也。尝恭读列朝恩诏，于屯兵之迁超、拔补及阵亡赏恤、世职袭次、军营病故，无不一视同仁。此固圣天子如天如地之量，德隆恩溥，覆载靡遗，至于捐躯，命没顶踵，尸纫马革，血溅矛头，赫赫精灵，绩茂旂常而勋绵俎豆者，又乌可听其澌灭哉？方穆逆时，曾醵金建祠，鸠工庀材，虽意存乾没，抑亦诸君在天之灵，有以启之也。迨穆逆授首，城西叛宅，既焚既潴，荡为废地，贻斯土羞。余惟弦歌之声，可消沴气。厅城旧有花岩讲室，久待修葺，爰改今名为沱水书院，移置西城。以花岩旧址，创建斯祠，详书各屯死事诸君姓名，立主其中。每届春秋中元，札饬各屯守备，肃具牲醪，遣官致祭。以杂谷屯为首，周而复始，岁凡三举，用妥英灵。地在演武厅之北，适当孔道。是祠也成，行路之人，瞻其栋宇，丹艧辉煌，风徽赫奕，莫不欷歔感慕。虽庸夫俗子，皆知各屯之成仁取义如此，圣世之崇德报功如此，忠义之气，有不油然而生也哉？

诗

寄董乡嘉荣十韵

唐 杜甫

闻道君牙帐，防秋近赤霄。
下临千仞雪，却背五绳桥。
海内久戎服，京师今晏朝。
犬羊曾爒烂，宫阙尚萧条。
猛将宜尝胆，龙泉必在腰。
黄图遭污辱，月窟可焚烧。
会取干戈利，无令斥堠骄。
居然双捕虏，自是一嫖姚。
落日思轻骑，高天忆射雕。
云台画形象，皆为扫氛妖。

岁暮

唐 杜甫

岁暮远为客，边隅还用兵。
烟尘犯雪岭，鼓角动江城。
天地日流血，朝廷谁请缨。

济时敢爱死，寂寞壮心惊。

西山三首

唐 杜甫

夷界荒山顶，番州积雪边。
筑城依白帝，转粟上青天。
蜀将分旗鼓，羌兵助井泉。
西南背和好，杀气日相缠。

又

唐 杜甫

辛苦三城戍，长防万里秋。
烟尘侵火井，雨雪闭松州。
风动将军幕，天寒使者裘。
漫山贼营垒，回首得无忧。

又

唐 杜甫

子弟将深入，关城未解围。
蚕崖铁马瘦，灌口米船稀。
辩士安边策，元戎决胜威。
今朝乌鹊喜，欲报凯歌归。

野　望

唐 杜甫

西山白雪三城戍，南浦清江万里桥。
海内风尘诸弟隔，天涯涕泪一身遥。
惟将迟暮供多病，未有涓埃答圣朝。
跨马出郊时极目，不堪人事日萧条。

奉和严郑公军城早秋

唐 杜甫

秋风嫋嫋动高旌，玉帐分弓射虏营。
已收滴博云间戍，更夺蓬婆雪外城。

军城早秋

唐 严武

昨夜秋风入汉关，朔云边月[①]满西山。
更催飞将追骄虏，莫遣沙场匹马还。

酬崔十三侍御登玉垒山思故园见寄

唐 岑参

玉垒天晴望，诸峰尽觉低。
故园江树北，斜日岭云西。
旷野看人小，长空共鸟齐。
高山徒仰止，不得日攀跻。

寓　意

唐 李商隐

燕雁迢迢隔上林，高秋望断正长吟。
人间路有潼江险，天外山惟玉垒深。
日向花间留返照，云从城上结层阴。
三年已制乡思泪，更入新年恐不禁。

送邱宗卿帅蜀

宋 杨万里

人似隆中汉卧龙，韵如江左晋诸公。
四川全国牙旗底，万里长江羽扇中。
玉垒顿清开宿雾，雪山增重起秋风。
近来廊庙多西帅，出相谁言只在东。

谕蜀宜威百万兵，不须号令自精明。
酒挥勃律天西椀，鼓卧蓬婆雪外城。
二月海棠倾国色，五更杜宇说乡情。
少陵山谷千年恨，不遇邱迟眼为青。

闻赴玉垒之约未及前知谬作以赠

明 兵备 郭庄

金马风流玉垒仙，紫鸾黄鹤驾青天。
浮云变态舍今古，美酒忘怀见圣贤。

---

① 月：乾隆《保县志》作“雪”。

旧雨仍同新雨好，他生已结此生缘。
登临一任恣多兴，收拾奚囊入古编。

嘉靖戊子夏五月予游维州偿宿约也游溪兵宪郭公寄诗相赠因写其韵奉吟

明　王元正

鹭巾凫舄学飞仙，五月寒潭玉垒天。
蚁绿醉忘身是客，鹿鸣歌愧我非贤。
台端藻句遥能寄，云里山灵结旧缘。
千古草堂传盛事，登临那得少陵编。

寄王舜卿

明 杨慎

聊舫潞水曲，弭楫清河津。
晨征分晤语，夕泊阻情亲。
还如披云雾，更似隔城闉。
霖霞屡韬晦，凉暑亦更新。
占星期聚德，对月每怀人。
幽赏本自协，弱植况相因。
要君广陵浦，携手浙江滨。

雪山歌

明 杨慎

君不见雪山玉立天西头，使君新起迎仙楼。
粉霞垩翠天尺五，恍如方壶与瀛洲。
又不见楼中仙人雪山子，质抱琼黄服金紫。
夕服沆瀣吞沧阴，朝茹灵芝和石髓。
楚国湘累蜀谪仙，光焰日月悬千年。
沉醉《大雅》怜湘素，枕籍《离骚》拾蕙荃。
因思谢眺吟红药，玉湖亦动兰池作。
澜翻笔底涌波涛，磊落胸中著丘壑。
瑟瑟秋气迎初商，碧霄如拭鲜飚凉。
塞垣鸿雁来千里，河汉文章仰七襄。
天籁为歌露为酒，弄玉传杯飞琼走。
还赓白雪郢中篇，遥指群仙为君寿。

雪山天下高

明 周洪谟

巨灵擘断昆仑山，移来坤维参井间。

内作金城障三蜀，外列碉硐居百蛮。

自昔蚕丛始开国，千岩万谷积寒雪。
疑有五城十二楼，玉色玲珑界天白。

光联银汉霏素虹，六月大暑飘寒风。
俯见五岳在平地，遥窥三岛皆冥濛。

此去石纽无几许，昔钟灵秀生大禹。
当时自此导江流，至今名垂千万古。

双节诗（姑徐氏，妇王氏，一门双节，当时传颂，吟以示奖）

万历时 邑令 康清湖

二女何曾诵《柏舟》，独钟正气迈群流。
姑贞赖媳延残喘[①]，媳孝[②]从姑继苦修。
白璧两函天地老，乌台几字古今留。
观风遂我崇嘉表，鼓舞人间好念头。

题焦英（见“忠义”）

国朝 谢铨

匹夫忧愤义勤王，峡倒江流转战场。
五步独前双短剑，万人齐北一长枪。
但除草寇妖氛秽，岂慕兰台姓字香。
如此男儿宜不朽，吊凭银管记诗章。

赠程衡北明府之官保县

陈兆仑

尘界多逢白玉蟾，天教仙吏得相兼。
原如京国重来舄，好趁成都未下帘。
两岸猿啼昏树直，千盘马战晓风严。
吟怀此际应愁绝，烂熳蛮笺试一拈。

前　题

齐召南

彩笔多时辇下传，铜章新绾向西川。

① 姑贞赖媳延残喘：乾隆《保县志》作“姑真为子延残喘”。

② 孝：乾隆《保县志》作“效”。

地当白马青羌塞，星悬天彭井络缠。
山色卷帘开画障，江声环郭答琴弦。
遥知报最趋朝日，饷我郫筒及蜀笺。

龙洞泉久废工浚之沙石尽泉出记以诗

陈克绳

大山必含珠，高山必韫玉。
玉垒高如此，龙洞当其麓。
为泉必神灵，图经有名目。
龙洞今訇然，灵泉何一缩。
我忝守土官，百废求其复。
功德矧兹泉，可为民请福。
命工不遗力，沟浚千锄逐。
要使源委通，毋令沙石蹙。
佳人久幽居，如垢施膏沐。
爬搔着其痒，梳剔快所欲。
初闻响丁东，渐见流洄洑。
山月照不及，虚白生空谷。
泉在山则清，出山每苦浊。
汝泉岂有心，浪洩毋宁蓄。
今朝为我出，敬恭敢少渎。
方池复旧观，拜手亲挹掬。
试煮小龙团，品与中冷续。
忽念西畴间，春膏艰霡霂。
灵泉肯再来，龙神岂终伏。
何当乘风云，霖雨千山足。
复泉须有诗，祈泽还相祝。
龙德不可量，肯仅满吾腹。

宿杂谷脑

溪静柳风流，云行山窈窕。
微雨三更歇，明月半楼照。
身闲觉酒清，心定闻香妙。
破梦鼓钟声，林际梵僧庙。

色兰达

硖束水愈狂，江奔山更变。
远闻风雨声，飞流接天转。

惨惨入太阴，闪闪惊飞电。
轰轰撼天柱，昏昏扬海扇。
黯默鼋鼍奔，砰訇蛟龙战。
掀岸崖将崩，排山树欲刬。
危石出中央，横流水复漩。
水石相搏击，半空飞霜霰。
三日山中行，马烦仆亦倦。
瞥然睹灵奇，如垢得洗面。
安得驾方舟，轻帆去如箭。
千里趁惊涛，临风展书卷。

加波又道中

日照隔江山，徘徊下山腹。
明灭渡寒江，忽在此山麓。
雾散万松青，烟收半溪绿。
微风鸟一鸣，深崖花交馥。
山半两三家，土屋倚林伏。
时见炊烟生，上与断云续。
嗟余赋远游，万里来岷蜀。
更兹出塞行，披奇纵心目。
板桥驶清流，临流濯我足。
更上最高峰，大荒供遐瞩。

抵松冈

我爱谢临川，披云卧石恣游赏。
我爱阮嗣宗，临水登山独来往。
一口岂容匙插双，此身能着屐几两？
何为束缚红尘中，鸟在樊笼鱼入网。
我马瘏矣出遐荒，我目豁然喜开朗。
长江势卷碧天浮，远山气与新秋爽。
雾散风来拔当襟，雨霁岚开揽盈掌。
花点幽篁碧一色，藤老阴崖翠千丈。
树影森森日当午，人声寂寂鸟余响。
若有人兮在此中，手携绿玉七尺杖。
啸声划然鸾凤音，青山亦为久俯仰。
我欲从之何处寻，踏破冷云披鹤氅。

晓发梭磨

红叱拨嘶朱丝鞚，高鼻胡奴手牵控。
锦带吴钩短俊衣，羌管胡琴道旁送。
朝日欲升犹未升，白云不动还疑动。
野花如漆或如硃，蒙笼盖尽半山空。
忽听小鸟第一声，盘纡百折驱徒众。
鸟道绝塞空飞阁，袅长风下临绝壑。
水汹汹我心忠信涉，从容更度烟外两三峰。

赋得绳桥

江岫远嶙嶒，飞桥出五绳。
青山关曲曲，白浪锁层层。
向背鼋鼍驾，参差螮蝀升。
铜铃悬翠竹，铁索缆苍藤。
不藉公输巧，无烦匠石能。
萦纡当险设，飘渺向空凭。
侵水柔偏稳，临风弱不胜。
阑扶云叆叇，影落月鬅鬙。
时过青羌笛，还来白众僧。
云梯疑有路，直欲望天登。

薛城杂咏

何处薛城道，边云出塞黄。
一官来绝域，万里置家乡。
山接岷峨远，江流巴蜀长。
孤城闻铁笛，落日奏青羌。

走马西来远，天将到尽头。
大风吹赤水，凉月照维州。
行部蚕丛暮，放衙鸡塞秋。
筹边岂有意，暇日试登[①]楼。

唐代吐蕃种，只今战不劳。
夷王还峒远，羌部占巢高。
朱汗朝归马，白题夜偃刀。

① 登：乾隆《保县志》作“高”。

辕门春昼静，碧草映青袍。

依然天地别，风景异人间。
溜索蛇浮水，碉楼塔压山。
雾深元豹隐，月上野狐还。
忽有芋田讼，鸟言到数蛮。

借得阿兰若，放衙古寺春。
花逢天女散，法现宰官身。
雪化溪声近，草浓山色新。
素琴闲抚处，明月上松筠。
（旧无署，寄居寺中。）

畲田何处好，沙石乱纷纷。
水引遥峰雨，人耕半岭云。
麦苗大小别，荞味苦甜分。
春事今朝近，青泥饭煮芹。

最怜羌氐俗，终古限华夷。
毡帐牛羊乳，穹庐虎豹皮。
瘴深归峒处，花落赛神时。
下坝还同雁，千家逐水移。

朔风连地动，岌嶪两三家。
土屋依云曲，绳桥背水斜。
出山春负米，过县夏分茶。
采药何乡客，乱峰去路赊。

人烟已愁绝，行路尚歌难。
一线千峰乱，三边五月寒。
夜深冲雪宿，朝冷对风餐。
绝壁从何去，偏桥云际看。

广庭长独坐，山色足吾庐。
白芨当风后，红蕉受雨初。
短墙时过蝶，新水欲生鱼。
却得寻诗路，今朝少薄书。

关心花与鸟，殊异那能忘。
梨影云迷梦，榴枝火照廊。
春调鹦鹉语，林隐麝囊香。
好对兰亭帖，闲窗榻数行。

但是山中住，从知逸兴饶。
卷帘云入户，渡涧月当桥。
汲水兼苹叶，移兰带药苗。
尚嫌无纸写，新种绿色蕉。

我爱浮云色，依崖小筑台。
日迟春态出，山静夕阳开。
流水当阶引，名花远道来。
更移危砌石，依杖拨苍苔。

为爱花扶屐，不辞雨垫巾。
凤坪寻寺古，龙洞凿泉新。
酒醉从无梦，诗成要有神。
何如苕水上，落日采汀苹。

维州怀古

冉駹国外碛云黄，揽辔悠悠出大荒。
天外高峰寒白雪，江边远水发青羌。
巴童引节开邛笮，僰马随车回夜郎。
箧有相如当日檄，挑灯聊读两三行。

数家瓯脱傍江湾，十二金城战马闲。
充国荒屯寒树外，姜维古堞夕阳间。
风吹铜鼓秋清塞，月暗碉楼夜闭关。
久矣平安报烟火，蓬婆雪拥几层山。

独客登临感易生，唐家节度太纵横。
城当白狗羌无路，溪绕青龙戍有兵。
严武战场春草茁，韦皋故垒断崖倾。
前人心力西川尽，终古寒潮怒未平。

筹边也复倚飞楼，太尉雄风野草秋。
党树中朝先有隙，城开异域竟无忧。

蛮江落日潮还上，瘴峤云生雨未休。
把酒临风三太息，云间依约认维州。

春风昼坐读书堂，吊古重吟旧战场。
江转金川通绝域，山回玉垒阻崖疆。
洮云陇雪诗千首，羌管胡琴客两行。
酿得葡萄春酒熟，凭谁为我换西凉。

秋日山行

数行红树插山坡，树里秋声叶落多。
江静鱼龙贪夜卧，天高鹰隼趁空摩。
七星关冷秋初近，九子峰寒雨乍过。
此日鲈鱼真欲上，一竿奈负五湖波。

正月三日同登玉垒山

谢公有高兴，蜡屐远登山。
绝磴千盘上，危峰一线攀。
鸟声深涧里，人影乱云间。
不觉东风至，野花色欲殷。

昔贤称玉垒，此日试登临。
人世几兴废，浮云自古今。
远泉春树曲，残雪暮山深。
亦有筹边意，高楼无处寻。

松　州

六月飞霜五月裘，墨云恶浪古松州。
不辞走马来天外，为要青山到尽头。
雪拥蓬婆城外垒，云开滴博戍间楼。
中山遗像还留在，为滴香醪酬素秋。
（明徐中山王子有袭松潘指挥使者，遗像尚存。）

绳　桥

钱唐 吴昇

飞絚栈阁牵长虹，九行五道悬穹窿。
千牛辇石转地轴，万匠磨斧贪天功。
围栏左右曳且掣，度版首尾横而纵。
其长百有二十丈，蜿蜒直径河西东。

大风幡幡忽掀举，天矫作势腾飞龙。
染家晾帛渔晒网，比拟方信前人工。
阅冬徂夏事乃蒇，由近及远行相从。
我为长吏请先导，临渊之惧心忡忡。
一跬蹊踏愈簸荡，恚我疾走毋舂容。
上无一发可援手，下则百丈奔惊泷。
身如云浮脚棉软，达岸回视人飞空。
山民缘笮止一索，到此骋步康庄同。
肩担首戴踵指错，见星未已来憧憧。
此邦扼要枕夷夏，北走番地西羌戎。
飞江铁螂苟不设，云栈何处通蚕丛。
自今陆海废苇渡，馁腹空吼蒲牢钟。
梢公卖船且勿悯，要除溺鬼洪涛中。

赴杂谷途中即事

前知厅事 王梦庚

两旬息劳薪，征车朝转轴。
行听鸟鸣嘤，似促出深谷。
绕郭万峰横，迎眸无定瞩。
日色淡林皋，亭午不知燠。
径曲几萦纡，举步皆荦确。
层峦逼四围，衣袂堕苍绿。
当头苦无路，穿入藤萝隩。
忽逢一线明，晴阳逗深曲。
经雨油麦长，缘厓青郁郁。
岩花不知名，嫣然媚心目。
飞泉泻岩腰，乱红流簇簇。
山程阻且长，那禁头如鹄。

玉垒山

玉垒今何处？诗缘杜老名。
威州千里僻，灵壤一峰横。
秀色参晴昊，奇观压锦城。
浮云自今古，仰眺不胜情。

登玉垒山

芙蓉拔地太嵸巄，曲磴千盘一线通。
人比飞猱摩绝垒，峰疑群玉入遥空。

远看罗带岷江绿，高接金阊晓日红。
云海荡胸浑不觉，置身直在碧虚中。

食石斑鱼

岷山水势雄沧溟，浮天郁素迷遥汀。
长鲸跋浪鲲起舞，沐浴日月双浮萍。
纤鳞何处托游泳，区画大小忘真形。
滥觞瓮口渺一勺，绿波碧浪无膻腥。
蚕陵分流千里曲，五侯忽欲夸奇鲭。
小鲜貍首匿沙石，渔人妙手难撩拎。
松州遥隔五百里，釜鬵莫溉谁充庭。
驱马威州喜税驾，但逢罾网劳叮咛。
所恨老饕负吾腹，据觚失望双瞳暝。
银刀玉尺不易得，菌空作缕姜空钉。
主人崇朝发狂喜，庖夫卷袖来相听。
为言清晨衙鼓放，蓦看袨衬临重扃。
锦鳞斑然密无数，献鱼为寿征遐龄。
筠筐翠溢双尾跃，杨花飞舞随飘零。
眼珠闪闪银鬣动，金韮玉绘曾传经。
况复司饔善烹饪，易牙未许誇厨丁。
炭搜凤岭乌玉玦，泉汲龙洞花瓷瓶。
浴波百沸万籁寂，晶葱珊蘱烟浮青。
古碗擎筵白于雪，謚香馥郁穿窗棂。
长又[1]大箸兢相逐，挹以七勺何清泠。
越酿柏浮列三雅，飞觚縢爵焉容停。
我生酒肠厕下户，彭亨捧腹醉复醒。
兴来引满不自觉，怪哉异味能通灵。
急呼鱼父赋《鱼丽》，莫教在窗瞻三星。

客　夜

日夕山气凝，高林收晚景。
虚斋一榻悬，有若泛萍梗。
万籁寂无声，但觉良宵永。
深瓯茶味清，短几灯光耿。
忽见纸窗明，凉月坠遥影。
更阑未成寐，频听村鸡警。

---

① 又：或当为“幼”。

出新保关北郭

北郭黄沙拥，长桥翠缆拖。
万山雄锁钥，一水界岷沱。
巨壑潜蛟宅，悬崖束马过。
遥峰千万垒，西望白云多。

古　城

严城销雉堞，高下簇碉楼。
雨过烟痕敛，峰围日色留。
层沙盘笮马，细草卧牦牛。
莫道循荒陇，山花照眼稠。

通化谢方叔故里

故相标遗里，争传通化乡。
山川沿井邑，风物杂蛮羌。
松秃沉残霭，垣颓卧夕阳。
残碑苦销蚀，何处认沧桑。

乾　溪

居民仍保县，流水说乾溪。
乌鹊层碉顶，牛羊曲涧西。
涨添波力健，风卷草痕低。
试问维州路，山村报午鸡。

索　桥

陡向银潢畔，凭移百尺桥。
人方疑度索，势已欲凌霄。
好伐洪园竹，能逾曲水潮。
篾还资巧匠，绹不缓良宵。
两岸危堤亘，中流砥柱标。
千丝怜宛转，双阙比岧峣。
高讶张机轴，柔殊纤纬萧。
浮[illegible]分缕缕，深翠绾条条。
劈趁和风软，编乘晓露娇。
修絙真可挽，坠绪独为邀。
拟作西江吸，浑将北海超。
快随斜照映，静免薄飔摇。

绳引批根固，梭抛接杼调。
扶栏疑仄径，束版等重橑。
鹊羽联相驾，鼍梁兀不骄。
晴虹长带丽，新月半规撩。
影净初横练，形轻俨曳绡。
雄行夸踸踔，侧足惧飘飖。
矫胜回人戏，灵追炼客招。
纰舟空欲泛，掷杖未容翘。
洵有遄征便，曾无左担谣。
浮河闻杜预，鞭石笑秦朝。
邛筰遗风古，羌氐旧制饶。
岷江天影阔，灌口镜光昭。
羊膊波初壮，鼋峰雪正消。
洪流涛万顷，拍岸涨崇朝。
一苇杭堪藉，千寻渡许要。
计程知境辟，送客漫魂销。
珍仗篔簹谷，辉分翡翠幖。
女儿箱粲粲，蛮竖马嚣嚣。
路识金绳置，关辞铁锁烧。
梯山欣驾海，声教协虞韶。

维州即事

署厅事 朱梓

维州深入尽蚕丛，嘹唳荒凉更不同。
城郭四围山色里，梦魂终夜水声中。
云耕雾种天边土，沙卷尘飞午后风。
回首绳州犹乐国，嗷嗷何计慰哀鸿。

笔架山

一别毛生走百蛮，讼庭无事日清闲。
书空岂有洪侨笔，对案偏来次仲山。
引我挥毫题紫塞，助人泼墨写烟峦。
徐陵漫诩珊瑚贵，锋骨棱棱少俗颜。
（余不尽录。）

对酒咏梅

袁维瑞 瞽者

阵阵清风入画堂，诗情酒兴不寻常。

平生未识罗浮艳，只吸冰肌一片香。

维州竹枝词

教谕 袁为佐

狮头山下古维州，不住涛声拥水流。
小市荒凉无异物，城门洞口卧牦牛。

频将乱石砌高墙，此地人皆住板房。
风雨飘飖需土盖，犬从屋背吠斜阳。

两山对峙月黄昏，烟锁溪头气欲吞。
到得午牌风信起，家家户户尽关门。

山溪隔断水迢迢，百尺横空架索桥。
呼得从人扶手过，五更犹觉梦魂摇。

飞沙关上有神仙，此地无人渡晚烟。
只为崖高风势急，横吹碎石打溪边。

一根篾索似长虹，更有居民过溜筒。
筒外细缠身背稳，往来只在半空中。

几日阴阴几日寒，相逢六月怯衣单。
冰帘羽扇浑无用，遥指层峦雪未干。

笔架山高月渐低，一湾残雪小桥西。
频看两岸无林木，莫怪子规不肯啼。

半山荒地半山耕，隔岸时闻叱犊声。
一事自惭无学问，夷人名字认难清。

红霞散去白云隈，岭上从来不放梅。
独坐闻声心忽喜，一群蛮女唱歌回。
（客有问维州者，走笔成《竹枝词》数首。）

五　屯

署厅事 王铭

纳款投诚过百年，三千劲旅守雄边。

岁縻帑项盈千万，时见冲锋奏凯还。
（事征调屯弁，每当头敌立功。）

六　里

改土归流算汉民，科粮榷税重儒巾。
可怜丁口无千户，堡寨高楼半赤贫。

九　枯

上下中分号九枯，稻粱黍稷竟全无。
久离蕃籍羞家世（九枯系番种，染汉习，讳言夷籍），荞穇充饥妇织蒲。

十　寨

蒲溪番裔尚知耕，每向悬崖负戴行。
力役但存温饱志，与人无欲亦无争。

三　番

熟生新旧聚三番，服语难同庶类繁。
结队远行齐力作，雌雄难辨似猱猨。
（常率众在各州县下苦自食其力。）

四　土

党坝松冈卓克基，梭磨关外冠诸夷。
一官三妇齐朝贡，唐相筹边重四维。
（四土司皆入贡，三处土妇袭职。）

双　城

万山深处旧双城，隐约城基保里名。（保县归并理番，旧有二城，皆圮。）
平屋依崖中界水，民能无讼使官清。

赋

岷山积雪赋

——以日烂如银其高无际为韵

陈克绳

夫何岷山之巃嵸兮，当西域而崒嵂。列九峰而若屏兮，插万仞其如壁。寒惨惨而终古兮，阴森森其一色。霰淅沥其长凝兮，雪粉糅而愈密。凌碧落兮晶莹，映素云兮髣鬃。问先[①]集兮何年，尚未消乎今日。盖其峡势高寒，蛮光历乱；阴积太初，高浮天半。雪遇寒而始凝，寒侵雪而不散。风发粜于山阿，雾氤氲于霄汉。雨回峰而成冻，冰凝溪而未泮。是以露为霜而层层萦积，流光则万岭嵌空。加之云酿雪而奕奕联翩，泻影则千岩烂熳。于是缤纷繁雾，飞洒纡徐；瀌瀌蔼蔼，密密疏疏。始缘溪而藏谷，终度岫而盈渠。塞羊肠之险隘，填鸟道之空虚。迷群[②]峦之向背，失危栈[③]之崎岖。若海波之回兮，拔潮于地轴；若江涛之上兮，鼓浪于天昊；若缟带之翻兮，素娥奔月以粲尔；若银杯之散兮，白叟赴酺而皤如；心神为之滉漾，尘氛于焉消除。尔其东南日晓，西北云屯。碧留蟾[④]而有晕，昭似汉而无垠。气霁而山山颓玉，光浮而岭岭流银。近藏李白之□，书帷欲破；遥映文君之市，酒旆方新。笛奏青羌兮，芳梅并落；鞍调白马兮，金勒俱驯。此其为徘徊之多态，而绰约之动人者也。若夫积朔连晦，晨光夕曦；烟霞婉娩，风雨凄其[⑤]。历四时而不变，亘千古而无移。春烟暖而良玉之苗尽出，秋月清而鲛人之泪齐垂。奇峰蹙兮，夏云掩映；苍松秀兮，冬岭参差。朝望兮若吴王之争会，素甲万人而昧明其方定；霄观兮若周室之将朝，庭燎千树而问[⑥]夜于何其。涂兮漫兮，高而盼焉，若仙府之凌虚[⑦]，而珠网晶帘之缥缈；璀兮璨兮，晴而望焉，若上林之迎日，而琼林[⑧]琪[⑨]树之迷离。莫不随时赋象，任地呈奇。则有军临棨戟，士拥旌旄。守韦皋之戍垒，立严武之勋劳。对三城兮雪积，仰七星兮斗高。一曲琵琶，弹来[⑩]古堞；万林两骑，渡去空濠。追骄虏于五更，六花散甲；擒生羌于千里，三白满刀。盌挥勃律之坚，今朝痛饮；鼓卧蓬婆之域，昨夜萧骚。复有寻诗幽客，招隐酒徒；宁封丈人，杜甫腐儒。不唾西城之地，长携绿蚁之壶。望冰雪以为容，绿云拟住；缅江山之远眺，浣笔为图。冻彻玉楼，粟生多寡；光摇银海，花眩有无。青笠萧萧兮峰何限，红衫隐隐兮仆将痛。亦复躭幽玩，寂搜冥诣。他若黄竹歌成，幽兰曲俪；灞桥策驴，剡溪鼓枻。谢庭之絮将飞，袁巷之门长闭。梁园之客已空，惠连之词独丽。是皆申娱玩之无穷，惜阳春之易替。孰若兹山之鲜耀，自鸿蒙而已离。元阴凝而洁长留，太阳耀而光不逝。千春不易，万峰高霁。焉得借缘玉杖于飞仙，筑黄鹤楼而独倚。寻高士于山中，见美人于天际。排阊阖而开关，叩通明而谒帝。凭云升降，随风逝憩。心与雪而同清，身并山而不敝。歌白雪兮年年，视红云于世世。

---

① 先：乾隆《茂州志》作“仙”。
② 群：乾隆《茂州志》作“郡”。
③ 栈：乾隆《茂州志》作“机”。
④ 蟾：乾隆《茂州志》作“蝉”。
⑤ 其：或当为“凄”。
⑥ 问：乾隆《茂州志》作“闷”。
⑦ 虚：乾隆《茂州志》作“灵”。
⑧ 林：乾隆《茂州志》《保县志》均作“琳”。
⑨ 琪：乾隆《茂州志》作“琦”。
⑩ 来：乾隆《茂州志》作“未”。

筹边楼赋

施义爵①

锦官之西，地号冉駹。域分井络，开自汉皇。犬牙交其冲，龙溪汇其江。岷山巀嶭，沱水汪洋。层峦叠巘，绝塞遐方。异沃野于千里，殊文物兮帝乡。爰夫地既边隅，厥类匪一。相彼氐羌，狡焉勿质；回鹘称强，吐蕃肆逆。骆浆其餐，穹庐其室；怒发盈巅，俪皮蔽膝。洪荒之盘古非遥，汉代之乌孙堪匹。胡不安其享王，竟屡骚夫边邑。藐唐家之节钺，抗天朝之法律。冲锋则豕突狼奔，啸聚则秋笳觱栗。倚南诏之腹心，启西陲之仇敌。韦皋之转饷空烦，充国之屯田难必。乃有伟人，秉钺西川；白旄刁斗，紫塞烽烟。剑术轻白猿之技，兵符精黄石之传。震军声于壁垒，横杀气于戈铤。郭汾阳之风流未坠，裴晋公之方略依然。月惨长城，蹋关山而跃马；风清细柳，坐帷幄以筹边。于焉建以高楼，资其谋略。揆良辰，定方岳；授梓材，鸠匠作。绝非草草之营，咸听薨薨之度。廊腰任其缦回，檐牙观其高啄。鸟拂琼帘兮翚斯飞，霞连绣拱兮光难遏。积白雪而常凝，拄青天而不落。牙旗卷兮七星高，金柝传兮万人愕。扫百蛮于指掌，运六韬于杯酌。青霜紫电满山川，碧瓦朱甍照城郭。盖其重楹互接，目槛交承，嵯嵯峨峨，瞻其壮也；朱阙崔嵬，红阑曲折，垂天崩石，眺其势也；绣柱流丹，璇题垩粉，采章灿烂，文饰雕镂。挹其光华与色泽也，则见夫依回林麓，镇抚峨岷。其固靡敌，其高靡垠。排银汉以吸瀣露，拥金貂以肃霓旌。雾角峥嵘，映玉垒浮云之色；风檐璀灿，收锦江天地之春。阳和发其欣畅兮，喜百鸟之飞鸣；秋阴生其凛冽兮，靖万里之胡尘。听征鸿于帘幕兮，帛书伤思妇之情；窥疏星于户牖兮，铁衣寒戍卒之缗。白狗心降，阶下夷王虬髯列；青龙阵剑，阑边羌女柳眉颦；莫不千旗尽掩，万马俱驯。他如名著海棠，秀盈香草；燕子情深，仲宣春晓。击瓯听绮坐之音，飞翼象天门之表。类皆藻井纱窗，琼卮火枣。非供倦客之流连，即贮青娥之窈窕。岂若兹之威行阃外，卧鞶鼓于蓬婆；功纪寰中，唱铙歌于松堡。吁嗟乎！名垂往古，事渺千秋；苔生废址，雨渍荒畴。诸葛之阵图已没，姜维之古堞空留。禹穴波寒，望祇台而不见；稷陵草茂，观先啬之无由。缅怀古迹者，又何眷恋于斯楼也哉？然而时代虽今，风徽自替。浣花遗杜甫之堂，载酒记扬雄之宅。况保障之无忧，亦勋猷之有赫。当日之羁縻拱卫，堪比金城；目前之奠乂蕃宣，登诸衽席。人曰勤边而习事，畴则等于太尉之雄；吾曰敷政而宁人，实有资乎上公之策。

① 施义爵：乾隆《保县志》作“威州贡生 郭玉柱”。

第六卷　志　存

志存总

《志存》何为而作也？衷诸前史，有正编以识其大，复有外纪以著其余，志亦如是而已。兹篇所载，自“流寓”以迄“杂记”。凡诸轶事，时移代迁，日增月盛。后来或立专门，亦可由斯润色，不存则失之疏。唐代甥舅联盟，载在《西域》，因石刻而及此碑，复因此碑而旁引各条。虽不免邻于泛滥，然读书论世，在唐徒务羁縻，在夷姑就臣服，前言往迹，皆龟鉴也，不存则失之暗。《陈志》序目，历任禀章，治迹攸关，苦心具在，一经删削，从此就湮，不存则失之。忮至于一夫犯顺，全城几危，成败之机，只争顷刻。虽幸转危为安，其视消患未萌，抑亦未矣。不存又失之，私惧其疏，且暗忮且私，无以为后来观省也，作《志存》。随事附录，无复子目焉。

志　存

王元正：字舜卿，号三溪，陕西盩厔人。明正德辛未进士，官翰林检讨。嘉靖间以廷诤大礼忤旨，系狱。梦游[①]玉垒，遂号玉垒山人。及谪戍茂州卫，过玉山，笑曰：命也。徘徊不去。兵备孙元筑室居之，题曰“玉垒行窝”。寄兴文笔，寓止宴如，尝著《威茂统[②]志》。大中丞东阜刘公聘同杨慎分纂《蜀志》，未几，卒于戍所。《升庵集》有《祭玉垒王舜卿文》。保处极边，名流托足者绝少，故流寓无闻焉。王舜卿虽遣戍茂州，而实寄迹玉垒，因载[③]之。（“流寓”）

袁维瑞：字辑五，乾隆本城人。十四岁失明，以弹词游各省，工诗。所著有《六宜轩诗钞》，殿撰庄学和作序，刊以传之。（“畸行”）

玉垒浮云：即玉垒山，有云常浮其上，流动可挹。杜子美诗“玉垒浮云变古今”，是也。

洞口瀑泉：在州治玉垒山下。其泉有龙，故名。

凤坪烟雨：在河西，即凤坪里。其山有云烟，上蒸顷刻即雨。

---

① 游：乾隆《保县志》无此字。

② 统：当为“通”。

③ 载：乾隆《保县志》作“列”。

龙山晚照：山与厅治对，山顶到晚，日光返射，烂缦可观。

玉峰晓钟：即玉峰观。观有钟，僧扣之，州人知其兴作。

西岷圣灯：即西岷寺。俗传遇晚有七灯，自龙山保子关飞入寺，光明满殿，如佛灯然。住持僧候灯来，闭门以杖迎之，坠地，视乃红杏叶也。灯遂绝。

雁门晴雪：即雁山堡前山。其山层峦叠岫，高插云表，峰有积雪，经暑不化。

六月寒冰：在河南西新桥沟中。六月有冰不消，病者食之即愈。（以上古威州八景，见《威茂志》。）

狮头夜月：狮头山在县北。四时夜霁，月照若洗。

熊耳秋风：山形如熊耳，秋风戛然而来，殊奕奕，有爽思。

陇山古雪：山名望陇，四时积雪不消，人谓之太古雪。

沱水春流：水至威州保子关，悠然东逝，入春如绿腻然。

石门遗响：在厅北五里。陡崖如削，有白石方数十，如门户形，时闻启闭之声。

笔架献奇：山形如笔架，屹立治前。

箭山晚照：即唐时箭上守捉城，地多草木，居民入夜烧之，如晚霞远映。

夷关暮笳：镇夷关北通杂谷，其风气大与中国殊。入暮，羌人吹笳，殊凄凉也。（以上旧保八景，见《威茂志》，即今厅治。）

梭磨直固雪山，杂谷陡柔、腊角两雪山，高四五十里。危石插天，飞鸟绝迹，横空瘴雾，眩人心目。过者即蛮人亦必凌晨遄发，至日午则满山风起，劲若排墙，利如刀剑，务袖掩口鼻，俯身迅趋，否则风入鼻窍，闭气立毙。自八月积雪至五六月，尚未消尽，深一二丈。番夫转粟途间，终日扫除，风卷雪飞，须臾如故。加以冰霜凝结，望若琉璃，融成一片。土人先于未雪时，沿途预插高竿，以防迷误，临行带斧凿冰，略成梯级，人拄短梃，彳亍而上，稍失足即陷入雪坑，为飞雪埋罩，不见踪影。又有茶堡、扣叟诸山，人迹不到矣。沃日之革蓬雪山，金川寺之商角雪山，俱与杂谷交界，高三十余里，怪石横空，四时积雪，过者足缩缩，择可立者趦趄以行。又瓦寺之天赦山、纳凹山高三十余里，奔拉山高四十余里，瘴气熏人，积雪终年不消，盛夏披裘，犹寒气沁入肌骨。（“夷山”）

直固各雪山，水皆南北分流，北流者由厅治保子关入于岷江，南流者由泸定桥入于大渡河，至叙州流复合。

克州雪山，水分两路。自东流者为孟董水，由厅城入沱江。自西流者为黑水，由茂州三齐寨入于大江。（“夷水”）

唐中宗景龙四年，降金城公主于吐蕃制（碑，今在大昭寺）。圣人布化，用百姓为心；王者垂仁，以八方①无外。故能光宅遐迩，裁成品物。由是隆周理历，恢柔远之图；强汉乘时，建和亲之议。斯盖御寓长策，经邦茂范。朕受命上灵，克纂洪业，庶几前烈，永致和平。睠彼吐蕃，僻在西服，皇运之始，早申朝贡。太宗文武圣皇帝德侔覆载，情深亿兆，思偃兵甲，遂通姻好，数十年间，一方清净。自文成公主化往，其国因多变革。我之边隅，亟兴师旅，彼之蕃落，颇闻凋弊。顷者赞普及祖母可敦、酋长等，屡披

① 方：《旧唐书·吐蕃上》作“荒”。

诚款，积有岁时，思托旧亲，请崇新好。金城公主，朕之少女，岂不钟念，但为人父母，志息元黎，若允乃诚，更敦和好，则边土宁晏，兵役服息。遂割深慈，为国大计，筑兹外馆，聿膺嘉礼，降彼吐蕃赞普，即以今月进发，朕亲自送于郊外。

德宗三年，与吐蕃盟于清水词：

唐有天下，恢奄禹迹，舟车所至，莫不率俾。以累圣重光，历年惟永。彰王者之丕业，被四海之声教。与吐蕃赞普，代为婚姻，固结邻好，安危同体，甥舅之国，将二百年。期间或因小忿，弃惠为仇，封疆骚然，靡有宁岁。皇帝践祚，悯兹黎元，俾释俘隶，以归蕃落，蕃国展礼，同兹叶[1]和，行人往复，累布成命。是必诈谋不起，兵车不用矣。彼犹以两国之要，求之永久，古有结盟，今请用之。国家务息边人，外其故地，弃利蹈义，坚盟从约。今国家所守界：泾州西至弹筝峡西口，陇州西至清水县，凤州西至同谷县，暨剑南西山、大渡河东为汉界。蕃国守镇在兰、渭、原、会，西至临洮，东至成州，抵剑南西界磨些诸蛮、大渡水西南，为蕃界。其兵马镇守之处，州县见有居人，彼此两边见属汉诸蛮，以今所分见住处，依前为定。其黄河以北，从故新泉军直北，至大积直南，至贺兰山骆驰岭为界，中间悉为闲田。盟文有所不载者，蕃有兵马处蕃守，汉有兵马处汉守。并依见守，不得侵越。其先未有兵马处，不得新置，并筑城堡耕种。今二国将相受辞而会，斋戒将事，告天地山川之神，惟神照临，无得愆坠。其盟文藏于宗庙，副在有司，二国之成[2]，其永保之。

唐穆宗长庆元年，与吐蕃使讷罗论盟。词：

维唐承天，抚有八纮，声教所臻，靡不来庭。兢业齐栗，惧其陨颠，缵武绍文，叠庆重光。克彰濬哲，罔忝洪绪，十有二叶，二百有四载。则我太祖，权明号而建不拔，铺鸿名而垂永久。类上帝以答嘉应，亨皇灵以酬景福，曷有怠已。越岁在癸丑，冬十月癸酉，文武孝德皇帝诏丞相臣植、臣播、臣元颖等，与大将和蕃使礼部尚书纳罗论等，会盟于京师，坛于城之西郊，坎于坛北。凡读誓、刑牲、加书、复壤、陟降、周旋之礼，动无违者，盖所以偃兵息人，崇姻继好，懋建远略，规恢长利故也。原夫昊穹上临，黄祇下载，茫茫蠢蠢之类，必资官司，为厥宰臣，苟无统纪，则相灭绝。中夏见管，维唐是君；西裔一方，大蕃为主。自今而后，屏去兵革，宿忿旧恶，廓焉消除，追崇舅甥，曩昔结援，边堠撤警，戍烽韬烟，患难相恤，暴掠不作，亭障瓯脱，绝其交侵。襟带要害，谨守如故，彼无此诈，此无彼虞。呜呼！爱人为仁，保境为信，畏天为智，事神为礼，有一不至，构灾于躬。塞山崇崇，河水汤汤，日吉辰良，奠其两疆，西为大蕃，东实巨唐。大臣执简，播告秋方。

《盟吐蕃碑》（穆宗既与论讷罗盟于长安，乃遣使赴吐蕃本国就盟）

大唐文武孝德皇帝、大蕃圣神赞普，舅甥二主商议社稷如一，结立大和盟约，永无沦替，神人俱以证之，世世代代使其称赞，是以勒石，留传之于后也。文武孝德皇帝与

① 叶：《旧唐书·张镒传》作“协”。

② 成：《旧唐书·张镒传》作“诚”。

圣神赞普二圣，濬哲鸿被，晓久永之化，垂矜愍之情，恩覆并无内外，商议协同，务令万姓安泰，施恩如一，成久远大治之绩。兹者同心以申邻好之义，共成厥美。今汉蕃二国所守见管封疆，洮岷之东属大唐国界，其塞之西尽是大蕃地土，彼此不为杀敌，不举兵革，不相侵谋。封境或有积阻，捉生问事，给以衣粮放归。令社稷山川无扰，各敬人神。然舅甥相好之义，苦难每须通传，彼此相倚，二国常相往来，两路所遣，唐差蕃使，并于将军谷交马。其洮岷之东，大唐供应；清水县以西，大蕃供应。须令舅甥亲近之礼，使其两界烟尘不扬，同闻颂德之名，永无惊恐之虑。行人撤备，乡土俱安，并无相扰之犯，垂恩万代，则称美之声遍于日月所照矣。蕃于蕃国受安，汉亦汉国受乐。各依此盟，誓永不移易，当三宝及诸贤日月星辰之下刑牲设誓，如有不依此言，背约破盟者，受其殃祸也。蕃汉君臣并稽首，告立，周细为文，二君之德万载传扬，内外蒙庥，人民咸颂矣。（按：唐与吐蕃制勅盟誓，不止此兹，择其词严义正者录之。）

龙山界碑，《通志》云：在旧保县北，唐置戍时立。今不可考。

朴头山石壁镌云：朝散大夫、检校维州刺史、上柱国焦淑，为吐蕃贼侯坝，并董敦义投蕃聚结逆徒数千骑。淑领羌汉兵及健儿等三千余人讨除，其贼应时败散。开元十五年九月十九日记（缺）典施恩书。

新保关仁寿寺内有八角幢一方，唐元和十二年立。字迹类柳，上镌生辰咒，惜下半漫灭。

《鼓角楼记》：唐维州军事判官高测文，乾符五年十月十五日，维州刺史李光置。

天宝寺碑，唐咸通六年建，军事判官陶师文置。

伏波庙碑，唐咸通八年，左武卫兵曹参军崔遂文置。（前三则见王象之《威州碑目》。）

仁寿寺内陀罗经石幢，宋乾道六年十一月立。

古威州治后即玉垒山，蜀后主观湔江至此，书“玉垒山”三字，其大盈尺。或云昭烈帝书，或云宋淳熙时书，皆不可考。又有“三山雄秀”四字。

玉垒山下有玉液池，池畔石刻“龙洞”二字，宋淳熙时书。

明王元正先生题“洞龙深处”四字。

姚江楼公在斋刻“有龙则灵”四字。

珠崖王公会锟刻“蟠龙深处”四字。

会稽余公浩然刻“洞深泉洌”四字。

上虞祝公埙题“玉垒林泉”四字。

东周周公继先题“山明水秀”四字。

陈公廷杰题“古今大观”四字。

王公汝弼题“泉石烟霞”四字。

倪公洵题“峰耸龙潜”四字。

陈公于连诗二首。

吕公瑞玉词一首。

黑漩窝石壁，滇南吴公视题“化险为夷”四字。

维关石壁，镌横额二：一曰“驻云湍浪”，一曰“天成要隘”。皆乾隆时刊。

关门上有“七部锁钥”四字，乾隆三十三年维右都阃玉（缺）书。（以上刻石。）

文山寨禹庙有神像，番僧也，波罗国人氏。明崇祯时，云游至此，住居数载，持心修行，创建庙宇，感格神天，忽得异鱼，将以供佛。夜梦神告曰：食之可得长生。僧因烹食，不数日脱体去。

厅属午后多狂风，古城更甚，里人恒患之。明初，有道士命竖碑场口，风遂息，土人名镇风碑。后因九子窝黑虎等寨番猓跳梁，官兵屯此，碑毁。风又作，幸不及前此之甚，今里人于其地建观音阁。

乾溪山王庙，建自前明，国朝雍正癸卯科孝廉申元任淮安府桃源县知县，解组归，一木逆流，随舟两日。夜梦木作人言：我乃尔原籍乾溪山神也。元因载归，刻而奉之，即今神像。

勾腰神石，在旧保城西，一石略似人形，未详所自。羌民敬畏以为神，凡有争辩未决，不诉官司，就此立誓，终身不敢更异。（以上灵异。）

康熙四十七年，旧保之熊耳山冈孟董水塞。逾年，水冲石决，淹没城郭衙舍，水顺流下，复淹通化、古城、桑坪各里近水田庐。遂壅保子关下，逆江流而上，威州城郭衙舍亦被淹没。

乾隆五年，夏大雨。旧保南沟水发，横流至新保关，决保北城垣数丈，古城、凤坪、木兰各桥道俱坍塌，田庐亦有淹者。

道光戊子年五月初十日，南溪水泛。将本城大街保安桥冲没，水聚于城隍庙戏楼侧积蓄，顷刻将城墙冲塌，积水始通，城中人民赖以安堵。

道光戊子年，乾溪下场外山崩，其土扑及河之对岸，河滩填为平地，灰尘蔽天，白昼如夜，场内人家中积灰数寸，河水壅塞成深沱者数月。夜间有音乐之声，说者谓旱蛟腾起，故有此异。

道光庚子年冬月二十夜被灾，烧毁民房铺户六十余家，其火东至府署头门止，北至城隍庙戏楼止，大殿悉成灰烬，惟留两廊。而城隍庙戏楼迭遭水火均能无恙，佥云有呵护之者。

道光辛丑年，维州右营复被灾，烧毁钱粮衙署并营房三十六间。

咸丰八年戊午夏，下庄铁邑间山沟水发，冲塌山田、河岸，大江为之曲流，对岸山亦崩陷，江流由此至灌，浑浊数年。（以上灾异。）

玉垒山下有张道古墓，《蜀梼杌》曰：蜀王建武成二年，召张道古为武部郎中。道古至玉垒，谓所亲曰：吾唐时谏臣，终不能拳跽与鸡犬同食，今召还，必再贬此，死后葬关东不毛之地，题曰“唐左补阙张道古墓”，足矣。

宋谢相《园林坊记》：公讳方叔，里人。宋嘉定中进士，历监察御史，多所建明，累迁给事中兼侍讲。淳祐中参知政事，封永康郡侯，拜右丞相兼枢密使，追封惠国公。卒，赠少保。前保县令陈克绳记。

谢丞相墓，在通化里场外前。藩宪查公礼招安郭罗克，道经此，捐俸培修，竖碑以志之。

明王元正墓，在玉垒山侧，墓右即其故居，自题曰“山水间读书处”。

明杜上舍墓，在谢溪山坡前，墓侧有碑，刊“杜上舍茔墓”五字。

乾隆丁丑，旧保城西关外半山坡前坍一古墓，骨已暴露。照厅阎君备棺择地另瘗，检视棺内，身着蟒衣，色红黄绿。有木盒一，内盛须梳，背铺五铢钱十二枚。惜未有墓志，无从考核时代、里居及姓氏、官爵。

明双节墓在厅东四里，即徐王氏姑媳合葬处，邑令康清湖竖碑墓前，曰二女碑，题《双节诗》于上，以纪之。（诗见“艺文”。）

明乡贤袁洪道墓，在厅东五里箭山前。

厅城西关外有古墓一穴，棺中人衣红袍、佩五铢钱十二枚。未详年代，崔公钥竖碑墓前，题曰“古名公老先生之墓”。（以上古墓。）

平浪河，在废保县西，宋元丰二年，知维州扬采开白浪，引江水溉田。

洞口瀑泉，在废保县西南，泉自悬崖直下，喷流数千尺，居民资以灌溉。

龙洞，在玉垒山下石罅中，水深四五尺，甚寒而甘，中有鱼数尾，人莫敢犯，谓为龙也。波流绕城中而达于江，久淤沙石。前保令衡北陈公浚之，更筑方池以蓄水，人咸取汲焉。今复淤。

福民井，《旧志》在旧保。深二丈，方尺余。城旧无井，汲江以饮。明正统间，县令李钦引南沟水入城，湫石潴之，民以为便。城徙，井废。

新井，《旧志》在旧保。明嘉靖三年，番人围城，知县邓浩凿井于东北隅。城徙，井废。（以上井泉。）

新保城东十五里有西平堡，土人呼为姜维城，或曰误也。昔吐番酋长名姜古，曾筑此堡，故名姜古城。然不可考。

谢溪有维蒿坪，即韦皋坪，韦曾扎营于此，故名。呼作“维蒿”，土人语讹也。

汶川旧城在今新保关城东古城坪，基址尚在。

旧保县城系借地置邑城，内与汶山县输粮。

筹边楼有三：一在保县，筹西边也；一在清溪，筹南道也；一在蜀城大慈寺，兼筹西南道也。新保西关外有珠崖，王会锟镌“唐李卫国公筹边处”八字于道左。

李德裕克吐蕃，于维州路设五军，汶川地设三军，松茂路设三十六关堡。汶地有四关五堡，于松建七层楼，茂建镇岷楼，维建筹边楼，汶川建七盘楼，以重边防。

明初，御史大夫丁玉平威茂，夷归顺者，人给大银锭一。黑虎后番诸寨珍视之，世传子孙，称曰“丁大夫”。有交易，立期约，先以丁大夫质。有讼，呈于官。形方而狭，径三寸，广一寸，厚半寸，重三十两。土人云：丁御史先到时，遍犒降夷，后不给，以银包铜铁与之。

徐公廷钰《禀禁止冒籍考试碑》。

徐公清《整饬地方并学校碑》。

梅公元珩《重设义学纪碑》（又《栽桑序碑》）。

照磨陈君纮《栽桑序碑》。

嘉庆七年，署同知陈岳禀：查理番衙门在维州城内，上距梭、卓、松、党四土司地方或百余里或四五百里不等，下距保县七十里。今保县并理番，卑职若因此而驻保城，则与四土相隔更远，难资弹压。而新旧番九枯六里纳粮未便，按形度势，自应驻扎理番，实为允当。

保县城改为新保关，亦陈公禀请，奉文改定。

署任徐锡金禀：卑职到任后，查阅宪札，饬取厅志，当即广搜。以前并无志书，只有乾隆三年前保县令陈克绳编有志稿，未经刊行，谨照钞呈览查。是稿辑自乾隆三年，成于乾隆十三年，迄今已一百一十余年矣。卷宗靡存，传闻难信。即如雍正五年裁威州，以保县移威州治，所辖之地归并保县而不及厅，后又称保县属茂州，不及厅事，其时尚无理番厅可知。又查嘉庆八年卷有裁保县，以理番厅照磨移住保县衙署，所有理番厅照磨及保县典史衙署估价变售，内称照磨衙署，系乾隆十七年剿灭土司苍旺，改土归流，裁顺庆府司狱，设立照磨，并未载裁汰何处之缺，设立理番同知。因思雍正五年至乾隆十七年，此二十余年之内，未必有所建革。且理番同知关防系乾隆十八年奉部颁发，其为十七年剿灭土司苍旺，添设理番同知及照磨无疑。（按：厅治系乾隆十八年裁宁远府泸宁同知添设，详见首卷《舆地志·郡县沿革》。）即此添设理番厅一案，皆由默揣臆度而知，则此外之事实何从考证？窃思卑厅一缺，附郭内外汉民仅二百余户，乡居亦复寥寥，职任专重抚绥夷地、控驭土司。所辖四土，距厅城七八百里、千余里不等；又辖五屯，距厅近则五六十里，远则百余里不等。至六里、九枯、三番、十寨，皆汉番杂处，两面崇山峻岭，悬岩壁立，势不可攀。中即沱江，自东而来，至西门外与孟董水合流，波涛汹涌，不能舟楫，亦不可桥梁，贯索系板以渡。民贫地瘠，土广人稀。三冬冰雪封途，六月不暑。每逢天晴，午后狂风大作，戌酉始止，因此稻禾不能吐华秀实。所产包谷、荞麦收割甚少，居民不敷所食，米盐油茶，皆从灌县运来，民食维艰，事皆掣肘。所幸本地居民易于稽查，外来奸宄无从托足，地方尚为安静云。咸丰八年禀。

《陈志》总序

唐初武德七年，白狗生羌内附，于姜维故城置维州治之。中叶以后，吐蕃据维侵凌上国，全蜀骚然，中朝旰食。以剑南节度改设西川，而韦皋、李德裕、杜悰诸公经略维州，后先相继，盖防边首重维矣。保邑，维州旧地也。绳篮仕先得闽之大田县令，奉简命特调兹邑。闽于浙近，称乐土；保乃极边，烟瘴襆被。行万里入氊乡，人或难之，而绳顾夙夜战兢，谓天子念切筹边，以绳膂力方刚，可备任使，故遣之，寄托实重，敢以蛮府厌薄乎。顾自愧抚绥乏术，绸缪未能，则以保自古号重地，名将之所设措，廉能之所附循，度必有记载成书，藏诸旧府，传之故家者。年禩虽逾，擘自画如昨，可长智虑而资楷模。采搜不获，惆怅于怀。既而思之，人之好古，谁不如我，后之冀今，亦如今之冀古，今而不述千载筹边之事自我间之矣。爰谋荟萃撰著，自度菲才，其难其慎。夫邑之必志，犹国之有史。大指要于备经济，示法戒为上。保自遭兵燹，典籍荡如，百年以来，故老殆尽，此考古之难也；资给靡储，制作寖失，学校尚尔，何况其余，此述今之难也。余自是因陋就疏，黾勉修举，存羊系朔，用缀典文。断碑蠹简获只字，如石鼓也；故戍荒台得寸址，如灵光也。而雕题鸟语，藉译致询；马脊舆肩，所在搦管。积之数岁，裒然成帙矣。琼江施君义爵、会稽李君心正，好古能文，乃以余所辑者，就而正之，各出所见，参互考订，研虑殚精，期于至当。倘涉迷离者，虽奇文而亦弃；有关政教者，即断简而亦书。厘为八卷，悉为小序，而于夷部源委本末，稽古准今，三致意焉。要以保还保，寓吾恻恻于边之人之意，斯已矣。嗟呼哉！藩篱朽而门庭破，口唇亡而齿牙寒。物之成败，未有不自边始。余不敏，虽无筹边善策，可补昔贤未备，而合涣固圉之意，窃申申于此编，庶几传往事，备因革，以无负帝心之任使也。其不精不详，则以俟后之君子。

乾隆丙寅孟冬朔日

赐进士出身，知保县事，归安陈克绳衡北氏书于雪堂东偏

《陈志》分部小序

建置一：“邑治”“城池”“疆域”“形势”“关隘”“公署”“仓储”“邮政”“桥梁”“古迹”

建置不外因革，因革得宜，即建置尽善也。厅以卫为边塞之咽喉，以险为腹里之屏障。唐宋而降，置郡县，建麾旄，沿革多端，斤斤争此硗瘠，扼寸土如寸金然，夫亦洞于唇齿之喻矣。圣朝休养百年，劳民安集，裁州入县，版筑焕如，增兵粟储，凡以为民也，凡以攘外安内也。不按古今罗制作，后之君子何考哉？志“建置”。凡十帙。

民事二：“星野”“山川”“民居”“户口”“水利”“食货”“赋额”“风俗”“灾祥”

浩浩坤舆，奠育万物。保独逼于蛮夷，瘠于硗确，疲于险阻，将何道之从，俾斯民久安长治，荷天地之休和乎？人亦有言：善养人者，因地利；修人事者，合天心。故志民事，而以“星野”“灾祥”始终焉。凡九帙。

官师三：“官制”“职官”“俸工”“名宦”

他志作“秩官”，或曰“职官”，今更之曰“官师”，盖教养兼重。如以边地瘠，其人鲁，从而鄙夷之，讵朝廷设官治民之意？况边人不教，何以尊君亲上？边人不养，何以众志成城？赤子何赖焉？余故取名宦之祀于学宫者，列于是编。夫“职官”一帙，大都仅记名姓，其人垒垒然也。名宦则政绩彪炳，指不多屈矣。於戏！同为官制中人，而或俎豆宫墙，或仅存名姓，何欤？是用书以自省，且贻后来法戒焉。凡四帙。

学校四：“碑版”“生徒”“乡贤”“人物”“流寓”“忠义”“节孝”“科目”“成均”①

学校者，明君臣父子之伦，别华夷人兽之限。故学校修明，而人知尊君亲上，人知尊君亲上而边陲固，全蜀安矣。保诚小学，庙庭礼器，师儒廪饩，罔不具焉。有如志士翘然，作兴黎庶，地以人灵，山川岂能累之？谨编是志，以“科目”后“人物”者何也，以“列女”殿“人物”者又何也。於戏，可以兴矣。凡十二帙。

祠记五：“典礼”“祭需”“庙宇”

法施于民则祀，捍患御炎则祀，非此族也，不入祀典。祀之义大矣。保虽褊小，而五祀八蜡，黍稷牲牢，皆有祈年介福思焉。《诗》有之：“有飶其香，邦家之光；有椒其馨，胡考之宁。”孰谓理幽，非所以治明而可忽乎哉！志“祠祀”。凡三帙。

艺文志六②：“奏疏”“序记”“诗”“赋”

---

① 缺“圣贤”“经籍”二小目。

② 六：乾隆《保县志》作“七”。

微辞不可以喻化外，赋诗不可以退贼奴。吾于保邑，良不薄其不文，正憾其不武耳。然则何以志“艺文”？曰：塞上风高，词多雄劲；边人伉直，宜作夏声。何于兹土求若《菟苴》野人之声情，秦国《小戎》之奉上，概少闻焉。吾思有以感发之而靡从也。夫文武本无二道，其人受君忧国，不循寻常。虽用武而文以其甲胄礼义也，虽称文而武以其志气雄烈也。则李卫公维州奏议，杜少陵雪岭诗篇，心晶汉日，声遏胡云，鼓之舞之，良有取焉。他如古今碑版、歌吟，涉建置、关风土者，例得采诸。凡四帙。

武备七[①]：“兵制”“武功”

养兵者，宜知民力之艰；而牧民者，宜通兵事之要。通兵事之要，则虽废城故垒皆足绸缪，以作屏藩；墨士市人皆堪摩厉，以资御侮。斯“武备”所由志也。夫小武用伎力，大武用识断。姜伯约城高碉山，李赞皇图复维州，千载一智，制蛮死命，识也。杜公纳维州，然后奏闻，竟绝祸胎，断也。於戏！善断解纷，好谋必成，诸葛公所由尽力于攻心也夫！凡二帙。

边防八：“夷族”“夷疆”“夷里”“夷习”“夷兵”“夷事”

志一邑而边防居四之一，非繁也，重其防也，重故详也。保在蜀西极边，内则民夷错处，外则诸部环聚，镇抚得失，腹地安危系之，可不慎乎！尝考《唐书》，西川节度使李德裕至蜀作筹边楼，日与悉边事者筹策其中，访以山川道理之险易远近，图绘地形，南入南诏，西达吐蕃，皆若亲历。乃葺城堡，积糗粮，募少壮士卒与土兵，益精练。未几，悉怛谋举维州来归，虽见挠之牛相，而杜悰继镇，卒纳维州。自是吐蕃不复入寇。由是观之，卫公筹边，亦惟防之而已。我未显搴旗斩将之能，而彼即效稽颡角崩之悃。夫亦知其虚实，制其死命，运筹于中而决胜于外也。然则固圉之道在是矣。今之司边陲者，曰办夷情，夷实狡诈，其情在恒情之外，变幻无常。不得其情，则德不足以怀，适以长奸；威不足以畏，适以生衅。难矣难矣。绳承乏兹土，绎绎往事，周历番部，于边防窃鳃鳃焉。著为六类，首“夷族”，次“夷疆”，次“夷里”，次“夷习”，次“夷兵”，终以“夷事”，于边事不无小补。盖犹憾文献缺然，见闻寡陋，语焉不详也已！凡六帙。

禀军督藩本道

敬密禀者。卑职自奉宪檄委署理番同知篆务，迄今一载有余。四土已就范围，五屯渐次安静。虽穆租索朗间有睚眦，而屯众时被开导，其中颇有深明大义之人，解散已将及半。去冬，接据蹇牧函称：以屯案久悬，终非了局。约今正在新保关会审，嘱将两造人证调赴彼处，就便审结，以期水落石出，永远相安。及至正月初十日，卑职与蹇牧、李署协齐住新保关，而所调人证尚未齐集。至十一日申刻，原告人证俱到，而被告要证首先即系穆租索朗，非但伊不肯来，内中要证屯弁，并不准令一人到案，止令被胁屯弁十余人赴案投审，希图搪塞。蹇牧当即讯以因何擅改定章、改额为增之故，又讯以众人，指名告穆租索朗因何他不到案，并屯中要证不来，众皆唯唯否否，诿为不知，无从讯问。因而限以一月，饬令穆租索朗明白禀覆，如逾限不复禀，请提省究办。自此屯众渐知穆租索朗之不可长恃，而穆租索朗亦深惧屯众之各有变心也。遂暗令各屯心腹之

① 七：乾隆《保县志》作“六”。

人，邀集各屯被胁之众，传以木刻，欲调众五百前往新保关威吓蹇牧，抗拒一月禀复之限。及木刻传至杂谷屯，即被该屯弁兵抢获，声言既未奉各大宪明文，亦未奉地方父母官札谕，此外何人能调我们，定要拿住木刻，各处控告。又兼该屯自审案之后，已有变志，暗中集议，被伊之心腹新增把总札太沙甲识破，拿获该屯妇女二人，吊拷逼供，一时激变。即于二月初八日夜，聚集多人，渡河至兴隆场，将札太沙甲攒跑，伊连夜逃至厅城，向穆租索朗哭诉。穆租索朗当即调集心腹屯众约六七百人，赶至杂谷脑对河兴隆场地方，而杂谷脑屯众旋闭桥关固守。在穆租索朗本意，原欲吓退杂谷屯众，大振军威，不料所调屯众半皆裹胁，全无斗志，迁延不进，两持不下。卑职当闻变之初，即往讯穆租索朗因何聚众。彼云：他们自打冤家，与百姓无涉。讯以既有冤，抑何不告官？彼云：他也不知原委，请地方官弹压。卑职将计就计，当遣干役四名前往先行解散，令彼到官伸诉。维时，穆租索朗因所调之兵撑扎不住，见风不好，趁势全退。而杂谷屯仍是明退暗聚，并无别故，防暗算也。暂时可保无虞，但彼此既已骑虎，从此刻无暇晷矣。幸两下均未开仗伤人，百姓虽小有惊恐，尚未搬徙流离，堪慰宪廑。伏查穆租索朗之所以肆行无忌，敢于猖獗者，皆由近年屡调屯兵均归统带，作威作福，斩杀自由，沿途州县任意骚扰。其屯兵之善者，罔不畏厥威；其不善者，亦贪分其霸夺之利。又复招集无赖之徒，或冒功而保以虚衔，或弄权而授以伪职。尔则寄以心腹，彼则为其爪牙，狼狈为奸，日聚日众，视五屯为利薮，等人命于弁髦，包藏祸心，已非一日矣。所以，前岁驱逐额设屯弁，非特不许袭官，不许领饷，且并不许活命，以致丢水者有人，枪毙者有人，逃走者有人。沙包诸弁控告皆实，案悬而流离在外，畏死而回屯无期，三载沉冤，一朝反噬，其情亦可悯矣。为今之计，只可令其自相攻击，助我成功，我则镇静以处之，羁縻以驭之，使彼不疑，免致患生肘腋，此时外来之兵，卑职万不敢请。缘厅治地处山凹，四面皆屯，城久坍塌，无法可守。一有举动，被彼闻知，恐兵未至而城先屠矣。存城虽有兵丁，半为所买，走风漏信，是其惯技。即李署协李都司近在同城，亦不敢往商，恐为左右识破，此卑职所日夜筹思而未敢轻动者也。尚喜其待人知用威而不知用恩，未能全揽人心，除所养敢死之士二三百外，其余皆系胁从，差可治耳。无已尚有一法，去岁曾留勇差住扎马塘，弹压梭磨地方，现因土妇已故，土司未袭，不敷弹压该土司，请再添勇百名，禀恳前来，其口食仍由该土司自行在马塘就地筹款。卑职因事尚可行，业已批准，拟欲就此名目，多招百名，暗作准备，不露形迹，亦须相机而行，此时未敢预定，万一事在紧急，非兵不可，卑职自当密为飞禀，听候宪裁。再，由理番自省城，穆租索朗节节均安有塘铺，一来探听省中消息，二来贿买沿驿驿卒，折阅理番上下大文，所以此次密禀，非特不敢发交驿递，即泛泛专差亦不敢漫以相授，兹特遣信心家丁，附入家信交卑职堂兄署布经吴面投，免致泄漏。如有批示，仍祈密交堂兄密寄为妥。缘穆租索朗与省中书吏声气最通，官场商贾耳目亦众。凡宪批屯上事件，驿递至速，亦须十日奉到。而穆租索朗只用三日，批示禀稿全行抄来，每每以之夸示卑职，即其明证。以后凡有屯件，总以密禀为准，间有红白会禀，为其所挟，不得不以之愚彼，请宪台勿以为信。卑职此禀，请无庸发房，即有密札亦无庸经房书之手，设有泄漏，变生顷刻。在卑职一家之身命固不足惜，而全城之生灵实有不可。冋者是否有当，伏乞俯赐察核，批示饬遵，为此具禀须至禀者。

禀军督局藩臬监巡

敬禀者。三月初一日卑职曾将夷酋穆租索朗叛悖情形密禀宪鉴在案，尚未奉到批示，无如该逆叛形愈著，日日寻衅滋事。虽卑职再三将就，伊总一味横强，公然聚集下孟屯众六百名，在东西两城楼内外扎营威吓卑职，逼令将伊家眷衣箱送出境外，衣箱均要卑职封条，且云若不将杂谷屯众退散，定然抄毁合城及卑职全家。又贿卑职票银六百两在省城兑取，勒以不得不收之势，及收到兑银回信，遂将城楼内外屯众散退，仍留屯众二百在伊住房准备。以为曾收伊银，诛求无厌，凡事俱得与伊作主，立逼札饬解散杂谷屯众。卑职恐一散难于再聚，彼必尽数歼除，暗令无庸遵伊札饬，总以不散为主，伊亦无法可施。卑职将计就计，以杂谷屯众抗拒日久，非招勇调团重以兵威不能吓退，即调团三百名，招勇四百名，进城暗作准备。但缺分著名清苦，口粮饷项，无从设法。现向四号茶商借茶两百包售卖以作团勇口食之费，而口粮本地无从购买，外境又转运需时，只得动碾仓麦以作接济，尤恐兵力不足。复遣团首文生莫如德潜往杂谷，约乾堡屯同时举事，始畏穆逆之威，未敢听从，晓以大义，始行应允。初九日，遂照杂谷屯赴逐守备之样举事，业经该屯赴省控告在案，想宪台已经阅及。自此又生疑惧，以为伊之衣物家眷已走，无所顾忌，而卑职以有团勇在署，胆气亦壮，遂请署都司李耀龙及佟先守备杨先登在署调度。伊遂调心腹及裹胁之屯弁兵丁一千二百名分扎要隘及东西城楼，与卑职对面为营，相持十日不下。因遣从九任宝谦、文生莫如德前往杂谷、乾堡两屯，调派屯兵一千二百名，当于十九日四更时候分三路进攻，李都司、杨守备带同勇团四百名分两路接应，将穆逆住房团团围住，两下施放枪炮，互有伤亡。当将逆房踏平，及至天明查点，屯兵勇团阵亡二十三名，枪毙逆从七十八名，细查并无穆逆尸首，询之逃难妇女，云由南沟翻山，与伊第一心腹助恶、余开文同行逃走。但南沟系老林密茂，最易藏匿，已派兵勇二百名前往搜拿务获，其余屯众悉行弃甲逃走。厅城人心大定，现已分起将九子、上孟、下孟三屯诏安，胁从罔治，并令其捆献首逆及余党。一面飞移汶、灌两县，将其家眷衣箱挡回；一面飞札饬令沙包诸弁回屯帮办善后。合先将厅城转危为安，并办理大概情形，飞肃禀闻，以慰宪廑。查穆租索朗在屯盘踞二十余年，冒领饷银六万余两，丢毙人命四十余口，驱逐额设屯弁七十七员，伪授新增屯弁四五十名，揽掌五屯钤记、包作、禀牍、公文，其心腹爪牙除已死不计外，犹有三百余人未获，兼之三屯尚未来投，逆首尚未就擒，若不严加防范，稍事疏虞则死灰复燃，将有不可向迩之势。此次所调屯兵，所招勇团，非两三阅月，不敢遣散。但为日太久，饷项难支，可否仰邀宪恩，速为拨银三千两，委解来理，以济兵食。此项银两及仓麦、茶包价值，除卑职将兑收穆逆六百两充作公用外，其余款项或于事竣后准其作正开销，抑或饬令屯众捐还归款，伏候宪裁。再，此次办理屯事，若非李都司实心帮助，实有孤掌难鸣之势，可否宪台饬令李都司暂行兼护协篆，以便帮同卑职办理善后事宜，俟屯事办竣，再为禀请宪台，另行拣员接署，以重职守。如蒙允准，即祈由六百里札饬先行接印，实于屯事大有裨益。卑职系由边防大局起见，是否有当，伏乞俯赐察核，又夹单敬再禀者，正封禀间。适将逆党余开文、杨满太、张泗洪、卓廷彪、松松日吉、纳耳吉色朗等搜获，当即讯明属实，即行绑赴市曹会营正法。穆逆已有踪迹，因恐人少，添派兵勇三百名协同搜拿，连前派共五百名，兵力已厚，谅可就擒。但此山系属老林，雪大又兼路通汶川、懋功，务请札饬该厅县文武一体协拿，免致窜匿。九子屯业已全行投诚，下孟已逃一半，因逆子穆裕宽尚自聚集死党二三百人，负嵎抗拒。现派已投屯众，暗散羽党，令其捆献。上孟已遣人翻山来投，因下孟隔绝道路，尚未前来，余俱平定，堪慰宪廑云云。

禀军督局藩臬监巡

敬捷禀者。三月二十二日辰刻，卑职曾将遣派兵勇在老林将穆逆擒获，始犹率死党百余人尽力抵拒，经管带兵勇之任宝谦、李耀龙、杨先登等率众擒获，当被兵勇分食该逆之肉，将首级割获献功，当即传示屯众及合厅居民，人心大快。五屯从此底定，堪慰宪台西顾之忧云云。

禀军督局藩巡监巡

敬禀者。三月二十九日戌刻，案奉宪台批饬，将穆租索朗迅速擒获，遣派兵役解省，按律惩办，并晓谕下孟屯众所严拿者，惟穆租索朗父子罪在不赦，其余胁从一概罔治，及饬茂州、汶、灌一体截拿等因。奉此遵查，穆租索朗平日为众人衔恨入骨，此次又率死党百余人抗拒，一经得手，人人欲食其肉而后甘心，当将逆尸剐挖净尽，势必不能生擒献功，已遣守备杨先登割获逆首缘由，驰禀宪台在案。自穆租索朗诛后，各屯纷纷投诚，下孟已争先归顺，惟逆子穆裕宽率死党二百余人死守龙袍寨，该寨周围均系一夫当关之路，最难仰攻。经卑职调派兵练及新投屯兵二千五百名，悬以重赏，围攻三昼夜，于二十七日攻破，将逆子生擒，并获羽党十三名，例应解省审办，因尚有漏网之心腹梅魁、桑廷梁、高映方、帖保数人，前在汶川脱逃，恐于沿途邀截，当将逆子正法，以绝其党羽系恋之心。至其首级，本拟即行解省验查，缘穆租索朗之威非特专摄五屯，即四土、芦花、松潘、懋功、打箭炉等处无不闻名丧胆，其中亦有勾结之处。今梭磨土子遣人贺功，实暗探听真伪，以为旬日之间未动大兵，即将该逆授首，群番未肯深信。因遣团首曹显名传首四土以及芦花五十五沟，一来见信番众，二来宣扬兵威，使四夷不敢再生反心，此亦卑职之急其所急，而不得不权宜办理者也。此次剿办逆党歼毙者三百余人，生擒者四十余人，首要各犯业已净绝根株，伊之屯中死党并无一名漏网，惟在汶逃脱之梅魁等，恐逃至沿边夷巢，勾结滋事。缘穆逆起事之初，曾传木刻至芦花各沟及松潘毛儿盖、打箭炉、瞻对边界，请其调兵帮助，此系已获死党所供，亦宜预为防范，请饬沿边各厅州县一体截拿，免致窜逸。现汶川截回逆妻雍氏及五岁幼子，查该氏系懋功宅垄屯守备戎思甲女，汉牛屯守备射甲宅茸妻，因夫物故，被穆逆威逼穿透再醮。该逆谋为不轨，屡次反目，此次起事，复大闹，携带所生幼子逃回本屯，实无通同谋叛等情，可否网开一面，恩准解交懋功厅，转饬该屯母家领回安置。伏乞宪台衡示云。

剿除穆逆疏[1]

同治四年四月十一日，四川总督部堂骆会同成都将军由驿具奏：为屯弁潜蓄逆谋，聚众滋事，抗拒官兵，当即扑灭，所有五屯现已安靖。恭折具奏，仰祈圣鉴事。窃查理番厅属下孟屯之增设守备穆租索朗，因屡次管带屯兵从征广西各省，于咸丰十年撤兵归屯，渐形骄纵，与其子穆裕宽暨心腹札太沙甲、余开文等把持屯务，同恶相济，侵吞屯饷，迫胁屯众。穆租索朗复于咸丰十一年，将屯守备缺辞退，潜行进京，改名穆泽周，冒理番厅民籍，朦捐监生，加捐道员，旋复回屯，吓逼各屯兵丁，意欲将额设屯守备各缺，尽行改为增设，强索各屯额设钤记，遍植私党，谋为不轨，逼令各屯弁兵听其调拨。杂谷屯兵赤六、格什等不肯附从，被责毙命。并将杂谷屯外委日黑纳耳吉并屯兵十二名捉拿锁禁，将额设把总木耳吉、额设外委杨飞熊、屯兵沙甲、王受春等弃河溺毙。复将额设屯守备沙达耳吉之侄沙成金中途拦截捆去，抢劫马匹、财物，叠经沙达耳吉暨屯守备包国梁、额设千总札承思、安定国、额设把总科文太娄让、额设外委更卓泽朗、古大贵暨屯兵乃之文喜、麻思甲等，前后赴省，联名具呈控告。臣等于上年遴委试用知县吴羹梅，接署理番厅同知，密为查办，并札饬署茂州知州蹇闇，会同理番厅维州协审办。今年二月间，蹇闇等至新保关，传集原告、各屯弁兵，以待质审。而穆租索朗竟敢拒不到案，且挟杂谷屯兵索饷之嫌，私传木刻，擅调屯兵，欲将杂谷屯众抄毁，并集党羽六百余名，分扎理番厅城东西两门，挟制地方官，剿办杂谷屯众，以泄私忿。署同知吴羹梅恐厅城被其蹂躏，不动声色，阳许以调团派兵前往杂谷查办，以安其心。吴羹梅遂调团三百名，并招勇四百名，以作准备。穆租索朗复私调屯兵一千二百余，添扎城内，预谋抗拒。吴羹梅恐众寡不敌，派候选从九任宝谦、文生莫如德，前往杂谷、乾堡两屯添调屯兵一千二百名，星驰入城，于三月十九日四更，部署既定。穆租索朗知事机败露，遂拥众为乱。吴羹梅暨都司李耀龙、守备杨先登督同任宝谦、莫如德等，分带团勇屯兵，围攻穆租索朗住宅。维时，两城门所扎穆租索朗私调之屯兵，始知穆逆有意谋反，该屯兵等为其愚骗，不敢与官抗拒，纷纷解散。惟穆租索朗率死党二百余人，以枪炮拒敌，团勇弁兵阵亡十三名。吴羹梅、李耀龙、杨登先等挥军奋力攻扑，枪毙逆党七十余名，立将该逆住房踏毁，并将逆党余开文、杨满大、张泗洪、卓廷彪、松松日吉、纳耳吉色朗等擒斩。穆租索朗率党百余人突围，窜踞乾溪沟。李耀龙、杨先登、任宝谦等督兵跟追，于二十二日将穆逆围困老林。该逆拼命冲突，立被兵勇阵斩，割获首级，传示五屯。余贼悉被殄灭。二十五日，新保关照磨汪嘉谟亲督团练，将逆党札太沙甲、桑吉格什、杨中朋、施文斌等擒获，解至厅城，讯明正法。穆逆之子穆裕宽率死党二百余人，据守下孟屯。吴羹梅、李耀龙等派兵围攻三昼夜，于二十七日将逆寨攻拔，生擒穆裕宽暨逆党邓传号等十三名，押解回厅，讯明正法。余逆悉数殄除，五屯现俱安靖。

伏查穆租索朗及其子穆裕宽，包藏祸心，怙恶不悛，克扣屯饷，威胁屯众，滥毙多命，擅发木刻，私调屯兵，挟制地方官。复盘踞厅城，拥众抗拒。若非署同知吴羹梅、署都司李耀龙审机应变，剿办迅速，则祸起仓卒，不但厅城可危，且恐凭险肆扰，不免

① 底本无，今为便于阅读拟加。

重烦兵力。乃旬日之间，首恶歼除，党羽扑灭，全屯悉臻底定，足以彰国威而慑边徼。臣等现饬理番文武，妥办善后一切事宜，务期革除积弊，永杜争端。此次吴羹梅等办理迅速，实属异常出力。可否仰恳天恩，请将署理番同知吴羹梅仍以知县归，遇缺前先补用，并加同知衔，赏戴花翎。都司李耀龙以游击侭先补用，守备杨登先以都司侭先补用，以上二员均请赏戴花翎。照磨汪嘉谟以县丞补用，候选从九品任宝谦以州吏目留川，遇缺前先补用，文生莫如德以训导不论双单月选用，以示鼓励，出自格外鸿慈。其余出力弁兵绅团，容臣等查明，核实请奖。所有屯弁潜蓄逆谋，拥众滋事，抗拒官兵，立就扑灭，五屯现已安靖缘由，谨合词恭折由驿具奏，伏乞皇太后、皇上圣鉴训示，谨奏。

核定完善后章程

督部骆将军、崇提督胡

照得各屯原定章程本极妥善。前因穆租索朗专弄权势，擅改旧章，甚至侵蚀饷银，无恶不作，以致该谷屯弁兵等备遭荼毒，实堪悯恻。幸天夺其魄，穆逆业已授首，伙党亦就骈诛，俾屯地转危为安。若不祛除弊端，明定章程，其何以示抚绥而安良善？兹据该厅文武酌拟《善后章程》二十条，呈由司道核议送请会核，前来本部堂、将军、军门覆加察核。或斟酌今昔情形，随时变通；或力祛积弊，先事预防；或率由旧章；或事有统率。亟应逐款刊刻，出示晓谕，俾众咸知。该各屯弁兵丁人等，从此务当世守勿替，以期永沐皇仁。本部堂、将军、军门实有厚望焉。毋违，特示。计开：

一、旧例额设屯弁七十七缺，新增二十三缺，各归各缺，不准混淆。如遇额官故绝，先侭本支验充，如本支故绝，方于亲支选充，如亲支亦绝，始准旁支及额设亲族中之例应过继者接充，不准新增谋占。其新增出缺，先侭奉旨有功人员拔补此项，人员用完，方准于总督、将军、提督暨统兵大臣给有功牌人员拔补此项，人员再完，仿照乾隆初年定例即行开除停止，不得以军营统带及文武地方官功牌充数。总之，少一新增之官，即少一争缺之人及少一滋事之辈。其额设七十七缺，永不增减，作为定例，以绝争端而息边患。

一、向例额设由文武会详新增，专由营员详补。此次滋事，祸起新增，拔补选择，尤关紧要，应一并统由文武会办，以杜祸源而归画一。

一、凡遇五屯领饷，向由营员挂验，不由文官监散，以致穆逆擅权舞弊，侵食中饱，始犹用其欺朦，继而公然挟制五屯数季饷项，分厘未行散放，是则营中空存挂发之名而竟无验饷之实，后再效尤，其弊不可胜言。以后挂验仍由营员散放，则由文员示期督发，庶两有牵制，弊无从生。

一、此次穆逆改缺滋事以后，其原颁图记、委牌，均经追缴，始则存之该逆私宅，后又缴之维州协署，并有估令维州协滥委代办，及该逆自行伪授委牌者，颠倒错乱，操纵自由。现查存留维协图记，尚无遗失，其原追被逐额设委牌，遗失颇多，难以稽查。应同现经请袭更换屯弁，一并详请，另颁新委。其换领新委，不准吏役营书需索分文。

一、五屯从前出师打仗出力人员，除奉旨有案外，其余功牌总以总督、将军、提督暨统兵大臣给赏为凭，此外一概缴销。至奉旨及总督、将军、提督统兵大臣给赏功牌，此次清查之后，均令其分晰造册，由文武官会禀立案，将来出兵行营，按照册上有名者准算，册上无名者一概不准，以免沿途州县行营滋事之弊。

一、五屯兵丁，凡得有功加虚衔，暨总督、将军、提督并统兵大臣功牌者，仿照汉民绅衿之例，该管官不得使令充当贱役，以示区别而重名器。

一、凡遇屯官缺出，由文官会同营员秉公酌定后，文员由道咨司转申，营员详由该管本镇转申，以符旧制。如遇应袭之人年末及岁，须先委人代办，亦须会详请委。不得由文武官擅发委牌，以杜流弊而免争端，永定为例。

一、五屯额设及余丁中如有故绝，应以屯民人丁之多者过继接顶，不得滥招汉人上门顶吃门户。从前穆逆所招汉人门户，全行饬令各屯清查驱逐，以清门户。

一、嗣后凡遇五屯公事，地方文武和衷共济、会商会禀，不得任听书吏各立崖岸、争权舞弊，以清弊源。

一、屯弁不得滥受民词，除操兵而外，只准守备准理屯民打降、斗殴、口角细故，千把外委一概不准滥行擅受。如违，斥革究办。其婚姻、田土、命、盗正案，均归地方官办理，永为定例。

一、穆逆沿途所安塘铺及省中提塘，全行裁汰，永远禁革。

一、以后凡遇调遣屯兵，须汉官统带。五屯守备只准各带各屯之兵，不得仍前统带五屯，以致树党营私。

一、屯中俗尚敦厖，自穆逆擅权后，悉改旧制，另立首事及大、二五爷名目，除将本犯执法严办外，应将该管屯事官治以应得之罪。

一、屯中每有因细故私自抄家、丢河等事，实系恶习，尤属大干法纪。嗣后，如有口角、争斗等事，应先凭人理论，倘不能了息，再行控官申理，不准抄家、丢河，违则尽法处治。

一、屯中自守备起设官百员，原以分管屯务，凡稽查弹压是其专责，尤应层次钤束，以期各有责成。嗣后，如有千百成群私行议话，或不遵文武官员调遣，定将该屯守备、千、把、外委严行惩治。

一、屯中额征麦粮六百五十三石三斗四升九合四勺五抄，向因书役以斗面为词，从中舞弊，继长增高，屯民着实苦累。前已改征折色，在于屯饷内坐扣，于屯民有益。应照新章办理，以示体恤。其折价之多寡，应按市值之低昂，由该管屯备弁禀商，该厅文武官酌定数目，先行会衔，出示晓谕，俾众咸知。

一、汉民向不准住居屯地。今有无业游民，或藉称贸易，或顶吃门户，盘踞屯地，唆弄是非，甚至乘间劫抢，种种弊端，不可枚举。嗣后责成该管屯官严行驱逐，永远不准汉民寄居。倘经查出，或被告发，定将该管屯官照窝流匪徒例治罪。

一、五屯凡遇公事，不准联名具禀。某屯有事，则用某屯之屯官衔名具禀，其无事之屯不得妄行干预。

一、屯官缺出，文武书吏向有纸笔之费。此次甫经新定，浮费一概全免。但恐日久弊生，转至任意加增，反启屯员钻营争兢之渐。兹明定章程，示以限制，使各屯之文武衙门刊碑勒石，以免后来多索其纸笔之费，屯守备文武衙门各不得过十两，屯千总各不得过八两，屯把总各不得过六两，屯外委各不得过四两，此外不准多索。如有多索，准赴大宪衙门控告。

一、五屯凡遇公事及控告案件，必须由地方文武层次转禀，如地方官不理，方准层次禀控，不得递行越诉，以符定例。

（以上备载剿除穆逆原委及善后章程）

梭磨土妇苍旺格什，土司郎卡诺尔布斯丹增女也。斯丹增没，无子，格什以女袭父职，赘党坝土司子更噶姜参为婿，其弟党坝土舍郎松随焉。土妇生子二：长班玛汪札，次青木仁增。咸丰十一年秋七月，芦花土民八十合珠等聚众闹粮滋事，土妇偕姜参前往安抚，姜参被戕，土妇及班吗[①]弟兄被禁，并失去钦颁号纸一道。前同知王铭，虽经禀明，未及惩办。时梭磨无主，党坝心怀并吞。因命郎松主梭磨事，即以郎松随带头人松松帮办，而党坝最黠头人汪耳吉暗中实主持焉。同治三年夏四月，羹梅随带兵勇会剿松潘，抚芦花、黑水等番，土妇母子始得回寨。因播迁既久，魁柄已移，印信虽归土妇执掌，事权仍属朗松。冬十月，土妇病故，土子势益孤，印信、图记，悉被朗松追去。党坝土司公然具禀，保举朗松袭职，而朗松亦胆敢自行禀请代办。俱经羹梅严驳不准，以更噶姜参系土妇赘婿，尚不能觊觎土职，何况朗松？且土妇所生二子，久报明大部，长子班玛汪札年已及岁，例应承袭。屡奉宪札催办，而朗松事权在手，一味把持，并密结梭磨不法头人思丹增等不令土子承袭，以致班玛诸形掣肘，无由自达。时羹梅虽已廉得其实，因屯酋穆弁方肆鸱张，近患未除，无暇及远。而梭磨土民自戕毙土婿姜参后，诸多不逞。芦花则有八十合珠、勿合珠儿之母等肆行凶虐，科苏九沟又有不法黠番阿赖等自立头子，聚众跳梁，与八十合珠同恶相济，羽翼已成。四年秋，屯务渐就肃清，始密调兵练将勿合珠等先后歼除，八十合珠早经土民格毙。复会同维营，调派屯兵番练剿办科苏。十月，拿获科苏总头子阿赖等二十余名，禀明大宪批，就地方正法。当即藉此声威，催提土子袭职，遂将梭磨办袭底件提出，照例详请，承袭乃定。五年春正月，土子班吗汪札亲至厅城面禀一切，知印信、图记犹在朗松手，抗不交出，以致无从任事。羹梅深恐因循贻误，若不设法办理，必致酿成瞻对故事，将来重烦兵力。因与护维协李熟商，特派委员并带屯制兵多名前往梭磨官寨，胁以兵威，守提印信、图记，一面禀明大宪，将朗松遂回党坝，以绝祸本。奉批如禀办理，旋于正月二十五日提到土师[②]印信一颗（文曰：梭磨宣慰司印。乾隆时颁，该土司遵为办公之用）、铜图记一颗（文曰：都网之印。明成化时颁，该土相沿为调兵之用）、象牙图记一颗（一头刻花纹，一头刻字，该土相沿为派钱粮之用），发交土子班玛汪札承领。当有头人、百姓四百余人齐至厅城来接土司，见其权归掌握，莫不顶礼膜拜，大众倾心。于二十七日土司带同头人叩辞回寨，欢声载道。而去六年十二月，奉到部颁承袭号纸，群疑尽释，同深翊戴。余三土亦修好无间，边境从此可望乂安。惟事关夷部内讧，展[③]转数年，既烦兵力，又费宪廑。用存梗概，以备稽查云。

（以上办理梭磨夷务及土司承袭原委）

---

① 班吗：按上文，当为“班玛”。

② 师：当为“司”。

③ 展：当为“辗”。

后 序

按：是志经始同治甲子年，草创规模，不甚惬意，因而中止。迨丙寅，夏芝珊、周君另加编纂，即于是年仲秋月开雕，仅志存未经发刻。缘边防多故，屯官时有更易。梭磨土司虽请承袭，未奉部咨。蛮触时相窥伺，又未敢以不了之局，空言粉饰，登诸梨枣，贻笑将来，致稽岁月。今则号纸已到，群夷慑服，边境从此乂安，少纾守土之责。适蒙大宪题补珙县实缺，爰与周君始终其事，都人士亦乐观厥成云。时戊辰孟秋月，吴羹梅再识。

边政设计委员会　著

理番县概况资料辑要

民国二十九年铅印本

提　要

《理番县概况资料辑要》属《川康边政资料》二十九种之一，于民国二十九年（1940）刊刻，有时任成都行辕主任贺国光序。贺国光 1935 年任参谋团主任期间，即注意川康边事之整理，爰烦边政设计委员会甄综搜采，“都凡二十九县，详其区域，条其风俗，推表山川，胪列土官，宜名之曰某某县资料辑要，发交各部分研讨”（贺序）。1939 年，贺氏任成都行辕主任，说：“前所辑资料一书，虽未足言详赡，但大体已具梗概，堪供讲求边区政治教育者及各地军政人员之探索寻绎。”遂于 1940 年刊印。

《理番县概况资料辑要》在目录后附有地图，正文分“疆域”“沿革”“山脉”“河流”“气候”“建置”“种族”“户口”“官制”“交通”“民政”“司法”“财政”“教育”“警团”“储蓄”“垦务”“物产”“礼俗”“生活情形”“语文”“宗教”“名胜古迹”“人物”“文艺”等二十五门类，与方志体制相仿。资料主要来自实地调查，辅之以理番历代志乘典籍，内容充实，条例分明。理番县自同治之后再无续志，民国废厅设县，亦无县志，故该书可填补理县民国无志书之空白，具有极高的文献价值。

目　录

理番縣
松潘縣
茂縣
汶川縣
靖化縣
撫邊屯
比例尺
1:100000

疆 域

壹. 四至

据《四川陆地测量局地图》：理番县东界茂县，南界汶川、抚边，西界绥靖及西康道孚县，北邻松潘，在松懋五县三屯中，其面积仅次于松潘，南北约一百四十里，东西约一百零六里。

贰. 地势

据《四川陆地测量局地图》：全县在万山从杂中，中部有沱江即杂谷脑河，东端有岷江，纵穿横贯，周围及西部地势略高，中部及东部较低，山岭之高，自二千七八百米达至四千余米达。

叁. 区划

《理番厅志》：厅治（即今县治）万山丛杂，故杂谷土司地，汉民之居仅在一线管道中，今所谓六里也。其余九枯、十寨、三番、四土（现存者二五屯），类皆羌夷各种，地在四川成都省治北少西三百八十里。（注：六里今已改划成区，详“民政”门）

肆. 土质

《屯政纪要》：境内（指懋理茂等全屯区）石炭纪之岩层，所在皆是，花岗岩尤为普遍。平谷之间，概系沙土砾土，高地不无黏土，但属偶见耳。又因破岩碎石，散布殆遍，致石多土寡，世称九石一土。

伍. 面积

《四川省政府档籍》：全县面积约一万四千八百四十方里。

沿 革

节《理番厅志》：理番周为蜀羌，汉为汶山郡，晋因之，后没于羌。唐置维州，后称羁縻州，隶茂州郡都督府。宋称威州，亦曰维州郡；神宗时，复并保宁为威州治，领保宁、通化二县。元以州治保宁县城，保宁县省并入该州。明洪武三年，省并通化县；六年，分保宁地为保县，属威州，即为州治；洪武二十四年，徙威州治于霸州；永乐五年，始置杂谷安抚司。清康熙十九年，仍授为安抚司；雍正五年，威州省，以保县移驻，隶茂州；乾隆十七年，土司苍旺伏诛改流，以保县旧城为厅治所；乾隆十八年，宁远府泸宁同知裁，设直隶理番同知，并设理番照磨；嘉庆七年，裁保县入绵州之罗江县，以照磨分驻其地，厅遥治之。民国时为理番县。

山　脉

壹．县境山系

《四川陆地测量局地图》：理番县境为邛崃山边道，其源来自岷山，东北与松茂相界于瓦钵梁子山脉，西部为党坝、松冈、卓克基土司地，有鹧鸪山脉为其外屏，南有虹桥山、纳凹山，与抚边、汶川分界。

贰．县境名山

《理番厅志》所载如左。

一、岷山

蜀之镇山也。《禹贡》：岷江导江。《史记》作“汶山”。“汶”“岷”通，或作“嶓山”，或作“崏山”，其实一也。《汉・地理志》：岷山在湔氐道西徼外，江水所出。《隋志》：汶山在汶山郡左封县。《括地志》：岷山在溢乐县，连绵至蜀，几二千余里，皆名岷山。《蜀志》秦宓曰：蜀有汶阜之山，江出其腹。《蜀都赋》：岷山之精，上为井络。陆氏游曰：尝登岷山，欲穷江源而不可得，盖自蜀境之西，大山广谷，谽谺起复，西南走蛮箐中，皆岷山也，则岷山所从来远矣。顾氏《方舆纪要》：松茂以北，接陕西洮岷之境，群山错杂，涧谷之水，皆奔辏而南合为大江，然则江源本无正流。《禹贡》以岷山表识之，而江源可以依据，此圣经之文，所以千古不可易云。按：蜀中山水以岷与江为两纲，至封内山川，当别有主名，以昭望族[①]。考岷山在茂州西北五百里，地名列鹅村，一名铁豹岭，一名沃焦山，其跗曰羊膊岭，延迤以达于灌口。江水出岷山，经松潘卫西，又南经叠溪所西复南流，历茂州及威州，西折而东南至灌县。导流益多，包络成都府境，南入眉、嘉、叙、泸等州郡。又东历重庆府，经夔州府出巫峡入湖广界，亦曰都江，亦曰外水，往往随地易名。兹厅仅新保关至汶川县界为山川所经，昔人谓蜀之西塞，威茂汶川皆在江内，保县（即今厅治）独在江外，殊难侈陈形胜，然又不可阙如，特采数条，略见大意。

---

① 族：同治《直隶理番厅志》作“秩”。

二、玉垒山

在新保关。奇石千尺，云浮其上，翠色可挹，屹立城表。上有“玉垒山”三大字，甚奇古，宋淳熙时书。核其形胜，秀叠群峰，实兹厅镇山也，故以此为群峰之祖。按：《方舆纪要》于“灌县”载：玉垒山在县西北三十里，下有玉垒关，唐贞观初建于茂州，第载玉轮江，于威州保县都不载。前人提①咏，大都指灌县青城之玉垒。《陈志》云：《汉志》：绵虒县有玉垒山，湔水所出。汶川为古绵虒地，即今保县是也。《旧志》谓在灌县，误。历引《华阳国志》：蜀山氏主蜀，以褒、斜为前门，以熊耳、灵关为后户，以岷②眉、玉垒为池泽。杜少陵诗“玉垒浮云变古今”，李商隐诗“天上山惟玉垒深”，郭璞赋“玉垒作东别之天”③，岑嘉州“玉垒天晴望”句，以为观美。虽难遽定是非，然左太冲赋有“包玉垒而为宇”句。昔人谓灌、威、松、茂诸山积雪，四时不化，映日晶莹，如银如练，皆可以“玉垒”名之。举凡题咏，悉指兹山，亦不为无见，故仍沿《旧志》④，其唐宋诸诗，悉照旧辑附入“艺文”焉。《寰宇记》亦云：玉垒在茂州汶川县北三里。

三、雪山

《图经》云：在维州保宁县西南，连乳川白狗岭。《一统志》云：在威州西南一百里，山有九峰。今厅治诸山高大者，皆经年积雪不消，名难确定。其在凤坪新村内者，当是《一统志》所指。其《图经》所载，当在境内陇山也。至雪山在各土司界内，详“夷疆志”。

四、望陇山

在厅治南七十里。叠嶂层峰，其高无际，山半有岭如壁，土人梯木而登，行六七里，两岸峭绝，不可俯视。有左飘岭，更上有懒进坡，人不能升。山顶如钟形，积雪亘古不化，凝若玻璃，由下仰望，若近若远，烂漫四射，耀⑤漾目睛，上有海子，祈雨最灵，俗人呼“雪陇包”云。

五、笔架山

面厅署之北，下瞰沱江，形如笔架，一名九子山，又谓之玉山，每当夜静时，恒有霞光照耀，至旦方息。

---

① 提：同治《直隶理番厅志》作“题”。

② 岷：嘉庆《汶志记略》作“峨”。

③ 玉垒作东别之天：同治《直隶理番厅志》作“玉垒作东别之天标”，郭璞《江赋》作“玉垒作东别之标”。

④ 《旧志》：同治《直隶理番厅志》作“《陈志》”。

⑤ 耀：同治《直隶理番厅志》作“滉”。

六、狮子山

在笔架山右。巨石横崖，形如卧狮，肘吻俱备。

七、熊耳山

在笔架山左。横看则孤峰插天，对视则双岐挺秀，故名。

八、马鞍山

在治北二里。层峦耸翠，上出云表。山后有兰坡，芳香数里，其西麓入城中。

九、石纽山

在通化里文山番寨。山形幽峭，峰顶建禹庙。三面如削，俯视千仞。庙后石壁接天，刻“石纽山”三大字，不知何代人书。考禹生石纽山，在今石泉县，谓之禹穴。盖汶、保、石泉皆汉广柔地，山势连绵，因以名之，非尽由附会也。

十、挂榜山

在治南。形若榜，上有石台，高二三丈，土人名望山台，谓可望陇雪山也。

十一、定廉山

在厅西北。《元和志》在盐溪县东十里。《寰宇记》：定廉水、盐溪皆出其阳。

十二、平头山

在厅治南。东麓入城中，官署民居皆在焉。

十三、黑虎山

在治东北。上有池，广里许，黑虎寨番所居。

十四、鹿危山

在厅东。唐节度使韦皋尝破吐蕃于此。

十五、雁门山

在厅西。上多积雪，经年不消。

十六、峨眉山

在厅东凤坪里。标奇挺秀，郎若列眉，仿佛嘉州三峨。

十七、蜀山

在厅东北五十里。《元和志》：在通化县。

十八、白岩山

在厅南。其山下地为南堡。

十九、木兰山

在厅东木兰里。民居其下。

二十、姜维山

在厅治西北。《元和志》：在保县西十里，汉姜维、马忠讨叛羌屯兵处。

廿一、高碉山

在厅东三十里。三面悬崖，状若番俗碉房，上有姜维故城，赤水经其南。唐维州治在山麓，所谓三面临江，一面据高峰者也。

廿二、花岩山

在厅西北五十里。山之石有黑白，沱水经其下。《方舆胜览》：山在保宁县。今杂谷界内。

廿三、的博岭

在厅治东南。唐韦皋分兵出西山，逾的博岭围维州，一作滴博。按：杜甫诗有“已收滴博云间戍，更夺蓬婆雪外城”之句，考蓬婆岭在松潘厅叠溪之西，积雪经年不消，亦名雪山。唐开元二十四年，萧炅以剑南兵入攻安戎城，次蓬婆岭，吐蕃悉锐来攻，炅败。吐蕃攻维州，即此。

廿四、风流岭

《省志》：在厅东南，旧有风流部野番居其下。元《一统志》：威州北至后番大风流界五十里，西北至后番小风流界一百里，最称恶番。

廿五、蛇浴岭

在厅治西北。宋乾道四年，风流部蛮猖獗，保宁县令张文礼闭绝蛇浴岭路，番从岭后斫生路入境，寻讨平之。

廿六、箭岭

在厅东里许。有冈陡直如箭，曰箭上里。《唐志》：维州西南路有箭上守捉城，盖以岭名也。今为箭上番寨。

廿七、龙山

在治北。番民寨落棋布，山势绵亘十里，起伏如龙，其麓为保子关。

河 流

《理番厅志》所载如左。

一、沱水

源出梭磨土司直固雪山，一名鹧鸪山。流经杂谷花岩山，会赤水至厅城，北会孟董水，东过保子关索桥合岷江。其水由番地数百里，萦纡荡漾，周行遍杂谷境内，非他水所能颉颃，实兹厅巨流也，故以为群水之宗。按《禹贡》：岷山导江，东别为沱。蔡传云：沱江[①]之别流于梁者也。又杜氏曰：自江水溢出，别为支流者，皆名为沱。梁荆皆有之，故均曰“沱潜既道”也。又《尔雅》：自江出为沱。沱之为言他也，池也，言他出成池泽也。项平甫云：江汉夹蜀山，山北溪谷之水，皆自汉出[②]。故南总为沱，北总为潜。吴幼清亦云：凡江汉支流，大小长短，不拘一处，俱可名沱。德清胡氏以为不尔，谓：东别为沱，神禹所导，确有其地。梁之沱，今郫江是也。荆之沱，古夷水是也。以上所云，皆源出于江而别流，别而复合于江者也。故蜀人至今于沿江一带，凡水之泛滥渟滀处，均谓之沱，诚有如吴氏所云者。兹厅沱水，虽入于江而非出于江，迥异他出成泽，载在典籍，可稽也。考《元丰九域志》云：保宁县有沱江。《一统志》云：沱水自废悉州（梭磨境内）流经威州入江。明《方舆纪要》云：沱水出保县西北花岩山。虽未溯源直固，已显然见其与江沱无涉也。胡氏《锥指》于“梁州沱潜既导”，引《汉志》：蜀郡汶江县又有沱江，在西南，东入江。近志以威州玉轮江当之，玉轮江即汶水也。水出岷山西玉轮坡下，非首受江，不可谓沱。《汉志》所言，盖即绵虒县界，开明之所凿。郭璞云“玉垒作东别之标者”也。开明，蜀王杜宇之相，七国时人，始凿此渠，前古未有也。故蜀郡二江沱于郫系《禹贡》，而汶江不言《禹贡》。一原其意义，以玉轮非首受江者，特引凿渠以证，盖欲牵合灌口、玉垒以下诸沱耳。考《方舆纪要》：水至威州玉垒山为玉轮江，至汶为皂江，至灌为沫江，一江而名屡迁。夫玉轮江在皂江之上，则水所经为保子关之玉垒，非青城山之玉垒，明矣。玉轮非首受江者，不可谓沱，则经行玉垒江之另为一沱，又可知矣。非指理番之沱，而何至东别为沱?《锥指》又引《元和志》：汶川本汉绵虒地，今为保县。江沱自古有之。夫系江沱于保县，义非他处比也。他处之沱，歧出无常。保县之沱，经行有定。既有定矣，必不能使歧出者复

① 江：同治《直隶理番厅志》作“水”。

② “江汉夹蜀山，山北溪谷之水，皆自汉出”句：同治《直隶理番厅志》作“江汉夹蜀山行，自梁至荆数千里。凡山南溪谷之水，皆自江出。北溪谷之水，皆自汉出”。

被此名。其为东过保子关索桥之沱，无疑矣。况《禹贡》：“梁州沱潜既道。”蔡传引《地志》：蜀郡郫县江沱在东，西入大江。此导江之沱，不待辨也。又引《地志》：蜀郡汶江县江沱在西南，东入江。亦即胡氏《锥指》所引，前说未竟，请申言之。夫曰：西南沱水，隔江不在汶之西南乎？曰：东入江，沱水不由厅城北会孟董水，东过保子关索桥，合岷江乎？然则蔡传据《汉志》又早指此沱，故另行提出，特未明言耳。总之，江水由郫江而夷水，此东别之沱，禹迹所经。其后李冰凿灌口，文翁穿湔洩，而禹迹始湮。独此源出梭磨直固之沱，周行数百里，由新保关而东会于江，其与他沱，名同而实异，有必不容混淆者，故于此发明之。兆鳌仇氏注杜“玉垒浮云”句，引《汉书》沱水，一在郫县西，一在汶江县西南，东入江。语意明晰，先得我心矣。

据本会《川康甘青边区地图》：梭磨河发源于中壤口，南流经下壤口刷金寺至康猫寺转西，热柯河自北来会于旧梭磨土司官寨，再西流至绰思甲土司官寨，汇入大金川。

《理番厅志》所载如左。

赤　水

源出杂谷花岩山，在厅西北四十里。其地砂石皆赤，故名。东流，与沱水同入于江。又《方舆纪要》：在威州西北四十里。旧传源出赤水寨，东流合大江，与花岩山赤水异源同流。《通考》曰：成都千余里，大戎有四，其一赤水蛮。即此。

孟董水

源出梭磨土司克州雪山。水南北分流，南流为孟董水，计一百三十里，至厅城外，入于沱江；北流者为黑水，至叠溪，入岷江。水旁旧有孟、董两姓居民，因此得名。

桃　溪

源自龙溪寨，流入旧州里，一名龙溪，合赤水至沱入江。

乾　溪

在治东二十里，源出望陇雪山，经通化岭入沱江。

玉轮江

源出玉垒山，又名湔水。下达于江，即茨玉水也。《省志》：湔水每斤较沱水轻二两。

通化溪

在治东通化里。源出木兰深山，北流自通化，入于沱。

板子沟

在治东北木兰里。与通化溪同源，南流入于江。

南　沟

其水发源望陇山（俗名雪陇包）。分流，一至汶川县板子沟汇江，一由南沟穿厅城入沱水。

磨刀溪

在新保关西十五里。溪旁有石，利于磨刀，故名。下流亦入于汶江。

平谷水

在新保关北。与后谷水及溪谷水俱合流于大江。

气　候

壹. 时季

《理番厅志》及来苏公安局《报告》：每年阳历九月即入寒期，次年三月始可解冻。又每年春迟霜早，豆麦必至八月始获。

贰. 风雨

《理番厅志》及来苏公安局《报告》：每日午间多风，尤以冬季为烈，雨量甚少。

叁. 温度

《理番厅志》及来苏公安局《报告》：盛夏节气，如内地暮春之月，最热时亦不过华氏七十度。

建　置

壹. 城市

一、县城

《理番厅志》：厅城即理番县治，为保县旧治所。前明御史大夫丁玉创建，门二：东曰流化，西曰宣威。宣德时知县柳芳，正统时指挥申泰，正德时知县邓浩，屡增修之。嘉靖初，兵备副使余珊因番夷乱，檄县添设敌台四，其城在孟董水之前。康熙四十七年，熊耳山崩，孟董水会沱水，向南冲击，城垣悉毁。水平，旧城基隔在江北，官民傍南岸平头、马鞍两山麓以居。乾隆二年，总督查公以边防重要①，奏请建城增兵署，邑令沈绳祖承修，包山砌石，周四百一十丈，高丈有二尺，广六尺。门二：东曰宁江，西曰伏羌。水洞二，分峙南北，通南沟水，实擅金汤之胜。

二、古城

宿士良《屯区交通纪》：此地为古威州旧址，居民约十余户，前行数里，至谢溪沟，相传为谢坊叔先生之故里。（坊叔，宋进士，淳熙时官至右丞相，兼枢密史，《宋史》有传。）

三、通化及甘溪

宿士良《屯区交通纪》：通化理东之巨市也，居民百余家，古广柔县遗址。由此五里至甘溪，居民四十余家，市街整洁，惜少商店。又十里至长河坝对岸，为九子屯。又五里至欢喜坡，山势异常逼狭。

四、杂谷脑

宿士良《屯区交通纪》：杂谷脑又名兴龙场，理西之巨市也。由理番至此，共六十里，路短且平，半日可到。场内有商店二百余家，场后坡上有喇嘛寺，为理番各屯之宗庙，对岸名营盘街，即杂谷屯官寨。丹札木沟由此来会于江，进沟通瓦寺草坡各地。

① 重要：同治《直隶理番厅志》作“宜重”。

贰. 关隘

《理番厅志》所载如左。

一、保子关

在新保城隔江保子冈上，湔、沱二水之中，为汉羌出入要冲，过二山处皆作索桥。前明因番窥伺，谋毁桥道。洪武时，千户焦宽修关。成化时，威州牧李宽修碉，置兵守之。清乾隆二年，关口立卡房驻兵，县设巡役，汉民番寨贸易者，具结领票，限以日时，兵役验放，无票者禁。诚咽喉重地也。

二、镇夷关

内有墩一所。明正统间，巡抚寇深、总兵陈怀建，设兵防御孟董、黄梁等六寨生番。嘉靖三十六年，被前番攻毁，提督蒋启、兵备万文彬、知县舒文璧重修。

三、碉房塘

在厅西五里。为各土司出入要路，旧有塘兵防守。

四、坡底堡

在沱江北，与保子冈相望。明成化十四年，番乱，焚毁民居，知州李宽奏设官兵防御。界内有扫水岩、乾沟子，俱龙山大寺诸番经行要路。

五、木渣墩

坡底西北。为龙山、三岩、大寺寨等处夷番出没之隘口。明成化十五年，设兵防御。

六、靖夷墩

明弘治间，因黑夷[①]为患，巡抚邢公建设[②]。

七、石灰墩

近木上寨，水隘口。明正德三年，三姐诸番为患，兵备副使王恩建设。

八、永宁墩

明弘治四年，设于临河浅水可涉之处。路通木上、竹打等番隘口。

---

① 夷：同治《直隶理番厅志》作“番”。

② 建设：同治《直隶理番厅志》作“设”。

九、慕义墩

在龙溪沟后，与鹿耳等寨相邻。系黑虎、三姐等番出没要路。

十、霸州堡

在厅东，距城四十里，旧威州遗址。州既东迁，乃改为堡。明弘治间，龙溪等寨倡乱，增修保子十三墩。嘉靖二十七年，水溢，冲塌西南城垣，兵备马九德、总兵何卿重修，改建挑桥，设官兵防戍。

十一、后山小硐二墩

明时设兵防戍。

十二、社稷墩

明弘治十五年设，系龙溪、大门寨口。

十三、黑茨坝墩

明弘治十五年设，系牛上、罗上诸番要路。

十四、万宁墩

明成化十三年，知州李宽设。系加上等番出没要口。

十五、蒲草墩

明成化年间设。

十六、威夷墩

明隆庆三年，掌堡百户杨松议设。附在堡后，以避[①]番蛮矢石之患。

十七、乾隆[②]堡

去霸州二十里。明正统十年，巡抚寇公建。界内有窄哨嘴，系赤溪、为[③]溜、星上三寨要隘。

十八、岩窝墩

乾溪村后半山。系孟董、水田等寨生番要隘。

---

① 避：同治《直隶理番厅志》作“远”。
② 隆：同治《直隶理番厅志》作“溪”。
③ 为：同治《直隶理番厅志》作“则”。

十九、新安堡

去乾溪十五里。明正德二年，孟董诸番倡乱，知威州崔哲建。明嘉靖十六年，兵备朱纨委指挥蒋启修。四十二年，兵备郭应聘委百户江东开通汲道。界内有黄茨坝、漫水湾、观音阁，俱系月上、九子寨出没要隘，设官兵防戍。

二十、制夷墩

明弘治间建，系官道水口。

廿一、乾溪墩

明嘉靖四十二年，保县知县白采议请，兵备郭应聘建设。系南溪水口要隘。

廿二、靖远墩

明嘉靖四年，梁黄诸番攻围保县，兵备余珊议设。系上九子诸番要隘。

廿三、保县堡

明时设官兵戍守。

廿四、无敌墩

在新保关后山。瞭望最为要隘[①]。

廿五、后山中墩

在新保关后。明嘉靖四年，梁黄诸番攻县，兵备余珊建。系本城紧要隘口。

廿六、高沟墩

在新保关后。明弘治间巡抚刘洪建。系孟董生番隘口。

廿七、护城墩

在新保关西门。明嘉靖四十七年，兵备郭应聘重修。

廿八、西顾墩

在新保关西。系镇夷关要隘。

叁. 桥梁

《理番厅志》所载如左。

① 原作“瞭最望为要隘”，今据同治《直隶理番厅志》改。

一、卷洞桥

在新保城内。唐时建。茨玉水流其下。

二、保子关索桥

即古绳桥也。今新保关城外，架大江水面，篾笮四条，以葛藤纬络布板。虽从风摇动，而牢固有余，夷人驱牛马去来无惧。其桥两岸卷石为洞门，南北立二十四木柱，柱上系大竹绳一，横架水面，以二十绳为底，上施木板，联络以藤，左右以二十绳为栏，栏每丈贯以大木柱。长三十丈，阔五尺，人马经行，遇风至掀播[①]动摇，不能暂立。盖江石震撞迅激，不能桥，不能舟，不得已而设此尔。按：杜子美诗“却背五绳桥”，又曰“运粮绳桥壮士喜”，皆是也。又《桔柏渡》诗：“青冥寒水渡，架竹为索桥。竿湿烟漠漠，江水风潇潇。连笮动袅娜，征衣飒飘摇。”范成大《吴船录》：将至青城，当再渡绳桥。长百二十丈，分为五架；桥之广，十二绳连排之，上布竹笆。攒立大木数十于江沙中，辇石固其根，每数十木作一架，挂桥于半空，大风过之幡幡然，大略如渔人晒网，染家捺彩帛之状。又须舍舆疾步，从容则震掉不可立，同行者失色。二公所言地虽不同，制亦小异，然皆妙于形容也。

三、桑坪索桥

自保子以达桑坪，沱水经其中，桥外及沱江会合处。旧由保子关底沿河以达霸州，后因番蛮出没，改经桑坪里而行。明知州何福全建，长二十丈，阔五尺，制如前。

四、坡底堡索桥

在桑坪里之北。土官昌宗建，今废。

五、古霸州桥

旧在赤水上，以索为渡。明知州范士英移于此，改作绳桥。为番毁，知州黄彬、指挥鲁谅易以挑桥，寻为水坏。知州赵符节、指挥萧宽、千户朱连重修之。今废，仍改为溜索。

六、利济桥

在古城溪口。旧时乱流而渡，雍正十二年，县丞郭凤翔建木桥。乾隆五年水发，桥基冲坏，知县陈克绳砌岸重修，上有桥亭。

七、乾溪桥[②]

在今治东北。明正德间，知县洪恩建于镇夷关北，寻为水坏。乾隆七年，保民移建

---

① 播：同治《直隶理番厅志》作“掉”。

② 乾溪桥：同治《直隶理番厅志》作“乾溪桥：在乾溪口。每夏月溪水屡涨屡冲，不时修葺”。此处内容为“镇夷桥”，当为誊录错行之误。

于东门城外，孟董、沱江会合流其下，通县属后番及孟董各寨。

八、蒲溪桥

在蒲溪口。

九、观音崖偏桥

在桑坪壁陡水深之处。无路可通，缘山岸凿孔，横插木向外斜撑，以柱作桥，布[①]以木栈，覆以土，旁作栏杆，或长或短，视其路之险平而施之。按：《水经注》：栈道，俗谓千梁无柱。诸葛亮与兄瑾书曰：其阁梁一头入山腹，一头立柱于水中。今水大而急，不得安柱。后亮没五丈原，魏延先退而焚之，即是道也。自后重修旧路，无复水中立柱，涉者浮梁震动，摇心眩目。偏桥之形，亦栈道遗制也。

十、黑漩涡偏桥

在铁野里，最险。按：威保大路，皆上傍危峰，下临恶浪，无一步平夷。然地路虽险，或在山坡，微有依倚，叠木为梁，实以土石，犹为垣途。惟偏桥设处，石壁陡立，虚凿石窍而架木其上，号称极险，黑漩涡尤其最也。

十一、鹦哥嘴偏桥

在旧州里。悬岩横截山半，其外陡立，不能架木，凿石通窦，仅容佝偻而行。其石下垂，状如鹦哥嘴，故名。

十二、欢喜坡偏桥

在今治东门外。

十三、铁野溜索

通克枯各寨。

十四、古城溜索

通木上各寨。

十五[②]、通化溜索

通星上、水田诸寨。今为板桥。按：杨升庵太史《丹铅录》云：西国传有渡索寻橦之国。予按威州[③]之地，河水险恶，不可舟楫，乃施两柱于两岸，以绳亘其中，绳上有筒，所谓桶[④]也。欲渡者则以绳缚于筒，以手缘索而进，行达彼岸。复有人解之，所谓

① 布：同治《直隶理番厅志》作“幔”。
② 十五：原作“十六”，今按次序改。
③ 州：同治《直隶理番厅志》作“茂”。
④ 桶：同治《直隶理番厅志》作“橦”，据下文，当为“筒”。

寻橦也。王士祯诗“悬橦渡索上骑危”，即此。今土人多用大竹筒，虽襁负孩稚及渡牛马，亦然。又有用两索互相低昂，手攀筒顺势溜下者。吁！木石不能为功而以索作桥，索桥所费不赀而以筒溜索，吾民信亦劳苦哉！

种 族

壹. 族别及其状况

来苏公安局长车子权《报告》如左。

一、羌族

在汉晋时，势甚强，曾攻陷汶山郡邑。汉化程度最深，俗称熟番，多能汉语，饮食起居，多仿汉俗，已渐同化。在理番境者，仅存于岷江沿岸之近威州地带，相传三番之地，亦系羌族，多业农、挖药、打猎等务，业工商者甚少。

二、番族

番族意即唐时所谓吐蕃，历来势渐衰弱，其地域多有汉人侵入，今之四区之地即是，其余五屯，来苏、黑水、党坝、松冈、卓克基等亦仍番族领土，居五屯者，汉化较深。番人职业与羌人类似。

三、回族

回族居其地者寥寥不多，综其数量，不过一二百家，多业屠宰等商，居住城镇。

四、汉族

汉人居住理番者，仅在六里，即现分划之四区，其他县城及威州亦系汉人，所操职业，多经商或务农。

贰. 各族来历

《屯政纪要》：理番及懋松各县之土著，原为羌人。唐宋以还，番族由青藏侵入，而汉族复于东南两方堵截，迄今羌族仅栖息于茂、理、汶一带高山中。番子分生番与熟番，系指受汉族同化深浅而言。汉族与回族多居于各县城市及交通便利之地，汉族为明末清初两湖两广之人，随军移住者，即川西各县之移民，回族则来自甘肃与青海等地。

补：第十六区专员谢培筠《报告》“番夷各部落之现状”

理番县属部落，旧有三番、四土、五屯、九枯之别。现在九枯、五屯，早经汉化，惟民性稍殊，兹分述如次。

一、梭磨宣慰司

原辖梭磨五沟、来苏九沟、黑水五十五沟半、三安曲、三瀼口等，号称九十九沟半。其土司受封于有明成化年间，前清乾隆十七年，平定杂谷吐司苍旺后，所管区域益增。咸、同之际，势渐凌替，土司被拘于黑水属番，权位被窃于党坝头人。同治五年，理番同知吴羹梅乃为驱逐奸凶，恢复权位。迨及清末，土司绝嗣，诸部分立。黑水沙板沟头人八尔王珍，攫其印信为五十五沟半之雄长，于是梭磨宣慰司地，遂分而不复合，兹再详列如次。

1. 来苏九沟：自梭磨土司绝嗣后，九沟头人各妄自尊大，外则与黑水、瀼口诸夷斗，内则拒绝地方政府命令，拦劫行商，肆无忌惮。民十八年，懋功团土冲突事件发生，前陆军第廿八军派警卫团营长李亚特率队前往查办，该沟夷众阻塞，不许通过，遂发兵往征，历时三月，始告平定，改土为团，设置马塘县佐，及来苏沟公安局，管理降番。二十四年，“赤匪”窜扰，又复失去统治。去前两年迭与黑水、安曲、阿坝诸夷发生纠纷，几酿兵端，经多方处理乃得无事。今年理番县府将该沟编组保甲，就夷人中分别委任保长四人，将前团总孙根耳甲撤职，以后荆棘，当可减少。

2. 黑水五十五沟半，本属羌种。唐宋元明，迭为边患，莫能征服。清初，隶属梭磨宣慰司管辖，亦曾屡生变乱，亦莫之惩。盖其种族强悍，地方险恶，实为近边诸夷之冠。其内部分为六大头人管辖，共有居民万余户。清末民初，八尔王珍统一全部黑水，诸头人咸仰其鼻息，势力外溢，远及瀼口安曲诸地。王珍死后，强横如故。国家政令不能施及者，几四十余年。民十九年，前陆军二十八军，乘平定来苏之余威，移师征讨，派旅长龚渭清、团长刘耀奎往剿，并调茂、理、汶各县汉夷团丁协助。其时黑水之有力首领为龙坝头人苏永清、二水头人苏永和、木梳头人任贞南木耳甲、沙板沟小头人夺尔结等，负隅顽抗，直至二十年秋始得深入，十二月忽被反攻，我军后路断绝，龚旅长负伤，瓦寺宣慰土官索代死之，官佐团丁伤亡达万余，专员乃招松朋活佛前往谕导，往返数四，费时经年，苏永清、夺尔结等乃赴省投诚，粗告寝事。二十四五年间，“赤匪”窜扰，该夷夺获匪枪五千余支，毙匪数千人，经中央军第一师师长胡宗南委苏永和为松理游击司令，军政列峰又纷纷派员奖以金钱子弹，气焰因之愈张。本署此来多方开导，严厉约束，终未彻底就范，种烟劫货，愍不畏法。黑水原有之六大头人，因死亡婚赘关系，现仅余三大头人。（龙坝头人苏永清原为永和胞兄，于二十二死后，永和娶其嫂而有地；麻窝头人色躬勿日，为永和之姊夫，死后仅一幼子，永和代为抚养，并代其职权，二十五年幼子复夭，现亦实行归永和管辖；又木梳头人任贞南木耳甲，二十六年病故，由其子功高阳平承袭，更事既少，烟瘾甚深，其妻忒思歌为永和之次姊，现任沙板沟头人，均受永和支配，新房子头人绝嗣，其地由苏永和、功高阳平、忒思歌瓜分。）此黑水之大概情形。

3．梭磨五沟：自宣慰司绝嗣后，即由头人自管，间受黑水势力支配。前头人司达甲死后，其妻色躲木忒尔承之。二十六年春，黑水沙板沟小头人兼下瀼口土官夺尔结入赘其家，遂亦沦入黑水范围。

4．三瀼口：在理番之西北，南界梭磨，东界黑水，西界卓克基，北界安曲，纵横三百余里。上瀼口土官为札尔龚，中瀼口土官为薛木塔喇嘛，下瀼口土官为沙板沟小头人夺尔结，共有帐房三百余户，名为三部，实则统于夺尔结与康猫寺势力之下。夺尔结原为还俗喇嘛，精通藏文，并六种半言语，为苏永和、忒思歌之脑筋，并与各地活佛、大喇嘛富有联络，实系夷人翘楚，其行动素极稳健，对于政府命令，尚未显然违抗，办理夷案或可供驱使，但如助逆倡乱，亦属狡黠之尤者。康猫寺宗教势力，实可支配三瀼口全部，原任谠拉活佛尚恭谨，去岁以老病休职，新由瀼躺迎来之祥渣活佛继任，其人甚狡黠，无国家观念。

5．三安曲：番民凡四百余帐房，仅有小头人三名，原无土官，统由查理寺管辖，该寺原任大喇嘛额耳洼已老迈，与下瀼口夺尔结素相友善，故其政教大权已潜移于夺尔结之手，且同时受甘肃拉卜楞寺之支配。现闻已换大利活佛主持，是否由拉寺派来，尚待查。

二、卓克基长官司

在理番正西，位于金川支流梭磨河流域，南北千余里，东南二三百里，“匪”后残破，居民尚有千余户，及草地账房数百所。现任土司索观瀛，为汶川瓦寺前土司索怀仁之子，民国初年，前往承袭，以其生长汉化甚深之地，颇知国家现状，尚能奉公守法，惟地处西隅，孤立无助。所属茶堡头人阿耳古，素行跋扈，几无统治力。与黑水有宿怨，经县政府为之援助。去岁，以其次子与苏永和长女订婚。本年夏，永和曾往会亲，似已被环境压迫，而屈服于恶势力之下矣。

四川建设厅《川西北垦牧区调查报告》“番夷状况”

理番所属，极为复杂，除汉、回外，生番、熟番、嘉戎、羌，及猼猓子均有，计可分为生番、熟番（通称三番）、四土、五屯、六里、九枯及十寨、兹分述如左。

生番：计分六部落如下。（子）上、中、下三瀼口，应由理番管辖，但政府从未过问，幸尚安静住牧；（丑）上、中、下三安曲，位于阿坝与瀼口之间，名归理番县管辖，但政府亦无暇过问，二者均为游牧生活，与松潘草地相同。

熟番：通称为三番，有新番、旧番与三齐番之别，位于孟董沟之西北，清时已内附，于其鸦多寨设番务委员以治之。民元初，委员废，现由县政府直辖。

四土：均为嘉戎种。一曰梭磨宣抚司，管辖梭磨五沟、来苏九沟及黑水五十五沟半。清宣统二年，土司绝嗣，头人分立。民国十八年及二十年用兵之后，来苏九沟与梭磨五沟均已改土归流，而黑水五十五沟半，则分由各该头人管辖（另详）。二曰卓克基基长官司，共管三十四寨，计有卓克基十寨、四大坝十寨、擦布八寨及草地账房六寨，气候高寒，仅山谷间有耕地。三曰松冈长官司，计管三十六沟，原土司于民国二年病没无嗣，现由各大头人分区管理。四曰党坝长官司，计管杀什格、呷南、石果坝、江桥及邺东五寨，土司系女性。“赤匪”串扰，“被祸独深”。

五屯：除九子屯系羌民外，余四屯皆系嘉戎。一曰杂谷屯，原辖胆战、木打泗及梭罗三十沟，共计二十八寨，原守备高承谦已死，人民均以编组保甲；二曰乾伤屯，前守备桑福田为共党所杀，人民已编组保甲；三曰上孟董屯，共管八寨，现已编组保甲；四曰九子屯，共管十寨，位理番城之东，系番民，大都汉化。

六里：即甘溪、通化、古城、下庄、铁邑、桑坪，在威州与理番之间，所谓一线官道是也。全系羌民，已大都汉化矣。

九枯：位于威州迤西之高山，有前三枯、后三枯与中三枯之分，亦系羌民。经明清两朝，先后堵剿，早已投诚而汉化矣。

十寨：在蒲溪沟，计分十寨，亦系番民，早已投诚。猼猓子位于黑水流域，黑水亦名芦花河，共分五十五沟半，原属梭罗土司。于民国二十年投梭磨土司之后，即由原设大头人六名分区管理，嗣因绝嗣者多，婚聚入赘，逐渐归并，现存者只三头人半。

户　口

《理番厅志》：同治四年，查核总计厅治民数，二万零四百户，六万一千六百三十三丁口。

族别／项别	户数	丁口数	备考
汉族	2800	11200	
番族	10200	58400	
共计	13000	69200	

右表将回族附于汉族，羌族附于番族，因二者为数甚少。

补：第十六区专员谢培筠《报告》

本县现存番夷部落概况表

部落名称	首领姓名	沟寨数	户数	备考
二水、龙坝、麻窝头人	苏永和	十三沟半	二千余户	
沙板沟头人	忒思歌	二十八沟	三千余户	
木疏头人	功高阳平	十四沟	二千余户	以上为黑水三大头人地
棱磨头人	色躬木忒耳	五沟	七千余户	
来苏沟		九沟		
三瀼口	夺尔结		三百余户	
三安曲	额尔洼喇嘛		一百余户	
安匡	康躬雪躬	六寨	三百五十余户	
瀼躺			二千余户	
卓克基长官司	索观瀛	三十六寨	一千余户	
松冈		三十六沟	一千二百余户	现由大头人阿司甲、汪尔甲、乒乓王增、刘列、温波司丹增等分管
党坝长官司	色躬海	五沟	四百余户	
三齐番	蔡兴隆	十八寨	九十余户	已编保甲，蔡兴隆为联保主任
新番	陈木匠保	三沟	一百余户	同上
旧番	王郎康布	三沟	一百余户	同上

官　制

壹. 县府官佐

《四川省政府公报》列表如左。

职别	员额	月薪	备考
县长	1	360	
秘书	1	160	
科长	3	420	
科员	8	400	
警佐	1	80	
督学	2	160	
技士	2	160	
办事员	10	300	
雇员	15	300	
政警	24	196	
公役	22	176	

附录一：佐治增废

《屯政纪要》：十八年讨平扣苏后，增设马唐县佐。二十二年黑水投诚后，增设来苏公安局。至裁废者，有威州县佐。

附录二：清代官制

《理番厅志》：旧设威州知州、保县知县，县丞、教谕、训导、典史等职。乾隆十八年，改置隶理番厅同知后，设同知、照磨、教谕等文职，及维州协副将、维州协左营中军都司、维州右营守备等武职。

贰. 屯制

《理番厅志》所列如左。

一、屯制历史

乾隆十七年，诛戮土司苍旺，酌定善后事宜，案内于该土司原管之杂谷脑、乾堡、上下孟董、九子五寨内择其倾心投诚之头人，每寨设立屯总土守备一名。总旗，土千总三名；大旗，土把总六名；小旗，土外委十二名；各归本寨管束。屯兵以备派遣。共土守备、千、把、外委一百一十名，又杂、乾二屯外设土守备各一名，共一百一十二名。乾隆二十三年，裁土千、把、外委三十五名，实剩土守备、千、把、外委七十七名。由四川总督部堂策及提督军门岳择五寨头人内拣选拨补，奏请赏给养赡。屯守备七员，每员岁给养赡银二十四两；屯千总十员，每员岁给养赡银十五两；屯把总二十员，每员岁给养赡银九两；屯外委四十员，每员岁给养赡银八两。乾隆五十一年，奏请添设屯守备三员、屯千总五员、屯把总五员、屯外委十员名，为新增各养赡银与额设同，统计屯弁共一百员，又屯兵三千名。奏请安设每岁秋末冬初，犒赏牛酒盐茶一次。乾隆五十二年，内调派该屯兵一千五百名，赴闽省剿捕台匪，打仗出力。由统帅中堂福奏请，屯兵三千名，以一千五百作为正额，每名岁给月饷银六两；一千五百名作为备挑屯兵，余丁不食月饷。至五十九年，由四川督部堂福奏恳，余丁屯兵一千五百名，每名每岁请赏给减半月饷银三两，以资衣食等因，奉准在案。其屯兵三千名，内：杂谷脑屯兵七百五十名，乾堡屯兵六百五十名，上孟董屯兵五百三十名，下孟董屯兵五百七十名，九子屯兵五百名，俱半为正额，半为余丁。

二、屯官

甲. 杂谷屯

1. 额设

守备二员：包国梁，行营副将，花翎；高坤定，年未及岁，以胞叔高攀瑞代办。

千总二员：安定国、马登科。

把总四员：得日太行，营都司，蓝翎；陶永寿，行营都司；科文太行，行营守备，花翎；傅国恩。

外委八员：更卓泽朗，行营游击，花翎；格什，行营守备，蓝翎；雍忠耳吉，行营守备，蓝翎；高攀瑞，行营守备；杨春华；甲甲；乔良保；立格朋。

2. 增设

千总一员：蔡明春，行营守备，花翎。

把总一员：只格布木仰朋，行营都司。

外委二员：苏巴天保，行营守备；敖东纳耳布，行营千总。

乙．乾保寨

1．额设

守备二员：高攀鼎，行营副将，花翎；苟文德，行营都司，花翎。

千总二员：穆乃，行营游击，花翎；姬有能。

把总四员：娄让，行营游击，花翎；岳廷宾，行营都司，蓝翎；郎克司甲；濮天贵。

外委八员：江初太，行营千总；彭有元；折朗格什；聂克思甲；娄让；古大贵；朗文富；张福隆。

2．增设

千总一员：石太康。

把总一员：日邦克二巴。

外委二员：木瓦折朗；王朝凤。

丙．上孟董寨

1．额设

守备一员：苍旺格什。

千总二员：八班；朗家思甲。

把总四员：郭成玉，行营都司，蓝翎；杨肇先；思克甲天寿；白成璧。

外委八员：苍旺思甲，行营都司，蓝翎；吉逢春，行营都司；钟占鳌；邦大德；都进忠；板登朋；刚秉阳；桑吉朋。

2．增设

守备一员：板登耳吉，行营参将，花翎。

千总一员：杨世森，行营都司，花翎。

把总一员：傍占阿合，行营把总，花翎。

外委二员：阿咱戎思甲，把总，蓝翎；科纳折朗朋，行营外委。

丁．下孟董屯

1．额设

守备一员：沙成金。

千总二员：苟正邦；札玉瑞。

把总四员：八角宰；汪成珍；撒耳吉；豆日折耳丹。

外委八员：阿旺，行营都司，花翎；思丹别耳吉，千总，蓝翎；康绍龙，行营千总，蓝翎；木耳吉，行营千总，蓝翎；兹多耳，行营把总；阿朗；贾廷谟；官国栋。

2．增设

守备一员：札承恩，行营都司，蓝翎。

千总一员：布布扣五朋，行营都司，蓝翎。

把总一员：扣耳六根札，行营守备，蓝翎。

外委二员：矮成良，行营守备，蓝翎；我仰格耳五，行营把总。

戊．九子寨

1．额设

守备一员：思丹增。

千总二员：郭定川；杨凤鸣。

把总四员：德隆贵，行营守备；朝星，行营都司，花翎；杨逢春；王玉春。

外委八员：达青云，行营守备；米西什丹，行营把总，蓝翎；天喜保；桂凤鸣；丁寿；杨寿林；杨寿元；马顺元。

2．增设

守备一员：马金凤，行营都司，花翎。

千总一员：班太福喜，行营游击，花翎。

把总一员：王逢春，行营游击，花翎。

外委二员：杨得友，行营千总，蓝翎；余禄五，行营把总，蓝翎。

以上五屯，每屯守备、千、把、外委二十员，共屯官一百员。现在供职，其养赡拨补详见《屯制》及《志存》善后各条。

三、屯兵

甲．杂谷屯各寨兵

正额三百七十五名，余丁三百七十五名。

朴寨：额兵六名，余丁十五名。

木晚寨：额兵十六名，余丁十三名。

克增寨：额兵十八名，余丁十六名。

科多寨：额兵九名，余丁九名。

坎搭寨：额兵十二名，余丁九名。

马洛寨：额兵十二名，余丁十二名。

达寺坡：额兵十三名，余丁十四名。

瓦寺寨：额兵二十名，余丁十九名。

末古寨：额兵二十六名，余丁二十五名。

日角寨：额兵十四名，余丁十四名。

格山脑寨：额兵十三名，余丁十三名。

科多寨：额兵八名，余丁八名。

不止寨：额兵九名，余丁九名。

谷科而寨：额兵十三名，余丁十一名。

根斗寨：额兵十五名，余丁十四名。

绒古、达寺多、朴卡三寨：额兵三十六名，余丁三十四名。

阿耳巴、纳灼两寨：额兵四十名，余丁三十四名。

日诸寨：额兵三十二名，余丁三十名。

梭罗寨：额兵五十三名，余丁四十八名。

分驻屯防大板昭、马丹寨：余丁三十二名。

以上共屯兵七百五十名。

乙. 乾保屯各寨兵

正额三百二十五名，余丁三百二十五名。

乾堡寨：额兵二十三名，余丁十四名。

郭铁寨：额兵十二名，余丁三名。

札成寨：额兵八名，余丁十四名。

纳各得寨：额兵十三名，余丁十二名。

科恩多寨：额兵十一名，余丁十四名。

阿木更寨：额兵二十名，余丁十五名。

木堆寨：额兵十四名，余丁七名。

戎溪寨：额兵十名，余丁五名。

热各得寨：额兵十三名，余丁九名。

纳耳木寨：额兵十六名，余丁十二名。

什米寨：额兵十四名，余丁十一名。

章机寨：额兵十一名，余丁十六名。

各瓦寨：额兵十五名，余丁二十名。

白寺寨：额兵十六名，余丁十六名。

八什脑寨：额兵二十一名，余丁十六名。

欺格寨：额兵二十名，余丁十八名。

色南达寨：额兵二十名，余丁十七名。

俄多寨：额兵十五名，余丁十三名。

阿耳不寨：额兵十八名，余丁二十名。

札古寨：额兵十八名，余丁十七名。

维关寨：额兵十七名，余丁十四名。

分驻屯防大板招、曾头沟寨：余丁四十二名。

以上共计屯兵六百五十名。

丙. 上孟董屯各寨兵

正额二百六十五名，余丁二百六十五名。

瓜托寨：额兵二十三名，余丁十七名。

木泥寨：额兵三十三名，余丁三十名。

瓜达寨：额兵三十名，余丁二十八名。

热不寨：额兵二十三名，余丁二十二名。

日漆寨：额兵三十六名，余丁三十一名。

拔思坝寨：额兵三十五名，余丁二十八名。

日经寨：额兵三十二名，余丁三十二名。

纳凹寨：额兵五十三名，余丁四十五名。

分驻屯防余丁三十二名。

以上共屯兵五百三十名。

丁．下孟董屯各寨兵

正额二百八十五名，余丁二百八十五名。

子达上寨：额兵七名，余丁八名。

子达下寨：额兵九名，余丁六名。

欧舒寨：额兵八名，余丁六名。

木姑寨：额兵八名，余丁六名。

班达上寨：额兵十八名，余丁十八名。

班达下寨：额兵九名，余丁六名。

楼达寨：额兵九名，余丁八名。

热特寨：额兵三十一名，余丁二十七名。

沙加上寨：额兵二十名，余丁十八名。

沙加下寨：额兵十八名，余丁十六名。

龙袍上寨：额兵十五名，余丁十四名。

龙袍中寨：额兵十六名，余丁十四名。

龙袍下寨：额兵七名，余丁七名。

谷里寨：额兵十七名，余丁十四名。

作落寨：额兵二十四名，余丁二十一名。

色白、更斗二寨：额兵二十四名，余丁二十一名。

木作寨：额兵十一名，余丁九名。

亚色寨：额兵九名，余丁十名。

额鸟寨：额兵十二名，余丁十二名。

沙作寨：额兵八名，余丁八名。

官寨：额兵五名，余丁四名。

分驻屯防丹札寨：余丁三十二名。

以上共屯兵五百七十名。

戊．九子屯各寨兵

正额二百五十名，余丁二百五十名。

热耳达寨（即水塘寨）：额兵三十八名，余丁三十三名。

什竹寨（即九子寨）：额兵四十四名，余丁四十名。

龙窝寨：额兵三十六名，余丁二十九名。

耳瓦寨：额兵二十四名，余丁三十二名。

立力寨：额兵二十二名，余丁二十名。

格思达寨（即大牛心）：额兵二十九名，余丁二十五名。

木勿日寨（即小牛心）：额兵二十三名，余丁十九名。

拔达寨（即八角寨）：额兵二十三名，余丁十九名。

马达寨：额兵十九名，余丁十八名。

分驻小金屯防余丁三十二名，以上共屯兵五百名。

合计：五寨额设、增设，共屯兵三千人。

四、屯之现况

《川西边事辑览[①]》所载如左。

甲．杂谷屯

在理城之西六十里，为苍旺土司故地，守备官寨在沱江右岸格山老寨。原辖三大沟，即胆战木沟、打泗沟、梭罗沟，共计二十八寨。额设屯守备二员：其一守备高承谦，及其子高良、高翔，相继死后，无人承袭。民十八年余（谢氏自称）以屯督署总务处长名义，代表邓军长兼督办视察屯区，到杂谷脑时，见该屯乏人主持，乃呈报二十八军部及屯督署，权命乾堡屯守备桑福田兼领守备职务，并设杂谷屯屯务办公处，令其千把总外委每月轮流，以二人当值视事，至今犹未变更。其一守备为包德惠，病故无嗣，而包女原为高良妇，现大归于包，赘九子屯杨守备继盛之弟继祖，顶包氏门户。屯兵原为七百五十名，前清乾隆年间，奉命随征金川，带地出营之三十二名在内，但以频年死亡，现在不过有屯兵三百余名，其守备以下之千总三员、把总五员、外委十员，则与乾堡屯、九子屯、上下孟董两屯无异也。

乙．乾堡屯

在理番之西，守备官寨在乾堡，距治城四十里，共管二十寨。额设守备二员：一为桑福田，号绍卿，兼任屯殖督办署屯务队长，其人明白纯谨。民十八、民二十两年政府征伐扣苏黑水之役，均出兵助战，颇资得力。其一守备为苟宗华。屯兵为六百五十名，缺额尚少，带地出营之四十二名亦在其内。千把外委同杂谷屯。经政府提倡，现设有小学校一所。

丙．上孟董屯

在城之西北，共管八寨。额设守备苍鸿恩，官寨在日不寨，距治城七十里。增设守备王运昌，官寨在老鸦寨。屯兵为五百三十名，其带地出营者与九子屯、上下孟董两屯，共为九十八名。

丁．下孟董屯

在理城之西北，共管十四寨。额设守备沙润源，官寨在子达寨，距治城十八里。增设守备杨庆云，官寨在甲米寨。屯兵为五百七十名。

戊．九子屯

在理城之东。额设守备杨继盛，驻二瓦寨，距治城十二里。增设守备王贵顺，驻水塘寨。共管十寨，屯兵为五百名。

以上五屯计官一百员，兵额三千名。

---

① 览：原缺，据《勘误表》补。

叁. 土制

一、现存土司疆域

《理番厅志》所列如左。

甲. 卓克基长官司

在厅治西五百四十里，东西距一百九十里，南北距五百七十里，东至麻迷桥与棱磨交界，六十里；西至八耳康与松冈交界，五十一里；又西至纳角沟与党坝交界，一百三十里；南至小金川河与懋功直隶厅交界，二百二十里；北至果罗克界，三百六十里。

乙. 党坝长官司

在厅治西南七百五十里，东西距一百六十里，南北距一百六十里，东至纳角沟与卓克基交界，一百三十里；西至格江河与绰斯甲交界，南至新疆交界，三十里；北至八凹山与松冈交界，一百三十里。

丙. 松冈长官司

在厅治西六百里，东西距二百四十里，南北距一千五百里，东至八耳康与卓克基交界，五十里；西至也耳日与绰思甲交界，一百九十里；南至八凹山与党坝交界，一百三十里；北至阿树果罗克与草地交界，九百二十里。

二、土司现状

《川西边事辑览》所载如左。

甲. 卓克基长官司

卓克基一曰卓克采，官寨在理番治西五百四十里，土司色朗泽朗，即索观瀛，瓦寺前土司索怀仁之子，明白大义，颇知服从政府。计管卓克基十寨、四大坝十寨、擦布十寨，此外尚有草地帐房六寨，曰：绒热斯甲、峨擦热，即侧耳、玛擦、弄锡佐、纳木诺，百姓共三千余户。

乙. 党坝长官司

党坝一曰丹坝，官寨在理番治西南七百五十里，土司女性，名思丹增，六耳惹（即泽朗海），一作坪戎纳，所管共五沟，即而楼让两沟、噶伦一沟、杀是喀朗一沟、夹磨一沟，约四百余户，尚知服从政府。

丙. 松冈长官司

松冈一曰从噶克，在理番治西六百里，土司思高让能沟，即高承让，与前杂谷屯守备高承谦为兄弟行，痴迷无知，民国二十二年高殁，现未觅人承袭。计管三十六沟，即麦戎六沟、葛莱白窝八沟、木脚六沟、夹木脚九沟、草地葛笃母一沟、夹尔滋一沟，黄雅一沟、墨耳甲一沟、木兰一沟、兹路沚康一沟、葛尔桑一沟，百姓约二千户，尚知服从政府。

三、芦花黑水现况

《华西日报》二十四年十月：芦花黑水完全蕴藏在封建社会里，内面握着最高政权的头人，头人就等于番人中酋长，系统如下：大头人——小头人——管家——忠司官——每沟总乡约——每寨乡约——小寨，几个寨共一乡约。

甲．大头人

黑水芦花五十五沟半，原系梭磨土司属地，与梭磨土司其他管地，共称九十九沟半番地，土司各存实力。独有黑水芦花五十五沟半的番民，在头人指挥之下，保存土司管地旧制度，因此以后头人便代替土司了（他们有时亦自称土司）。称汉人区域为“天朝”，自称为“小朝”。管地在梭磨土司统制的时间，黑水芦花五十五沟半的番人，每年经过头人的手，上粮给土司。现在上粮给头人，在梭磨土司管辖时，黑水芦花头人，只有两家。

1．新皇子头人：清时汉官赐姓苏，住黑水的苏永和头人便属此族。

2．沙板沟头人：汉官赐姓汪，后又自改姓王，不久以前有王珍头人，曾统制芦花黑水，自梭磨土司改土归流以来，由以上两家头人后裔，分为以下五家。

龙坝头人：苏永和。

麻窝头人：苏永清，即苏永和之兄，死后其妻转房给苏永和，以后麻窝头人统辖的事权，即由苏永和承担。

木苏头人：任真喇木尔甲，原是沙板沟头人王珍统辖的小头人。

杂窝头人：杂窝头人现在绝后，归任真哪[①]木尔甲兼管。

沙板沟头人：系王珍头人之孙，死后，现是木苏头人任真哪木尔甲第二子承继，苏永和之姊为王珍孙媳，现转房给任真哪木尔甲第二子，因他年纪很小，苏永和之姊自称女王子，管理一切事情。

现在黑水芦花五十五沟半五家头人，实际上绝了三家（麻窝、杂窝、沙板沟），苏永和占麻窝绝业，任真哪木尔甲之子承继，其妻苏永和之姊称女王子，管理实权也归苏永和。所以在头人中，自称大头人，芦花黑水五家现只有三家。苏永和与任真哪木尔甲要算三头人中最有势力的了，因此双方常冲突。

乙．小头人

小头人来源有二，一是头人以前被大头人将他所管地和百姓并吞，取消其资格，此种人现在已经不能管理番民，但仍旧称为头人，他们在大头人衙门办事，自然他们也时时想在自己办事的勤劳和成绩中，来恢复头人的地位。另一种是由大头人的管家，因有很大的功劳或特别的才干，渐渐变成的，如现在的白脑壳头人，就是以前沙板沟的管家。

丙．管家

管家是大头人所属有势力的办事人，此种人，番语叫“涅尔巴”。一个大头人，有

① 哪：据上条“木苏头人”，当为“喇”。

以下四种管家。

1. 总管家：管理大头人衙门内外事物，暨银钱账目，并代大头人审讯各种案件。

2. 外庄管家：专管头人田地的分庄客户，经理收租粮食事务。

3. 外事管家：专办对外交涉，与巡视调集各沟各寨番民。

4. 伙食管家：专办理头人衙门内伙食事务。

丁. 忠司官

是在头人衙门内面，专门跑路办杂务的差遣，多数是常随头人，为头人之最亲信者。

戊. 乡约

每沟人户多者设一乡约，少者若干沟共设一人，小寨子亦同样。

附录一：已废杂谷土司事略

《理番厅志》：杂谷安抚司，其先吐蕃，维州刺史悉怛谋裔也。唐文宗太和五年，请以维州内附，西川节度使李德裕闻于朝，宰相牛僧孺谓中国不可失信夷狄，命还之，吐蕃遂戮怛谋，据维州如故。德裕入相，白其冤，赠怛谋为右卫将军，官其子孙。大中时复内附，节度使杜悰纳之，世授职为土官。前明授安抚司土同知。清康熙十九年，桑吉朋归诚，仍授职领印信。吉朋没，次子良儿吉袭。没，子板地儿吉袭。没，子色丹增袭。没，弟仓旺袭，乾隆十四年，以从征金川有功，加宣慰使。十七年，构逆伏诛，分其地为三杂谷。按：杂谷地，其初东至郎吉司，南至金川，西至卓克基，北至克州，幅员仅五百里。明宣德时，始据有郎吉司以东，日驻穷、山党者等七寨，界接蒲溪沟，已复取达司蛮长官司地。清初，西河生羌劫掠为患，良儿吉狡黠善谋。康熙十九年，袭取九子、龙窝等寨。二十二年，袭取孟董等寨。又打赖土司，居水田岩；八梭碉土司，居丹者孟沟；皆为所并。又卓克基以西至松冈，别有思格立土舍为儿吉外父，与妻谋，毒杀其兄弟而取其地。松冈之外为党坝土舍，畏其并吞，亦以众附。于是西至党坝，东至通化，绵亘一千余里，地广民众，号大酋长。卒以逆灭，愚哉。

附录二：已废梭磨土司事略

一、疆域

《理番厅志》：梭磨在厅治西北，东西距四百七十里，南北距五百七十里。东至二道桥秋底，与杂谷脑交界，四百一十里；西至麻迷桥，与卓克基交界，六十里；南至小金川河，与懋功直隶厅交界，二百一十里；北至三溪寨，与茂州直隶属州交界，三百六十里。

二、改土归流

谢培筠《川西边事辑览》及《屯政纪要》：梭磨原系宣慰司，其梭磨官寨，在理番四百五十里。当时幅员既广，势力亦雄，后因土司乏嗣，无人承袭，各头人互争雄长，打冤家，起内讧，几二十年。民十七年，由政府废止梭磨土司，将其来苏九沟、梭磨五沟，一律改土归流，委汪都、黑耳甲、八耳珍等，分任团总。

附录三：土司贡物

《理番厅志》所载如左。

梭磨宣慰司土司斑马汪札贡物：哈达二根、净水瓶一对、银盒子一对、银海螺一对、银香炉一对、铜铃一对、丝线花毯二铺、氆氇二根。

从噶克（即松冈）长官土司思布日尔登贡物：哈达二根、藏香二束、净水瓶一对、左插刀一对、腰刀二把、鸟枪二杆。

卓克基长司官土司格山朋贡物：哈达二根、藏香二束、净水瓶一对、镶珊瑚左插刀一把、鹿茸一对、鸟枪二杆。

党坝长官司土司更噶勒尔悟贡物：哈达二根、长寿佛二尊、藏香二束、藏绸二根、豹皮二张、左插刀二把、腰刀二口。

各土司进贡，不必亲往，遣土舍或大头人兄弟恭代均可。按：道光十五年西南二班土司入贡，则有明正宣慰司，巴旺宣慰司，德尔格忒宣慰司，巴塘宣抚司，绰司甲宣抚司，霍尔甘孜麻书安抚司，绰倭安抚司，革什咱安抚司，鄂克什安抚司，木里安抚司，纳林中、白利、陇木、静州、池遵五长官司，呷竹寺寨、阿思洞寨、包子寺寨、七步寨、云昌寺寨中所六土千户，厅属之卓克基长官司、党坝长官司与焉，贡物见上。同治三年，西南两路头班土司入贡，则有瓦寺宣慰司，布喇克迪宣慰司，穆坪宣慰司，孔萨安抚司，里塘副土司，东科长官司，冷边长官司，静州长官司，峨眉喜寨、双则虹凹寨、川枯寨、祈命寨、麦杂蛇湾、古柏树六土千户，厅属之梭磨宣慰司、从噶克长官司与焉，贡物见上。

交　通

壹．由理番县城到达各地交通

一、由县治西北至番地交通

《理番县[1]志》所载如左。

甲．自旧保县（即今理番县治）西至木埭二十五里，木埭至杂谷脑之维州二十里，维州至杂谷脑十里（以上三处俱杂谷隘口），杂谷脑西至朴头关四十里，朴头关至噶多秋六十里，噶多秋至秋介五十里（以上皆杂谷地），秋介至梭磨佳不由六十里，佳不由至吗诺三十里（以上三处皆梭磨隘口），吗诺至直路大雪山下七十里，上雪山至直路一百里，直路至梭磨七十里（梭磨土司住牧地），梭磨至卓克基八十里，卓克基至杂谷属松冈六十里（杂谷土司住牧地），松冈南至陡柔山九十里，陡柔山南至党坝九十里（土司住牧处，以上俱杂谷地），党坝南至梧儿溪五十里，梧儿溪南至勒外三十里（以上均大金川地）。

乙．自旧保县（即今县治）过板沟至杂谷水滩寨十五里，水滩寨至董柯十五里（以上系杂谷地），董柯至保县奢粒雪山八十里，奢粒至后番不勒耳什等寨六十里（以上俱保县属），不勒耳什等寨至杂谷果巴十里，又自杂谷董柯至孟董沟三十里，孟董沟至保县后番汉色寨八十里，又，不勒耳什等寨可通前山（俱后唐克州界）。

二、由县治到威州、懋功及马塘交通

《屯区交通纪》：理番东至威州七十里，与汶川交界；西至芦杆桥一百九十五里，由芦杆桥迤南，越虹桥山入懋功，凡三百五十里；北越鹧鸪山至马塘，凡一百二十五里。马塘者，理番四土及松潘南首之中心也，往昔商务颇盛，后因梭磨内乱，焚毁殆尽。民十八年，屯督署荡平来苏叛夷，始渐恢复旧观。此二路在附近理城之数十里内，尚属平坦，余皆路基狭隘，勉可通行。又由县治北循孟董沟而上，不经鹧鸪高山，即可达于马塘；西由梭罗沟迤南而行，不越虹桥巨岭，亦可入于懋抚各地。此后商务发达，二者皆有改道之必要焉。

---

[1] 县：当为“厅”。

贰. 由杂谷脑至瓦寺奔拉山及小金川交通

《理番厅志》所载如左。

一、由杂谷脑至瓦寺奔拉山里数

自杂谷脑至朴头关四十里，朴头南至色南达河口五十里，河口至荜蓬雪山下一百里，过山至沃若龙寨百六十里（山顶杂、沃分界处），若龙至达怀六十里，达怀至沃日官寨五十里，又自若龙东至瓦寺奔拉山界四十里。

二、由杂谷脑至小金川交通

自杂谷脑至朴头四十里，朴头南至梭磨百里，梭磨至商角雪山下七十里（以上通杂谷脑各地），雪山至小金川金刚寺汉瓦六十里（系小金川隘口，以下皆小金川地），汉瓦至达北六里，达北至占固八十里，占固东至美固九十里，美固东至美诺五里（小金川土司住牧地），美诺东至孙克宗五十里，孙克宗至丹噶山一百里，丹噶至大金川割耳岩五十里，又自小金川汉瓦南至必色满十里（土舍住牧），必色满至沃日三十里（沃日土司住牧地），沃日至小金川美固二十五里（以下俱小金川地），又自小金川占固至马耳当六十里，马耳当至大板扎六十里，大板扎至如意坝五十里（俱小金川隘口），如意坝至梦笔山五十里（以下俱杂谷地），梦笔山至卓克基八十里，又自小金川占固南进美户沟至草达雪山一百二十里（系大金川隘口，以下俱大金川地），雪山至格外八十里（大金川土司住牧地），又自小金川美诺西至备儿六十里，备儿南至厥扎九十里（以下俱大金川地），厥扎过山至刮耳崖四十里（大金川隘口，土舍住牧地），又自小金川美诺南至空卡雪山一百五十里，空卡至大金川刮耳岩一百里（大金川土舍牧地）。

叁. 由保子关西北南三面之交通

《理番厅志》所载如左。

一、自保县保子关，西至旧保县八十里，旧保县至硐房塘十五里，硐房塘至木埭板桥十里出杂谷脑。保子关、硐房塘，俱土司出入必由之路。

二、自保子关南至凤坪十里，凤坪至木兰十里，木兰至大小毛坪二十里，交瓦寺住牧地。

三、自保子关北至九枯番寨，再至黑虎十八寨，二百五十里，接威州三齐寨，又北至杂谷纳屋四十里。

肆. 由威州经理番、抚边到达懋功里数

《屯区交通纪》：由威州至下庄二十里，由下庄至古城十里，由古城至通化五十一里，由通化至理番二十五里，由理番至蒲溪沟二十里，由蒲溪沟至木堆十里，由木堆至

塘上十九里，由塘上至维关十里，由维关至杂谷脑十里，由杂谷脑至朴头梁子十里，由朴头梁子至关口二十里，由关口至二道桥五里，由二道桥至新店子二十里，由新店子至鼓耳沟三十里，由鼓耳沟至狮子坪十五里，由狮子坪至大秋地十五里，由大秋地至芦杆桥十二里，由芦杆桥至猛古十五里，由猛古至虹桥北站三十里，由虹桥北站至虹桥山顶二十里，由虹桥山顶至虹桥南站二十五里，由虹桥南站至龟海子二十里，由龟海子至两河口三十里，由两河口至大寨二十里，由大寨至叨鸟二十五里，由叨鸟至新店子十五里，由新店子至天生桥二十里，由天生桥至抚边屯十里，由抚边屯至木坡二十里，由木坡至老喇嘛寺十里，由老喇嘛寺至八角二十里，由八角至破寨子三十里，由破寨子至猛古桥二十里，由猛古桥至懋功县十五里。

伍. 由马塘至松潘墨颡里数

《川西边事辑览》：由马塘至康猫四十里，由康猫至下瀼口六十里，由下瀼口至中瀼口六十里，由中瀼口至上瀼口六十里，由上瀼口至安曲四十里，由安曲至齐兰三十里，由齐兰至阿伊纳山三十里，由阿伊纳山至热科四十里，由热科至墨颡六十里。按：由灌县经松城至墨颡，比之由灌县经威州杂谷脑、来苏沟、马塘至墨颡，实多五六日途程，由马塘至墨颡须张幕野宿。故十余年前，各商多取道马塘，往来于草地与灌县间。惜自黑水内讧，道路不通，于是走松潘草地者居多。今者政府积极修复马塘口岸，疏通道路，此后商路或将改道也。

陆. 到达邻近屯邑僻路

来苏沟公安局《报告》所列如左。

一、到绥靖及从[①]化僻路

由马塘经梭磨到卓克基，由此约二三日可达党坝，再由此入绥靖及崇化境，经各尔丹思、杨家碉，及翻达尔直山，入崇化城；由卓克基亦可到松冈，由此经绥靖亦可入崇化，此道为四土交通之脉络；又由杨家碉到绥靖城仅六十里。

二、到抚边僻路

由大秋底经九架棚，可插抚边之两河口。

三、到懋功僻路

有二：甲. 由二道桥顺梭罗沟，翻虹桥山到懋功之别思满沟。乙. 由杂谷脑翻虹桥山可达懋功之日隆关。

① 从：当为“崇”。

四、到汶川僻路

由古城下庄等地，均可达草坡，由此到汶川之天成山。

五、到茂县僻路

有二：甲. 由下庄经阿耳龙池，达三齐番，而抵茂县之龙坪沙坝。乙. 由通化经三岔沟及黑猼猡寨，亦可入茂县之色耳古。

柒. 运输

来苏沟公安局《报告》所载如左。

一、运输工具

运输工具，限于人背及驴马驮运二项，俱能载百三四十斤之重。惟人背仅能日行三四十里，而牲口日可行七八十里。牲口之中，驴较慢，马虽快但不稳实，唯骡则可兼快及稳二者之长。牲口运行，限于大道，其他小道，便只能人行。由理番到松冈，再快也需六七日方可到达。

二、公差

番地运输，亦可支公差，谓之支乌拉，向头人索取，与西康情形相同。唯理番不当官道冲要，故其痛苦，尚不十分严重。

民　政

壹. 区之划分

来苏公安局长车子权《报告》：区之地域，即前之乾溪、通化、古城、下庄、铁邑、桑坪六里之地，为汉民居住之所，在威州及理番县城之间，所谓一线官道是。现划为四区，并增加附近之地。第一区辖城区及其附近，第二区辖通化及其附近，第三区辖威州及其附近，第四区辖杂谷脑及其附近。区之编制与内地同，区长下辖保正、甲长等，无团练组织。平时唯设常练数名，司传递奔走之事而已。

贰. 屯土行政规划

《四川省政府档籍》列表如左：

土司名	所辖寨数	土官职衔	土官姓名	距县城里数	备考
三番		县府直辖			系新番、旧番、三齐番
九枯		县府直辖			
十寨		县府直辖			
杂谷屯	二十八寨	土守备	桑福田	60	桑福田为乾保屯守备，十八年奉命兼任
乾保屯	二十寨	土守备	桑福田 苟宗华	40	有小学一所
上孟董屯	八寨	土守备	苍鸿恩 王运昌	70	
下孟董屯	十四寨	土守备	沙润源 杨庆云	18	
九子屯	十寨	土守备	杨继盛 王贵顺	13	
梭磨五沟		团总	喇嘛仁真		人民百余户，系梭磨土司分裂而出

续表

土司名	所辖寨数	土官职衔	土官姓名	距县城里数	备考
来苏上四沟		团总	喜喜头人		人民二百余户，由梭磨土司分裂而出
来苏下五沟		团总	生根耳甲		人民二百余户，由梭磨土司分裂而出
下芦花十二沟半			苏永和		
中芦花十二沟			任真南木耳		
上芦花三十一沟			白脑壳头人		
辛阳山七沟			撮斯甲		四百余户
卓克斯基	四十寨	长官司	索观瀛	540	三千余户
松冈	三十六沟	长官司		600	约二千户
党坝	三十六寨	女长官司	泽朗海	750	约二千户

附录：九枯十寨改土归流事略

一、九枯

谢培筠《川西边事辑览》：九枯在沱江即杂谷脑河下游，威州迤西之高山，有前三枯、后三枯、中三枯之分，经明清两朝先后办剿办，早已投诚。

二、十寨

谢培筠《川西边事辑览》：十寨在理城之西，沱江之右岸，即蒲溪十寨，亦早投诚。其人民恒着黑毡子背心，长与面衫齐，力役之征多由彼辈任之，均由县府直辖，凡番、枯、寨，人多通汉语，然亦各有一种语言，与黑水话相近。

司　法

壹. 司法机关

《屯政纪要》：由县府兼理。

贰. 讼费

《屯政纪要》：凡非以财产价额计算之案件，每案只征讼费一元；财产案件，二百元以下征一元；二百元以上，每五百元递加一元计算征收。贫无资力者，准由邻右证明免征。

财　政

壹. 收入

一、总收入

《屯政纪要》：理番财政局收入，为年收一万八千元。

二、粮税

甲. 丁粮

《理番厅志》：保县归并理番，额征正项地丁银一十九两六钱六厘八毫九丝五忽三尘，加一五火耗银二两九钱四分一厘零三丝五忽。额征遇闰加增银七两六钱零五厘七毫。

威州归并保县，复归理番。额征正项地丁银七十两零七钱一分三厘六毫零，加一五火耗银十一两六钱零七厘零五丝五忽。额征遇闰加增银十四两一钱一分五厘七毫。

理番厅现在每岁共征：地丁银九十两零三钱二分六毫（瓦寺土司粮银在内），火耗银十四两五钱四分八厘零九丝，遇闰加增地丁银二十一两七钱二分一厘四毫。

按：保县自顺治时清查，至雍正七年，山地估种二十三石九斗七升六合，每种一斗征粮银一分，每粮一斗八升二勺七抄六圭七粒六粟六末。载一丁，每丁征银一钱二分，共征丁粮银一十八两三钱五分七厘六毫。又自雍正十二年清查后，垦输山地估种二十五石六斗七合六勺六抄，每种一斗征粮银七分六厘五毫零，共征银一十九两六钱有零，则今犹保县原额也。又威州归并保县，雍正七年前荞麦并征丁粮银六十三两四钱四分五厘零，十二年后下地估种二百一十二石二斗八升六合，每种一石征丁粮银三钱三分三厘一毫零，共征银七十两零七钱一分有零，则今犹威州旧额也。至遇闰加增，奉文俱在康熙九年，照七两六钱零核算，每两该征闰银五分八厘二毫零。多寡悬绝，良由各州县情形不同故耳。

乙. 番粮

《理番厅志》：额征不勒耳什（即梁黄捉城）及蒲溪、岐山、黑水、屋纳等寨番民认纳麦粮，折净仓斗米二十一石八斗七升六合。

额征星上、水田、龙溪、黑虎、沙坎等寨番民认纳麦粮，折净仓斗米一百五十八石四斗一升九合三勺。

额征前后番各寨番民认纳麦粮，折净仓斗米一十一石三斗八合六勺。

额征新抚黑水后番等寨番民认纳麦粮，折净仓斗米四十石零四斗二升六合二勺。

以上各番麦粮，每年就近兑支维州左右二营兵食。旧管杂谷、乾堡、上下孟董、九子屯寨番民认纳杂粮六百三十一石三斗，折净仓斗米四百二十石零四斗四升五合八勺；杂谷脑官田收杂粮二十二石五斗，折净仓斗米十四石九斗八升五合；两共杂粮六百五十三石八斗，历来[①]就近兑支左右二营兵食。

附录：清时杂课

《理番厅志》所载如左。

一、盐课

认销简州陆引一百三十五张，每张征税银二钱七分二厘四毫，共征税银三十六两七钱七分四厘，起运盐茶库存。

二、茶课

道光三十年派行腹引二百张，每张征课银一钱二分五厘，共征税银五十两，总共征税银七十五两。

三、碾课

水碾一百座半，每座榷课银二钱四分，共征银二十四两一钱二分，实征实解。

四、田房税契

嘉庆九年，分征银一两二钱七分五厘，实征实解。

贰. 县府开支

《四川省政府公报》所载如左。

一、县府每月经费

甲．薪俸：2712（详“官制”内）。

乙．办公费：300。

丙．特别费：180。

丁．总计：3192。

理番为一等县，每月由省库支一千二百元，不敷之数，由地方公款开支。

二、司法经费

司法经费，理番县月额支之数，就原有司法经费开支，不敷之数，呈请省府核给。

① 来：同治《直隶理番厅志》作“岁”。

教 育

壹. 学校

来苏公安局车子权《报告》：理番公立之小学校，仅威州及县城各有两级小学一所，俱欠完整。另外与茂县合组共立中学于茂县城中，年出千二百元，选送四五名学生，因高小办理不完善，所送学生内多滥竽，可谓得不偿失。

贰. 番民教育

来苏公安局车子权《报告》：番羌人民，少习汉文者，因其人之职业，与生活皆不需要。番人例习藏文，然皆限于子弟之准备学喇嘛者，自幼小时，便在寺庙中练习念诵经典。此辈喇嘛或准喇嘛，亦以学汉文为无用。故中土文化，鲜能为彼辈赏识，而中央法令及一切政治社会设施，皆被阻碍，汉夷界限终难沟通。

警　团

壹．保安状况

《四川省政府档籍》所载如左。

一、保安队组织状况

经“赤匪”蹂躏后，人口锐减，武器完全损失，尚未将保安队组织完成。

二、经费

保安经费，因本地之粮，用作抵偿屯兵之饷，故尚付缺如。

三、治安状况

县中枪支，经“赤匪”提去，现所余者仅废枪，治安由军队维持，间亦有少数夷匪拦路抢劫。

贰．屯土治安

《屯政纪要》：在民国二十年间，二十八军担任屯殖时，以警卫团所部戍茂、理而慑黑水、来苏，一面任理番属屯守备桑福田等为屯殖及特遣队队长，用安反侧，并藉其力捕盗护商，各处秩序得以维持安谧。

《屯政纪要》：五屯因密迩县治，已完全编组团甲。

附录：清季边防兵制

壹．维州营

《理番厅志》：维州营旧为威茂营，原设参将。乾隆二年，改威茂营为威茂协，裁参将守备，改驻茂州。十九年，平定苍旺，改为维州协，移驻理番厅。所辖左右茂州三营、五屯、四土及瓦寺土司，并茂州所管各土司，有维州协副将一员。

维州营额设制兵八百名（马兵一百三十七名，战兵二百名，守兵四百五十三名），分隶左右二营，茂州营不载。

贰. 左营

一、兵额

《理番厅治》：左营原额马步战守兵五百名（马兵九十名，战兵一百二十五名，守兵二百八十五名）。乾隆四十五年，奉文裁拨新疆经费马战守粮一百一十七分（马粮三十分，战粮三十九分，守粮四十三分）。四十八年，增添守战粮五十分（战粮三十一分，守粮一十九分）。嘉庆十三年，裁拨绥定、通巴等处战粮三分。十四年，裁拨峨眉、马边等处战守粮十分（马粮一分，战粮三分，守粮六分）。二十年，裁退匠役守粮二分。道光十一年，因回疆经费，裁马战守粮八分（马粮一分，战粮三分，守粮四分）。十五年，裁拨添设峨边等处马战守粮一十八分（马粮一分，战粮五分，守粮十二分）。十九年裁，拨屏山茨竹坪、越崖等处马战守粮二十七分（马粮一分，战粮八分，守粮十八分）。二十一年，裁拨直隶大津海口，防范战守粮三分（战粮二分，守粮一分）。咸丰元年，裁拨屏山营马战守粮十二分（马粮一分，战粮三分，守粮八分）。

以上共裁马战守粮二百分，以原额五百名，新添五十分合计，除裁实在存营马战守粮二百五十分，外委额外及马兵四十八名，战兵九十四名，守兵二百零八名。

二、派驻地

甲. 派驻古城、沙坪、树林口、跟达桥、陕塘马兵九名。

乙. 派驻防卧龙关汛战守兵二十名。

丙. 分防通、保、汶、桃、茶五汛，战守兵一百零七名。

丁. 派驻东西台藏战守兵八名。共除去一百四十四名外，实在存营马战守兵二百零六名。

三、官员

左营中军都司一员（乾隆二年添设，驻理番厅城），在城领哨千总一员，分驻新保关汛千总一员，分驻茶关汛把总一员，存城外委三员，存城专城把总一员，分驻汶川汛把总一员，分驻通化汛外委一员，存城额外三员。

四、各汛距离及所辖土司

甲. 左营所属分驻通、保、汶、茶四汛，旱塘一十六塘堡。通化汛至营三十里，至松潘镇城五百里，至城三百五十里；新保关汛至营七十里，至松潘镇城四百六十里，至省城三百一十里；汶川汛至营一百一十里，至松潘镇城五百里，至省城二百七十里；茶关汛至营二百五十里，至松潘镇城六百四十里，至省城一百三十里。

乙. 左营所属瓦寺宣慰司，住牧汶川县河西堡万山寨，离汛三十里，领有印信号纸。

叁. 右营

一、兵额

《理番厅志》：右营原额，马步战守兵三百名（马兵五十五名，战兵七十五名，守兵一百七十名）。乾隆四十五年，奉文裁拨新疆经费马战守粮七十五分（马粮二十五分，战粮二十三分，守粮二十七分）。四十八年，添设战守粮三十五分（战兵二十二名，守兵十三名）。嘉庆十四年，裁拨马遵马战守粮十分（马兵一分，战兵三分，守兵六分）。二十一年，载汰匠役守兵二名。二十一年，因回疆经费，裁战守粮五分（战粮一分，守粮四分）。道光十五年，裁拨峨边战守粮十分（战粮三分，守粮七分）。十九年，裁拨雷波战守粮十五分（战粮五分，守粮十分）。二十一年，裁拨防范天津战守粮二分（战粮一分，守粮一分）。咸丰元年，裁拨屏山战守粮六分（战粮二分，守粮四分）。以上共裁马战守粮一百二十五分。以原额三百名，增添三十五名，合计除裁实在存马步战守粮二百一十分。

二、分驻地

甲．派驻东西台藏战守兵八名。

乙．派驻卧龙关汛战守兵二十名。

丙．驻防桃关汛战守兵四名。

丁．派驻桑坪、黄草坪、陕塘马兵六名。共除去三十八名，实在存营马战守兵一百七十二名。

三、官员

右营守备一员（原设都司，乾隆四十五年裁都司，归叙马营，以泰宁守备移设），存城把总一员，分驻桃关汛把总一员，分驻丹柘木汛外委一员，分住朴头汛额外一员，分驻维关汛额外一员。

四、各汛距离及所辖土司

甲．右营分防维关、朴头、丹柘木三汛，旱塘一塘。维关汛至营十里，至维州五十里，至松潘镇五百里，至省四百三十里；朴头汛至营三十里，至维州九十里，至松潘镇五百四十里，至省四百七十里；丹柘木汛至营十里，至维州七十里，至松潘五百二十里，至省城四百五十里。

乙．右营所属土司四员：梭磨宣慰司、卓克基长官司、松冈长官司、党坝长官司。

储 恤

壹. 仓储

《理番厅志》：理番厅常监仓原额京斗麦粮一千七百一十五石六斗九升，京斗青稞三千八百六十四石零二升七合三勺，京斗荞一百七十七石四斗四升九合五勺九抄，京斗麦、稞、荞五千七百五十七石一斗六升六合八勺九抄。

保县归并常监仓原额京斗麦四千三百四十五石四斗九升七合五勺，京斗荞六百四十一石四斗九升零一勺，共额京斗麦、荞四千九百八十六石九斗八升七合六勺。

保县归并社仓原储京斗麦三百八十五石三斗六升七合，京斗青稞一百一十七石七斗五升四合，京斗荞一十四石，共储京斗麦、稞、荞五百一十七石一斗二升一合。

贰. 孤贫之佽助

《理番厅志》：保县归并后，嘉庆十八年病故口粮停支。咸丰二年前任同知吕某请设孤贫六十名，每名共支银三两六钱，共银二百一十六两，其银奉文在筹备经费项下动支。

叁. “匪”灭后之救济

《四川省政府档籍》：民国二十五年五月，曾由四川省赈委会分配赈款八千元。

垦　务

壹．一般荒地情形

来苏沟公安局长车子权《报告》：荒地中之可耕者，在理番有生荒熟荒之别，生荒之确实数目，不能知之。全境以西路南路为多，熟荒原因，为近年以来农民弃田他走，此固限于地土稍瘠之区，为近年特有现象。政府日倡开垦，实际情形，则已开垦者，亦多弃之，不唯不进，而反退化，究其原因，殊难综括确定。要之，近年军方于关口要隘，设立卡税，以致盐、茶、菜油、米、铁器、布匹等日用品，顿增价值，而本地所产之药材山货等，亦受卡税影响，收入低减，贫农进出不敷，一遇天灾，相率逃亡，耕地遂退为荒土。

贰．屯兵现况

《屯政纪要》：屯弁之饷项，向在四川潘库支领，历年国家多故，川省内乱频仍，屯饷遂名存实废，额兵亦时有逃亡，乃有守备招佃以耕其地，故兵额逐渐减少，而汉农日形增殖。

附：松懋五县三屯屯殖督办署屯垦章则

一、屯垦队之编制

甄选有受军事教育而了解屯垦根本意义之军官任队长，体健性朴，娴习农、工、商、贾之士兵充队丁，视荒地广狭，编调若干中队或大队，每中队额四十名，每大队辖三中队，额定一百二十名，各中队、大队，均选任研习农牧、富有经验之指导员一人。阶级隶属，比照军制，对于规划垦殖程序，训练农牧技术，监督劳作实施，由指导员完全负责，至一大队或中队集中之地，则由屯督派员指导，区划道路、沟渠、街市、住宅，创建村落。

二、屯垦队之饷糈、垦费及役期

屯垦队照陆军饷章给饷，其员丁之住宅、天幕、家具、农器、力畜、种子、服装等费，第一年由农事指导员协同队长妥为预算，呈请屯署核拨。此后，每年末在生产收益内划出若干缴还。屯垦队员丁服役期间，以四年为限，期内不得调换，期满改为预备役。将垦出熟地，按级配给，永归收益，仍照章升科。

三、屯垦队之训练管理

军训劳作之暇，队长、指导员需挑选队丁，练习金工、木工、土工、竹藤工、石工、窑工、缝纫工、染织工、酿造工各种技艺，以期新村中日常所需不感缺乏。一面筹设公共娱乐及教育机关，养其志气，储蓄及借贷机关，活动其金融，考核成绩勤惰，分别奖惩，以资鼓励。

右三项为规划移兵屯垦之大要，扼于经费，二十一年始就汶川、龙溪、跟达桥试办，不及一载，即遇岷江战事，半途辍废。兹录其章程于次。

移兵屯垦章程

第一条　采寓兵于农之意，移兵垦荒，以期发达生产，巩固国防。

第二条　移供屯垦之部队，定名为屯垦队。

第三条　屯垦队归屯殖督办节制，改预备役后，则受驻在地地方长官辖治。

第四条　屯垦队每一大队，队丁额定一百二十名，置大队长一员，农事指导员一员，中队长三员，分队长十员（计入队丁额内），书记一员。大队长、农事指导员支连长薪，分队长支班长薪，队丁照二等兵给饷（但在关内者，丁名额得视荒地广狭照此额比例伸缩）。

第五条　队长负督率训练员丁之责，农事指导员负规划指导农事之责，但遇关联事项，应协商处办，共同负责。

第六条　队丁以身体强健，无嗜好，未染骄悍狡惰之习气者，为合格。

第七条　队长以下各员，甄选性行朴厚，无嗜好及奢望而耐劳苦生活者充任。

第八条　屯垦队薪饷，照陆军饷章按月照额实支，不折不欠。

第九条　屯垦队所需住宅、农具、炊具，全由公家设备。

第十条　屯垦队农垦生产，除扣还农具籽种等供给费用外，储作员丁移眷结婚费用，经营农事资本。

第十一条　屯垦队服役期，定为四年。届满，队丁每名配给熟地三十亩，林地三十亩。分队长每员配给熟地四十亩，林地四十亩，停止薪饷。至大队长、农事指导员、中队长、书记，则视其劳动之大小及职责之轻重，以熟地五百亩衡定等差配与之。

第十二条　依据（第十一、第十二）前条配与员丁之熟地、林地，各员丁只有永久耕作收益权，不得变卖抵押。

第十三条　配与屯垦队各员丁之地亩，照章升科。

第十四条　屯垦队员丁，停发薪饷后，仍应负征调战役之义务，平时就农闲认真训练，每年至少须训练两个月，在开垦期内，以降雨及星期日为训练时间。

第十五条　　屯队每年由主管机关派员检阅一次，俾免训练流于敷衍。

第十六条　　本章程自屯殖督办署公布之日施行。

第十七条　　本章程若有未尽事宜，由屯殖督办署修正之。

物　产

壹. 一般物产

《理番厅志》所载如左。

一、药材

甲．药之种类

黄蓍、大黄、贝母、当归、细辛、石菖蒲、羌活、独活、前胡、柴胡、五加皮、升麻、猪苓、木香、赤芍、甘松、枸杞、麻黄、木通、续断、百合、秦艽、甜杏仁、黄精、紫菀、泡参、丹皮、麝香、蜂蜜、白扁豆、木瓜。

乙．各处产药估量

《川西边事辑览》所列表如后：

地名 / 产量略记 / 药类	虫草	贝母	羌活	五加皮	木香	大黄	备考
孟董沟	⊗	⊗	⊗	⊗	⊗	⊗	
维关	⊗						
梭罗沟	○	○	○		○		
瓦钵梁子	⊗	⊗	⊗				
九甲棚	⊗	⊗	⊗		○		
黄土梁	○	⊗	○		○		
猛古		⊗					
虹桥	○	⊗	○		○		
大沟	⊗	⊗	○		○		
渺罗	○	⊗	○		○		
十八挂	○	⊗	⊗		⊗	○	
横梁子		⊗	⊗				

续表

药类＼产量略记＼地名	虫草	贝母	羌活	五加皮	木香	大黄	备考
大牛厂	⊗	⊗	⊗		⊗	○	
矮卡子		⊗	⊗				
大罗沟		⊗	⊗				
大马厂	⊗	○	○		○	○	
奶子牛厂		⊗	⊗				
工家寨		⊗	⊗		⊗		
马塘			⊗				
马河坝							
瀼口							
说明	⊗表示多意；○表示少意						

《理番厅志》所载如左。

二、竹木

甲．木属

杉、松、柏、降香、桦、槐、榆、椿、黄杨、麻柳、杨柳、冬青、香樟、皂角树、檀木。

乙．竹属

慈竹、苦竹、刺竹、细油竹。

三、农作物及园艺物

《理番厅志》所载如左。

甲．谷属

大麦、小麦、青稞麦（形如大麦，磨面作食，谓之糌巴[1]）、包谷（一名玉麦，一名玉米，古名玉蜀黍）、甜荞、苦荞。

乙．豆属

黄豆、黑豆、红豆、绿豆、巴山[2]豆、蚕豆（俗名胡豆，杂谷产，大而白）、白豌豆、麻豌豆。

---

① 巴：同治《直隶理番厅志》作“粑”。

② 山：同治《直隶理番厅志》作“多”。

丙. 蔬菜

白菜、青菜、菠菜、苋菜、葱、韭、刀豆、薤子、大蒜、莴苣、茭白、笋、茼蒿、四季豆、芹菜、蒟蒻（俗名鬼芋，磨成腐黑色）、洋芋、海椒、雷蒿、灰挑菜、蕨菜、花椒、龙须菜、苦菜、马蹄菜、蘑菇、茄子、萝葡、羊肚菜、鸡冠菌。

丁. 瓜属

金瓜、冬瓜、南瓜、黄瓜、苦瓜、丝瓜、翻瓜、瓠瓜。

戊. 花属

兰、蕙、梅、菊、桂、牡丹、芍药、海棠、凤仙、罂粟、玉簪、萱花、金银花、鸡冠花、碧桃花、金钗花、蝉花、向日葵、紫荆花。

己. 果属

石榴、胡桃、延寿果、桃、杏、樱桃、花红、木蜜（一作枳椇，俗名拐枣）、枣、枇杷、桑椹、油柿（俗名软枣）、柿子、葡萄。

四、金矿

《川西边事辑览》所载如左。

刷金寺：距马塘三十五里，产沙金。

砍竹沟：距马塘六十里，产沙金。

王家寨：距马塘三十里，产沙金。

烧坡：距马塘四十里，产沙金。

萝兜寨：距马塘四十里，产沙金。以上各地均系梭磨河流域，经人开采获效。

夹石口及关口：距杂谷脑三十五里，产沙金。

百丈房及磨子沟：在杂谷脑附近，产沙金，矿脉甚富。

红水沟：距理番县城三十七里，产沙金，有人开采获效。

木卡寨：在长河坝对面，产沙金。有人开采获效，经居民阻止。以上杂谷脑河流域。

三齐寨及儿不抓：在理属三齐寨地方，产岩金。有人发现，尚未开采。

色耳古：位于黑河下游，其地两岸均产沙金。延长约五十里，宽约一里。虽属理番管辖，然距茂县较近，仅百九十里，为产金最著名之地。

围古：位于色耳古上游，亦产沙金。

白窝：为松冈土司辖境，现由蒙蒙头人管辖，系梭磨河流域，产沙金。

古耳沟：距卓克基官寨约十里，产沙金。

贰. 农产物

来苏公安局长车子权《报告》所列如左。

一、土壤及灌溉

垦殖之地可分为三种：甲．沿溪或河两岸之地，俗称水田；乙．半坡土；丙．山巅上。第一种最好，土壤既细，灌溉亦便，产包谷、麦子、蔬菜等，此为上地。第二与第三类，常有砾土，耕犁不易，难得水渠灌溉，气候亦寒，每年仅可出一季，以荞麦为多，若遇天旱，便有亏本之惧。高山之顶，已无农作物及树林可言，称为草片，唯产贝母、虫草等药材。

二、种籽与出产

理汶之言“斗种”，系以斤斗论，每斗实仅四五升，言“一斗种”之地者，即谓该地可撒荞或麦四[①]五升也。若撒玉麦则仅一升耳，故以玉麦论，每斗“即一升”，种地最好者，可产一石左右。至荞麦之好者，亦不过每斗种产二石左右而已。

三、施肥情形

普通田土，亦用人畜粪草为肥料，与内地情形相似，农家兼饲牛、羊、猪等，即以圈粪草饱足。又有所谓火耕者，即于未耕种之地，秋间放火焚草，次年种植粮食，可不用肥，而土极优美。庄稼普通仅施肥一次，农民所谈干粪，为树叶经牛马羊粪踩踏而成者，内地系用草灰拌粪沃成，亦呼干粪。

四、耕耘

播种之先，地土仅犂一次，麦荞种撒布田中，玉麦则分行种下。暑季亦须耘耨，其犂头之铧为鸭嘴形，仅长五六寸。其连盖制法，仅用二三木条捆成，形甚简陋。又有所谓懒庄稼者，系于山坡砾石之间，抛植种籽，毫不经营，亦可长成。

五、土地转移办法

甲．田土买卖

仅在四区中可行，三番亦渐行之，四土及五屯区域中，仅能租押，不能买卖。

乙．授田制

在番中，实行每户授田土若干，限于本地土著，外来者不给。若某户人口亡绝，便有土荒地弃之事。此时土司或头人斟酌情形，又可转给别人。

丙．租佃

佃户向地主租土，可不取押金，即有，亦不多。租粮大约占全收获十分之三。亦有所谓分庄，即收获时主家亦来人工，共同收刈，而平分产额，唯各户多偷藏，故亦难得平均。

---

① 原衍一“四”字，今删。

六、粮食产额

真正产额，无从知道。前节对人口已有估计，唯番民食量与汉民异，故难推算。唯一般估计，除现时该地人民食耗外，约尚可余出三千石粮食，输卖他地。

补：四川建设厅《川西北垦牧调查报告》

就理番县政府户口调查，及农作物产量统计，计算各种五谷所占之百分比，及每户平均收获之粮石数如左表：

区别／五谷类别／数别／联保别	1	1	1	共计	每户平均	2	每户平均	3	3	3	3	3	共计	每户平均	三区总计	各种五谷所占之百分比
	1	2	3			1		1	2	3	4	5				
玉米	756	400	1400	2550	1.56	1800	3.42	514	700	220	1800	880	4114	2.23	8460	62.4%
青稞	300	250	100	650	0.40	750	1.42	80	50	60		60	250	0.14	1650	12.1%
大麦		300	400	700	0.34			100		30			130	0.07	1830	6.1%
番麦	60	80	200	340	0.21	200	0.38	80	200	58		2	358	0.19	898	6.8%
小麦	260	100	280	640	0.39	500	0.95	130	132	42			304	0.17	1444	10.6%
蓝麦	140	40		180	0.11							100	100	0.05	280	2.0%
合计	1510	1170	2380	5060	3.1	3250	6.17	904	1082	410	1800	1060	5256	2.85	13566	3.4%
各区户数				1632		527							1839		3998	

理番县农业经营调查表

五谷类别	播种期		收获期		耕地次数	锄草次数	施粪次数		生产倍数
	山地	河滩	山地	河滩			清粪	干粪	
玉米	二月	三月	九月	八月	一次	二次	一次	一次	十倍
小麦	九月	九月	五月初	五月初	一次	一次		一次	十倍
青稞	九月	九月	五月初	五月初	一次	一次		一次	八倍
大麦	九月	九月	五月初	五月初	一次	一次		一次	八倍
荞	六月	六月	八月	八月	一次	不锄			八倍
荞麦					一次	一次		一次	
黍子					一次			二年一次	

叁. 畜牧

来苏公安局长车子权《报告》：家畜中之鸡、鸭、鹅、犬、豕等与内地同。番地有一种獒犬，极凶猛，善防盗，较普通犬高大，甚可珍贵，每头约值银二三十元。又有蛮猪子，毛色带黄，与牛羊同牧，食草及粪，体甚小。

牧畜有毛[①]牛、犏牛、黄牛、羊、马等，犏牛为雌毛牛、雄黄牛配产，与毛牛、黄牛均可犂田。为运输之用者，尚有驴、骡等。

野畜有山羊、野猪、野兔、鹿、麞、猴、狐诸类，猎夫常入山捕逐，以为职业。

肆．森林

《川边季刊》（六卷）所载如左。

一、林森分布状况

甲．古城沟

理番下游四十里，森林面积五方里，16200株，搬运不易。

乙．通化沟

距理番县城二十五里，森林面积八方里，25920株，搬运极难。

丙．甘溪沟

距理番县城二十里，森林面积十方里，32400株，搬运困难。

丁．岔沟

距理番城东南约二十里，森林面积三十方里，99200株，运输不便。

戊．蒲溪沟

距理番城上游二十里，森林面积十方里，32400株，运输可利用山洪。

己．一颗印沟

距理城[②]上游八十里，森林面积三十方里，129600株，运输便利。

庚．梭罗沟

距理番城一百里，森林面积四十方里，48600株，运输尚易。

辛．粮台沟

距理番城百余里，森林面积十余方里，30000株，运输尚易。

壬．毕蓬沟

距理番城百余里，森林面积四十方里，129600株，运输不难。

癸．大沟

西距理番城约一百五十里，森林面积约三十方里，现经伐砍，木材之蓄积已耗去过半，运输较便。

子．九甲棚

距理番城一百六十里，森林面积约六十方里，194400株，运输尚可改善。

① 毛：当为“牦”。

② 理城：当为“理番城”。

丑. 黄土梁

距离未详，森林面积约四十方里，12960 株，运输便利。

寅. 猛古

距离理番城西南二百里，森林面积约二十方里，64800 株，尚可设法运行。

卯. 米亚罗沟

距离理番城约二百四十里，森林面积约三十方里，97200 株，溪流平坦，可用水运。

辰. 十八卦沟

距理番城约二百六十里，森林面积约三十方里，97200 株，水运便利。

巳. 比别寺沟

距离未详，森林面积约十方里，43200 株，直放河内下运。

午. 尽头寨

距理番城二百九十里，森林面积约三十方里，97200 株，河身宽，流量宏，木材由山上放下，畅行无阻云。

二、森林总面积

《四川省政府档籍》：森林面积约占全县面积十分之一，沱江流域，能开伐之森林，在六百方里以上。

三、县境木厂业概况

《川西边事辑览》所列如左。

甲. 木厂业史略

民国四年，灌人姚宝珊氏组织森茂公司，于杂谷屯属之梭罗沟从事砍伐，为内地人入山伐木之权舆。及民十八年来苏夷乱平定后，十九年成都方面留意边事，而且热心实业之人士，组织松茂荣、利森两木厂于大沟各处伐木。数年以来，运到成都出售之木材，其价格已在五十万元以上。松茂荣仍继续进行，利森则改组为泰和木厂，增加资本以图扩充。据调查结果，此沟森林照现在两厂工作状况推算，虽百年亦难伐尽。

乙. 砍伐方法

其采伐方法，距根数寸许留台木，可以更生新木，即所谓萌芽更新法，加以杉树每年结子，落于地面，可以生长树秧，如此年年砍伐，复生生不已。

丙. 山场

松茂荣伐木地段，在来苏之大沟及新桥沟一带，距杂谷脑约一百里，座棚在大沟山脚长河坝，山场为官寨沟、通司沟、格喜寨等处，面积约十方里。泰和伐木地段在来苏之二道坪一带，距杂谷脑六十里以上，座棚在二道坪，山场在二道坪、蛇卡及庄房之筒车、糟山上，面积约十二方里。

丁．每年产量

两厂指定范围内，所有杉树约三十万株，恒砍大者留小者，行抽伐方法，每株可截为三四筒，每筒长约一丈二尺乃至一丈六尺，直径约二尺乃至四尺，如此筒料，即成都所谓檄子。松茂荣预计一年出货十八万立方尺，泰和预计一年出货十五万立方尺。

戊．山径障碍

由座棚到山场，都在十里以上，皆属陡绝狭隘之山径，危险状况，难以言喻。其间荆棘丛生，杂以毒草，尖角石、鹅卵石满堆道上，且多旱蚂蟥、小草蛇、猛蚊（拦路蚊）之属。工人无论矣，从属职员，均不能用舆马，并须缠毪子裹腿，着满窝草履，方能登山。

己．工作次序

先修红路，即放木材下山之路。次则春季夏初，次第施砍工、剔工、锯工。凡直接可循红路放下者，即行放下，谓之冲红。如距红路较远，则用人工拉之，谓之曰出毛林。木材沿红路而下，以较短之时间，坠千百丈之危崖，其声震动山岳，闻者慑骇。时有伤害工人之事实发生。迨木材坠落山麓，即由工人为有规则之堆积，以待秋间放漂。

庚．放漂

放漂大致在处暑节后为之，过早则水大，难于收漂；过迟则水小，不能漂流。每漂约需漂师三四百人，漂师有班长、幺靠、散工之别，皆视其技术优劣以分高下。漂师所用工具为杠子、椓竿、筏子、绳子，各种杠子用以抄动木筒，椓子所以椓木使之移动，椓竿用竹竿端钳铁，筏子以竹为之，每张容筏工（俗称太公）二人，游弋河中，以便推动木筒，或作牵缆之用。缆子用竹篾编成，长约七八十丈，直径约三寸，遇滩口或巨石壅塞之处，木筒恒于其间堆积，不能流行，俗呼之曰起诺子。斯时则用竹筏推动，或以麻绳系缆，由竹筏引麻绳渡河，即可引绳达于河之对岸，更以缆系于两河岸，工人以手抓缆，渐至河之中心，挑动木筒堆积，则木筒依次移动。如何使木筒易于移动，纯视管事之技艺如何而定。有起一诺子，耽延至五六日乃至半月之久，且有工人坠水之事。

辛．放漂路程

放漂经过路线，需水程四百余里，循杂谷脑达威州，与岷江合流，漂至灌属之紫坪铺，始收漂。由放漂起至收漂止，大致需五个月余。待将漂至紫坪铺时，先于河身找马叉，上铺草底即板子，以便工作。俟木筒漂至，即收集之，堆于河岸，随时扎成木筏，运往成都出售。

壬．人工

至于人员组织，只就山场而言，有山场经理、管理粮食司事等职，工作则有青山管事，工资以月计。青山砍伐多系包工，每一单货（三立方尺为一单货）工资四钏，由棚长承包，计工给价。所有粮食、猪膘、清油、草鞋、粉条等项，由厂方垫购，作价发各棚头备用。漂师则由厂算给工资，其中班长每日每人工资约三钏，幺靠约二千六百文，散工约二千，而幺靠则五日一犒劳，散工则十日一犒劳云。

礼　俗

来苏公安局长车子权《报告》所列如左。

一、婚礼

土番男女结婚，多在十几岁，男女年龄相差不多。五屯地方有由媒人预先说合，三土及来苏沟地方多由自己选择者。但俱非常讲根底，非门当户对不配。

若由媒人说合，于事定时，便由男家送酒及糖、食、哈达等与女家，而女家亦以珊瑚镶成之戒指报达[①]之。

迎亲，由男家派去父母双全之童男女到临女家时，女家女宾客倾以冷水，并使之滚木块，掀抛丢荡其上，甚是苦人，此在当晚跳了锅装后举行，当时男女可互为乔装，扮为假男假女，唱歌讽刺来迎亲之童男女。

新娘到男家时，亦有父母俱全之童男女相送，均乘马，新娘之马上可束红绣球，送亲之童男或女，身背一人形馍馍，象新娘之本命，同送到男家，至时新娘新郎同跪在喇嘛前，由喇嘛念经，番语称“阳玉”（译音），并向新婚人搭上哈达。

新娘身着红衣，带珍贵帽勒子，新郎亦着盛服，于“阳玉”完毕后，双双进屋，稍坐后便可出外，自由游玩。

在五屯，新娘于婚礼第二日便回家，并无同房之事，以后再为圆房，中间历时久暂，视男家需人与否而定，后仍由童男女往迎。

婚日与圆房日，均由喇嘛决定，亲友来贺，送酒及人形馍馍，男女家各备黄酒、杂[②]酒、肉食等宴之，黄酒系各与一碗，杂酒系轮流吃，自老者、尊者起始，至仆人止。

女家于婚礼时仅送被盖等，俟生子后，再送陪嫁（有饰物及牛羊等），视双方门第如何，而定礼物及陪嫁多少。

二、丧俗

人死时，即延喇嘛到家，为亡人开路，以后在四十九天内，每逢第七日（自人死时算起）念经一次，可共念七次或一二次，也有共念四十九天者。葬有天葬、火葬、土葬等，视喇嘛卜卦决定，俗与西康似。

---

① 达：或当为“答”。
② 杂：或当为“咂”。

三、杂俗

过年与汉人同。正月初一日食荞面；初二日食灯盏窝，象征眼，亦荞子所做；初三、四日食包子、饺子，意谓五脏六腑；初五日食人形馍馍。在五屯，冬月初一有过小年之俗，亦吃人形馍馍，译音名“无式东”。相传为前曾对屯收过妖之人，于冬月初一离走，民不忍，乃先过年度之，后沿为习，是日食人形馍馍，乃纪念此人也。正月所食之人形馍馍，亦仿此意。

娃子或百姓，见着头人时，恭敬异常，揭帽蹲伏或下跪，不呼之起，则不起。

路途友亲相遇，亦彼此蹲伏着，译音谓之做（神人），详谈最近事，逐件逐节，细告不欺哄，故每一事故发生，土番可瞬得知而正确，异常有趣。

普通相见，行脱帽鞠躬礼，口称“达什低”；别时，俯腰退走，口呼如“n”声。

番人赌博具少，唯常有掷三骰子及扮四小钱，其娱乐则有跳锅装、跳神及蛮戏等。

四、过大年俗

《理番厅志》：土俗以三冬月望日，为岁朝。先一月集男女，以白土涂门壁，曰帖门神；饮酒歌舞，谓小过年；至期，则曰大过年。广延番僧，为七日道场，击鼓钹、诵经，声闻数十里。第五日，僧各顶大笠，被绣衣，自庙庭中盘旋至于门外。甲夜抟面为人，实牛羊肠肺，为厌胜仇家之戏，门内外俱聚兵，每一僧诵一咒，则内外哗声相应，枪炮齐发。丙夜于外门缚草作浮屠，饰以金碧，置面人其下。第六日僧尽集门外，筑坛如敞[①]，设帏幄，老僧上坐，余蒙牛羊皮，戴面具，象虎豹形，环走诵经，大集番兵，土司、甲胄，操弓矢跳跃而出，目兵分队随行；弓箭者，手弯[②]弓，腰皮盾，身披甲，首大盔[③]，上悬[④]一小旗、鹅翎七，背挂彩帛。枪刀者，手放枪或背枪舞，左右悬刀，衣棉甲，顶棉盔，状如圆盖。每十数人为队，有队长，执小旗领之。厌队有大土目，别令二人执大旗，又三人司金鼓为号，皆作登顿盘踊飘忽出没之势，上下于飞栈危硐[⑤]之间，望若蜃楼，彼[⑥]人呼为打镇，犹[⑦]华言摆阵也。阵毕，僧举面人掷地，环绕咀咒，一僧抽刀断其头，一僧断手足，又一僧刳其心，又一僧取其肠肺，嗾群犬食之。已乃大陈先代所遗金玉珠宝器物，人各捧盘，盘盛麦，置宝玉于上，旌旗幡幢，迎导簇拥。两人蒙狮皮作老鬼，一执球作小鬼，引狮搏球，环握三匝，僧乃焚其革，缚浮屠，众兵枪箭分队前驱，势若破敌。众妇首戴大帽，帽用布全幅盘绕，嵌以宝石，长裙短衣，披大毯，若僧人褊衫。执草一束，夹道掷地焚之，各兵跃过，男女执手，复环行三匝，歌声

① 敞：乾隆《保县志》作“厂”。
② 弯：底本作“湾”，据同治《直隶理番厅志》改。
③ 盔：底本作“魁”，据同治《直隶理番厅志》改。
④ 悬：底本作“旋”，据同治《直隶理番厅志》改。
⑤ 硐：原缺，据《勘误表》补。
⑥ 彼：乾隆《保县志》作“动”。
⑦ 犹：乾隆《保县志》作“若”。

四起，如凯旋者，庭列大[1]酒瓮无数，男女复分队更唱迭和，执手跳跃，自夜达旦，名曰跳锅装。又明日，番僧露坐于庭诵经，设高座，大喇嘛说法，土司侍坐，头目跪听，乃分宴其族类而散。

① 大：底本作“火”，据乾隆《保县志》改。

生活情形

壹. 各族职业概况

《屯政纪要》所列如左。

一、土著汉人

多数习于怠惰苟安，除少数能业农商外，余多失业。

二、客籍汉人

性耐劳苦，善居积，至俭朴，或挖药、烧碱，或农耕。储积小本，渐事贸易，而致中人产者，实繁有徒。

三、回族

强悍好胜，宗教观念至深，同族间团结力亦大，与他族不通婚姻，以屠宰及其他商业为主。

四、羌族

习苦耐劳，生活苟简，知识浅陋，几完全从事于农业。

五、熟番

略同羌族，多数业农牧，在松潘、理番边境者，亦间营商业。

六、生番

性剽悍，善射击骑马，多狩猎游牧，或专事劫夺。

附：番族冬季副业

《理番厅志》：杂、梭诸番男妇，于三冬进口赴蜀西各郡县佣工，谓之“下坝做活路”，不独威茂熟番然也，凡掘堰、淘井、造屋、筑墙诸色，皆善。力作即寓雇者之家，驯伏不啻臧获。久而熟悉内地小户之瘠饶，以资放债，春尽则贩买缣布、锅、刀、牲畜以归。亲死必携其骸，不弃内地。凭主家以利作本，更书券。年久利厚，则嗾群类逼取，或噪于官，如约乃去，实狡黠非常。

贰．番民下层社会职业概况

《华西日报》二十四年十月《通讯》：番民中，下层社会职业概况，可述于下。

一、工匠

有银匠、铜匠、鞋匠，多数是从草地学手艺回来。也有少部分是从外面进去的，多安岳、乐至籍，专门制造各种用具（番人最喜用银包物）。另外有芦花、石碉一带，有很多铁匠造农具和明火枪。砌匠，是专门砌碉房工人，其数甚多。木土匠很少，木匠的薪资，是每天两钱到三钱银子，能买一桶粮（重八九斤），做工时吃雇主，所以他们的生活，并不怎样恶劣。

二、分庄客户

此类人自有少部分土地，亦有寸土俱无者，俱佃头人的土地耕种。除上粮外，还能糊口，但若遇天灾，便没把握。在工余时，男子有到山上挖药，妇女多替人织布以作副业。此种人在番民中，均占十分之六七。

三、雇工

番民中有既无田产，又不能娶妻的单身汉，以作雇工维持生活，工资一年由十二两至二十两银，每月平均一两至二两，这种人番人就叫“过果”。

四、娃子

番语称“革纳补”，是被人卖到番民中，身体自由属于主家，大概是十八岁左右的青年，卖价在三十两银以上。不过同时亦有按照年龄出资的，从十五岁起至三十岁止，年龄愈大，价值愈多。有些是番人犯罪后充当者，这种可以不要钱，每个头人家，据说有三四十个娃子。

叁．番地汉民生活状况

《华西报》二十四年十月《通讯》：在黑水芦花的汉人，番语称为“客边”，多是以前进去做生意的人，后来流落在里面，人数并不多，有以下各种。

一、商人

从松潘、草地、理番、茂州进去的，大都是贩运布匹、盐、茶、针、线和珊瑚、象牙器皿，掉换贝母、虫草、麝香、金子及各种药材。

二、投笨

这是少数过去商人，因生意折本，便在头人衙门里做事，只有饭吃，莫有工钱，写账办外交，等等，多是头人的管家，番民谓之曰“投笨”。

三、贫民

有的替各番寨看守水磨，有的用银子做个水磨，替番人推粮，大约磨三桶粮食，抽一升麦粉（三四斤），其余不另支钱。因为番人迷信，以为守磨子要败家，所以多数守磨者为汉人。有的替番人缝衣服，做零工。

肆．番民社会生活

来苏公安局长车子权《报告》所列如左。

一、社会阶级与土官衙门

甲．社会阶级：土司为最高，次则分大头人、小头人，再次为百姓，最低则为娃子。娃子即奴隶，自为一阶级，奴隶子女仍为奴隶。各阶级婚姻不能错乱，俗称“讲根底”。各阶级在社会上之地位，亦以阶级高下而异。

乙．土司衙门：土司衙门组织，除土司外，有管家司银钱，文案司文卷，及通司差人等，设有公堂、监牢，刑杖俱备，俨具官府模样。

二、家庭

甲．家庭承继：番土之俗，与西康同。家庭除长子承继外，其余子概学喇嘛。若长兄亡故，次子得归家与嫂配，承继家世，也有出外上门招赘者。因此番民一家恒多世仍为一家，不增不减。而每一户宅恒有专名，俨成固定不易之居屋。

乙．家庭分工：男子出外，或牧或农。女子司家庭内一切杂事，但女子常代其夫在田间工作，耕耨收获，女子劳动颇多，形成男逸女劳之畸形。

丙．家庭伦常：子女对父母，仍甚孝顺，受管束，姊妹弟兄间感情亦洽，家中雍睦快乐，很少争端。唯汉民识其乱伦之事，此固各种族风俗之异，其客观价值如何，不能以“我是人非”“我尊尔卑”遽然武断。夫妻间之关系，不甚紧固，双方不必确守贞操，女子外遇，脱离本夫者亦有之。至夫死后，更无守节观念。女子未嫁，若有私生子，亦可抚养，跟随母亲。

伍．番民服饰饭食居住

一、服饰

三番羌人，服装与番人有不同。羌人夏季着厚麻布衣，冬季着毪子，系毛牛线织成者，开对门襟或羊皮袍子，喜着领袈[①]，长与袍齐，与番人异。

番男头上留发，身着大领羊皮袍或毪子，无纽扣，四五尺长，拴腰带皮帽，有时有缘边。亦有用毡帽者，包红布帕，新近传入呢博士帽。脚穿牛皮桶靴，无袜，蛮皮袄与西康样式同。

汗衣由汉民传入，唯形式简陋。男女不着裤，不洗澡，衣服概不换洗，破旧时弃之。

番女头上，前部辫若干小毛辫，盘于头上，并顶一白布，后面之发分二股，以此缠压布帕。有喜事或忧事，则饰珊瑚珠宝等于头上，以示隆重，婚前婚后俱如此，并无分别。腰间系带，由红绿线编成，甚细致，外视之绝精，如着裙即以此拴系。

男女俱带[②]戒指、手镯、耳环，耳环女子带双耳，男子带左耳，亦有双带者，取其破相为女子，以便养成，其质料或金银，或玉宝石等不一。

男女项下配告乌，汉人呼为金包，形状大小不一，内储佛像或其他符咒等，以袪邪魔。又腰系吊刀、鼻烟盒、火磏、针筒（女）等，谓之杂配。

番人衣料之珍贵者为普罗与藏片，均来自藏中，每件衣恒值数十元，系毛织，极精细，能盛水不漏，亦不沾水。其次本地所织之牛绒亦佳，番女之豪贵者，衣珍贵衣料，饰珠宝金玉，一身所值恒数百元，远胜一般汉民华丽。

二、饮食

甲．饮料：有酥油、黄奶、黄杂酒、黄酒，均番民日用必需之品，酒可间饮，甚嗜之，常大醉，醉后作狂妄举动。

乙．食品：有麦饼、荞片、玉麦面糊及青稞之糌巴、牛羊等肉、酥油、猪膘（肥肉制成）等。

一日可有四次饮食，蚤起用茶，次早饭，以后午饭、晚餐，其丰薄视贵贱如何。

糌巴为青稞麦，先在锅中炒黄，再磨细，倾于和茶、盐、酥油之沸水中，搅成糊状而食，是极普通之食品。

茶为每饭后必需之品，甚浓，并放盐，番人一日不食则一日不安。

饮食时各人一份，各有碗筷，颇具西洋风味，出门时碗筷随身，似行军时之士兵。

附：咂酒制法及饮法

《理番厅志》：民间多制咂酒，用麦稷粱粟等米入酒曲，如法拌制，贮大坛中，酿数日，始可用。至一二年更佳，每客至，取一二升入小坛中，灌以热水，少顷以细竹插入坛底吸饮。上添水一杯，则下去酒一杯，转相传饮，至味淡乃止。白香山诗“闷取藤枝吸酒尝”，盖咏此也。

---

① 袈：原作“袈”，据《勘误表》改。

② 带：当为“戴”。

三、居住

来苏公安局长车子权《报告》：番民居住碉内，用土及石筑成，有三四层，有窗眼。最下为牲畜所居，第二层为灶屋，夜间饭后群围火楼栖眠，再上层为经堂，屋顶四角悬旌旗，象征神灵，收获来之粮食，便在屋顶打晒风筛。

卧无被盖，有水毯（毛制）铺垫，解尽所着之皮袍盖身，富贵妇女可睡床，为长方形盒状，睡时向枕边礼拜，口念经咒，幼子可不行之，谓之睡礼。

四、商务之概况

来苏公安局长车子权《报告》：所列如左。

（一）商务组织

甲．行商。行商分两种：一是由内地贩货到理番售卖，而运该地货回转者，此类多系川西区内人民，亦有农夫每年抽出若干时而为此者，约在阳历三四月起，至秋末止；另有一种行商，则为专贩货售各番寨者，此类人多是理番土著汉民，货备齐时入番寨，恒月许方归，宿土司或头人处，伊可保护一切意外之事，番民赊欠，有伊担负，绝无滥债之事。习为以货易货，少用银币，唯汉商常以新奇货物眩惑番民，夺取大利。如最初售电棒一只价银恒数十两，欺以永久不熄，常构怨番民，是为急应矫正之行。

乙．坐商。坐商为收买内地贩商货物，而发售于走番寨之贩子及铺面上之零售，如杂谷脑之协盛全、本立生号等茶号是（据云为松潘某总号之分号）。

行商之货品，亦有不向铺商买卖，迳由内地贩商与走番寨贩商彼此直接交易，其地点即在行内，可食宿于此。普通谓之“行”，康定呼为“锅庄”。

专设一铺，零星收购当地土产，称为扎庄口。如收买药材兽皮等，唯庄口在理番并不多见。

杂谷脑尚有木场二三所，为专开发来苏沟、二道坪、鼓耳沟一带森林，由沱江放漂，顺岷江流出灌县，近年尚属发达。

（二）进口货

甲．布匹：各色粗窄布（德阳、绵竹一带所织，专销边地）、斜纹、五色花线、缎料、织贡呢、鞋、袜、帽等。

乙．金属器用品：铁器中，如农具及锅铲、针、铁桩（拴牛绳者）等，及其他铜锡等日需用品，皆能畅销。

丙．日用品：茶、黄糖、米、挂面、生姜、海椒、菜油调和品等，该地不产，均仰赖外来供给。

（三）出口货

甲．金：产量不详。

乙．药材：详见“物产”章。

丙．木材：年来产量价值在五十万元以上（详见谢培筠《理番迤西林业纪》）。

丁．兽皮：羊毛及黄牛、羊、酥油及剩余之农产品玉麦等（玉麦输销地，仅限于邻县）。

附一：食盐可由草地购来，该地产之盐，称潮盐，形如粗沙，有白色与淡黄色二种，白色较佳，但比内地所食之盐则远逊。

附二：理番之斗，每斗约重二十八斤，而灌县每斗则重三十二三斤（以斗米谕），理番每斗米价约倍于灌县。

语　文

《理番厅志》：称天曰“得蒙”，地曰“萨”，帝曰“更满吉儿布”，君曰“吉儿布”，汉官曰“更助”，长曰“鞑考[①]”，奴曰“中使”，呼婢曰“黑斯浪”，民曰“得所”，寨首曰“秋坐”，男曰“得咱”，女曰“得名”，父曰“娃伯”，母曰“阿母”，土妇曰“阿思名”。土司子曰“得什札官”，僧曰“朗送”、曰“色勒奔”，民僧曰“格尔杀思”，大土司曰“儿甲宗”，小土司曰“儿甲”。掌译番经，瘗于石塔，云“镇水灾”。

无汉文，各译番字如蒙古状，民间少习者，又有交易，尝木竹数寸，刻其数于上，各执一藏之。

① 达考：乾隆《保县志》作“达老”。

宗　教

谢培筠《松潘草地视察记》所列如左。

一、佛教派别

西番极崇拜佛教，而佛教之中，尤为崇拜属于密宗之喇嘛教，原属红教，或曰红帽教，倡自奔布系僧（那位卜巴克什）。尚有一派曰宁玛教，揭其名称，曰黄教，或曰黄帽教，即番人所谓吉路巴教。禁婚娶，禁饮酒，提高僧侣之道德纪律，使之趋向俭朴与严肃之进程，积日既久，信仰者众，于是红教寖衰。黄教始祖宗喀巴，发祥于青海，时为西历 1358 年，适当明朝之初。西宁县县城西南约四十里之塔尔寺，相传为瘗喀巴氏胞衣之地，有瓦寺，构造宏壮，瓦溜以金，与日光相辉映，光华射目，有足印石，谓系宗喀巴氏当年供佛念经，足所常履之石，宗喀巴氏金像，今犹供俸于寺中。

黄教、红教不同之点，黄教大致约而精，红教大致博而粗。红教尚邪术，习诅咒，以术治病，呼风唤雨。黄教则禁诅咒，辟邪术，其中约分三派，一讲经说法，二个人钻研经典，三研究经典为人治疗疾病，判断吉凶。然均系供奉释迦牟尼佛。

二、寺院

番人佞佛，极喜建筑寺院，无论何寨何沟，必有寺院一所。私人虽以帐幕为驻室，寺院之规模，则备极壮丽。由数寨数沟共建者，曰公共寺院；为一寨一沟专有者，曰私有寺院。寺院之大者，分正门、前殿、正殿数楹，为平屋楼房不等，小者不过正殿一椽。僧寮多建于寺院周围，正殿中供释迦牟尼佛，旁供诸佛罗汉，龛前正中或稍偏设活佛大喇嘛坐，以次设喇嘛和尚坐。殿之大者，足容千余人，小者亦容百余人。法鼓金号分段陈列，绣佛画像，满悬壁间，其他如酥油灯、净水瓶之属，亦复不少。屋顶每置溜金铜铸银瓶，谓曰宝顶，或以幡竿取对称式，光华与日月相炫耀，经幡随微风而招展，似在表示佛法森严。中阿坝之格耳得寺中间，龛门高及丈许，横五尺余，用纯鎏花银板嵌成，可谓不惜工本。富裕之土官，其官寨多有经堂，陈设与寺院正殿相仿佛，亦是输财佞佛之表现。

三、经转子

所谓经转子者，为木制或土制，圆铸，大小不一，中空，两端有轴，足以旋转自如，内置经文。番人谓使之旋转一次，无异讽诵其中经文一遍。寺院围墙内外以及寺院官寨回廊，莫不有之。晨夕特用手旋转，或因事经过其间，就便旋转。男妇老幼僧俗，习以为常，轴声轧轧，时达耳膜。河渠流水地方，特建小屋，中置大经转子，利用水力旋转，亦称经转子，亦曰经转楼，到处皆是。又有小经转子，不问僧俗，随时执之手中旋转者，其顺转者属黄教，逆转者则为红教也。

四、佛塔

寺院之间，必有佛塔，曰舍利塔，大小不一，恒下方上圆而顶尖，或筑土为之，或砌石为之，或以木造。又有嘛哩堆，形类佛塔，多立于通衢上巅或寺院附近，台上多置刻经石板，亦如中土到处立有泰山石敢当、南无阿弥陀佛石碑之意。嘛哩帛旗布，或以寺纸印刷经文，置插于屋顶或大道地方，意谓风吹经文，无异代人讽经。又有于嘛哩堆既插嘛哩旗，复插木制大矢，谓足射除小患，亦于西番地方所仅见。

五、经包

经包者，为银或铜制木盒，上多溜金，形或方或圆，恒嵌珊瑚玛瑙小珠，錾细线花纹，中置佛经，挂于胸际，谓足僻邪。至于念珠，或挂于胸前，或置之腕间，在中等社会以上人恒有之。

六、活佛转生

达赖、班禅为转生活佛，人多知之。余如西宁塔尔寺之宝贝佛、拉加寺之香茶佛、拉不楞寺之嘉木样佛，亦为著名之转生佛。转生佛者，通常称之曰活佛。相传在十四世纪宗喀巴死，继之者为根登珠巴，逮根登珠巴死，越年余，其灵魂复转生为一婴孩，寻即以其婴孩为嗣，于是此转生制度，遂遍传于西藏、蒙古、西番等地，迄于现在。凡活佛逝世，仍谓必转生于某地。以故活佛死后，寺中之管事喇嘛人等，则打卦以求活佛转生所在之地，急往访查。待周岁后，携带活佛生前用品、经卷，陈列一处，杂以普通之经卷、器物，果其幼孩一一认识不差，则确认其为其寺之转生佛，商其父母迎之，仍尊奉为活佛。父母愿往，亦迎之入寺，否则厚其奉养，以示优遇。又有佛学湛深，道行高尚，虽并非转生，亦尊为活佛。

七、佛教与番俗

番俗，凡家中有二男子，必以一子为僧，以一子留存禋祀；如三子四子，即以二子为僧；总之恒以其男子之半数为僧。或于本地寺院学习经典，或送往西藏就学，视个人之环境而异。普通僧徒者曰和尚，经典比较深纯者曰喇嘛。至主持寺事之大喇嘛或各项执事喇嘛，非曾往西藏就学或经典深者，不能胜任。各级喇嘛、和尚，每日必念经礼佛。其坐静也，则一人移住于幽静所处，不与外人交接，期间至数月以至一年，其苦修佛法，有如此者。番人上下，均必礼佛。有等身朝拜者，有普通磕头者，亦有磕长头者，磕头次数，每日由数十次，乃至数百次，磕长头亦然，甚有日绕寺院，随行随磕长头，其朝西藏及其他名山者，亦间有此，行路乘马，口心念佛。每饭必念佛，然后进食，口中念念有词者，不外唵嘛呢叭咪吽六字。活佛、喇嘛，为社会各级人所敬重，有如中土旧习，士农工商，士恒居首。凡营造、婚姻以及其他人事之休咎吉凶，均以活佛、喇嘛之一言为定。遇有疾病，多以财帛施于寺，请活佛喇嘛念经禳解。遇寺院念经熬茶、布施财昂，争先恐后。常见寺院法会期间，红男绿女聊翩入寺祈福，司阍僧人因人众之拥挤，辄加鞭挞。而以盘盂盛大宝财物以进者，以手蒙面，奔竞唯恐不能攒入，可笑亦复可怜。死时，甚至罄其所有，寄赠于寺中而不惜，以故寺院之富，为一般人所不能及。活佛、喇嘛之唾液、便溺，有人和泥以食，谓足疗疾。向活佛顶礼膜拜者，以得其手指抚摩，或一鞭挞为荣幸。然活佛喇嘛好者固多，坏者亦复不少，以其人之敬之也，每每故神其说，挑动社会之是非。番人既愚，又以方外人播弄，则更入于盲昧之途，而不可[①]理喻。狡黠者流，甚且借教横行，剥削人民，霸踞寨落，庞然自大，蔑视官府，其害不知伊于胡底。虽保护宗教及信仰自由，国有明令，窃以为尚须斟酌损益于其间方可。

附：理番杂谷脑喇嘛寺概况

节《川边季刊》黄庄毅《杂谷游记》：

喇嘛寺为杂谷脑唯一之伟大建筑物，全寺外部俱系满敷白垩之围墙，寺中心中之大殿顶部亦全着白色，与印度古代寺庙建筑形式相类，寺类有极多之转经。

寺门前照壁左右，竖旗旛八竿，布为黄色及红色，上书藏文符咒。寺外左方有以泥石砌成之墩塔数座，塔稜形，上下小而中部阔，恍若内地寺观前之字库。寺门与每一殿之殿门左右，均绘有面貌狰狞之神像，令人见而生畏。门上有二环，套以红黄蓝白黑各色布条，上仍书有藏文符咒。门上端木槛雕刻有木狮两个，蹲居槛上，狮身涂蓝绿各色，其下及两旁皆刻有极纤细之彩色葡萄，妍丽异常。门下端木槛，亦刻有各色荷叶式之花纹，使人触目发生良好之美感。其与门平行之左右壁间，画有极凶恶古怪之四大天王像，共计四幅，每幅鄓地，各绘有海水及海兽等形状。两旁侧壁上，更画有一幅十二轮回画，天堂地狱，色色俱备，观此可令吾人认识夷人绘画雕刻技术之精美。

寺内除转经外，左右两侧有木柜，柜顶陈设鼓钹铍帽铠角等乐器，柜内系贮诵经时所用之法器神品等物。殿宇高大，正殿共有极粗之巨大红木柱三十根，每柱上均系有旛旆之属，而缠以各线与纱带。殿之四壁虽为白泥所垩，但已成为橙黄色，显出饱经香烟不断熏染之成绩。炉内檀香，终年未熄，此氤氲之气，触人嗅觉。四面壁间，每隔二尺，即绘有佛像或鸟兽像甚多，虽满目神祇，无一和蔼慈祥之貌，使人见而生惧，不敢进前。

① 不可：原作“可不”，据《勘误表》改。

名胜古迹

《理番厅志》所载如左。

一、名胜

玉垒浮云：即玉垒山，常有云影浮其上，流动可挹。杜子美诗“玉垒浮云变古今”，是也。

洞口瀑泉：在州治玉垒山下。其泉有龙，故名。

凤坪烟雨：在河西，即凤坪里。其山有云烟，上蒸顷刻即雨。

龙山晚照：山与厅治对，山顶到晚，日光返射，烂缦可观。

玉峰晓钟：即玉峰观。观有钟，僧扣之，州人知其兴作。

西岷圣灯：即西岷寺。俗传遇晚有七灯，自龙山保子关入寺，光明满殿，如佛灯燃。住持僧候灯来，闭门以杖迎之，坠地，视之，乃红杏叶也。灯遂绝。

雁门晴雪：即雁山堡前山。其山层峦叠岫，高插云表，峰有积雪，经暑不化。

六月寒冰：在河西新桥沟中。六月有冰不消，病食之即愈。（以上古威州八景，见《威茂志》。）

狮头夜月：狮头山在县北。四时夜霁，月照若洗。

熊耳秋风：山形如熊耳，秋风戛然而来，殊奕奕，有爽思。

陇山古雪：山名望陇，四时积雪不消，人谓之太古雪。

沱水春流：水至威州保子关，悠然东逝，入春绿而腻。

石门遗响：在厅北五里。陡崖如削，有白石方数十丈，如门户形，时闻启闭之声。

笔架献奇：山形如笔架，屹立治前。

箭山晚照：即唐时箭上守捉城，地多草木，居民入夜烧之，如晚霞映。

夷关暮笳：镇夷关北通杂谷脑，其风气大与中国殊。入暮，羌人吹笳，殊凄凉也。（以上旧保八景，见《威茂志》，即今厅治。）

《理番厅志》所载如左。

二、古迹

古维州：在厅西十里，《一统志》：唐武德初置维州，领金川、薛城、定廉等县，因蜀汉时姜维讨叛羌于此筑城屯兵，故以名州。《旧唐书》：吐蕃赞普欲图蜀川，累攻维州不下，乃以妇人嫁维州门者，二十年中生二子，及蕃兵攻城，二子内应，城遂陷吐蕃，得之，号无忧城。中宗神龙时事。后累寇西川，韦皋在蜀二十余年收复不遂。至大中时，杜悰镇蜀，维州首领内附，方复隶西川。《寰宇记》：维州旧界，东至茂州二百二十里。《元和志》：姜维故城在高碉山上，维州故城在姜维城东十里，垒石为之。又有子城在高碉山下，东西六十五步，南北一百二十步。唐大中三年，刺史高宰筑。《四川通志》：维州，五代王建时徙治中州城。宋时先建在河西霸州境内，后迁玉凤坪坡底。明宣德中，又迁河东，即汶山县为州治。其故城屡经迁徙，几莫知其所在。考《边略》云：由保宁县堡过汉索桥至古维州城，在董卜韩胡宣慰司与杂谷安抚司交界，三面临江，殊险峻。又，《旧志》云：杂谷安抚司十里有故城，相传即无忧城，唐维州故址。

古霸州：在新保关西北。《旧唐志》：北齐天宝元年，置静戎郡。唐肃宗乾元元年，改霸州，治安信县，县与州同治。《寰宇记》：乾德三年，霸州内附。《旧志》：威州西北二十里有霸州堡。

古恭州：《唐纪》：武德六年，白兰、白狗羌遣使入贡，以其地置维恭二州。贞元初，没于羌。开元二十四年，分静州广平县置恭州，治和集县，即故广平县地也。静州，见“叠溪”条。

古保州：在新保关西北今古城里，本定廉县地。唐天宝八年，改云山郡为天宝郡。乾元初，蛮酋董嘉俊来归，更名保州。贞元时，更为古州，未几，复曰保州。《宋志》：茂州领春祺城，本羁縻保州。政和四年，建为祺州，县曰春祺。宣和二年废。

古悉州：《旧唐书》云：剑南西川节度使统松、维、恭、蓬、雅、黎、悉、姚八州兵马。按：唐置悉州于叠溪对河，志载孟董水出废悉州，即克州，今在杂谷界内。呼悉为克，音讹耳。

古鹈州：《宋史》：威州西南边地鹈州与保州接境，嘉祐中常使人贡马。或曰，州盖唐末吐蕃所置。

古威州：旧治，即今新保关照磨署。

古亨州：《宋志》：徽宗政和四年置，宣和三年改曰霸州，寻废。

古通化县：今通化里。《元和志》：本汉广柔县地，后周武帝置石门镇。隋初，置金川县。仁寿初，改曰通化。唐因之，属茂州。宋改属威州。天圣初，又改县曰金川。景祐四年，复故。元因之。明初废。

古定廉县：今欢喜坡。《一统志》：隋开皇四年，置定廉戍，属会州。唐武德七年，改为县，属维州。开元时，改为奉州。天宝初，改为云山郡，后改保州。贞元九年，卫皋破蜀，焚定廉故城。时定廉县亦随郡西迁，因有故城之名。

古薛城县：隋初置薛城戍。唐武德时改薛城县，隶维州。按，《读史方舆纪要》：王建永平二年，移州治，仍置薛城县为附郭。则县当与维州同地。

古小封县：在厅西。唐初置金川县于此，属维州。咸亨二年，维州刺史董弄招慰生番，于故金川地置小封县，后亦更名通化，并置通化军，在保、霸二州间，屡废屡置。宣和三年，省军，使为监押使，历时甚久，其明验也。《寰宇记》谓：武德时置，贞观初废，三年复置。旋废。盖误以唐之金川为隋之金川也。

古盐溪县：在新保关西北。唐贞观二年析定廉县置，以有盐溪村，故名，后省。

古博恭县：在恭州东南。开元时析广平县置博恭及烈山县，后没于蛮。

古归顺县：与云山废县，俱天宝八年析定廉县所置。

古定广县：《通典》：唐置，属维州。贞元九年，韦皋分兵出西山，破定广，是也。或曰大中间收复，为归化城。《新唐书》维州所领归化县是也。宋废。

古安居县：唐贞元以后置，后没吐蕃。

古保宁县：《读史方舆纪要》：五代孟知祥明德初，改薛城县为保宁县。元至元十九年并保宁县入州。《明史》：洪武初年，治威州于保宁，省县。是保宁本于威州同地。

古嘉会县：在新保关西南。宋政和四年置，隶亨州，后为寨，寻废。

古云山县：在古保州西。

古当狗城：唐初置，以当白狗羌之路，故名。在新保关西。今废。

古望汉城：《唐志》：吐蕃筑此以望季汉。今废。

古笼山城：在新保关北。唐于此置戍。广德元年，吐蕃陷维州笼山城。今为龙山寨。

古龙溪城：唐贞元初，韦皋城龙溪，筑西山堡，以待降羌。即其处。

古通鹤城：唐之通鹤军也。今废。

古末恭城：在新保关西。

古柔远城：唐太和中李德裕筑，以抗西山吐蕃。在新保关西。寻废。

古乾溪城：《新唐书》：维州有乾溪、白云、暗桶、赤溪、石梯、达节、鹀口、质台、骆驼九守捉城，西山南路又有通耳、瓜平、乾溪、侏儒、箭上、谷口六守捉城，又有符坚城。今废。为乾溪里。

古安远城：在新保关之南。宋时置。

按《陈志》尚有松常城、伏羌城、御侮城、七盘城、楼鸡城、萃溪城、黄岩城、老翁城。或今无可考，或[1]不隶兹厅，特附载于此。

① 或：《勘误表》认为是衍文，但同治《直隶理番厅志》有。

人 物

《理番厅志》所载如左。

一、宋

谢方叔：威州人，嘉定中进士。历监察御史，多所建树，累迁给事中兼侍讲，淳祐中参知政事，封永康郡侯，拜右丞相兼枢密使，进封惠国公。商辂《纲目》：以谢方叔、吴潜为左右丞相，徐清叟参知政事，董槐签署枢密院事。时二揆虚席，嵩贿游士上书荐己，喧传麻制已下，众心汹汹。及宣制，则方叔、潜也。始帝故相嵩，终[①]夜悟，改相二人。

二、明

吴 洸：威州人，由选贡历武定府同知，有治剧才。腾水之役，以筑城功，受上赏。初为临潼令，考最，拟授御史，会台以资格挠之，遂辽州守云。

吴 玙：威州人，岁贡生。历河东运副，鹾[②]政肃清。归里时，只图书数筐，时人重之。

袁懋中：旧保人，由选贡举孝廉方正，廷试上第，授涞令。以清正闻于上，擢襄阳守，亲老，乞终养归里。

谢之藩：字价甫，威州选贡。万历二十五年，知湖南安仁县，宽严并济，民仰戴之。祀名宦。

张大治：保县人。天启中，知汉川县。始至，故婞婴不振，黠吏欺之。月余，悉得其姓氏并奸状。一日复以事至，大治历数其奸猾事，置之法。一豪民计夺邻家地，诬以盗，缚送于官，大治不问，但厉声呼缚者曰：汝何不献地以解？豪民服罪，时惊以为神。

申 恒：保县进士。任宜昌府，有政声，特赐青纱伞。

张大道：万历三十九年，九子龙窝等猓夷跳梁。大道密谋于县官，阳抚阴剿，馘其首魁十余人。徐责土舍诣官纳粮，县官以绩上闻，大道力辞。

张 钿：保县人。明季前番十寨陷入西戎，钿冒险夺回，仍归县属。

---

① 终：同治《直隶理番厅志》作“中”，商辂《续资治通鉴纲目》亦作“中”。

② 鹾：乾隆《保县志》作“醝”，二字为异体字，古同。

三、清

袁国璜：字希亭，旧保县人，家于成都。少负奇气，习骑射，娴韬略，每读古名将传，辄慷慨击节。年十九，值金川酋煽动，喟然曰：此丈夫立功时也。遂入伍，乾隆十七年随征杂谷脑，奋勇将军岳钟琪见而奇之，任使辄当意。三十六年平金川，屡立战功，擢至千总、守备。五十二年，擢江南狼山镇总兵。时台湾逆匪林爽文不靖，国璜同陕甘总督福安康往征，璜生擒之。五十五年起署建昌镇总兵。五十六年，授重庆镇总兵。廓尔喀反，国璜率兵赴藏，叛平。六十年，黔楚苗乱，随返达州，征剿邪匪王三槐，以众寡不敌被戕害。清廷以提督例议恤。

袁国瑚：旧保县人，重庆镇总兵国璜之兄。倜傥有权略，曾为松冈塾师，番人信之。乾隆十七年，杂谷土司苍旺作乱，提督岳钟琪征之，擒逆党眷属，皆不杀，使为内应。闻国瑚能，招与语，大喜，使入贼巢说贼。国瑚劝服松冈土司，令诛苍旺党羽，事成。遂系苍旺入维关，磔之，尽降其众。钟琪将畀以官，固辞不受，教授乡里以终。

张思鸿：本城人。前后二十四寨教化不及，鸿于康熙己丑年深入招抚，悉附版图。鸿不欲仕，请为堡官，以防诸番之乱。诸番有不平事，皆质诸鸿，一言剖决，莫敢或违。

袁　敏：本城人。赋性诚朴，多力善谋，遇事无避。由行伍出师云南、杂谷、金川，屡著功绩，历升至河南南阳镇总兵官。

袁　琳：字子璋，旧保诸生。纯孝性成，幼而失恃，辄登母墓，号泣失声。父殁，庐墓三年，寿七十终。犹以不逮事父母为憾，至今称人望者首推焉。

四、土屯人物

札克塔尔：杂谷厅五寨人。初从大军平金川，随入京师，能通国语，精骑射。乾隆中，用为蓝翎侍卫。三省教匪作乱，随经略大臣额勒登保、参赞德楞泰等出师川中，转战秦楚。嘉庆八年，三省底定，以功擢头等侍卫，御前行走，正红旗蒙古副都统、镶白旗护军统领，给恩骑尉世职，封三等男。十一年，出为科布多参赞大臣，旋授正蓝旗汉军副都统、镶蓝旗护军统领兼武备院卿。

桑吉斯塔尔：杂谷乾堡人。乾隆时，以随征金川功，补屯守备。乾隆五十四年，入为乾清门侍卫，赏入内务府正黄旗，升蒙古正蓝旗副都统，内转奏事处，世袭骑都尉。

阿忠保：乾堡屯练土都司。乾隆时，以从征金川功，赏花翎，赐舒克丹巴图鲁名号，奉勅撰《五十功臣像赞》，忠保与焉。

木泰尔：下孟董寨人。从征金川、兰州、石峰堡、台湾、廓尔喀，累著功绩，升授副将衔。

文　艺

《理番厅志》：

一、陈克绳《薛城杂咏》

何处薛城道，边云出塞黄。
一官来绝域，万里置家乡。
山接岷峨远，江流巴蜀长。
孤城闻铁笛，落日奏青羌。

走马西来远，天将到尽头。
大风吹赤水，凉月照维州。
行部蚕丛暮，放衙鸡塞秋。
筹边岂有意，暇日试登[①]楼。

唐代吐蕃种，只今战不劳。
夷王还峒远，羌部占巢高。
朱汗朝归马，白题夜偃刀。
辕门春昼静，碧草映青袍。

攸然天地别，风景异人间。
溜索蛇浮水，碉楼塔压山。
雾深元豹隐，月上野狐还。
忽有芋田讼，鸟言到数蛮。

借得阿兰若，放衙古寺春。
花逢天女散，法现宰官身。
雪化溪声近，草浓山色新。
素琴闲抚处，明月上松筠。

① 登：乾隆《保县志》作“高”。

（邑无署借居薰寺。）

畬田何处好，沙石乱纷纷。
水引遥山雨，人耕半岭云。
麦苗大小别，荞味苦甜分。
春事今朝近，青泥饭煮勤。

最怜羌氐俗，终古限华夷。
毡帐牛羊乳，穹庐虎豹皮。
瘴深归峒处，花落赛神时。
下坝还同雁，千家逐水移。

朔风连地动，岌嶪两三家。
土屋依云曲，绳桥背水斜。
出山春负米，过县夏分茶。
采药何乡客，乱峰去路赊。

人烟已愁绝，行路尚歌难。
一线千峰乱，三边五月寒。
夜深冲雪宿，朝冷对风餐。
绝壁从何去，偏桥云际看。

广庭长独坐，山色足吾庐。
白芨当风后，红蕉受雨初。
短墙时过蝶，新水欲生鱼。
却得寻诗路，今朝少薄书。

关心花与鸟，殊异哪能忘。
梨影云迷梦，榴枝大照廊。
春调鹦鹉语，林隐麝囊香。
好对兰亭帖，闲窗榻数行。

但是山中住，从知逸兴饶。
卷帘云入户，渡涧月当桥。
汲水兼苹叶，移兰带药苗。
尚嫌无纸写，新种绿芭蕉。

我爱浮云色，依崖小筑台。

日迟春态出，山静夕阳开。
流水当阶引，名花远道来。
更移危砌石，依杖拨苍苔。

为爱花扶屐，不辞雨垫巾。
凤坪寻寺古，龙洞凿泉新。
酒醉从无梦，诗成要有神。
何如茗水上，落日采汀苹。

二、维州怀古

冉駹国外碛云黄，揽辔悠悠出大荒。

天外高峰寒白雪，江边远水发青羌。
巴僮引节开邛笮，僰马随车过夜郎。
箧有相如当日檄，挑灯聊读两三行。

数家瓯脱傍江湾，十二金城战马闲。
充国荒屯寒树外，姜维古堞夕阳间。
风吹铜鼓秋清塞，月暗碉楼夜闭关。
久矣平安报烟火，蓬婆雪拥几层山。

独客登临感易生，唐家节度太纵横。
城当白狗羌无路[①]，溪绕青龙戍有兵。
严武战场春草茁，韦皋故垒断崖倾。
前人心力西川尽，终古寒潮怒未平。

筹边也复倚飞楼，太尉雄风野草秋。
党树中朝先有隙，城开异域竟无忧。
蛮江落日潮还上，瘴峤云生两未休。
把酒临风三太息，云间依约认维州。

春风昼坐读书堂，吊古重吟旧战场。
江转金川通绝域，山回玉垒阻崖疆。
洮云陇雪诗千首，羌管胡琴客两行。
酿得葡萄春酒熟，凭谁[②]为我换西凉。

① 当白狗羌无路：原缺，据同治《直隶理番厅志》补。
② 谁：原缺，据同治《直隶理番厅志》补。

三、教谕袁为佐《维州竹枝词》

狮头山下古维州，不住涛声拥水流。
小市荒凉无异物，城门洞口卧牦牛。

频将乱石砌高墙，此地人皆住板房。
风雨飘飖需上盖，犬从屋背吠斜阳。

两山对峙月黄昏，烟锁溪头气欲吞。
到得午牌风信起，家家户户尽关门。

山溪隔断水迢迢，百尺横空架索桥。
呼得从人扶手过，五更犹觉梦魂摇。

飞沙关上有神仙，此地无人渡晚烟。
只为崖高风势急，横吹碎石打溪边。

一根篾索似长虹，更有居民过溜筒。
筒外细缠身背稳，往来只在半空中。

几日阴阴几日寒，相逢六月怯衣单。
冰帘羽扇浑无用，遥指层峦雪未干。

笔架山高月渐低，一湾残雪野桥西。
频看两岸无林木，莫怪子规不肯啼。

半山荒地半山耕，隔岸时闻叱犊声。
一事自惭无学问，夷人名字认难清。

红霞散去白云隈，岭上从来不放梅。
独坐闻声心忽喜，一群蛮女唱歌回。

冯克书 报告

理番县视察述要

杭州古籍书店一九六四年誊印本

提　要

《理番县视察述要》，冯克书编，1964年杭州古籍书店誊印本。冯克书（1896—1948），字继香，浙江绍兴人，威州师范学校第一任校长。冯氏于北平师范大学教育系毕业后，历任广西省教育厅督学、浙江省教育厅科长、四川省教育厅科长、十六区教育视察员等职。任十六区教育视察员期间，冯氏深入理番实地考察，并撰写了《理番县视察述要》一书。

《理番县视察述要》无序言，正文分“沿革”“面积”“经纬度”“气候”“风景”“古迹”“户口”“人种”“物产”“风俗”“政治”“夷俗考”“军事”“经济”“文化”“理番县视察后意见”等分目。

《理番县视察述要》以经济发展为基点，文化教育为核心，环境保护为辅翼，提出“发展交通、启迪民智、培养基干人才、教育设科办理、提倡生产事业、保护森林”等主张。在其报告书的影响下，四川省政府着手创建了省立威州乡村师范学校。《理番县视察述要》是阿坝州理县现存的一部以文化教育为核心的教育调查专门志书。

目　录

沿　革

理番系《禹贡》“梁州”之域。唐虞为氐羌地。周为蜀羌。秦分四十郡，梁曰蜀郡，别冉駹为湔氐道。汉武帝平西南夷，置汶山郡，广柔县属焉，旋隶蜀郡。后汉因之。蜀汉亦属汶山郡。晋因之。后没于羌。隋开皇时置薛城戍，后为羌所没。唐武德七年，白狗羌归附，始置维州；贞观元年，羌叛，州废；明年，复升州；天宝初曰维州郡；乾元元年复为维州；广德初陷于吐蕃，太和五年收复，寻弃其地；大中三年复内附。宋景德三年改曰威州，亦曰维州郡；神宗时复并保宁为威州治，领县二：保宁、通化。元以州治，保宁县省入，立威州总管府及军民安抚司。明玉珍复置县。明洪武三年省通化县，分保宁地为保县，属威州，即为州治；二十四年，徙威州治于霸州；宣德七年，因羌患，徙治汶川县，更徙汶川县治于寒水驿。清因之，州县俱隶于成都府；雍正五年，威州省，以保县移驻，隶茂州；乾隆十八年，宁远府泸宁同知裁，设直隶理番同知，并裁顺庆府司狱，设理番照磨；嘉庆七年，裁保县入绵州之罗江县，以照磨分驻其地，厅遥治焉[①]。民国二年，改厅为县。

① 焉：底本讹为“马”，今据同治《理番厅志·舆地》改。

面　积

东西长约八百余里，南北长约三百余里。东至威州与茂、汶交界，西至安曲草地与西康交界，南至大雪山与汶、懋交界，北至上黑水与松潘交界，共约为 956500 方公里。但系估计，数字非俟测量，难得其详。

经纬度

东经 108 度 32 分，北纬 32 度 31 分。

气 候

最高 35℃，最低 2℃。

风 景

一、狮头夜月。狮头山在县北，四时夜霁，明照若洗。

二、熊耳秋风。山形如熊耳，秋风戛然而来，殊奕奕，有爽思。

三、陇山古雪。山名望陇，四时积雪不消，人谓之太古雪。

四、沱水春流。水至威州保子关，悠然东逝，入春如绿腻然。

五、石门遗响。在县北五里，陡崖如削，有白石方数十，如门户形，时闻启闭之声。

六、笔架献奇。山形如笔架，屹立治前。

七、箭山晚照。即唐时箭山守捉城，地多草木，居民入夜烧之，如晚霞远映。

八、夷关暮笳。镇夷关北，通杂谷，其风气[①]大与中国殊。入暮，羌人吹笳，殊凄凉也。

以上旧保八景见《威茂志》即今理番县治[②]。

梭磨直固山、杂谷陡柔、腊角两雪山，高四五十里，危石插天，飞鸟绝迹，横空瘴雾，眩人心目。过者，即蛮人亦必凌晨遄发，至日午则满山风起，劲若排墙，利如刀剑，务袖掩口鼻，俯身迅趋，否则风入鼻窍，闭气立毙。自八月积雪，至次年五六月尚未消尽，深一二丈。番夫转粟途间，终日扫除，风卷雪飞，须臾如故。加以冰霜凝结，望如琉璃，融成一片。土人先于未雪时，沿途预插高竿，以防迷误，临行带斧凿冰，略成梯级，人拄短棍行而上，稍失足，即陷入雪坑，为飞雪埋罩，不见踪影。

① 原书左为“中国”二字，旁右为“风气”，“风气”当为改正之字。

② 原书左为“志”，旁右为“治”，“治”当为改正之字。

古　迹

有县城唐李德裕之筹边楼，建筑雄壮。通化场之石纽山禹穴，山水秀丽，传为夏禹故乡。威州之陀罗碑，字迹类柳公权，亦唐碑也。其余喇嘛寺在杂谷脑，规模宏大，惜为“匪”焚毁几尽。

户　口

据《县志》[①] 所载：同治四年统计，共二万〇四百户，六万一千〇十三丁口。兹据已编保甲地面，共有四千三百八十七户，男八千九百〇一人，女九千六百五十三人，此数较为详确。至于未编保甲之四土、三番，共约八千户，俱系估计大概，难期精确。

① 据下文，此处《县志》当为同治《理番厅志》。

人 种

理番人种大别可分为戎（即番）、羌、汉三种，兹将其各族情形分别言之。

戎族：有四土[①]（惟梭磨之黑水一部语言略差），曰梭磨，曰松冈，曰卓克基，曰党坝。地域辽远，尚未汉化，完全由土司头人统制管理。实为五屯，九子屯系羌族，四屯曰杂谷屯、乾堡屯、上孟屯、下孟屯，附近县城数十里，清代征复以后设为屯兵，汉化较深，现已编入保甲。

羌族：有三番，曰新番、旧番、三齐番。较四土为进化，较五屯则不及，距城一百余里，尚未编入保甲，最近或有可能。

十寨、九枯及九子屯（九子屯为五屯之一）：居于威州以上，蒲溪沟以下。两山之间，村寨错杂，兹未列举。与汉人杂处，已有相当文化程度，所有政治，一切实施与汉民无异。

汉族：居于六里，曰桑坪、铁邑、下庄、古城、通化甘溪[②]及威州兴隆场，县城之官道一线。此外，威州仅有回教数十家而已。

理番之三番、四土、五屯、六里、九枯、十寨：

一、三番

1. 三齐番：波子、波多、烧鸡、卡悟、勒易、卡芋、纳虎、刀花、龙坪、保子、克屋，以上十一寨是为三齐番；

2. 旧番：瓦子、勿里、纳卡、什巴底、桥头三岩、海甲四岩、珍珠、儿舌曰、木什多、芬夷、西别多、瓦子、瓦不梁子、雅巴、纳溪、各耳、躲子、近头，以上十九寨为旧番；

3. 新番：昂口、额吉、色甲、大色如、小色如、押独、昔吉哈、噶四寨、吃补、什不鸡、银合、沐雨、爪里、俄克、木雪、鸡公、什不荣、朵卡、粟谷、纳波、卡齐、密子、八硕、屋屋、母租，以上二十五[③]寨为新番。

二、四土

梭磨土司、卓克基土司、松冈土司、党坝土司。

---

① 原书左为“种”，旁右为“土”，“土”当为改正之字。

② “甘溪”即下文“干溪”。

③ 原书缺失，今记数后补入。

三、五屯

杂谷屯、乾堡屯、上孟屯、下孟屯、九子屯。

四、六里

乾溪里距城东北二〇里，通化里二五里，古城里四〇里，下庄五〇里，铁邑里六〇里，桑坪里七〇里。

五、九枯

1. 前三枯：太子坟、龙山、蒲凹、大寺、小寺、挖替、怕布、竹打、竹什达、周达、克枯、卜村、劳底、布挖，以上十四寨为前三枯，在桑坪铁邑江北山岭。

2. 中三枯：木上村、布南村、罗卜底、龙溪寨、罗布、地里、马岛、八家岛、窝耳、慈鸦、立壁、昔丢、挖邑、不雅、只台、哭布、马房、昔格、大门、勒利、巴岛、斗沟石、木尚寨、适布、阴阳十村、屋布、兜利，以上二十七寨为中三枯，在铁邑旧州江北山岭。

3. 后三枯：牛山、罗山、曾头三寨、星上、水田、其力、纳溪、提挖、瓦奔、立密、一湾、纳黑、哇迹、立木鸡、挖布、达马、捉口，以上十七寨为后三枯，在古城通化江北山岭。

六、十寨

箭山、半坡、岐山、马山、咻鸡、色如、老鸦、葵寨、蒲溪、总为十寨。

物　产

理番物产，略举于下：

一、矿产

金、银、铁、钢、煤、自然铜。

二、农产

粮食有芋麦、小麦、荞麦、黍、粟、青稞等，蔬菜有萝葡、白菜、葱、蒜、莴笋等十余种，其余豆类、瓜类各产十余种，果树十余种。

三、药材

麝香、贝母、虫草、羌活、大黄、鹿茸、柴胡等数十种。

四、毛皮

牛羊毛、牛羊皮、野牲皮等。

风　俗

理番民族不同，风俗各异，除汉人与外面人无殊，兹将戎、羌民族分别言之。

一、宗教

1. 戎族：与松潘所述同，惟无如此之大寺院。

2. 羌族：羌民原有之宗教为巫教，凡遇疾病灾害，不信医药，皆请巫禳解，即农田虫害、牧畜瘟疫，亦无不然，但汉人之神教庙宇，亦甚崇拜。

二、番僧

1. 戎族：与松潘所述同。

2. 羌族：羌民巫教情形亦如汉人巫师相同，视为技术性质，并无寺院庙宇，亦不以僧、道、喇嘛之超然无①外。

三、转生佛

戎族与松潘所述同。

四、苦修

戎族与松潘所述同。

五、衣服

1. 戎族：四土与松潘所述全同。惟四屯与汉人接触已久，气候温和，生活各异，无大宗牛羊牧畜，不服毪衣，多用布匹、麻布，贵族则用丝品，男子衣服式与汉人同，惟女人装束，头部与西番相似而较整洁文明，其余有裙裤、有鞋袜，男女不用皮鞋，平时多用草履。

2. 羌族：男子服式与汉人同，惟妇女服式宽大如清代妇女之服式，装饰仍用大银耳环、大银簪，重辙数两，但不用珊瑚之类，足下恒用布裹腿，厚四五层，惟羌民贫苦，所用衣料平时多自织麻布为主要材料，布服较为珍贵，线织更属少有。

① “无”疑为“物”之同音误写。

六、饮食

理番民族因所居地域气候关系，除四土之一部份接近草地，其生活与松潘西番相同，其余山居之大部份及五屯、三番、九枯、六里各民族完全以芋麦为主要食品，小麦、青稞、荞麦附之，其食法与汉人略同。

七、居住

四土之一部草地，系逐水草而居，与松潘西番同。其余山居之各种戎、羌民族所居房屋与松潘熟番同，惟羌民房屋不及戎民之高大而已。

八、婚姻

1. 戎族：四土与松潘同。四屯略有不同，财礼多寡不一，订婚之日应备币酒送往女家，娶时婚不亲迎，惟亲友往迎，至时女家亲友以水乱扑①，并以锅烟向男家迎亲亲友搽于面部，或持柴块威袭作斗殴状，必俟亲迎人出具迎亲礼银数两，然后接去。娶后女子仍常驻娘家，男子时来，俟有生育后，始同回男家，亲友往贺，胜于娶时。

2. 羌族：羌民娶婚亦有少数财礼风俗，但普通许亲时由媒送酒二三斤曰“放口酒”，订婚时又送酒十余斤曰“定亲酒”，娶时送酒一百斤或数十斤曰“取亲酒”。其嫁奁以鞋为最多，虽贫民，此处风俗亦数十双为最少，以示勤劳之意，此外风俗与汉人略同，惟三番对于初婚女子财礼至多六两，若系再醮之妇，必凭亲友以妇人之能力论价。

九、丧葬

1. 戎族：四土、四屯与松潘所述同。

2. 羌族：羌民以火葬为普通，亦有用土葬者，惟其念经开路，概请巫师，渐有请汉人道士者。十寨之火葬地方每族固定，一□不能变迁别地，火后将灰骨埋坑内。

十、习惯

1. 戎族：四土、四屯与松潘所述同。

2. 羌族：羌民见官长亦脱帽鞠躬，或如汉人之跪拜者。男子无念经拜佛者，其余家庭生活年季习惯与汉人同，惟妇女在家工作，恒赤足不耻，但头所顶布帕，虽炎暑不去，所谓顾头不顾足，四屯妇女亦有此风。

十一、性情

1. 戎族：四土人民强悍好斗，最喜枪炮，好饮酒，恒因小事相争，尤以梭磨之黑水为甚，人民以强掠为能，强盗之风名驰遐迩，汉夷俱畏之。其余三土较为驯良，四屯人民亦甚强悍，惟向化已久，少有强暴行为，以屯制关，系善于筹画，如遇集会饮酒，

① 原书左为“拔”，旁右为“扑”，“扑”当为改正之字。

辄聚众生事，以木锯刻为互相号召之符号，好勇一时①。

2. 羌族：惰惰，好饮酒，乏创造性，无进步思想，亦无其民族观念，举凡社会习惯以汉人为转移，故其知识落后、生产薄弱、生活简单而民族日趋衰弱也②。

十二、文字语言

1. 戎族：四土除喇嘛能识藏文外，其余民众概不识文字，亦无文字记事语言。惟黑水略有差异，其余完全统一。四屯，喇嘛识藏文，贵族少数能识汉字，语言与四土同，人民全通汉语。

2. 羌族：羌民无文字，九枯、十寨渐识汉文，三番尚少识字者，羌民语言较为复杂，三番、十寨、九枯、各操方语，口音同，但俱熟汉语，为常用。社会往还，毫无隔阂。

十三、交通

陆路交通：理番全境皆山，路道崎岖，交通不便。沿杂谷一线官道为大路，其余曲径相通，山水毗连，亦可往来，是为支路。兹将官道大路及重要支路分述如下：

大路：东起由威州—10—铁邑—10—下庄—10—古城—17—谢溪沟—8—通化—5—甘溪—20—县城—20—蒲溪沟—10—木堆—10—塘上—10—范关—10—兴隆场—30—关口—52—古耳沟—30—大秋底—27—夹壁—20—米元—60—尽头寨—60—马塘—180—上瀼口—180—安曲—170—查理寺止，此道为理番极东之威州起，至极西之查理寺止，又由马塘右至党坝，通卓克基松冈之大道，其里程如下：

由马塘—80—梭磨—60—卓克基—60—松冈—15—党坝，又由马塘左经康猫寺，亦为至上芦花之大道，其里程如下：

由马塘—60—康猫寺—60—马河坝—60—芦花，此外由本县至懋功之两河口为通懋功之大路，其里程如下：

由县城—60—杂谷脑—120—芦杆桥—65—虹桥上—75—两河口，再由本县经威州、茂县，亦为至黑水大道，其里程如下：由县城—50—威州—96—茂县—80—沙坝—90—赤不苏—220—上黑水。

支路：由县城向北—60—塔司坝—30—尽头寨—45—柏树桥—25—雪山卡子—65—得胜窝—20—上黑水，此道为贯县境南北之支道，仅通人行，不通舆马，再由黑水侧面可直达松属草地之刷金寺，以里程计算较之，由县城取道马塘而至此寺，约省二三百里。闻县府已呈准省府开辟，但因有款支绌，暂行停顿。故整理理番交通不外两途：一、为城刷线，其情形已如上述，而成功是否可能进行，亦尚有可待，不能列入理想之计划；二、为威马线，即威州至马塘之大路，为全线之主要干路，汉夷交通之基础，若加整理宽大，骡畅行，商旅无阻，则草地南首之夷人完全集中马塘，况茂县叠溪道路无法恢复，一般商人不愿冒险，必将相率而来，理番繁荣计日可待。

---

①② 此为原作者站在当时的民族立场发出的言论，其中不乏贬斥不实之论，时代局限明显。

政　治

一、组织

理番县为一等县，县政府设县长一人，秘书一人。原分为第一、第二、第三科，各科设科长一人，第一科掌理民政、夷务及禁烟，第二科掌理财务，第三科掌理建设、教育。另设兵役科长一人，掌管兵役事宜。警佐一人，办理警务。农合室指导员一人，助理指导员一人，办理合作事务。又设通译员两人。县长兼司法，因“匪”后蹂躏，地方经费支绌，以致各区署无法拨济，所以呈奉省府命令，裁减第三科长、科员经费，按月实拨经费补助各区署，以秘书代第三科科长职，仍设督学二人、技士二人办理建教。全府现有科员六员（共役科员尚有两名未到，故未列入）、办事员八人、雇员六人。县政府以下分三区，各区设区长一人：第一区署设较场坝，为丙种区；二区署设杂谷脑，为甲种区；三区署设通化，为乙种区；以下各设十个联保、各设主任一人及保甲等，其余如梭磨新番、旧番、三齐番，松岗、党坝、卓格基、马塘等地，因汉化太浅，尚未编联保甲，设团总或联保主任，或原有头人名义以资统驭。

二、行政机构

理番种族复杂，地区辽阔，民智低下，即以夷语而论亦复混杂，彼此不通。山多田少，九石一土，以致虽有一等县之名而无三等县之实。人口及财力，倘以占现有之十个联保内之汉、羌、番夷民为范围，则现在机构尚觉组织庞大；倘以全县汉、羌、番夷而论，则现有之人力、财力实不足以资应付。盖其情形特殊，一切政务非从根本上之计划推动，不为功。所以在“匪”未蹂躏以前，政治、经济、文化无绩可观。自“匪”蹂躏后，人民逾觉贫苦，幸近来惠之以振款、农贷，柔之以政绥德和，致政令得以循序渐进，由迩及远，民智虽低，民族虽杂，尚能就范。惟禁烟一项，因邻县未绝，以致人民生羡，难保不无偷种情形。

三、现状

理番行政大都着眼于少数汉人和土官头人，故尚有十分之八番夷民众为行政力量所不及，最有力者惟黑水之头人苏永和，因恃其姻娅上之联络，盘踞险僻之地，并挟有强悍之民众，及“匪”时所夺获之枪弹，武力复巍。然自专经上峰曾委以游击司令名义，闻最近尚能约束本部，不事内争。其余未编联保甲之团总、主任等，亦均勉能听命，统制本部各寨。

四、夷务

县属夷地，除已向化编入保甲地段外，尚有三番、四土各夷地尚未同化。兹分陈如次。

(一)[1] 梭磨：为四土之一，居民属戎族。现共有三千余户，九千余人，崇尚喇嘛教，慓悍好斗。

（二）松冈：为四土之一，居民属戎族。现共有二千余户，七千余人，崇尚喇嘛教。

（三）党坝：为四土之一，居民属戎族。现共有二百余户，七百余人，笃信喇嘛教。

（四）卓克基：为四土之一，居民属戎族。现共有一千三百余户，三千余人，崇信喇嘛教。

（五）三番：三番为新番、旧番、三齐番之统，人民为戎族。现约四百户，一千三百余人，崇尚巫教。三齐番向化较早，已多汉化，即新、旧番民对汉人亦多好感，政府印象亦较四土为深。上列各地均为药材、皮毛、林木之主要产地，每年运销出境共约值法币百余万元正。

① 原作“一、二、三、四、五”，因与前面序号容易混淆，故改，予以区别。

夷俗考

汉时，自筰以北，冉駹最大，其俗土著，或随畜迁徙在蜀西。武帝以为汶山郡，宣帝省并蜀郡。其山有六夷、七羌、九氐，各有部落，其王侯颇知文书，而法严重。贵妇人，党母族。死则烧其尸。土气多寒，虽在盛夏，冰犹不解。依山居止，累石为室[①]，高者至十余丈，为邛笼，彼土人呼为碉。又地刚卤，不生谷、粟、麻、菽，惟以麦为资，而宜畜牧。有牦牛，无角，一名犝牛，肉重千斤，毛可为毦。出名马。有灵羊，可疗毒。又有食药鹿，鹿麑有胎者，其肠中粪亦疗毒疾。又有五角羊、麝香、轻毛毼鸡、狌狌。其人能作旄毡、班罽、青顿、毞毲、羊羧之属。特多杂药。地又有火岩土，煮以为盐，麡、羊、牛、马食之皆肥。其西又有三河、盘于虏，北有黄石、北地、卢水胡，其表乃为徼外。灵帝时，复分蜀郡为汶山郡云。（《汉书》）按：冉駹为汶保县地。

白兰，羌之别种。东北接吐谷浑，西至叱利摸徒，南界郡鄂，风俗物产与宕昌同。周武帝保定元年，朝献使至。有胜兵万人，勇于战斗。唐武德二年，使者入朝，以其地为恭、维二州。（《通考》）[②] 按：白兰为旧保县东北。

吐蕃在吐谷浑西南，风、雨、电每隔日有之，盛夏节气如国中暮春之月，山有积雪，地冷多瘴，令人气急，不甚为灾害。其俗重汉绘[③]而贵琴瑟，男女用为首饰。其君长或在跋布川，或居逻婆州，有小城而不居，坐大毡帐，张大拂庐，其下可容数百人。兵卫极严，而衙府甚狭。养牛羊，取乳酪供食，并去毛为褐而衣。不食驴马肉，以麦为面。人死，杀牛马，积累于墓上。其墓正方，累石为之。其臣与君自为友。设官。父死不绝嗣，即近亲袭焉。非其种类，辄不相服。法令极严，兵器有弓、刀、楯、梢[④]、甲胄，每战，前队皆死，后队方进。人马俱被锲子甲，其制甚精。其战必下马列行而阵，死则递收之，终不肯退。枪细而长于中国者，弓矢弱而甲坚，人皆用剑，不战亦负剑而行。有草，名速古芒，叶长二寸，状若斜蒿。有鼠，尾长于常鼠。置大论，统理国事。无文字，刻木结绳为约。征兵用金箭，寇至举燧。与其臣一年一小盟（用小羊、狗、猕猴），三年一大盟（用牛、驴、人、马）。以麦熟为岁首。议事则自下而起，因人所利而行之，此其所以能长且久也。按：吐蕃即今杂谷脑梭磨诸番。

各番衣服之制[⑤]，男子首毡帽或皮帽，或以布缠头。著毪子，短衣亦用布。外披大

① 原书“室”和“石”字右边为“下”和“上”，当为上下字调整，即“累石为室”，今据以乙正。

② 原作“通考”，此段文字出自《文献通考·四夷考十一》，属引用，故改为（《通考》）。

③ 绘：《文献通考·四夷考十一》中“吐蕃”条作“缯”。

④ 梢：《文献通考·四夷考十一》中“吐蕃”条作“槊”。

⑤ 以下文字皆转抄自乾隆《保县志·边防志》“夷习”和同治《理番厅志·边防》“夷俗”，文字稍异。

毯，如僧褊。其上者，亦服织组。左衽辫发，不栉沐。左右佩刀。以盐渍豕肉，经年储之，曰猪膘。多畜犏牛、山羊，取其乳成酥酪以食。酒用热水泡稞麦于小甕，以细竹吸饮。妇女布裹头，纽发细辫，末总辫之，更结牛尾于尾，盘于头。额以珊瑚、宝珠。短衣长裙，耳垂大铜环。病延僧祈禳，不服药。占事扯索卦、灼羊膊以代卜筮。有大筵会，酋长中坐，土目、土舍皆旁坐。俗重根子，其祖父未为土目者，不能列，坐末也。婚姻自土司、土目、土舍各自相匹者为偶。酋长承袭，即妻所承之人之妻。纳后母、娶嫠嫂不以为非，而贵贱不可紊。人死无棺椁，以其生时衣甲、服物、兵器、马匹置尸旁，焚之为墓。亲族各以彩布帛悬竿高插，名插旗。

称天曰“得蒙”，地曰“萨”，帝[①]，汉官曰“更助”，长曰“鞞考”，奴曰“中使”，呼婢曰“墨斯浪”[②]，民曰“得所”，寨首曰“秋坐”，男曰“得咱”，女曰“得名”，父曰“娃伯”，母曰“阿母”，土妇曰“阿思”，名土司子曰“得什咱”，官僧曰“朗送”、曰“色勒奔”，民僧曰“格尔杀思”，大土司曰“儿甲宗”，小土司曰“儿甲长”。译番经瘗于石塔，曰“镇水灾”。无汉文。各译番字如蒙古状，民间不留者。有交易，削木竹数寸，刻其数于上，各执一藏之。酋长娶妇，部民男女皆酌酒相贺。妇未生子女，饮食男女皆取给于母家，虽千里之外必至。有所出，然后衣食于夫。如废妻，亦其父母弟兄为馈饮食。婚无媒妁，男女相悦则父母为之娶。亲朋置酒，食以定婚。婚时婿至女家，待有子女，始偕妻以归。各土司自以大小强弱分先后，序相等者称兄弟，相悬者称父子，虽伯、叔、甥、舅皆没，其称而别以父子兄弟相呼。祖父子孙皆单传。有二三子，只以一承祧，娶妻生子，名曰血人，余则悉度为僧，给衣粮。生不识年月，以鼠马记子午。

地无城郭，有亦卑小不居。皆依山冈为宫室，叠石架木，层级而上，形如箱柜，最后则修高碉，藏其珍宝、兵甲。至二十丈有八棱者，坚牢深密，炮石不能破毁，曰邛笼。俗严盗贼而不重人命，或杀人，令出牛羊布匹于死者之家为埋葬费，并以生人易之而不抵命。鬻田产，其价一定，即更易数十主，不增减于初。民无子者，死后妻女皆没于官。

喇嘛之教本自西藏，土酋尊敬如父母。善咀咒，能摄人魂魄。时延梵僧祈禳，咒其仇敌，又解其仇敌之咒己者。

杂、梭、党诸司舍与绰斯甲有隙，其部夷相猜疑，巴凹与绰地隔河渡用皮船，彼此贸易必以所亲子女为质，曰放当头。地寒冷，染痘者易死。酋长忌见生人，恐带痘疮进也。大金川犷野更多忌，遭人至，则上碉遥放鸟枪，持刀呼跃，状如内地逐疫者，云恐带鬼。至好修庙宇，高至三重。东西秘殿二，塑男女交姤状，曰阴阳佛。

土俗，川三冬望日[③]，为岁朝；先一月集男女以白涂门，曰帖门神；饮酒歌舞，谓小过年；至期，则曰大过年。广延番僧为七七道场，击鼓钹、诵经声闻数十里。第五日，僧各顶大笠，被绣衣，自庙盘旋庭中，至于门外。甲夜抟面为人，实牛羊肠肺，为

---

① 据乾隆《保县志·边防志》“夷习”载“帝曰更满吉儿布，君曰吉儿布，汉官曰更助”，故此处有遗漏。

② 浪：乾隆《保县志·边防志》“夷习”和同治《理番厅志·边防》“夷俗”均作“娘”。

③ 乾隆《保县志·边防志》“夷习”和同治《理番厅志·边防》“夷俗”均作“以三冬月望日”。

厌胜仇家之戏，门内外俱众兵，每一僧诵一咒，则内外哗声相应，枪炮齐发。丙夜，于门外缚草作浮屠，饰以金碧，置面人其下。第六日，僧尽集门外，筑壇如敞，设帏幄，老僧上坐，余蒙牛羊皮，戴面具，象虎豹形，环走诵咒，乃大集番兵，土司甲胄，操弓矢，跳跃而出，目兵分队随行。弓箭者，手弯[①]弓，腰皮盾，身漆甲，首大盔，上一小旗、鹅翎七，背挂彩帛。枪刀者，手放枪或背枪舞，腰左右悬刀，衣棉甲，顶盔，状如圆盖。每数人为一队，队有长，执小旗领之。厌队有大土目，别令二人执大旗。又三人司金鼓为号，皆作登盘踊跃飘忽出没之势，上下于飞栈危碉之间，望若蜃楼，光怪动人，呼为打镇，华言摆阵也。阵毕，僧举面人掷地，环绕咀咒。一僧抽刀断其头，一僧断手足，又一僧刳其心，又一僧取其肠肺，嗾群犬食之。已乃大陈先代所藏金玉珠宝器物，人各捧盘，盘盛米，置金玉于上，旌旗幡幢，迎导簇拥。两人蒙狮皮作老鬼，一执球作小鬼，引狮搏毬，环绕三匝，僧乃焚其草缚浮屠，众兵枪剑分队前趋，势若破敌。众妇首戴大帽，用布全幅盘绕，嵌以宝石，长裙短衣，披大毯，若僧人褊衫。执草一束，夹道掷地焚之，各兵跃火过，男女执手，复环行三匝，歌声四起，如凯旋者。庭列大酒瓮无数，男女复分队更唱迭和，执手跳跃，自夜达旦，名曰跳锅装。又明日，番僧露坐于庭，诵经，设高座，大喇嘛说法。土司侍坐，头目跪听，乃宴其族类而散。

① 弯：底本作“湾”，据乾隆《保县志·边防志》“夷习”和同治《理番厅志·边防》“夷俗”改。

军　事

理番在清宣统元年，驻有旧制左右营，共约马步兵五〇〇人。至宣统三年以制营改为巡防军，有人枪三百余。民国元年，以饷款无着解散。另组警备队，共有火枪三十余，至民国十四年解散，由邓国章部队接防。民国十八年，改由屯殖军接防。二十四年，“匪”陷县城，驻军他移。二十四年冬，县境光复。至二十五年，始成立保安队一中队，共有人枪几十余，迄今尚驻县属新保镇（即威州）。

经 济

一、金融

理番因塞于交通，厄于地势，人民生计多赖农牧，生产技术一不足道，而金融之势力因远逊乎内地。惟有木厂、茶号、香号数家，从事伐木、运茶、贩麝等业，规模较大，常挟其优越资金来县经营，对于金融之调济厥功甚伟，但其影响仅限杂谷脑一隅。其他市镇，甚至县城交易，欲求数百元之①万，足数者而不多觏。至于乡间，则多自耕自织，交易零碎。廿四年，"匪"后元气大伤，百业停滞，金融顿涩，人民生计十分艰困。去年四月，全县得旱灾，救济农村，贷款一万余元之调济金融，始稍灵活，其后陆续缴还地方，又告窘乏。今者，合作社相继成立，合作贷款现又发放至壹万捌千余元，然各方仍声称艰窘，周转困难。

二、商贾

理番商业以木材、药材、茶叶三项为大宗，以生活用品，油、盐、布匹等杂货为繁琐。木材、药材为出口货，茶叶及油、盐、布匹等为入口货。大资商贾所集中于杂谷脑，木号有利川、泰和、松泰、和记等四家，资本约计三十万元。药号有盛兴、协盛全等二家，资本约计十万元。茶号有益成、恒丰、久德厚长、丰盛合等四家，资本约计十余万元。杂货商贾资金微末，木材事业为本，人士所经营，惜乎办理人不谙保护森林法则，砍伐未得其法，颇有影响于森林繁盛云。茶商、药商有为陕西人所经营者，历史悠久，为理番最早、最大商业。药材以羌活产量为最多，麝香、虫草、贝母为最名贵，药商坐地收买，运销全国各埠，杂货胥由灌县输入，销售入夷地者居其大半。

三、农

理番地域辽阔，惜为山坡以及终年润湿之草地。除兹以外，可耕地仅占百分之一十五弱，已耕者约占宜农地二分之一。况气候寒冷，暴风终年。以地域论，梭磨以西，马塘以北，接近松潘之西宁关一带，只种青稞、荞子、洋芋而已，纯为一年一熟制，鲜施肥料，收成薄弱。此外，土人称为水田者，非内地之稻田，乃沿杂谷脑一带之冲积土，可以放水灌溉，水稻不生。据土人称：在午时扬花，此地午时暴风，致使所种之稻花而不结其实，稻之需要，高在摄氏二十八九度至三十度始能开花结实，理番天温不高，故

① 之，或当为"至"。

不能生产。

四、工

理番所有之工业只有手工业而已，例如剜瓢、扯圈、撼毡、织毯、编麻布、做鞋子、振竹器等。此外，还有羌族出外帮人打水井、砌河边、筑墙等工作。

五、矿

威州附近及黑水色耳古、梭磨沟杂谷脑河流域一带，同卓克基土司附近之古耳沟均产沙金，近日金价大涨，淘金事业风起云涌。此外三齐番之耳补儿不抓均产岩金，杂谷脑毕棚沟与乾堡之危关沟产银矿，三区之增头寨产铁矿，惜无人开采，货弃于地。又沿杂谷脑河流一带产火硝，年产在八九万斤以上。

六、牧畜

理番耕地虽少，在过去牧畜事业颇为发达。草地一带盛产牛、马、驴、骡之属，亦颇不少养羊事业，每家养绵羊、山羊，动辄数百，少数十，牛有牦牛、犏牛、黄牛等多种。

七、森林

理番山岭重叠，巍峨险峻，原始森林非常丰富。兹将各沟之木材述之于下：尽头寨有森林三十方里，每亩占计六株，约有九七二〇〇株；瓦别寺有森林约十方里，生长较密，每亩占计七株，可得四三二〇〇株；十八卦沟有森林约三十方里，每亩占计六株，可得九七二〇〇株；米亚罗沟有森林约三十方里，每亩占计六株，可得九七二〇〇株；猛古沟约三十方里，每亩以六株计，可得六四八〇株；黄土梁约四十方里，每亩以六株计，可得一二九六〇株，此处生长良好，高度有八九丈至十丈以外者；九甲棚沟约有六十方里，每亩计六株，可得用材一九四四〇株；大沟有三十方里，此地现由松泰公司砍伐，每年可出货十八万立方尺，木材积蓄耗去大半；毕逢沟[①]约四十方里，每亩约计六株，可得用材一二九六〇〇株；粮台沟约十余方里，每亩六株，计可得用材三二四〇株；梭罗沟有四十方里，每亩计六株，可得用材四八六〇〇株，惜一颗印、蛮子坪、关门有神林外，经姚宝珊砍伐于前，毕干成砍伐于后，现在则荒秃难堪，所在病害枯木而已；蒲溪沟约十方里，每亩计六株，可得三二四〇〇株；三岔沟约三十方里，每亩计六株，可得用材九七二〇〇株。

此理番森林之大概情形也。至于伐木公司，则有六家：松泰、泰和、和记、利川、茂森恒、谦裕，主持其事者大半为退伍军人，其作业不按法令，各家中每年出货有多至十八万立方尺者，少亦七八万立方公尺，每立方尺价值以一元二角计，约值百万元左右，由此可见一般[②]矣。关于造林方面，县府以造林事业为国民政府奠都南京，定为

① 毕逢沟：亦作“毕棚沟”。

② 按上下文意，“般”或当为“斑”。

“七一”运动之一，兼以此地森林连年滥伐，直接、间接影响农民生计至大且巨，特令各区荒土造林。县府方面于二十六年成立苗圃，面积一一六公亩，内有花椒、杨柳、白杨、榆、槐等苗木，经本年秋季行政会议议决，明年一部无价分发，藉资提倡，一部留作明年沿河造防山土沙之崩溃。现以瘠苦经费无着，扩充困难，业经商同岷江林管区从事合作，将面积扩大为三百公亩云。

文 化

理番地处边隅，文化落后。逊清以来，除有少数汉民能受教育，其余羌、戎民族仅受生活习惯之同化，虽五屯、九枯之贵族偶有粗通文字者，而寥若晨星，不可几见。近数年来始渐设学校以谋普及。兹将大概情形分述于下。

一、文盲

理番以现在已编保甲①之五屯、九枯、六里、十寨及来苏沟共丁口一万八千余人，其中文盲约占一万六千余人，能识字之一千七八百人，汉民约占一千四百人，九枯、十寨羌民约占二百余人，五屯约占一百余人。来苏沟系梭磨之一部，初编保甲，概不识字。至于四土、三番，亦无识字。惟戎族中之喇嘛能识藏文，不在此例。兹列表以明之。

种类	识字比重
全县汉夷	约占百分之九
汉民	约占百分之七三
九枯十寨	约占百分之十五强
五屯	约占百分之十二弱

二、学校教育

理番现有省立完全小学一所，县立完全小学两所，初级小学七所，短期小学特设十九所，附设十班。以全县之人口比较，数量不为不多，除各完全小学较为可观，其余因地面辽阔，户口散漫，学生难于集中，教资不良，教法尚未改善，经费支绌，设备无法补充，生活困难，学童易于辍学。民智未开，不明教育重要。因此，办理困难，成效甚鲜。欲谋改进上述各项问题，应得相当之解决。

三、社会教育

理番现有民众学校特设三所，附设四所，识字处一所，民众阅报处四所。民众学校，则因户口散漫，虽城镇之失学民众，亦为数无多，其余乡村更难集中，以致每期办

① 原书左为“长”，旁右为“甲”，“甲”当为改正之字。

理，人数不多且无继续之方法，故于本期第一民校停办。以县城之柴市为屯羌民族集合之场所，改办为露天识字处，至各附设之阅报处，惟少数汉人阅读而已。改善办法：应施巡回教育团及电影巡回放映团等感化教育，始克有效。

理番县视察后意见

理番人口，汉民约占百分之五，番羌等占百分之九十五。故一切政治、军事、经济、文化均应着眼于夷民。理番县土地之大，荒山之多，非内地各县所可伦比。森林之盛，物产之富，实为天府之国之处女地。惟以交通不便，货弃于地，文化低落，开发无由，教育不张，政令难于推动，经济艰窘，事业不能发展。兹以管见所及，略供意见如左。

一、发展交通

以目前之成松路为基干而观，则理番为支线。然自茂县之叠溪地震以后，成松路道路崎岖，修复匪易，崩岩之险，难以避免，将来倘把理番境内之威马线（自威州至马塘）整理宽大，则草地南首之夷人将完全集中于马塘。由草地以通松潘，路极平易，由马塘以至草地，不费人工整理，威马线基础稳固，事半功倍。县府曾有计划，将来之繁荣可期，交通发达，一切事业之进展有望。

二、启迪民智

普及教育，扫除文盲，现在之理番甚难实现。设立学校，在夷人生活亦难适应。目前，要着在启迪民智而不在授以文字。启迪之方法甚多，尤以电化教育为最有效，政府如能施以小利小惠诱导之，尤为有效。巡回教育、流动宣传，苟无害于其生活者，无不乐于接受，如能令其土官头人出外参观，尤能事半功倍。

三、培养基干人才

一切政令之推动，文化之发扬，基层（保甲长）公务人员之关系甚为重要，尤以夷地为然。理番县人才缺乏，基层工作人员知识甚低，影响民众之思想至深且巨。故省府设立茂县师范，宜令各保及土屯保送优秀子弟入学，将来出而服务桑梓，政务之推进有望。

四、教育设科办理

县府组织，关于教育事业，设有专科办理。以“匪”后地方经费支绌，县府第三科（教育科）奉令裁撤，将其经费拨补各区署。今为权宜之计，在短期内各级学校停顿，影响尚浅，自地恢复后，一切事业均待计划推进。教育事业千头万绪，尤为民于复兴之基本工作。主持无人，一息奄奄，长此以往，文盲之扫除无期，政令之推行受碍。拟请省府加以考虑，自二十八年度起，教育行政事务必须有专门人才规划主持；若为应付公事，目前组织自属经济；若为计划进展，非设专科办理不可。

五、提倡生产事业

自来教育机关均在不出汗之底面上做文章，形成有产阶级之消耗机关。理番地广人稀，设立学校只须拨给荒地一块，由师生共同合作生产，或饲养牧畜，或培植森林，或从事耕种，从劳动中护[①]得报酬。初办时，政府或应加以相当补助，三五年后各级学校均可自立。工作劳动，教育生产，政府只加以指导而已，此种生产机关亟宜提倡。

六、保护森林

理番山谷中森林甚茂，有杂谷脑河可资运输。故伐木公司应时而兴，不按法令，任意采伐。将来牛山濯濯，岩崩堪虞。拟请省府注意，森林采伐必须依法定手续，否则严令禁止，以资保护。

① 护：联系上下文意，或当为“获”。